맛지마 니까야
중간 길이로 설한신 경[中部]

제3권
M71~M110

맛지마 니까야

Majjhima Nikāya

중간 길이로 설하신 경

제3권

M71~M110

초기불전연구원

그분
부처님
공양 올려 마땅한 분
바르게 깨달으신 분께 귀의합니다.

Namo tassa Bhagavato Arahato Sammāsambuddhassa

제3권 목차

제3권 해제 15

제8장 유행승 품(M71~80) 73

왓차곳따 삼명 경(M71) 75

왓차곳따 불 경(M72) 82

왓차곳따 긴 경(M73) 95

디가나카 경(M74) 109

마간디야 경(M75) 117

산다까 경(M76) 137

사꿀루다이 긴 경(M77) 166

사마나만디까 경(M78) 205

사꿀루다이 짧은 경(M79) 218

웨카낫사 경(M80) 237

제9장 왕품(M81~90) 243
가띠까라 경(M81) 245
랏타빨라 경(M82) 262
마카데와 경(M83) 292
마두라 경(M84) 308
보디 왕자 경(M85) 320
앙굴리말라 경(M86) 332
애생경(愛生經)(M87) 349
외투 경(M88) 358
법탑 경(M89) 369
깐나깟탈라 경(M90) 383

제10장 바라문품(M91~100) 397
브라흐마유 경(M91) 399
셀라 경(M92) 429
앗살라야나 경(M93) 444
고따무카 경(M94) 463
짱끼 경(M95) 472

에수까리 경(M96) 495
다난자니 경(M97) 506
와셋타 경(M98) 520
수바 경(M99) 539
상가라와 경(M100) 560

III. 마지막 50개 경들의 묶음 581
제11장 데와다하 품(M101~110) 583
데와다하 경(M101) 585
다섯과 셋 경(M102) 612
어떻게 생각하는가 경(M103) 635
사마가마 경(M104) 645
수낙캇따 경(M105) 661
흔들림 없음에 적합한 길 경(M106) 678
가나까 목갈라나 경(M107) 691
고빠까 목갈라나 경(M108) 702
보름밤의 긴 경(M109) 716
보름밤의 짧은 경(M110) 727

약어

A.	Aṅguttara Nikāya(앙굿따라 니까야, 증지부)
AA.	Aṅguttara Nikāya Aṭṭhakathā = Manorathapūraṇī(증지부 주석서)
AAṬ.	Aṅguttara Nikāya Aṭṭhakathā Ṭīkā(증지부 복주서)
ApA.	Apadāna Aṭṭhakathā(아빠다나(譬喩經) 주석서)
Be	Burmese-script ed. of M.(미얀마 육차결집본)
BG.	Bhagavadgīta(바가왓 기따)
BHD	Buddhist Hybrid Sanskrit Dictionary
BHS	Buddhist Hybrid Sanskrit
BL	Buddhist Legends(Burlingame)
BPS	Buddhist Publication Society
BvA.	Buddhavaṁsa Aṭṭhakathā
CBETA	CBETA Chinese Electronic Tripitaka Collection: CD-ROM
CMA	A Comprehensive Manual of Abhidhamma(아비담맛타 상가하)
CPD	Critical Pāli Dictionary
C.Rh.D	C.A.F. Rhys Davids
D.	Dīgha Nikāya(디가 니까야, 장부)
DA.	Dīgha Nikāya Aṭṭhakathā = Sumaṅgalavilāsinī(장부 주석서)
DAṬ.	Dīgha Nikāya Aṭṭhakathā Ṭīkā(장부 복주서)

Dhp.	Dhammapada(법구경)
DhpA.	Dhammapada Aṭṭhakathā(법구경 주석서)
Dhs.	Dhammasaṅgaṇi(담마상가니, 法集論)
DhsA.	Dhammasaṅgaṇi Aṭṭhakathā = Aṭṭhasālinī(법집론 주석서)
DPL	A Dictionary of the Pali Language(Childers)
DPPN.	G. P. Malalasekera's *Dictionary of Pali Proper Names*
Dv.	Dīpavaṁsa(島史), edited by Oldenberg
DVR	A Dictionary of the Vedic Rituals, Sen, C. Delhi, 1978.
Ee	Roman-script ed. of M.
EV1	Elders' Verses I(장로게 영역, Norman)
EV2	Elders' Verses II(장로니게 영역, Norman)
GD	Group of Discourse(숫따니빠따 영역, Norman)
Ibid.	*Ibidem*(전게서, 前揭書, 위의 책)
It.	Itivuttaka(如是語)
ItA.	Itivuttaka Aṭṭhakathā(여시어 경 주석서)
Jā.	Jātaka(本生譚)
JāA.	Jātaka Aṭṭhakathā(본생담 주석서)
KhpA.	Khuddakapātha Aṭṭhakathā(쿳다까빠타 주석서)
KS	Kindred Sayings(상윳따 니까야 영역, Rhys Davids, Woodward)
Kv.	Kathāvatthu(까타왓투, 論事)
KvA.	Kathāvatthu Aṭṭhakathā(까타왓투 주석서)
LBD	Long Discouurse of the Buddha(디가 니까야 영역, Walshe)
M.	Majjhima Nikāya(맛지마 니까야, 중부)

MA.	Majjhima Nikāya Aṭṭhakathā = Papañcasūdanī(중부 주석서)
MAT.	Majjhima Nikāya Aṭṭhakathā Ṭīkā(중부 복주서)
Mil.	Milindapañha(밀린다왕문경)
MLBD	Middle Length Discouurse of the Buddha(중부 영역, Ñāṇamoli)
Mvu.	Mahāvastu(북전 大事, Edited by Senart)
Mhv.	Mahāvaṁsa(大史), edited by Geiger
MW	Monier-Williams' Sanskrit-English Dictionary
Nd1.	Mahā Niddesa(大義釋)
Nd1A.	Mahā Niddesa Aṭṭhakathā (대의석 주석서)
Nd2.	Cūla Niddesa(소의석)
Netti.	Nettippakaraṇa(指道論)
NMD	Ven. Ñāṇamoli's *Pali-English Glossary of Buddhist Terms*
Pe.	Peṭakopadesa(藏釋論)
PED	*Pāli-English Dictionary* (PTS)
Pm.	Paramatthamañjūsā = Visuddhimagga Mahāṭīkā(청정도론 복주서)
Ps.	Paṭisambhidāmagga(무애해도)
Ptn.	Paṭṭhāna(發趣論)
PTS	Pāli Text Society
Pug.	Puggalapaññatti(人施設論)
PugA.	Puggalapaññatti Aṭṭhakathā(인시설론 주석서)
Pv.	Petavatthu (아귀사)
Rv.	Ṛgveda(리그베다)
S.	Saṁyutta Nikāya(상윳따 니까야, 상응부)
SA.	Saṁyutta Nikāya Aṭṭhakathā = Sāratthappakāsinī(상응부 주석서)
SAṬ.	Saṁyutta Nikāya Aṭṭhakathā Ṭīkā(상응부 복주서)
Se	Sinhala-script ed. of M.(스리랑카본)

Sk.	Sanskrit
Sn.	Suttanipāta(숫따니빠따, 경집)
SnA.	Suttanipāta Aṭṭhakathā(숫따니빠따 주석서)
SS	Ee에 언급된 S.의 싱할리어 필사본
Sv	Sāsanavaṁsa(사사나왐사, 교단의 역사)
s.v.	*sub verbō(under the word)*
Te	Thai-script ed. of M.(태국본)
Thag.	Theragāthā(테라가타, 장로게)
ThagA.	Theragāthā Aṭṭhakathā(장로게 주석서)
Thig.	Therīgāthā(테리가타, 장로니게)
ThigA.	Therīgāthā Aṭṭhakathā(장로니게 주석서)
Ud.	Udāna(감흥어)
UdA.	Udāna Aṭṭhakathā(감흥어 주석서)
Uv	Udānavarga(북전 출요경, 出曜經)
VĀT	Vanarata, Āananda Thera
Vbh.	Vibhaṅga(위방가, 分別論)
VbhA.	Vibhaṅga Aṭṭhakathā = Sammohavinodanī(분별론 주석서)
Vin.	Vinaya Piṭaka(율장)
VinA.	Vinaya Piṭaka Aṭṭhakathā = Samantapāsādikā(율장 주석서)
Vis.	Visuddhimagga(청정도론)
v.l.	variant reading(이문, 異文)
VRI	Vipassanā Research Institute
VṬ	Abhidhammaṭṭha Vibhavinī Ṭīkā(위바위니 띠까)
Vv.	Vimānavatthu(천궁사)
VvA.	Vimānavatthu Aṭṭhakathā(천궁사 주석서)

Yam.　Yamaka(쌍론)

YamA.　Yamaka Aṭṭhakathā = Pañcappakaraṇa(야마까 주석서)

Ybhūś　Yogācārabhūmi Śarirārthagāthā(범본 유가사지론)

디가 니까야　각묵 스님 옮김, 초기불전연구원, 2006, 3쇄 2010

상윳따 니까야　각묵 스님 옮김, 초기불전연구원, 2009

앙굿따라 니까야　대림 스님 옮김, 초기불전연구원, 2006~2007

냐나몰리 스님/보디 스님

The Middle Length Discourses of the Buddha(맛지마 니까야 영역본)

보디 스님　*The Connected Discourses of the Buddha*(상윳따 니까야 영역본)

청정도론　대림 스님 옮김, 초기불전연구원, 2004, 4쇄 2012.

아비담마 길라잡이　대림스님/각묵스님 옮김, 초기불전연구원, 2002, 9쇄 2011

우드워드　*The Book of the Kindred Sayings*(상윳따 니까야 영역본)

육차결집본　Vipassana Research Institute(인도) 간행 육차결집 본

초기불교이해　각묵스님 지음, 초기불전연구원, 2010, 3쇄 2012

일러두기

(1) 삼장(Tipitaka)과 주석서(Aṭṭhakathā)들은 별다른 언급이 없는 한 모두 PTS본(Ee)임.
「디가 니까야 복주서」(DAṬ)를 제외한 모든 복주서(Ṭīkā)들은
미얀마 육차결집본(Be, 인도 Vipassana Research Institute 간행)이고,
「디가 니까야 복주서」(DAṬ)는 PTS본이며,「청정도론」은 HOS본임.
M89는「맛지마 니까야」의 89번째 경을 뜻함.
M.ii.123은 PTS본(Ee)「맛지마 니까야」제2권 123쪽을 뜻함.
M89/ii.123은「맛지마 니까야」의 89번째 경으로「맛지마 니까야」제2권
123쪽에 나타남을 뜻함.

(2) 본문에 나타나는 문단번호는 냐나몰리 스님/보디 스님을 따랐음.

(3)「청정도론 복주서」(Pm)의 숫자는 미얀마 6차결집본(VRI)의 문단번호임.

(4) [ ] 안의 숫자는 모두 PTS본(Ee)의 페이지 번호임.

(5) { } 안의 숫자는 PTS본(Ee)의 게송번호임.

(6) 빠알리어는 정체로 표기하였고 영어는 이탤릭체로 표기하였음.

맛지마 니까야 제3권 해제

1. 들어가는 말

『맛지마 니까야』는 부처님과 직계제자들이 남기신 가르침 가운데 그 길이가 중간 정도에 해당하는 경들을 모아서 결집한 것이다. 여기서 중간 정도란 복주서의 설명대로 지나치게 길지도 않고 지나치게 짧지도 않은 길이의 경들[1]을 말한다. 길이가 긴 경 34개는 『디가 니까야』에 결집을 하였다. 그리고 길이가 짧은 경들은 다시 주제별로 나누어서 2904개를 『상윳따 니까야』에 담았고, 숫자별로 분류하여 2305개를 『앙굿따라 니까야』에 모았다. 여기 『맛지마 니까야』에는 이들을 제외한 중간 정도의 길이에 해당하는 경들 152개가 들어있다.

이 152개의 경들은 모두 15개의 품으로 분류되고, 이 15개의 품들은 다시 세 개의 '50개 경들의 묶음'으로 묶어져서 모두 세 권으로 전승되어 온다. 제1권인 『처음 50개 경들의 묶음』(Mūla-paṇṇāsa)에는 제1품부터 제5품에 속하는 M1부터 M50까지의 50개 경들이 포함되어 있다.[2] 『가운데 50개 경들의 묶음』(Majjhima-paṇṇāsa)이라 불리는 제2권

---

1) na-atidīgha-na-atikhuddaka-pamāṇā suttantā — MAṬ.i.14.

2) 『맛지마 니까야』뿐만 아니라 모든 니까야에서 10개의 경들은 하나의 품(vagga)으로 분류가 된다. 그리고 다섯 개의 품들 즉 50개의 경들은 다시 하나의 '50개 경들의 묶음(빤나사, 빤나사까, paṇṇāsa/paññāsa/paṇṇāsaka/paññāsaka)'으로 분류가 된다. 빤나사(paṇṇāsa)는 문자 그대로 '50개로 된 것'이라는 의미이다. 이 방법을 『맛지마 니까야』에 적용시키면 전체 152개의 경들은 15개의 품으로 분류가 되고 이들은 다시 세 개의 '50개 경들의 묶음'으로 분류가 된다.

에는 제6품부터 제10품에 속하는 M51부터 M100까지의 50개 경들이 들어있다. 그리고 마지막인 제3권은『마지막 50개 경들의 묶음』(Upari-paṇṇāsa)이라 불리는데, 여기에는 제11품부터 제15품에 속하는 M101부터 M152까지의 52개 경들이 포함되어 있다. 주석서에 의하면『맛지마 니까야』는 일차결집에서『디가 니까야』다음에 결집(합송)되어서 사리뿟따 존자의 제자들에게 부촉되어 그들이 함께 외워서 전승해 왔다고 한다.(AA.i.15)

초기불전연구원에서는 분량의 문제 때문에 이들을 전체 네 권으로 번역하여 출간하고 있다. 초기불전연구원의 번역본 제1권에는 제1품부터 제3품까지의 세 개 품 30개의 경들이, 제2권에는 제4품부터 제7품까지의 네 개 품 40개의 경들이, 제3권에는 제8품부터 제11품까지의 네 개 품 40개의 경들이, 제4권에는 제12품부터 제15품까지의 네 개 품 42개의 경들이 실려 있다.

2. 한글『맛지마 니까야』제3권의 구성

『맛지마 니까야』한글번역본 제3권에는 빠알리 원본의 제2권인『가운데 50개 경들의 묶음』에 포함되어 있는 제8장「유행승 품」(M71~M80), 제9장「왕 품」(M81~M90), 제10장「바라문 품」(M91~M100)의 세 품과, 빠알리 원본의 제3권인『마지막 50개 경들의 묶음』가운데 첫 번째 품인 제11장「데와다하 품」(M101~M110)의 네 개의 품에 속하는 40개의 경들이 번역되어 들어있다.『가운데 50개 경들의 묶음』에 대한 설명은 본서 제2권의 해제를 참조하고,『마지막 50개 경들의 묶음』에 대한 설명은 본서 제4권의 해제를 참조하기 바란다. 이제『맛지마 니까야』제3권에 포함되어 있는 네 개의 품들에 대해 살펴보자.

(1) 제8장 「유행승 품」 (M71~M80)

제8장 「유행승 품」에는 유행승에 관계된 경들 열 개가 포함되어 있다. 여기서 '유행승(遊行僧)'은 paribbājaka를 옮긴 것인데 이 단어는 pari(*around*)+√vraj(*to proceed, to wander*)에서 파생된 명사이다. 초기불전에서 많이 나타나며 집을 떠나 수행하는 부처님 제자들 즉 불교 수행자들을 제외한 출가자들을 통칭하는 말이다. 그래서 주석서에서는 "재가의 속박을 버리고 출가한 자(gihi-bandhanaṁ pahāya pabbajj-ūpagata)"(MA.ii.7)라고 설명하고 있다.

본서 전체를 통해서 알 수 있듯이 니까야에서는 니간타 등의 육사외도처럼 큰 집단에 속하는 출가자는 유행승이라 표현하지 않고 그들에 해당하는 이름인 니간타 등으로 각각 부르고 있으며, 그 외 별다른 특징이나 큰 집단을 이루지 않은 일반 출가자들은 유행승이라는 용어로 부르고 있는 듯하다. 『디가 니까야』 제3권 「우둠바리까 사자후경」(D25)에 의하면 니그로다(Nigrodha) 유행승은 3000명의 무리를 거느리기도 했다.

주석서와 복주서에 의하면 유행승에도 옷을 입는 유행승(channa-paribbājaka)과 옷을 입지 않는 유행승(nagga-paribbājaka)이 있었으며, 옷을 입지 않는 유행승을 나체수행자(acela)라 부른다고 설명하고 있다.(AA.ii.349; AAṬ.i.472 등) 본서를 위시한 여러 니까야에서 나체수행자들은 유행승이라 불리지 않고 나체수행자로 명명되고 있다.(M57; M124 등) 한편 초기불전에서는 비구들의 출가를 빱밧자(pabbajjā, pra+√vraj, pabbajati)라 표현하여 일반 유행승을 지칭하는 빠립바자까(paribbājaka, pari+√vraj)와 구분하여 사용하고 있다.

이제 본 품에 포함된 10개 경들에 대해서 간단하게 살펴보자. 먼저 본 품의 첫 번째 경인 「왓차곳따 삼명 경」(M71)은 부처님은 일체지자가 아니라 삼명을 갖춘 분임을 강조하시는 등 네 가지 주제가 나타나는데,

이것은 왓차곳따 유행승에게 설하신 경이다. 「왓차곳따 불 경」(M72)도 왓차곳따 유행승에게 설하신 가르침인데 본경은 10사무기를 담고 있으며, 불의 비유로 여래는 오온으로부터 해탈하였음을 드러내고 있다. 그리고 「왓차곳따 긴 경」(M73)은 왓차곳따 유행승의 출가를 담고 있으며, 그는 부처님 제자가 되어 드디어 아라한과를 증득하였다.

견해의 문제를 다루고 있고 몸과 느낌의 무상·고·무아-염오-이욕-해탈-구경해탈지를 설하고 계신 「디가나카 경」(M74)은 사리뿟따 존자의 조카인 디가나카 유행승에게 설하신 가르침인데, 이 가르침을 듣고 사리뿟따 존자는 드디어 아라한이 되었다. 「마간디야 경」(M75)은 부처님을 존재의 파괴자(bhūnaha)요, 성장의 파괴자(vaḍḍhi-hata)라고 비난하는 마간디야 유행승에게 세 가지를 설하여 대응하신 부처님의 가르침을 담고 있다. 부처님의 이 말씀을 듣고 마간디야는 출가를 결행하여 구족계를 받고 아라한이 되었다.

「산다까 경」(M76)은 아난다 존자가 오백 명의 제자를 거느린 산다까 유행승과 나눈 대화로 구성되어 있는데, 아난다 존자의 네 가지 가르침에 감동을 받은 산다까 유행승이 제자들에게 세존 아래서 청정범행을 닦도록 권고하면서 경은 마무리된다. 「사꿀루다이 긴 경」(M77)은 세존의 법의 특징에 대해서 사꿀루다이 유행승과 부처님의 대화로 진행이 된다. 본경을 듣고 사꿀루다이 유행승은 부처님 제자로 출가하기를 원했지만 그의 제자들의 만류로 결행을 하지 못한다.

십정도(十正道)를 갖춘 자야말로 진정한 사문이라는 세존의 가르침을 담은 「사마나만디까 경」(M78)은 사마나만디까의 아들인 욱가하마나 유행승의 일화를 담고 있다. 「사꿀루다이 짧은 경」(M79)에서 세존께서는 사꿀루다이 유행승에게 (1) 최상의 광명과 (2) 오로지 행복뿐인 세계와 (3) 진정한 수행의 길인 15단계의 계·정·혜의 정형구의 세 가지를 가르치신다. 수행 중에 나타나는 광명의 문제를 다루고 있는 「웨카낫사 경」(M80)은 세존께서 웨카낫사 유행승에게 설하신 가르침이다.

이처럼 본 품에 포함된 열 개의 경들은 모두 유행승들에게 설하셨거나 그들과 관계된 가르침을 담고 있다. 본 품에 포함된 경들을 통해서 보듯이 왓차곳따 유행승(M73)과 마간디야 유행승(M75)은 출가하여 아라한이 되었고, 디가나카 유행승(M74)은 예류자가 되었으며, 사꿀루다이 유행승(M77, M79)은 아소까 대왕 때 태어나 아라한이 되었고(MA.iii.276), 웨카낫사 유행승(M80)은 부처님의 신도가 되었으며, 산다까 유행승(M76)은 제자들에게 부처님 가르침을 닦으라고 권고하고 있다.

(2) 제9장 「왕 품」 (M81~M90)

'왕'은 rāja를 옮긴 것이다. 왕은 『율장』(Vin.iii.222)에서 "통치를 하는 자(yo koci rajjaṁ kāreti)"라고 정의되듯이 나라나 지역을 다스리는 사람을 지칭하는 말이다. 같은 『율장』은 다시 "'왕(rāja)'이란 전 대지의 왕, 나라의 왕, 지역의 왕, 국경을 통치하는 자, 판결하는 자, 국무총리, 자르고 죽이는 것을 명령하는 자를 말하는데, 이를 일컬어 왕이라 한다." (Vin.iii.47)라고 설명하고 있다. 한편 『디가 니까야』 제3권 「세기경」 (D29) §21과 『청정도론』 XIII.54에서는 "법으로 남들을 통치한다(dhammena pare rañjeti)고 해서 '왕, 왕'이라는 단어가 생겨났다."고 설명한다. PED에서 rāja라는 단어를 길게 설명하고 있듯이 왕으로 옮겨지는 라자(rāja)는 다양한 문맥에서 쓰이고 있다. rāja에 대한 더 자세한 설명은 PED의 *s.v.* rāja를 참조하기 바란다.

그러면 본 품에 나타나는 열 개의 경들을 간단하게 개관해 보자. 본 품의 첫 번째 경인 「가띠까라 경」(M81)은 깟사빠 부처님 시대에 있었던 가띠까라라는 도기공과 그의 친구인 조띠빨라 바라문 학도의 이야기를 담고 있다. 본경 §14 이하에는 깟사빠 부처님 시대에 까시(바라나시)의 왕이었던 끼끼 왕이 언급되는데 그래서 본경을 여기 「왕 품」에 포함시킨 듯하다. 두 번째인 「랏타빨라 경」(M82)은 랏타빨라 존자의 출가기와 설법을 간직한 경이다. 경의 후반부에 꼬라뱌 왕에게 설한 네 가지 가르침이 나타나는데 그래서 본경을 여기 「왕 품」에 포함시켰다. 세존께서 먼 전생에 마카데와라는 왕이었을 때의 일화를 설하시는 것을 담고 있는 「마카데와 경」(M83)도 본 품에 포함되어 있다.

「마두라 경」(M84)은 사성계급의 평등에 관해서 마하깟짜나 존자가 마두라의 아완띠뿟따 왕에게 설한 가르침을 담은 경이다. 「보디 왕자 경」(M85)은 부처님께서 불교 모태신앙의 원조라 할 수 있는 보디 왕자에게 불교의 핵심을 밝히시고 지금・여기에서 청정범행을 완성하는 방법을 설하신 가르침이다. 같은 왕자인데 아바야 왕자에게 설하신 본서 제2권 「아바야 왕자 경」(M58)은 제6장 「장자 품」에 포함되어 있지만 「보디 왕자 경」은 이곳 「왕 품」에 포함되어 나타난다.

부처님 당대에 희대의 도적이요, 살인마였던 앙굴리말라가 부처님 제자로 출가하여 아라한이 된 유명한 일화를 담고 있는 「앙굴리말라 경」(M86)에는 §7 이하에서 빠세나디 꼬살라 왕이 등장한다. 「애생경」(愛生經, M87)에는 세속적 가치를 존중하는 빠세나디 꼬살라 왕과 비세속적인 가치를 옳다고 받아들이는 말리까 왕비의 대화가 주된 내용으로 나타나므로 이곳 「왕 품」에 포함시켰다. 「외투 경」(M88)은 세존에 대한 무서운 소문을 배경으로 해서 빠세나디 꼬살라왕과 아난다 존자 간에 나눈 대화를 담고 있는 경이다. 「법탑 경」(M89)에는 빠세나디 꼬살라 왕이 10가지로 부처님께 최상의 존경을 표하는 내용이 담겨 있다. 「깐나깟탈라 경」(M90)은 깐나깟탈라의 녹야원에서 가졌던 빠세나디 꼬살라 왕과 세존과의 대화를 담은 경으로, 왕은 네 가지를 질문드리고 세존께서는 여기에 대해서 대답하시는 것으로 구성되어 있다.

여기서 보듯이 본 품에는 빠세나디 꼬살라 왕(rājā Pasenadi Kosala)과 관계된 경이 M86부터 M90까지 본 품의 반에 해당하는 다섯 개가 포함되어 있다. 빠세나디 왕은 부처님의 가장 중요한 재가신도 중의 한 사람이었으며, 부처님과 동갑이었다.(M89 §19) 그와 관계된 경 25개를 『상윳따 니까야』 제1권 「꼬살라 상윳따」(S3)에 모아서 결집할 정도로 그는 세존과 돈독한 관계를 유지하였다.

(3) 제10장 「바라문 품」(M91~M100)

본 품은 인도의 종교인과 지식인으로 대표되는 바라문들과 관계되는 경들을 모은 것이다. '바라문(婆羅門)'은 brāhmaṇa(Sk.와 동일)를 음역한 것이다. 바라문은 인도의 종교인과 지식인을 대표하는 사람들로 바라문이라는 특정 계급 출신이며 독신이 아니라 결혼을 하고 산다. 물론 8살부터 20살까지 12년간은 스승의 문하에서 독신으로 금욕생활을 하면서 베다 등을 학습한다. 초기불전의 도처에 나타나듯이 바라문들은 세존과 심도 깊은 대화가 가능한 지적이고도 양심적인 사람들이 대부분이었다. 그러나 그들 가운데는 바라문 계급의 우월주의에 빠진 사람들이 많았다. 그래서 본 품에도 여기에 대한 부처님의 강한 비판이 담겨 있는 경들이 많다.

그리고 부처님 제자들 가운데서도 사리뿟따 존자, 목갈라나 존자, 마하깟사빠 존자, 뿐나 만따니뿟따 존자 등 교단을 대표하는 인물들에는 바라문 출신들이 많았다. 주석서들에서는 "'바라문(brāhmaṇa)'이란 최상(seṭṭha)이며 결점이 없다는(niddosa) 뜻이다."(AA.iii.4)라거나 "사악함을 내몰았기(bāhita-pāpatā) 때문에 바라문이라는 술어가 생긴 것이니 번뇌 다한 자(khīṇāsava)를 말한다."(AAṬ.ii.203)라는 등으로 바라문을 정의하고 있다.

한편 본 품에 포함된 「와셋타 경」(M98) §10 이하의 게송들과 『법구경』 「바라문 품」(Dhp.390~423)에서도 부처님께서는 진정한 바라문을 여러 가지로 정의하고 계시는데 탐·진·치가 다하고 번뇌가 다한 성자야말로 진정한 바라문이라고 강조하신다. 바라문 집단의 출현(brāhmaṇa-maṇḍala)에 대한 불교식의 이해는 『디가 니까야』 제3권 「세기경」(D27) §22를 참조하기 바란다.

그러면 본 품에 포함된 경들을 간략하게 개관해 보자. 본 품의 첫 번째 경은 「브라흐마유 경」(M91)인데 본경은 120살이 된 브라흐마유 바라문의 제자 웃따라 바라문 학도의 관찰을 통해서 부처님의 32상과 부처님의 일상생활을 자세히 묘사하고 있다. 두 번째 경인 「셀라 경」(M92)은 『숫따니빠따』(Sn.102ff.)에도 「셀라 경」으로 나타난다. 본경을 통해서 셀라 바라문은 자기 제자였던 300명의 바라문 학도들과 함께 출가하여 구족계를 받았고 셀라 존자와 그의 회중은 아라한이 되었다. 「앗살라야나 경」(M93)에는 세존께서 앗살라야나 바라문 학도에게 바라문 계급이 우월하지 않고 사성계급이 평등한 이유를 9가지로 말씀하시는 내용이 담겨 있다.

네 번째인 「고따무카 경」(M94)은 고따무카 바라문이 법에 부합하는 출가의 삶에 대해 우데나 존자의 가르침을 듣는 내용을 담고 있다. 한편 「짱끼 경」(M95)은 짱끼 바라문과 세존의 대화를 담고 있는 것이 아니라 그의 제자인 까빠티까 바라문 학도와 세존의 대화로 이루어져 있다. 본 대화의 주제는 진리인데 크게 다섯 가지로 구성되어 있다. 「에수까리 경」(M96)은 바라문들이 제정했다는 네 계급의 네 가지 봉사의 규정과 네 가지 재산의 규정에 대한 에수까리 바라문과 세존의 대화를 담고 있다.

세존의 상수제자인 사리뿟따 존자의 경지를 세존과 비견해 볼 수 있는 경이라 할 수 있는 「다난자니 경」(M97)은 사리뿟따 존자가 재가신도인 다난자니 바라문에게 설한 가르침을 담고 있다. 세존께서 57개의 게송으로 진정한 바라문이 무엇인지를 말씀하시는 「와셋타 경」(M98)은 세존께서 와셋타 바라문 학도와 바라드와자 바라문 학도에게 설하신 내용을 담고 있다. 「수바 경」(M99)은 재가자인 바라문의 삶과 출가자인 사문의 삶 중 어느 것이 더 뛰어난가에 대해서 네 가지로 수바 바라문 학도에게 설하신 경이다. 마지막으로 「상가라와 경」(M100)은 세존께서 사문·바라문들을 전통주의자, 믿음만을 강조하는 자, 최상의 지혜로 아는 자의 셋으로 분류해서 상가라와 바라문 학도에게 설하신 경이다.

이처럼 본 품에 포함된 10개의 경들은 모두 바라문이나 바라문 학도들에게 설하신 가르침으로 구성되어 있다. 특히 바라문 학도와의 대화를 담은 경이 네 개가 된다. 여기서 '바라문 학도'는 māṇava를 옮긴 것인데 청년, 어린이를 뜻하며, 특히 초기경들에서는 거의 예외 없이 바라문 가문 출신으로 아직 결혼하지 않고 스승 밑에서 학문과 기술을 연마하는 사람들을 칭하는 술어로 쓰이고 있다. 그래서 바라문 학도라고 옮겼다. 바라문 학도는 당시 인도의 전통 바라문 지식계급의 청년들이라고 할 수 있으며 그래서 다른 니까야에서도 바라문 학도들이 본 품의 경들에서처럼 베다와 바라문의 권위와 학문의 연마 등에 대해서 부처님과 격론을 벌이고 있다. 그러므로 그들은 진지하게 학문을 연마하는 인도의 지성을 대표하는 젊은 지식인이라 보면 되겠다.

바라문 학도라는 표현을 썼다고 해서 꼭 나이가 어린 사람들만을 칭하는 것은 아니다. 그래서 주석서는 "'바라문 학도(māṇava)'라는 것은 어릴 적(taruṇa-kāle)이나 나이 들어서나(mahallaka-kāle) 공히 그렇게 불린다."(MA.v.8)라고 설명하고 있다.

(4) 제11장 「데와다하 품」(M101~M110)

본 품은 『맛지마 니까야』 빠알리 원본의 제3권인 『마지막 50개 경들의 묶음』(Upari-paṇṇāsa) 가운데 첫 번째 품으로 나타나고 있다. 데와다하라는 본 품의 명칭은 본 품의 첫 번째 경인 「데와다하 경」(M101)에서 따온 것이다. 『마지막 50개 경들의 묶음』에 포함된 다섯 개 품의 명칭에 대해서는 본서 제4권의 해제를 참조하기 바란다.

그러면 여기 제11장 「데와다하 품」에 포함되어 있는 10개의 경들을 개관해 보자. 본 품에 포함된 경들은 다양한 견해에 관계된 경들이 주종을 이루는데 이들 여러 견해들을 불교의 입장에서 분석적으로 접근하여 이들을 하나하나 분류해내고 있다. 이 가운데서 세존께서 니간타의 업과 고행설을 심도 깊게 분석하여 비판하시고 아울러 불교의 바른 수행을 명쾌하게 드러내는 「데와다하 경」(M101)을 본 품의 첫 번째 경으로 편성하고 이를 품의 명칭으로 채택하였다.

본 품의 두 번째 경인 「다섯과 셋 경」(M102)은 『디가 니까야』 제1권 「범망경」(D1)에 대응되는 가르침으로, 『맛지마 니까야』 판 범망경이라 할 수 있다. 「범망경」(D1)은 인간이 가질 수 있는 자아와 세상에 대한 견해를 모두 62가지로 총망라한 것인데, 본경은 모두 37가지 견해들을 들고 있다. 그리고 「어떻게 생각하는가 경」(M103)에서 세존께서는 37보리분법에 대한 서로 다른 주장을 대처하는 방법 등의 세 가지에 대한 대처법을 말씀하신다. 「사마가마 경」(M104)은 니간타들의 분열을 통해서 세존 입멸 후에 생길지도 모르는 교단내의 분쟁에 대한 대처법을 설하신 가르침을 담고 있다.

한편 구경의 지혜를 선언하는 비구들에 대해서 세존께서 순차적으로 7가지로 말씀을 하시는 것이 「수낙캇따 경」(M105)이다. 그리고 「흔들림 없음에 적합한 길 경」(M106)을 통해서 세존께서는 열반이라는 성스러운 해탈뿐만 아니라 흔들림 없음에 적합한 도닦음 등의 다섯 가지에 적합한 도닦음을 말씀하신다. 「가나까 목갈라나 경」(M107)은 세존께서 순차적인 공부지음을 11개 단계로 말씀하시면서 여래는 길을 안내하는 사람일 뿐이라고 강조하시는 가르침이다.

「고빠까 목갈라나 경」(M108)은 세존께서 입멸하신 지 얼마 되지 않아 아난다 존자가 고빠까 목갈라나 바라문에게 법의 중요성을 역설하는 것으로 구성되어 있다. 「보름밤의 긴 경」(M109)은 오온으로 해체해서 보기 - 무상 · 고 · 무아 - 염오 - 이욕 - 해탈 - 구경해탈지의 해탈 · 열반을 실현하는 여섯 단계의 정형구가 설해지는 가르침이다. 본경을 듣고 60명이 아라한이 되었다고 한다. 본 품의 마지막에는 바르지 못한 사람과 바른 사람에 대한 가르침을 담고 있는 「보름밤의 짧은 경」(M110)이 실려 있다.

3. 한글 『맛지마 니까야』 제3권에 포함된 경들에 대한 해설

이제 본서에 포함된 40개의 경들을 간략하게 요약하면서 간단한 해설을 붙이는 것으로 본서의 해제를 마무리 짓고자 한다.

제8장 「유행승 품」(M71~80)

「왓차곳따 삼명 경」(M71) **해설**

왓차곳따 유행승과 부처님이 나눈 대화들은 니까야의 여러 경에서 전승되어 오는데 그 가운데서 본서의 이곳에 나타나는 세 개의 경들, 즉 본경과 「왓차곳따 불 경」(M72)과 「왓차곳따 긴 경」(M73)이 대표적인 것이다. 그는 본서 「왓차곳따 긴 경」(M73)을 통해서 마침내 출가하게 되고, 그래서 아라한이 되었다.

그리고 『상윳따 니까야』 제3권의 제33주제(S33)인 「왓차곳따 상윳따」(S33)는 그와 관계된 55개의 경들로 이루어져 있다. 이 55개의 경들은 모두 '세상은 영원하다.' … 로 전개되며 본서 「왓차곳따 불 경」(M72)에도 나타나는 10사무기(十事無記)에 관계된 내용을 담고 있다. 그 외에도 『상윳따 니까야』 제5권 「설명하지 않음[無記] 상윳따」(S44)의 「목갈라나 경」(S44:7)부터 「사비야 깟짜나 경」(S44:11)까지의 다섯 개 경에도 그와 10사무기가 나타나고 있으며, 『앙굿따라 니까야』 제1권 「왓차곳따 경」(A3:57)에도 나타난다.

그럼 본경을 간략하게 살펴보자. 왓차곳따 유행승과의 대화를 담은 본경에서는 4가지가 설명되고 있다. 첫째는 부처님은 일체지자인가 하는 문제인데 부처님께서는 일체지의 정형구를 부정하시고 삼명(숙명통, 천안통, 누진통)을 얻은 것으로 대신하신다.(§§5~10) 둘째는 아라한이 되어서도 재가자로 머물 수 있는가 하는 문제인데 세존께서는 그럴 수 없다고 말씀하신다.(§11) 셋째는 재가자로 죽은 뒤에 천상에 태어난 자가 있는가 하는 질문에는 아주 많다고 대답하신다.(§12) 넷째는 아지와까들 가운데서는 죽은 뒤에 괴로움을 끝낸 자가 있는가 하는 문제인데 그들 가운데 천상에 태어난 자는 한 명밖에 없으며(§13) 그는 업의 교설을 따르고 [도덕적] 행위의 교설을 따르는 자였다고 말씀하신다.(§§13~14)

부처님은 일체지자가 아니라 삼명을 갖춘 분임을 강조하시는(§§5~10) 본경은 왓차곳따 삼명이라는 제목을 달아서 전승되어 온다. 그러면 일체지자를 어떻게 이해해야 하는가? 여기에 대해서는 본서 「깐나깟탈라 경」(M90) §8과 주해를 참조하기 바란다.

「왓차곳따 불 경」(M72) 해설

본경은 불의 비유로 왓차곳따에게 설하신 가르침이다. 본경의 §§3~12는 10사무기(十事無記)에 관계된 내용을 담고 있다. 앞의 「왓차곳따 삼명 경」(M71) 해설에서 보았듯이 니까야에 포함된 왓차곳따 유행승과 관계된 경들은 대부분 10사무기의 문제를 다루고 있다. 이 열 가지는 다음과 같다.

① 세상은 영원하다. ② 세상은 영원하지 않다. ③ 세상은 유한하다. ④ 세상은 무한하다. ⑤ 생명과 몸은 같은 것이다. ⑥ 생명과 몸은 다른 것이다. ⑦ 여래는 사후에도 존재한다. ⑧ 여래는 사후에 존재하지 않는다. ⑨ 여래는 사후에 존재하기도 하고 존재하지 않기도 한다. ⑩ 여래는 사후에 존재하는 것도 아니고 존재하지 않는 것도 아니다.(§§3~12)

세존께서는 이러한 10가지 문제에 대해서는 답변을 하지 않으셨다. 그래서 이것을 중국에서는 10사무기(十事無記)라고 표현하고 있다. 본경에서도 왓차곳따 유행승이 세존께서는 이러한 열 가지 문제에 대한 견해를 인정하시는지를 여쭙자 세존께서는 그렇지 않다고 대답하신다.(§§3~12)

그러면 세존께서는 왜 10가지 문제에 대해서 아무런 견해를 가지지 않으시냐고 왓차곳따 유행승이 질문을 드리자(§13) 세존께서는 이런 10가지 문제는 괴로움과 함께하고 속상함과 절망과 열병과 함께하는 것이고, 또 그것은 역겨움으로, 탐욕의 빛바램으로, 소멸로, 고요함으로, 최상의 지혜로, 바른 깨달음으로, 열반으로 인도하지 못한다고 대답하신다.(§14) 그리고 여래는 오온의 일어남과 사라짐을 보셨기 때문에 여래는 이러한 열 가지 문제와 같은 사변적 견해를 버렸다고 말씀하신다.(§15)

다시 세존께서는 불이 조건에 의해서 불타고 조건이 다하면 꺼짐을 설명하시고,(§19) 그와 같이 여래를 물질, 느낌, 인식, 심리현상들, 알음알이의 오온으로 설명할 수 없다고 말씀하신다.(§20) 이러한 불의 비유를 소중하게 여겨 본경은 「왓차곳따 불 경」이라는 제목으로 전승되어 내려온다. 세존의 간곡하신 설명에 감동을 받은 그는 재가신도로 귀의한다.(§22)

「왓차곳따 긴 경」(M73) 해설

수행은 유익함과 해로움 즉 선(善, kusala)과 불선(不善, akusala)의 판단으로부터 시작된다. 그래서 초기불전에서 바른 정진은 항상 선법과 불선법의 판단으로 정의된다.(M141 §29 등) 바른 정진은 불선법에 대한 두 가지와 선법에 대한 두 가지로 정의되기 때문에 이것을 4정근(四正勤, 네 가지 바른 노력)이라 부른다. 이미 재가신도가 된 왓차곳따도 해탈・열반을 실현하는 바른 정진을 하기 위해서 본경에서 선과 불선에 대해 여러 가지 질문을 드린 뒤 마침내 출가를 결행한다.(§§15~17) 바른 정진이 선・불선의 판단에서부터 출발함을 우리 불자들은 결코 잊어서는 안 될 일이다.

본경에서 왓차곳따가 "유익함[善]과 해로움[不善]에 대해서 간략하게 말씀해주시면 감사하겠습니다."라고 말씀드리자(§3), 세존께서는 탐・진・치는 불선이고 불탐・부진・불치는 선이며(§4), 열 가지 해로운 법은 불선이고 열 가지 유익한 법은 선이라고 말씀하신다.(§5)

다시 그는 부처님제자 가운데 심해탈과 혜해탈을 얻은 자 즉 아라한이 있느냐고 여쭙고 세존께서는 많다고 대답하신다.(§7) 비구니에 대해서도 같은 문답을 나눈다.(§8) 같은 방법으로 불환자가 된 청신사와 스승의 가르침에 머무는 청신사(§§9~10)에 대해서, 또한 청신녀에 대해서도(§§11~12) 같은 문답을 나눈다.

그러자 그는 세존께 감격에 찬 말씀을 드리고 드디어 부처님제자로 출가한다.(§§15~17) 출가하여 유학의 경지에 도달한 그는 세존께 더 높은 법을 가르쳐주시기를 간청하고(§17) 세존께서는 사마타[止]와 위빳사나[觀]의 두 가지 법들을 더 닦으면 여러 가지 요소[界]들을 꿰뚫어 보게 될 것이고(§18) 이렇게 하면 육신통을 얻게 된다고 육신통의 정형구로 말씀하신다.(§§19~24)

이렇게 하여 그는 아라한이 되었으며(§25), 세존께서는 그를 신통과 위력을 갖춘 아라한이라고 인정하신다.(§28)

「디가나카 경」(M74) 해설

인간은 견해의 동물이다. 인간은 매순간 대상과 조우하면서 수많은 인식을 하게 되고 그런 인식은 항상 견해로 자리 잡기 때문이다. 세존께서는 『디가 니까야』 제1권 「범망경」(D1)에서 인간이 가질 수 있는 견해들을 모두 62가지로 분류해서 말씀하신 뒤 이러한 모든 견해는 감각장소 - 감각접촉 - 느낌 - 갈애 - 취착 - 존재 - 생 - 노사의 8지 연기를 통해서 일어남을 밝히고 계신다.(D1 §3.71) 그리고 37가지로 정리되는 견해의 문제를 다루고 있는 본서 「다섯과 셋 경」(M102)과 「범망경」(D1)은 이러한 모든 견해들은 결국 지금·여기에서 여섯 가지 안의 감각장소[六內處]와 여섯 가지 밖의 감각장소[六外處]와 이들의 감각접촉[觸]에 기인한 것이라는 결론에 도달한다.(M102 §25)

그러면 이러한 견해에 어떻게 대처해야 하는가? 본경에서 세존께서는 그 방법을 제시하신다. 본경에서 세존께서는 사문·바라문들의 주장과 견해를 ① 나는 일체를 인정한다. ② 나는 아무것도 인정하지 않는다. ③ 나는 어떤 것은 인정하고 어떤 것은 인정하지 않는다는 3가지로

정리해서 설명하시면서 지혜로운 사람들은 이런 견해들을 버리고 배제한다고 말씀하신다. (§§4~8)

다시 세존께서는 이처럼 세 가지로 정리되는 주장과 견해들을 버리고 몸의 무상 · 고 · 무아를 있는 그대로 통찰할 것을 말씀하신다.(§9) 특히 즐거운 느낌과 괴로운 느낌과 괴롭지도 즐겁지도 않은 느낌의 무상을 통찰해서 염오 - 이욕 - 해탈 - 구경해탈지를 체득할 것을 강조하신다.(§§10~12, 여기에 대해서는 본서 제4권 M148의 해제 등도 참조할 것) 이렇게 마음이 해탈한 비구는 누구를 편들지도 않고 누구와 논쟁하지도 않으며 세상에서 통용되고 있는 말을 집착하지 않고 사용할 뿐이라고 설명하신다.(§13)

이처럼 참다운 수행자는 견해의 문제에 빠지지 않고 지금 · 여기에서 몸과 느낌 등의 무상 · 고 · 무아를 통찰해서 염오 - 이욕 - 해탈 - 구경해탈지를 체득한다고 세존께서는 강조하신다. 이것이야말로 진정으로 견해의 문제를 뛰어넘는 것이다. 이런 귀중한 말씀을 듣고 디가나카 유행승은 예류자가 되지만 정작 그의 삼촌인 사리뿟따 존자는 세존의 뒤에서 세존께 부채질을 해드리면서 이 가르침을 듣고 드디어 아라한이 된다.(§14)

「**마간디야 경**」(M75) **해설**

세존께서는 감각적 욕망에 대한 갈애를 비롯한 모든 갈애의 소멸을 강조하신다. 갈애를 소멸해야 궁극적 행복인 열반이 실현되기 때문이다. 그래서 갈애는 불교 만대의 진리인 사성제의 두 번째 진리인 괴로움의 일어남의 성스러운 진리[集聖諦]요, 이 갈애가 소멸된 경지인 열반은 세 번째 진리인 괴로움의 소멸의 성스러운 진리[滅聖諦]로 자리 잡는다. 이처럼 열반은 소멸[滅, nirodha]과 동의어로 니까야의 여러 곳에서 정의된다.(『초기불교 이해』 100쪽 이하 참조)

그런데 불교의 최고의 진리요, 출가자들을 위시한 모든 불자들이 추구하는 궁극적 행복인 열반이 소멸로 이해되자 예로부터 지금까지 수많은 사람들의 오해를 받고 지탄받아 온 것이 사실이다. 소멸이 불교의 궁극적 목적이라니 부처님이야말로 진정한 허무주의자요, 파괴주의자라는 것이다. 그래서 본경에서도 마간디야 같은 동시대 수행자는 부처님을 존재의 파괴자(bhūnaha)요, 성장의 파괴자(vaḍḍhi-hata)라고 비난하고 있다.(§5, §8)

그리고 『앙굿따라 니까야』 제5권 「웨란자 경」(A8:11)에서도 웨란자 바라문은 이러한 부처님을 비난하여, 부처님이야말로 맛이 없는 자, 재물이 없는 자, [업]지음 없음을 말하는 자(도덕부정론자), 단멸을 말하는 자(단멸론자), 혐오하는 자, 폐지론자, 고행자, 모태에 들지 않는 자(천상의 모태에 태어나지 못하는 자)라고 하면서 이러한 여덟 가지 저주의 말을 내뱉는다. 그러나 세존께서는 웨란자 바라문의 그런 말에 대해 불교적인 해석으로 감동을 주셨다.

그러면 정말 부처님은 파괴자인가? 부처님께서는 이 문제에 어떻게 대응하시는가? 본경은 여기에 대한 부처님의 대응을 담고 있다. 부처님은 세 가지로 이 문제에 대응하신다.

① 육근을 단속하여 감각적 욕망을 극복하는 것이 파괴가 아니라는 점을 세존께서는 여러 가지 비유를 들면서 말씀하신다.(§§8~18)

② 병 없음이 최상의 이득이고 열반은 최상의 행복이라고 말씀하신다. 마간디야는 육체적 병 없음을 열반이라고 이해한다. 세존께서는 장님의 비유로 나무라신다.(§§19~21)

③ 마간디야가 병 없음을 알고 열반을 볼 수 있는 그런 방법에 대해서 말씀해주시기를 청하자 세존께서는 오취온의 취 - 유 - 생 - 노사우비고뇌로 괴로움의 일어남과(§24) 오취온의 취 - 유 - 생 - 노사우비고뇌로 괴로움의 소멸을 말씀하신다.(§25) 이처럼 세존께서는 취 - 유 - 생 - 노사의 4지연기를 통해 전체 괴로움의 무더기가 소멸한 참다운 행복이라 불리는 열반을 드러내시는 것이다.

세존의 말씀을 듣고 마간디야는 출가를 결행하여 구족계를 받고 아라한이 되었다.(§§26~28)

「**산다까 경**」(M76) **해설**

부처님 당시에 인도에는 불교 수행자와 육사외도와 유행승들을 포함한 많은 사문・바라문 집단이 있었다. 그러면 이들 사문・바라문들과 부처님 가르침의 차이는 무엇일까? 본경은 이 문제를 다루고 있다. 본경은 아난다 존자가 오백 명의 제자를 거느린 산다까 유행승과 나눈 대화로 구성되어 있다. 본경에는 네 가지 내용이 담겨 있는데 그것은 (1) 네 가지 청정범행이 아닌 것 (2) 네 가지 안식을 주지 못하는 청정범행 (3) 부처님의 교설과 가르침 (4) 아라한에 대한 두 가지 논의이다. 이들을 간단하게 정리해 보면 다음과 같다.

(1) 네 가지 청정범행이 아닌 것

① '보시도 없고 공물도 없고 제사(헌공)도 없다. …'로 시작되는 아지따 께사깜발리의 [사후] 단멸론[3](§7)

② '행하거나 다른 사람에게 행하도록 시키고, 절단하거나 다른 사람에게 절단하도록 시키고, …'로 전개되는 뿌라나 깟사빠의 도덕부정론(akiriya-vāda, D2 §§16~18)(§10)

③ '중생들이 오염되는 데에는 어떤 원인도 없고 어떤 조건도 없다. …'로 전개되는 막칼리 고살라의 윤회를 통한 청정(saṁsāra-suddhi) 혹은 무인론(ahetuka-vāda, D2 §§19~21)(§13)

④ '이러한 일곱 가지 몸들이 있나니, 만들어진 것이 아니고, …'로 전개되는 빠꾸다 깟짜야나의 결정론(akaṭa-vāda, D2 §§25~27)(§16)

(2) 네 가지 안식을 주지 못하는 청정범행

① 모든 것을 아는 자요[一切知者] 모든 것을 보는 자[一切見者]라면서 '나는 걸어갈 때에도 서있을 때에도 잠잘 때에도 깰 때에도 언제나 한결같이 지와 견이 확립되어 있다.'라고 완전한 지와 견을 선언하는 것.(§21)

② 구전되어 온 것을 의지하고 구전되어 온 것을 진리로 여기면서도

---

3) uccheda-vāda, 『디가 니까야』 「사문과경」(D2) §§22~24 참조.

잘못된 경우가 있는 것.(§24)

③ 논리가요, 탐구자이면서도 잘못되는 경우가 있는 것.(§27)

④ 말이 혼란스럽고 뱀장어처럼 빠져나가는 애매모호한 자들의 경우.(§30)

(3) 부처님의 교설과 가르침: 『맛지마 니까야』의 15단계 계·정·혜의 정형구로 설명이 됨(§§35 ~50)

(4) 아라한이 되어도 감각적 욕망을 즐기는가의 문제와(§51) 아라한의 번뇌멸에 대한 지견의 문제(§52): 전자는 해탈한 아라한이 되면 범할 수 없는 다섯 가지 경우들로 설명하고 후자는 반조할 때 '나의 번뇌는 멸했다.'라고 안다고 설명함.

아난다 존자의 설명에 감동을 받은 산다까 유행승은 제자들에게 세존 아래서 청정범행을 닦도록 권고하는 것으로 경은 마무리가 된다.(§§53 ~54)

「사꿀루다이 긴 경」(M77) 해설

세존께서는 깨달음을 성취하신 뒤 잠시 주저하시다가 전법을 하기로 결심하신다.(본서 제1권 M26 §19 이하 참조) 그래서 오래지 않아 1250명의 아라한을 배출하며 인도 중원에서 가장 뛰어난 수행자로 자리매김을 하신다. 그래서 이런 세존을 두고 초기불전의 몇 곳에서 외도들은 세존을 요술쟁이(māyāvi)라고 비난하기도 한다. 본서 제2권 「우빨리 경」(M56) §8에서 니간타들은 "사문 고따마는 요술쟁이입니다. 그는 개종시키는 요술을 알아서 다른 외도들을 제자로 개종시킵니다."라고 말하고 있다. 『앙굿따라 니까야』 제2권 「밧디야 경」(A4:193)에서도 밧디야는 세존께 '사문 고따마는 요술쟁이다. 그는 개종시키는 요술을 알아서 다른 외도들을 제자로 개종시킨다.'는 말이 사실인가를 여쭙는다. 세존의 가르침을 들은 밧디야는 오히려 "세존의 개종시키는 요술은 축복입니다."라고 감격하고 있다.

특히 외도 유행승들이나 신자들이 개종을 하는 것은 그만큼 부처님 가르침이 뛰어나기 때문일 것이다. 본경은 세존의 법의 특징에 대해서 사꿀루다이 유행승과 부처님의 대화로 진행이 된다.

세존께서는 부처님 제자들이 부처님을 따르는 다섯 가지 이유를 말씀하신다. 그것은 ① 최상의 계의 무더기[戒蘊]를 구족함(§11) ② 뛰어난 지와 견(§12) ③ 고결한 통찰지(§13) ④ 네 가지 성스러운 진리(§14) ⑤ 모두 22가지로 정리되는 도닦음과 그 실현(§§15~36)이다. 세존께서는 이러한 법들을 구족하셨기 때문에 많은 사람들이 세존의 문하로 출가를 하거나 재가신도가 된다는 말씀이다.

여기서 마지막 다섯 번째의 22가지는 37보리분법의 구성요소 7가지, 여덟 가지 해탈[八解脫], 여덟 가지 지배의 경지[八勝處], 열 가지 까시나의 장소, 네 가지 禪의 정형구와 비유, 위빳사나의 지혜의 정형구와 비유, 마음으로 [다른 몸을] 만드는 신통의 정형구와 비유, 육신통의 정형구들과 비유들이다.

여기서 위빳사나의 지혜부터 누진통까지(§§29~36)의 8가지는 『디가 니까야』 제1권 「사문과경」(D2) §83 이하 등의 10개의 경에도 나타나는 여덟 가지 명지[八明, 八通, aṭṭha vijjā]의 내용이다.(본서 제1권 역자 서문 §8-(1)도 참조할 것) 이처럼 부처님의 특질 가운데 다섯 번째에는 37보리분법의 7가지 구성요소 - 8해탈 - 8승처 - 10가지 까시나 - 4선 - 8통의 정형구의 여섯 가지가 포함되는데 역자는 이것을 각각 7+1+1+1+4+8=22로 계산하여 모두 22가지라고 표현하고 있다.

이런 세존의 말씀을 듣고 아래 「사꿀루다이 짧은 경」(M79)에서 사꿀루다이 유행승은 세존의 제자로 출가하겠다고 하지만 그의 제자들이 만류하여 결행을 하지 못한다.(§§45~46)

「**사마나만디까 경**」(M78) **해설**

인도의 종교인은 사문과 바라문의 두 종류가 있다. 사문은 계급과 관계없이 세속생활을 버리고 독신으로 수행하는 자들이며 니까야에서 많이 언급되는 육사외도와 유행승들이 사문집단에 속한다. 그러면 누가 진정한 사문인가? 본경은 이 문제에 대한 부처님의 가르침이 담겨 있다.

사마나만디까의 아들인 욱가하마나 유행승은 그를 찾아온 빤짜깡가 목수에게 네 가지 법을 구족한 자가 최고의 경지를 얻은 자요, 대적할 수 없는 사문이라 천명한다.

그 넷은 몸으로 나쁜 업을 짓지 않고 나쁜 말을 하지 않고 나쁜 사유를 하지 않고 나쁜 생계로 삶을 영위하지 않는 것이다.(§5)

이러한 말을 빤짜깡가로부터 전해 들은 세존께서는 유행승의 말에 의하면 어리고 아무것도 모르고 아직 뒤척이지도 못하고 반듯하게 누워만 있는 갓난아이가 진정한, 대적할 수 없는 사문이 될 것이라고 나무라신다.(§8)

세존께서는 먼저 결론적으로 열 가지 법을 구족한 인간을 최고의 경지를 얻은 자, 대적할 수 없는 사문이라 한다고 천명하신다(§9) 여기서 열 가지 법을 구족한 인간은 본경 §14에 나타나는 무학의 십정도(十正道) 즉 바른 견해부터 바른 지혜, 바른 해탈까지를 구족한 인간을 말한다. 먼저 §9에서 이렇게 선언하시고 다시 §§11～13에서는 각각 해로운 계행, 유익한 계행, 해로운 사유, 유익한 사유를 말씀하시고 §14에서 최종적으로 무학의 십정도를 구족한 사람을 열 가지 법을 구족한 인간이라고 결론을 지으신다. 십정도의 가르침은 본서 제4권 「위대한 마흔 가지 경」(M117) §34 이하에도 나타나므로 참조하기 바란다.

십정도를 갖춘 자야말로 진정한 사문이라는 이 말씀은 세존의 임종 직전에 마지막으로 세존의 제자가 된 수밧다 유행승에게 팔정도가 있기 때문에 불교 교단에는 진정한 사문이 있다고 하신 「대반열반경」(D16 §5.27)의 말씀과도 궤를 같이한다. 이처럼 팔정도 혹은 십정도는 불교의 가장 중요한 실천도이면서도 진정한 사문인가 아닌가를 판단하는 잣대가 되기도 한다.

「**사꿀루다이 짧은 경**」(M79) **해설**

사문과 바라문은 인도 종교인을 총칭하는 술어이며 특히 초기불전에서 강조되어 나타난다. 인도 종교인의 가장 큰 관심은 목샤(해탈, Sk. mokṣa, Pali.mokkha = vimokkha)이다. 바라문들이 전승해온 우빠니샤드가 그러하고 현존하는 자이나교 등의 가르침이 그러하다. 특히 사문은 이러한 목샤(해탈)를 실현하기 위해서 출가하여 독신으로 수행에 전념하는 자들을 총칭하는 말이다. 그러면 이러한 목샤는 어떻게 실현되는가? 목샤를 실현하기 위한 참다운 수행이란 무엇이며 그 수행을 통해서 드러나는 경지는 무엇인가? 본경은 이런 문제를 다루고 있다. 본경과 다음 경은 특히 수행 중에 나타나는 광명(vaṇṇa)이라는 경계를 다루고 있다. 본경에서 세존께서는 이처럼 광명의 문제를 다루신 뒤 진정한 행복이 무엇인지를 말씀하시며 마지막으로 계・정・혜로 불교의 수행과정을 말씀하신다.

본경에서 세존께서는 이러한 세 가지를 통해서 수행과 그 경지에 대해서 사꿀루다이에게 말씀하시는데 이것을 다시 정리해 보면 (1) 최상의 광명(§§9~19) (2) 오로지 행복뿐인 세계(§§20~27) (3) 진정한 수행의 길인 15단계 계・정・혜의 정형구(§§28~44)이다. 이것을 조금 더 부연해 보자.

(1) 세존께서는 우다이가 최상의 광명이라고 주장한 것이 최상의 광명이 아니라고 여러 보기를 드신 뒤에(§§9~17) 반딧불보다도 더 희미하고 더 하잘것없는 광명을 가지고 '이것이 최상의 광명이다.'라고 말한다고 나무라신다.(§18)

(2) 오로지 행복뿐인 세계에 대해서(§§20~27): 우다이는 살・도・음・망을 금하고 고행하는 것이 오로지 행복뿐인 세계를 실현하는 도닦음이라고 하지만(§21) 세존께서는 그렇지 않음을 대화로 밝히신 후(§22~23) 그런 행복뿐인 세계를 실현하는 방법으로 초선부터 제4선까지의

정형구를 말씀하신다.(§§25~27) 제3선까지 말씀하시자 '우리는 망했다.' 고 외치며 그 회중에는 동요가 생겼다.

(3) 본서의 여러 곳에 정리되어 나타나기도 하는 『맛지마 니까야』의 15단계 계·정·혜의 정형구(§§28~44)를 진정한 수행의 길로 말씀하신다.

이런 세존의 말씀을 듣고 사꿀루다이 유행승은 세존의 제자로 출가하겠다고 하지만 그의 제자들이 만류하여 결행을 하지 못한다.(§§45~46) 주석서는 그는 아소까 법왕의 시대에 빠딸리뿟따(지금의 빠뜨나)에서 태어나 출가하여 앗사굿따 장로(assagutta thera)라는 아라한이 되었는데 그는 당시 전 인도 비구승가의 교계사가 되었다고 밝히고 있다.(MA.iii.275~276)

「웨카낫사 경」(M80) 해설

본경도 수행 중에 나타나는 광명의 문제를 다루고 있다. 웨카낫사 유행승이 세존을 뵈러 와서 "이것이 최상의 광명이다. 이것이 최상의 광명이다."라는 감흥어를 읊자(§2) 세존께서는 §§2~11에서 바로 앞의 「사꿀루다이 짧은 경」(M79) §§10~18과 동일한 대화로 그 광명이란 것이 수행자에게는 하잘것없는 것임을 말씀하신다.

그런 뒤에 세존께서는 §12에서 다섯 가닥의 얽어매는 감각적 욕망의 정형구를 설하신다. 주석서에 의하면 이 유행승은 감각적 욕망에 열중하는 사람이라서 이 가르침이 그에게 적합할 것이라고 생각하시면서 이 가르침을 시작하셨다고 한다.(MA.iii.277) 그러고 나서 §13에서 이것을 능가하는 즐거움으로 열반을 말씀하신다. 유행승이 그것에 대해서 말씀을 해달라고 하지만 세존께서는 다른 견해를 가졌고 다른 가르침을 받아들인 사람은 감각적 욕망을 능가하는 즐거움을 알기란 어렵고, 번뇌 다한 비구들이라야 그 감각적 욕망을 능가하는 즐거움을 알 수 있다고 말씀하신다. 그는 언짢아하였지만 세존의 말씀을 다시 듣고 재가신도로 귀의를 한다.(§§15~17)

제9장 「왕 품」(M81~90)

「가띠까라 경」(M81) 해설

니까야에는 부처님이 어느 곳을 지나시다 미소를 지으시고 그래서 그 곳과 인연이 있는 전생 이야기를 하신 경들이 몇 개 있는데 본경도 그 가운데 하나이다. 부처님이 이처럼 특정 장소에서 미소를 지으신 것은 본서 「마카데와 경」(M83) §2와 『앙굿따라 니까야』 제3권 「가웨시 경」(A5:180) §1에도 나타나며, 『상윳따 니까야』 제2권 「뼈 경」(S19:1) §3에서는 마하목갈라나 존자도 이런 미소를 지은 것으로 나타난다.

부처님과 아라한들이 지으시는 이러한 미소가 아비담마에서 미소짓는 마음(hasituppāda-citta)[4]으로 정착이 된 듯하다.

본경은 깟사빠 부처님 시대에 웨발링가라는 상업도시에 거주했던 가띠까라라는 도기공과 그의 친구인 조띠빨라 바라문 학도의 이야기를 담고 있다. 가띠까라 도기공은 깟사빠 부처님께 지극한 믿음을 갖고 있었고, 조띠빨라는 절친한 친구인 가띠까라의 믿음과 정성에 감복해서 출가하여 비구가 되었다. 얼마 후 깟사빠 부처님은 유행을 하시다 바라나시에 이르게 되었다. 그때 우기의 안거를 바라나시에서 보내시라고 끼끼 왕이 제안을 드리자 깟사빠 부처님은 오히려 깟사빠 부처님에 대한 가띠까라의 지극한 믿음과 정성을 끼끼 왕에게 드러내어 말씀하신다.(§§18~21) 이렇게 하여 가띠까라 도기공의 일화를 말씀하신 뒤 세존께서는 당신이 그때의 조띠빨라 바라문 학도였다고 말씀하시면서 본경의 말씀을 마무리 지으신다.

「랏타빨라 경」(M82) 해설

본경은 랏타빨라 존자의 출가기와 설법을 간직한 경이다. 랏타빨라

---

4) 미소짓는 마음에 대해서는 『아비담마 길라잡이』 제1장 §10의 [해설] 4를 참조할 것.

존자는『앙굿따라 니까야』「하나의 모음」(A1:14:3-2)에서 "믿음으로 출가한 자들 가운데서 랏타빨라가 으뜸이다."라고 세존께서 칭찬하고 계신다. 왜 그가 믿음으로 출가한 자들 가운데 으뜸인지 본경이 그 이유를 잘 보여주고 있다. 본경의 내용을 요약하면 다음과 같다.

랏타빨라 존자는 세존의 설법을 듣고 출가를 결심한다.(§§4~6) 부모님들의 반대가 완강하였지만 부처님 가르침에 대한 강한 믿음과 출가에 대한 확신으로 어렵게 허락을 받고 출가한다.(§§7~13) 그래서 그는 아라한이 된다.(§14)

그는 출가할 때 한 약속대로 집을 방문하였다. 본경에는 그가 집을 방문하여 벌어지는 일화들이 나타나는데(§§16~25) 특히 부친은 그의 전 아내들을 치장시켜 그에게 보냈지만 그는 좋은 게송을 읊고 집을 나온다.(§§23~25)

그리고 경의 후반부(§§26~33)에는 꼬라뱌 왕의 미가찌라 정원으로 가서 왕과 나눈 대화가 나타나고 있다. 그는 §§36~42에서 세존께서 설하신 네 가지 가르침을 왕에게 설한다. 네 가지 가르침의 주제는 다음과 같다.

(1) 세상은 견고하지 않고 달려간다.(§38)
(2) 세상은 피난처가 없고 보호자가 없다.(§39)
(3) 세상은 자기 것이 없다. 모든 것을 버리고 가야 한다.(§40)
(4) 세상은 항상 불완전하고 만족할 줄 모르며 갈애의 노예이다.(§41)

경은 마지막으로 존자가 읊은 게송을 소개하면서 마무리를 짓는다.(§42)

「마카데와 경」(M83) 해설

불교의 목적은 무엇인가? 바라문들의 염원처럼 범천의 세계 혹은 신들의 세상에 태어나는 것인가? 아니다. 불교의 목적은 깨달음과 열반의 실현이다. 부처님께서는 깨달음을 실현하지 못한 전생에는 사람들을 범천에 태어나는 것으로 인도했지만 이제 드디어 깨달음을 실현하였기 때문에 열반의 실현으로 인도한다고 본경에서도 분명히 밝히신다.(§21) 그리고 그 방법은 팔정도이다.(§21) 이처럼 본경은 불교가 불교인 이유를 팔정도를 통한 깨달음과 열반의 실현으로 분명하게 밝히고 있다.

본경도 본서 「가띠까라 경」(M81)처럼 부처님이 어느 곳을 지나시다 미소를 지으시고(§2) 그래서 그곳과 인연이 있는 전생이야기를 하시는 것으로부터 시작된다.(§3) 본경은 세존께서 먼 전생에 마카데와라는 왕이었을 때의 일화를 설하시는 것이 주 내용이다. 물론 그때의 마카데와 왕은 부처님의 전신이었다.(§21) 마카데와 왕으로부터 시작되는 마카데와 왕조의 왕들은 모두 8만4천년을 살았고 흰 머리칼이 생기면 출가하여 자・비・희・사의 네 가지 거룩한 마음가짐을 온 사방에 가득 채우면서 살았다. 이렇게 하여 8만 4천 대대손손이 마지막 왕인 니미 왕까지 모두 범천에 태어났다.(§§3~19) 그러나 니미 왕의 아들인 깔라라자나까는 집을 떠나 출가하지 않았다. 그는 그 좋은 관행을 끊어버렸다. 그는 그들 가운데서 마지막 사람이 되었다.(§20)

중요한 가르침은 본경의 마지막 부분에 나타나는데 여기서 부처님께서는 "그러나 그러한 [전통은] 오직 범천의 세계에 태어나는 것이었다."(§21)라고 분명하게 말씀하신다. 그러나 세존께서 지금에 제정하신 좋은 관행은 "속된 것에 대해 완전히 역겨움으로 인도하고, 욕망이 빛바램으로 인도하고, 소멸로 인도하고, 고요함으로 인도하고, 최상의 지혜로 인도하고, 바른 깨달음으로 인도하고, 열반으로 인도한다."(§21) 그러면 지금에 제정하신 그 좋은 관행은 무엇인가? 그것은 바로 팔정도이다. 그래서 세존께서는 "내가 제정한 이 좋은 관행을 계속 전하라. 그대는 나의 마지막 사람이 되지 마라."(§21)라고 간곡하게 말씀하시면서 경을 마무리하신다.

「마두라 경」(M84) 해설

불교가 당시 인도사회에 던진 큰 공헌 가운데 하나는 계급주의와 바라문 제일주의에 대한 비판을 들 수 있다. 본 『맛지마 니까야』 에서도 이 문제는 본경과 「깐나깟탈라 경」 (M90) §9 이하와 본서 제10장 「바라문 품」 의 「앗살라야나 경」 (M93)과 「짱끼 경」 (M95)과 「에수까리 경」 (M96)과 「와셋타 경」 (M98) 등에서 단호하면서도 분명한 대화나 가르침으로 나타나고 있다. 그리고 『디가 니까야』 에서는 제1권 「암밧타 경」 (D3)과 「소나단다 경」 (D4)과 「삼명경」 (D13)과 제3권 「세기경」 (D27) 등이 대표적이다.

인도 최고(最古)요 최고(最高)의 권위인 『리그베다』 의 「뿌루샤 숙따」 (Pruṣa Sūkta, 原人에 대한 찬미가)는 노래한다. "바라문은 그(뿌루샤)의 입이고/ 그의 팔로부터 끄샤뜨리야가 만들어졌고/ 그의 넓적다리로부터 와이샤가/ 발로부터 수드라가 태어났다."(Rv.x.90:12) 이것이 인도의 전통적인 계급관이다. 그런데 만일 어떤 사람이 말하기를 "너는 나쁜 놈이다. 왜냐하면 내 일기장에 너는 나쁜 놈이라고 적혀 있기 때문이다."라고 한다면 이 진술은 과연 타당성을 확보할 수 있을까? 비천함과 고귀함을 논하려면 최소한의 객관적인 기준은 있어야 하는 것이 아닌가?

부처님께서는 『디가 니까야』 제3권 「세기경」 (D27)에서 끄샤뜨리야 · 바라문 · 와이샤 · 수드라의 네 집단과 사문의 집단은 모두 "중생들로부터 생겨났으며, 다른 것들로부터 생겨난 것이 아니다. 그들은 같은 자들에 의해서 생겨났으며, 다른 자들에 의해서 생겨난 것이 아니다. 그들은 법에 의해서 생겨났으며 비법(非法)에 의해서가 아니다."(D27 §21)라고 강조하시는데, 이들 네 집단은 결코 범천이나 어떤 다른 절대자나 다른 권위가 만든 것이 아니라 사람들의 필요에 의해서 사람들 사이에서 자연스럽게 생겨났다는 말씀이다. 세존의 이러한 말씀은 사성계급이 뿌루샤라는 우주적 진인의 몸에서 생겨났다고 설하는 위에서 인용한 『리그베다』 의 「뿌루샤 숙따」 (RV.x.90)의 권위를 철저히 부정하고 있다. 특히 이 「세기경」 (D27)에서 세존께서는 인류 최초의 왕은 많은 사람들(mahā-jana)이 뽑았기(sammata) 때문에 마하삼마따(Mahāsammata) 왕

이라 이름하였다고 소개하시면서 선거와 민주주의를 천명하셨다.(D27 §20 참조)

본경은 사성계급의 평등에 관한 마하깟짜나 존자의 가르침을 담은 경이다. 마두라의 아완띠뿟따 왕이 존자에게 '바라문들만이 최상의 계급이다. 다른 계급은 저열하다. …'라는 바라문들의 주장에 대해서 질문을 드린다.(§4) 바라문들의 이러한 주장은 본서 「앗살라야나 경」(M93) §5에도 똑같이 나타난다. 그 경에서 전개되는 부처님의 설명과 그곳 §5의 주해 등도 참조하기 바란다.

왕의 이러한 질문에 대해서 존자는 그것은 세상에서 하는 말에 지나지 않는다고 단언하면서(§5) 어떤 사람이 계급이 낮더라도 아주 부유하면 다른 사람들의 시중을 받는다는 예와(§5), 어느 계급이든 십불선업을 지으면 똑같이 악도에 태어난다는 예와(§6), 반대로 어느 계급이든 십선업을 지으면 똑같이 선처에 태어난다는 예와(§7), 어느 계급이든 도둑질을 하면 똑같이 왕의 처벌을 받는다는 예와(§8), 어느 계급이든 출가를 하여 청정범행을 잘 닦으면 똑같이 왕의 공경을 받는다는 예를 들면서(§9) 사성계급이 평등함을 역설한다.

왕은 감명을 받아서 부처님과 마하깟짜나 존자에게 귀의를 하는 것으로 경은 마무리된다.(§§10~11)

「**보디 왕자 경**」(M85) **해설**

보디 왕자는 꼬삼비의 우데나 왕의 아들이었으며, 어머니는 웃제니의 짠다빳조따 왕의 딸인 와술라닷따였다.(DhpA.i.191f.) 본경에 의하면 그는 코끼리 조련에 능숙하였으며(§§55~57) 어머니 뱃속에 있을 때 이미 삼귀의 계를 받은(§61) 불교 모태신앙의 원조라 할 수 있다.

본경에 나타나는 세존의 가르침은 크게 두 부분으로 구성되어 있는데 첫째는 불교의 핵심을 밝히는 부분이고 둘째는 지금 · 여기에서 청정범행을 완성하는 방법을 드러내는 것이다.

첫째, 본경에서 세존께서는 당신이 깨달음을 실현하기 전에 하셨던 수행을 길게 말씀하시는데 이 가운데 §§11~14는 본서 제1권 「성스러운 구함 경」(M26)의 §§15~17과 동일한 내용이고, §§15~42는 본서 제1권 「삿짜까 긴 경」(M36)의 §§17~44와 동일한 내용이며, §§43~53은 본서 제1권 「성스러운 구함 경」(M26)의 §§19~29와 동일한 내용으로 구성되어 있다. 이처럼 세존의 성도과정을 담고 있는 대표적인 두 개(M26과 M36)의 경의 주요 내용이 본경에서는 하나로 모아져서 나타나고 있다.

둘째, 얼마나 오래 비구가 여래의 지도를 받아야 지금・여기에서 청정범행을 완성할 수 있는가 하는 왕자의 질문에(§55) 세존께서는 삼보에 대한 믿음, 건강과 좋은 소화력, 정직하게 있는 그대로 자신을 드러냄, 열심히 정진함, 통찰지로 구성된 다섯 가지 노력하는 자의 구성요소[五勤支]를 말씀하신다.(§58)

보디 왕자는 세 번째로 세존과 가르침과 승가께 귀의하면서 경은 마무리된다.

「앙굴리말라 경」(M86) 해설

본경은 부처님 당대에 희대의 도적이요 살인마였던 앙굴리말라가 부처님 제자로 출가하여 아라한이 된 유명한 일화를 담고 있는 경이다. 경을 요약해 본다.

빠세나디 꼬살라 왕의 영토에 앙굴리말라라는 도적이 있었는데 그는 끊임없이 사람들을 죽여 그 손가락으로 화환을 만들어 걸고 다녔다.(§2) 세존께서는 그를 교화하시기 위해서 도적 앙굴리말라가 온 힘을 다해 최대한 빨리 걸어도 보통 걸음으로 가시는 세존을 도저히 따라잡을 수 없는 그런 형태의 신통변화를 나투셨다.(§5)

세존을 살해하기 위해서 안간힘을 다해 따라가던 앙굴리말라는 "멈춰라, 사문이여. 멈춰라, 사문이여."라고 외쳤다. 세존께서는 "앙굴리말라여, 나는 멈추었으니/ 모든 존재들에게 영원히 몽둥이를 내려놓았음이라./ 그러나 그대는 생명들에 대해 자제가 없으니/ 그러므로 나는 멈추었고 그대는 멈추지 않았다."(§6)라는 게송을 읊으셨고 이 게송에 발심이 되어 앙굴리말라는 출가하여 세존의 제자가 되었다.

세존께서는 앙굴리말라를 시자로 하여 급고독원에 머무셨고, 사왓티에 소문이 나자 빠세나디 꼬살라 왕이 오백의 기마병들과 함께 가서 앙굴리말라가 출가하여 비구가 된 것을 확인한다.(§§7~13)

그는 아라한이 되었으며(§16) 탁발을 나가자 흙덩이와 몽둥이와 사금파리 등이 날아와 피투성이가 되었다.(§17) 세존께서는 "감내하라, 바라문이여. 감내하라, 바라문이여. 그대가 수 년, 수백 년, 수천 년을 지옥에서 고통받을 그 업의 과보를 그대가 지금·여기에서 겪는 것이다."라고 말씀해 주셨다.(§17) 경은 존자가 한적한 곳에 가서 홀로 앉아 해탈의 행복을 맛보면서 읊은 긴 감흥어를 소개하면서 끝을 맺고 있다.(§18)

「**애생경**(愛生經)」(M87) **해설**

본경은 세속적인 가치와 비세속적인 출가자의 가치가 다름을 보여주는 경이다. 본경에서 사랑스럽고 마음에 드는 외아들이 죽은 어떤 장자가 세존을 뵈러 와서 "사랑하는 사람에게서 생겨나고 사랑하는 사람에게서 발생하는 것은 즐거움과 기쁨이다."(§3)라는 세속적인 가치를 드러낸다. 여기에 대해서 세존께서는 "참으로 근심·탄식·육체적 고통·정신적 고통·절망은 사랑하는 사람에게서 생겨나고 사랑하는 사람에게서 발생하는 것이다."(§3)라는 비세속적인 가치를 말씀하신다. 그리고 장자는 세존의 이 말씀에 크게 반발을 한다.

이 이야기가 점점 퍼져서 왕의 내전까지 흘러 들어갔다. 빠세나디 꼬살라 왕은 비세속적인 가치를 옳다고 받아들이는 말리까 왕비에 대해서 마음이 상하게 된다.(§5) 그러자 말리까 왕비는 날리장가 바라문을 세존께 보내서 세존의 말씀을 듣게 한다.(§6)

세존께서는 사왓티에 어떤 여인의 어머니 등이 임종을 하고 이런 임종으로 그 사람이 실성을 하고 정신이 나가버려 이 거리 저 거리 이 골목 저 골목을 다니면서 울부짖는 것 등을 예로 들어서 말씀하신다(§§9 ~ 22). 이 말씀을 전해 들은 말리까 왕비는 왕에게 다가가서 그들이 가장 아끼는 와지라 공주 등을 예로 들면서 비세속적인 가치가 옳은 것이라고 조언을 한다.(§§24~28)

말리까 왕비의 현명한 조언을 들은 왕은 감탄을 하였으며, 세존을 향해 합장을 하고 세 번 귀의의 감흥어를 읊는 것으로 경은 마무리된다.(§29)

「**외투 경**」(M88) **해설**

부처님이 법을 전파하신 지 얼마 되지 않아서 벌써 1250명의 아라한이 배출되는 등 인도 중원에는 불법이 크게 성행하였다. 당연히 여기에 반발하는 외도들이 생겨났을 것이다. 니까야에 나타나는 그들의 다양한 반응을 살펴보자. 논쟁을 통해서 부처님 말씀을 척파하려는 방법(본서 제2권 「삿짜까 짧은 경」(M35) §5; 「우빨리 경」(M56) §7), 부처님 문하로 출가하여 무엇을 가르치는지 알아보거나 염탐하는 방법(본서 「브라흐마유 경」(M91), 『상윳따 니까야』 제2권 「수시마 경」(S12:70 §3 이하), 허무주의자나 파괴주의자라는 등으로 말씀을 조작하는 방법(본서 「마간디야 경」(M75) §5, §8), 요술쟁이라고 유언비어를 유포하는 방법(본서 제2권 「우빨리 경」(M56) §8), 그리고 본경에서처럼 부처님의 불륜을 상정하여 퍼뜨리는 악성 유언비어 날조 등을 들 수 있을 것이다.

본경은 부처님이 여인과 내통을 하여 여인이 임신을 하였고, 그래서 그녀를 죽여 암매장을 했다는 무서운 소문을 배경으로 하여서 빠세나디 꼬살라왕과 아난다 존자 간에 나눈 대화를 담고 있는 경이다. 주석서들의 설명처럼(DhpA.iii.474f. 등) 그 당시에 부처님은 많은 사람들로부터 큰 존경을 받고 있었고 네 가지 필수품도 어렵지 않게 구할 수 있었지만 다른 외도 수행자들은 존경도 받지 못했고 필수품도 쉽게 구할 수가 없었다. 외도 수행자들은 그 사실을 참을 수 없어서 부처님을 곤경에 빠뜨릴 계략을 꾸몄고 그래서 순다리라는 여자 유행승을 꼬드겨 계략을 꾸몄다고 한다.

이 사건을 두고 빠세나디 꼬살라왕과 아난다 존자는 아찌라와띠 강둑으로 가서 대화를 한다.(§7 이하) 본경에서 아난다 존자는 "대왕이시여, 아닙니다. 그분 세존께서는 지성 있는 사문과 바라문들로부터 비난을 살 만한 그런 몸의 행위, 말의 행위, 마음의 행위를 하지 않으십니다."(§8)라고 강하게 조언을 하고 이런 말을 듣고 기뻐한 왕은 웨데히의 아들 아자따삿뚜 마가다 왕이 왕에게 선물한 외국산 외투를 보시한다.(§18) 이것을 따서 본경의 제목도 「외투 경」이 된 것이다.

「**법탑 경**」(M89) **해설**

부처님 당시의 두 강대국인 꼬살라(빠세나디 왕)와 마가다(빔비사라 왕)는 모두 아들(각각 위두다바와 아자따삿뚜)이 쿠데타로 아버지인 왕을 시해하고 왕권을 찬탈하여 왕이 되었다. 본경은 빠세나디 꼬살라 왕과 세존의 독대를 담은 경인데, 빠세나디 왕이 세존과 독대를 나누고 있을 때 그의 아들 위두다바가 쿠데타를 일으켜 왕권을 장악해버렸다. 2600여 년 전 부처님 당시에도 세속 권력의 무상함은 존재할 수밖에 없었는가 보다. 본경의 내용을 살펴보자.

빠세나디 꼬살라 왕은 세존을 친견하기 위해서 메달룸빠나라는 삭까족들의 읍으로 향했다.(§§3~7) 그리고 칼과 터번을 벗어서 그의 총사령관이었던 디가 까라야나에게 맡겼다.(§8) 주석서에 의하면 디가 까라야나는 이 왕의 다섯 가지 징표를 가지고 서둘러 군대로 돌아가 왕의 아들 위두다바에게 갔다. 이렇게 하여 그는 빠세나디 왕을 폐위시키는 데 일조한다.(MA.iii.352)

이하 본경 §§10~19에서 왕은 10가지로 부처님께 최상의 존경을 표하고 "세존의 제자 비구들은 생명이 있는 한 목숨이 다할 때까지 완벽하고 지극히 청정한 범행을 닦습니다."(§10) 등으로 그러한 존경을 표시하는 이유를 밝히고 있다. 이것이 본경의 주요 내용이다. 그러자 세존께서는 빠세나디 꼬살라 왕은 법의 탑들을 말했다고 하시며 이 가르침을 잘 호지하라고 말씀하신다.(§21) 그래서 본경의 제목이 「법탑 경」이 된 것이다.

주석서에 의하면 왕은 향실에서 나와 디가 까라야나와 위두다바가 모반한 것을 알고 조카이면서 마가다의 왕인 아자따삿뚜의 도움을 청하기 위해서 라자가하로 향했다. 그는 너무 늦게 도착하여 성문이 닫혀 있어서 도시 밖에서 잠을 청했고 거기서 다음 날 이른 새벽에 임종을 맞았다고 한다.(MA.iii.354~355)

「**깐나깟탈라 경**」(M90) **해설**

빠세나디 꼬살라 왕(rājā Pasenadi Kosala)은 부처님의 가장 중요한 재가신도 중의 한 사람이었으며, 부처님과 동갑이었다.(본서 제3권 「법탑 경」(M89) §19 참조) 본 품의 반에 해당하는 다섯 개 경(M86~M90)이 그와 관계된 것이고, 아울러 그와 관계된 경 25개를 『상윳따 니까야』 제1권 「꼬살라 상윳따」(S3)에 모아서 결집할 정도로 그는 세존과 돈독한 관계를 유지하였다. 본경도 깐나깟탈라의 녹야원에서 가졌던 빠세나디 꼬살라 왕과 세존과의 대화를 담은 경이다.

본경 §17에서 빠세나디 꼬살라 왕이 정리하고 있듯이 본경에서 왕은 다음의 네 가지를 질문드리고, 세존께서는 여기에 대해서 대답하시는 것으로 본경은 구성되어 있다. 네 가지는 다음과 같다.

① 일체지(一切知): 한 번에 모든 것을 알고 모든 것을 보는 사문이나 바라문은 없다. 그런 경우는 있을 수 없다고 세존께서 설명하신다.(§§5~8)

② 네 가지 계급의 차이: 인간에게 차이가 있다면 그것은 계급으로 인한 것이 아니라 다섯 가지 노력하는 자의 구성요소[五勤支]로 인한 것

이다. 즉 믿음, 건강함, 정직하고 현혹시키지 않음, 정진, 통찰지를 구족하는 것이라고 말씀하신다.(§§9~12)

③ 신들의 존재 여부: 신들이 여기 인간 세상으로 다시 돌아오는지, 아닌지에 대해 여쭙자 세존께서는 신이라도 고통에 예속되어 있으면 인간 세상으로 돌아올 것이고, 고통에서 벗어났으면 돌아오지 않는다고 말씀하신다. 이 주제에 대해서는 왕의 아들인 위두다바와 세존의 시자인 아난다 존자가 좀 더 많은 대화를 나눈다.(§§13~14)

④ 범천의 존재 여부: 범천이라도 신들과 마찬가지로 고통에 예속됨과 벗어남의 차이로 인간 세상에 돌아옴과 돌아오지 않음을 설명하신다.(§15)

본경에서 세존께서는 일체지에 대해 '한 번에 모든 것을 알고 모든 것을 보는 사문이나 바라문은 없다. 그런 경우는 있을 수 없다.'(§8)라고 말씀하셨다. 일체지에 대한 부처님의 이 말씀은 중요하다. 여기에 대해서 주석서는 "'한 마음으로 과거의 모든 것을 알아야겠다.'라고 전향하더라도 과거의 모든 것을 알 수 없고, 오직 한 부분(eka-desa)만 알 수 있다." (MA.iii.357)고 설명한다. 마음은 대상을 아는 것(DhsA.63)으로 정의되는데 마음은 일어날 때 반드시 대상과 더불어 일어난다. 찰나생·찰나멸을 거듭하면서 마음이 일어날 때, 특정 순간에 일어난 마음은 그 순간에 대상으로 하는 오직 그 대상만을 알 뿐이다.[5]

제10장 「바라문 품」(M91~100)

「브라흐마유 경」(M91) 해설

본경은 『맛지마 니까야』에서는 유일하게 32상이 모두 언급되는 경이고 특히 북방불교 전적에 많이 나타나는 부처님의 80종호(八十種好)와 비슷한 내용이 나타나는 니까야의 유일한 경이라 할 수 있다. 32상은 『디가 니까야』 제3권 「삼십이상 경」(D30)에 자세하게 설명되어 나타

5) 여기에 대해서는 본서 「산다까 경」(M76) §52도 참조할 것.

난다. 그러나 니까야에서 80종호가 나타나는 경은 없다. 물론 본경에서도 80종호라는 술어는 나타나지 않는다. 그러나 본경 §§10~22에서 대략 112개 정도의 부처님의 몸과 언행 등에 대한 묘사가 나타나는데 이것을 북방에서 80종호로 정착된 것과 견주어 볼 수 있다. 이제 본경을 간단하게 살펴보자.

브라흐마유 바라문이 미틸라에 살고 있었는데 120살이었다. 그는 베다 등의 학문에 달통한 사람이었다.(§2) 그는 제자 웃따라 바라문 학도를 보내서 세존을 관찰하게 하였고 웃따라는 32상을 확인하였다.(§§3~7) 웃따라는 일곱 달을 부처님의 위의를 관찰한 뒤에 브라흐마유에게 와서 그 사실을 고한다.(§8) 그의 말을 통해서 본경 §9에서는 32상을 기술하고 있고 §§10~22에서는 "그분 고따마 존자께서는 걸을 때에 오른 발부터 먼저 내딛습니다. 그분은 발을 너무 멀리 뻗지도 않고 발을 너무 가까이 내려놓지도 않습니다. …" 등으로 112개 정도의 부처님의 몸과 언행 등이 묘사되는데 이것은 80종호와 비교할 수 있어 보인다.

이런 과정을 거쳐 브라흐마유 바라문은 뒤에 세존을 만나서 대화를 나눈다.(§§28~36) 왜 세존을 부처님이라고 하는가에 대한 그의 질문에 세존께서 "최상의 지혜로 알아야 할 것을 최상의 지혜로 알았고/ 닦아야 할 것을 닦았고/ 내게서 버려야 할 것을 버렸으니/ 바라문이여, 그러므로 나는 부처입니다."(§31)라고 사성제를 드러내며 읊으신 게송은 유명하며, 본서 「셀라 경」(M92) §19와 『숫따니빠따』(Sn.109)에도 나타나고 있다.

세존께서 순차적인 가르침을 설하셔서 그는 예류자가 되었고(§36) 임종을 하여서는 불환자가 되어 정거천에 환생할 것이라고 세존께서 말씀하시는 것으로 경은 마무리가 된다.(§39)

「셀라 경」(M92) 해설

바라문은 인도의 지식인을 대표하는 계급이다. 그래서 그런지 니까야에는 많은 바라문들이 세존과 격조 높은 대화를 나누는 경들이 많이 전해온다. 그리고 대화 끝에 혼자서나 혹은 그의 제자들과 출가하여 아라한이 되는 사례도 많이 전해온다. 가섭 삼형제와 천명의 제자들도 그러하고, 사리뿟따와 목갈라나 존자도 그러하며, 본경의 셀라 바라문과 그의 제자 삼백 명도 그러하다.

본경에서 셀라 바라문은 땋은 머리를 한 고행자 께니야로부터 부처님이 세상에 출현하셨고 그분이 여러 곳을 유행하시다가 아빠나라는 앙굿따라빠의 읍에 도착하셨다는 소식을 듣는다.(§8) 그는 부처님이라는 말에 놀라면서(§§9~10) 삼백 명의 바라문 학도들과 함께 세존을 뵈러 갔다.(§12) 부처님의 32상을 확인한(§§13~14) 그는 게송으로 세존과 문답을 나눈다.(§§16~23)

"고따마시여, 왕 중의 왕,/ 인간의 제왕이 되어 통치하십시오."(§16)라고 말하는 셀라 바라문에게 세존께서는 "셀라여, 나는 왕이니 가장 위대한 법왕입니다./ 법으로써 바퀴를 굴리나니 아무도 멈추게 할 수 없는 바퀴를."(§17)이라고 대답하신다. 그리고 위의 「브라흐마유 경」(M91) 해제에서도 인용한 "최상의 지혜로 알아야 할 것을 최상의 지혜로 알았고,/ … 바라문이여, 그러므로 나는 부처입니다."(§19)라는 게송도 잘 알려져 있다.

본경을 통해서 셀라 바라문은 자기 제자였던 삼백 명의 바라문 학도들과 함께 출가하여 구족계를 받았고 셀라 존자와 그의 회중은 아라한이 되었다.(§§24~27) 본경은 『숫따니빠따』(Sn.102ff.)에도 「셀라 경」으로 나타나고 있다.

「앗살라야나 경」(M93) 해설

본경에서도 세존께서는 사성계급의 평등을 역설하신다. 사성계급의 평등에 대해서는 위의 「마두라 경」(M84)의 해설과 「깐나깟탈라 경」(M90) §9 이하 등을 참조하기 바란다.

특히 본경 §5에서 앗살라야나 바라문 학도는 바라문들은 범천(brahma)의 '입에서 태어났다.'고 인용하고 있으며, 본서 「짱끼 경」(M95) §34(=M50 §13)에서는 사문들은 '조상(범천)의 발에서 태어난 자'라고 언급된다. 이처럼 바라문들의 주장에 의하면 범천의 높은 부위에서 태어날수록 신분 혹은 계급이 높은 것으로 여기는 듯하다. 그래서 다난자니 족성을 가진 바라문들은 같은 바라문들 가운데서도 다른 바라문들은 범천의 입(mukha)에서 태어났지만 자기들은 범천의 머리(matthaka)를 열고 출현하였다고 하면서 그들의 우월성을 주장했다고 한다.(SA.i.226)

본경에서 앗살라야나 바라문 학도는 '바라문들만이 최상의 계급이다. 다른 계급은 저열하다. … 바라문들만이 범천의 입에서 태어났고, … 범천의 상속자들이다.'라는 주장을 들고 와서 부처님의 견해를 여쭌다.(§5) 이것은 본서 「마두라 경」(M84) §4에도 나타나고 있다. 이러한 주장과 견해에 대해서 부처님께서는 본경을 통해서 바라문 계급이 우월하지 않고 사성계급이 평등한 이유를 9가지로 말씀하신다.

① 바라문들의 바라문 아내들도 다른 계급의 여인들처럼 월경을 하고 잉태를 하고 출산을 하고 수유를 한다.(§5) ② 요나와 깜보자나 다른 변방에는 주인과 노예의 두 계급뿐인데 주인이 노예가 되기도 하고 노예가 주인이 되기도 한다.(§6) ③ 두 계급 다 십불선업을 지으면 처참한 곳[苦界], 불행한 곳[惡處], 파멸처, 지옥에 태어난다.(§7) ④ 둘 다 십선업을 지으면 좋은 곳, 천상세계에 태어난다.(§8) ⑤ 바라문도 적의 없는 자애로운 마음을 닦을 수 있고 끄샤뜨리야나 와이샤나 수드라도 그러하다.(§9) ⑥ 바라문도 강에서 목욕하여 먼지와 때를 씻어낼 수 있고 끄샤뜨리야나 와이샤나 수드라도 그렇게 할 수 있다.(§10) ⑦ 4계급은 동등하게 어떤 나무로든 비벼서 불을 지필 수 있다.(§11) ⑧ 부모가 계급이 다를 경우 그 자녀는 아버지의 계급으로도 어머니의 계급으로도 불릴 수 있다.(§§12~14) ⑨ 바라문 형제이지만 베다에 밝은 사람보다는 계행을 갖추고 성품이 선한 자에게 먼저 공양을 베푼다.(§§15~16)

이런 말씀의 끝에 바라문 학도는 재가신자로 귀의한다.(§19)

「고따무카 경」(M94) 해설

본경은 우데나 존자와 고따무카 바라문의 대화로 구성된 경이다. 본경에서 고따무카 바라문이 어떤 볼일이 있어 바라나시 케미야 망고 숲으로 온다. 그곳에서 그는 우데나 존자에게 법에 부합하는 출가의 삶에 대해 질문을 한다.(§§2~5)

여기에 대해서 존자는 ① 자신을 학대하여 자신을 학대하는 짓에 몰두함 ② 남을 학대하여 남을 학대 하는 짓에 몰두함 ③ 자신을 학대하여 자신을 학대하는 짓에 몰두하고 남을 학대하여 남을 학대하는 짓에 몰두함 ④ 자신을 학대하지 않아서 자신을 학대하는 짓에 몰두하지 않고 또 남을 학대하지 않아서 남을 학대하는 짓에 몰두하지 않음의 네 부류의 인간들이 존재한다고 설한다.(§5) 이 네 가지는 본서 제2권 「깐다라까 경」(M51)의 §§5~6과 동일하다. 그리고 §§10~30에서 이 네 부류의 인간을 설명하는데 이 내용은 본서 제2권 「깐다라까 경」(M51)에서 부처님이 설하신 §§8~28과 동일하다.

고따무카 바라문은 세존과 우데나 존자에 귀의한다.(§§31~32) 본경은 그의 보시로 빠딸리뿟따에 승가의 집회소를 지었으며 고따무키라고 불린다고 전하면서 마무리가 된다.(§33)

「짱끼 경」(M95) 해설

짱끼 바라문은 부처님 당시에 유명했던 바라문이다. 그래서 본서 「와셋타 경」(M98) §2와 「수바 경」(M99) §13과 『디가 니까야』 제1권 「암밧타 경」(D3) §1.1과 「삼명경」(D13) §2 등에는 짱끼 바라문, 따룩카 바라문, 뽁카라사띠 바라문, 자눗소니 바라문, 또데야 바라문과 다른 아주 잘 알려진 바라문의 큰 가문 출신들이 잇차낭갈라에 살고 있었다고 언급되고 있다. 이처럼 짱끼 바라문은 일련의 바라문들 가운데서 제일 먼저 언급되고 있다. 본경은 니까야 가운데서 짱끼 바라문과 세존이 만난 유일한 경이라고 여겨진다.

그러나 본경은 짱끼 바라문과 세존의 대화를 담고 있는 것이 아니라 그는 뒤에 앉아있고 대신에 그의 제자인 까빠티까 바라문 학도와 세존의 대화로 이루어져 있다. 본 대화의 주제는 진리인데 (1) 이것만이 진리라는 문제 (2) 진리의 수호 (3) 진리의 발견 (4) 진리에 도달함 (5) 진리에 도달하는 데 도움이 되는 법의 다섯 가지로 구성되어 있다.

(1) 먼저 까빠티까 바라문 학도는 '이것만이 진리이고 다른 것은 헛된 것이다.'라는 바라문들의 결정적인 결론에 대해 질문을 드리고(§12) 세존께서는 장님 줄 서기 등의 예를 들면서 논박하신다.(§§13~14)

(2) 어떻게 진리를 수호하는 가에 대해 세존께서는 믿음, 찬성, 구전, 이론적인 추론, 사색하여 얻은 견해로 진리를 수호하는 것을 말씀하신다.(§15)

(3) 진리의 발견에 대해 세존께서는 먼저 탐·진·치의 법들에 입각하여 수행자를 조사하는 것을 말씀하신다.(§§17~19) 그리고 그의 청정함을 관찰한 후에는 그에게 믿음이 생기고 … 몸으로 최상의 진리를 실현하고, 통찰지로써 그것을 꿰뚫어 본다고 말씀하신다.(§20)

(4) 진리에 도달하는 것은 그러한 법들을 받들어 행하고 많이 공부짓는데 있다고 대답하신다.(§21)

(5) 진리에 도달하는 데 도움이 되는 법에 대해 세존께서는 모두 13가지로 말씀하신다. 그것은 진리에 도달함 - 노력 - 조사 - 시도 - 열의 - 사유하여 받아들임 - 뜻을 살핌 - 법의 호지 - 법을 배움 - 귀기울임 - 공경 - 친견 - 믿음의 13가지이다.(§§21~33) 즉 믿음을 토대로 해서 도와 관련된 법을 배우고 그리하여 진리에 도달하게 된다는 말씀이다.

끝으로 까빠티까 바라문 학도는 이를 종합하여 세존을 찬탄하고(§34) 그는 세존의 재가신도가 된다.(§35)

「에수까리 경」(M96) 해설

본경은 바라문들이 제정했다는 바라문・끄샤뜨리야・와이샤・수드라의 (1) 네 가지 봉사의 규정과 (2) 네 가지 재산의 규정에 대해서 에수까리 바라문과 세존의 대화를 담은 경이다. 본경에서 세존께서는 계급이 아니라 십선법(十善法)을 행하는가 아니면 십불선법(十不善法)을 행하는가 하는 행위가 중요하다고 강조하신다.(§8, §§13~15)

(1) 먼저 봉사의 규정에 대해서 세존께서는 바라문들은 다른 사문·바라문들의 동의도 없이 [자기들 마음대로] 이런 네 가지 봉사를 규정했다고 비판하신다.(§4) 바라문들의 이런 태도와 이런 진술은 결코 타당성을 확보할 수 없다. 객관성이 결여되어 있기 때문이다.

세존께서는 십선법을 행하느냐 십불선법을 행하느냐가 중요하지 가문의 높고 낮음이 중요한 것이 아니라고 강조하신다.(§8) 그리고 어떤 사람에게 봉사하여 그 봉사로 인해 그에게 믿음이 증장하고 계행이 증장하고 배움이 증장하고 관대함이 증장하고 통찰지가 증장한다면 그에게 봉사해야 한다고 말씀하신다.(§9) 여기서 언급되고 있는 믿음 등의 다섯 가지는 본서 제4권 「의도적 행위에 의한 태어남 경」(M120)의 기본 주제이므로 참조하기 바란다.

(2) 걸식, 활과 화살 통, 농사와 목축, 낫과 짐 나르는 막대기를 네 계급의 재산으로 규정하는 것도 세존께서는 비판하시고(§§10~11), 대신에 성스러운 출세간법이야말로 인간의 재산이라고 규정하신다.(§12) 그래서 네 계급의 사람은 누구든지 출가하여 세존의 법에 들어와 십선법을 닦고 바른 방법인 유익한 법을 성취하게 된다고 말씀하신다.(§§13~15)

세존의 가르침에 감명을 받은 에수까리 바라문은 세존의 재가신자로 귀의한다.(§17)

「다난자니 경」(M97) 해설

본경은 부처님의 상수제자인 사리뿟따 존자가 재가신도인 다난자니 바라문에게 설한 가르침을 담고 있는데, 본경은 상수제자인 사리뿟따 존자의 경지를 세존과 비견해 볼 수 있는 경이라 할 수 있다.

본경의 전반부(§§4~25)는 다난자니 바라문이 방일하다는 안 좋은 소식을 어느 비구로부터 들은 사리뿟따 존자가 그를 만나러 가서 비법을 행하지 말고 법을 따르고 바르게 행하라고 법문을 하는 것으로 구성되어 있다.

후반부(§27 이하)는 다난자니 바라문이 중병에 걸려 사리뿟따 존자를 초대하여 법문을 듣는 내용으로 되어 있다. 존자는 "지옥과 축생의 모태 중에 어떤 것이 더 낫습니까?"라고 다난자니 바라문과 대화를 하여, 지옥 - 축생 - 아귀 - 인간 - 사대왕천 등의 육욕천, 그리고 범천까지 언급을 한다. 그런 뒤 "참으로 바라문들은 범천의 세상에 확고한 믿음이 있다. 나는 다난자니 바라문에게 범천의 일원이 되는 길을 설해야겠다."라고 생각한다.(§§30~31) 그래서 범천에 태어나는 방법으로 자 · 비 · 희 · 사의 네 가지 거룩한 마음가짐의 정형구를 설한다.(§§32~35) 다난자니 바라문은 죽어서 범천에 태어났다고 한다.(§36)

사리뿟따 존자가 돌아오자 세존께서는 "사리뿟따여, 그런데 그대는 왜 다난자니 바라문을 낮은 범천의 세상에 머물게 한 뒤 그에 대해 아직 할 일이 더 있음에도 불구하고 자리에서 일어나 나왔는가?"(§38)라고 말씀하시는데 이것은 다난자니 바라문에 대한 사리뿟따 존자의 가르침에 대해 가벼운 경책을 하시는 표현이다. 세존께서는 다난자니 바라문이 출세간의 도와 과를 성취할 수 있는 가능성을 보셨기 때문에 이렇게 말씀하신 것이다. 만약 그런 가능성이 보이지 않을 때에는 본서 「수바 경」(M99) §§22~27에서처럼 세존 자신이 범천에 태어나는 가르침을 설하시기 때문이다.

「**와셋타 경**」(M98) **해설**

인도 문화는 계급 문화이다. 이러한 문화를 선도해 오고 지켜온 것이 바로 바라문 집단이다. 본서의 여기 「바라문 품」의 「앗살라야나 경」(M93)과 「짱끼 경」(M95)과 「에수까리 경」(M96)과 「상가라와 경」(M100)과 특히 『디가 니까야』 제1권 「암밧타 경」(D3) 등을 통해서 알 수 있듯이 바라문 계급의 선민의식은 참으로 강했다. 그러면 이제 묻지 않을 수 없다. 도대체 참된 바라문이란 무엇인가? 순수혈통을 가진 자가 진정한 바라문인가? 세 가지 베다에 통달한 자가 진정한 바라문인가? 멋진 외모를 갖춘 자가 바라문인가? 바른 품행을 갖춘 자가 바라문인가? 현명하고 슬기롭고 학식이 있는 자가 바라문인가? 본경은 누가 진정한 바라문인가를 심도 깊게 파헤치는 초기불전의 대표적인 경이라 할 수 있다. 본경은 『숫따니빠따』에도 「와셋타 경」(Sn.115ff.)으로 나타나고 있다.

본경에서 와셋타 바라문 학도와 바라드와자 바라문 학도는 '어떤 사람이 바라문인가?'를 두고 논쟁을 벌였다. 바라드와자 바라문 학도는 "모계와 부계의 양쪽 모두로부터 순수혈통을 이어왔고 일곱 선대 동안 태생에 관한 한 공격받을 일이 없고 나무랄 데가 없을 때 그를 일러 바라문이라 한다."라고 태생에 의해서 바라문이 됨을 주장하고 와셋타는 "계행을 가지고 서계를 구족할 때 그를 일러 바라문이라 한다."라고 하여 행위의 중요성을 강조하였다.(§3)

그들은 서로가 서로를 확신시키지 못하자 세존께 가서 "태생에 의해 바라문이 됩니까? 혹은 행위에 의해 바라문이 됩니까?"라고 질문을 드린다. 세존께서는 여러 개의 게송으로 진정한 바라문에 대해서 말씀하시는데 이것이 본경의 주요 내용이다. 부처님이 말씀하신 이 게송들은 크게 여섯 부분으로 구분해 볼 수 있다.

① 먼저 세존께서는 풀과 나무 등 무정물에서부터 나방, 개미, 물고기에 이르기까지 생명체들의 태생의 다양함에 대해서 말씀하시고, ② 그러나 인간에게는 이러한 태생에 의한 차이는 없다고 강조하신다. ③ 그 다음 직업에 의한 인간의 구분을 말씀하시고, ④ 그런 뒤 누가 진정한

바라문인지 즉 누가 진정한 종교인이요, 누가 진정한 수행자인지를 역설하신다. ⑤ 그리고 "행위에 의해 바라문도 되고 행위에 의해 비바라문도 된다."라고 하시면서 행위 혹은 업의 중요성을 말씀하시고, ⑥ 마지막으로 네 개의 게송을 통해서 각각 연기와 업과 수행과 삼명을 강조하시면서 끝을 맺으신다.

세존의 말씀을 듣고 두 바라문 학도는 부처님의 재가신도가 된다.(§14) 주석서에 의하면 이들은 본경을 통해서 부처님의 신도가 되었고, 그 다음에 『디가 니까야』 제1권 「삼명경」(D13)을 통해서 더욱 신심이 깊어졌으며, 제3권 「세기경」(D27)을 듣고 구족계를 받았으며 마침내 아라한이 되었다고 한다.(AA.ii.406 등)

「수바 경」(M99) 해설

본경은 재가의 삶과 출가의 삶에 대한 논의를 담고 있는 경이다. 특히 재가자인 바라문의 삶과 출가자인 사문의 삶 중 어느 것이 더 뛰어난가를 논의하고 있다. 본 논의를 통해서 진정한 재가자의 삶이 무엇인지 그리고 진정한 출가자의 삶이 무엇인지를 반성해 볼 수 있을 것이다. 본경은 수바 바라문 학도가 주장하는 네 가지에 대한 부처님의 말씀을 담고 있다. 요약해보면 다음과 같다.

(1) '재가자는 바른 방법인 유익한 법을 성취하지만 출가자는 바른 방법인 유익한 법을 성취하지 못한다.'는 바라문들의 주장에 대해서: 세존께서는 "재가자이건 출가자이건 그들의 바른 도닦음을 나는 칭송한다. 재가자이건 출가자이건 바르게 도닦는 자는 바른 도닦음으로 인해 바른 방법인 유익한 법을 성취한다."(§4)고 대답하신다.

(2) '재가자의 삶은 많은 노력이 있어서 결실이 많다. 그러나 출가자의 삶은 별다른 노력이 없어서 결실이 적다.'는 주장에 대해서: 세존께서는 ① 많은 노력에 적은 결실이 있는 일 ② 많은 노력에 많은 결실이 있는 일 ③ 적은 노력에 적은 결실이 있는 일 ④ 적은 노력에 많은 결실이 있

는 일의 네 가지로 분류해서 말씀하신다.(§§5~7)

(3) 바라문들이 천명한 다섯 가지 법들 즉 진리, 고행, 청정범행, 성전 공부, 베풂에 대해서(§§8~21): 세존께서는 먼저 "바라문들 가운데 단 한 명의 바라문이라도 '나는 이 다섯 가지 법들을 스스로 최상의 지혜로 알고 실현하여 그 결과를 선언한다.'라고 말한 자가 있는가?"(§10)라고 비판하시면서 장님 줄 서기의 비유를 말씀하신다. 그리고 뽁카라사띠 바라문의 일화를 말씀하신 뒤에(§§11~16) 감각적 욕망들과는 상관없고 해로운 법들과도 상관없는 희열로 초선부터 제2선까지를 말씀하신다.(§17)

그리고 대화를 통해서 바라문 학도로부터 "바라문들이 천명한 다섯 가지 법들을 저는 출가자들 사이에서 많이 보고 재가자들 사이에서는 적게 봅니다."(§20)라는 결론을 이끌어내신다. 세존께서는 이런 논의 끝에 "바라문들이 천명한 다섯 가지 법들은 [바라문들이 아니라 비구들 즉 출가자들의] … 마음의 장비라고 나는 말한다."(§21)라고 결론지으신다.

(4) 바라문들의 소원인 범천의 일원이 되는 길에 대해서(§§22~27): 세존께서는 자・비・희・사의 네 가지 거룩한 마음가짐의 정형구로 대답하신다.

세존의 자상하신 말씀을 들은 수바 바라문 학도는 세존의 재가신자가 된다.(§28)

「**상가라와 경**」(M100) **해설**

바라드와자 바라문의 아내인 다난자니 바라문은 세존의 신심 깊은 신도였다. 이런 그녀가 읊는 "그분 세존・아라한・정등각자께 귀의합니다."(§2)라는 감흥어를 듣고 바라드와자 바라문의 형제들 가운데 막내인 상가라와 바라문 학도는 세존을 비난하는 말을 한다.(§3) 바라드와자 바라문 형제들에 대한 일화는 『상윳따 니까야』 제1권 「바라문 상윳따」

(S7)의 「다난자니 경」(S7:1) 등의 여러 경에 나타나고 본경의 주해에도 나타나고 있으므로 참조하기 바란다.

세존이 오셨다는 다난자니 바라문 여인의 말을 듣고 상가라와 바라문 학도는 세존을 뵈러 간다.(§5) 그는 세존께 "지금 · 여기[現今]의 법을 특별한 지혜로 알아 완성과 바라밀을 성취하여 청정범행의 근본을 가르친다고 천명하는 사문 · 바라문들 가운데 고따마 존자께서는 어디에 속합니까?"(§6)라고 질문을 드린다.

세존께서는 사문 · 바라문을 ① 전통주의자 ② 믿음만을 강조하는 자 ③ 최상의 지혜로 아는 자의 셋으로 분류하시고(§7) 세존께서는 최상의 지혜로 알아서 청정범행의 근본을 가르친다고 천명하는 그런 사문 · 바라문들에 속한다고 말씀하신다.(§8)

그런 뒤에 계 · 정 · 혜 삼학으로 삼명을 체득하심을 말씀하신다.(§§9~41) 이 가운데 성스러운 것을 구하여 출가하시고, 알라라 깔라마 문하에서 무소유처의 법을 증득하시고 다시 웃다까 라마뿟따의 문하에서 비상비비상처의 법을 증득하셨지만 그 법들은 바른 깨달음과 열반으로 인도하지 못한다는 생각에 그곳을 떠나 유행하시다가 장군촌에 이르러 위없는 유가안은을 증득하신 것(§§9~13)은 본서 제1권 「성스러운 구함 경」(M26) §§14~17과 같다. 고행의 정형구와 고행의 포기와 네 가지 禪의 증득과 삼명의 가르침(§§14~41)은 본서 제2권 「삿짜까 긴 경」(M36) §§17~44와 같은 내용을 담고 있다. 이처럼 본경에도 본서 「보디 왕자 경」(M85)처럼 세존의 성도과정을 담고 있는 대표적인 두 개의 경의 주요 내용이 하나로 모아져서 나타나고 있다.

마지막으로 상가라와 바라문 학도는 신들의 존재 여부를 여쭙고 세존께서는 신들이라는 것을 나는 즉시에 안다고 대답하신다.(§42) 상가라와 바라문 학도는 세존의 재가신도가 된다.(§43)

제11장 「데와다하 품」 (M101~110)

「데와다하 경」 (M101) 해설

본경은 니간타들의 업과 고행설을 비판하고 바른 수행을 천명하는 가르침이다. 그들의 업과 고행설은 본경 §2에 나타나고 있다. 자이나교 혹은 니간타의 교설은 7가지로 정리되는데[6] 이 가운데 여섯 번째가 '니르자라(nirjarā, Pāli. nijjarā, 풀려남 — 영혼이 물질의 속박에서 풀려남)'인데 본경에 나타나는 니간타들의 업과 고행설의 정형구에도 "느낌이 다하므로 모든 괴로움에서 풀려나게 될 것(nijjiṇṇa)이다."(§2)로 나타나고 있다.

여기서 중요한 것은 본경에서 세존께서는 불교적 방법으로 진정한 풀려남(nijjarā, nijjiṇṇa)을 설명하고 계신다는 점이다. 니간타들은 '인간이 느끼는 모든 느낌은 모두 전생에 지은 업이 그 원인으로, 오래된 업들은 고행으로 끝내고, 새로운 업들은 더 이상 짓지 않음으로써 미래에 과보를 가져오지 않게 되고, 그러므로 업이 다 한다. 업이 다하므로 괴로움이 다하고, 괴로움이 다하므로 느낌도 다하고, 느낌이 다하므로 모든 괴로움에서 풀려난다.'고 주장한다.(§2) 세존께서는 그들의 주장에 여러 가지 모순이 있음을 지적하시면서 그들의 노력은 결실이 없다고 말씀하신다.(§§3~22) 그리고는 바로 불교적인 방법을 통한 '결실이 있는 노력과 정진'을 제시하신 뒤(§§23~29) 다시 『맛지마 니까야』의 15단계 계·정·혜의 정형구로 깨달음을 실현하고 모든 괴로움에서 풀려나는(sabba dukkha nijjiṇṇa) 바른 방법을 제시하고 계신다.(§§30~45)

본경은 크게 다음의 여섯 가지로 나누어지는데 처음의 넷은 니간타의 업과 고행설에 대한 비판이고 뒤의 둘은 불교의 바른 노력과 정진에 대한 것이다.

① 먼저 세존께서는 그들이 전생을 알지 못하면서도 전생에 지은 업을 말하는 것이 모순이라고 비판하신다.(§§4~9)

---

6) 여기에 대해서는 본서 제1권 「괴로움의 무더기의 짧은 경」 (M14) §17의 마지막 주해를 참조할 것.

② 그리고 믿음, 찬성, 구전, 이론적인 추론, 사색하여 얻은 견해라는 이 다섯 가지 법들을 말하는 그들의 스승에 대해 어떠한 믿음이 있는지, 혹은 어떠한 견해를 얻음이 있는지를 질문하여 그들을 비판하신다.(§11)

③ 세 번째로는 그들의 고된 노력과 고된 정진을 비판하신다. 고된 노력과 고된 정진이 있을 때 그들은 격심하고 고통스럽고 쓰라리고 살을 에는 듯한 격통을 느끼지만 그렇지 않을 때는 격통을 느끼지 않는다는 상식적인 논리로 그들의 주장이 잘못되었다고 비판하신다.(§§12~21)

④ 그리고 열 가지 논리적인 주장을 들어서 열 가지로 그들을 비판하신다.(§22)

이와 같이 니간타들의 노력은 결실이 없음을 보이시고 이제 향상으로 인도하는 부처님 교법에서는 노력과 정진이 그 결실이 있음을 보이시기 위해서 다음 말씀을 계속하신다.

⑤ 다섯째로 불교의 바른 노력과 정진을 말씀하신다. 세존께서는 어떻게 해서 노력이 결실이 있고 정진이 결실이 있는가라고 문제 제기를 하시고(§23), 그 해답으로 선법·불선법의 판단을 말씀하신다.(§29) 무작정하는 고된 노력과 고된 정진이 아니라 선법을 증장시키고 불선법을 감소시키는 노력과 정진을 해야 한다는 합리적인 말씀이다. 그리고 그 방법으로 『맛지마 니까야』의 15단계 계·정·혜의 정형구를 설하신다.(§§30~45)

⑥ 마지막으로 세존께서는 열 가지 논리적인 주장을 들어서 열 가지로 이 가르침을 칭송하신다.(§46)

이렇게 본경을 통해서 세존께서는 세밀하게 고행설을 비판하시고 불교적인 바른 수행을 15단계 계·정·혜의 정형구로 드러내신다.

「다섯과 셋 경」(M102) 해설

본경은 『디가 니까야』 제1권 「범망경」(D1)과 견줄 수 있는 가르침이다. 「범망경」(D1)은 인간이 가질 수 있는 자아와 세상에 대한 견해를 모두 62가지로 총망라한 것인데 본경은 모두 37가지 견해들을 들고 있다.

본경은 자아의 문제(§§3~10), 중생의 문제(§§11~16), 열반의 문제(§§17~24)의 셋으로 압축이 된다. 그리고 자아의 문제를 인식과 결부시켜서 자아가 인식을 가졌는가, 아닌가, 가지기도 하고 가지지 않기도 한 것인가로 나누면 전체가 5가지 문제가 된다. 그래서 본경의 제목을 「다섯과 셋 경」으로 정한 것이다.

그리고 다시 자아가 인식이 있다는 것은 8가지로, 없다는 것은 4가지로, 있는 것도 없는 것도 아니라는 것은 4가지로 분류한다. 그래서 자아의 문제는 모두 16가지가 된다. 그리고 중생의 문제는 1가지가 된다. 본경에서는 이것을 '5가지 미래의 문제'라고 결론짓는데(§13) 사실은 자아의 문제 3가지와 중생의 문제 1가지에 대한 설명뿐이어서 1가지가 결여된다. 5가지가 되려면 저 뒤 §§17~24에서 언급하는 4가지 열반의 문제가 포함되어야 된다.

본경은 이처럼 앞뒤의 연결이 제대로 되지 않고 있다. 여기에다 위의 §2의 요약에는 없지만 경은 다시 §§14~16에서 과거에 대한 견해 16가지가 등장한다. 그리고 다시 §§17~24에서 4가지 열반의 문제가 언급된다. 이렇게 해서 본경에는 8+4+4+1+16+4=37가지 견해가 나타나고 있다. 이것을 다시 과거·현재·미래로 나누어보면, 미래에 관한 것 17가지, 과거에 관한 것 16가지, 현재에 관한 것 4가지가 되어 모두 37가지 견해가 된다.

이처럼 본경 §2의 요약이나 주석서나 다른 이설을 반영하지 않고 본경만을 있는 그대로 본다면 본경은 미래에 대한 견해 17가지(§§3~12), 과거에 대한 견해 16가지(§§14~16), 현재 혹은 열반에 대한 견해 4가지(§§17~24)로 모두 37가지 견해를 드러내고 있으며, 이것은 과거·미래·현재로 잘 배대되어 있다. 『디가 니까야』 제1권 「범망경」(D1)에서는 열반에 대한 5가지 견해를 미래에 대한 견해에 넣어서 견해를 모두 과거에 대한 견해 18가지와 미래에 대한 견해 44가지로 나누고 있지만 본경은 이렇게 하여 과거에 대한 것 17가지, 미래에 대한 것 16가지, 현재에 대한 것 4가지로 배대하고 있다. 이렇게 보는 것이 본경을 대하는 가장 자연스러운 관점이라 생각한다.

본경과 「범망경」(D1)은 모든 견해의 문제를 여섯 가지 감각접촉의 장소[六觸處]로 귀결시키고 있다는 것(§25)도 중요하다.

「어떻게 생각하는가 경」(M103) 해설

본경에서 세존께서는 비구들에게 제일 먼저 "비구들이여, 그대들은 나에 대해 어떻게 생각하는가? 사문 고따마는 의・식・주나 더 나은 존재를 위하여 법을 설한다고 생각하는가?"(§2)라고 문제 제기를 하신다. 그래서 본경의 제목을 '어떻게 생각하는가.'로 정한 듯하다. 본경에서 세존께서는 다음의 세 가지에 대한 대처법을 말씀하신다.

(1) 첫째는 본경에서 수승한 법(abhidhamma, 아비담마)이라고 표현되는 37보리분법에 대한 서로 다른 주장을 대처하는 방법 4가지를 말씀하신다.(§§3~8) 이 경우에는 뜻과 표현이 다 다른 경우(§5), 뜻은 다르고 표현은 같은 경우(§6), 뜻은 같고 표현이 다른 경우(§7), 뜻과 표현이 다 같은 경우(§8)로 나누어서 대처하는 방법을 말씀하신다.

(2) 그 다음에는 계를 범하고 율을 어김에 대처하는 방법을 말씀하시는데, 그런 사람을 서둘러 질책해서는 안되며 그 사람에 대해서 다섯 가지로 자세히 검증해야 한다고 말씀하신다.(§§9~14)

(3) 마지막으로 사이좋게 화합하여 논쟁하지 않고 공부 지을 때 상호비방, 비열한 견해, 마음의 상처, 불쾌함, 반감이 생기는 경우의 대처법을 드러내신다.(§§15~17) 이 경우에 중요한 것은 분쟁의 조정자는 자신을 칭송하지 않고 남을 비난하지 않으며 세존의 가르침대로 설명하는 것이다.(§17)

「사마가마 경」(M104) 해설

본경은 세존 입멸 후에 생길지도 모르는 교단내의 분쟁에 대한 대처법을 설하신 가르침을 담고 있다. 니간타 나따뿟따가 빠와에서 막 임종하자 니간타들이 분열하여 두 패로 나뉘어져 싸우고 다투고 논쟁하는 것을 보고(§2) 쭌다 사미가 와서 아난다 존자에게 이 사실을 고하고, 다시 두 존자는 함께 세존을 뵈러 가서 세존께 말씀드린다. 그러자 세존께서는 세존 입멸 후에 생길지도 모르는 분쟁에 대한 대처법을 설하시는 것으로 경은 전개된다.(§§3~4)

먼저 세존께서는 생계에 관계된 것이나 빠띠목카(계목)에 관계된 분쟁은 오히려 사소한 것에 지나지 않는다고 말씀하시고, 도(팔정도)나 도닦음에 관해서 승가에 분쟁이 일어난다면 그런 분쟁은 많은 사람에게 이익이 되지 못하고, 많은 신과 인간들에게 손실과 손해와 괴로움을 가져올 것이라고 우려하신다.(§5)

그런 뒤에 세존께서는 (1) 여섯 가지 분쟁의 뿌리(§§6~11) (2) 네 가지 대중공사[諍事]와 일곱 가지 대중공사를 가라앉히는 방법(§§12~20) (3) 여섯 가지 기억해야 할 법(§§21~22)의 세 가지를 설하신다.

이 가운데 (1) 여섯 가지 분쟁의 뿌리는 ① 분노하고 앙심을 품음 ② 경멸하고 업신여김 ③ 질투하고 인색함 ④ 속이고 간교함 ⑤ 나쁜 원을 가지고 삿된 견해를 가짐 ⑥ 자기 견해를 고수(固守)하고 그것을 굳게 움켜쥐어 놓아버리기가 어려움의 여섯 가지이다.(§§6~11)

(2) 네 가지 대중공사는 ① 분쟁으로 인한 대중공사 ② 고발로 인한 대중공사 ③ 계를 범한 것으로 인한 대중공사 ④ 방식에 대한 대중공사이다.(§12) 그리고 대중공사를 가라앉히고 수습하는 방법으로 일곱 가지를 설하신다. ① 직접 대면하여 수습함 ② 기억을 일깨워 수습함 ③ [죄를 범했을 당시] 정신질환 상태였음을 인정하여 수습함 ④ 고백 ⑤ 다수결에 따름 ⑥ [스스로 드러내지 않은 악행을 대중이 갈마로써] 그 악행을 판결함 ⑦ 짚으로 덮어서 수습함이다.(§§14~20)

(3) 여섯 가지 기억해야 할 법은 ① 몸의 업으로 자애를 유지함 ② 말의 업으로 자애를 유지함 ③ 마음의 업으로 자애를 유지함 ④ 얻은 것을 동료 수행자들과 함께 나누어서 사용함 ⑤ 계를 동료수행자들과 함께 동등하게 구족함 ⑥ [바른] 견해를 동료수행자들과 함께 동등하게 구족함이다.(§§21~22) 마지막으로 세존께서는 이 여섯 가지 법을 받아 지녀 실천하면 긴 세월을 이익과 행복을 가져올 것이라고 강조하신다.(§22)

「**수낙캇따 경**」(M105) **해설**

초기경의 도처에 '태어남은 다했다. 청정범행은 성취되었다. 할 일을 다 해 마쳤으며, 다시는 어떤 존재로도 돌아오지 않을 것이라고 꿰뚫어 안다.'라는 구경의 지혜(aññā)의 정형구가 나타난다. 이 구경의 지혜는 아라한이 되었음을 선언하는 것이다. 그러면 과연 이처럼 구경의 지혜를 선언하는 비구들은 바르게 선언한 것일까? 자신을 과대평가하여 잘못 선언한 것은 아닌가? 본경은 이 문제를 다루고 있다.

본경은 "구경의 지혜를 선언하는 그 비구들은 참으로 바르게 구경의 지혜를 선언한 것입니까, 아니면 그들 가운데서 어떤 비구들은 자신을 과대평가하여 구경의 지혜를 선언한 것입니까?"(§4)라는 수낙캇따의 질문에 대해 세존께서 설하신 가르침이다. 세존께서는 순차적으로 7가지로 말씀을 하신다.

먼저 다섯 가닥의 얽어매는 감각적 욕망을 설하신 뒤에(§7) ① 이러한 세속적인 것에 마음을 기울이는 사람과(§8) ② 흔들림 없음(제4선과 공무변처와 식무변처)에 마음을 기울이는 사람과(§10) ③ 무소유처에 마음을 기울이는 사람과(§12) ④ 비상비비상처에 마음을 기울이는 사람과(§14) ⑤ 완전한 열반으로 마음을 기울이는 사람에 대해서 말씀하신다.(§16)

그리고 ⑥ 자신을 과대평가하여 완전한 열반으로 마음을 기울인 사람에 대해서 독이 가득 묻은 화살에 맞은 비유를 통해서 자세하게 말씀하신다.(§§18~22) 이 경우가 자신을 과대평가하여 구경의 지혜를 선언한 것에 해당한다. 마지막으로 ⑦ [자신을 과대평가하지 않고] 완전한 열반으로 마음을 기울인 사람에 대해서 말씀하시는데 ⑥의 비유와 반대되는 비유를 들고 계시며 이것이 자신을 과대평가하지 않고 참으로 바르게 구경의 지혜를 선언한 것에 해당한다.(§§23~27)

세존께서는 비유와 함께 "비구가 여섯 가지 감각접촉의 장소[六觸處]들에서 단속하여 집착이 괴로움의 뿌리임을 알아 집착을 부수어 해탈하면 집착의 대상으로 몸을 향하게 하거나 마음을 일어나게 하는 것은 불가능하다."라고 말씀을 하신 뒤 가르침을 마무리 지으신다.(§§28~30)

「흔들림 없음에 적합한 길 경」(M106) 해설

불교의 목적은 행복의 실현이고 이 행복은 금생의 행복·내생의 행복·궁극적인 행복으로 정리할 수 있다. 그리고 열반의 실현이야말로 궁극적 행복이다.(『초기불교 이해』 31쪽 이하를 참조할 것) 불자, 특히 출가자는 궁극적 행복인 열반을 실현하기 위해서 수행을 하고 도를 닦는다.

본경에서 세존께서는 열반이라는 성스러운 해탈뿐만 아니라 흔들림 없음에 적합한 도닦음 등의 다섯 가지에 적합한 도닦음을 말씀하신다.

(1) 먼저 흔들림 없음에 적합한 도닦음을 설하신다.(§§2~5) 냐나몰리 스님의 설명처럼 본경에 나타나는 흔들림 없음(āneñja)은 색계 제4禪과 무색계의 낮은 두 가지 禪인 공무변처와 식무변처의 세 가지 증득을 말한다. 그래서 본경에서도 ① 감각적 욕망이 장애가 됨을 보고 제4선을 증득하는 것이 흔들림 없음에 적합한 첫 번째 도닦음으로 나타나고 있다.(§3) ② 그리고 사대와 파생된 물질을 통해서 공무변처를 증득하는 것이 두 번째 도닦음으로 나타난다.(§4) ③ 다시 감각적 욕망에 대한 인식이나 물질에 대한 인식의 무상함을 보고 식무변처를 증득하는 것이 세 번째 도닦음으로 언급되고 있다.(§5)

(2) 그 다음은 무소유처에 적합한 도닦음(§§6~8)을 설하신다. 이것도

① 감각적 욕망의 인식이나 물질의 인식이라는 이러한 인식의 소멸을 보고 무소유처를 증득하는 것을 첫 번째 도닦음으로(§6) ② 자아나 자아에 속한 것이 공하다고 관찰하여 무소유처를 증득하는 것을 두 번째 도닦음으로(§7) ③ '나는 어디에도 없고 …'로 관찰하고 무소유처를 증득하는 것을 세 번째 도닦음으로 말씀하신다.(§8)

(3) 계속해서 비상비비상처에 적합한 도닦음을 설명하신다.(§9)

(4) 그리고 각각의 증득을 의지하여 격류를 건너는 것을 말씀하신다.(§§10~12)

(5) 마지막으로 성스러운 해탈에 대해서 설명하신다.(§13)

이렇게 여러 가지 경지에 적합한 도닦음을 말씀하신 뒤 "아난다여, 참선을 하라. 아난다여, 방일하지 마라. 나중에 후회하지 마라. 이것이 그대에게 주는 나의 간곡한 당부이다."(§15)라고 간곡하게 말씀하시는 것으로 경은 끝을 맺는다.

「가나까 목갈라나 경」(M107) 해설

세상의 모든 일에는 과정이 있고 절차가 있고 순서와 차례가 있기 마련이다. 학교에서 공부를 하는 데도 초등학교부터 대학과 대학원에 이르는 엄격한 과정과 절차가 있고, 빌딩을 짓고 컴퓨터를 만들고 스마트폰을 만들고 예능을 하고 체육을 하는 것도 마찬가지이다. 타고난 재능도 있어야겠지만 세상에는 이러한 과정과 절차를 따라 피나는 노력을 하지 않고 성취되는 일은 아무것도 없다고 해야 할 것이다. 그러면 궁극적 행복인 해탈・열반을 실현하고 구경의 지혜를 체득하여 성자가 되고 아라한이 되기 위해서 수행을 하는 출가자들의 경우는 어떠한가? 아무런 과정이나 절차나 노력 없이 단박에 깨달음이 실현되는가? 만일 궁극적 행복인 열반이 아무 과정이나 절차나 노력 없이 단박에 이루어지는 것이라고 한다면 이것이야말로 로또 복권의 논리요, 극단적인 사행심의 논리가 되기 십상이다. 당연히 불교 공부에도 과정과 절차와 노력이 있다. 그래서 본경에서 세존께서는 불교에도 순차적인 공부지음과 순차적인 실천과 순차적인 도닦음이 있다고 강조하시고 그것을 11개의 과정으로 설명하신다. 이것은 본서 제2권 「끼따기리 경」(M70) §22 이하에서도 강조되고 있다.

「끼따기리 경」(M70) §22에서 세존께서는 "비구들이여, 나는 구경의 지혜가 단박에 이루어진다고 말하지 않는다. 비구들이여, 그러나 순차적인 공부지음과 순차적인 실천과 순차적인 도닦음으로 구경의 지혜는 이루어지는 것이다."라고 강조하고 계신다. 주석서는 "이것은 개구리가 단 한 번에 껑충 뛰어올라서 가는 것처럼 그렇게 구경의 지혜가 이루어져서 아라한과에 확립된다고 말하지 않으신다는 뜻이다."(MA.iii.193)라고 덧붙이고 있다. 이 경의 §22에 해당하는 주해도 참조하기 바란다.

본경에서 가나까 목갈라나 바라문이 세존을 뵙고 "녹자모 강당을 짓거나 바라문들이 공부를 하거나 궁수들이 궁술을 연마하거나 회계사들이 셈을 배우는 데도 모두 순차적인 작업이 있듯이, 이 법과 율에서도 순차적인 공부지음과 순차적인 실천과 순차적인 도닦음을 설명할 수 있습니까?"(§2)라고 질문을 드리자 세존께서는 그렇다고 분명하게 대답을 하신 뒤(§3) 다음의 11가지 단계로 이것을 설명하신다.

이 11가지 단계는 ① 계를 지님(§3) ② 감각기능의 문을 잘 지킴(§4) ③ 음식에 적당한 양을 앎(§5) ④ 깨어있음에 전념함(§6) ⑤ 마음챙김과 알아차림[正念·正知]을 구족함(§7) ⑥ 외딴 처소를 의지함(§8) ⑦ 다섯 가지 장애[五蓋]를 극복함(§9) ⑧~⑪ 네 가지 선의 정형구로 네 가지 선을 구족함(§10)이다. 이것은 『맛지마 니까야』의 15단계 계·정·혜의 정형구(본서 제1권 역자 서문 §8-(3) 참조) 가운데 마지막의 삼명 부분을 제외한 12단계와 비슷한 내용이다.

그리고 세존께서는 이렇게 수행하는 자들 가운데 어떤 자들은 궁극적 목적인 열반을 성취하고 어떤 자들은 성취하지 못한다고 말씀하시는데(§§12~14) "여래는 길을 안내하는 자일 뿐이다."(§14)라고 결론지으신다.

가나까 목갈라나 바라문은 세존을 칭송하고(§§15~17) 세존께 귀의하여 재가신자가 된다.(§18)

「**고빠까 목갈라나 경**」(M108) **해설**

불교는 법을 생명으로 한다. 그래서 부처님께서도 깨달음을 성취하신 뒤 다섯 번째 7일에 "참으로 나는 내가 바르게 깨달은 바로 이 법을 존경하고 존중하고 의지하여 머물리라."(A4:21)고 사유하신다. 이러한 법을 전개하시는 것을 불교에서는 전법륜(轉法輪) 즉 법의 바퀴를 굴림이라 하며 최초에 팔정도를 중심으로 중도를 천명하신 가르침을 「초전법륜 경」(S56:11)이라고 부르고 있다. 이처럼 세존께서는 법을 근본으로 하셨다. 중병에 걸린 왁깔리 비구에게도 "왁깔리여, 법을 보는 자는 나를 보고 나를 보는 자는 법을 본다."(「왁깔리 경」(S22:87) §8)고 하셨고, "법을 의지처로 삼고[法歸依] 법을 섬으로 삼아라[法燈明]."는 가르침으로 이어지고 있음을 잘 알고 있다.(D16 §2.26 등) 우리는 또한 세존께서 반열반하시기 직전에 남기신 첫 번째 유훈도 바로 "법과 율이 그대들의 스승이 될 것"(D16 §6.1)이라는 것을 잘 알고 있다.

본경도 아난다 존자가 세존이 입멸하신 뒤에 "우리는 법을 귀의처로 합니다."(§9)라고 강조하면서 법의 중요성을 설하고 있다. 아난다 존자는 세존께서 입멸하신 지 얼마 되지 않아 라자가하 대나무 숲의 다람쥐 보호구역에 머물게 된다. 본경은 그때 고빠까 목갈라나 바라문이 아난다 존자에게 세존 입멸 뒤에 궁금한 것을 질문하고 아난다 존자가 법의 중요성을 역설하는 것으로 구성되어 있다.

바라문은 "그분 고따마 존자 아라한 정등각자께서 구족하셨던 모든 법들을 모든 방면에서 완전하게 구족한 비구가 단 한 명이라도 있습니까?"(§5)부터 시작해서 "아난다 존자시여, 이와 같이 귀의처가 없다면 무엇을 근거로 해서 화합합니까?"(§9)까지의 네 가지 질문을 하고 아난다 존자는 여기에 대해서 "우리는 법을 귀의처로 합니다."(§9)라고 대답한다.

다시 아난다 존자는 청정한 믿음을 내게 하는 열 가지 법을 열거하는데 그것은 ① 계의 구족 ② 배운 것 잘 호지함 ③ 의·식·주·약의 네 가지 필수품으로 만족함 ④ 네 가지 禪 ⑤~⑩ 육신통(§§14~23)이다.

그리고 아난다 존자는 "바라문이여, 그분 세존께서는 일어나지 않은 도를 일으키셨고, 생기지 않은 도를 생기게 하셨으며, 설해지지 않은 도를 설하셨고, 도를 아시고, 도를 발견하셨고, 도에 정통하신 분이기 때문입니다. 지금의 제자들은 그 도를 따라서 머물고 나중에 그것을 구족하게 됩니다."(§29)라고 강조하면서 설명을 마무리한다.

「보름밤의 긴 경」(M109) 해설

'나'라는 존재를 오온으로 해체해서 보면 무상·고·무아가 보이고 그러면 염오-이욕-해탈-구경해탈지가 생겨서 궁극적 행복을 실현한다는 것이 초기불전의 도처에서 강조되고 있는 해탈·열반을 실현하는 여섯 단계의 정형구이다.[7] 본경도 이런 가르침 가운데 하나이다. 본경은 세존께서 사왓티의 동쪽 원림[東園林]에 있는 미가라마따(녹자모)의 강당에서 보름 포살일의 보름밤에 비구승가에 둘러싸여 노지에 앉아 계시는 가운데 어떤 비구의 질문에 대한 답변으로 구성되어 있다.

먼저 오취온과 유신견(有身見) 즉 [불변하는] 존재 더미가 있다는 견해에 대해서 여쭙고(§§4~11), 이어서 오온의 달콤함, 재난, 벗어남 등에 대해서 문답을 나누신다.(§§12~13) 그리고 오온의 무상·고·무아 문답(§15)을 통해서 오온은 '이것은 나의 것이 아니고, 이것은 내가 아니며, 이것은 나의 자아가 아니다.'라고 있는 그대로 바른 통찰지로 보아야 한다고(§16) 강조하시고 이어서 염오-이욕-해탈-구경해탈지의 정형구(§§17~18)를 말씀하신다.

---

7) 여기에 대해서는 『초기불교 이해』 54쪽 이하, 139쪽 이하, 213쪽 이하 등을 참조할 것.

이렇게 하여 이 가르침이 설해졌을 때 60명의 비구들은 취착 없이 마음이 번뇌에서 해탈하여 아라한이 되었다는 기쁜 소식을 전하면서 본경은 마무리 된다.

「**보름밤의 짧은 경**」(M110) **해설**

본경은 바르지 못한 사람과 바른 사람에 대한 가르침을 담고 있다.

우선 바르지 못한 사람은 ① 바르지 못한 성품을 가졌고 ② 바르지 못한 사람과 교제하고 ③ 바르지 못한 사람의 생각으로 생각하고 ④ 바르지 못한 사람의 조언으로 조언하고 ⑤ 바르지 못한 사람의 말로 말하고 ⑥ 바르지 못한 사람의 행동으로 행동하고 ⑦ 바르지 못한 사람의 견해를 가지고 ⑧ 바르지 못한 사람으로 보시를 한다고 총론적으로 말씀하시고(§4) 뒤이어 이를 하나하나 상세하게 설명하신다.(§§5~12) 세존께서는 "비구들이여, 무엇이 바르지 못한 사람들의 태어날 곳[行處]인가? 지옥이나 축생의 모태이다."라고 결론을 지으신다.(§13)

같은 방법으로 바른 사람에 대해서 위와 반대로 8가지로 총론적으로 말씀하신 뒤(§15) 하나하나 상세하게 설명을 하신다.(§§16~23) "무엇이 바른 사람들의 태어날 곳인가? 위대한 천신과 위대한 인간이다."라고 말씀하신 뒤 마무리를 하신다.(§24)

4. 맺는 말

이상으로 『맛지마 니까야』 제3권에 포함된 제8품부터 제11품까지의 40개 경들을 살펴보았다. 이 가운데 제8장 「유행승 품」에는 부처님과 동시대의 유행승들과 세존의 대화를 담고 있는 경들 9개와 유행승들과 아난다 존자의 대화를 담은 경 1개가 들어 있다. 이 가운데 왓차곳따 유행승(M73)과 마간디야 유행승(M75)은 출가하여 아라한이 되었고, 디가나카 유행승(M74)은 예류자가 되었으며, 사꿀루다이 유행승(M77, M79)

은 아소까 대왕 때 태어나 아라한이 되었고(MA.iii.276), 웨카낫사 유행승(M80)은 부처님의 신도가 되었으며, 산다까 유행승(M76)은 제자들에게 부처님 가르침을 닦으라고 권고하고 있다.

제9장 「왕 품」에는 동시대 왕과 왕자들과 관련된 경들이 들어있고, 제10장 「바라문 품」은 동시대 바라문들과의 대화를 담고 있다. 특히 본 품을 통해서 사성계급의 평등에 대한 부처님의 확고한 신념을 만날 수 있으며, 인도 지성을 대표하는 바라문들의 사상과 사유를 들여다볼 수 있다. 제11장 「데와다하 품」에는 다양한 견해에 관계된 경들이 주로 포함되어 있는데 이들 여러 견해들을 불교의 입장에서 분석적으로 접근하여 하나하나 분류해내고 있다.

불교는 계·정·혜 삼학을 토대로 한 가르침이다. 계·정·혜는 니까야의 도처에서 강조되고 있고, 주석서의 노둣돌인 『청정도론』의 기본 골격이기도 하다. 그래서 『청정도론』의 제1장부터 제2장은 계품이라 불리고 제3장부터 제13장은 정품이라 불리며 제14장부터 마지막인 제23장까지는 혜품이라 불린다. 이처럼 깨달음을 실현하기 위해서는 계율과 선정(삼매)과 통찰지(지혜)의 세 가지를 당연히 갖추어야 한다. 『맛지마 니까야』에서는 이 삼학이 15단계 계·정·혜의 정형구로 정리되어 나타나고 『디가 니까야』 제1권에는 23단계 계·정·혜의 정형구로 정형화되어 있다.

여기 『맛지마 니까야』 제3권에서도 부처님께서는 이 삼학을 강조하신다. 예를 들면 「사꿀루다이 짧은 경」(M79)을 통해서 사꿀루다이 유행승에게 진정한 수행의 길로 이 『맛지마 니까야』의 15단계 계·정·혜의 정형구를 제시하신다. 특히 「데와다하 경」(M101)에서는 니간타들 즉 자이나교의 업과 고행설을 비판하시어 그들의 노력은 결실이 없다고 말씀하신다. 그리고 §§23~29에서 불교적인 방법을 통한 '결실이 있는 노력과 정진'을 제시하신 뒤 다시 §§30~45에서는 이 『맛지마 니까야』의 15단계 계·정·혜의 정형구로 깨달음을 실현하고 모든 괴로움에서 풀려나는 바른 방법을 제시하고 계신다.

이처럼 여기 『맛지마 니까야』에는 일곱 군데 정도에 15단계 계·정·혜의 정형구가 나타나고 있고 비슷한 형태로 나타나는 곳까지 합치면 열 군데 정도가 된다. 그 외에도 계를 토대로 한 4선-3명의 가르침 등을 포함하여 특히 정(삼매)이나 혜(통찰지)의 수행을 강조한 경들은 50군데가 넘고 있다. 여기에 대해서는 본서 제1권 역자 서문(50~51쪽)을 참조하기 바란다.

그리고 이러한 삼학의 가르침이야말로 궁극적 행복인 해탈·열반을 실현하고 구경의 지혜를 체득하여 성자가 되고 아라한이 되기 위한 순차적인 가르침이다. 주석서의 설명처럼 아무런 과정이나 절차나 노력이 없이 개구리가 가만히 앉아 있다가 갑자기 폴짝 뛰어오르듯이 깨달음이 단박에 실현되지 않는다.(MA.iii.193) 계·정·혜야말로 본서 「가나까 목갈라나 경」(M107)에서 논의되고 있는 순차적인 공부지음과 순차적인 실천과 순차적인 도닦음이다.

본서를 읽는 독자들께서 본서에서 부처님께서 정리하고 계신 『맛지마 니까야』의 15단계 계·정·혜 정형구를 실천하여 금생에 해탈·열반의 튼튼한 토대를 마련하고 이를 실현하는 나침반을 얻게 되기를 기원하면서 『맛지마 니까야』 제3권의 해제를 마무리한다.

제8장

유행승 품[8)]

Paribbājaka-vagga
(M71～80)

---

8) 『맛지마 니까야』에 포함되어 있는 152개의 경들은 모두 세 개의 '50개 경들의 묶음(paṇṇāsa)'으로 나누어져서 세 권으로 전승되어 온다. 제1권인『기본 50개 경들의 묶음』(Mūla-paṇṇāsa)'에는 M1부터 M50까지의 50개 경들이 포함되어 있고,『가운데 50개 경들의 묶음』(Majjhima-paṇṇāsa)이라 불리는 제2권에는 M51부터 M100까지의 50개 경들이 들어있다. 그리고 마지막인 제3권은『마지막 50개 경들의 묶음』(Upari-paṇṇāsa)'이라 불리는데, 여기에는 M101부터 M152까지의 52개 경들이 포함되어 있다.
초기불전연구원에서는 분량의 문제 때문에 이들을 전체 네 권으로 번역하여 출간하고 있다. 그 가운데 여기 한글번역본 제3권에는『가운데 50개 경들의 묶음』의 세 번째 품인「유행승 품」(M71～M80)부터 시작하여『마지막 50개 경들의 묶음』의 첫 번째 품인「데와다하 품」(M101～M110)까지의 네 개의 품에 포함되어 있는 40개의 경들을 싣고 있다.
본서에서는 혼란을 피하기 위해서『맛지마 니까야』의 전체 15개 품을 제1품부터 제15품까지로 일괄적으로 표기하고 있다. 그래서 여기 한글번역본 제3권에는 전체 15개 품 가운데서 제8품부터 제11품까지의 네 개 품이 포함되어 있다.

왓차곳따 삼명 경

Tevijjavacchagotta Sutta(M71)

1. 이와 같이 나는 들었다. [481] 한때 세존께서는 웨살리 큰 숲의 중각강당에 머무셨다.

2. 그 즈음에 왓차곳따 유행승[9]은 에까뿐다리까[10]라는 유행승

---

9) 왓차곳따 유행승(Vacchagotta paribbājaka)은 라자가하의 왓차(Vaccha)라는 족성(gotta)을 가진 부유한 바라문 가문에 태어났다. 그래서 왓차곳따(왓차라는 족성을 가진 자)라 부른다.(ThgA.i.235) 그와 부처님이 나눈 대화들은 여러 경들에서 전승되어오는데 특히 본서의 이곳에 나타나는 세 개의 경들, 즉 본 「왓차곳따 삼명 경」(M71)과 「왓차곳따 불 경」(M72)과 「왓차곳따 긴 경」(M73)은 유명하다. 그는 본서 「왓차곳따 긴 경」(M73)을 통해서 마침내 출가하게 되고 그래서 아라한이 되었다.
그와 관계된 경들이 초기불전에 많이 전해오는데 특히 『상윳따 니까야』에는 제33주제(S33)로 「왓차곳따 상윳따」(Vacchagotta-saṁyutta, S33)가 있어 모두 55개의 경들이 전승되어 온다. 이 55개의 경들은 모두 '세상은 영원하다.'라거나, … '여래는 사후에 존재하는 것도 아니고 존재하지 않는 것도 아니다.'라는 본서 「왓차곳따 불 경」(M72)에도 나타나고 있는 10사무기(十事無記)에 관계된 내용을 담고 있다.
그 외에도 『상윳따 니까야』 제5권 「설명하지 않음[無記] 상윳따」(S44)의 「목갈라나 경」(S44:7)부터 「사비야 깟짜나 경」(S44:11)까지의 다섯 개 경들에도 그와 십사무기는 나타나고 있으며, 『앙굿따라 니까야』 제1권 「왓차곳따 경」(A3:57)에도 나타난다.

들의 원림(園林)에 머물렀다.

3. 그때 세존께서는 오전에 옷매무새를 가다듬고 발우와 가사를 수하시고 웨살리로 탁발을 가셨다. 그때 세존께 이런 생각이 드셨다.

"지금 웨살리로 탁발을 가는 것은 너무 이르다. 나는 지금 에까뿐다리까라는 유행승들의 원림으로 왓차곳따 유행승을 만나러 가는 것이 좋겠다."

4. 그러자 세존께서는 에까뿐다리까라는 유행승들의 원림으로 왓차곳따 유행승을 찾아가셨다. 왓차곳따 유행승은 멀리서 세존께서 오시는 것을 보았다. 보고서 세존께 이렇게 말씀드렸다.

"어서 오십시오, 세존이시여. 저희는 세존을 환영합니다. 세존께서는 오랜만에 여기에 오실 기회를 만드셨습니다. 이리로 오셔서 앉으십시오. 세존이시여, 이것이 마련된 자리입니다."

세존께서는 마련된 자리에 앉으셨다. 왓차곳따 유행승도 [482] 다른 낮은 자리를 잡아서 한 곁에 앉았다. 한 곁에 앉아서 왓차곳따 유행승은 세존께 이렇게 말씀드렸다.

5. "세존이시여, 저는 이렇게 들었습니다.

'사문 고따마는 일체를 아는 자이고, 일체를 보는 자이다. 그는 완전한 지와 견을 선언하여 '나는 걸을 때도 서 있을 때도 잠잘 때도 깨어있을 때도 항상 끊임없이 지와 견이 현전한다.'11)고 한다.'

---

10) "에까뿐다리까(Ekapuṇḍarīka)에서 뿐다리까라는 것은 흰 망고나무(set-amba-rukkha)를 말한다. 유행승들의 원림에 한 그루(eka)의 흰 망고 나무가 있었기 때문에 그곳은 에까뿐다리까라고 불리었다."(MA.iii.195)

11) 이 정형구는 자이나교의 창시자인 니간타 나타뿟따(본서 제1권 「괴로움의 무더기의 짧은 경」(M14) §17의 주해 참조)가 주장하는 것으로 본서 즉 『맛지마 니까야』에 주로 나타난다. 이것은 본서 제1권 「괴로움의 무더기

세존이시여, '사문 고따마는 일체를 아는 자이고, 일체를 보는 자이다. 그는 완전한 지와 견을 선언하여 '나는 걸을 때도 서 있을 때도 잠잘 때도 깨어있을 때도 항상 끊임없이 지와 견이 현전한다.'고 한다.'라고 말하는 그들은 세존께서 말씀하신 대로 말했고, 혹시 거짓으로 세존을 헐뜯는 것은 아닙니까? 어떤 이유로도 그들의 주장은 비난받지 않겠습니까?"

"왓차여, '사문 고따마는 일체를 아는 자이고, 일체를 보는 자이다. 그는 완전한 지와 견을 선언하여 '나는 걸을 때도 서 있을 때도 잠잘 때도 깨어있을 때도 항상 끊임없이 지와 견이 현전한다.'고 한다.'라고 말하는 그들은 내가 말한 대로 말하는 자들이 아니다. 그들은 거짓으로 나를 헐뜯는 것이다."

6. "세존이시여, 그러면 제가 어떻게 설명해야 세존께서 말씀하신 대로 말하는 것이고, 거짓으로 세존을 헐뜯는 것이 아니고, 어떤 이유로도 이 주장이 비난받지 않겠습니까?"

"왓차여, '사문 고따마는 삼명(三明, 세 가지 명지)[12]을 가진 자이다.' 라고 설명하면 그대는 내가 말한 대로 말하는 것이고, 거짓으로 나를 헐뜯는 것이 아니고, 어떤 이유로도 이 주장이 비난받지 않을 것

의 짧은 경」(M14) §17, 본경, 본서 「산다까 경」(M76) §21, 「사꿀루다이 짧은 경」(M79) §6, 「깐나깟탈라 경」(M90) §5, 「데와다하 경」(M101) §10에 나타나며, 『앙굿따라 니까야』 제1권 「니간타 경」(A3:74) §1과 제5권 「바라문 경」(A9:38) §2에도 나타나고 있다.

12) '삼명(三明, te-vijjā)'은 전생을 기억하는 지혜[宿命通, pubbe-nivāsānu-ssati-ñāṇa], 중생들의 죽음과 다시 태어남을 [아는] 지혜[天眼通, cutū-papata-ñāṇa], 모든 번뇌를 멸진하는 지혜[漏盡通, āsavakkhaya-ñāṇa]의 셋을 말한다. 아래 §§7~9에 나타나는 이들 정형구에 대해서는 본서 제1권 「두려움과 공포 경」(M4) §§27~33과 §28의 주해와 §33의 주해 등을 참조할 것.

이다."[13]

7. "왓차여, 나는 한량없는 전생의 갖가지 삶들을 기억할 수 있다. 즉 한 생, 두 생, … 이처럼 한량없는 전생의 갖가지 모습들을 그 특색과 더불어 상세하게 기억해낼 수 있다[宿命通]."

8. "왓차여, 나는 청정하고 인간을 넘어선 신성한 눈[天眼]으로 중생들이 죽고 태어나고, 천박하고 고상하고, 잘생기고 못생기고, 좋은 곳[善處]에 가고 나쁜 곳[惡處]에 가는 것을 본다. … 나는 중생들이 지은 바 그 업에 따라 가는 것을 꿰뚫어 안다[天眼通]."

9. "왓차여, 나는 모든 번뇌가 다하여 아무 번뇌가 없는 마음의 해탈[心解脫]과 통찰지를 통한 해탈[慧解脫]을 바로 지금·여기에서 스스로 최상의 지혜로 알고 실현하고 구족하여 머문다[漏盡通]."[14]

10. "왓차여, '사문 고따마는 삼명(三明)을 가진 자이다.'라고 설명하면 [483] 그대는 내가 말한 대로 말하는 것이고, 거짓으로 나를

---

13) 한편 본서 「깐나깟탈라 경」(M90) §8에서는 이 문제에 대해서 세존께서 "대왕이여, 나는 '한 번에 모든 것을 알고 모든 것을 보는 사문이나 바라문은 없다. 그런 경우는 있을 수 없다.'라고 말을 한 것을 기억합니다."라고 말씀하고 계신다. 여기에 대해서는 본서 「깐나깟탈라 경」(M90) §8과 주해를 참조할 것. 그리고 본서 「산다까 경」(M76) §52도 참조할 것.
그리고 『앙굿따라 니까야』 제2권 「깔라까 경」(A4:24)에서 세존께서는 "비구들이여, 신을 포함하고 마라를 포함하고 범천을 포함한 세상과 사문·바라문들을 포함하고 신과 사람을 포함한 무리들이 보고 듣고 생각하고 알고 얻고 탐구하고 마음으로 고찰한 것을 나는 안다. 여래는 그것을 분명히 알았지만 여래는 그것을 집착하지 않는다."라고 말씀하시는데 주석서는 이것을 부처님의 일체지의 경지(sabbaññuta-bhūmi)를 드러내는 것이라고 설명하고 있다.(AA.iii.38) 여기에 대해서는 『밀린다빤하』(Mil.102~7)도 참조할 것.

14) 여기서는 이처럼 누진통의 정형구가 간단한 것으로 나타난다. 이 정형구에 대해서는 본서 제1권 「원한다면 경」(M6) §19의 주해들을 참조할 것.

헐뜯는 것이 아니고, 어떤 이유로도 이 주장은 비난받지 않을 것이다."

11. 이렇게 말씀하셨을 때 왓차곳따 유행승은 세존께 이렇게 여쭈었다.

"고따마시여, 재가자의 삶의 족쇄를 버리지 않고도 몸이 무너진 뒤에 괴로움을 끝낸[15] 재가자가 있습니까?"

"왓차여, 재가자의 삶의 족쇄를 버리지 않고도 몸이 무너진 뒤에 괴로움을 끝낸 재가자는 아무도 없다."[16]

---

15) 여기서 '괴로움을 끝낸 자(dukkhassanta-kara)'란 아라한을 말한다. 아래 주해를 참조할 것.

16) "그런데 장자의 아들 욱가세나(Uggasena seṭṭhiputta) 같은 자들은 재가자의 형태(gihi-liṅga)로 머물면서 아라한됨(arahatta)을 증득하였다. 그러나 그들은 도(magga)의 과정에서 모든 형성된 것들에 대한 집착(nikanti)을 말려버린 뒤에(sukkhāpetvā) 증득하였다. 그러나 아라한과를 증득한 뒤에는 그 재가자의 형태는 존재하지 않는다. 재가자의 형태란 저열한 것이기 때문에 최상의 공덕(uttama-guṇa)을 지닐 수가 없다. 그래서 비록 거기에 서서 아라한됨을 증득하더라도 그날 바로(taṁ divasam eva) 출가하거나(pabbajati) 그날 바로 반열반에 들게 된다(parinibbāti)."(MA.iii.196)
이처럼 재가자로 예류과 일래과 불환과는 증득할 수는 있지만 아라한이 재가자로 머물 수는 없다는 것이 상좌부 불교의 정설이다.
재가자도 아라한이 될 수는 있다. 『상윳따 니까야』 제6권 「병 경」(S55:54)도 그 증거가 된다. 이 경 §13에서 세존께서는 "마하나마여, 이와 같이 마음이 해탈한 재가자와 [번뇌로부터] 마음이 해탈한 지 백 년이 되는 비구 사이에는, 즉 이 해탈과 저 해탈 사이에는 어떤 차이점도 없다."고 말씀하시는데 이것은 부처님께서 재가자도 아라한이 될 수 있다고 말씀하시는 경이라 할 수 있다.
그러나 설혹 드물게 재가자가 아라한이 된다하더라도 아라한이 되면 즉시 출가하거나 바로 반열반에 드는 길 밖에 없다고 위의 주석서는 설명한다. 『밀린다빤하』(Mil.264~266)도 아라한과를 얻은 재가자는 그날에 바로 출가하여 비구나 비구니가 되거나 반열반에 드는 것밖에는 없다고 서술하고 있다.
재가자로 아라한이 된 후 즉시 출가한 예로는 『율장』(Vin.i.17)에 나타나는 야사(Yasa) 존자와, 케마(Khemā) 비구니(「케마 경」(S44:1) §2의 주해와 AA.i.344 참조)와, 본 주해에 나타난 장자의 아들 욱가세나를 들 수 있다.

12. "고따마 존자시여, 그러면 재가자의 삶의 족쇄를 버리지 않고도 몸이 무너진 뒤에 천상에 태어난 재가자가 있습니까?"

"왓차여, 백 명뿐만 아니라 이백, 삼백, 사백, 오백 명, 아니 더 나아가 훨씬 많은 재가자들이 재가자의 삶의 족쇄를 버리지 않고도 몸이 무너진 뒤에 천상에 태어났다."

13. "고따마 존자시여, 아지와까[17]로서 몸이 무너진 뒤에 괴로움을 끝낸 자가 있습니까?"

"왓차여, 아지와까로서 몸이 무너진 뒤에 괴로움을 끝낸 자는 아무도 없다."

14. "고따마 존자시여, 그러면 아지와까로서 몸이 무너진 뒤에 천상에 태어난 자가 있습니까?"

"왓차여, 내가 지금부터 구십한 겁을 회상해 보더라도 단 한 사람을 제외하고는 아지와까로서 몸이 무너진 뒤에 천상에 태어난 것을 기억하지 못한다. 그는 업의 교설을 따르고 [도덕적] 행위의 교설을 따르는 자였다."[18]

---

17) 아지와까(Ajīvaka)에 대해서는 본서 제1권 「흠 없음 경」(M5) §31의 주해를 참조할 것.

18) "'그는 업의 교설을 따르고 [도덕적] 행위의 교설을 따르는 자였다(so pāsi kammavādī kiriyavādī).'라고 하셨다. 그는 업의 교설을 따랐고 [도덕적] 행위의 교설도 부정하지 않았다는 말씀이다. 이것은 91겁의 정점(kappa-matthaka)에 있었던 세존 자신을 두고 말씀하신 것이다.
그때 마하살(mahā-satta)은 외도의 가르침을 이해하기 위해서(pāsaṇḍa-pariggaṇhan-attha) [그들의 교단에] 출가했다고 한다. 그 외도들은 과보가 없다고 주장하는 것(nipphala-bhāva)을 알았지만 마하살은 정진을 버리지 않았고 도덕적 행위의 교설을 설하는 자(kiriya-vādī)가 되어 천상(sagga)에 태어났다. 그러므로 자신만 천상에 태어났고, 다른 아지와까는 아무도 천상에 태어나지 못했다고 말씀하시는 것이다."(MA.iii.196~197)

15. "고따마 존자시여, 그렇다면 외도의 무리들은 천상에 태어나는 것에 대해서조차도 텅 비어있습니다."

"왓차여, 그러하다. 외도의 무리들은 천상에 태어나는 것에 대해서 조차도 텅 비어있다."

세존께서는 이와 같이 설하셨다. 왓차곳따 유행승은 흡족한 마음으로 세존의 말씀을 크게 기뻐하였다.

왓차곳따 삼명 경(M71)이 끝났다.

왓차곳따 불 경

불의 비유로 왓차곳따에게 설하신 경

Aggivacchagotta Sutta(M72)

1. 이와 같이 나는 들었다. 한때 세존께서는 사왓티에서 제따 숲의 아나타삔디까 원림(급고독원)에 머무셨다.

2. 그때 왓차곳따 유행승이 세존을 뵈러 갔다. 가서는 [484] 세존과 함께 환담을 나누었다. 유쾌하고 기억할만한 이야기로 서로 담소를 하고서 한 곁에 앉았다. 한 곁에 앉아서 왓차곳따 유행승은 세존께 이렇게 여쭈었다.

3. "고따마 존자시여, 고따마 존자께서는 ① '세상은 영원하다는 이것만이 진리이고 다른 것은 쓸모가 없다.'라는 이런 견해를 가지고 계십니까?"[19]

---

19) 본경 §§3～12는 10사무기(十事無記)에 관계된 내용을 담고 있다. 왓차곳따 유행승과 관계된 경들로는 『상윳따 니까야』 제3권에 포함된 「왓차곳따 상윳따」(S33)에 포함된 경들을 들 수 있는데, 여기에 포함된 55개의 경들은 모두 본경에 나타나고 있는 10사무기(十事無記)에 관계된 내용을 담고 있다. 그 외에도 『상윳따 니까야』 제5권 「설명하지 않음[無記] 상윳따」(S44)의 「목갈라나 경」(S44:7)부터 「사비야 깟짜나 경」(S44:11)까지에도 그와

"왓차여, 나는 '세상은 영원하다는 이것만이 진리이고 다른 것은 쓸모가 없다.'라는 이런 견해를 가지고 있지 않다."

4. "고따마 존자시여, 그러면 고따마 존자께서는 ② '세상은 영원하지 않다는 이것만이 진리이고 다른 것은 쓸모가 없다.'라는 이런 견해를 가지고 계십니까?"

"왓차여, 나는 '세상은 영원하지 않다는 이것만이 진리이고 다른 것은 쓸모가 없다.'라는 이런 견해를 가지고 있지 않다."

5. "고따마 존자시여, 고따마 존자께서는 ③ '세상은 유한하다는 이것만이 진리이고 다른 것은 쓸모가 없다.'라는 이런 견해를 가지고 계십니까?"

"왓차여, 나는 '세상은 유한하다는 이것만이 진리이고 다른 것은 쓸모가 없다.'라는 이런 견해를 가지고 있지 않다."

6. "고따마 존자시여, 그러면 고따마 존자께서는 ④ '세상은 무한하다는 이것만이 진리이고 다른 것은 쓸모가 없다.'라는 이런 견해를 가지고 계십니까?"

"왓차여, 나는 '세상은 무한하다는 이것만이 진리이고 다른 것은 쓸모가 없다.'라는 이런 견해를 가지고 있지 않다."

십사무기는 나타나고 있으며, 『앙굿따라 니까야』 제1권 「왓차곳따 경」(A3:57)에도 나타난다. 이처럼 니까야에 포함된 왓차곳따와 관계된 경들은 대부분 십사무기의 문제를 다루고 있다.

초기불전에서 십사무기를 다루는 대표적인 경으로는 본서 제2권 「말룽꺄 짧은 경」(M63)을 들 수 있다. 이 경에서 세존께서는 이러한 열 가지 견해 즉 10사(十事)는 아무리 천착해봐야 해탈·열반에 도움이 되지 않는다고 말씀하시고(§§7~8 = 본경 §14와 비슷함) 대신 사성제에 투철해서 해탈·열반을 실현할 것을 역설하고 계신다.(§§9~10) 십사무기에 대해서는 그곳 §2의 주해들을 참조할 것.

7. "고따마 존자시여, 고따마 존자께서는 ⑤ '생명이 바로 몸이라는 이것만이 진리이고 다른 것은 쓸모가 없다.'라는 이런 견해를 가지고 계십니까?"

"왓차여, 나는 '생명이 바로 몸이라는 이것만이 진리이고 다른 것은 쓸모가 없다.'라는 이런 견해를 가지고 있지 않다."

8. "고따마 존자시여, 그러면 고따마 존자께서는 ⑥ '생명은 몸과 다른 것이라는 이것만이 진리이고 다른 것은 쓸모가 없다.'라는 이런 견해를 가지고 계십니까?"

"왓차여, 나는 '생명은 몸과 다른 것이라는 이것만이 진리이고 다른 것은 쓸모가 없다.'라는 이런 견해를 가지고 있지 않다."

9. "고따마 존자시여, 고따마 존자께서는 ⑦ '여래는 사후에도 존재한다는 이것만이 진리이고 다른 것은 쓸모가 없다.'라는 이런 견해를 가지고 계십니까?"

"왓차여, 나는 '여래는 사후에도 존재한다는 이것만이 진리이고 다른 것은 쓸모가 없다.'라는 이런 견해를 가지고 있지 않다."

10. "고따마 존자시여, 그러면 고따마 존자께서는 ⑧ '여래는 사후에 존재하지 않는다는 이것만이 진리이고 다른 것은 쓸모가 없다.'라는 이런 견해를 가지고 계십니까?"

"왓차여, 나는 '여래는 사후에 존재하지 않는다는 이것만이 진리이고 다른 것은 쓸모가 없다.'라는 이런 견해를 가지고 있지 않다."

11. "고따마 존자시여, 고따마 존자께서는 ⑨ '여래는 사후에 존재하기도 하고 존재하지 않기도 한다는 이것만이 진리이고 다른 것은 쓸모가 없다.'라는 이런 견해를 가지고 계십니까?" [485]

"왓차여, 나는 '여래는 사후에 존재하기도 하고 존재하지 않기도 한다는 이것만이 진리이고 다른 것은 쓸모가 없다.'라는 이런 견해를 가지고 있지 않다."

12. "고따마 존자시여, 그러면 고따마 존자께서는 ⑩ '여래는 사후에 존재하는 것도 아니고 존재하지 않는 것도 아니라는 이것만이 진리이고 다른 것은 쓸모가 없다.'라는 이런 견해를 가지고 계십니까?"

"왓차여, 나는 '여래는 사후에 존재하는 것도 아니고 존재하지 않는 것도 아니라는 이것만이 진리이고 다른 것은 쓸모가 없다.'라는 이런 견해를 가지고 있지 않다."

13. "고따마 존자시여, 이것이 어찌된 사실입니까? '고따마 존자께서는 세상은 영원하다는 이것만이 진리이고 다른 것은 쓸모가 없다는 이런 견해를 가지고 계십니까?'라고 여쭈면, '왓차여, 나는 세상은 영원하다는 이것만이 진리이고 다른 것은 쓸모가 없다는 이런 견해를 가지고 있지 않다.'라고 말씀하십니다.

고따마 존자시여, '고따마 존자께서는 세상은 영원하지 않다는 … 세상은 유한하다는 … 세상은 무한하다는 … 생명이 바로 몸이라는 … 생명은 몸과 다른 것이라는 … 여래는 사후에도 존재한다는 … 여래는 사후에 존재하지 않는다는 … 여래는 사후에 존재하기도 하고 존재하지 않기도 한다는 … 여래는 사후에 존재하는 것도 아니고 존재하지 않는 것도 아니라는 이것만이 진리이고 다른 것은 쓸모가 없다는 이런 견해를 가지고 계십니까?'라고 여쭈면, '왓차여, 나는 여래는 사후에 존재하는 것도 아니고 존재하지 않는 것도 아니라는 이것만이 진리이고 다른 것은 쓸모가 없다는 이런 견해를 가지고 있지 않다.'라고 말씀하십니다.

고따마 존자시여, 무슨 재난을 보시기에 이런 일체의 견해 중 어떤 것도 받아들이지 않으십니까?"

14. "왓차여, 세상은 영원하다는 것은 견해에 빠진 것이고, 견해의 밀림이고, 견해의 황무지이고, 견해의 뒤틀림이고, 견해의 요동이고, 견해의 족쇄이다. 그것은 괴로움과 함께하고[20] 속상함과 절망과 열병과 함께하고, 또 그것은 역겨움으로, 탐욕의 빛바램으로, 소멸로, 고요함으로, 최상의 지혜로, 바른 깨달음으로, 열반으로 인도하지 못한다.

왓차여, 세상은 영원하지 않다는 … 세상은 유한하다는 … 세상은 무한하다는 … 생명이 바로 몸이라는 … 생명은 몸과 다른 것이라는 … 여래는 사후에도 존재한다는 … [486] 여래는 사후에 존재하지 않는다는 … 여래는 사후에 존재하기도 하고 존재하지 않기도 한다는 … 여래는 사후에 존재하는 것도 아니고 존재하지 않는 것도 아니라는 것은 견해에 빠진 것이고, 견해의 밀림이고, 견해의 황무지이고, 견해의 뒤틀림이고, 견해의 요동이고, 견해의 족쇄이다. 그것은 괴로움과 함께하고 속상함과 절망과 열병과 함께하고, 또 그것은 역겨움으로, 탐욕의 빛바램으로, 소멸로, 고요함으로, 최상의 지혜로, 바른 깨달음으로, 열반으로 인도하지 못한다.

왓차여, 나는 이러한 재난을 보기 때문에 이런 일체의 견해 중 어떤 것도 받아들이지 않는다."

---

20) "'괴로움과 함께하고(sadukkhaṁ)'라는 것은 오염원의 괴로움(kilesa-dukkha)과 과보의 괴로움(vipāka-dukkha)을 가지므로 괴로움과 함께한다는 것이다. '속상함(vighāta)'과 '절망(upāyāsa)'과 '열병(pariḷāha)'도 마찬가지로 오염원과 과보의 두 가지 측면을 가진다."(MA.iii.197)

15. "그러면 고따마 존자께서는 어떤 사변적 견해[21]도 갖지 않으십니까?"[22]

"왓차여, 여래는 사변적 견해를 버렸다. 왓차여, 왜냐하면 여래는 참으로 이것을 보았기 때문이다. 즉 '이것은 물질이다. 이것은 물질의 일어남이다. 이것은 물질의 사라짐이다. 이것은 느낌이다. 이것은 느낌의 일어남이다. 이것은 느낌의 사라짐이다. 이것은 인식이다. 이것은 인식의 일어남이다. 이것은 인식의 사라짐이다. 이것은 심리현상들이다. 이것은 심리현상들의 일어남이다. 이것은 심리현상들의 사라짐이다. 이것은 알음알이이다. 이것은 알음알이의 일어남이다. 이것은 알음알이의 사라짐이다.'라고.

그러므로[23] 여래는 모든 허황된 생각[空想]과 모든 잘못된 생각,[24] 즉 모든 '나'라는 것과 모든 '내 것'이라는 것과 자만의 잠재성향들[25]을 부수고 그것에 대한 탐욕을 빛바래게 하고, 그것을 소멸하

---

21) 여기서 '사변적 견해'는 diṭṭhi-gata를 옮긴 것이다. 다른 경들에서는 주로 삿된 견해나 그릇된 견해나 나쁜 견해 등(본서 제2권 「말룽꺄 짧은 경」(M63) §8의 주해, 『상윳따 니까야』 제2권 「세상의 이치에 능통한 자 경」(S12:48) §2의 주해 등)으로 옮겼는데 여기서는 문맥에 맞추어 사변적 견해로 옮겼다.

22) "즉 고따마 존자께서는 어떤 하나의 견해(diṭṭhi)라도 좋아하고(ruccitvā) 인정하여(khamāpetvā) 취한 것(gahitā)이 있지 않겠느냐고 질문하는 것이다."(MA.iii.197)

23) "여기서 '그러므로(tasmā)'라는 것은 '다섯 가지 무더기(오온)의 일어남과 사라짐(udaya-vaya)을 보았기 때문에'라는 뜻이다."(MA.iii.197)

24) "'모든 허황된 생각[空想](sabba-maññitā)'이란 갈애와 사견과 자만으로 생각되어진 것(taṇhā-diṭṭhi-māna-maññitā)을 말한다. '모든 잘못된 생각[想像, sabba-mathitā]'은 이것의 동의어(vevacana)이다."(MA.iii.198) 허황된 생각[空想]에 대해서는 본서 제1권 「뿌리에 대한 법문 경」(M1) §3의 주해 등과 제4권 「요소의 분석 경」(M140) §17을 참조할 것.

고 버리고 완전히 놓아버려 취착 없이 해탈한다[26]고 나는 말한다."

16. "고따마 존자시여, 이와 같이 마음이 해탈한 비구는 어디에 태어납니까?"

"왓차여, '태어난다.'라는 말은 적용될 수 없다."

"고따마 존자시여, 그렇다면 태어나지 않습니까?"

"왓차여, '태어나지 않는다.'라는 말도 적용될 수 없다."

"고따마 존자시여, 그렇다면 태어나기도 하고 태어나지 않기도 합니까?"

"왓차여, '태어나기도 하고 태어나지 않기도 한다.'라는 말도 적용될 수 없다."

"고따마 존자시여, 그렇다면 태어나는 것도 아니고 태어나지 않는 것도 아닙니까?"

"왓차여, '태어나는 것도 아니고 태어나지 않는 것도 아니다.'라는 말도 적용될 수 없다."[27]

---

25) "'나'라는 것(ahaṁ-kāra)'은 사견이고, "내 것'이라는 것(mamaṁ-kāra)'은 갈애이고, '자만의 잠재성향(māna-anusaya)'은 자만을 말한다. 그리고 이 셋은 '허황된 생각[空想]과 모든 잘못된 생각[想像]'을 분석하여 보이시면서 말씀하신 것이다."(MA.iii.198)

26) "'취착 없이 해탈한다(anupādā vimutta).'는 것은 네 가지 취착(upādānā)에서 어떤 법도 취하지 않고(anupādiyitvā) 해탈하는 것이다."(MA.iii.198)
네 가지 취착은 감각적 욕망, 사견, 계행과 의례의식, 자아가 있다는 이론에 대한 취착이다. 네 가지 취착에 대한 설명은 본서 제1권 「바른 견해 경」(M9) §34의 주해를 참조할 것.

27) "여기서 '태어나지 않는다(na upapajjati).'라는 것에 동의하게 되면 이 말이 떨어지자마자 그 유행승은 단멸(uccheda)을 취할 것이고, '태어난다(upapajjati).'라고 하면 영속(sassata)을, '태어나기도 하고 태어나지 않기도 한다(upapajjati ca na ca upapajjati).'라고 하면 일부영속(ekacca-sassata)을, '태어나는 것도 아니고 태어나지 않는 것도 아니다(neva upa-pajjati na na upapajjati).'라고 하면 애매모호함(amarā-vikkhepa)을

17. "'고따마 존자시여, 이와 같이 마음이 해탈한 비구는 어디에 태어나게 됩니까?'라고 여쭈면 '왓차여, 태어난다는 말은 적용될 수 없다.'라고 말씀하십니다. '고따마 존자시여, 그렇다면 태어나지 않습니까?'라고 여쭈면 '왓차여, 태어나지 않는다는 말도 적용될 수 없다.' 라고 말씀하십니다. '고따마 존자시여, 그렇다면 태어나기도 하고 태어나지 않기도 합니까?'라고 여쭈면 '왓차여, 태어나기도 하고 태어나지 않기도 한다는 [487] 말도 적용될 수 없다.'라고 말씀하십니다. '고따마 존자시여, 그렇다면 태어나는 것도 아니고 태어나지 않는 것도 아닙니까?'라고 여쭈면 '왓차여, 태어나는 것도 아니고 태어나지 않는 것도 아니라는 말도 적용될 수 없다.'라고 말씀하십니다.

고따마 존자시여, 여기서 제게 당황함이 생겼습니다. 여기서 혼돈이 생겼습니다. 제가 이전에 고따마 존자와 대화를 나누면서 깨끗한 믿음이 생겼는데 그것마저도 지금은 사라져버렸습니다."

18. "왓차여, 그대에게 당황함이 생긴 것은 당연하다. 그대에게 혼돈이 생긴 것은 당연하다. 왓차여, 이 [조건[緣]에 대한] 가르침28)은 심오하여 보기 어렵고 깨닫기 어렵고 고요하고 수승하고 사유의 영역을 넘어섰고 미묘하여 오로지 현자들만이 알아볼 수 있을 것이

취할 것이기 때문에 세존께서 이것은 근거가 없다(appatiṭṭha anālamba)고 하시면서 동의하지 않으셨다."(MA.iii.198)
단멸(uccheda)과 영속(sassata)과 일부영속(ekacca-sassata)과 애매모호함(amarā-vikkhepa)에 대해서는 각각 『디가 니까야』 제1권 「범망경」(D1)의 §3.9이하와 §1.30이하와 §2.1이하와 §2.23이하를 참조할 것.

28) '[조건[緣]에 대한] 가르침'은 dhamma를 옮긴 것이다. 주석서에서 "여기서 '가르침(dhamma)'은 [본경 §19 이하에서] 조건[緣, paccaya]의 형태로 설해진 가르침(paccay-ākāra-dhamma)을 말한다."(MA.iii.193)라고 설명하고 있어서 이렇게 옮겼다.

다.[29] 다른 견해를 가졌고 다른 가르침을 받아들였고 다른 가르침을 좋아하고 다른 수행을 추구하고 다른 스승을 따르는[30] 그대는 알기 어렵다. 왓차여, 그러니 나는 그대에게 반문하겠으니 그대가 생각하는 대로 그것을 설명하라."

19. "왓차여, 이를 어떻게 생각하는가? 만일 그대 앞에 불이 타오르고 있다면 그대는 '내 앞에 불이 타오르고 있다.'라고 알겠는가?"

"고따마 존자시여, 만일 제 앞에 불이 타오르고 있다면 저는 '내 앞에 이 불이 타오르고 있다.'라고 알 것입니다."

"왓차여, 그런데 만일 그대에게 묻기를 '그대 앞에 타오르고 있는 그 불은 무엇을 조건으로 타오르는가?'라고 한다면 그대는 어떻게 설명하겠는가?"

"고따마 존자시여, 만일 제게 묻기를 '그대 앞에 타오르고 있는 그 불은 무엇을 조건으로 타오르는가?'라고 한다면 저는 이렇게 설명할 것입니다. '제 앞에 타오르는 불은 마른 풀과 나뭇가지라는 연료를 조건으로 타오르고 있습니다.'라고."

"왓차여, 만일 그대 앞에 있는 불이 꺼진다면 그대는 '내 앞에 있던 불이 꺼졌다.'라고 알겠는가?"

"고따마 존자시여, 만일 제 앞에 있는 불이 꺼진다면 저는 '내 앞에 있던 불이 꺼졌다.'라고 알 것입니다."

"왓차여, 그런데 만일 그대에게 묻기를 '그대 앞에 불이 꺼졌는데,

---

29) 이 정형구는 니까야의 D1 §1.28, D14 §3.1 M26 §19, M85 §43, M95 §17, A4:192, S6:1 §2 등에도 나타나고 있다.

30) "'다른 스승을 따르는 자(aññatr-ācariyaka)'란 조건[緣]의 형태(paccay-ākāra) [즉 조건발생임]을 모르는 다른 스승들 곁에 사는 사람을 말하고 그는 그것을 알기 어렵다는 뜻이다."(MA.iii.198)

꺼진 그 불은 꺼진 후에 어떤 방향으로 갔는가? 동쪽인가? 서쪽인가? 북쪽인가? 남쪽인가?'라고 한다면 그대는 어떻게 설명하겠는가?"

"고따마 존자시여, 그 말씀은 적당하지가 않습니다. 고따마 존자시여, 참으로 불은 마른 풀과 나뭇가지라는 연료를 조건으로 타올랐고, 그 연료를 다 써버리고 더 이상 다른 연료를 공급받지 못하면 연료가 없어서 꺼졌다고 합니다."[31]

20. "왓차여,[32] 참으로 그와 같다. 사람은 물질[色]로써 여래를 묘사하면서 묘사를 시도하지만[33] 여래는 그 물질을 제거했고, 그 뿌리

---

31) 본경 §20에서 열반을 실현한 자인 여래를 설명하기 위해서 본경 §19에서 대화로 드러내신 이 불의 비유는 『상윳따 니까야』 제5권 「왓차곳따 상윳따」(S44)의 「토론장 경」(S44:9) §5에서 같은 왓차곳따 유행승에게 하신 "왓차여, 예를 들면 연료가 남아있는 불은 타오르지만 연료가 없으면 타오르지 않는 것과 같다. 왓차여, 그와 같이 취착이 있는 자에게 다시 태어남은 있지만 취착하지 않는 자는 그렇지 않다고 나는 천명한다."라는 말씀과 견줄만하다. 그곳 §5 이하의 주해들도 참조할 것.

32) 본경 §20은 『상윳따 니까야』 제5권 「케마 경」(S44:1) §8에서 케마 비구니가 빠세나디 꼬살라 왕에게 설명한 것과 같은 내용을 담고 있다.

33) 『상윳따 니까야』 제5권 「케마 경」(S44:1) §8에 해당하는 주석서를 인용한다.
"'물질로써 여래를 묘사하여(yena rūpena tathāgatam paññāpayamāno)'라는 것은 물질로써 길다거나 짧다거나 검다거나 희다라는 중생에게 속하는 것(satta-saṅkhāta)으로 여래를 묘사한다는 말이다.
'물질을 여래께서는 제거하셨고(taṁ rūpaṁ tathāgatassa pahīnaṁ)'라는 것은 앞서 말한 형태의 물질이 일어남(samudaya-ppahāna)을 버리는 것을 말한다.
'물질이라는 이름에서 해탈하셨다(rūpa-saṅkhāya vimutto).'는 것은 미래에 물질이 생기지 않기(anuppatti) 때문에 그분에게는 물질적 부분이라거나 정신적 부분(rūpa-arūpa-koṭṭhāsa)이라는 그러한 것이 있을 것이라는 그런 인습적인 표현(vohāra)이 해당되지 않는다(paṭipassaddhattā). 그렇기 때문에 물질이라는 개념(rūpa-paṇṇatti)으로부터 해탈했다는 말이다.
'심오하고(gambhīro)'라는 것은 성향이 깊고(ajjhāsaya gambhīratā) 공덕이 깊기(guṇa-gambhīra) 때문에 깊다. 그분의 공덕이 깊기 때문에 일체

를 잘랐고, 윗부분이 잘린 야자수처럼 만들었고, 멸절시켜, 미래에 다시는 일어나지 않게끔 하였다. 왓차여, 여래는 물질이라는 이름에서 해탈하여 심오하고 측량할 수 없고 깊이를 헤아릴 수 없나니 마치 망망대해와도 같다. 그에게는 '태어난다.'라는 말이 적용될 수 없고, '태어나지 않는다.'라는 말도 적용될 수 없고, [488] '태어나기도 하고 태어나지 않기도 한다.'라는 말도 적용될 수 없고, '태어나는 것도 아니고 태어나지 않는 것도 아니다.'라는 말도 적용될 수 없다.

사람은 느낌[受]으로써 여래를 묘사하면서 묘사를 시도하지만 여래는 그 느낌을 제거했고, 그 뿌리를 잘랐고, 윗부분이 잘린 야자수처럼 만들었고, 멸절시켜, 미래에 다시는 일어나지 않게끔 하였다. 왓차여, 여래는 느낌이라는 이름에서 해탈하여 심오하고 측량할 수 없고 깊이를 헤아릴 수 없나니 마치 망망대해와도 같다. 그에게는 '태어난다.'라는 말이 적용될 수 없고, '태어나지 않는다.'라는 말도 적용될 수 없고, '태어나기도 하고 태어나지 않기도 한다.'라는 말도 적용될 수 없고, '태어나는 것도 아니고 태어나지 않는 것도 아니다.'라는 말도 적용될 수 없다.

사람은 인식[想]으로써 여래를 묘사하면서 묘사를 시도하지만 여래는 그 인식을 제거했고, 그 뿌리를 잘랐고, 윗부분이 잘린 야자수처럼 만들었고, 멸절시켜, 미래에 다시는 일어나지 않게끔 하였다. 왓차여, 여래는 인식이라는 이름에서 해탈하여 심오하고 측량할 수 없고 깊이를 헤아릴 수 없나니 마치 망망대해와도 같다. 그에게는

지자인 여래가 태어나면 중생에게 속하는 여래라는 개념(paññatti)이 있게 된다. 그러나 그분에게는 더 이상 [오온이 — SAṬ] 존재하지 않기 때문에 그러한 [중생이라는] 개념이 존재하지 않는다. 이런 것을 보는 자에게는 중생에게 속하는 '여래는 사후에도 존재한다.'라는 것 등은 해당되지 않고 적용되지 않는다는 말이다."(SA.iii.113)

'태어난다.'라는 말이 적용될 수 없고, '태어나지 않는다.'라는 말도 적용될 수 없고, '태어나기도 하고 태어나지 않기도 한다.'라는 말도 적용될 수 없고, '태어나는 것도 아니고 태어나지 않는 것도 아니다.'라는 말도 적용될 수 없다.

사람은 심리현상들[行]로써 여래를 묘사하면서 묘사를 시도하지만 여래는 그 심리현상들을 제거했고, 그 뿌리를 잘랐고, 윗부분이 잘린 야자수처럼 만들었고, 멸절시켜, 미래에 다시는 일어나지 않게끔 하였다. 왓차여, 여래는 심리현상들이라는 이름에서 해탈하여 심오하고 측량할 수 없고 깊이를 헤아릴 수 없나니 마치 망망대해와도 같다. 그에게는 '태어난다.'라는 말이 적용될 수 없고, '태어나지 않는다.'라는 말도 적용될 수 없고, '태어나기도 하고 태어나지 않기도 한다.'라는 말도 적용될 수 없고, '태어나는 것도 아니고 태어나지 않는 것도 아니다.'라는 말도 적용될 수 없다.

사람은 알음알이[識]로써 여래를 묘사하면서 묘사를 시도하지만 여래는 그 알음알이를 제거했고, 그 뿌리를 잘랐고, 윗부분이 잘린 야자수처럼 만들었고, 멸절시켜, 미래에 다시는 일어나지 않게끔 하였다. 왓차여, 여래는 알음알이라는 이름에서 해탈하여 심오하고 측량할 수 없고 깊이를 헤아릴 수 없나니 마치 망망대해와도 같다. 그에게는 '태어난다.'라는 말이 적용될 수 없고, '태어나지 않는다.'라는 말도 적용될 수 없고, '태어나기도 하고 태어나지 않기도 한다.'라는 말도 적용될 수 없고, '태어나는 것도 아니고 태어나지 않는 것도 아니다.'라는 말도 적용될 수 없다."

21. 이와 같이 말씀하시자 왓차곳따 유행승은 세존께 이렇게 말씀드렸다.

"고따마 존자시여, 마치 마을이나 성읍의 멀지 않은 곳에 큰 살라

나무가 있는 것과 같습니다. 그것은 무상하여 가지와 잎사귀가 떨어지고 껍질 조각도 떨어지고 백목질도 떨어져 마침내 그것은 가지와 잎사귀도 제거되고 껍질 조각도 제거되고 백목질도 제거되어 순전히 심재만이 남을 것입니다. 그와 같이 고따마 존자의 이 가르침은 가지와 잎사귀가 제거되고 껍질 조각도 제거되고 백목질도 제거되어 순전히 심재만이 남은[34] 것입니다."

22. "경이롭습니다, 고따마 존자시여. 경이롭습니다, 고따마 존자시여. 마치 넘어진 자를 일으켜 세우시듯, 덮여있는 것을 걷어내 보이시듯, [방향을] 잃어버린 자에게 길을 가리켜주시듯, 눈 있는 자 형상을 보라고 [489] 어둠 속에서 등불을 비춰주시듯, 고따마 존자께서는 여러 가지 방편으로 법을 설해주셨습니다. 저는 이제 고따마 존자께 귀의하옵고 법과 비구 승가에 귀의합니다. 고따마 존자께서는 저를 재가신자로 받아주소서. 오늘부터 목숨이 붙어 있는 그날까지 귀의하옵니다."

왓차곳따 불 경(M72)이 끝났다.

---

34) "'심재만이 남는다(suddhaṁ sāre patiṭṭhitaṁ).'는 것은 출세간법의 심재(lokuttara-dhamma-sāra)만이 남는다는 말이다."(MA.iii.199)

왓차곳따 긴 경

Mahāvacchagotta Sutta(M73)

1. 이와 같이 나는 들었다. 한때 세존께서는 라자가하의 대나무 숲에 있는 다람쥐 보호구역에 머무셨다.

2. 그때 왓차곳따 유행승이 세존을 뵈러 갔다. 세존을 뵙고 세존과 함께 환담을 나누었다. 유쾌하고 기억할만한 이야기로 서로 담소를 하고서 한 곁에 앉았다. 한 곁에 앉아서 왓차곳따 유행승은 세존께 이렇게 여쭈었다.

3. "저는 여러 번 고따마 존자와 대화를 나누었습니다.[35] 고따마 존자께서 제게 유익함[善]과 해로움[不善]에 대해서 간략하게 말씀해주시면 감사하겠습니다."[36]

---

35) 그와 관계된 경들은 앞의 두 경과, 『상윳따 니까야』 제3권 「왓차곳따 상윳따」(S33)의 55개 경들과, 제5권 「설명하지 않음[無記] 상윳따」(S44)의 「목갈라나 경」(S44:7)부터 「사비야 깟짜나 경」(S44:11)까지의 다섯 개의 경들과, 『앙굿따라 니까야』 제1권 「왓차곳따 경」(A3:57)이 있다.

36) 유익한 법[善法]과 해로운 법[不善法]의 판단은 바른 정진[正精進, sammā-vāyāma]의 내용이다. 여기에 대해서는 본서 제4권 「진리의 분석경」(M141) §29를 참조할 것. 왓차곳따 유행승은 정진의 토대가 되는 이러한 선

"왓차여 나는 그대에게 유익함과 해로움에 대하여 간략하게 설할 수도 있고 나는 그대에게 유익함과 해로움에 대하여 자세하게 설할 수도 있다. 왓차여, 그렇지만 나는 간략하게 유익함과 해로움에 대하여 설하겠다. 그것을 듣고 잘 마음에 잡도리하라. 나는 설하겠다."

"그러겠습니다, 존자시여."라고 왓차곳따 유행승은 세존께 대답했다.

세존께서는 이렇게 말씀하셨다.

4. "왓차여, 탐욕은 해로움이고 탐욕 없음은 유익함이다. 왓차여, 성냄은 해로움이고 성냄 없음은 유익함이다. 왓차여, 어리석음은 해로움이고 어리석음 없음은 유익함이다. 왓차여, 이처럼 세 가지는 해로운 법들이고 세 가지는 유익한 법들이다."

5. "왓차여, 생명을 죽이는 것은 해로움이고 생명을 죽이는 것을 금함은 유익함이다. 왓차여, 주지 않은 것을 가지는 것은 해로움이고 주지 않은 것을 가지는 것을 금함은 유익함이다. 왓차여, 삿된 음행은 해로움이고 삿된 음행을 금함은 유익함이다. 왓차여, 거짓말을 하는 것은 해로움이고 거짓말을 금함은 유익함이다. 왓차여, 중상모략을 하는 것은 [490] 해로움이고 중상모략을 금함은 유익함이다. 왓차여, 욕설을 하는 것은 해로움이고 욕설을 금함은 유익함이다. 왓차여, 잡담을 하는 것은 해로움이고 잡담을 금함은 유익함이다. 왓차여, 욕심을 부리는 것은 해로움이고 욕심 없음은 유익함이다. 왓차여, 악의는 해로움이고 악의 없음은 유익함이다. 왓차여, 그릇된 견해는 해로움이고 바른 견해는 유익함이다. 왓차여, 이처럼 이 열 가지는 해로운 법들[不善法]이고 열 가지는 유익한 법들[善法]이다."37)

과 불선에 대한 부처님의 말씀을 듣고 아래 §15에서 부처님의 제자로 출가하고 §26에서 아라한이 된다.

6. "왓차여, 비구가 갈애를 제거하고 그 뿌리를 자르고, 윗부분이 잘린 야자수처럼 만들고, 멸절시켜, 미래에 다시는 일어나지 않게끔 할 때,[38] 그 비구는 번뇌가 다했고 삶을 완성했으며 할 바를 다했고 짐을 내려놓았으며 참된 이상을 실현했고 삶의 족쇄를 부수었으며 바른 구경의 지혜로 해탈한 아라한이다."[39]

7. "그런데 고따마 존자 이외에 고따마 존자의 제자인 비구가 단 한 명이라도 모든 번뇌가 다하여 아무 번뇌가 없는 마음의 해탈[心解脫]과 통찰지를 통한 해탈[慧解脫]을 바로 지금・여기에서 스스로 최상의 지혜로 알고 실현하고 구족하여 머무는 자가 있습니까?"

"왓차여, 나의 제자로서 모든 번뇌가 다하여 아무 번뇌가 없는 마음의 해탈과 통찰지를 통한 해탈을 바로 지금・여기에서 스스로 최상의 지혜로 알고 실현하고 구족하여 머무는 비구들은 백 명뿐만이 아니라, 이백 명, 삼백 명, 사백 명, 아니 오백 명뿐만이 아니라 그보다도 훨씬 더 많다."

8. "그런데 고따마 존자와 비구들 이외에 고따마 존자의 제자

---

37) 이처럼 세존께서는 탐・진・치와 열 가지 해로움[十不善]을 해로운 법들[不善法, akusala-dhammā]로, 불탐・부진・불치와 열 가지 유익함[十善]을 유익한 법들[善法, kusala-dhammā]로 정의하고 계신다. 선법과 불선법에 대해서는 『초기불교 이해』 제20장 네 가지 바른 노력[四正勤]과 선법・불선법(299쪽 이하)을 참조할 것.

38) 이 아라한에 대한 비유는 『상윳따 니까야』 제2권 「큰 나무 경」 1(S12:55) §4에서 어떤 사람이 나무를 잘라서 완전히 없애버리는 비유로 자세히 나타난다. 이 비유에 대한 주석서의 설명은 본서 제4권 「요소의 분석 경」(M140) §28의 주해를 참조할 것.

39) 이 아라한의 정형구에 대해서는 본서 제1권 「뿌리에 대한 법문 경」(M1) §51의 주해를 참조할 것.

인 비구니가 단 한 명이라도 모든 번뇌가 다하여 아무 번뇌가 없는 마음의 해탈과 통찰지를 통한 해탈을 바로 지금 · 여기에서 스스로 최상의 지혜로 알고 실현하고 구족하여 머무는 자가 있습니까?"

"왓차여, 나의 제자로서 모든 번뇌가 다하여 아무 번뇌가 없는 마음의 해탈과 통찰지를 통한 해탈을 바로 지금 · 여기에서 스스로 최상의 지혜로 알고 실현하고 구족하여 머무는 비구니들은 백 명뿐만이 아니라, 이백 명, 삼백 명, 사백 명, 아니 오백 명뿐만이 아니라 그보다도 훨씬 더 많다."

9. "그런데 고따마 존자와 비구들과 비구니들 이외에 고따마 존자의 제자인 청신사가 단 한 명이라도 흰옷을 입고 청정범행을 닦으면서 다섯 가지 낮은 단계의 족쇄를 완전히 없애고 [정거천에] 화생하여 그곳에서 완전히 열반에 들어 그 세계에서 다시 돌아오지 않는 법을 얻은 자가 있습니까?"

"왓차여, 나의 제자로서 흰옷을 입고 청정범행을 닦으면서 다섯 가지 낮은 단계의 족쇄를 완전히 없애고 [491] [정거천에] 화생하여 그곳에서 완전히 열반에 들어 그 세계에서 다시 돌아오지 않는 법을 얻은 청신사들은 백 명뿐만이 아니라, 이백 명, 삼백 명, 사백 명, 아니 오백 명뿐만이 아니라 그보다도 훨씬 더 많다."

10. "그런데 고따마 존자와 비구들과 비구니들과 흰옷을 입고 청정범행을 닦는 재가자인 청신사 이외에 고따마 존자의 제자인 청신사가 단 한 명이라도 흰옷을 입고 감각적 욕망을 즐기면서 가르침을 실천하고 훈계를 받들어 행하며 의심을 건너고 회의를 극복하여 무외를 얻고 다른 사람을 의지하지 않고 스승의 가르침에 머무는 자[40)]가 있습니까?"

"왓차여, 나의 제자로서 흰옷을 입고 감각적 욕망을 즐기면서 가르침을 실천하고 훈계를 받들어 행하며 의심을 건너고 회의를 극복하여 무외를 얻고 다른 사람을 의지하지 않고 스승의 가르침에 머무는 청신사들은 백 명뿐만이 아니라, 이백 명, 삼백 명, 사백 명, 아니 오백 명뿐만이 아니라 그보다도 훨씬 더 많다."

11. "그런데 고따마 존자와 비구들과 비구니들과 흰옷을 입고 청정범행을 닦는 재가자인 청신사와 흰옷을 입고 감각적 욕망을 즐기는 재가자인 청신사 이외에 고따마 존자의 제자인 청신녀가 단 한 명이라도 흰옷을 입고 청정범행을 닦으면서 다섯 가지 낮은 단계의 족쇄를 완전히 없애고 [정거천에] 화생하여 그곳에서 완전히 열반에 들어 그 세계에서 다시 돌아오지 않는 법을 얻은 자가 있습니까?"

"왓차여, 나의 제자로서 흰옷을 입고 청정범행을 닦으면서 다섯 가지 낮은 단계의 족쇄를 완전히 없애고 [정거천에] 화생하여 그곳에서 완전히 열반에 들어 그 세계에서 다시 돌아오지 않는 법을 얻은 청신녀들은 백 명뿐만이 아니라, 이백 명, 삼백 명, 사백 명, 아니 오백 명뿐만이 아니라 그보다도 훨씬 더 많다."

12. "그런데 고따마 존자와 비구들과 비구니들과 흰옷을 입고 청정범행을 닦는 재가자인 청신사와 흰옷을 입고 감각적 욕망을 즐기는 재가자인 청신사와 흰옷을 입고 청정범행을 닦는 재가자인 청신녀 이외에 고따마 존자의 제자인 청신녀가 단 한 명이라도 흰옷을

---

40) '가르침을 실천하고 … 스승의 가르침에 머문다.'는 이 정형구는 본서 제2권 「삿짜까 짧은 경」(M35) §24와 「우빨리 경」(M56) §18과 본서 「디가나카 경」(M74) §15 등에도 나타난다. 주석서의 설명처럼 이 정형구는 예류, 일래, 불환의 유학(有學)의 경지(sekkha-bhūmi)를 설명하는 정형구로 알려져 있다.(sekkhabhūmi dassitā — MA.ii.281)

입고 감각적 욕망을 즐기면서 가르침을 실천하고 훈계를 받들어 행하며 의심을 건너고 회의를 극복하여 무외를 얻고 다른 사람을 의지하지 않고 스승의 가르침에 머무는 자가 있습니까?"

"왓차여, 나의 제자로서 흰옷을 입고 감각적 욕망을 즐기면서 가르침을 실천하고 훈계를 받들어 행하며 의심을 건너고 회의를 극복하여 무외를 얻고 다른 사람을 의지하지 않고 스승의 가르침에 머무는 청신녀들은 백 명뿐만이 아니라, 이백 명, 삼백 명, 사백 명, 아니 오백 명뿐만이 아니라 그보다도 훨씬 더 많다."

13. "고따마 존자시여, 만일 오직 고따마 존자만이 이 법을 성취했고 비구들은 성취하지 못했다면, [492] 이것에 관한 한 청정범행은 완성되지 않았을 것입니다. 고따마 존자시여, 그러나 고따마 존자도 이 법을 성취했고 비구들도 성취했기 때문에 이것에 관한 한 이 청정범행은 완성되었습니다.

고따마 존자시여, 만일 오직 고따마 존자와 비구들만이 이 법을 성취했고 비구니들은 성취하지 못했다면, 이것에 관한 한 청정범행은 완성되지 않았을 것입니다. 고따마 존자시여, 그러나 고따마 존자도 이 법을 성취했고 비구들도 성취했고 비구니들도 성취했기 때문에 이것에 관한 한 이 청정범행은 완성되었습니다.

고따마 존자시여, 만일 오직 고따마 존자와 비구들과 비구니들만이 이 법을 성취했고 흰옷을 입고 청정범행을 닦는 재가자인 청신사들은 성취하지 못했다면, 이것에 관한 한 청정범행은 완성되지 않았을 것입니다. 고따마 존자시여, 그러나 고따마 존자도 이 법을 성취했고 비구들도 성취했고 비구니들도 성취했고 흰옷을 입고 청정범행을 닦는 재가자인 청신사들도 성취했기 때문에 이것에 관한 한 이 청정범행은 완성되었습니다.

고따마 존자시여, 만일 오직 고따마 존자와 비구들과 비구니들과 흰옷을 입고 청정범행을 닦는 재가자인 청신사들만이 이 법을 성취했고 흰옷을 입고 감각적 욕망을 즐기는 재가자인 청신사들은 성취하지 못했다면, 이것에 관한 한 청정범행은 완성되지 않았을 것입니다. 고따마 존자시여, 그러나 고따마 존자도 이 법을 성취했고 비구들도 성취했고 비구니들도 성취했고 흰옷을 입고 청정범행을 닦는 재가자인 청신사들도 성취했고 흰옷을 입고 감각적 욕망을 즐기는 재가자인 청신사들도 성취했기 때문에 이것에 관한 한 이 청정범행은 완성되었습니다.

고따마 존자시여, 만일 오직 고따마 존자와 비구들과 비구니들과 흰옷을 입고 청정범행을 닦는 재가자인 청신사들과 흰옷을 입고 감각적 욕망을 즐기는 재가자인 청신사들만이 이 법을 성취했고 흰옷을 입고 청정범행을 닦는 재가자인 청신녀들은 성취하지 못했다면, 이것에 관한 한 청정범행은 완성되지 않았을 것입니다. 고따마 존자시여, 그러나 고따마 존자도 이 법을 성취했고 비구들도 성취했고 비구니들도 성취했고 흰옷을 입고 청정범행을 닦는 재가자인 청신사들도 성취했고 흰옷을 입고 감각적 욕망을 즐기는 재가자인 청신사들도 성취했고 흰옷을 입고 청정범행을 닦는 재가자인 청신녀들도 성취했기 때문에 이것에 관한 한 이 청정범행은 완성되었습니다.

고따마 존자시여, 만일 오직 고따마 존자와 비구들과 비구니들과 흰옷을 입고 청정범행을 닦는 재가자인 청신사들과 흰옷을 입고 감각적 욕망을 즐기는 재가자인 청신사들과 흰옷을 입고 청정범행을 닦는 재가자인 청신녀들만이 이 법을 성취했고 흰옷을 입고 감각적 욕망을 즐기는 재가자인 청신녀들은 성취하지 못했다면, 이것에 관한 한 청정범행은 완성되지 않았을 것입니다. 고따마 존자시여, 그러나 고따마 존자도 이 법을 성취했고 비구들도 성취했고 비구니들도 성취했고 흰 옷을 입고 청정범행을 닦는 재가자인 청신사들도 성취했고 흰옷을 입고 감각적 욕망을 즐기는 재가자인 청신사들도 성취했고 흰옷을 입고 청정범행을 닦는 재가자인 청신녀들도 성취했고 흰옷을 입고 감각적 욕망을 즐기는 재가자인 청신녀들도 성취했기 때문에 이것에 관한 한 이 청정범행은 완성되었습니다."

14. "고따마 존자시여, 마치 강가 강이 바다를 향하고 바다로 기울고 바다를 기대고 바다에 도달하여 머물 듯이, 이 고따마 존자의 회중들도 재가 · 출가를 다 포함하여 열반을 향하고 열반으로 기울고 열반을 기대고 열반에 도달하여 머뭅니다."

15. "경이롭습니다, 세존이시여. 경이롭습니다, 세존이시여. 마치 넘어진 자를 일으켜 세우시듯, 덮여있는 것을 걷어내 보이시듯, [방향을] 잃어버린 자에게 길을 가리켜주시듯, 눈 있는 자 형상을 보라고 어둠 속에서 등불을 비춰주시듯, 세존께서는 여러 가지 방편으로 법을 설해주셨습니다. 저는 이제 세존께 귀의하옵고 법과 비구 승가에 귀의합니다. 세존이시여, 저는 세존의 곁으로 출가하기를 원하고 구족계를 받기를 원합니다." [494]

16. "왓차여, 전에 이교도였던 자가 이 법과 율에 출가하기를 원하고 구족계를 받기를 원하면 그는 넉 달의 수습 기간을 가져야 한다. 넉 달이 지나 비구들이 동의하면 출가를 허락하고 비구가 되는 구족계를 준다. 물론 여기에 개인마다 차이가 있음을 나는 인정한다."

"세존이시여, 만일 전에 이교도였던 자가 이 법과 율에 출가하기를 원하고 구족계를 받기를 원할 때, 넉 달의 수습 기간을 가져야 하고, 넉 달이 지나 비구들이 동의하면 출가를 허락하고 비구가 되는 구족계를 주신다면 저는 4년의 수습 기간을 가지겠습니다. 4년이 지나고 비구들이 동의하면 출가를 허락해주시고 비구가 되는 구족계를 주십시오."

17. 왓차곳따 유행승은 세존의 곁으로 출가했고 구족계를 받았다. 구족계를 받은 지 얼마 되지 않아, 즉 구족계를 받은 지 보름 만에 왓차곳따 존자는 세존을 뵈러 갔다. 가서는 세존께 절을 올리고 한 곁에 앉았다. 한 곁에 앉아서 왓차곳따 존자는 세존께 이렇게 말씀드렸다.

"세존이시여, 지금까지 저는 유학의 지혜와 유학의 명지로써 증득해야 할 것[41]은 다 증득했습니다. 세존께서는 제게 더 높은 법을 가르쳐주십시오."

18. "왓차여, 그렇다면 그대는 두 가지 법들을 더 닦아야 하나니 그것은 사마타[止]와 위빳사나[觀]이다.[42] 왓차여, 사마타와 위빳사나의 이들 두 가지 법들을 더 닦으면 여러 가지 요소[界]들을 꿰뚫어 보게 될 것이다."

---

41) "'유학의 명지로써 증득해야 할 것(sekhāya vijjāya pattabbaṁ)'이란 낮은 세 가지 과(예류과, 일래과, 불환과)를 말하는데, 그는 그것을 이미 증득한 것이다."(MA.iii.201)

42) "'사마타와 위빳사나(samatho ca vipassanā ca)'라고 하셨다. 그는 유학의 경지를 모두 증득한 뒤 무학의 경지를 증득하기 위한 수행을 위해 세존을 찾아왔다. 그러나 그는 순수한 아라한과(suddha-arahatta)를 얻을 조건만을 갖춘 것이 아니라 여섯 가지 신통[六神通, cha abhiññā]을 얻을 조건도 갖추고 있었다. 그래서 세존께서는 '이 자가 사마타 공부를 지어 다섯 가지 신통을 얻고, 위빳사나 공부를 지어 아라한과를 얻으면 여섯 가지 신통을 가진 큰 제자가 될 것이다.'라고 생각하시면서 위빳사나만을 말씀하시지 않고 사마타와 위빳사나(samatha-vipassanā)를 말씀하신 것이다."(MA.iii.201)

19. "왓차여, 만일 그대가 '내가 여러 가지 신통변화[神足通]를 나투었으면 좋겠다. 즉 내가 하나인 채 여럿이 되기도 하고 여럿이 되었다가 하나가 되기도 하기를. 나타났다 사라졌다 하고 벽이나 담이나 산을 아무런 장애 없이 통과하기를 마치 허공에서처럼 하기를. 땅에서도 떠올랐다 잠겼다 하기를 물속에서처럼 하기를. 물 위에서 빠지지 않고 걸어가기를 땅 위에서처럼 하기를. 가부좌한 채 허공을 날아가기를 날개 달린 새처럼 하기를. 저 막강하고 위력적인 태양과 달을 손으로 만져 쓰다듬기도 하며 심지어는 저 멀리 범천의 세상에까지도 몸의 자유자재를 발하기를[神足通].'하고 원한다면, 그대는 원인이 있을 때는 언제든지[43] 이런 것을 실현하는 능력을 얻는다."

20. "왓차여, 만일 그대가 '내가 인간의 능력을 넘어선 청정하고 신성한 귀의 요소로 [495] 천상이나 인간의 소리 둘 다를 멀든 가깝든 간에 다 듣기를[天耳通].'하고 원한다면, 그대는 원인이 있을 때는 언제든지 이런 것을 실현하는 능력을 얻는다."

21. "왓차여, 만일 그대가 '내가 내 마음으로 다른 중생들과 다른 인간들의 마음을 대하여 꿰뚫어 알면 좋겠다. 즉 내가 탐욕이 있는 마음은 탐욕이 있는 마음이라고 꿰뚫어 알고 탐욕을 여읜 마음은 탐

---

43) '원인이 있을 때는 언제든지'는 sati satiāyatane를 옮긴 것이다. 첫 번째 sati는 동사 atthi(√as, *to be*)의 현재분사 sant의 처소격이다. 주석서는 satiāyatane의 sati를 원인(kāraṇa)으로 설명하고 있다.(MA.iii.202) 계속해서 주석서는 이렇게 설명하고 있다.
"여기서는 어떤 것이 그 원인인가? 신통지(abhiññā)나 신통을 얻을 기초가 되는 禪(abhiññā-pādaka-jjhāna)이다. 그러나 결론적으로 말하면(avasā-ne) 아라한과나 아라한과를 얻을 위빳사나가 그 원인이라고 알아야 한다."(MA.iii.202)
이러한 원인이 있을 때는 이것을 실현하는 능력을 얻는다는 뜻이다.

욕을 여읜 마음이라고 꿰뚫어 알며, 성냄이 있는 마음은 성냄이 있는 마음이라고 꿰뚫어 알고 성냄을 여읜 마음은 성냄을 여읜 마음이라고 꿰뚫어 알며, 어리석음이 있는 마음은 어리석음이 있는 마음이라고 꿰뚫어 알고 어리석음을 여읜 마음은 어리석음을 여읜 마음이라고 꿰뚫어 알며, 수축한 마음은 수축한 마음이라고 꿰뚫어 알고 흩어진 마음은 흩어진 마음이라고 꿰뚫어 알며, 고귀한 마음은 고귀한 마음이라고 꿰뚫어 알고 고귀하지 않은 마음은 고귀하지 않은 마음이라고 꿰뚫어 알며, 위가 있는 마음은 위가 있는 마음이라고 꿰뚫어 알고 위가 없는 마음은 위가 없는 마음이라고 꿰뚫어 알며, 삼매에 든 마음은 삼매에 든 마음이라고 꿰뚫어 알고 삼매에 들지 않은 마음은 삼매에 들지 않은 마음이라고 꿰뚫어 알며, 해탈한 마음은 해탈한 마음이라고 꿰뚫어 알고 해탈하지 않은 마음은 해탈하지 않은 마음이라고 꿰뚫어 알기를[他心通].'하고 원한다면, 그대는 원인이 있을 때는 언제든지 이런 것을 실현하는 능력을 얻는다."

22. "왓차여, 만일 그대가 '내가 한량없는 전생의 갖가지 삶들을 기억하면 좋겠다. 즉 한 생, 두 생, 세 생, 네 생, 다섯 생, 열 생, 스무 생, 서른 생, 마흔 생, 쉰 생, 백 생, 천 생, 십만 생, 세계가 수축하는 여러 겁, 세계가 팽창하는 여러 겁, 세계가 수축하고 팽창하는 여러 겁을 기억하면 좋겠다. '나는 어느 곳에서 이런 이름을 가졌고, 이런 종족이었고, 이런 용모를 가졌고, 이런 음식을 먹었고, 이런 행복과 고통을 경험했고, 이런 수명의 한계를 가졌고, 그곳에서 죽어 다른 어떤 곳에 다시 태어나 그곳에서는 이런 이름을 가졌고, 이런 종족이었고, 이런 용모를 가졌고, 이런 음식을 먹었고, 이런 행복과 고통을 경험했고, 이런 수명의 한계를 가졌고, 그곳에서 죽어 다시 여기 태어났다.'라고 [기억하면 좋겠다.] 이와 같이 내가 한량없는 전생의 갖

가지 모습들을 그 특색과 더불어 상세하게 기억해낼 수 있기를[宿命通].'하고 원한다면, 그대는 원인이 있을 때는 언제든지 이런 것을 실현하는 능력을 얻는다." [496]

23. "왓차여, 만일 그대가 '내가 인간의 능력을 넘어선 청정하고 신성한 눈[天眼]으로 중생들이 죽고 태어나고, 천박하고 고상하고, 잘생기고 못생기고, 좋은 곳[善處]에 가고 나쁜 곳[惡處]에 가는 것을 보고, 중생들이 지은 바 그 업에 따라가는 것을 꿰뚫어 알면 좋겠다. 즉 '이들은 몸으로 못된 짓을 골고루 하고 말로 못된 짓을 골고루 하고 또 마음으로 못된 짓을 골고루 하고, 성자들을 비방하고, 삿된 견해를 지니어 사견업(邪見業)을 지었다. 이들은 몸이 무너져 죽은 뒤 처참한 곳, 불행한 곳, 파멸처, 지옥에 태어났다. 그러나 이들은 몸으로 좋은 일을 골고루 하고 말로 좋은 일을 골고루 하고 마음으로 좋은 일을 골고루 하고 성자들을 비방하지 않고 바른 견해를 지니고 정견업(正見業)을 지었다. 이들은 몸이 무너진 다음 좋은 곳[善處], 천상세계에 태어났다.'라고. 이와 같이 내가 청정하고 인간을 넘어선 신성한 눈으로 중생들이 죽고 태어나고, 천박하고 고상하고, 잘생기고 못생기고, 좋은 곳[善處]에 가고 나쁜 곳[惡處]에 가는 것을 보고, 중생들이 지은 바 그 업에 따라가는 것을 꿰뚫어 알기를[天眼通].'하고 원한다면, 그대는 원인이 있을 때는 언제든지 이런 것을 실현하는 능력을 얻는다."

24. "왓차여, 만일 그대가 '내가 모든 번뇌가 다하여 아무 번뇌가 없는 마음의 해탈[心解脫]과 통찰지를 통한 해탈[慧解脫]을 바로 지금·여기에서 스스로 최상의 지혜로 알고 실현하고 구족하여 머물기를[漏盡通].'하고 원한다면, 그대는 원인이 있을 때는 언제든지 이

런 것을 실현하는 능력을 얻는다."

25. 그때 왓차곳따 존자는 세존의 말씀을 기뻐하고 감사드리면서 자리에서 일어나서 세존께 절을 올리고 오른쪽으로 돌아 [경의를 표한] 뒤 물러갔다.

26. 왓차곳따 존자는 혼자 은둔하여 방일하지 않고 열심히, 스스로 독려하며 지냈다. 오래지 않아 좋은 가문의 아들들이 바르게 집을 떠나 출가하는 목적인 그 위없는 청정범행의 완성을 지금 · 여기에서 최상의 지혜로 알고 실현하고 구족하여 지냈다. '태어남은 다했다. 청정범행은 성취되었다. 할 일을 다 해 마쳤다. 다시는 어떤 존재로도 돌아오지 않을 것이다.'라고 꿰뚫어 알았다.

왓차곳따 존자는 아라한들 중의 한 분이 되었다.

27. 그때 많은 비구들이 세존을 친견하러 갔다. 왓차곳따 존자는 멀리서 그 비구들이 가는 것을 보았다. 보고서는 그 비구들에게 다가갔다. 그리고 그 비구들에게 이렇게 말했다. [497]

"도반들이시여, 지금 존자들께서는 어디 가십니까?"

"도반이여, 우리는 세존을 친견하러 갑니다."

"그러시다면 존자들께서 제 이름으로 세존의 발에 머리 조아리고 '세존이시여, 왓차곳따 비구가 세존의 발에 머리 조아려 절을 드립니다.'라고 문안을 드려 주십시오. 그리고 '저는 세존을 존경합니다. 저는 선서를 존경합니다.'[44]라고 전해주십시오."

---

44) "'세존을 존경한다(pariciṇṇo me bhagavā).'고 했다. 일곱 부류의 유학들(satta sekhā, 예류도부터 아라한도까지)은 당연히 세존을 존경하고, 번뇌 다한 아라한들도 세존을 존경한다. 그러나 '저는 세존을 존경합니다. 저는 선서를 존경합니다(pariciṇṇo me bhagavā pariciṇṇo me sugato).'라는 이런 간략한 표현(saṅkhepa)으로 자신이 아라한이 되었음을 설명하면서 장로

"도반이여, 그렇게 하겠습니다."라고 그 비구들은 왓차곳따 존자에게 대답했다. 그러자 그 비구들은 세존을 뵈러 갔다. 가서는 세존께 절을 올리고 한 곁에 앉았다. 한 곁에 앉아서 그 비구들은 세존께 이렇게 말씀드렸다.

"세존이시여, 왓차곳따 비구가 세존의 발에 머리 조아려 절을 드리면서 '저는 세존을 존경합니다. 저는 선서를 존경합니다.'라고 말씀드립니다."

28. "비구들이여, 이미 나는 마음으로 그의 마음을 대하여 왓차곳따 비구를 알았다. 왓차곳따 비구는 삼명을 통달한 자이며 큰 신통을 가졌고 큰 위력을 가졌다. 신들도 역시 나에게 이 사실을 알려주었다. '세존이시여, 왓차곳따 비구는 삼명을 통달한 자이며 큰 신통을 가졌고 큰 위력을 가졌습니다.'라고."

세존께서는 이와 같이 설하셨다. 그 비구들은 흡족한 마음으로 세존의 말씀을 크게 기뻐하였다.

왓차곳따 긴 경(M73)이 끝났다.

는 이렇게 말한 것이다. 그러나 그 비구들은 그 말의 뜻을 이해하지 못했다. 이해하지 못한 채 그의 말을 받아(sampaṭicchitvā) 세존께 알려 드린 것이다."(MA.iii.202)

그러자 세존께서는 이미 당신의 마음으로 그의 마음을 대하여 그가 그런 경지를 얻었음을 알고 계셨고, 그 사실을 다음 문단에서 그 비구들에게 알려주신 것이다.

디가나카 경

Dīghanakha Sutta(M74)

1. 이와 같이 나는 들었다. 어느 때 세존께서는 라자가하의 독수리봉 산에 있는 수까라카따라는 동굴에 머무셨다.

2. 그때 디가나카 유행승45)이 세존을 뵈러 갔다.46) 가서는 세존과 함께 환담을 나누었다. 유쾌하고 기억할만한 이야기로 서로 담소를 하고서 한 곁에 섰다. 한 곁에 서서 디가나카 유행승은 세존께 이렇게 말씀드렸다.

"고따마 존자시여, 저는 '나는 아무것도 인정하지 않는다.'47)라는

---

45) 디가나카 유행승(Dīghanakha paribbājaka)은 사리뿟따 존자의 여동생의 아들이었다. 주석서에 의하면 그는 단견론자(uccheda-vāda)였다고 한다.(MA.iii.203)

46) "디가나카 유행승(Dīghanakha paribbājaka)는 왜 세존을 뵈러 갔는가? 사리뿟따 존자가 출가한 지 보름이 되었을 때 디가나카는 다음과 같이 생각했다. '내 외숙부(mātula)가 다른 교단(pāsaṇḍa)에 출가했지만 오래 머물지 않았다. 그러나 이제 사문 고따마의 곁으로 출가한 지 보름이 되었다. 그의 소식도 듣지 못했고, 훌륭한 교법(sāsana)인지, 그것을 알아야겠다.'라는 생각에 세존을 뵙고 싶은 마음이 생겼던 것이다."(MA.iii.203)

47) "'나는 아무것도 인정하지 않는다(sabbaṁ me nakkhamati).'라는 것은 모든 재생(upapattiyo)과 더불어 모든 재생연결(paṭisandhiyo)을 인정하지

이런 주장과 이런 견해를 가졌습니다."

"악기웻사나여,[48] '나는 아무것도 인정하지 않는다.'라는 그것이 그대의 견해로구나. '나는 아무것도 인정하지 않는다.'라는 이 견해는 적어도 그대가 인정하는 것이 아닌가?"

"고따마 존자시여, 제가 이 견해를 인정하더라도 그것은 마찬가지일 뿐입니다. 그것은 여전히 [498] 마찬가지일 뿐입니다."

3. "악기웻사나여, 지금 이 세상에는 '그것은 마찬가지일 뿐이다. 그것은 여전히 마찬가지일 뿐이다.'라고 말하면서도 그런 견해를 버리지 않고 또 다른 견해를 취착하는 사람들이 훨씬 많다.[49] 악기웻사나여, 지금 이 세상에는 '그것은 마찬가지일 뿐이다. 그것은 여

않는다는 것을 염두에 두고 한 말이다. 이것으로 '나는 단견(斷見)을 주장하는 사람(uccheda-vāda)이다.'라는 것을 드러내었다. 그러나 세존께서는 그의 의도는 우선 제쳐두고 그의 말에서 결점(dosa)을 드러내시면서 '아무것도 인정하지 않는다는 그대의 견해는 적어도 인정하고 있는 것이 아닌가?'라고 반문하신다.

그러나 디가나카는 아무것도 인정하지 않는다는 자기의 견해를 인정한다 하더라도 아무것도 인정할 수 없는 자기의 견해는 변함이 없다고 대답을 한다. 그 '아무것, 모든 것(sabbaṁ)' 속에 자기의 견해도 포함되기 때문에 그는 그의 말에 모순(dosa)이 있음을 알고 그것을 보호하려 하지만 자기의 견해를 인정할 수 없는 잘못을 범하고 만다. 결국 단견(uccheda-diṭṭhi)에 대한 단멸(uccheda)을 긍정하는 꼴이 되고 만 것이다."(MA.iii.204)

48) 악기웻사나(Aggivessana)는 웨살리의 종족의 이름인 듯하다. 니까야에서 악기웻사나라는 이름은 본경(M74)에서 디가나카 유행승을 부를 때와 본서 제2권 「삿짜까 짧은 경」(M35)과 「삿짜까 긴 경」(M36)에서는 삿짜까를 부를 때 나타나고, 제4권 「길들임의 단계 경」(M125)에서는 아찌라와띠 사미도 이렇게 호칭되고 있다. 그리고 『디가 니까야』 제1권 「사문과경」(D2) §28에서는 니간타 나따뿟따가 악기웻사나라 호칭되고 있다. 이들은 모두 웨살리(Vesāli) 출신들이다. 그러므로 악기웻사나는 웨살리 지방에 사는 왓지족들에게 사용되던 족성의 호칭이었던 듯하다.

49) "그런 견해를 버리지 않는 사람들이 그런 견해를 버리는 사람보다 훨씬 많다는 말이다."(MA.iii.204)

전히 마찬가지일 뿐이다.'라고 말하면서 그런 견해를 버리고 다른 견해를 취착하지 않는 자들은 훨씬 적다."

4. "악기웻사나여, 어떤 사문 · 바라문들은 '나는 일체를 인정한다.'라는 이런 주장과 이런 견해를 가졌다. 악기웻사나여, 어떤 사문 · 바라문들은 '나는 아무것도 인정하지 않는다.'라는 이런 주장과 이런 견해를 가졌다. 악기웻사나여, 어떤 사문 · 바라문들은 '나는 어떤 것은 인정하고 어떤 것은 인정하지 않는다.'라는 이런 주장과 이런 견해를 가졌다.

악기웻사나여, 여기서 '나는 일체를 인정한다.'라는 이런 주장과 이런 견해를 가진 사문 · 바라문들의 견해는 욕망에 가깝고 족쇄에 가깝고 환락에 가깝고 집착에 가깝고 취착에 가깝다. 악기웻사나여, 여기서 '나는 아무것도 인정하지 않는다.'라는 이런 주장과 이런 견해를 가진 사문 · 바라문들의 그런 견해는 욕망 없음에 가깝고 족쇄 없음에 가깝고 환락 없음에 가깝고 집착 없음에 가깝고 취착 없음에 가깝다."

5. 이렇게 말씀하시자 디가나카 유행승은 세존께 이렇게 말씀드렸다.

"고따마 존자께서는 저의 견해를 추켜세워 주시는군요. 고따마 존자께서는 저의 견해를 아주 추켜세워 주시는군요."

"악기웻사나여, 여기서 사문 · 바라문들은 '나는 어떤 것은 인정하고 어떤 것은 인정하지 않는다.'라는 이런 주장과 이런 견해를 가졌는데, 그들이 인정하는 그런 견해는 욕망에 가깝고 족쇄에 가깝고 환락에 가깝고 집착에 가깝고 취착에 가깝고, 그들이 인정하지 않는 그런 견해는 욕망 없음에 가깝고 족쇄 없음에 가깝고 환락 없음에 가깝고 집착 없음에 가깝고 취착 없음에 가깝다."

6. "악기웻사나여, 여기 '나는 일체를 인정한다.'라는 이런 주장과 이런 견해를 가진 사문 · 바라문들 가운데 지혜로운 사람은 이렇게 숙고한다.

'나는 일체를 인정한다.'라는 이런 견해를 가졌는데, 내가 이것을 완강하게 고수하고 고집하여 주장하기를 '이것만이 진리요 다른 것은 쓸모가 없다.'라고 한다면 내게는 다른 두 사람과 불화가 생길 것이다. 즉 '나는 아무것도 인정하지 않는다.'라는 이런 주장과 [499] 이런 견해를 가진 사문 · 바라문들과 '나는 어떤 것은 인정하고 어떤 것은 인정하지 않는다.'라는 이런 주장과 이런 견해를 가진 사문 · 바라문들과 불화가 생길 것이다. 불화가 있으면 논쟁이 생기고 논쟁이 있으면 다툼이 있고 다툼이 있으면 곤혹스러움이 있다.'라고.

이와 같이 그는 불화와 논쟁과 다툼과 곤혹스러움을 자신에게서 잘 관찰해 보고서 그런 견해를 버리고 다른 견해를 취착하지도 않는다. 이와 같이 이런 견해들을 버리고 이와 같이 이런 견해들을 배제하게 된다."

7. "악기웻사나여, 여기 '나는 아무것도 인정하지 않는다.'라는 이런 주장과 이런 견해를 가진 사문 · 바라문들 가운데 지혜로운 사람은 이렇게 숙고한다.

'나는 아무것도 인정하지 않는다.'라는 이런 견해를 가졌는데, 내가 이것을 완강하게 고수하고 고집하여 주장하기를 '이것만이 진리요 다른 것은 쓸모가 없다.'라고 한다면 내게는 다른 두 사람과 불화가 생길 것이다. 즉 '나는 일체를 인정한다.'라는 이런 주장과 이런 견해를 가진 사문 · 바라문들과 '나는 어떤 것은 인정하고 어떤 것은 인정하지 않는다.'라는 이런 주장과 이런 견해를 가진 사문·바라문들과 불화가 생길 것이다. 불화가 있으면 논쟁이 생기고 논쟁이 있으면 다툼이 있고 다툼이 있으면 곤혹스러움이 있다.'라고.

이와 같이 그는 불화와 논쟁과 다툼과 곤혹스러움을 자신에게서 잘 관찰해 보고서 그런 견해를 버리고 다른 견해를 취착하지도 않는다. 이와 같이 이런 견해들을 버리고 이와 같이 이런 견해들을 배제하게 된다."

8. "악기웻사나여, 여기 '나는 어떤 것은 인정하고 어떤 것은 인정하지 않는다.'라는 이런 주장과 이런 견해를 가진 사문·바라문들 가운데 지혜로운 사람은 이렇게 숙고한다.

'나는 어떤 것은 인정하고 어떤 것은 인정하지 않는다.'라는 이런 견해를 가졌는데, 내가 이것을 완강하게 고수하고 고집하여 주장하기를 '이것만이 진리요 다른 것은 쓸모가 없다.'라고 한다면 내게는 다른 두 사람과 불화가 생길 것이다. 즉 '나는 일체를 인정한다.'라는 이런 주장과 이런 견해를 가진 사문·바라문들과 '나는 아무것도 인정하지 않는다.'라는 이런 주장과 이런 견해를 가진 사문·바라문들과 불화가 생길 것이다. 불화가 있으면 논쟁이 생기고 논쟁이 있으면 다툼이 있고 다툼이 있으면 곤혹스러움이 있다.'라고.

이와 같이 그는 불화와 논쟁과 다툼과 곤혹스러움을 자신에게서 잘 관찰해 보고서 그런 견해를 버리고 다른 견해를 취착하지도 않는다. 이와 같이 이런 견해들을 버리고 이와 같이 이런 견해들을 배제하게 된다." [500]

9. "악기웻사나여, 이 몸은 물질로 된 것이고, 사대로 이루어진 것이며, 부모에서 생겨났고, 밥과 죽으로 성장했으며, 무상하고 파괴

되고 분쇄되고 분리되고 분해되기 마련인 것이다. 그것을 무상하다고 괴로움이라고 병이라고 종기라고 쇠살이라고 재난이라고 질병이라고 남[他]이라고 부서지기 마련인 것이라고 공한 것이라고 무아라고 바르게 관찰해야 한다.

그 몸에 대해 무상하다고 괴로움이라고 병이라고 종기라고 쇠살이라고 재난이라고 질병이라고 남[他]이라고 부서지기 마련인 것이라고 공한 것이라고 무아라고 바르게 관찰하는 자는 몸에 대한 욕망과 몸에 대한 애정과 몸에 복종함[50]을 버린다."

10. "악기웻사나여, 세 가지 느낌이 있나니 즐거운 느낌과 괴로운 느낌과 괴롭지도 즐겁지도 않은 느낌이다.

악기웻사나여, 사람이 즐거운 느낌을 느낄 때, 그때는 괴로운 느낌이나 괴롭지도 즐겁지도 않은 느낌은 느끼지 않고 오직 즐거운 느낌만을 느낀다. 악기웻사나여, 괴로운 느낌을 느낄 때, 그때는 즐거운 느낌이나 괴롭지도 즐겁지도 않은 느낌은 느끼지 않고 오직 괴로운 느낌만을 느낀다. 악기웻사나여, 괴롭지도 즐겁지도 않은 느낌을 느낄 때, 그때는 즐거운 느낌이나 괴로운 느낌을 느끼지 않고 오직 괴롭지도 즐겁지도 않은 느낌만을 느낀다."

11. "악기웻사나여, 즐거운 느낌도 무상하고 형성된 것이고 조건 따라 일어난 것이고 부서지기 마련인 것이고 사그라지기 마련인 것이고 빛바래기 마련인 것이고 소멸하기 마련인 것이다. 악기웻사나여, 괴로운 느낌도 무상하고 형성된 것이고 조건 따라 일어난 것이고 부서지기 마련인 것이고 사그라지기 마련인 것이고 빛바래기 마련인

50) "'몸에 대한 욕망(kāya-chanda)'은 몸에 대한 갈애이고, '몸에 대한 애정(kāya-sneha)'은 몸에 대한 갈애를 동반한 애정이고, '몸에 복종함(kāyanvayatā)'이란 몸에 순종하는 오염원(kilesa)을 말한다."(MA.iii.207)

것이고 소멸하기 마련인 것이다. 악기웻사나여, 괴롭지도 즐겁지도 않은 느낌도 무상하고 형성된 것이고 조건 따라 일어난 것이고 부서지기 마련인 것이고 사그라지기 마련인 것이고 빛바래기 마련인 것이고 소멸하기 마련인 것이다."

12. "악기웻사나여, 이와 같이 보는 잘 배운 성스러운 제자는 즐거운 느낌도 염오하고, 괴로운 느낌도 염오하고, 괴롭지도 즐겁지도 않은 느낌도 염오한다. 염오하기 때문에 탐욕이 빛바랜다. 탐욕이 빛바래므로 해탈한다. 해탈했을 때 해탈했다는 지혜가 생긴다. '태어남은 다했다. 청정범행은 성취되었다. 할 일을 다 해 마쳤다. 다시는 어떤 존재로도 돌아오지 않을 것이다.'라고 꿰뚫어 안다."

13. "악기웻사나여, 이와 같이 마음이 해탈한 비구는 누구를 편들지도 않고 누구와 논쟁하지도 않는다. 세상에서 통용되고 있는 말을 집착하지 않고 사용할 뿐이다."[51]

14. 그때 사리뿟따 존자가 세존의 뒤에서 세존께 부채질을 해드리면서 [501] 서 있었다. 그때 사리뿟따에게 이런 생각이 들었다.

'세존께서는 참으로 이런 법들을 최상의 지혜로 알아서 제거하는 것을 말씀하시는구나. 세존께서는 참으로 이런 법들을 최상의 지혜로 알아서 제거하는 것을 말씀하시는구나.'[52]

---

51) 부처님께서는 『디가 니까야』 제1권 「뽓타빠다 경」(D9) §53에서도 "찟따여, 이런 것들은 세상의 일반적인 표현(loka-samañña)이며 세상의 언어(loka-nirutti)이며 세상의 인습적 표현(loka-vohāra)이며 세상의 개념(loka-paññatti)이다. 여래는 이런 것을 통해서 집착하지 않고 사용할 뿐이다(voharati aparāmasaṁ)."(D9 §53)라고 말씀하신다.

52) "'최상의 지혜로 알아서 제거하는 것을 말씀하시는구나(abhiññā-pahānam āha).'라고 했다. 영속[常見, sassata] 등 각 법들에서 영속을 최상의 지혜로 알아서 영속을 버림(pahāna)을 말씀하셨고, 단멸[斷見, uccheda]이나

사리뿟따 존자가 이처럼 숙고하였을 때 취착이 없어져서 번뇌들에서 마음이 해탈했다.53)

15. 그리고 디가나카 유행승에게는 '무엇이든 생기기 마련인 것은 모두 멸하기 마련인 것이다.'라는 티끌이 없고 때가 없는 법의 눈이 생겼다. 그래서 디가나카 유행승은 법을 보았고, 법을 얻었고, 법을 체득했고, 법을 간파했고, 의심을 건넜고, 혼란을 제거했고, 무외를 얻었고, 스승의 교법에서 다른 사람에게 의지하지 않게 되었다.

16. "경이롭습니다, 고따마 존자시여. 경이롭습니다, 고따마 존자시여. 마치 넘어진 자를 일으켜 세우시듯, 덮여있는 것을 걷어내 보이시듯, [방향을] 잃어버린 자에게 길을 가리켜주시듯, 눈 있는 자 형상을 보라고 어둠 속에서 등불을 비춰주시듯, 고따마 존자께서는 여러 가지 방편으로 법을 설해주셨습니다. 저는 이제 고따마 존자께 귀의하옵고 법과 비구 승가에 귀의합니다. 고따마 존자께서는 저를 재가신자로 받아주소서. 오늘부터 목숨이 붙어 있는 그날까지 귀의하옵니다."

디가나카 경(M74)이 끝났다.

일부영속(ekacca-sassata)을 최상의 지혜로 알아서 단멸이나 일부영속을 버림을 말씀하셨다. 물질을 최상의 지혜로 알아 물질을 버림을 말씀하신 것 등으로 [오온을 버림을 말씀하신 것으로] 알아야 한다."(MA.iii.208)

53) "'취착이 없어져서 번뇌들에서 마음이 해탈했다(anupādāya āsavehi cittaṁ vimucci).'라고 했다. 취착 없이 소멸함(anuppāda-nirodha)으로 인해 소멸한 번뇌들에서 마음이 취착하지 않고 해탈했다는 말이다. 마치 남에게 제공한 밥을 먹고 배고픔을 물리치듯이 사리뿟따 존자는 세존께서 조카에게 설하신 법문의 지혜에 들어가 위빳사나를 증장시켜 아라한과를 얻어 제자들이 얻는 바라밀의 지혜(sāvaka-pāramī-ñāṇa)의 정수리(matthaka)가 되었고, 디가나카는 예류과를 얻어서 귀의하게 되었다."(MA.iii.209)

마간디야 경

Māgandiya Sutta(M75)

1. 이와 같이 나는 들었다. 한때 세존께서는 꾸루의 깜맛사담마[54]라는 꾸루들의 성읍에 있는 바라드와자 족성[55]을 가진 바라문의 불을 모신 사당에서 풀로 만든 자리에 머물고 계셨다.

2. 그때 세존께서는 아침에 옷매무새를 가다듬고 발우와 가사를 수하시고 깜맛사담마로 탁발을 가셨다. 깜맛사담마에서 탁발하여 공양을 마치시고 탁발에서 돌아오셔서 낮 동안을 머물기 위해 어떤

---

54) 꾸루(Kuru)와 깜마사담마(Kammāssadhamma)에 대해서는 본서 제1권 「염처경」(M10) §1의 주해를 참조할 것.

55) 바라드와자 족성(Bharadvāja-gotta)은 부처님 당시에 인도에서 유력했던 바라문 족성(gotta)이다. 『디가 니까야』 제1권 「암밧타 경」(D3 §2.8)과 『앙굿따라 니까야』 제3권 「도나 경」(A5:192 §2) 등에는 당시에 유력했던 바라문 족성으로 "앗타까, 와마까, 와마데와, 웻사밋따, 야마딱기, 앙기라사, 바라드와자, 와셋타, 깟사빠, 바구"(Aṭṭhaka, Vāmaka, Vāmadeva, Vessā-mitta, Yamadaggi, Aṅgīrasa, Bhāradvāja, Vāseṭṭha, Kassapa, Bhagu)의 열 가지를 들고 있다. 이 가운데 웻사밋따(Sk. Viśvāmitra)는 『리그베다』 3장을 전승해 온 가문의 이름이며, 와마데와(Sk. Vāma-deva)는 4장을, 바라드와자(Bharadvāja)는 6장을, 와셋타(Sk. Vasiṣṭha)는 7장을 전승해 온 가문의 이름이기도 하다.

숲으로 가셨다. 그 숲에 들어가셔서 어떤 나무 아래 앉으셨다. [502]

3. 그때 마간디야 유행승56)이 포행을 나와 이리저리 경행하다가 바라드와자 족성을 가진 바라문의 불을 모신 사당으로 왔다. 마간디야 유행승은 바라드와자 족성을 가진 바라문의 불을 모신 사당에 풀로 만든 자리가 마련되어 있는 것을 보았다. 그것을 보고 바라드와자 족성을 가진 바라문에게 이렇게 말했다.

"바라드와자 존자의 불을 모신 사당에 준비된 풀로 만든 자리는 누구의 것입니까? 사문의 잠자리처럼 보입니다."

4. "마간디야여, 사꺄의 후예이고, 사꺄 가문에서 출가한 사문 고따마라는 분이 있는데, 그 고따마 존자께는 이러한 좋은 명성이 따릅니다. '이런 [이유로] 그분 세존께서는 아라한[應供]이며, 완전히 깨달은 분[正等覺]이며, 명지와 실천을 구족한 분[明行足]이며, 피안으로 잘 가신 분[善逝]이며, 세간을 잘 알고 계신 분[世間解]이며, 가장 높은 분[無上士]이며, 사람을 잘 길들이는 분[調御丈夫]이며, 하늘과 인간의 스승[天人師]이며, 부처님[佛]이며, 세존(世尊)이다.'라고. 이것은 그분 고따마 존자를 위해 마련된 잠자리입니다."

5. "바라드와자 존자여, 우리가 존재의 파괴자57)인 고따마 존

---

56) 주석서에 의하면 이 마간디야 유행승(Māgandiya paribbājaka)은 자신의 딸을 부처님께 아내로 주고자 했던 마간디야 바라문의 조카(bhāgineyya)라고 한다.(MA.iii.209) 마간디야 바라문은 절세미녀였던 자기 딸을 부처님께 아내로 주고자 하였으나 부처님께서는 마간디야 바라문과 그의 아내에게 설법을 하여 그들이 불환과를 얻게 하셨다고 한다. 한편 마간디야 유행승은 본경의 가르침을 듣고 출가하여 부처님 제자가 된 후에 아라한이 되었다.(본경 §28) 마간디야 바라문은 이러한 마간디야 존자에게 나중에 그의 딸을 부탁하였고 마간디야 존자는 그녀를 출가시켰으며, 그녀도 아라한이 되었다고 한다.(DhpA.iii.192ff.; SnA.ii.542f.)

자의 잠자리를 보았으니 우리는 참으로 못 볼 것을 보았습니다."

"마간디야여, 그런 말을 삼가십시오. 마간디야여, 그런 말을 삼가십시오. 많은 끄샤뜨리야 현자(賢者)들과 바라문 현자들과 장자의 현자들과 사문의 현자들은 그분 고따마 존자에게 아주 청정한 믿음을 가지고 있고, 그들은 성스럽고 참되고 유익한 법들58)로 인도되고 있습니다."

"바라드와자 존자여, 우리가 만일 그 고따마 존자를 직접 대면한다하더라도 우리는 그에게 말할 것입니다. '사문 고따마는 성장을 파

---

57) '존재의 파괴자'는 bhūnahuno를 옮긴 것인데 설명하기가 쉽지 않은 단어이다. PED는 bhūnaha를 bhūta+gha(√han, *to kill*)의 옛 형태로 추정하여 존재의 파괴자(*a destroyer of beings*)로 설명하고 있다.
본경에 해당하는 주석서는 "성장을 파괴하는 자(hata-vaḍḍhino), 철저한 규칙을 만드는 자(mariyāda-kārakassa)"(MA.iii.211)라고 설명하고 있다. 그리고 이 단어는 『숫따니빠따』에도 호격으로 bhūnahu(Sn.128 {664})로 나타나는데 이곳의 주석서는 "존재의 파괴자(bhūti-hanaka), 증장을 망치는 자(vuḍḍhi-nāsaka)"(SnA.ii.479)로 설명하고 있다. 그래서 역자는 '존재의 파괴자'로 옮겼다. 본경의 주석서는 계속해서 설명한다.
"무슨 까닭으로 이렇게 불렀는가? 그는 세존을 두고 여섯 가지 감각의 문에서 성장한 지혜를 파괴한다고 믿고 있었기 때문(vaḍḍhi-paññā-pana-laddhikattā)이다. 그는 다음과 같은 신조(laddhi)를 갖고 있었다. 눈, 귀 등 여섯 가지 감각기능을 발전시키고(brūhetabba) 성장시켜서(vaḍḍheta-bba) 보지 못했고 듣지 못한 것 등을 보아야 하고 들어야 하고, 이미 보았거나 들은 것은 그냥 지나가도록 두어서 집착하지 않아야 한다. 이와 같이 여섯 가지 감각의 문에서 성장(vaḍḍhi)을 천명했다. 그러나 세존께서는 여섯 가지 감각의 문을 단속(saṁvara)할 것을 천명하신다. 그래서 『법구경』에서 "눈을 단속하는 것은 좋은 것이고 귀를 단속하는 것도 좋은 것이다. …"(Dhp.102 {360~361}) 등으로 말씀하신 것이다.
그러므로 마간디야는 '사문 고따마는 성장을 파괴하는 자(vaḍḍhi-hata)이고, 철저한 규칙을 만드는 자다(mariyāda-kāraka).'라고 생각하면서 '존재의 파괴자(bhūnahuno)'라고 말한 것이다."(MA.iii.211)

58) "'성스럽고 참되고 유익한 법들(ariye ñāye dhamme kusale)'이란 청정하고(parisuddhā) 비난받을 일이 없는(anavajjā) 원인이 되는 법들(kāraṇa-dhammā)을 말한다."(MA.iii.211)

괴하는 자이다.'라고. 그 이유는 우리의 경전에 그와 같이 나타나있기 때문입니다."

"만일 마간디야 존자가 이의를 내세우지 않는다면 내가 사문 고따마에게 이 사실을 전해도 되겠습니까?"

"바라드와자 존자는 걱정하지 마시고 내가 이야기한 것을 말하십시오."

6. 세존께서는 인간의 능력을 넘어선 청정하고 신성한 귀의 요소로 바라드와자 족성을 가진 바라문과 마간디야 유행승 간에 나눈 이런 대화를 들으셨다. 그러자 세존께서는 해거름에 [낮 동안] 홀로 앉으셨던 명상에서 일어나셔서 바라드와자 족성을 가진 바라문의 불을 모신 사당으로 가셔서 마련되어 있던 풀로 만든 자리에 앉으셨다. 그때 바라드와자 족성을 가진 바라문이 세존을 뵈러 왔다. 와서는 세존과 함께 환담을 나누었다. 유쾌하고 기억할만한 이야기로 서로 담소를 하고서 한 곁에 앉았다. 한 곁에 앉은 바라드와자 족성을 가진 바라문에게 세존께서는 이렇게 말씀하셨다.

"바라드와자여, 그대는 마간디야 유행승과 [503] 이 풀로 만든 자리를 두고 어떤 대화를 나누었는가?"

이렇게 말씀하시자 바라드와자 바라문은 놀라서 머리털이 쭈뼛해진 채 세존께 이렇게 말씀드렸다.

"그렇지 않아도 저는 고따마 존자께 이것을 말씀드리려고 했습니다. 그런데 고따마 존자께서 먼저 말씀하셨습니다."

7. 세존과 바라드와자 족성을 가진 바라문 간에 나누던 이 대화가 채 끝나기도 전에 마간디야 유행승이 포행을 나와 이리저리 경행하다가 바라드와자 족성을 가진 바라문의 불을 모신 사당으로 세존

을 찾아왔다. 와서는 세존과 함께 환담을 나누었다. 유쾌하고 기억할 만한 이야기로 서로 담소를 하고서 한 곁에 앉았다. 한 곁에 앉은 마간디야 유행승에게 세존께서는 이렇게 말씀하셨다.

8. "마간디야여, 눈은 형색을 좋아하고 형색을 기뻐하고 형색을 즐긴다. 그것을 여래는 길들이고 지키고 보호하고 단속했다. 그것을 단속하기 위해 법을 가르친다. 마간디야여, 그대는 이것을 두고 말하기를 '사문 고따마는 성장을 파괴시키는 자이다.'라고 했는가?"

"고따마 존자시여, 참으로 그것을 두고 저는 '사문 고따마는 성장을 파괴시키는 자이다.'라고 말했습니다. 그 이유는 저희들의 경전에 그와 같이 나타나있기 때문입니다."

"마간디야여, 귀는 소리를 좋아하고 … 마간디야여, 코는 냄새를 좋아하고 … 마간디야여, 혀는 맛을 좋아하고 … 마간디야여, 몸은 감촉을 좋아하고 … 마노[意]는 법을 좋아하고 법을 기뻐하고 법을 즐긴다. 그것을 여래는 길들이고 지키고 보호하고 단속했다. 그것을 단속하기 위해 법을 가르친다. 마간디야여, 그대는 이것을 두고 말하기를 '사문 고따마는 성장을 파괴시키는 자이다.'라고 했는가?"

"고따마 존자시여, 참으로 그것을 두고 저는 '사문 고따마는 성장을 파괴시키는 자이다.'라고 말했습니다. 그 이유는 저희들의 경전에 그와 같이 나타나있기 때문입니다."

9. "마간디야여, 이를 어떻게 생각하는가? 여기 어떤 자가 [504] 원하고 좋아하고 마음에 들고 사랑스럽고 감각적 욕망을 짝하고 매혹적인, 눈으로 인식되는 형색들에 대해 이전에 탐닉하였다가 나중에 그런 형색들의 일어남과 소멸과 달콤함과 재난과 벗어남을 있는 그대로 알아 형색에 대한 갈애를 제거하고 형색에 대한 열병을 없애

고 갈증이 사라져 안으로 마음이 고요한 상태로 머문다고 하자. 마간디야여, 이런 자에게 그대는 무슨 말을 하겠는가?"

"고따마 존자시여, 아무것도 없습니다."

"마간디야여, 이를 어떻게 생각하는가? 여기 어떤 자가 … 귀로 인식되는 소리들에 대해 … 코로 인식되는 냄새들에 대해 … 혀로 인식되는 맛들에 대해 … 몸으로 인식되는 감촉들[觸]에 대해 이전에 탐닉하였다가 나중에 그런 감촉들의 일어남과 소멸과 달콤함과 재난과 벗어남을 있는 그대로 알아 감촉에 대한 갈애를 제거하고 감촉에 대한 열병을 없애고 갈증이 사라져 안으로 마음이 고요한 상태로 머문다고 하자. 마간디야여, 이런 자에게 그대는 무슨 말을 하겠는가?"

"고따마 존자시여, 아무것도 없습니다."

10. "마간디야여, 내가 전에 재가자였을 때 다섯 가닥의 얽어매는 감각적 욕망을 갖추고 완비하여 즐겼다. 즉 원하고 좋아하고 마음에 들고 사랑스럽고 감각적 욕망을 짝하고 매혹적인, 눈으로 인식되는 형색들 … 귀로 인식되는 소리들 … 코로 인식되는 냄새들 … 혀로 인식되는 맛들 … 몸으로 인식되는 감촉들을 갖추고 완비하여 즐겼다.

마간디야여, 그런 나에게 세 가지 궁전이 있었다. 하나는 우기에, 하나는 겨울에, 하나는 여름에 거주하는 곳이었다. 그런 나는 우기의 넉 달 동안에는 우기를 위해 지은 궁전에서 순전히 여자 악사들에 의한 연회를 즐기면서 아래로 내려가지 않았다.

그런 나는 나중에 감각적 욕망의 일어남과 소멸과 달콤함과 재난과 벗어남을 있는 그대로 알아 감각적 욕망에 대한 갈애를 제거하고 감각적 욕망에 대한 열병을 없애고 갈증이 사라져 안으로 마음이 고요한 상태로 머물렀다.

그런 나는 다른 중생들이 감각적 욕망에 대해 탐욕을 버리지 못하고 감각적 욕망에 대한 갈애에 사로잡히고 감각적 욕망에 대한 열병에 불타고 감각적 욕망에 깊이 탐닉하는 것을 보고 그들을 부러워하지 않았고 거기에서 즐거워하지도 않았다. 그것은 무슨 까닭인가?

마간디야여, 나는 감각적 욕망과도 다르고 해로운 법들과도 다르며 [505] 천상의 즐거움조차도 능가하는 그런 기쁨으로 충만해있었으므로 저열한 것을 부러워하거나 거기에서 즐거워하지 않았다."

11. "마간디야여, 예를 들면 큰 재물과 큰 재산을 가진 부유한 장자나 장자의 아들이 다섯 가닥의 얽어매는 감각적 욕망을 갖추고 완비하여 즐긴다고 하자. 즉 원하고 좋아하고 마음에 들고 사랑스럽고 감각적 욕망을 짝하고 매혹적인, 눈으로 인식되는 형색들 … 귀로 인식되는 소리들 … 코로 인식되는 냄새들 … 혀로 인식되는 맛들 … 몸으로 인식되는 감촉들을 갖추고 완비하여 즐긴다고 하자.

그런 그가 몸으로 좋은 일을 하고 말로 좋은 일을 하고 마음으로 좋은 일을 하여 몸이 무너져 죽은 후에 선처, 천상세계인 삼십삼천의 신들의 곁에 태어났다고 하자. 그는 거기서 난다나 정원에서 요정의 무리들에 둘러싸여 천상의 다섯 가닥의 얽어매는 감각적 욕망을 갖추고 완비하여 즐길 것이다.

그런 그가 이제 장자나 장자의 아들이 다섯 가닥의 얽어매는 감각적 욕망을 갖추고 완비하여 즐기는 것을 본다고 하자. 마간디야여, 이를 어떻게 생각하는가? 참으로 난다나 정원에서 요정의 무리들에 둘러싸여 천상의 다섯 가닥의 얽어매는 감각적 욕망을 갖추고 완비하여 즐기는 그 신의 아들이 여기 인간의 다섯 가닥의 얽어매는 감각적 욕망을 가진 그 장자나 장자의 아들을 부러워하고 인간의 감각적 욕망으로 되돌아가겠는가?"

"그렇지 않습니다, 고따마 존자시여. 그 이유는 인간의 감각적 욕망보다도 천상의 감각적 욕망이 더 뛰어나고 더 수승하기 때문입니다."

12. "마간디야여, 그와 같이 내가 전에 재가자였을 때 다섯 가닥의 얽어매는 감각적 욕망을 갖추고 완비하여 즐겼다. 즉 원하고 좋아하고 마음에 들고 사랑스럽고 감각적 욕망을 짝하고 매혹적인, 눈으로 인식되는 형색들 … 귀로 인식되는 소리들 … 코로 인식되는 냄새들 … 혀로 인식되는 맛들 … 몸으로 인식되는 감촉들을 갖추고 완비하여 즐겼다.

그런 나는 나중에 감각적 욕망의 일어남과 소멸과 달콤함과 재난과 벗어남을 있는 그대로 알아 감각적 욕망에 대한 갈애를 제거하고 감각적 욕망에 대한 열병을 없애고 갈증이 사라져 안으로 마음이 고요한 상태로 머물렀다.

그런 나는 다른 중생들이 감각적 욕망에 대해 탐욕을 버리지 못하고 감각적 욕망에 대한 갈애에 사로잡히고 [506] 감각적 욕망에 대한 열병에 불타고 감각적 욕망에 깊이 탐닉하는 것을 보고 그들을 부러워하지 않았고 거기에서 즐거워하지도 않았다. 그것은 무슨 까닭인가?

마간디야여, 나는 감각적 욕망과도 다르고 해로운 법들과도 다르며 천상의 즐거움조차도 능가하는 그런 기쁨으로 충만해있었으므로[59] 저열한 것을 부러워하거나 거기에서 즐거워하지 않았다."

13. "마간디야여, 예를 들면 나병환자가 수족이 문드러지고 곪아터지며 벌레가 먹어 들어가고 손톱으로 상처 부위를 긁어대어 숯불

---

59) "'충만해있었다(samadhigayha tiṭṭhati).'는 것은 천상의 즐거움(dibba-sukha)보다 더 수승한 상태로 머물렀다는 말이다."(MA.iii.216)

구덩이 위에서 몸에 뜸을 뜬다고 하자. 그의 친구나 동료나 일가친척들이 그를 치료하기 위해 의사를 데려올 것이다. 의사는 그를 치료하고 약을 처방해 줄 것이다. 그는 그 약을 복용하여 문둥병에서 벗어날 것이다. 그는 건강하고 행복하고 자유롭게 원하는 데로 가게 될 것이다.

그런 그가 이제 다른 나병환자가 수족이 문드러지고 곪아터지며 벌레가 먹어 들어가고 손톱으로 상처 부위를 긁어대어 숯불 구덩이 위에서 몸에 뜸을 뜨는 것을 본다고 하자. 마간디야여, 이를 어떻게 생각하는가? 그 사람은 이 나병환자가 숯불 구덩이 위에서 몸에 뜸을 뜨고 약을 복용하는 것을 부러워하겠는가?"

"아닙니다, 고따마 존자시여. 그것은 무슨 까닭이겠습니까? 약은 병에 걸렸을 때 필요한 것이지 병이 없으면 약이 필요하지 않기 때문입니다."

14. "마간디야여, 그와 같이 내가 전에 재가자였을 때 다섯 가닥의 얽어매는 감각적 욕망을 갖추고 완비하여 즐겼다. 즉 원하고 좋아하고 마음에 들고 사랑스럽고 감각적 욕망을 짝하고 매혹적인, 눈으로 인식되는 형색들 … 귀로 인식되는 소리들 … 코로 인식되는 냄새들 … 혀로 인식되는 맛들 … 몸으로 인식되는 감촉들을 갖추고 완비하여 즐겼다.

그런 나는 나중에 감각적 욕망의 일어남과 소멸과 달콤함과 재난과 벗어남을 있는 그대로 알아 감각적 욕망에 대한 갈애를 제거하고 감각적 욕망에 대한 열병을 없애고 갈증이 사라져 안으로 마음이 고요한 상태로 머물렀다.

그런 나는 다른 중생들이 감각적 욕망에 대해 탐욕을 버리지 못하고 감각적 욕망에 대한 갈애에 사로잡히고 감각적 욕망에 대한 열병에 불타고 감각적 욕망에 깊이 탐닉하는 것을 보고 그들을 부러워하지 않았고 거기에서 즐거워하지도 않았다. 그것은 무슨 까닭인가?

마간디야여, 나는 감각적 욕망과도 다르고 해로운 법들과도 다르며 천상의 즐거움조차도 능가하는 그런 기쁨으로 충만해있었으므로 저열한 것을 부러워하거나 거기에서 즐거워하지 않았다." [507]

15. "마간디야여, 예를 들면 나병환자가 수족이 문드러지고 곪아터지며 벌레가 먹어 들어가고 손톱으로 상처 부위를 긁어대어 숯불구덩이 위에서 몸에 뜸을 뜬다고 하자. 그의 친구와 동료들과 일가친척들이 그를 치료하기 위해 의사를 데려올 것이다. 의사는 그를 치료하고 약을 처방해 줄 것이다. 그는 그 약을 복용하여 문둥병에서 벗어날 것이다. 그는 건강하고 행복하고 자유롭게 원하는 데로 가게 될 것이다.

그런 그를 건장한 두 남자가 두 팔을 붙잡고 숯불구덩이로 끌어넣으려 한다고 하자. 장자여, 이를 어떻게 생각하는가? 그 사람은 그의 몸을 이리저리 비틀지 않겠는가?"

"그렇습니다, 세존이시여. 그것은 무슨 까닭이겠습니까? 그 불은 닿으면 고통스럽고 아주 뜨겁고 크게 데기 때문입니다."

"마간디야여, 이를 어떻게 생각하는가? 지금만 그 불은 닿으면 고통스럽고 아주 뜨겁고 크게 데는가, 아니면 과거에도 그 불은 닿으면 고통스럽고 아주 뜨겁고 크게 데었는가?"

"고따마 존자시여, 지금만 불이 닿으면 고통스럽고 아주 뜨겁고 크게 데는 것이 아니라 과거에도 역시 그 불은 닿으면 고통스럽고 아주 뜨겁고 크게 데었습니다. 그러나 나병환자는 수족이 문드러지고 곪아터지며 벌레가 먹어 들어가고 손톱으로 상처 부위를 긁어서 그의 감각기능이 손상되어 닿으면 고통스러운 불에 즐겁다는 전도된 인식[60]을 가지고 있을 뿐입니다."

16. "마간디야여, 그와 같이 과거에도 감각적 욕망은 닿으면 고통스럽고 아주 뜨겁고 크게 데었고, 미래에도 감각적 욕망은 닿으면 고통스럽고 아주 뜨겁고 크게 데일 것이고, 현재에도 감각적 욕망은 닿으면 고통스럽고 아주 뜨겁고 크게 덴다.

마간디야여, 이 중생들은 감각적 욕망에 대해 탐욕을 버리지 못하고 감각적 욕망에 대한 갈애에 사로잡히고 감각적 욕망에 대한 열병에 불타서 그의 기능이 손상되어[61] 닿으면 괴로움뿐인 감각적 욕망에 즐겁다는 전도된 인식을 가지고 있을 뿐이다."

17. "마간디야여, 예를 들면 나병환자가 수족이 문드러지고 곪아터지며 벌레가 먹어 들어가고 손톱으로 상처 부위를 긁어대어 숯불 구덩이 위에서 몸에 뜸을 뜬다고 하자. 마간디야여, 그 나병환자가 수족이 문드러지고 곪아터지며 벌레가 먹어 들어가고 손톱으로 상처 입구를 긁어대면 긁어댈수록, 숯불 구덩이 위에서 몸에 뜸을 뜨면 뜰수록 [508] 그 상처 입구는 더 불결해지고 더 악취가 나고 더 썩게 될 것이지만 그래도 상처 입구를 긁을 때에 어느 정도의 위안과 만족이

---

60) '전도된 인식(viparīta-saññā)'이라고 했다. 불교일반에서는 무상·고·무아·부정인 것을 항상하고 즐겁고 자아이고 깨끗한 것(상·락·아·정, 常·樂·我·淨)으로 여기는 것을 인식의 전도[想顚倒, saññā-vipallāsa]라 한다. 『앙굿따라 니까야』「전도 경」(A4:49) §1과 『청정도론』(XXII.53)을 참조할 것.

61) "'기능이 손상되어(upahat-indriya)'라는 것은 통찰지의 기능[慧根, paññindriya]이 손상된 것이다. 마치 몸의 감각기능이 손상된 나병환자(kuṭṭhī)가 불에 닿으면 오직 고통뿐이지만 그 불에 즐겁다는 전도된 인식(viparīta-saññā)을 가지듯, 통찰지의 기능이 손상되었기 때문에 감각적 욕망(kāma)은 닿으면 오직 괴로움뿐이지만 그 감각적 욕망을 두고 즐겁다는 전도된 인식을 가진다."(MA.iii.218)

있을 것이다.

마간디야여, 그와 같이 중생들은 감각적 욕망에 대해 탐욕을 버리지 못하고 감각적 욕망에 대한 갈애에 사로잡히고 감각적 욕망에 대한 열병에 불타고 감각적 욕망에 깊이 탐닉한다.

마간디야여, 중생들이 감각적 욕망에 대해 탐욕을 버리지 못하고 감각적 욕망에 대한 갈애에 사로잡히고 감각적 욕망에 대한 열병에 불타고 감각적 욕망에 깊이 탐닉하면 할수록 그 중생들에게 감각적 욕망에 대한 갈애가 증장하고 감각적 욕망에 대한 열병에 불타지만 이 다섯 가닥의 얽어매는 감각적 욕망으로 인해 어느 정도의 위안과 만족이 있다."

18. "마간디야여, 이를 어떻게 생각하는가? 그대는 왕이나 왕의 대신이 다섯 가닥의 얽어매는 감각적 욕망을 갖추고 완비하여 즐기면서 감각적 욕망에 대한 갈애를 제거하지 못하고 감각적 욕망에 대한 열병을 없애지 못했지만 갈증이 사라져 안으로 마음이 고요한 상태로 머물렀다거나 머물고 있다거나 머물 것이라는 것을 보거나 들은 적이 있는가?"

"없습니다, 고따마 존자시여."

"장하구나, 마간디야여. 나도 왕이나 왕의 대신이 다섯 가닥의 얽어매는 감각적 욕망을 갖추고 완비하여 즐기면서 감각적 욕망에 대한 갈애를 버리지 못하고 감각적 욕망에 대한 열병을 없애지 못했지만 갈증이 사라져 안으로 마음이 고요한 상태로 머물렀다거나 머물고 있다거나 머물 것이라는 것을 보거나 들은 적이 없다.

마간디야여, 이제 참으로 어떤 사문들이나 바라문들이 갈증이 사라져 안으로 마음이 고요한 상태로 머물렀거나 머물고 있거나 머물 것이라면 그들 모두는 감각적 욕망의 일어남과 소멸과 달콤함과 재난과 벗어남을 있는 그대로 알아 감각적 욕망에 대한 갈애를 제거하고 감각적 욕망에 대한 열병을 없애고 갈증이 사라져 안으로 마음이 고요한 상태로 머물렀거나 머물고 있거나 머물 것이다."

19. 세존께서는 그때 이런 감흥어를 읊으셨다.

"병 없음이 최상의 이득이고
열반은 최상의 행복이라.
도 가운데 불사(不死)로 인도하는
팔정도가 최고로 안전하네."[62]

이렇게 말씀하시자 마간디야 유행승은 세존께 이렇게 말씀드렸다.

"경이롭습니다, 고따마 존자시여. 놀랍습니다, 고따마 존자시여. 고따마 존자께서는, [509]

'병 없음이 최상의 이득이고
열반은 최상의 행복이라.'

라고 이 금언을 읊으셨습니다. 저도 이전의 유행승들의 스승의 전통

---

62) "'병 없음이 최상의 이득(ārogya-paramā lābhā)'이라고 하셨다. 어떤 이는 재물을 얻기도 하고 명성을 얻기도 하고 아들을 얻기도 하지만 그중에서 병 없음이 가장 큰 이득이다. 그보다 더 수승한(uttaritara) 이득은 없기 때문에 병 없음을 최상의 이득이라 하셨다.
'열반은 최상의 행복(nibbāna parama sukha)'이라고 하셨다. 禪의 행복도 있고, 도의 행복도 있고 과의 행복도 있지만 열반이 그중에서 최상의 행복(parama sukha)이다. 그보다 더 수승한 행복은 없기 때문에 열반을 최상의 행복이라 했다.
'도 가운데서 팔정도가 최고로 안전하다(aṭṭhaṅgiko maggānaṁ khemaṁ).'고 하셨다. 불사로 인도하는(amata-gāmī) 팔정도가 가장 안전하다. 그보다 더 안전한 다른 길은 없다는 말씀이다. 혹은 안전함(khema)과 불사(amata)는 열반을 두고 한 말이다. 안전함과 불사인 열반으로 인도하는 모든 도들 가운데 팔정도가 가장 수승하다는 말씀이기도 하다."(MA.iii.218)

에서 '병 없음이 최상의 이득이고 열반은 최상의 행복이라.'라고 설한 것을 들은 적이 있습니다. 고따마 존자시여, 이것은 그것과 동일합니다."

"마간디야여, 그러면 그대가 이전의 유행승들의 스승의 전통에서,

'병 없음이 최상의 이득이고
열반은 최상의 행복이라.'

라고 설한 것을 들은 것에 따르면 무엇이 병 없음이고 무엇이 열반인가?"

이렇게 말씀하시자 마간디야 유행승은 손으로 자신의 사지를 문질렀다.

"고따마 존자시여, 이것이 그 병 없음이고 이것이 열반입니다.63) 고따마 존자시여, 저는 지금 병이 없고 행복하며 어떤 것도 저를 괴롭히지 않기 때문입니다."64)

20. "마간디야여, 예를 들면 태어날 때부터 눈이 먼 사람이 있다고 하자. 그는 검은색과 흰색을 보지 못하고 청색, 황색, 적색, 분홍색을 보지 못하고 요철을 보지 못하고 별이나 달이나 해를 보지 못할 것이다. 그는 눈 있는 사람이 '여보게들, 흰옷은 우아하고 정갈하고

---

63) "그는 머리를 긁기도 하고 가슴을 긁기도 하면서 이렇게 대답하였다."(MA. iii.218)

64) 마간디야의 이러한 이해는 『디가 니까야』 제1권 「범망경」(D1)의 62가지 그릇된 견해[邪見] 가운데 58번째 견해인 "비구들이여, 여기 어떤 사문이나 바라문은 이런 주장을 하고 이런 견해를 가진다. '존자여, 이 자아는 다섯 가닥의 감각적 욕망을 마음껏 충분히 즐깁니다. 존자여, 이런 까닭에 이 자아는 지금 · 여기에서 구경의 열반을 실현한 것입니다.' 이와 같이 어떤 자들은 지금 · 여기에서 구경의 열반을 실현한다고 천명한다."(D1 §3.20)와 일치한다.

깨끗하다.'라고 말하는 것을 듣고 그가 흰옷을 찾아다닌다고 하자. 이런 그에게 어떤 사람이 기름때가 잔뜩 묻은 조잡한 옷으로 '여보게, 이것이 그대가 찾던 우아하고 정갈하고 깨끗한 흰옷이라네.'라고 속인다 하자. 그는 그것을 받을 것이고 받아서는 입을 것이다. 입고는 마음이 흡족하여 환호할 것이다. '여보게들, 흰옷은 참으로 우아하고 정갈하고 깨끗하구나.'라고.

마간디야여, 이를 어떻게 생각하는가? 태어날 때부터 눈이 먼 사람이 그 기름때가 잔뜩 묻은 조잡한 옷을 받아 입고 마음이 흡족하여 '여보게들, 흰옷은 참으로 우아하고 정갈하고 깨끗하구나.'라고 환호한 것은 그 사람이 알고 보면서 그렇게 한 것인가, 아니면 눈이 있는 자에 대한 믿음으로 그렇게 한 것인가?"

"고따마 존자시여, 태어날 때부터 눈이 먼 사람이 그 기름때가 잔뜩 묻은 조잡한 옷을 받아 입고 마음이 흡족하여 '여보게들, 흰옷은 참으로 우아하고 정갈하고 깨끗하구나.'라고 환호한 것은 알지 못하고 보지 못하여 [510] 단지 눈 있는 자에 대한 믿음으로 그렇게 한 것입니다."

21. "마간디야여, 그와 같이 다른 외도 유행승들은 장님이고 눈이 없는 자들이라 병 없음을 알지 못하고 열반을 보지 못하면서도 이런 게송을 읊는다. '병 없음이 최상의 이득이고 열반은 최상의 행복이라.'라고. 마간디야여, 옛적의 아라한・정등각자들이 이 게송을 읊으셨다.

"병 없음이 최상의 이득이고
열반은 최상의 행복이라.
도 가운데 불사로 인도하는

팔정도가 최고로 안전하네."

그것이 서서히 지금 범부들에게도 전해진 것이다. 마간디야여, 이 몸은 병이고 종기이고 화살이고 재난이고 질병이다. 그대는 이처럼 병이고 종기이고 화살이고 재난이고 질병인 이 몸을 두고 '고따마 존자시여, 이것이 그 병 없음이고 이것이 열반입니다.'라고 말한다. 마간디야여, 성스러운 눈[65]이라야 병 없음을 알고 열반을 볼 수 있는데, 그대에게는 그런 성스러운 눈이 없다."

22. "저는 고따마 존자께 '고따마 존자께서는 제가 병 없음을 알고 열반을 볼 수 있는 그런 법을 제게 설해 주실 수 있을 것이다.'라는 청정한 믿음이 있습니다."

"마간디야여, 예를 들면 태어날 때부터 눈이 먼 사람이 있다고 하자. 그는 검은색과 흰색을 보지 못하고 청색, 황색, 적색, 분홍색을 보지 못하고 요철을 보지 못하고 별이나 달이나 해를 보지 못할 것이다. 그의 친구나 동료나 일가친척들이 그를 치료하기 위해 의사를 데려올 것이다. 의사는 그를 치료하고 약을 처방해 줄 것이다. 그가 그 약을 복용했지만 시력이 생기지 않고 눈이 밝아지지 않는다고 하자. 마간디야여, 이를 어떻게 생각하는가? 그 의사는 피로해지고 실망하지 않겠는가?"

"그렇습니다, 고따마 존자시여."

"마간디야여, 그와 같이 내가 비록 그대에게 '이것이 그 병 없음이고 이것이 그 열반이다.'라고 법을 설해도 그대가 병 없음을 알지 못하고 열반을 보지 못할지도 모른다. 그러면 그것은 나를 지치게 하고

---

65) "'성스러운 눈(ariya cakkhu)'이란 청정한(parisuddha) 위빳사나의 지혜(vipassanā-ñāṇa)와 도의 지혜(magga-ñāṇa)를 말한다."(MA.iii.219)

나를 힘들게 할 뿐이다." [511]

23. "저는 고따마 존자께 '고따마 존자께서는 내가 병 없음을 알고 열반을 볼 수 있도록 법을 제게 설해 주실 수 있을 것이다.'라는 청정한 믿음이 있습니다."

"마간디야여, 예를 들면 태어날 때부터 눈이 먼 사람이 있다고 하자. 그는 검은색과 흰색을 보지 못하고 청색, 황색, 적색, 분홍색을 보지 못하고 요철을 보지 못하고 별이나 달이나 해를 보지 못할 것이다. 그는 눈 있는 사람이 '여보게들, 흰옷은 우아하고 정갈하고 깨끗하다.'라고 말하는 것을 듣고 그가 흰옷을 찾아다닌다고 하자. 이런 그에게 어떤 사람이 기름때가 잔뜩 묻은 조잡한 옷으로 '여보게, 이것이 그대가 찾던 우아하고 정갈하고 깨끗한 흰옷이라네.'라고 속인다 하자. 그는 그것을 받을 것이고 받아서는 입을 것이다.

그의 친구와 동료들과 일가친척들이 그를 치료하기 위해 의사를 데려올 것이다. 의사는 그에게 토사제와 하제와 연고와 고약과 코에 대한 치료약을 처방해 줄 것이다. 그는 그 치료를 받아 시력이 생기고 눈이 밝아진다고 하자. 그에게 시력이 생김과 동시에 그 기름때가 잔뜩 묻은 조잡한 옷에 대한 탐욕이 없어질 것이다.

그 대신 '오랜 세월 이 사람은 기름때가 잔뜩 묻은 조잡한 옷으로 '여보게, 이것이 그대가 찾던 우아하고 정갈하고 깨끗한 흰옷이라네.' 라고 나를 속이고 기만하고 현혹했다.'라고 여기면서 그 사람에 대한 분노와 적의가 타오를 것이고 그 사람의 생명을 빼앗아버리리라고 생각하게 될 것이다."

24. "마간디야여, 그와 같이 내가 만일 그대에게 '이것이 그 병 없음이고 이것이 그 열반이다.'라고 법을 설하면 그대는 병 없음을

알고 열반을 볼 수 있을 것이다. 그런 그대가 눈이 생김과 동시에 취착의 [대상인] 다섯 가지 무더기[五取蘊]들에 대한 탐욕이 없어질 것이다.

그 대신 '나는 오랜 세월 이 마음66)에 의해 속고 기만당하고 현혹되었구나. 왜냐하면 나는 참으로 물질을 취착하면서 취착했고, 느낌을 취착하면서 취착했고, 인식을 취착하면서 취착했고, 심리현상들을 취착하면서 취착했고, 알음알이를 취착하면서 취착했다. 그런 나에게 취착[取]을 조건으로 존재[有]가 있고, 존재를 조건으로 태어남[生]이 있고, 태어남을 조건으로 늙음과 죽음과 근심·탄식·육체적 고통·정신적 고통·절망이 [512] 생겨난다. 이와 같이 전체 괴로움의 무더기가 생겨난다.'67)라는 생각이 들 것이다."

25. "저는 고따마 존자께 '고따마 존자께서는 내가 눈먼 것을 고쳐주시어 이 자리에서 일어설 수 있도록 법을 제게 주실 수 있을 것이다.'라는 청정한 믿음이 있습니다."

"마간디야여, 그렇다면 그대는 바른 사람을 섬겨라. 마간디야여, 그대가 바른 사람을 섬기면 바른 법을 듣게 될 것이다. 마간디야여,

---

66) "여기서 '마음(citta)'은 윤회를 따르는 마음(vaṭṭe anugata-citta)을 뜻한다."(MA.iii.220)

67) 여기서 세존께서는 오온에 대한 '취착[取, upādāna]'을 12연기의 9번째 구성요소인 취착[取]과 연결짓고 계신다. 그래서 이와 같은 현재의 오온에 대한 취착이 존재[有]와 태어남[生]과 늙음·죽음[老死], 즉 윤회를 떠받치는 원인이라는 것을 보여주시면서 괴로움의 발생구조를 말씀하시고 아래 §25에서는 윤회의 괴로움의 소멸구조를 말씀하고 계신다.
같은 내용을 담은 구절이 『상윳따 니까야』 제3권 「걸식 경」(S22:80) §10에도 나타난다. 이곳에서는 같은 방법으로 괴로움의 발생구조를 말씀하신 뒤 §§11~13에서 오온으로 해체해서 보기 - 무상·고·무아 - 염오 - 이욕 - 해탈 - 구경해탈지의 여섯 단계의 정형구로 해탈·열반의 실현을 말씀하신다.

그대가 바른 법을 듣게 되면 그대는 [출세간]법에 이르게 하는 법을 닦을 것이다. 마간디야여, 그대가 [출세간]법에 이르게 하는 법을 닦으면 그대는 스스로 알고 스스로 보게 될 것이다.

'취착의 [대상인] 이 다섯 가지 무더기들은 병이고 종기이고 화살이다. 그러나 여기서 이 병과 종기와 화살이 남김없이 소멸한다. 그런 나의 취착이 소멸하기 때문에 존재가 소멸한다. 존재가 소멸하기 때문에 태어남이 소멸한다. 태어남이 소멸하기 때문에 늙음과 죽음과 근심·탄식·육체적 고통·정신적 고통·절망이 소멸한다. 이와 같이 전체적 괴로움의 무더기가 소멸한다.'라고."

26. 이렇게 말씀하시자 마간디야 유행승은 세존께 이렇게 말씀드렸다.

"경이롭습니다, 고따마 존자시여. 경이롭습니다, 고따마 존자시여. 마치 넘어진 자를 일으켜 세우시듯, 덮여있는 것을 걷어내 보이시듯, [방향을] 잃어버린 자에게 길을 가리켜주시듯, 눈 있는 자 형상을 보라고 어둠 속에서 등불을 비춰주시듯, 고따마 존자께서는 여러 가지 방편으로 법을 설해주셨습니다. 저는 이제 고따마 존자께 귀의하옵고 법과 비구 승가에 귀의합니다. 고따마 존자시여, 저는 고따마 존자의 곁에 출가하여 구족계를 받고자 합니다."

27. "마간디야여, 전에 이교도였던 자가 이 법과 율에 출가하기를 원하고 구족계를 받기를 원하면 그는 넉 달의 수습 기간을 가져야 한다. 넉 달이 지나 비구들이 동의하면 출가를 허락하고 비구가 되는 구족계를 준다. 물론 여기에 개인마다 차이가 있음을 나는 인정한다."

"세존이시여, 만일 전에 이교도였던 자가 이 법과 율에 출가하기를 원하고 구족계를 받기를 원할 때, 넉 달의 수습 기간을 가져야 하고, 넉 달이 지나 비구들이 동의하면 출가를 허락하고 비구가 되는 구족계를 주신다면 저는 4년의 수습 기간을 가지겠습니다. 4년이 지나고 비구들이 동의하면 출가를 허락해주시고 비구가 되는 구족계를 주십시오." [513]

28. 마간디야 유행승은 세존의 곁으로 출가하여 구족계를 받았다. 구족계를 받은 지 얼마 되지 않아서 마간디야 존자는 혼자 은둔하여 방일하지 않고 열심히, 스스로 독려하며 지냈다. 그는 오래지 않아 좋은 가문의 아들들이 바르게 집을 떠나 출가하는 목적인 그 위 없는 청정범행의 완성을 지금 · 여기에서 최상의 지혜로 알고 실현하고 구족하여 머물렀다. '태어남은 다했다. 청정범행은 성취되었다. 할 일을 다 해 마쳤다. 다시는 어떤 존재로도 돌아오지 않을 것이다.' 라고 꿰뚫어 알았다.

마간디야 존자는 아라한들 중의 한 분이 되었다.

마간디야 경(M75)이 끝났다.

산다까 경

Sandaka Sutta(M76)

1. 이와 같이 나는 들었다. 한때 세존께서는 꼬삼비의 고시따 원림에 머무셨다.[68]

2. 그 즈음에 산다까 유행승[69]은 오백 명이나 되는 많은 유행승 회중과 함께 삘락카 동굴에 머물고 있었다.

3. 그때 아난다 존자는 해거름에 [낮 동안의] 홀로 앉음에서 일어나 비구들을 불러 말했다.

"오시오, 도반들이여. 데와까따 호수로 동굴을 보러갑시다."

"그럽시다, 도반이여."라고 그 비구들은 아난다 존자에게 대답했다. 그때 아난다 존자는 많은 비구들과 함께 데와까따 호수로 갔다.

4. 그때 산다까 유행승은 많은 유행승의 회중과 함께 앉아서 시

68) 꼬삼비(Kosambi)와 고시따 원림(Ghositārāma)에 대해서는 본서 제2권 「꼬삼비 경」(M48) §1의 주해를 참조할 것.

69) 주석서는 산다까 유행승(Sandaka paribbājaka)에 대한 설명을 하지 않고 있다.

끄럽게 떠들면서 높고 큰 목소리로 여러 가지 쓸데없는 이야기[70]를 나누고 있었다. 즉 왕 이야기, 도둑 이야기, 대신들 이야기, 군대 이야기, 공포에 관한 이야기, 전쟁 이야기, 음식 이야기, 음료수 이야기, 옷 이야기, 침대 이야기, 화환 이야기, 향 이야기, 친척 이야기, 수레 이야기, 마을에 대한 이야기, 성읍에 대한 이야기, 도시에 대한 이야기, 지방에 대한 이야기, 여자 이야기, 영웅 이야기, 거리 이야기, 우물 이야기, 옛적 유령 이야기, 하찮은 이야기, 세상의 [기원]에 대한 이야기, 바다와 관련된 이야기, [514] 이렇다거나 이렇지 않다는 이야기[71]였다.

산다까 유행승은 아난다 존자가 오는 것을 멀리서 보고 자신의 회중을 조용히 하도록 했다.

"존자들은 조용히 하시오. 존자들은 소리를 내지 마시오. 사문 고

---

70) "'쓸데없는 이야기(tiracchāna-kathā)'란 [해탈의] 출구가 되지 못하기 때문에(aniyyānikattā) 천상과 해탈의 길(sagga-mokkha-magga)과는 평행선을 긋게 되는(tiracchāna-bhūtaṁ) 이야기를 말한다."(SA.iii.294)
'쓸데없는'으로 옮긴 tiracchāna는 원래 옆으로 기어가는 자 즉 동물(축생, 짐승)을 뜻한다. 그러므로 쓸데없는 이야기로 옮긴 tiracchāna-kathā는 짐승의 이야기로 직역할 수 있다.

71) "'이렇다거나 이렇지 않다는 이야기(iti-bhava-abhava-kathā)'에서, 이렇다(bhava)는 것은 영속(sassata)에 관한 이야기이고, 이렇지 않다(abhava)는 것은 단멸(uccheda)에 관한 것이다. 이렇다는 것은 증장(vaḍḍhi)에 관한 것이고, 이렇지 않다는 것은 쇠퇴(hāni)에 관한 것이다. 이렇다는 것은 감각적 쾌락(kāma-sukha)에 관한 것이고, 이렇지 않다는 것은 자기학대(atta-kilamatha)에 관한 것이다. 이와 같이 이 여섯 종류의 이렇다거나 이렇지 않다는 이야기와 함께 서른두 가지 쓸데없는 이야기(bāttiṁsa-tiracchāna-kathā)가 있다."(MA.iii.223~224)
『청정도론』 IV.38에는 여기서 언급되는 27가지에다 5가지를 더하여 모두 32가지 쓸데없는 이야기(담론)를 정리하고 있다. 『청정도론』의 주석서인 『빠라맛타만주사』(Pm)에 의하면 이 27가지에다 산, 강, 섬에 대한 이야기와 천상과 해탈에 대한 것도 쓸데없는 이야기에 포함시켜서 모두 32가지라고(Pm.59) 설명하고 있다.

따마의 제자인 사문 아난다가 오고 있소. 사문 고따마의 제자들이 꼬삼비에 머물고 있는데 이 자는 그들 가운데 한 사람인 사문 아난다입니다. 저 존자들은 조용함을 좋아하고 조용함으로 길들여져 있고 조용함을 칭송합니다. 이제 우리 회중이 조용한 것을 알면 그가 우리에게 다가올 것이라 생각합니다."

그러자 그 회중은 침묵하였다.

5. 그때 아난다 존자는 산다까 유행승에게 다가갔다. 그러자 산다까 유행승은 아난다 존자에게 이렇게 말했다.

"어서 오십시오, 아난다 존자시여. 저희는 아난다 존자를 환영합니다. 아난다 존자는 오랜만에 여기에 오실 기회를 만드셨습니다. 이리로 와서 앉으십시오. 아난다 존자시여, 이것이 마련된 자리입니다."

아난다 존자는 마련된 자리에 앉았다. 산다까 유행승도 역시 다른 낮은 자리를 잡아서 한 곁에 앉았다. 한 곁에 앉은 산다까 유행승에게 아난다 존자는 이렇게 말했다.

"산다까여, 무슨 이야기를 하기 위해 지금 여기에 모였습니까? 그리고 그대들이 하다 만 이야기는 무엇입니까?"

"아난다 존자시여, 저희들이 지금 앉아서 하던 이야기에 대해서는 그냥 두십시오. 그 이야기는 아난다 존자께서 나중에라도 들으실 수 있습니다.[72] 아난다 존자께서는 당신의 스승이 하신 법문을 이야기해주시면 감사하겠습니다."

"산다까여, 그렇다면 듣고 잘 마음에 잡도리하십시오. 나는 설하겠

---

72) "그는 '만약 아난다 존자가 그 이야기를 듣고자 한다면 그것은 나중에라도 어렵지 않게 들을 수 있습니다. 하지만 이것은 우리들에게 이익이 없습니다. 아난다 존자가 이왕 여기 오셨으니 다른 좋은 원인을 가진 말씀을 듣고 싶습니다.'라고 밝힌 것이다. 그리하여 그는 아난다 존자에게 세존께서 하신 법문(dhamma-desana)을 들려달라고 요청하고 있다."(MA.iii.226)

습니다."

"그러겠습니다, 존자시여."라고 산다까 유행승은 아난다 존자에게 대답했다.

아난다 존자는 이렇게 설하였다.

6. "산다까여, 아시는 분, 보시는 분, 아라한, 정등각자이신 그분 세존께서 이들 네 가지 청정범행이 아닌 것을 말씀하셨고 안식을 주지 못하는 청정범행에 대해 말씀하셨습니다. 그런 삶으로는 지혜로운 사람이라도 결코 청정범행을 행할 수 없고 혹은 행하더라도 옳은 방법인 유익한 법[73]을 성취하지 못합니다."

"아난다 존자시여, 그러면 무엇이 그런 삶으로는 [515] 지혜로운 사람이라도 결코 청정범행을 행할 수 없고 혹은 행하더라도 옳은 방법인 유익한 법을 성취하지 못한다고, 아시는 분, 보시는 분, 아라한, 정등각자이신 그분 세존께서 말씀하신 네 가지 청정범행이 아닌 것입니까?"

---

73) "'옳은 방법인 유익한 법(ñāya dhamma kusala)'이란 원인이 되는 것(kāraṇa-bhūta)으로, 비난받을 일이 없다는 뜻(anavajj-aṭṭha)에서 유익한 법을 말한다."(MA.iii.226)
"'옳은 방법인 유익한 법(ñāya dhamma kusala)'이란 성스러운 도의 법(ariya-magga-dhamma)을 말한다."(SA.iii.132)
『디가 니까야』 제2권 「대념처경」(D22)에 대한 주석서에서도 "옳은 방법(ñāya)이란 성스러운 팔정도를 말한다."(DA.iii.750)고 설명하고 있다. 『앙굿따라 니까야』 「도닦음 경」(A2:4:9)에 대한 주석서에서는 '옳은 방법인 유익한 법'을 "위빳사나와 함께한 도(saha-vipassanaka magga)"(AA.ii.143)라고 설명하고 있다.
한편 복주서는 다음과 같이 덧붙여 설명한다.
"확실하게 열반으로 가게 하거나(gameti) 혹은 이것으로 꿰뚫게 한다(paṭivijjhīyati)고 해서 옳은 것(ñāya)이라 한다. 그래서 이런 것을 성취하는 원인이 되기 때문에(sampādaka-hetu-bhāvato) 옳은 법이란 성스러운 도(ariya-magga)를 말한다. 그래서 옳은 법이란 원인이 되는 법을 말하는 것이다."(MAṬ.ii.42)

7. "산다까여, 여기 어떤 스승은 이런 주장과 이런 견해를 가졌습니다.

'보시도 없고 공물도 없고 제사(헌공)도 없다. 선행과 악행의 업들에 대한 결실도 없고 과보도 없다. 이 세상도 없고 저 세상도 없다. 어머니도 없고 아버지도 없다. 화생하는 중생도 없고 이 세상과 저 세상을 스스로 최상의 지혜로 알고 실현하여 선언하는, 덕스럽고 바른 도를 구족한 사문·바라문들도 이 세상에는 없다.

이 인간이란 것은 사대로 이루어진 것이어서 임종하면 땅은 땅의 몸으로 들어가고 돌아가고,[74] 물은 물의 몸으로 들어가고 돌아가고, 불은 불의 몸으로 들어가고 돌아가고, 바람은 바람의 몸으로 들어가고 돌아가고, 감각기능들은 허공으로 들어간다.[75] 상여를 다섯 번째로 한 [네] 사람이 시체를 나른다.[76] 묘지에 도착할 때까지 추도가[77]를 읊는다. 뼈다귀는 잿빛으로 변한다. 공물은 재로서 끝날 뿐이다. 보시란 어리석은 자의 교설일 뿐이다.[78] 누구든 [보시 등이]

---

74) "'들어가고 돌아간다(anupeti anupagacchati).'는 것은 안의(ajjhattikā) 땅의 요소가 밖의(bāhira) 땅의 요소로 돌아간다는 말이다. 들어가고 돌아간다는 것은 동의어(vevacana)이다."(MA.iii.226)

75) "마음을 여섯 번째로 한 감각기능들(manacchaṭṭhāni indriyāni)은 허공으로 돌아간다."(MA.iii.227)

76) "'상여를 다섯 번째로 한 네 사람이 시체를 나른다(āsandi-pañcamā purisā mataṁ ādāya gacchanti).'는 것은 네 사람과 상여(mañca)가 다섯 번째가 되어, 이 다섯이 시체를 실어 나른다는 말이다."(MA.iii.227)

77) "'추도가(padāni)'란 이 사람은 이러한 계행을 실천했고, 이러한 나쁜 계행을 실천했다는 방법으로 공덕을 기리는 노래(guṇa-padāni)이다. 혹은 이 단어는 여기서 오직 몸(sarīra)을 말한 것으로 묘지에 도착할 때까지 몸을 나른다는 말이다."(MA.iii.227)

78) "즉 어리석고(bāla) 현명하지 못한 사람(abuddhi)들이 이런 보시를 주장하지 현명한 사람들(paṇḍitā)은 그렇게 하지 않는다. '어리석은 사람은 주고,

있다고 설하는 자들의 교설79)은 공허하고 쓸데없는 거짓말일 뿐이다. 어리석은 자도 현자도 몸이 무너지면 단멸하고 파멸할 뿐이라서 사후란 없다.'80)라고."

8. "산다까여, 여기에 대해 지혜로운 사람은 이와 같이 숙고합니다.

'이 스승은 이런 주장과 이런 견해를 가졌다. '보시도 없고 공물도 없고 제사도 없다. … 사후란 것은 없다.'라고. 만일 이 스승의 말이 진실이라면 내가 여기서 하지 않고도 한 것이 되고, 내가 여기서 청정범행을 닦지 않고도 닦은 것이 된다.81) 그리하여 우리는 둘 다 동일하고 또한 동일한 경지를 얻는다.82) 그러나 나는 '둘 다 몸이 무너

현명한 사람은 받는다.'는 것을 나타낸 것이다."(MA.iii.227)

79) "'있다고 설하는 자들의 교설(atthika-vāda)'이란 '보시도 있고, 보시의 과보도 있다(atthi dinnaṁ dinnaphalaṁ).'고 주장하는 자들의 교설이다." (MA.iii.227)

80) 이것은 『디가 니까야』 제1권 「사문과경」(D2/i.55) §§22~24에서 아지따 께사깜발리(Ajita Kesakambalī)의 [사후] 단멸론(ucchedavāda)으로 정리되어 있으며, 『상윳따 니까야』 제3권 「없음 경」(S24:5)의 주제로 나타나고 있다.
니까야에서 이 정형구가 나타나는 곳은 「사문과경」(D2) §2.23, 본서 제2권 「살라의 바라문들 경」(M41) §10, 「확실한 가르침 경」(M60) §5, 제3권 「산다까 경」(M76」§7(본경), 「보름밤의 짧은 경」(M110) §11, 제4권 「행하고 행하지 말아야 함 경」(M114) §10, 「위대한 사십 가지 경」(M117) §5, 『상윳따 니까야』 제3권 「없음 경」(S24:5) §3, 제4권 「빠딸리야 경」(S42:13)」§12; 『앙굿따라 니까야』 제6권 「쭌다 경」(A10:176) §5 등이다.

81) "내가 아직 사문의 일(samaṇa-kamma)을 하지 않았지만(akata) 여기 이 사람의 교법(samaya)에서는 한 것이 되고, 청정범행을 살지 않았지만(a-vusita brahmacariya) 여기 이 교법에서는 산 것이 된다는 뜻이다."(MA.iii.228)

82) "'동일하고 또한 동일한 경지를 얻는다(samasamā sāmañña-pattā).'는

지면 단멸하고 파멸할 뿐이라서 사후란 없다.'라고 말하지 못한다.

그러나 이 스승이 나체로 다니고, 머리를 깎고, 쪼그리고 앉는 자세를 취하고, 머리카락과 수염을 뽑는 것은 필요 없는 짓이다. 왜냐하면 내가 자식들이 북적거리는 집에서 살고 까시에서 산출된 전단향을 사용하고 화환과 향과 연고를 즐겨 사용하고 금은을 향유하지만 이 스승과 동일한 행처를 가지고 동일한 미래세를 가지기 때문이다. 그러니 그런 내가 이 스승의 문하에서 청정범행을 닦아서 무엇을 알고 무엇을 보겠는가?'

그는 '이것은 청정범행이 아니다.'라고 알아 그런 청정범행을 역겨워하며 떠납니다."

9. "산다까여, 이것이 그런 삶으로는 지혜로운 사람이라도 결코 청정범행을 행할 수 없고 [516] 혹은 행하더라도 옳은 방법인 유익한 법을 성취하지 못한다고, 아시는 분, 보시는 분, 아라한, 정등각자이신 그분 세존께서 말씀하신 첫 번째 청정범행이 아닌 것입니다."

10. "다시 산다까여, 여기 어떤 스승은 이런 주장과 이런 견해를 가졌습니다.

'행하거나 다른 사람에게 행하도록 시키고, 절단하거나 다른 사람에게 절단하도록 시키고, 고문하거나 고문하도록 시키고, 슬픔을 주거나 다른 사람에게 슬픔을 주도록 시키고, 억압하거나 억압하도록 시키고, 생명을 죽이고, 주지 않는 것을 가지고, 집을 부수고, 다른 사람의 재산을 약탈하고, 주거침입을 하고, 노상강도질을 하고, 남의 아내를 강간하고, 거짓말을 하더라도 죄악을 범하는 것이 아니다. 만

것은 스승과 나는 동일한 공덕(guṇa)에 의해 동일하고, 동일한 상태(samāna-bhāva)를 얻는다는 말이다."(MA.iii.228)

일 어떤 이가 예리한 칼이 가장자리에 달린 바퀴로 이 땅의 모든 생명을 갈아서 하나의 고깃덩이 하나의 고기뭉치로 만들어버리더라도 그로 인한 어떤 죄악도 없고, 죄악의 과보도 없다. 강가 강의 남쪽 기슭에 가서 죽이거나 죽이도록 시키고, 절단하거나 절단하도록 시키고, 고문하거나 고문하도록 시켜도 그로 인한 어떤 죄악도 없고, 죄악의 과보도 없다. 강가 강의 북쪽 기슭에 가서 보시하거나 보시하도록 시키고, 제사를 지내거나 제사를 지내도록 시키더라도 그로 인한 어떤 공덕도 없고, 공덕의 과보도 없다. 보시를 하고 자신을 길들이고 제어하고 진실을 말하더라도 공덕이 없고, 공덕의 과보도 없다.'[83]라고."

11. "산다까여, 여기에 대해 지혜로운 사람은 이와 같이 숙고합니다.

'이 스승은 이런 주장과 이런 견해를 가졌다. '행하거나 다른 사람에게 행하도록 시키고, … 보시를 하고 자신을 길들이고 제어하고 진실을 말하더라도 공덕이 없고, 공덕의 과보도 없다.'라고. 만일 이 스승의 말이 진실이라면 내가 여기서 하지 않고도 한 것이 되고, 내가 여기서 청정범행을 닦지 않고도 닦은 것이 된다. 그리하여 우리는 둘 다 동일하고 또한 동일한 경지를 얻는다. 그러나 나는 '우리가 무엇을 행하건 간에 악을 짓는 것은 아니다.'라고 말하지 못한다.

그런데 이 스승이 나체로 다니고, 머리를 깎고, 쪼그리고 앉는 자세를 취하고, 머리카락과 수염을 뽑는 것은 필요 없는 짓이다. … 그

---

83) 이것은 『디가 니까야』 제1권 「사문과경」(D2/i.52~53) §§16~18에서 뿌라나 깟사빠(Pūraṇa Kassapa)의 도덕부정론(akiriya-vāda)으로 정리되어 나타나고, 『상윳따 니까야』 제3권 「행위 경」(S24:6)의 주제로도 나타나고 있다.

런 내가 이 스승의 문하에서 청정범행을 닦아서 무엇을 알고 무엇을 보겠는가?'

그는 '이것은 청정범행이 아니다.'라고 알아 그런 청정범행을 역겨워하며 떠납니다."

12. "산다까여, 이것이 그런 삶으로는 지혜로운 사람이라도 결코 청정범행을 행할 수 없고 혹은 행하더라도 옳은 방법인 유익한 법을 성취하지 못한다고, 아시는 분, 보시는 분, 아라한, 정등각자이신 그분 세존께서 말씀하신 두 번째 청정범행이 아닌 것입니다."

13. "다시 산다까여, 여기 어떤 스승은 이런 주장과 이런 견해를 가졌습니다.

'중생들이 오염되는 데에는 어떤 원인도 없고 어떤 조건도 없다. 원인도 없고 조건도 없이 중생들은 오염된다. 중생들이 청정해지는 데에도 어떤 원인도 없고 어떤 조건도 없다. 원인도 없고 조건도 없이 중생들은 청정해진다. [자신의 행위도 남의 행위도 인간의 행위도 없다.] 힘도 없고 노력도 없고 남자의 용기도 [517] 없고 남자의 분발도 없다. 모든 중생들과 모든 생명들과 모든 존재들과 모든 영혼들은 지배력도 없고 힘도 없고 정진력도 없이 운명과 우연의 일치와 천성의 틀에 짜여서 여섯 종류의 생에서 즐거움과 괴로움을 경험한다.'84) 라고."

14. "산다까여, 여기에 대해 지혜로운 사람은 이와 같이 숙고합

---

84) 이것은 「사문과경」(D2) §§19~21에서 막칼리 고살라(Makkhaligosāla)의 윤회를 통한 청정(saṁsāra-suddhi) 혹은 무인론(ahetuka-vāda)으로 정리되어 나타나고, 본서 제2권 「모순 없음 경」(M60) §21에도 언급되고 있으며, 『상윳따 니까야』 제3권 「원인 경」(S24:7)의 주제로도 나타나고 있다. [ ] 안의 문장에 대해서는 「모순 없음 경」(M60) §21의 주해를 참조할 것.

니다.

'이 스승은 이런 주장과 이런 견해를 가졌다. '중생들이 오염되는 데에는 어떤 원인도 없고 어떤 조건도 없다. … 운명과 우연의 일치와 천성의 틀에 짜여서 여섯 종류의 생에서 즐거움과 괴로움을 경험한다.'라고. 만일 이 스승의 말이 진실이라면 내가 여기서 하지 않고도 한 것이 되고, 내가 여기서 청정범행을 닦지 않고도 닦은 것이 된다. 그리하여 우리는 둘 다 동일하고 또한 동일한 경지를 얻는다. 그러나 나는 '우리 둘 다 원인도 없고 조건도 없이 청정해진다.'라고 말하지 못한다.

그런데 이 스승이 나체로 다니고, 머리를 깎고, 쪼그리고 앉는 자세를 취하고, 머리카락과 수염을 뽑는 것은 필요 없는 짓이다. … 그런 내가 이 스승의 문하에서 청정범행을 닦아서 무엇을 알고 무엇을 보겠는가?'

그는 '이것은 청정범행이 아니다.'라고 알아 그런 청정범행을 역겨워하며 떠납니다."

15. "산다까여, 이것이 그런 삶으로는 지혜로운 사람이라도 결코 청정범행을 행할 수 없고 혹은 행하더라도 옳은 방법인 유익한 법을 성취하지 못한다고, 아시는 분, 보시는 분, 아라한, 정등각자이신 그 분 세존께서 말씀하신 세 번째 청정범행이 아닌 것입니다."

16. "다시 산다까여, 여기 어떤 스승은 이런 주장과 이런 견해를 가졌습니다.[85]

---

85) 이것은 빠꾸다 까짜야나(Pakudha Kaccāyana)의 이론이다. 주석서에 의하면 빠꾸다 깟짜야나의 빠꾸다(Pakudha)는 이름이고 깟짜야나(Kaccāyana)는 족성이다. 깟짜야나는 바라문 족성이다. 그리고 그는 찬물을 사용하지 않고 항상 더운 물을 사용했으며, 물을 건너는 것을 죄악으로 여겼는데

'이러한 일곱 가지 몸들이 있나니, 만들어진 것이 아니고, 만들게 한 것이 아니고,86) 창조된 것이 아니고,87) 창조자가 없으며, 생산함이 없고,88) 산꼭대기처럼 서 있고, 성문 앞의 기둥처럼 견고하게 서

물을 건넜을 경우에는 흙으로 무덤(더미)을 쌓아서 참회하였다고 한다.(DA.i.144)

그의 이론은 『디가 니까야』 제1권 「사문과경」(D2) §26과 『상윳따 니까야』 제3권 「큰 견해 경」(S24:8) §3에 정리되어 나타난다. 그의 가르침은 결정론(akaṭa-vāda)으로 불린다.

「사문과경」(D2) §26과 「큰 견해 경」(S24:8) §3의 본문을 통해서 보면 그는 땅의 몸, 물의 몸, 불의 몸, 바람의 몸, 즐거움, 괴로움, 영혼의 일곱 가지를 본래 결정되어 있는 것 혹은 궁극적 실재로 인정하고 있는데 이는 자이나에서 땅, 물, 불, 바람, 식물, 동물의 여섯 가지 생명을 인정하는 것과 유사하다.

육사외도 가운데 불가지론을 펴는 산자야 벨랏티뿟따(Sañjayena Belaṭṭhi-putta)를 제외한 다섯 명의 외도들은 거의 대부분 특정한 실재들을 인정하고 있는데 이는 오래된 사문의 전통을 계승하고 있다 할 수 있다. 아리야족들이 인도로 이주해 들어오기 전에 가졌던 인도사상은 다원론에다 일종의 물활론(物活論)이라 할 수 있는데 이처럼 외도들은 우주를 구성하고 있는 기본 실재들을 생명을 가진 것으로 여겼다. 그래서 찬물은 사용하지 않고 흙 위에 앉지 않는다. 왜냐하면 그것은 생명이기 때문이다. 이것은 자이나 수행자들에게도 엄격하게 남아 있다.

한편 이처럼 여러 기본 실재들의 적집으로 우주와 인간은 구성되어 있다는 이러한 사문 전통의 사상을 학자들은 적취설(積取說, ārambha-vāda)이라고 정리하고 있으며, 이것과 반대로 하나의 궁극적인 실재가 전변하여 세상이 이루어졌다고 하는 바라문 전통의 학설을 전변설(轉變說, pariṇāma-vāda)이라 부르고 있다.

빠꾸다 깟짜야나도 업과 업의 과보를 인정하지 않기 때문에 도덕부정론 가운데 하나다. 그러나 그가 이런 것을 부정하는 이유는 「사문과경」(D2) §26에서 보듯이 일곱 가지 실재는 죽일 수도, 자를 수도, 없앨 수도 없는 본래 존재하는 실재라는 것을 극단적으로 부각시키는 것으로 간주해야 한다. 중생이라는 여러 요소들로 이루어진 생명체는 죽일 수 있지만 일곱 가지 기본 요소들은 본래 존재하기 때문에 죽일 수도 없앨 수도 없다는 말이다.

86) "'만들게 한 것이 아니고(akaṭa-vidhā)'라는 것은 '이렇게 만들어라.'라고 어떤 자가 시켜서 만들게 한 것이 아니라는 말이다."(MA.iii.228)

87) "'창조된 것이 아니고(animmitā)'라는 것은 신통(iddhi)으로도 창조된 것이 아니라는 말이다."(MA.iii.228)

있다.[89] 그들은 움직이지 않고 변하지 않고 서로를 방해하지 않는다.[90] 서로에게 즐거움도 괴로움도 그 둘 모두도 줄 수 없다. 무엇이 일곱인가? 땅의 몸, 물의 몸, 불의 몸, 바람의 몸, 즐거움, 괴로움, 그리고 일곱 번째로 영혼이다. 이러한 일곱 가지 몸들이 있나니, 만들어진 것이 아니고, 만들게 한 것이 아니고, 창조된 것이 아니고, 창조자가 없으며, 생산함이 없고, 산꼭대기처럼 서 있고, 성문 앞의 기둥처럼 견고하게 서 있다. 그들은 움직이지 않고 변하지 않고 서로를 방해하지 않는다. 서로에게 즐거움도 괴로움도 그 둘 모두도 줄 수 없다. 그러므로 여기서 죽이는 자도 없고 죽이게 하는 자도 없고 듣는 자도 없고 말하는 자도 없고 아는 자도 없고 알게 하는 자도 없다. 날카로운 칼로 머리를 자르는 사람도 그 어떤 사람의 생명을 빼앗은 것이 아니다. 다만 칼이 이 일곱 가지 몸들의 가운데로 통과한 것에 지나지 않는다.

백사십만 가지의 주요한 모태가 있고,[91] 다시 육천육백 가지 [주

---

88) "'생산함이 없고(vañjhā)'란 새끼를 낳지 못하는 동물이나 열매를 맺지 못하는 야자수처럼 결과를 내지 못한다(aphalā)는 말로 어떤 것도 생산하지 않는다(ajanakā)는 뜻이다. 이것은 땅의 몸(pathavī-kāya) 등이 물질 등을 생산하는 상태를 부인한 것이다."(MA.iii.228)

89) "'산꼭대기처럼 서 있고, 기둥처럼 서 있다(kūṭaṭṭhā esikaṭṭhāyiṭṭhitā).'는 것은 이 일곱 가지 몸들의 파괴되지 않는 상태(vināsa-abhāva)를 보인 것이다."(MA.iii.229)

90) "'움직이지 않는다(na iñjanti).'는 것은 기둥(esikatthambha)처럼 서 있기 때문에 움직이지 않는다는 말이다. '변하지 않는다(na vipariṇamanti).'는 것은 그들의 천성(pakati)을 버리지 않는다는 말이다. '서로를 방해하지 않는다(na aññamaññaṁ byābādhenti).'는 것은 서로를 다치게 하거나 상처를 주지 않는다는 뜻이다."(MA.iii.229)

91) 여기서부터는 결정론(akaṭa-vāda)으로 불리는 빠꾸다 깟짜야나(Pakudha Kaccāyana)의 이론이 본격적으로 전개된다. 이 세상의 모든 것은 다음의 본문처럼 이미 이렇게 정해져있다는 것이다. 그러므로 그의 사상은 일종의

요한 모태]가 있다. 오백 가지의 업이 있고,[92] 다섯 가지, 세 가지 업이 있고, 완전한 업이 있고 절반의 업[93]이 있다. 예순두 가지 도닦음이 있고 예순두 가지 중간 겁이 있다.[94] 여섯 부류의 태생이 있고,[95] 여덟 가지 인간의 단계가 있고,[96] 사천구백 종류의 생명체가

운명론(niyati)이라고도 할 수있다. 모든 것은 이미 정해져있기 때문에 기간이 정해져 있는 이 윤회를 줄이거나 늘일 수 없으며 연장하거나 단축할 수 없다는 것이다.

92) "'오백 가지의 업이 있다(pañca ca kammuno satāni).'고 했는데 이것은 단순한 추론만(takka-mattaka)으로는 소용이 없는 견해(niratthaka-diṭṭhi)를 드러낸 것이다.
'다섯 가지 업(pañca kammāni)' 등도 이와 같다. 그러나 다른 스승의 전통에서는 '다섯 가지 업'이란 다섯 가지 감각기능에 따라 취한 것이고, '세 가지 업'이란 몸의 업과 말의 업과 마음의 업에 따라 취한 것이라고 한다."(MA.iii.230)

93) "'완전한 업이 있고 절반의 업이 있다(kamme ca aḍḍhakamme ca).'고 했다. 어떤 자들은 '완전한 업(kamma)'이란 몸의 업(kāya-kamma)과 말의 업(vacī-kamma)이고, '절반의 업(aḍḍha-kamma)'이란 마음의 업(mano-kamma)이라는 신조(laddhi)를 갖고 있었다."(MA.iii.230)

94) "'중간 겁(antara-kappā)'이라고 했다. 이것은 하나의 겁에 예순두 개의 중간 겁이 있는 것이다. 그러나 이것은 다른 두 개의 겁을 모르기 때문에 이렇게 말한 것이다."(MA.iii.230)

95) '여섯 부류의 태생'은 chaḷ-ābhijātiyo를 옮긴 것이다. 『앙굿따라 니까야』 「여섯 태생 경」(A6:57) §2와 『디가 니까야 주석서』(DA.i.162)에 의하면 '여섯 부류의 태생(chaḷābhijāti)'은 흑인의 태생(kaṇha-abhijāti), 청인의 태생, 적인의 태생, 황인의 태생, 백인의 태생, 순백인의 태생이다. 『앙굿따라 니까야』 「여섯 태생 경」(A6:57) §2에 상세하게 나타나므로 참조할 것. 그런데 「여섯 태생 경」(A6:57) §2에서 이 이론은 막칼리 고살라가 아닌 뿌라나 깟사빠가 주장하였다고 나타난다.

96) "'여덟 가지 인간의 단계(aṭṭha purisa-bhūmiyo)'란 영아의 단계(manda-bhūmi), 놀이의 단계(khiḍḍā-bhūmi), 탐구의 단계(vīmaṁsaka-bhūmi), 직립의 단계(ujugata-bhūmi), 배움의 단계(sekkha-bhūmi), 사문의 단계(samaṇa-bhūmi), 승리의 단계(jina-bhūmi), 파멸의 단계(panna-bhūmi)를 말한다.
좁은 곳에서 나왔기 때문에 태어난 날로부터 일주일 동안 중생들은 어리석

있고 사천구백 부류의 유행승이 있고 사천구백 종류의 [518] 용이 있다. 이천 가지 감각기관이 있고, 삼천 가지 지옥이 있고, 서른여섯 가지 티끌이 쌓이는 곳[97]이 있고, 일곱 가지 인식이 있는 모태[98]와 일곱 가지 인식이 없는 모태[99]가 있고, 일곱 가지 마디를 가진 모태[100]가 있고, 일곱 부류의 신,[101] 일곱 부류의 인간, 일곱 가지 유령, 일곱 가지 호수,[102] 일곱 가지 매듭, 일곱 가지 낭떠러지, 칠백

고 어리둥절하다. 이것을 '영아의 단계'라 한다. 악처(duggati)에서 온 중생들은 계속해서 울고 큰 소리로 울어대지만, 선처(sugati)에서 온 중생들은 그것을 기억하면서 웃는데, 이것을 '놀이의 단계'라 한다. 부모님의 손이나 다리나 침대나 의자를 잡고 바닥에 발을 딛는 것을 '탐구의 단계'라 한다. 발을 딛고 걸을 수 있는 시기를 '직립의 단계'라 한다. 기술(sippa)을 배우는 시기를 '배움의 단계'라 한다. 집을 떠나 출가하는 시기(pabbajana-kāla)를 '사문의 단계'라 한다. 스승을 섬겨서 꿰뚫어 아는 시기를 '승리의 단계'라 한다. 쓰러진 영웅(pannaka jina)이 아무 말이 없는 것처럼 아무것도 얻지 못한 사문을 '파멸의 단계'라 한다."(MA.iii.230~231)

97) "'티끌이 쌓이는 곳(rajo-dhātuyo)'이란 손등(hattha-piṭṭhi)과 발등(pāda-piṭṭhi) 등을 두고 한 말이다."(MA.iii.231)

98) "'일곱 가지 인식이 있는 모태(satta saññī-gabbhā)'란 낙타(oṭṭha), 황소(goṇa), 당나귀(gadrabha), 숫양(aja), 염소(pasu), 사슴(miga), 물소(ma-hiṁsa)를 두고 한 말이다."(MA.iii.231)

99) "'일곱 가지 인식이 없는 모태(asaññī-gabbhā)'란 쌀(sāli), 보리(yava), 밀(godhuma), 녹두(mugga), 기장(kaṅgu), 콩(varaka), 꾸드라사까(ku-drūsaka, 호밀의 일종)를 두고 한 말이다."(MA.iii.231)

100) "마디를 가진 모태(nigaṇṭhi-gabbhā)'란 사탕수수(ucchu), 대나무(veḷu), 갈대(naḷa) 등을 두고 한 말이다."(MA.iii.231)

101) "'일곱 부류의 신(satta devā)'이란 많은 신들을 말하는데, 그것을 다만 일곱이라 했고, '인간들(mānusā)'도 끝이 없지만 일곱이라 했고, '유령들(pisā-cā)'도 그와 같다."(MA.iii.231)

102) "'일곱 가지 호수(satta sarā)'란 큰 호수인 깐나문다(kaṇṇamuṇḍa), 라타까라(rathakāra), 아노땃따(anotatta), 시하빠빠따(sīhapapāta), 꾸릴라(kuḷira), 무짤린다(mucalinda), 꾸날라다하(kuṇāladaha) 호수를 말한다."(MA.iii.232)

가지 낭떠러지,103) 일곱 가지 꿈, 칠백 가지의 꿈이 있다. 팔백사십만의 대겁(大劫)이 있다. 어리석은 자도 현명한 자도 이것을 모두 치달리고 윤회한 뒤 괴로움을 끝낸다.104) 그러므로 여기에 '나는 계행105)이나 서계나 고행이나 청정범행으로 아직 익지 않은 업을 익게 하리라.'라거나 '이미 익은 업을 경험할 때 그것을 없애리라.'106)라는 것은 있을 수 없다. 즐거움과 괴로움은 할당되었고, 기간이 정해져 있는 이 윤회를 줄이거나 늘일 수 없으며 연장하거나 단축할 수 없다.107) 마치 감긴 실타래를 던지면 [실이 다 풀릴 때까지] 굴러가는 것처럼, 그와 같이 어리석은 자도 현자도 그것을 모두 치달리고 윤회한 뒤 괴로움을 끝낸다.'108)라고."109)

---

103) "'일곱 가지 낭떠러지(satta papātā)'는 큰 것을 말하고, '칠백 가지 낭떠러지(satta papātasatāni)'는 작은 것을 말한다. '꿈(supinā)'의 경우도 마찬가지이다."(MA.iii.232)

104) "팔백사십만 대겁(大劫, mahā-kappuno)을 다 지난 뒤에야 어리석은 자들(bālā)도 현명한 자들(paṇḍitā)도 괴로움을 끝낼 수 있다는 것이 그들의 신조(laddhi)였다. 그 중간에는 현명한 자도 청정해질 수 없고, 어리석은 자도 더 이상 윤회하지 않는다."(MA.iii.232)

105) "여기서 '계행(sīla)'이란 나체의 계행(acelaka-sīla)이나 혹은 다른 어떤 것을 말하고, '서계(誓戒, vata)'도 그러한 종류를 말한다."(MA.iii.232)

106) "'아직 익지 않은 업을 익게 하리라(aparipakkaṁ kammaṁ paripācessāmi).'는 것은 어떤 사람이 나는 현명한 사람이니까 그 중간에 청정해진다는 것이고, '이미 익은 업을 경험할 때 그것을 없애리라(paripakkaṁ kammaṁ phussa phussa byantikarissāmi).'는 것은 어떤 사람이 나는 어리석은 사람이니까 설명한 기간보다 더 오래 업을 경험한다는 것이다. 그러나 이런 일은 있을 수 없다는 말이다."(MA.iii.232~233)

107) "괴로움과 즐거움은 됫박(doṇa)으로 양을 잰 것처럼 할당되었고(doṇamite sukhadukkhe), 기간이 정해져있는 윤회(saṁsāra)에서 현명한 사람에게는 윤회가 단축되거나 어리석은 자에게 더 늘어나는 것이 아니라는 말이다."(MA.iii.233)

108) "산이나 나무 꼭대기에서 '감긴 실타래를 던지면(nibbeṭhiyamānam eva

17. "산다까여, 여기에 대해 지혜로운 사람은 이와 같이 숙고합니다.

'이 스승은 이런 주장과 이런 견해를 가졌다. '이러한 일곱 가지 몸들이 있나니, 만들어진 것이 아니고, 만들게 한 것이 아니고, … 어리석은 자도 현자도 그것을 모두 치달리고 윤회한 뒤 괴로움을 끝낸다.' 라고. 만일 이 스승의 말이 진실이라면 내가 여기서 하지 않고도 한 것이 되고, 내가 여기서 청정범행을 닦지 않고도 닦은 것이 된다. 그리하여 우리는 둘 다 동일하고 또한 동일한 경지를 얻는다. 그러나 나는 '우리 둘 다 그것을 모두 치달리고 윤회한 뒤 괴로움을 끝낸다.' 라고 말하지 못한다.

그런데 이 스승이 나체로 다니고, 머리를 깎고, 쪼그리고 앉는 자세를 취하고, 머리카락과 수염을 뽑는 것은 필요 없는 짓이다. … 그런 내가 이 스승의 문하에서 청정범행을 닦아서 무엇을 알고 무엇을 보겠는가?'

그는 '이것은 청정범행이 아니다.'라고 알아 그런 청정범행을 역겨워하며 떠납니다."

18. "산다까여, 이것이 그런 삶으로는 지혜로운 사람이라도 결코 청정범행을 행할 수 없고 혹은 행하더라도 옳은 방법인 유익한 법을 성취하지 못한다고, 아시는 분, 보시는 분, 아라한, 정등각자이신 그

---

paleti)' 실이 풀리면서 계속 굴러가다가 실이 다하는 곳에서 멈추고 더 이상 굴러가지 않는다. 그러므로 설명한 기간(vutta-kāla)보다 더 오래 윤회하지 않는다는 것을 보여준 것이다."(MA.iii.233)

109) 이것은 「사문과경」(D2) §§25~27에서 빠꾸다 깟짜야나(Pakudha Kacc-āyana)의 결정론(akaṭa-vāda)으로 정리되어 나타나고, 『상윳따 니까야』 제3권 「큰 견해 경」(S24:8)의 주제로도 나타난다.

분 세존께서 말씀하신 네 번째 청정범행이 아닌 것입니다."

19. "산다까여, 이것이 그런 삶으로는 지혜로운 사람이라도 결코 청정범행을 행할 수 없고 혹은 행하더라도 옳은 방법인 유익한 법을 성취하지 못한다고, 아시는 분, 보시는 분, 아라한, 정등각자이신 그분 세존께서 [519] 말씀하신 네 가지 청정범행이 아닌 것입니다."

20. "경이롭습니다, 아난다 존자시여, 놀랍습니다, 아난다 존자시여. 이것이 그런 삶으로는 지혜로운 사람이라도 결코 청정범행을 행할 수 없고 혹은 행하더라도 옳은 방법인 유익한 법을 성취하지 못한다고, 아시는 분, 보시는 분, 아라한, 정등각자이신 그분 세존께서 말씀하신 네 가지 청정범행이 아닌 것이군요.

아난다 존자시여, 그렇다면 무엇이 그런 삶으로는 지혜로운 사람이라도 결코 청정범행을 행할 수 없고 혹은 행하더라도 옳은 방법인 유익한 법을 성취하지 못한다고, 아시는 분, 보시는 분, 아라한, 정등각자이신 그분 세존께서 말씀하신 네 가지 안식을 주지 못하는 청정범행입니까?"

21. "산다까여, 여기 어떤 스승은 모든 것을 아는 자요[一切知者] 모든 것을 보는 자[一切見者]라면서 '나는 걸어갈 때에도 서 있을 때에도 잠잘 때에도 깰 때에도 언제나 한결같이 지와 견이 확립되어 있다.'라고 완전한 지와 견을 선언합니다.110)

그러나 그는 빈집에 들어가기도 하고 음식을 얻지 못하기도 하고

110) 이 정형구는 본서(『맛지마 니까야』)에 주로 나타난다. 본서 제1권 M14 §17, 제3권 M71 §6, 본경, M79 §6, M90 §5, M101 §10에 나타나며 『앙굿따라 니까야』 제1권 「니간타 경」(A3:74) §1과 제5권 「바라문 경」(A9:38) §2에도 나타나고 있다.

개에게 물리기도 하고 사나운 코끼리를 만나기도 하고 사나운 말을 만나기도 하고 사나운 황소를 만나기도 합니다. 여자나 남자의 이름이나 성을 묻기도 하고 마을이나 성읍의 이름과 길을 묻기도 합니다.

그는 '어떻게 이런 일이 있을 수 있습니까?'라는 질문을 받으면,111) '내가 빈집에 들어가야만 했기 때문에 들어갔다. 나는 음식을 얻지 못해야만 했기 때문에 얻지 못했다. 개에게 물려야만 했기 때문에 물렸다. 사나운 코끼리를 만나야만 했기 때문에 만났다. 사나운 말을 만나야만 했기 때문에 만났다. 사나운 개를 만나야만 했기 때문에 만났다. 여자나 남자의 이름이나 성을 물어야만 했기 때문에 물었다. 마을이나 성읍의 이름과 길을 물어야만 했기 때문에 물었다.'라고 말합니다."

22. "산다까여, 여기에 대해 지혜로운 사람은 이와 같이 숙고합니다.

'이 스승은 모든 것을 아는 자요 모든 것을 보는 자라면서 … 물어야만 했기 때문에 물었다.'라고 말하는구나.'

그는 '이것은 안식을 주지 못하는 청정범행이다.'라고 알아 그런 청정범행을 역겨워하며 떠납니다."

23. "산다까여, 이것이 그런 삶으로는 지혜로운 사람이라도 결코 청정범행을 행할 수 없고 혹은 행하더라도 옳은 방법인 유익한 법을 성취하지 못한다고, 아시는 분, 보시는 분, 아라한, 정등각자이신 그 분 세존께서 [520] 말씀하신 첫 번째 안식을 주지 못하는 청정범행입

111) "'이것을 알지 못했습니까? 당신은 모든 것을 아는 자(sabbaññu)라고 하지 않았습니까?'라는 질문을 받으면 운명론(niyati-vāda)을 보완하면서 '빈집에 들어가야만 했기 때문에 들어갔다(suññaṁ me agāraṁ pavisitabbaṁ ahosi tena pāvisiṁ).'라는 등으로 말한다."(MA.iii.233)

니다.”

24. “다시 산다까여, 여기 어떤 스승은 전통주의자라서 구전되어온 것을 진리로 여깁니다.[112] 그는 구전되어온 것과 이러이러하다고 전승되어온 것[113]과 성전으로 전해온 것에 의지하여 법을 설합니다. 산다까여, 그런데 구전되어온 것을 의지하고 구전되어온 것을 진리로 여기는 스승은 바르게 기억한 것도 있고 잘못 기억한 것도 있고 사실인 것도 있고 그렇지 않은 것도 있습니다.”

25. “산다까여, 여기에 대해 지혜로운 사람은 이와 같이 숙고합니다.

---

112) ‘전통주의자라서 구전되어온 것을 진리로 여깁니다.’는 anussaviko hoti anussava-sacco를 옮긴 것이다. 여기서 anussava는 anu + √śru(*to hear*)에서 파생된 명사로 ‘따라서 들음’이라는 일차적인 의미에서 구전을 뜻하기도 하고 소문을 뜻하기도 한다.(예를 들면 『앙굿따라 니까야』 제1권 「깔라마 경」(A3:65) §3의 ‘소문으로 들었다고 해서’를 들 수 있다.) ussavika는 이러한 구전되어온 것을 의지하는 자를 뜻하고 그래서 ‘전통주의자’로 의역을 하였다. 이 구문은 본서 「상가라와 경」(M100) §7에도 나타난다.

113) ‘이러이러하다고 전승되어온 것’은 itihītiha-parampara를 옮긴 것이다. itihītiha 라는 이 생소한 단어는 PED에서 itiha+itiha로 이해하여 *so & so*로 설명하고 있다. 주석서도 “이렇다고 하더라, 이렇다고 하더라(evaṁ kira evaṁ kira).”(MA.iii.424)라고 설명하고 있다. 그래서 ‘이러이러하다고’로 옮겼다.
이 itihītiha라는 표현은 『상윳따 니까야』 제1권 「안다까윈다 경」(S6:13) §3의 {601}에도 나타나고 있는데 그곳에 해당하는 주석서는 그곳의 문맥에 따라 이렇게 설명하고 있다.
“‘단지 소문에 의한 것이 아닙니다(na yidaṁ itihītihaṁ).’라는 것은 이것은 이렇고 이렇다고(idaṁ itiha itihāti) 추론을 통해서나(takka-hetu) 논리를 통해서나(naya-hetu) 성전을 받아들임(piṭaka-sampadāna)을 통해서 말하는 것이 아니다.’라는 뜻이다.”(SA.i.221)
본서 「짱끼 경」(M95) §12에는 “이러이러하다고 전승되어오고 성전으로 전해온 바라문들의 오래된 만뜨라를 의지하여(brāhmaṇānaṁ porāṇaṁ mantapadaṁ itihītihaparamparāya piṭakasampadāya)”라는 문맥에서도 나타나고 있다.

'이 스승은 전통주의자라서 구전되어온 것을 진리로 여긴다. 그는 구전되어온 것과 이러이러하다고 전승되어온 것과 성전으로 전해온 것에 의지하여 법을 설한다. 그런데 구전되어온 것을 의지하고 구전되어온 것을 진리로 여기는 스승은 바르게 기억한 것도 있고 잘못 기억한 것도 있고 사실인 것도 있고 그렇지 않은 것도 있다.'

그는 '이것은 안식을 주지 못하는 청정범행이다.'라고 알아 그런 청정범행을 역겨워하며 떠납니다."

26. "산다까여, 이것이 그런 삶으로는 지혜로운 사람이라도 결코 청정범행을 행할 수 없고 혹은 행하더라도 옳은 방법인 유익한 법을 성취하지 못한다고, 아시는 분, 보시는 분, 아라한, 정등각자이신 그 분 세존께서 말씀하신 두 번째 안식을 주지 못하는 청정범행입니다."

27. "다시 산다까여, 여기 어떤 스승은 논리가요 탐구자입니다.114) 그는 논리에 의해 안출(案出)되었고 탐구를 거듭하여 스스로가 구명(究明)한 법을 설합니다. 산다까여, 그러나 논리가요 탐구자인 스승은

---

114) '논리가'로 옮긴 원어는 takkī이고 '탐구자'로 옮긴 원어는 vīmaṁsī이다. 『디가 니까야』 제1권 「범망경」(D1) §1.34 등에서는 vīmaṁsī를 '해석가'로 옮겼다. 주석서는 이렇게 설명한다.
"그는 논리한다(논리로 따진다)고 해서 '논리가(takkī)'이다. 논리하고 사량한 뒤에(takketvā vitakketvā) 견해를 취하는 자(diṭṭhigāhi)들을 두고 하는 말이다. 해석한다고 해서 '해석가(vīmaṁsī)'이다. 해석이란 재고(tulana) 선택하고(ruccana) 결정하는 것(khamana)이다. 마치 사람이 장대로 물을 재어본 뒤에 건너는 것처럼 재어서 선택하여 결정한 뒤에 견해를 취한다. 그가 바로 해석가라고 알아야 한다."(DA.i.106)
한편 복주서(DAṬ.i.188~89)에서는 논리(takka)를 일으킨 생각[尋, vitakka]에, 해석(탐구, 검증, vīmaṇsa)을 지속적 고찰[伺, vicāra]에 배대(配對)하고 있다.
논리가는 본서 「상가라와 경」(M100) §7에서 믿음만을 강조하는 자로 언급되고 있으며, 「범망경」(D1)에는 네 가지 논리가들의 주장이 나타나고 있다(§1.34, §2.13, §2.20, §2.32).

논리를 바르게 전개한 것도 있고 논리를 잘못 전개한 것도 있고 사실인 것도 있고 그렇지 않은 것도 있습니다."

28. "산다까여, 여기에 대해 지혜로운 사람은 이와 같이 숙고합니다.

'이 스승은 논리가요 탐구자이다. 그는 논리에 의해 안출(案出)되었고 탐구를 거듭하여 스스로가 구명(究明)한 법을 설한다. 그러나 논리가요 탐구자인 스승은 논리를 바르게 전개한 것도 있고 논리를 잘못 전개한 것도 있고 사실인 것도 있고 그렇지 않은 것도 있다.'

그는 '이것은 안식을 주지 못하는 청정범행이다.'라고 알아 그런 청정범행을 역겨워하며 떠납니다."

29. "산다까여, 이것이 그런 삶으로는 지혜로운 사람이라도 결코 청정범행을 행할 수 없고 혹은 행하더라도 옳은 방법인 유익한 법을 성취하지 못한다고, 아시는 분, 보시는 분, 아라한, 정등각자이신 그분 세존께서 말씀하신 세 번째 안식을 주지 못하는 청정범행입니다."

30. "다시 산다까여, 여기 어떤 스승은 우둔하고 어리석습니다.115) 그는 우둔함과 어리석음 때문에 [521] 이런저런 질문을 받으

---

115) 이것은 『디가 니까야』 제1권 「사문과경」(D2) §§31~33에 나타나는 산자야 벨랏티뿟따(Sañjayena Belaṭṭhiputta)의 이론이다. 그의 이론은 애매모호함(vikkhepa)으로 잘 알려졌으며 역시 『디가 니까야』 제1권 「범망경」(D1) §2.27에 나타나는 네 번째 아마라위케삐까(Amarāvikkhepika, 애매모호함을 설하는 자, 문자적으로는 뱀장어처럼 빠져나가는 자)에 해당한다. 그는 사리뿟따 존자와 목갈라나 존자의 옛 스승이었음이 분명하다.(Vin.i.39) 두 사람이 산자야를 떠나자 그는 뜨거운 피를 토했다고 한다.(Vin.i.42) 비록 본경과 「범망경」(D1) §2.27에서 아마라위케삐까들은 우둔하고 어리석은 사람들이라고 언급되었지만 정형구에서 보듯이 산자야는 형이상학적인 문제에 대해서는 답을 회피했으며 다른 외도들과는 달리 존재론적인 실재를 상정하지 않는다는 점에서 주목할 만하다.

면 '나는 그것은 이렇다고 하지 않고, 그렇다고도 하지 않고, 다르다고도 하지 않고, 그렇지 않다고도 하지 않고, 그렇지 않은 것도 아니라고도 하지 않는다.'116)라고 하면서 말이 혼란스럽고 뱀장어처럼 빠져나갑니다."117)

31. "산다까여, 여기에 대해 지혜로운 사람은 이와 같이 숙고합

그리고 이러한 영향을 받았기 때문에 사리뿟따 존자와 목갈라나 존자가 형이상학적인 존재론보다는 연기연멸(緣起緣滅)을 바탕한 고(苦)의 완전한 소멸을 통한 해탈・열반을 힘주어 강조하시는 부처님의 가르침을 즉시에 이해하고 부처님의 제자가 되었다고 생각된다.

116) 본경에 나타나는 이 구절은 「사문과경」(D2) §32와 「범망경」(D1) §2.27에는 "① 만일 당신이 '저 세상이 있소?'라고 내게 묻고 내가 '저 세상은 있다.'고 생각한다면 나는 '저 세상은 있다.'고 대답해야 할 것입니다. 그러나 나는 이렇다고 하지 않고, 그렇다고도 하지 않고, 다르다고도 하지 않고, 그렇지 않다고도 하지 않고, 그렇지 않은 것도 아니라고도 하지 않습니다. …"라는 방식으로 모두 16가지로 상세하게 나타나고 있다.

117) '뱀장어처럼 빠져나가는'은 amarā-vikkhepa를 옮긴 것이다. 이 용어는 『디가 니까야』 제1권 「범망경」(D1) §§2.23~28 등에도 아마라위케삐까(Amarāvikkhepika, 뱀장어처럼 빠져나가는 자)로 나타나고 있다. 범망경에서는 '애매모호함을 설하는 자'로 의역을 하였다.
amarā-vikkhepa는 amarā와 vikkhepa의 합성어인데 「범망경」(D1) §2.23에 해당하는 주석서는 이것을 다음의 두 가지로 설명하고 있다. 역자가 '뱀장어처럼 빠져나가는'으로 옮긴 것은 두 번째 설명에 따른 것이다.
"① 죽지 않는다(na marati)고 해서 죽지 않음(amarā, 즉 정해진 끝이나 결론이 없음)이다. '이것은 이렇다.'라고도 하지 않는 등의 방식으로 사견을 가진 자(diṭṭhi-gatika)의 결말이 없는(pariyanta-rahitā) 견해(diṭṭhi)와 주장(vācā)이다. 여러 곳으로 던짐(vividho khepo)이 이리저리 던짐(vikkhepa)이다. 결말이 없는 견해와 주장으로 이리저리 던진다고 해서 아마라위케빠(애매모호하게 늘어놓음)이다.
② 다른 설명은 이렇다. '아마라는 어떤 종류의 물고기(maccha-jāti, 즉 뱀장어)이다. 이것은 물속에서 [매끄럽게] 위로 움직이고 아래로 움직이며 달아나기(sandhāvati) 때문에 잡을 수가 없다. 그와 같이 이런 주장(vāda)도 이리저리로 달아나기 때문에 결론에 도달할 수가 없다.'라고 해서 아마라위케빠(뱀장어처럼 빠져나감)라 한다."(DA.i.115)

니다.

'이 스승은 우둔하고 어리석다. 그는 우둔함과 어리석음 때문에 이런저런 질문을 받으면 '나는 그것은 이렇다고 하지 않고, 그렇다고도 하지 않고, 다르다고도 하지 않고, 그렇지 않다고도 하지 않고, 그렇지 않은 것도 아니라고도 하지 않는다.'라고 하면서 말이 혼란스럽고 뱀장어처럼 빠져나가는구나.'

그는 '이것은 안식을 주지 못하는 청정범행이다.'라고 알아 그런 청정범행을 역겨워하며 떠납니다."

32. "산다까여, 이것이 그런 삶으로는 지혜로운 사람이라도 결코 청정범행을 행할 수 없고 혹은 행하더라도 옳은 방법인 유익한 법을 성취하지 못한다고, 아시는 분, 보시는 분, 아라한, 정등각자이신 그분 세존께서 말씀하신 네 번째 안식을 주지 못하는 청정범행입니다."

33. "산다까여, 이것이 그런 삶으로는 지혜로운 사람이라도 결코 청정범행을 행할 수 없고 혹은 행하더라도 옳은 방법인 유익한 법을 성취하지 못한다고, 아시는 분, 보시는 분, 아라한, 정등각자이신 그분 세존께서 말씀하신 네 가지 안식을 주지 못하는 청정범행입니다."

34. "경이롭습니다, 아난다 존자시여, 놀랍습니다, 아난다 존자시여. 이것이 그런 삶으로는 지혜로운 사람이라도 결코 청정범행을 행할 수 없고 혹은 행하더라도 옳은 방법인 유익한 법을 성취하지 못한다고, 아시는 분, 보시는 분, 아라한, 정등각자이신 그분 세존께서 말씀하신 네 가지 안식을 주지 못하는 청정범행이군요.

아난다 존자시여, 그러면 지혜로운 사람이 확실히 청정범행을 행할 수 있고 또 청정범행을 행할 때 옳은 방법인 유익한 법을 성취할 수 있도록 스승께서는 어떤 교설을 가졌고 어떤 가르침을 설하십니까?"

35. ~ *42.* "산다까여, 여기 여래께서 이 세상에 출현하십니다. 그는 아라한[應供]이시며, 완전히 깨달은 분[正等覺]이시며, 명지와 실천을 구족한 분[明行足]이시며, 피안으로 잘 가신 분[善逝]이시며, 세간을 잘 알고 계신 분[世間解]이시며, 가장 높은 분[無上士]이시며, 사람을 잘 길들이는 분[調御丈夫]이시며, 하늘과 인간의 스승[天人師]이시며, 부처님[佛]이시며, 세존(世尊)이십니다. 그는 신을 포함하고 마라를 포함하고 범천을 포함한 이 세상을 스스로 최상의 지혜로 알고 실현하여 드러냅니다. 그는 시작도 훌륭하고 중간도 훌륭하고 끝도 훌륭하며 의미와 표현을 구족했고 더할 나위 없이 완벽하고 지극히 청정한 법을 설하고, 범행(梵行)을 드러냅니다. 이런 법을 장자나 장자의 아들이나 다른 가문에 태어난 자가 듣습니다. …

<본서 제2권 「깐다라까 경」 (M51) §§13~19와 같음.>

… 의심을 제거하여 의심을 극복하여 머물고, 유익한 법들에 아무런 의심이 없어서 의심으로부터 마음을 청정하게 합니다."

43. "그는 마음의 오염원이고 통찰지를 무력하게 만드는 이들 다섯 가지 장애를 제거하여 감각적 욕망들을 완전히 떨쳐버리고 해로운 법[不善法]들을 떨쳐버린 뒤, 일으킨 생각[尋]과 지속적 고찰[伺]이 있고, 떨쳐버렸음에서 생긴 희열[喜]과 행복[樂]이 있는 초선(初禪)을 구족하여 머뭅니다. 산다까여, 이처럼 제자는 스승 밑에서 이런 고귀한 수승함을 증득합니다. 거기서 지혜로운 사람은 확실히 청정범행을 행할 수 있고 [522] 또 청정범행을 행할 때 옳은 방법인 유익한 법을 성취할 수 있습니다."

44. ~ *46.* "산다까여, 다시 비구는 일으킨 생각[尋]과 지속적 고찰[伺]을 가라앉혔기 때문에 … 제2선을 … 제3선을 … 제4선을 구족하여 머뭅니다. 산다까여, 이처럼 제자는 스승 밑에서 이런 고귀한 수승함을 증득합니다. 거기서 지혜로운 사람은 확실히 청정범행을 행할 수 있고 또 청정범행을 행할 때 옳은 방법인 유익한 법을 성취할 수 있습니다."

47. "그는 이와 같이 마음이 집중되고, 청정하고, 깨끗하고, 흠이 없고, 오염원이 사라지고, 부드럽고, 활발발하고, 안정되고, 흔들림이 없는 상태에 이르렀을 때 전생을 기억하는 지혜[宿命通]로 마음을 향하게 합니다. 그는 한량없는 전생의 갖가지 삶들을 기억합니다. 즉 한 생, 두 생, … 이처럼 한량없는 전생의 갖가지 모습들을 그 특색과 더불어 상세하게 기억해낼 수 있습니다. 산다까여, 이처럼 제자는 스승 밑에서 이런 고귀한 수승함을 증득합니다. 거기서 지혜로운 사람은 확실히 청정범행을 행할 수 있고 또 청정범행을 행할 때 옳은 방법인 유익한 법을 성취할 수 있습니다."

48. "그는 이와 같이 마음이 집중되고, 청정하고, 깨끗하고, 흠이 없고, 오염원이 사라지고, 부드럽고, 활발발하고, 안정되고, 흔들림이 없는 상태에 이르렀을 때 중생들의 죽음과 다시 태어남을 아는 지혜[天眼通]로 마음을 향하게 합니다. 그는 청정하고 인간을 넘어선 신성한 눈[天眼]으로 중생들이 죽고 태어나고, 천박하고 고상하고, 잘생기고 못생기고, 좋은 곳[善處]에 가고 나쁜 곳[惡處]에 가는 것을 보고, 중생들이 지은 바 그 업에 따라 가는 것을 꿰뚫어 압니다. … 중생들이 지은 바 그 업에 따라 가는 것을 꿰뚫어 압니다. 산다까여, 이처럼 제자는 스승 밑에서 이런 고귀한 수승함을 증득합니다. 거기서 지혜

로운 사람은 확실히 청정범행을 행할 수 있고 또 청정범행을 행할 때 옳은 방법인 유익한 법을 성취할 수 있습니다."

49. "그는 이와 같이 마음이 집중되고, 청정하고, 깨끗하고, 흠이 없고, 오염원이 사라지고, 부드럽고, 활발발하고, 안정되고, 흔들림이 없는 상태에 이르렀을 때 모든 번뇌를 소멸하는 지혜[漏盡通]로 마음을 향하게 합니다. 그는 '이것이 괴로움이다.'라고 있는 그대로 꿰뚫어 압니다. '이것이 괴로움의 일어남이다.'라고 있는 그대로 꿰뚫어 압니다. … '이것이 번뇌의 소멸로 인도하는 도닦음이다.'라고 있는 그대로 꿰뚫어 압니다."

50. "그가 이와 같이 알고 이와 같이 볼 때 그는 감각적 욕망에 기인한 번뇌에서 마음이 해탈합니다. 존재에 기인한 번뇌에서도 마음이 해탈합니다. 무명에 기인한 번뇌에서도 마음이 해탈합니다. 해탈했을 때 해탈했다는 지혜가 생깁니다. '태어남은 다했다. 청정범행은 성취되었다. 할 일을 다 해 마쳤다. 다시는 어떤 존재로도 돌아오지 않을 것이다.'라고 꿰뚫어 압니다. 산다까여, 이처럼 제자는 스승 밑에서 이런 고귀한 수승함을 증득합니다. 거기서 지혜로운 사람은 확실히 청정범행을 행할 수 있고 또 청정범행을 행할 때 옳은 방법인 유익한 법을 성취할 수 있습니다."

51. "아난다 존자시여, 비구가 모든 번뇌를 부수었고 삶을 완성했으며 할 바를 다 했고 짐을 내려놓았으며 참된 이상을 실현했고 삶의 족쇄를 끊었으며 바른 구경의 지혜로 해탈한 아라한이 되어도 [523] 감각적 욕망을 즐깁니까?"

"산다까여, 비구가 모든 번뇌를 부수었고 삶을 완성했으며 할 바를 다 했고 짐을 내려놓았으며 참된 이상을 실현했고 삶의 족쇄를 끊

었으며 바른 구경의 지혜로 해탈한 아라한이 되면 다섯 가지 경우들을 범할 수 없습니다.118)

번뇌가 멸한 비구는 고의로 살아있는 생명을 죽일 수 없습니다. 번뇌가 멸한 비구는 도둑질이라 불리는 주지 않은 것을 가질 수 없습니다. 번뇌가 멸한 비구는 성행위를 할 수가 없습니다. 번뇌가 멸한 비구는 고의로 거짓말을 할 수 없습니다. 전에 재가자였을 때처럼 쌓아두고119) 감각적 욕망들을 즐길 수 없습니다.

산다까여, 비구가 모든 번뇌를 부수었고 삶을 완성했으며 할 바를 다 했고 짐을 내려놓았으며 참된 이상을 실현했고 삶의 족쇄를 끊었으며 바른 구경의 지혜로 해탈한 아라한이 되면 그는 이런 다섯 가지 경우들을 범할 수 없습니다."

52. "아난다 존자시여, 비구가 모든 번뇌를 부수었고 삶을 완성했으며 할 바를 다 했고 짐을 내려놓았으며 참된 이상을 실현했고 삶의 족쇄를 끊었으며 바른 구경의 지혜로 해탈한 아라한이 되면 걸어갈 때에도 서 있을 때에도 잠잘 때에도 깰 때에도 언제나 한결같이 '나의 번뇌는 멸했다.'라는 지와 견이 현전해있습니까?"

"산다까여, 이에 대해서는 비유를 들겠습니다. 여기서 어떤 지자들은 비유를 통해 말의 뜻을 완전하게 알 것입니다.

산다까여, 예를 들면 어떤 사람의 팔과 다리가 끊어졌다고 합시다.

---

118) 본경에서 언급되고 있는 이 다섯 가지는 『앙굿따라 니까야』 제5권 「수따와 경」(A9:7) §2와 『디가 니까야』 제3권 「합송경」(D33) §2.1 (10)에도 나타난다. 그런데 이 다섯 가지는 「수따와 경」(A9:7) §3에서 모두 아홉 가지로 확장되어서 나타나고 있으므로 참조할 것.

119) "전에 재가자였을 적에는 축적해놓고 감각적 욕망(kāma)을 즐겼다. 그러나 지금은 기름(tila), 쌀밥(taṇḍula), 버터기름(sappi), 버터우유(navanīta) 등을 쌓아놓고 즐길 수 없다."(MA.iii.234)

그의 팔과 다리는 걸어갈 때에도 서 있을 때에도 잠잘 때에도 깰 때에도 언제나 한결같이 끊어져있습니다. 그러나 그것을 반조할 때 '나의 팔과 다리는 끊어졌다.'라고 압니다.

산다까여, 그와 같이 비구가 모든 번뇌를 부수었고 삶을 완성했으며 할 바를 다 했고 짐을 내려놓았으며 참된 이상을 실현했고 삶의 족쇄를 끊었으며 바른 구경의 지혜로 해탈한 아라한이 되면 걸어갈 때에도 서 있을 때에도 잠잘 때에도 깰 때에도 언제나 한결같이 '나의 번뇌는 멸했다.'라는 지와 견이 현전해있습니다. 그러나 그것을 반조할 때 '나의 번뇌는 멸했다.'라고 압니다."120)

53. "아난다 존자시여, 그런데 이 법과 율에는 해탈한 자들이 얼마나 많습니까?"

"산다까여, 백 명뿐만이 아니라, 이백 명, 삼백 명, 사백 명, 아니 오백 명뿐만이 아니라 그보다도 훨씬 더 많은 자들이 이 법과 율에서 해탈했습니다."

---

120) '산다까여, 예를 들면'부터 여기까지는 역자가 저본으로 삼은 Ee(PTS본)의 문맥에 따라 옮긴 것이다.
그러나 Be(6차결집본)를 따라 옮기면 다음과 같다.
"산다까여, 예를 들면 어떤 사람의 팔과 다리가 끊어졌다고 합시다. 그는 걸어갈 때에도 서 있을 때에도 잠잘 때에도 깰 때에도 언제나 한결같이 '나의 팔과 다리는 끊어졌다.'라고 알겠습니까, 아니면 그것을 반조할 때 '나의 팔과 다리는 끊어졌다.'라고 알겠습니까? 아난다 존자시여, 그 사람은 언제나 한결같이 '나의 팔과 다리는 끊어졌다.'라고 아는 것이 아닙니다. 오직 그가 반조할 때 '나의 팔과 다리는 끊어졌다.'라고 압니다.
산다까여, 그와 같이 비구가 모든 번뇌를 부수었고 삶을 완성했으며 할 바를 다 했고 짐을 내려놓았으며 참된 이상을 실현했고 삶의 족쇄를 끊었으며 바른 구경의 지혜로 해탈한 아라한이 되어도 걸어가거나 서 있거나 잠자거나 깰 때에 언제나 한결같이 '나의 번뇌는 멸했다.'라는 지와 견이 현전해있는 것이 아닙니다. 그러나 그것을 반조할 때 '나의 번뇌는 멸했다.'라고 압니다."
냐나몰리 스님은 BBS본을 따라 영역했다고 주해에서 밝혔는데 이 Be와 같다.(냐나몰리 스님/보디 스님, 627~628쪽 참조)

"경이롭습니다, 아난다 존자시여. 놀랍습니다, 아난다 존자시여. 자기의 법을 칭찬하지 않고 남의 법을 비난하지도 않으면서 [자기] 영역 안에서 법을 설하여 [524] 수많은 해탈한 자들을 배출해 내었습니다. 그러나 어머니의 죽은 아들과 마찬가지인 이 아지와까들121)은 자신들을 칭찬하고 남들을 비난하면서도 오직 세 사람의 해탈한 자를 천명합니다. 즉 난다 왓차, 끼사 산낏짜, 막칼리 고살라입니다."

54. 그때 산다까 유행승은 자신의 회중을 불러서 말했다.

"존자들이여, 가시오. 사문 고따마 아래서 청정범행을 닦으시오.122) 지금 우리가 이득과 존경과 명성을 버린다는 것은 쉬운 일이 아니오."

이처럼 산다까 유행승은 자신의 회중에게 세존 아래서 청정범행을 닦도록 권고했다.

산다까 경(M76)이 끝났다.

---

121) '어머니의 죽은 아들과 마찬가지인 이 아지와까들'은 ime ājīvikā putta-matāya puttā를 옮긴 것이다. 직역하면, '아들이 죽은 자의(puttamatāya) 아들인(puttā) 이 아지와까들'이 된다. 주석서에서도 이 '아들이 죽은 자(putta-matā)'를 mātā(어머니)라고 설명하고 있다.(MA.iii.235) 그래서 '어머니의 죽은 아들과 마찬가지인 이 아지와까들'로 풀어서 옮겼다. 여기서 아들이 죽은 자로 옮긴 putta-matā는 바후워리히 합성어(유재석, 有財釋)이다. 한편 주석서는 다음과 같이 설명한다.
"산다까는 이 법문을 듣고 '아지와까(사명외도)는 죽었다.'라는 생각이 들어서 이렇게 말했다. 즉 아지와까는 죽었다. 그러므로 그들의 어머니(mātā)는 죽은 아들을 갖고 있다(putta-matā)는 뜻이다."(MA.iii.235)

122) "사문 고따마에게만 청정범행(brahma-cariya)이 있고, 다른 곳에는 청정범행이 없다는 것을 드러낸 대목이다."(MA.iii.235)

사꿀루다이 긴 경

Mahā-sakuludāyi Sutta(M77)

1. 이와 같이 나는 들었다. [1] 한때 세존께서는 라자가하의 대나무 숲에 있는 다람쥐 보호구역에 머무셨다.

2. 그 즈음에 아주 잘 알려진 많은 유행승들이 공작 보호구역인 유행승들의 원림(園林)에 거주하고 있었다. 그들은 아누가라, 와라다라, 사꿀루다이,123) 그리고 다른 아주 잘 알려진 유행승들이었다.

3. 그때 세존께서는 오전에 옷매무새를 가다듬고 발우와 가사를 수하고 라자가하로 탁발을 가셨다. 그때 세존께 이런 생각이 들었다.

"지금 라자가하로 탁발을 가는 것은 너무 이르다. 나는 공작 보호구역인 유행승들의 원림으로 사꿀루다이 유행승124)을 만나러 가는

---

123) 아누가라(Anugāra), 와라다라(Varadhara), 사꿀루다이(Sakuludāyi)라는 이 세 유행승(paribbājaka)의 이름은 『앙굿따라 니까야』 제2권 「유행승 경」(A4:30)과 「바라문의 진리 경」(A4:185)에도 언급이 되고 있다. 거기서는 이 세 사람과 다른 잘 알려진 유행승들이 사삐니 강의 언덕에 있는 유행승들의 원림(園林)에 거주하고 있다고 나타난다. 주석서에는 이 세 사람에 대한 설명이 나타나지 않는다.

124) 사꿀루다이 유행승(Sakuludāyi paribbājaka)은 본경 §1에서 언급되듯이

것이 좋겠다."

4. 그래서 세존께서는 공작 보호구역인 유행승들의 원림으로 가셨다. 그때 사꿀루다이 유행승은 많은 유행승의 회중과 함께 앉아서 시끄럽게 떠들면서 높고 큰 목소리로 여러 가지 쓸데없는 이야기를 나누고 있었다. 즉 왕 이야기, 도둑 이야기, 대신들 이야기, 군대 이야기, 공포에 관한 이야기, 전쟁 이야기, 음식 이야기, 음료수 이야기, 옷 이야기, 침대 이야기, 화환 이야기, 향 이야기, 친척 이야기, 수레 이야기, 마을에 대한 이야기, 성읍에 대한 이야기, 도시에 대한 이야기, 지방에 대한 이야기, 여자 이야기, 영웅 이야기, 거리 이야기, 우물 이야기, [2] 옛적 유령 이야기, 하찮은 이야기, 세상의 [기원]에 대한 이야기, 바다와 관련된 이야기, 이렇다거나 이렇지 않다는 이야기였다.

사꿀루다이 유행승은 세존께서 오시는 것을 멀리서 보고 자신의 회중을 조용히 하도록 했다.

"존자들은 조용히 하시오. 존자들은 소리를 내지 마시오. 사문 고따마께서 오고 계시오. 저 존자께서는 조용함을 좋아하고 조용함으로 길들여져 있고 조용함을 칭송합니다. 이제 우리 회중이 조용한 것을 알면 저분이 우리에게 다가올 것이라 생각합니다."

그러자 그 회중은 침묵하였다.

5. 그때 세존께서는 사꿀루다이 유행승에게로 다가가셨다. 그

부처님 당시에 잘 알려진 유행승이었다. Sakuludāyi는 Sakula+Udāyi로 분석되는데 주석서는 이 단어들에 대한 별다른 설명을 하지 않는다. 본경에서 세존께서는 사꿀루다이를 우다이로 호명하고 계신다.

그와 관계된 경들은 본경과 아래 「사꿀루다이 짧은 경」(M79)이 전해온다. 그는 아래 「웨카낫사 경」(M80)에 나타나는 웨카낫사 유행승(Vekhanassa paribbājaka)의 제자였다고 한다.(MA.iii.277)

러자 사꿀루다이 유행승은 세존께 이렇게 말씀드렸다.

"어서 오십시오, 세존이시여. 저희는 세존을 환영합니다. 세존께서는 오랜만에 여기에 오실 기회를 만드셨습니다. 이리로 오셔서 앉으십시오. 세존이시여, 이것이 마련된 자리입니다."

세존께서는 마련된 자리에 앉으셨다. 사꿀루다이 유행승도 역시 다른 낮은 자리를 잡아서 한 곁에 앉았다. 한 곁에 앉은 사꿀루다이 유행승에게 세존께서는 이렇게 말씀하셨다.

"우다이여, 무슨 이야기를 하기 위해 지금 여기에 모였는가? 그리고 그대들이 하다 만 이야기는 무엇인가?"

6. "세존이시여, 저희들이 지금 앉아서 하던 이야기에 대해서는 그냥 두십시오. 그 이야기는 세존께서 나중에라도 들으실 수 있습니다.

세존이시여, 요 근래에 여러 이교도의 사문·바라문들이 토론 장소에 모여 함께 자리를 했는데 이것이 화제가 되었습니다.

'존자들이여, 승가의 수장이요 무리의 수장이요 무리의 스승이며 잘 알려졌고 명성을 가졌고 교단의 창시자이고 많은 사람들에게 성자로 인정되는 이들 사문·바라문들이 우기철을 머물기 위해 라자가하에 와있다니, 그것은 앙가와 마가다[125) 사람들의 이득입니다.

---

125) 『앙굿따라 니까야』 제1권 「팔관재계 경」(A3:70) §17과 제5권 「상세하게 경」(A8:42) §4 등에 의하면 옛 인도 중원의 16국(Mahājanapada)은 앙가(Aṅga), 마가다(Magadha), 까시까(Kāsika, 까시, 와라나시), 꼬살라(Kosala), 왓지(Vajjī), 말라(Mallā), 쩨띠(Cetī), 왐사(Vaṁsā), 꾸루(Kuru), 빤짤라(Pañcāla), 맛차(Macchā), 수라세나(Surāsena), 앗사까(Assaka), 아완띠(Avantī), 간다라(Gandhāra), 깜보자(Kamboja)이다. 한편 『디가 니까야』 제2권 「자나와사바 경」(D18) §1 등에서는 이 가운데 까시와 꼬살라, 왓지와 말라, 쩨띠와 왐사, 꾸루와 빤짤라, 맛차와 수라세나, 앙가와 마가다로 서로 짝을 이루어 언급되고 있다.
앙가(Aṅga)는 마가다의 동쪽에 있으며 짬빠(현재의 바갈뿌르)가 수도였다. 앙가는 부처님 시대에 마가다로 편입되었다. 그래서 초기경에서 앙가가 독

존자들이여, 그것은 앙가와 마가다 사람들의 축복입니다.

이 뿌라나 깟사빠126)도 승가의 수장이요 무리의 수장이요 무리의 스승이며 잘 알려졌고 명성을 가졌고 교단의 창시자이고 많은 사람들에게 성자로 인정되는데, 그도 우기철을 머물기 위해 라자가하에 왔습니다. 이 막칼리 고살라도 … 이 아지따 께사깜발라도 … 이 빠꾸다 깟짜야나도 … 이 산자야 웰랏타뿟따도 … 이 니간타 나따뿟따도 승가의 수장이요 무리의 수장이요 무리의 스승이며 [3] 잘 알려졌고 명성을 가졌고 교단의 창시자이고 많은 사람들에게 성자로 인정되는데, 그도 우기철을 머물기 위해 라자가하에 왔습니다.

이 사문 고따마도 승가의 수장이요 무리의 수장이요 무리의 스승이며 잘 알려졌고 명성을 가졌고 교단의 창시자이고 많은 사람들에게 성자로 인정되는데, 그도 우기철을 머물기 위해 라자가하에 왔습니다.

그런데 승가의 수장이요 무리의 수장이요 무리의 스승이며 잘 알려졌고 명성을 가졌고 교단의 창시자이고 많은 사람들에게 성자로 인정되는 이들 사문·바라문들 가운데 누가 자기 제자들에게 존경받고 존중받고 공경받고 숭배를 받습니까?'

거기서 어떤 자들은 이렇게 말했습니다.

'이 뿌라나 깟사빠는 승가의 수장이요 무리의 수장이요 무리의 스

립된 나라로 언급되기보다는 종족이나 지역으로 언급되고 있으며 본경에서처럼 앙가와 마가다로 함께 언급되어 나타난다. 앙가에 대해서는 본서 제2권 「앗사뿌라 긴 경」(M39) §1의 주해를 참조할 것.
마가다(Magadha)에 대해서는 본서 제4권 「요소의 분석 경」(M140) §1의 주해를 참조할 것.

126) 여기서 언급되고 있는 뿌라나 깟사빠 등의 여섯은 우리에게 육사외도로 알려진 사람들이다. 이들과 이들의 가르침에 대해서는 『디가 니까야』 제1권 「사문과경」(D2) §16이하를 참조할 것.

승이며 잘 알려졌고 명성을 가졌고 교단의 창시자이고 많은 사람들에게 성자로 인정됩니다. 그러나 그는 자기 제자들에게는 존경받지 못하고 존중받지 못하고 공경받지 못하고 숭배를 받지 못하며, 제자들도 뿌라나 깟사빠를 존경하지도 존중하지도 공경하지도 숭배하지도 의지하여 머물지도 않습니다.

언젠가 뿌라나 깟사빠가 수백 명의 회중에게 법을 설했는데 거기서 뿌라나 깟사빠의 어떤 제자가 큰 소리로 이렇게 말했습니다.

'존자들이여, 뿌라나 깟사빠에게 이런 뜻을 묻지 마시오. 그는 이것을 모릅니다. 우리에게 이 뜻을 물으시오. 우리는 이것을 압니다. 우리가 이것을 존자들에게 설명해드리겠습니다.'

그때 뿌라나 깟사빠는 손을 내저으며 '존자들이여, 조용히 하시오. 존자들은 소리를 지르지 마시오. 존자들이여, 사람들은 그대들에게 묻는 것이 아니라 우리에게 묻고 있소. 우리가 그 뜻을 설명할 것이오.'라고 울부짖었지만 설득할 수 없었습니다.

참으로 많은 뿌라나 깟사빠의 제자들은 다음과 같이 그의 교설에 허점을 지적하면서[127] 떠나가버렸습니다.[128]

'당신은 이 법과 율을 제대로 모릅니다. 나는 이 법과 율을 제대로 압니다. 어떻게 당신이 이 법과 율을 제대로 알겠습니까? 당신은 그릇된 도를 닦고, 나는 바른 도를 닦습니다. 나의 말은 일관되지만[129]

---

127) '교설에 허점을 지적하면서'로 옮긴 원문은 vādaṁ āropetvā(직역하면, 교설을 제기한 뒤)이다. 주석서에서 이것을 'vāde dosaṁ āropetvā'로 설명하고 있어서(MA.iii.237) 주석서의 이 설명을 직역하여 이렇게 옮겼다.

128) "어떤 이들은 여행을 떠났고(disaṁ pakkantā), 어떤 이들은 환속(gihi-bhāva)했고, 또 어떤 이들은 이 부처님 교단(sāsana)으로 들어왔다."(MA.iii.237)

129) '나의 말은 일관된다.'는 sahitaṁ me를 옮긴 것인데, 주석서에서 "'일관된다'는 것은 부드럽고(siliṭṭha), 의미를 지니고(attha-yutta), 원인을 가졌다

당신의 말은 일관되지 않습니다. 당신은 먼저 설해야 할 것을 뒤에 설했고 뒤에 설해야 할 것을 먼저 설했습니다. 당신의 훌륭한 학식은 논파되었고[130)] 나는 당신의 교설에 허점을 지적했고 당신은 패했습니다. 교설에서 자유롭기 위해 떠나시오.[131)] 만약 자신 있다면 지금 당장 설명해 보시오.'[132)]

이처럼 뿌라나 깟사빠는 제자들에게 존경받지 못하고 존중받지 못하고 공경받지 못하고 숭배를 받지 못하며, 제자들도 뿌라나 깟사빠를 존경하지도 존중하지도 공경하지도 숭배하지도 의지하여 머물지도 않습니다. 뿌라나 깟사빠는 참으로 그의 법을 향한 경멸로 인해 경멸을 당했습니다." [4]

거기서 어떤 자들은 이렇게 말했습니다.

'이 막칼리 고살라는 … 이 아지따 께사깜발라는 … 이 빠꾸다 깟짜야나는 … 이 산자야 웰랏티뿟따는 … 이 니간타 나따뿟따는 승가의 수장이요 … 제자들에게 존경받지 못하고 존중받지 못하고 공경받지 못하고 숭배를 받지 못하며, 제자들도 니간타 나따뿟따를 존경

(kāraṇa-yutta)는 뜻이다."(MA.iii.237)라고 해석하고 있어서 이렇게 옮겼다.

130) "'당신의 훌륭한 학식은 논파되었고(adhiciṇṇaṁ te viparāvattaṁ)'는 당신이 오랜 세월 익혀온(dīgha-ratt-āciṇṇa) 훌륭한 학식(suppaguṇa)은 나의 말 한 마디(eka-vacana)로 뒤집혔다(viparāvatta), 역전되었다(viparivattita). 즉 당신은 아무것도 모른다는 뜻이다."(MA.iii.237)

131) "'교설에서 자유롭기 위해 떠나시오(cara vādappamokkhāya).'라는 것은 이 허점에서 벗어나기 위해(dosa-mocan-attha) 떠나시오, 행하시오, 여기저기 가서 더 배우시오라는 말이다."(MA.iii.237)

132) "'만약 자신 있다면 지금 당장 설명해 보시오(nibbeṭhehi vā sace pahosi).'라는 것은 만약 자기 교설의 허점에 대해 해명할 자신이 있다면 지금 바로 설명해 보라는 뜻이다."(MA.iii.237)

하지도 존중하지도 공경하지도 숭배하지도 의지하여 머물지도 않습니다. 니간타 나따뿟따는 참으로 그의 법을 향한 경멸로 인해 경멸을 당했습니다.'

거기서 어떤 자들은 이렇게 말했습니다.

'사문 고따마는 승가의 수장이요 무리의 수장이요 무리의 스승이며 잘 알려졌고 명성을 가졌고 교단의 창시자이고 많은 사람들에게 성자로 인정됩니다. 그는 자기 제자들에게 존경받고 존중받고 공경받고 숭배를 받으며, 제자들도 사문 고따마를 존경하고 존중하고 공경하고 숭배하고 의지하여 머뭅니다.

언젠가 사문 고따마가 수백 명의 대중에게 법을 설했는데 거기서 사문 고따마의 어떤 제자가 '으흠'하며 헛기침을 했습니다. 그러자 어떤 동료 수행자가 그의 무릎을 슬쩍 건드리며 [5] '존자여, 조용히 하시오. 존자는 소리를 내지 마시오. 우리의 스승이신 세존께서 법을 설하십니다.'라고 말했습니다. 사문 고따마가 수백 명의 대중에게 법을 설할 때에 사문 고따마의 제자들은 기침소리도 헛기침 소리도 내지 않습니다. 그 대중들은 '세존께서 법을 설하시면 우리는 그것을 경청하리라.'라고 기대 속에 기다리고 있기 때문입니다.

마치 어떤 사람이 사거리에서 작은 벌들이 만든 순수한 벌꿀을 짜내면 많은 대중들은 그것에 대한 기대 속에 기다리는 것과 같이 사문 고따마가 수백 명의 회중에게 법을 설할 때에 사문 고따마의 제자들은 기침소리도 헛기침 소리도 내지 않습니다. 그 대중들은 '세존께서 법을 설하시면 우리는 그것을 경청하리라.'라고 기대 속에 기다리고 있기 때문입니다.

사문 고따마의 제자들이 동료 수행자들과 사소한 말다툼을 하여[133] 공부지음을 포기하고 환속하더라도 스승을 칭송하고 법을 칭송하고 승가를 칭송합니다. 그들은 '우리가 이렇게 잘 설해진 법과 율에 출가하고서도 목숨이 다할 때까지 완전무결하고 지극히 청정한 범행을 닦지 못했으니 참으로 우리에게는 운이 없었고 공덕이 없었다.'라고 자신을 비난하지 남을 비난하지 않습니다. 그들은 원림의 종무원이 되거나 재가자가 되어서 오계를 호지합니다.

이와 같이 사문 고따마는 자기 제자들에게 존경받고 존중받고 공경받고 숭배를 받으며, 제자들도 사문 고따마를 존경하고 존중하고 공경하고 숭배하고 의지하여 머뭅니다.'"

7. "우다이여, 나의 제자들이 그 법 때문에 나를 존경하고 존중하고 공경하고 숭배하고 그렇게 존경하고 존중하고 숭배하고 의지하면서 머무는 바, 그대는 내게서 몇 가지 법을 보는가?"

8. "세존이시여, 세존의 제자들이 그 법 때문에 세존을 존경하고 존중하고 공경하고 숭배하고 그렇게 존경하고 존중하고 숭배하고 의지하면서 머무는바, 저는 세존에게서 다섯 가지 법을 봅니다. 무엇이 다섯 가지인가요?

세존께서는 적게 드시고 적게 먹는 것을 칭찬하십니다. 세존이시여, 그 법 때문에 세존의 제자들이 세존을 존경하고 존중하고 공경하고 숭배하고 그렇게 존경하고 존중하고 숭배하고 의지하면서 머뭅니다. 세존이시여, 이것이 제가 세존에게서 보는 첫 번째 법입니다. [6]

다시 세존이시여, 세존께서는 어떤 옷으로도 만족하시고 어떤 옷으로도 만족하는 것을 칭찬하십니다. 세존이시여, 그 법 때문에 … 이것이 제가 세존에게서 보는 두 번째 법입니다.

---

133) '사소한 말다툼을 하여'는 sampayojetvā(연관이 있어서)를 옮긴 것이다. 주석서에서 "사소한 말다툼을 하여(appamattakaṁ vivādaṁ katvā)"(MA. iii.238)라고 설명하고 있어 이렇게 옮겼다.

세존께서는 어떤 음식으로도 만족하시고 어떤 음식으로도 만족하는 것을 칭찬하십니다. 세존이시여, 그 법 때문에 … 이것이 제가 세존에게서 보는 세 번째 법입니다.

세존께서는 어떤 거처로도 만족하시고 어떤 거처로도 만족하는 것을 칭찬하십니다. 세존이시여, 그 법 때문에 … 이것이 제가 세존에게서 보는 네 번째 법입니다.

세존께서는 한거(閑居)하시며 한거를 칭찬하십니다. 세존이시여, 그 법 때문에 … 이것이 제가 세존에게서 보는 다섯 번째 법입니다.

세존이시여, 세존의 제자들이 그 법 때문에 세존을 존경하고 존중하고 공경하고 숭배하고 그렇게 존경하고 존중하고 숭배하고 의지하면서 머무는바, 저는 세존에게서 이러한 다섯 가지 법을 봅니다."

9. "우다이여, 사문 고따마가 적게 먹고 적게 먹는 것을 칭찬하기 때문에 만일 제자들이 나를 존경하고 존중하고 공경하고 숭배하고 그렇게 존경하고 존중하고 숭배하고 의지하면서 머문다고 한다면, 나의 제자들 가운데는 오직 한 공기의 음식이나 반 공기의 음식이나 빌바 과일 한 개 정도의 음식이나 빌바 과일 반 개 정도의 음식을 먹는 자들이 있다. [7] 우다이여, 그러나 나는 때로는 이 발우 한가득 음식을 먹기도 하고 더 먹기도 한다.

우다이여, 그러므로 사문 고따마가 적게 먹고 적게 먹는 것을 칭찬하기 때문에 만일 제자들이 나를 존경하고 존중하고 공경하고 숭배하고 그렇게 존경하고 존중하고 숭배하고 의지하면서 머문다고 한다면, 오직 한 공기의 음식이나 반 공기의 음식이나 빌바 과일 한 개 정도의 음식이나 빌바 과일 반 개 정도의 음식을 먹는 나의 제자들은 이런 법 때문에 나를 존경하거나 존중하거나 공경하거나 숭배하지 않을 것이며 그렇게 존경하고 존중하고 숭배하고 의지하면서 머물지 않을 것이다.

우다이여, 사문 고따마가 어떤 옷으로도 만족하고 어떤 옷으로도 만족하는 것을 칭찬하기 때문에 만일 제자들이 나를 존경하고 존중하고 공경하고 숭배하며 그렇게 존경하고 존중하고 숭배하고 의지하면서 머문다고 한다면, 나의 제자들 가운데는 오직 분소의만 입는 자들과 조악한 옷만을 입는 자들이 있다. 그들은 공동묘지나 쓰레기 더미나 가게에서 천 조각을 주워 모아 누더기 옷을 만들어 입는다. 우다이여, 그러나 나는 때로는 장자들이 준 호박털보다도 더 섬세한 옷들을 입는다.

우다이여, 그러므로 사문 고따마가 어떤 옷으로도 만족하고 어떤 옷으로도 만족하는 것을 칭찬하기 때문에 만일 제자들이 나를 존경하고 존중하고 공경하고 숭배하며 그렇게 존경하고 존중하고 숭배하고 의지하면서 머문다고 한다면, 공동묘지나 쓰레기 더미나 가게에서 천 조각을 주워 모아 누더기 옷을 만들어 오직 분소의만 입고 조악한 옷만을 입는 나의 제자들은 이런 법 때문에 나를 존경하거나 존중하거나 공경하거나 숭배하지 않을 것이며 그렇게 존경하고 존중하고 숭배하고 의지하면서 머물지 않을 것이다.

우다이여, 사문 고따마가 어떤 음식으로도 만족하고 어떤 음식으로도 만족하기 때문에 만일 제자들이 나를 존경하고 존중하고 공경하고 숭배하며 그렇게 존경하고 존중하고 숭배하고 의지하면서 머문다고 한다면, 나의 제자들 가운데는 탁발음식만을 수용하고,[134] 집

134) "'탁발음식만을 수용함(piṇḍa-pātika)'이란 여분의 음식은 거절하고(atireka-lābhaṁ paṭikkhipitvā) 받아들인, 오직 탁발음식만 수용하는 수행(samādinna-piṇḍapātikaṅga)을 말한다."(MA.iii.240)
탁발음식만 수용하는 수행(piṇḍapātik-aṅga)은 13가지 두타행 가운데서 세 번째로 언급이 되는 수행인데 『청정도론』 II장 §27이하에 상세히 설명되

집마다 차례대로 탁발하여[135] 음식을 얻는 임무에 기뻐한다.[136] 그들은 집안으로 들어갈 때에 자리에 앉으라는 초청을 받더라도 응하시 않는다. 우다이여, 그러나 나는 때로는 공양청을 받아 뉘가 섞이지 않은 최상의 쌀밥과 [8] 여러 가지 국과 여러 가지 반찬들을 먹는다.

우다이여, 그러므로 사문 고따마가 어떤 음식으로도 만족하고 어떤 음식으로도 만족하기 때문에 만일 제자들이 나를 존경하고 존중하고 공경하고 숭배하며 그렇게 존경하고 존중하고 숭배하고 의지하면서 머문다고 한다면, 집안으로 들어갈 때에 자리에 앉으라는 초청을 받더라도 응하지 않고 탁발음식만을 수용하고 집집마다 차례대로 탁발하여 음식을 얻는 임무에 기뻐하는 나의 제자들은 이런 법 때문에 나를 존경하거나 존중하거나 공경하거나 숭배하지 않을 것이며 그렇게 존경하고 존중하고 숭배하고 의지하면서 머물지 않을 것이다.

우다이여, 사문 고따마가 어떤 거처로도 만족하고 어떤 거처로도 만족하는 것을 칭찬하기 때문에 만일 제자들이 나를 존경하고 존중

어 있으니 참고할 것.

135) "'집집마다 차례대로 탁발함(sapadāna-cārī)'이란 탐욕스럽게 탁발하는 것을 거절하고(loluppacāraṁ paṭikkhipitvā) 받아들인 차례대로 탁발하는 수행을 말한다."(MA.iii.240)
차례대로 탁발하는 수행(sapadānacārik-aṅga)은 13가지 두타행 가운데 네 번째로 언급이 되는데 『청정도론』 II장 §31 이하에 상세히 설명되어 있으니 참고할 것.

136) '음식을 얻는 임무에 기뻐한다.'는 ucchepake vate ratā를 옮긴 것이다. 주석서는 이렇게 설명하고 있다.
"이삭을 줍는 행위라고 불리는(uñch-ācariya-saṅkhāta) 비구들의 본연의 의무(pakati-vata)에 기뻐한다는 뜻이다. 높거나 낮은 대문에 서서(ucca-nīca-ghara-dvāra-ṭṭhāyī) 잡곡이 섞인 밥(kabara-missaka) 밥(bhatta)을 얻어 수용한다는 말이다."(MA.iii.240)

하고 공경하고 숭배하며 그렇게 존경하고 존중하고 숭배하고 의지하면서 머문다고 한다면, 나의 제자들 가운데는 오직 나무 아래 머무는 자와 노지에 머무는 자들이 있다. 그들은 [일 년 중] 여덟 달 동안을 지붕 아래 들어가지 않는다. 우다이여, 그러나 나는 때로는 안팎으로 회반죽이 잘 칠해졌고 바람막이가 잘 되었으며 빗장이 채워졌고 창문이 닫힌 누각 있는 저택에서 머무르기도 한다.

우다이여, 그러므로 사문 고따마가 어떤 거처로도 만족하고 어떤 거처로도 만족하는 것을 칭찬하기 때문에 만일 제자들이 나를 존경하고 존중하고 공경하고 숭배하며 그렇게 존경하고 존중하고 숭배하고 의지하면서 머문다고 한다면, [일 년 중] 여덟 달 동안을 지붕 아래 들어가지 않고 오직 나무 아래 머물고 노지에 머무는 나의 제자들은 이런 법 때문에 나를 존경하거나 존중하거나 공경하거나 숭배하지 않을 것이며 그렇게 존경하고 존중하고 숭배하고 의지하면서 머물지 않을 것이다.

우다이여, 사문 고따마가 한거(閑居)하며 한거를 칭찬하기 때문에 만일 제자들이 나를 존경하고 존중하고 공경하고 숭배하며 그렇게 존경하고 존중하고 숭배하고 의지하면서 머문다고 한다면, 나의 제자들 가운데는 오직 숲 속에서 머물고 외딴 거주처에 머무는 자들이 있다. 그들은 깊은 숲 속 외딴 거처에 들어가 머물면서 보름에 한 번 빠띠목카[137]를 암송하기 위해 대중에 돌아온다. 우다이여, 그러나 나는 때로는 비구들이나 비구니들이나 청신사들이나 청신녀들이나 왕들이나 왕의 대신들이나 이교도들이나 이교도의 제자들과 함께 머문다.

---

137) '빠띠목카(pātimokkha, 戒目, 계목)에 대해서는 본서 제1권 「원한다면 경」(M6) §2의 주해를 참조할 것.

우다이여, 그러므로 사문 고따마가 한거하며 한거를 칭찬하기 때문에 만일 제자들이 나를 존경하고 존중하고 공경하고 숭배하며 그렇게 존경하고 존중하고 숭배하고 의지하면서 머문다고 한다면, [9] 깊은 숲 속 외딴 거처에 들어가 머물면서 보름에 한 번 빠띠목카를 암송하기 위해 대중에 돌아오고 오직 숲 속에서 머물고 외딴 거주처에 머무는 나의 제자들은 이런 법 때문에 나를 존경하거나 존중하거나 공경하거나 숭배하지 않을 것이며 그렇게 존경하고 존중하고 숭배하고 의지하면서 머물지 않을 것이다."

10. "우다이여, 참으로 나의 제자들이 나를 존경하고 존중하고 공경하고 숭배하며 그렇게 존경하고 존중하고 공경하고 의지하면서 머무는 데에는 다섯 가지 다른 법이 있다. 무엇이 다섯인가?"

(1) 높은 계(adhisīla)

11. "우다이여, 여기 나의 제자들은 '사문 고따마는 계를 지녔고 최상의 계의 무더기[戒蘊]를 구족했다.'라고 높은 계로 인해 나를 존경한다.

우다이여, 나의 제자들이 '사문 고따마는 계를 지녔고 최상의 계의 무더기를 구족했다.'라고 이처럼 높은 계로 인해 나를 존경하는 이것이 첫 번째 법으로, 이 때문에 나의 제자들이 나를 존경하고 존중하고 공경하고 숭배하며 그렇게 존경하고 존중하고 공경하고 의지하면서 머문다."

(2) 뛰어난 지와 견(abhikkanta ñāṇa-dassana)

12. "다시 우다이여, 나의 제자들은 '사문 고따마가 안다고 말할 때에는 진실하게 알고, 본다고 말할 때에는 진실하게 본다. 사문 고

따마는 최상의 지혜로 알아서 법을 설하지 최상의 지혜로 알지 못하고는 설하지 않는다. 사문 고따마는 원인과 함께 법을 설하지 원인 없이 설하지 않는다.[138] 사문 고따마는 원인을 밝히면서[139] 법을 설하지 원인을 밝히지 않고 설하지 않는다.'라고 나의 뛰어난 지와 견으로 인해 나를 존경한다.

우다이여, 나의 제자들이 '사문 고따마가 안다고 말할 때에는 진실하게 알고, … 원인을 밝히지 않고 설하지 않는다.'라고 이처럼 뛰어난 지와 견으로 인해 나를 존경하는 이것이 두 번째 법으로, 이 때문

---

138) "'사문 고따마는 원인(nidāna)과 함께 법을 설하지 원인 없이 설하지 않는다(sanidānaṁ samaṇo gotamo dhammaṁ deseti no anidānaṁ).'라고 했다. 그런데 이렇게 반론을 제기할 수 있을 것이다. [부처님은] '조건 없는 열반(appaccaya nibbāna)'을 설하시지 않았는가? 물론 설하셨다. 그러나 그 열반을 원인과 함께(sahetuka) 설하셨지, 원인 없이(ahetuka) 설하지 않으셨다."(MA.iii.241)
여기서 '원인'으로 옮긴 술어는 nidāna이다. 이 단어는 ni(아래로)+√dā(*to give*)에서 파생된 명사로 '아래에 놓음'이라는 문자적인 뜻에서 '기초, 기본, 원천, 근원, 원인, 인연' 등의 뜻으로 쓰인다.
한편 『디가 니까야』 제2권 「대인연경」(D15) §4 이하에는 hetu(원인), nidāna(근원), samudaya(기원), paccaya(조건)의 네 단어가 나열되어 나타나는데 주석서에서 이 단어들은 모두 이유(kāraṇa)를 나타내는 단어이며 이 문맥에서 각각의 동의어(vevacana)로 간주하고 있다.(DA.ii.498)
그리고 『청정도론』에서도 "조건(paccaya), 원인(hetu), 이유(kāraṇa), 근본(nidāna), 근원(sambhava), 기원(pabhava) 등은 뜻으로서는 하나지만 글자만 다를 뿐이다."(Vis.XVII.68)라고 설명하듯이 이 단어들은 모두 동의어다. 그리고 위에서 인용한 본경에 해당하는 주석서에서도 nidāna와 paccaya와 hetu는 동의어로 사용되고 있다.
역자는 본경에서는 nidāna를 원인으로 옮기고 있다. 초기불전연구원에서는 문맥에 따라 다양하게 인연으로도 옮겼고 근원, 근본, 기원, 이유로도 옮겼다.

139) '원인을 밝히면서'는 sappāṭihāriyaṁ을 옮긴 것이다. 니까야에서 pāṭihāriya는 대부분 '기적'이라는 뜻으로 사용된다. 그러나 여기서의 뜻은 "앞의 단어(즉 sanidānaṁ, 원인과 함께)와 동의어(vevacana)로 sakāraṇaṁ(원인을 드러내어)의 뜻이다."(MA.iii.241)라고 주석서는 밝히고 있어서 이렇게 옮겼다.

에 나의 제자들이 [10] 나를 존경하고 존중하고 공경하고 숭배하며 그렇게 존경하고 존중하고 공경하고 의지하면서 머문다."

(3) 높은 통찰지(adhipaññā)

13. "다시 우다이여, 나의 제자들은 '사문 고따마는 통찰지를 지녔고 최상의 통찰지의 무더기[慧蘊]를 구족했다. 그가 미래에 생길 논쟁의 쟁점을 예견하지 못한다거나 현재에 통용되는 다른 사람의 교설을 이치에 맞게 논파하지 못할 것이라는 것은 있을 수 없다.'라고 나의 높은 통찰지로 인해 나를 존경한다.

우다이여, 이를 어떻게 생각하는가? 이렇게 알고 이렇게 보는 나의 제자들이 내가 말하는 도중에 끼어들어 방해하겠는가?"

"그렇지 않습니다, 세존이시여."

"우다이여, 그리고 나는 결코 제자들에게 가르침을 기대하지 않는다. 반대로 나의 제자들이 나의 가르침을 기대한다. 우다이여, 나의 제자들이 '사문 고따마는 통찰지를 지녔고 최상의 통찰지의 무더기를 구족했다. … 다른 사람의 교설을 이치에 맞게 논파하지 못할 것이라는 것은 있을 수 없다.'라고 이처럼 나의 높은 통찰지로 인해 나를 존경하는 이것이 세 번째 법으로, 이 때문에 나의 제자들이 나를 존경하고 존중하고 공경하고 숭배하며 그렇게 존경하고 존중하고 공경하고 의지하면서 머문다."

(4) 네 가지 성스러운 진리(사성제, cattāri ariya-saccāni)

14. "다시 우다이여, 나의 제자들은 괴로움에 짓눌리고 괴로움에 압도되어 나를 찾아와 괴로움의 성스러운 진리를 질문한다. 그들이 질문하면 나는 괴로움의 성스러운 진리를 설명한다. 나는 그들의 질

문에 답하여 그들의 마음을 만족하게 한다.

그들은 나에게 괴로움의 일어남의 성스러운 진리를 … 괴로움의 소멸의 성스러운 진리를 … 괴로움의 소멸로 인도하는 도닦음의 성스러운 진리를 질문한다. 그들이 질문하면 나는 괴로움의 소멸로 인도하는 도닦음의 성스러운 진리를 설명한다. 나는 그들의 질문에 답하여 그들의 마음을 만족하게 한다.

이것이 네 번째 법으로, [11] 이 때문에 나의 제자들이 나를 존경하고 존중하고 공경하고 숭배하며 그렇게 존경하고 존중하고 공경하고 의지하면서 머문다."

(5) 도닦음(paṭipadā)

① 네 가지 마음챙김의 확립[四念處]

15. "다시 우다이여, 나는 나의 제자들이 네 가지 마음챙김의 확립[四念處]을 닦을 수 있도록 그들에게 도닦음을 설했다.

우다이여, 여기 비구는 몸에서 몸을 관찰하며[身隨觀] 머문다. 세상에 대한 욕심과 싫어하는 마음을 버리고 근면하고 분명히 알아차리고 마음챙기면서 머문다. 느낌에서 … 마음에서 마음을 … 법에서 법을 관찰하며[法隨觀] 머문다. 세상에 대한 욕심과 싫어하는 마음을 버리고 근면하고 분명히 알아차리고 마음챙기면서 머문다.

그리하여 많은 나의 제자들은 최상의 지혜의 완결과 완성을 성취하여140) 머문다."141)

---

140) '최상의 지혜의 완결과 완성을 성취하여'는 abhiññā-vosāna-pārami-ppa-ttā를 옮긴 것이다. 주석서는 "최상의 지혜의 완결이라 불리고(abhiññā-vosāna-saṅkhāta), 또한 최상의 지혜의 완성이라 불리는(abhiññā-pāramī-saṅkhāta) 아라한과를 성취한다."(MA.iii.243)라고 설명하고 있어서 이렇게 옮겼다.

② 네 가지 바른 노력[四正勤]

16. "다시 우다이여, 나는 나의 제자들이 네 가지 바른 노력[四正勤][142]을 닦을 수 있도록 그들에게 도닦음을 설했다.

우다이여, 여기 비구는 아직 일어나지 않은 나쁘고 해로운 법들[143]은 일어나지 않도록 하기 위해 열의를 일으키고 정진하고 힘을 내고 마음을 다잡고 애를 쓴다. 이미 일어난 나쁘고 해로운 법들은 제거하기 위해 열의를 일으키고 정진하고 힘을 내고 마음을 다잡고 애를 쓴다. 아직 일어나지 않은 유익한 법들[144]은 일어나도록 하기 위해 열의를 일으키고 정진하고 힘을 내고 마음을 다잡고 애를 쓴다. 이미 일어난 유익한 법들은 지속하게 하고 사라지지 않게 하고 증장하게 하고 충만하게 하고 닦기 위해 열의를 일으키고 정진하고

여기서 '완성'은 pārami의 역어인데 대승경전에서 pāramitā(바라밀)로 나타나는 단어이다. 니까야의 몇몇 경에도 나타나고 있다.(M100 §6; M111 §21; A5:11 §1 등) 그리고 주석서의 아주 많은 곳에서는 부처님이 부처가 되기 위해서 여러 전생에서 했던 수행을 pārami로 표현하고 있다.

141) 이 네 가지 마음챙김의 확립[四念處, cattāro satipaṭṭhāna]의 기본 정형구에 대한 상세한 설명은 본서 제1권 「염처경」(M10)의 해당부분을 참조할 것.

142) 여기 나타나는 네 가지 바른 노력[四正勤, cattāro sammappadhāna]의 정형구는 오근·오력의 정진, 칠각지의 정진각지, 팔정도의 정정진의 정형구와 같다. 4여의족의 정진도 같은 것이다. 그래서 37보리분법에서 정진은 모두 9번이 나타난다.

143) "'나쁘고 해로운 법들(pāpakā akusalā dhammā)'이란 탐욕(lobha) 등의 법을 말한다."(MA.iii.244)

144) "'아직 일어나지 않은 유익한 법들(anuppannā kusalā dhammā)'이란 사마타와 위빳사나(samatha-vipassanā)와 도(magga)를 말하고, '이미 일어난 유익한 법들(uppannā kusalā dhammā)'이란 사마타와 위빳사나만을 말한다. 왜냐하면 도는 한 번(sakiṁ) 일어났다가 멸하는데, 그것이 멸할 때 해로움으로 변할 가능성(anatthāya saṁvattanaka)은 전혀 없고, 오직 과의 조건(phalassa paccaya)이 되면서 멸하기 때문이다."(MA.iii.244)

힘을 내고 마음을 다잡고 애를 쓴다.

그리하여 많은 나의 제자들은 최상의 지혜의 완결과 완성을 성취하여 머문다."

③ 네 가지 성취 수단[四如意足]

17. "다시 우다이여, 나는 나의 제자들이 네 가지 성취 수단[四如意足]을 닦을 수 있도록 그들에게 도닦음을 설했다.

우다이여, 여기 비구는 열의를 [주로 한] 삼매와 노력의 의도적 행위[行]를 갖춘 성취수단을 닦는다. 정진을 [주로 한] 삼매와 노력의 의도적 행위를 갖춘 성취수단을 닦는다. 마음을 [주로 한] 삼매와 노력의 의도적 행위를 갖춘 성취수단을 닦는다. 검증을 [주로 한] 삼매와 노력의 의도적 행위를 갖춘 성취수단을 닦는다.

그리하여 많은 나의 제자들은 최상의 지혜의 완결과 완성을 성취하여 머문다."145)

④ 다섯 가지 기능[五根]

18. "다시 우다이여, 나는 나의 제자들이 다섯 가지 기능[五根]을 닦을 수 있도록 그들에게 도닦음을 설했다.

우다이여, 여기 [12] 비구는 고요함으로 인도하고 깨달음으로 인도하는 믿음의 기능[信根]을 닦는다. … 정진의 기능[精進根]을 닦는다. … 마음챙김의 기능[念根]을 닦는다. … 삼매의 기능[定根]을 닦는다. 고요함으로 인도하고 깨달음으로 인도하는 통찰지의 기능[慧根]을 닦는다.

그리하여 많은 나의 제자들은 최상의 지혜의 완결과 완성을 성취

---

145) 네 가지 성취수단[四如意足, cattāro iddhipāda]에 대해서는 본서 제1권 「마음의 삭막함 경」(M16) §26의 주해를 참고할 것.

하여 머문다.”146)

⑤ 다섯 가지 힘[五力]

19. “다시 우다이여, 나는 나의 제자들이 다섯 가지 힘[五力]을 닦을 수 있도록 그들에게 도닦음을 설했다.

우다이여, 여기 비구는 고요함으로 인도하고 깨달음으로 인도하는 믿음의 힘을 닦는다. … 정진의 힘을 닦는다. … 마음챙김의 힘을 닦는다. … 삼매의 힘을 닦는다. 고요함으로 인도하고 깨달음으로 인도하는 통찰지의 힘을 닦는다.

그리하여 많은 나의 제자들은 최상의 지혜의 완결과 완성을 성취하여 머문다.”147)

---

146) 다섯 가지 기능[五根, pañca indriya]에 대한 설명은 『초기불교 이해』 제22장(324쪽 이하)을 참조할 것.

147) 본경에서처럼 초기불전의 여러 곳에서는 다섯 가지 기능[五根, pañca indriya]과 다섯 가지 힘[五力, pañca bala]을 구성하는 다섯 가지 구성요소는 같다. 그러면 이 둘의 차이는 무엇인가? 『상윳따 니까야』 제5권 「사께따 경」(S48:43)에서는 “다섯 가지 기능이 다섯 가지 힘이 되고 다섯 가지 힘이 다섯 가지 기능이 된다.”고 비유와 더불어 나타나고 있다. 이러한 말씀은 기능[根, indriya]들과 힘[力, bala]들 사이에는 근본적인 차이점이 없다는 것을 인정하는 것이 된다.
주석서는 이 둘의 차이점을 다음과 같이 설명하고 있다.
“확신(adhimokkha)을 특징으로 하는 것에 대해서 통제를 한다는 뜻에서 ‘믿음의 기능’이라 하고, 불신에 의해서 흔들리지 않기 때문에 ‘믿음의 힘’이라 한다. 나머지들은 각각 분발(paggaha)과 확립(upaṭṭhāna)과 산란하지 않음(avikkhepa)과 꿰뚫어 앎(pajānana)을 특징으로 하는 것에 대해서 통제를 한다는 뜻에서 ‘기능[根]’이 되고, 각각 게으름(kosajja)과 마음챙김을 놓아버림(muṭṭha-sacca)과 산란함(vikkhepa)과 무명(avijjā)에 의해서 흔들리지 않기 때문에 ‘힘’이 된다고 알아야 한다.”(SA.iii.247)
다시 정리해 보면, 믿음은 확신 등의 측면에서 보면 믿음의 기능이 되고 불신에 흔들리지 않는 측면에서 보면 믿음의 힘이 된다. 정진은 분발하는 측면에서 보면 정진의 기능이 되고 게으름에 흔들리지 않는 측면에서 보면 정진의 힘이 된다. 마찬가지로 확립과 마음챙김을 놓아버림에 흔들리지 않는 측

⑥ 일곱 가지 깨달음의 구성요소[七覺支]

20. "다시 우다이여, 나는 나의 제자들이 일곱 가지 깨달음의 구성요소[七覺支][148]를 닦을 수 있도록 그들에게 도닦음을 설했다.

우다이여, 여기 비구는 떨쳐버림을 의지하고 탐욕의 빛바램을 의지하고 소멸을 의지하고 철저한 버림으로 기우는 마음챙김의 깨달음의 구성요소[念覺支]를 닦는다. … 법을 간택하는 깨달음의 구성요소[擇法覺支]를 닦는다. … 정진의 깨달음의 구성요소[精進覺支]를 닦는다. … 희열의 깨달음의 구성요소[喜覺支]를 닦는다. … 편안함의 깨달음의 구성요소[輕安覺支]를 닦는다. … 삼매의 깨달음의 구성요소[定覺支]를 닦는다. 떨쳐버림을 의지하고 탐욕의 빛바램을 의지하고 소멸을 의지하고 철저한 버림으로 기우는 평온의 깨달음의 구성요소[捨覺支]를 닦는다.

그리하여 많은 나의 제자들은 최상의 지혜의 완결과 완성을 성취하여 머문다."

면에서 각각 마음챙김의 기능과 마음챙김의 힘이 되고, 산란하지 않음과 산란함에 흔들리지 않는 측면에서 각각 삼매의 기능과 삼매의 힘이 되고, 꿰뚫어 앎과 무명에 흔들리지 않는 측면에서 통찰지의 기능과 통찰지의 힘이 된다. 이렇게 기능과 힘을 구분하는 것이 아비담마의 정설이다.

그래서 『아비담마 길라잡이』 제7장 §28에서는 "기능[根]들은 그 각각의 영역에서 지배하는(issara) 요소들이고 힘[力]들은 반대되는 것들에 의해서 흔들리지 않고 이들과 함께하는 법들을 강하게(thirabhāva) 만드는 요소"라고 설명하고 있다. 여기에 대해서는 『청정도론』 XXII.37과, 특히 『아비담마 길라잡이』 제7장 §28을 참조할 것.

148) 여기에 나타나고 있는 일곱 가지 깨달음의 구성요소들[七覺支, satta bojjh-aṅga] 각각에 대한 주석서적인 설명은 본서 제1권 「모든 번뇌 경」(M2) §21의 주해를 참조할 것.

⑦ 성스러운 팔정도(八正道)

21. "다시 우다이여, 나는 나의 제자들이 성스러운 팔정도(八正道)를 닦을 수 있도록 그들에게 도닦음을 설했다.

우다이여, 여기 비구는 바른 견해[正見]를 닦는다. 바른 사유[正思惟]를 닦는다. 바른 말[正語]을 닦는다. 바른 행위[正業]를 닦는다. 바른 생계[正命]를 닦는다. 바른 정진[正精進]을 닦는다. 바른 마음챙김[正念]을 닦는다. 바른 삼매[正定]를 닦는다.149)

그리하여 많은 나의 제자들은 최상의 지혜의 완결과 완성을 성취하여 머문다."150)

⑧ 여덟 가지 해탈[八解脫]

22. "다시 우다이여, 나는 나의 제자들이 여덟 가지 해탈[八解脫]을 닦을 수 있도록 그들에게 도닦음을 설했다.

우다이여, 여기 비구는 색계[禪]을 가진 자가 형색들을 본다.151)

---

149) 성스러운 팔정도[八支聖道, ariya aṭṭhaṅgika magga]의 구성요소들에 대한 설명은 본서 제4권 「진리의 분석 경」(M141) §§23~31을 참조할 것.

150) 이상 본서 §§15~21에 각각 나타나는 ① 네 가지 마음챙김의 확립[四念處] ② 네 가지 바른 노력[四正勤] ③ 네 가지 성취수단[四如意足] ④ 다섯 가지 기능[五根] ⑤ 다섯 가지 힘[五力] ⑥ 일곱 가지 깨달음의 구성요소[七覺支] ⑦ 성스러운 팔정도[八支聖道 = 八正道]의 일곱 가지 주제는 37가지 깨달음의 편에 있는 법들[菩提分法, bodhipakkhiyā dhammā]로 불린다. 이것은 우리에게 37보리분법(菩提分法)이나 37조도품(助道品)으로 잘 알려진 것이다. 이 일곱 가지 주제에 포함된 법들을 다 합하면 37가지가 되기 때문에 전통적으로 이를 37보리분법이라 불렀다.
37보리분법은 초기불교의 수행을 대표하는 것이며 초기불전연구원에서 출간한 『초기불교 이해』의 제3편 「초기불교의 수행」의 내용이다. 37보리분법에 대한 자세한 설명은 『초기불교 이해』 275쪽 이하를 참조하기 바란다.

151) "'색계[禪]을 가진 자가 형색들을 본다(rūpī rūpāni passati).'고 하셨다. 여기서 자신의 머리털 등에서 파란색 까시나(nīla-kasiṇa) 등을 통해 일어난

이것이 첫 번째 해탈[152]이다.

안으로 색계[禪]에 대한 인식이 없이 밖으로 형색들을 본다.[153] 이것이 두 번째 해탈이다.

깨끗하다고 확신한다. 이것이 세 번째 해탈이다.[154] [13]

색계선(rūpa-jjhāna)을 'rūpa(색)'라 부르고, 그것을 가진 자를 'rūpī(색을 가진 자)'라고 한다. 밖으로도 파란 까시나 등의 물질을 禪의 눈으로 본다. 이것은 안과 밖의 대상인 까시나에 대해 禪이 일어난 사람의 색계 4종선(cattāri rūpa-avacara-jjhānāni)을 설하신 것이다."(AA.iv.146)

152) "해탈(vimokkha)은 무슨 뜻에서 해탈이라 하는가? 벗어남(adhimuccana)의 뜻에서 해탈이라 한다. 그러면 이 '벗어남의 뜻'이란 무엇인가? 반대되는 법들로부터 잘 벗어난다는 뜻이며 대상을 즐기는 것을 잘 벗어난다는 뜻이다. 아버지의 무릎에서 사지를 늘어뜨리고 잠든 어린아이처럼 거머쥐고 있지 않은 상태(aniggahitabhāva)로 어떠한 의심도 없이(nirāsaṅkatā) 대상에 들어가는 것이라고 설하신 것이다. 그러나 이 뜻은 맨 마지막의 [여덟 번째] 해탈에는 적용되지 않는다. 처음의 7가지에만 있다."(DA.ii.512~13)
"벗어남의 뜻은 상수멸이라는 이 마지막 [여덟 번째] 해탈에는 없다. 이 [여덟 번째 해탈에는] 다만 해탈했음의 뜻(vimuttaṭṭha)만이 적용된다."(DAṬ.ii.153)
즉 상수멸은 마음과 마음부수 모두가 소멸된 경지이므로 반대되는 법들이니 대상이니 하는 것이 없다. 그러므로 이러한 것들로부터 벗어남이라는 해탈의 뜻은 적용되지 않고 오직 해탈했음이라는 근본적인 뜻만이 적용된다는 말이다.

153) "'안으로 색계[禪]에 대한 인식이 없다(ajjhattaṁ arūpa-saññī).'는 것은 자신의 머리털 등에서 색계선이 일어나지 않았다는 뜻이다. 이것은 밖에서 준비를 지어서 오직 밖에서 禪이 일어난 사람의 색계선을 설하신 것이다."(AA.iv.146)

154) "'깨끗하다[淨]고 확신한다(subhantveva adhimutto hoti).'는 것은 이런 아주 청정한 푸른색 등의 색깔의 까시나들에 대한 禪들을 보이신 것이다. 비록 본삼매 안에서는(anto appanāyaṁ) 깨끗하다는 생각(ābhoga)이 없지만 청정하고 깨끗한 까시나를 대상으로 삼아 머무는 자에게는 깨끗하다고 확신한다는 설명이 적용되기 때문에 이와 같이 말씀하셨다. 그러나 『무애해도』에서는 다음과 같이 설명한다.
"어떻게 깨끗하다고 확신한다고 해서 해탈인가? 여기 비구는 자애가 함께한 마음으로 한 방향을 가득 채우면서 머문다. … 자애를 닦았기 때문에 중생들물질[色]에 대한 인식을 완전히 초월하고 부딪힘의 인식을 소멸하고 갖가지 인식을 마음에 잡도리하지 않기 때문에 '무한한 허공'이라고 하면서 공무변처를 구족하여 머문다. 이것이 네 번째 해탈이다.

공무변처를 완전히 초월하여 '무한한 알음알이[識]'라고 하면서 식무변처를 구족하여 머문다. 이것이 다섯 번째 해탈이다.155)

식무변처를 완전히 초월하여 '아무것도 없다.'라고 하면서 무소유처를 구족하여 머문다. 이것이 여섯 번째 해탈이다.

무소유처를 완전히 초월하여 비상비비상처를 구족하여 머문다. 이것이 일곱 번째 해탈이다.

비상비비상처를 완전히 초월하여 상수멸(想受滅, 인식과 느낌의 소멸)을 구족하여 머문다. 이것이 여덟 번째 해탈이다.

그리하여 많은 나의 제자들은 최상의 지혜의 완결과 완성을 성취하여 머문다."

⑨ 여덟 가지 지배의 경지[八勝處]

23. "다시 우다이여, 나는 나의 제자들이 여덟 가지 지배의 경지[八勝處]156)를 닦을 수 있도록 그들에게 도닦음을 설했다.

이 혐오스럽지 않다. 연민이 함께한 마음으로 … 더불어 기뻐함이 함께한 마음으로 … 평온이 함께한 마음으로 한 방향을 가득 채우면서 머문다. 평온을 닦았기 때문에 중생들이 혐오스럽지 않다. 이와 같이 깨끗하다고 확신하기 때문에 해탈이다."라고."(MA.iii.256)
한편 『무애해도 주석서』는 다음과 같이 설명한다.
"'깨끗하다'라고 대상에 대해서 확신한다. 비록 본삼매 안에서는 깨끗하다는 생각이 없지만 혐오스러움이 없는 특징(appaṭikūl-ākāra)으로 중생이라는 대상(satt-ārammaṇa)을 확장하면서(pharanto) 머무는 자는 깨끗하다고 확신하기 때문에 이런 말씀을 하셨다."(PsA.iii.552)

155) 여기 여섯 번째 공무변처부터 일곱 번째 비상비비상처까지는 『청정도론』 X장(무색의 경지) 전체를 참조하고, 상수멸은 『청정도론』 XXIII.16~52의 멸진정의 증득 편을 참조하기 바란다.

어떤 자는 안으로 형색[色]을 인식하면서,157) 밖으로 형색들을 본다. 그 형색들은 제한된 것이고 곱거나 혹은 흉한 것이다. 이들을 지배하면서 '나는 알고 본다.'라고 이렇게 인식한다. 이것이 첫 번째 지배의 경지이다.

어떤 자는 안으로 형색을 인식하면서 밖으로 형색들을 본다. 그 형색들은 무량한 것이고 곱거나 혹은 흉한 것이다. 이것들을 지배하면서 '나는 알고 본다.'라고 이렇게 인식한다. 이것이 두 번째 지배의 경지이다.

---

156) 본경 §23에 나타나는 이 '여덟 가지 지배의 경지[八勝處, aṭṭha abhibhāyatanāni]'는 『디가 니까야』 제2권 「대반열반경」(D16) §3.24 이하와 『앙굿따라 니까야』 「지배 경」(A8:65)에도 나타난다. 주석서는 지배의 경지를 이렇게 설명한다.
"'지배의 경지[勝處, abhibhāyatana]'라 하셨는데, 무엇을 지배하는가? 반대의 법들(paccanīka-dhammā)과 대상(ārammaṇa)들을 지배한다. 반대되는 법들은 그에 상응하는 적절한 방법(paṭipakkha-bhāva)으로써, 대상들은 사람의 너 높은 지혜(naṇ-uttarita)로써 지배한다."(MA.iii257)
한편 본경에서 설해지고 있는 이 여덟 가지 지배의 경지는 『상윳따 니까야』 제4권 「쇠퇴 경」(S35:96) §6에 나타나는 '여섯 가지 지배의 경지(cha abhibhāyatanāni)'와는 완전히 다른 내용이다. 거기서는 육근으로 육경을 대하여 불선법이 일어나지 않으면 그것을 지배의 경지라고 설명하고 있다.

157) '안으로 형색[色]을 인식하면서'는 ajjhattaṁ rūpasaññī를 옮긴 것인데 이것은 '안으로 형색을 인식하는 자'로 직역할 수 있다. 그러나 본 문맥에서는 문장을 부드럽게 하기 위해서 '안으로 형색을 인식하면서'로 풀어서 옮겼다. 주석서는 다음과 같이 설명한다.
"그가 [자기] 안의 물질에 대해 준비를 짓기 때문에 그를 '안으로 형색을 인식하는 자(ajjhattaṁ rūpasaññī)'라 한다. 즉 안으로 푸른색의 준비(nīla-parikamma)를 지을 때 머리털이나 담즙이나 눈동자에서 하고, 노란색의 준비(pīta-parikamma)를 지을 때 지방이나 피부나 손발바닥이나 눈의 노란 부분에서 하고, 빨간색의 준비(lohita-parikamma)를 지을 때 살점이나 피나 혀나 눈의 빨간 부분에서 하고, 흰색의 준비(odāta-parikamma)를 지을 때 뼈나 이빨이나 손톱이나 눈의 흰 부분에서 하기 때문이다. 그러나 이것은 아주 푸르지 않고 아주 노랗지 않고 아주 빨갛지 않고 아주 희지 않아서 아주 청정하지는 않다."(MA.iii257)

어떤 자는 안으로 형색을 인식하지 않으면서, 밖으로 형색들을 본다. 그 형색들은 제한된 것이고 곱거나 혹은 흉한 것이다. 이것들을 지배하면서 '나는 알고 본다.'라고 이렇게 인식한다. 이것이 세 번째 지배의 경지이다.

어떤 자는 안으로 형색을 인식하지 않으면서, 밖으로 형색들을 본다. 그 형색들은 무량한 것이고 곱거나 혹은 흉한 것이다. 이것들을 지배하면서 '나는 알고 본다.'라고 이렇게 인식한다. 이것이 네 번째 지배의 경지이다.

어떤 자는 안으로 형색을 인식하지 않으면서, 밖으로 형색들을 본다. 그것은 푸르고 푸른색이며 푸르게 보이고, 푸른빛을 발한다. 마치 아마 꽃이 푸르고 푸른색이며 푸르게 보이고, 푸른빛을 발하는 것처럼, 마치 양면이 모두 부드러운 바라나시 옷감이 푸르고 푸른색이며 푸르게 보이고, 푸른빛을 발하는 것처럼 어떤 자는 안으로 형색을 인식하지 않으면서, 밖으로 형색들을 본다. 그것은 푸르고 푸른색이며 푸르게 보이고, 푸른빛을 발한다. 이들을 지배하면서 '나는 알고 본다.'라고 이렇게 인식한다. 이것이 다섯 번째 [14] 지배의 경지이다.

어떤 자는 안으로 형색을 인식하지 않으면서, 밖으로 형색들을 본다. 그것은 노랗고 노란색이며 노랗게 보이고, 노란빛을 발한다. 마치 깐니까라 꽃이 노랗고 노란색이며 노랗게 보이고, 노란빛을 발하는 것처럼, 마치 양면이 모두 부드러운 바라나시 옷감이 노랗고 노란색이며 노랗게 보이고, 노란빛을 발하는 것처럼 어떤 자는 안으로 형색을 인식하지 않으면서, 밖으로 형색들을 본다. 그것은 노랗고 노란색이며 노랗게 보이고, 노란빛을 발한다. 이들을 지배하면서 '나는 알고 본다.'라고 이렇게 인식한다. 이것이 여섯 번째 지배의 경지이다.

어떤 자는 안으로 형색을 인식하지 않으면서, 밖으로 형색들을 본다. 그것은 빨갛고 빨간색이며 빨갛게 보이고, 빨간빛을 발한다. 마치 월계화가 빨갛고 빨간색이며 빨갛게 보이고, 빨간빛을 발하는 것처럼, 마치 양면이 모두 부드러운 바라나시 옷감이 빨갛고 빨간색이며 빨갛게 보이고, 빨간빛을 발하는 것처럼 어떤 자는 안으로 형색을 인식하지 않으면서, 밖으로 형색들을 본다. 그것은 빨갛고 빨간색이며 빨갛게 보이고, 빨간빛을 발한다. 이들을 지배하면서 '나는 알고 본다.'라고 이렇게 인식한다. 이것이 일곱 번째 지배의 경지이다.

어떤 자는 안으로 형색을 인식하지 않으면서, 밖으로 형색들을 본다. 그것은 희고 흰색이며 희게 보이고, 흰빛을 발한다. 마치 샛별이 희고 흰색이며 희게 보이고, 흰빛을 발하는 것처럼, 마치 양면이 모두 부드러운 바라나시 옷감이 희고 흰색이며 희게 보이고, 흰빛을 발하는 것처럼 어떤 자는 안으로 형색을 인식하지 않으면서, 밖으로 형색들을 본다. 그것은 희고 흰색이며 희게 보이고, 흰빛을 발한다. 이들을 지배하면서 '나는 알고 본다.'라고 이렇게 인식한다. 이것이 여덟 번째 지배의 경지이다.

그리하여 많은 나의 제자들은 최상의 지혜의 완결과 완성을 성취하여 머문다."

⑩ 열 가지 까시나의 장소[十一切處]

24. "다시 우다이여, 나는 나의 제자들이 열 가지 까시나의 장소[十一切處][158]를 닦을 수 있도록 그들에게 도닦음을 설했다.

---

158) '열 가지 까시나의 장소(dasa kasiṇāyatana)'를 한역『중아함』「예경」(例經)에서는 十一切處(십일체처)로 옮겼고, 이 10가지는 地一切處(지일체처), 水一切處(수일체처) 등으로 옮겼다.

어떤 자는 위로 아래로 옆으로 둘이 아니며[159] 제한이 없는[160] 땅의 까시나를 인식한다. … 물의 까시나를 인식한다. … 불의 까시나를 인식한다. … 바람의 까시나를 인식한다. … 푸른색의 까시나를 인식한다. … 노란색의 까시나를 인식한다. … 빨간색의 까시나를 인식한다. … 흰색의 까시나를 인식한다. … 허공의 까시나를 인식한다. [15] 어떤 자는 위로 아래로 옆으로 둘이 아니며 제한이 없는 알음알이의 까시나[161]를 인식한다.

열 가지 까시나는 본경 외에도 『앙굿따라 니까야』 제6권 「까시나 경」(A10:25)과 「꼬살라 경」1(A10:29) §4와 「깔리 경」(A10:26)에도 나타나고 『디가 니까야』 제3권 「합송경」(D33) §3.3.(2)와 「십상경」(D34) §2.3.(2) 등에도 나타난다. 그리고 이 10가지 까시나는 『아비담마 길라잡이』 9장 §6에 명료하게 요약되어 있고 까시나를 통한 수행은 『청정도론』 제4장과 제5장에서 자세하게 설명되고 있으므로 참조하기 바란다.
10가지 까시나의 원어를 순서대로 적어보면, pathavī-kasiṇa, āpo-kasiṇa, tejo-kasiṇa, vāyo-kasiṇa, nīla-kasiṇa, pīta-kasiṇa, lohita-kasiṇa, odāta-kasiṇa, ākāsa-kasiṇa, viññāna-kasiṇa이다.

159) "'둘이 아니라는 것(advaya)'은 땅의 까시나 등 [여러 까시나] 가운데서 하나가 다른 상태로 되지 않는다는 뜻이다. 예를 들면 물에 들어간 사람에게 사방이 모두 물뿐이요 다른 것이 없는 것과 같다. 그와 같이 오직 땅의 까시나만 있을 뿐이지 다른 까시나가 섞이지 못한다. 이것은 다른 까시나에도 다 적용된다."(AA.v.20)

160) "'제한이 없음(appamāṇa)'이란 그 까시나를 확장함에 제한이 없음(pharaṇa-appamāṇa)을 말한다. 마음으로 그것을 확장할 때 전체적으로(sakalaṁ) 하지 '이것은 처음이고 이것은 중간이다.'라고 한계를 취하지 않기 때문이다."(AA.v.20)
덧붙여 복주서는 다음과 같이 설명한다.
"마음으로 확장한다(cetasā pharanta)는 것은 닦은 마음(bhāvanācitta)으로 대상을 확장한다는 것이다. 왜냐하면 닦은 마음은 까시나가 제한적(paritta)이건 광대(vipula)하건 전체적으로(sakala) 마음에 잡도리하지, 일부분(ekadesa)만 잡도리하지 않기 때문이다."(AAṬ.iii.321)
까시나의 [닮은] 표상은 『청정도론』 IV.31 이하를, 표상의 확장은 IV.127 이하와 III.109 이하를 참조할 것.

161) "여기서 '알음알이의 까시나(viññāna-kasiṇa)'라는 것은 까시나를 제거한

그리하여 많은 나의 제자들은 최상의 지혜의 완결과 완성을 성취하여 머문다."162)

⑪ 네 가지 선(禪)

25. "다시 우다이여, 나는 나의 제자들이 네 가지 선(禪)을 닦을 수 있도록 그들에게 도닦음을 설했다.

우다이여, 여기 비구는 감각적 욕망들을 완전히 떨쳐버리고 해로운 법[不善法]들을 떨쳐버린 뒤, 일으킨 생각[尋]과 지속적 고찰[伺]이 있고, 떨쳐버렸음에서 생긴 희열[喜]과 행복[樂]이 있는 초선(初禪)을 구족하여 머문다.

그는 떨쳐버렸음에서 생긴 희열과 행복으로 이 몸을 흠뻑 적시고 충만케 하고 가득 채우고 속속들이 스며들게 한다. 온몸 구석구석 떨쳐버렸음에서 생긴 희열과 행복이 스며들지 않은 데가 없다.
우다이여, 예를 들면 노련한 때밀이나 조수가 금속 대야에 목욕가루를 가득 담아놓고는 물을 알맞게 부어가며 계속 이기면 그 목욕가루 덩이에 물기가 젖어들고 스며들어 물기가 안팎으로 흠뻑 스며들 뿐, 그 덩이가 물기를 흘려보내지 않는 것처럼.163)

(ugghāṭi) 허공(ākāsa)에 대해 생긴 알음알이이다."(AAṬ.iii.321) 까시나를 제거한 허공(kasiṇ-ugghāṭi ākāsa)에 대해서는 『청정도론』 X.8 이하를 참조할 것.

162) 한편 『청정도론』과 『아비담마 길라잡이』에서는 열 번째로 알음알이의 까시나 대신에 광명의 까시나(āloka-kasiṇa)를 들고 있다. 그러나 니까야에 나타나는 10가지 까시나에는 모두 광명의 까시나 대신에 본경처럼 알음알이의 까시나가 나타나고 있다.

163) 이하 본경 §§25~28에 나타나는 네 가지 禪에 대한 비유는 본서 제2권 「앗사뿌라 긴 경」(M39) §15이하와 제4권 「몸에 대한 마음챙김 경」(M119) §18이하에도 나타나고 『디가 니까야』 제1권 「사문과경」(D2) §76이하와 『앙굿따라 니까야』 제3권 「다섯 가지 구성요소 경」(A5:28) §3이하에도

우다이여, 이와 같이 비구는 떨쳐버렸음에서 생긴 희열과 행복으로 이 몸을 흠뻑 적시고 충만케 하고 가득 채우고 속속들이 스며들게 한다. 온몸 구석구석 떨쳐버렸음에서 생긴 희열과 행복이 스며들지 않은 데가 없다."

26. "우다이여, 다시 비구는 일으킨 생각[尋]과 지속적 고찰[伺]을 가라앉혔기 때문에 [더 이상 존재하지 않고], 자기 내면의 것이고, 확신이 있으며, 마음의 단일한 상태이고, 일으킨 생각과 지속적 고찰은 없고, 삼매에서 생긴 희열과 행복이 있는 제2선(二禪)을 구족하여 머문다.

그는 삼매에서 생긴 희열과 행복으로 이 몸을 흠뻑 적시고 충만하게 하고 가득 채우고 속속들이 스며들게 한다. 온몸 구석구석 삼매에서 생긴 희열과 행복이 스며들지 않은 데가 없다.

우다이여, 예를 들면 밑바닥에서 물이 샘솟는 호수가 있다 하자. 마침 그 호수에는 동쪽에서 흘러들어오는 물도 없고, 서쪽에서 흘러들어오는 물도 없고, 북쪽에서 흘러들어오는 물도 없고, 남쪽에서 흘러들어오는 물도 없으며, [16] 또 하늘에서 때때로 비가 내리지 않더라도 그 호수의 밑바닥에서 차가운 물줄기가 솟아올라 그 호수를 차가운 물로 흠뻑 적시고 충만케 하고 가득 채우고 속속들이 스며들게 할 것이다. 그러면 온 호수의 어느 곳도 이 차가운 물이 스며들지 않은 곳이 없을 것이다.

우다이여, 이와 같이 비구는 삼매에서 생긴 희열과 행복으로 이 몸을 흠뻑 적시고 충만하게 하고 가득 채우고 속속들이 스며들게 한다. 온몸 구석구석 삼매에서 생긴 희열과 행복이 스며들지 않은 데가 없다."

나타난다.

27. "우다이여, 다시 비구는 희열이 빛바랬기 때문에 평온하게 머물고, 마음챙기고 알아차리며[正念 · 正知] 몸으로 행복을 경험한다. [이 禪 때문에] 성자들이 그를 두고 '평온하고 마음챙기며 행복하게 머문다.'고 묘사하는 제3선(三禪)을 구족하여 머문다.

그는 희열이 사라진 행복으로 이 몸을 흠뻑 적시고 충만하게 하고 가득 채우고 속속들이 스며들게 한다. 온몸 구석구석 희열이 사라진 행복이 스며들지 않은 데가 없다.

우다이여, 예를 들면 청련이나 홍련이나 백련이 피어 있는 호수에 어떤 청련이나 홍련이나 백련들이 물속에서 생기고 자라서 물 밖으로 나오지 않고 물속에 잠긴 채 무성하게 어우러져 있는데, 차가운 물이 그 꽃들을 꼭대기에서 뿌리까지 흠뻑 적시고 충만하게 하고 가득 채우고 속속들이 스며든다면 그 청련이나 홍련이나 백련의 어떤 부분도 물이 스며들지 않은 곳이 없을 것이다.

우다이여, 이와 같이 비구는 희열이 사라진 행복으로 이 몸을 흠뻑 적시고 충만하게 하고 가득 채우고 속속들이 스며들게 한다. 온몸 구석구석 희열이 사라진 행복이 스며들지 않은 데가 없다."

28. "우다이여, 다시 비구는 행복도 버리고 괴로움도 버리고, 아울러 그 이전에 이미 기쁨과 슬픔을 소멸하였으므로 괴롭지도 즐겁지도 않으며, 평온으로 인해 마음챙김이 청정한[捨念淸淨] 제4선(四禪)을 구족하여 머문다.

그는 이 몸을 지극히 청정하고 지극히 깨끗한 마음으로 속속들이 스며들게 하고서 앉아 있다. 온몸 구석구석 지극히 청정하고 지극히 깨끗한 마음이 스며들지 않은 데가 없다.

우다이여, 예를 들면 사람이 머리까지 온몸에 하얀 천을 덮어쓰고 앉아 있다면 그의 몸 어느 부분도 [17] 하얀 천으로 덮이지 않은 곳이 없을 것이다.

우다이여, 이와 같이 비구는 이 몸을 지극히 청정하고 지극히 깨끗한 마음으로 속속들이 스며들게 하고서 앉아 있다. 온몸 구석구석 지극히 청정하고 지극히 깨끗한 마음이 스며들지 않은 데가 없다.

그리하여 많은 나의 제자들은 최상의 지혜의 완결과 완성을 성취하여 머문다."

⑫ 위빳사나의 지혜(vipassanā-ñāṇa)

29. "다시 우다이여,[164] 나는 나의 제자들이 이와 같이 꿰뚫어 알 수 있도록 그들에게 도닦음을 설했다. '나의 이 몸은 물질로 된 것이고, 사대로 이루어진 것이며, 부모에서 생겨났고, 밥과 죽으로 성장했으며, 무상하고 파괴되고 분쇄되고 분리되고 분해되기 마련인 것이다. 그런데 나의 이 알음알이는 여기에 의지하고 여기에 묶여있다.'라고.

우다이여, 예를 들면 아름답고 최상품이고 팔각형이고 아주 잘 절단되었고 맑고 투명하고 모든 구색을 다 갖춘 에메랄드가 있는데, 거기에 푸른색이나 노란색이나 붉은색이나 흰색이나 갈색 실이 꿰어져 있다 하자. 그것을 눈 있는 사람이 손에 올려놓고 '이 에메랄드는 아름답고 최상품이고 팔각형이고 아주 잘 절단되었고 맑고 투명하고

---

164) 여기 본경 §§29~36에 나타나는 위빳사나의 지혜(vipassanā-ñāṇa, §29)와 마음으로 [다른 몸을] 만드는 신통(manomay-iddhi, §30)과 여섯 가지 신통지(cha abhiññā, §§31~36)의 8가지 정형구는 본서 제4권 「몸에 대한 마음챙김 경」(M119) §22에 해당하는 주석서에서 여덟 가지 명지[八明, 八通, aṭṭha vijjā]로 불리고 있다.(MA.iv.144~145)
역자는 이를 '팔명'이나 '팔통'으로 언급하기도 하는데 이 여덟 가지 명지는 『디가 니까야』 제1권 「사문과경」(D2) §83이하에도 비유와 함께 나타난다.

모든 구색을 다 갖추었구나. 거기에 푸른색이나 노란색이나 붉은색이나 흰색이나 갈색 실에 꿰어져있구나.'라고 살펴보는 것과 같다.165)

우다이여, 그와 같이 나는 나의 제자들이 이와 같이 꿰뚫어 알 수 있도록 그들에게 도닦음을 설했다. '나의 이 몸은 물질로 된 것이고, 사대로 이루어진 것이며, 부모에서 생겨났고, 밥과 죽으로 집적되었으며, 무상하고 파괴되고 분쇄되고 해체되고 분해되기 마련인 것이다. 그런데 나의 이 알음알이는 여기에 의지하고 여기에 묶여있다.'라고.

그리하여 많은 나의 제자들은 최상의 지혜의 완결과 완성을 성취하여 머문다."

⑬ 마음으로 [다른 몸을] 만드는 신통(manomay-iddhi)

30. "다시 우다이여, 나는 나의 제자들에게 도닦음을 설했다. 그들은 그렇게 행하여 이 몸으로부터 형색을 갖추었고 마음으로 만들어졌고 모든 수족을 다 갖추었고 감각기능[根]이 결여되지 않은 다른 몸을 만들어낸다.

우다이여, 예를 들면 사람이 문자 풀에서 갈대를 골라낸다고 하자. 그에게 이런 생각이 들 것이다. '이것은 문자 풀이고 이것은 갈대이

---

165) "이 비유의 적용은 다음과 같다. '에메랄드(maṇi)'는 이 육체(karaja-kāya)와 같고, '꿰맨 실(āvuta-sutta)'은 위빳사나의 지혜와 같고, '눈 있는 사람(cakkhumā purisa)'은 위빳사나를 얻은 비구와 같다. 손에 올려놓고 반조하여(paccavekkhato) '이것은 에메랄드이다.'라고 에메랄드가 명확해지는 때(āvibhūta-kāla)는 위빳사나의 지혜로 마음을 기울이면서 앉아있는 비구에게 네 가지 근본물질로 이루어진 몸이 명확해지는 때와 같다.
'거기에 이 실이 꿰어져 있구나.'라고 실(sutta)이 명확해지는 때는 위빳사나의 지혜로 마음을 기울이면서 앉아있는 비구에게 그 대상인 감각접촉을 다섯 번째로 하는(phassa-pañcamakā) [정신]이나 혹은 일체의 마음과 마음부수들(sabba-citta-cetasikā)이나 혹은 위빳사나의 지혜가 명확해지는 때와 같다."(MA.iii.262)

다. 문자 풀과 갈대는 다르다. 문자 풀에서 갈대가 제거되었다.'라고.

우다이여, 다시 예를 들면 사람이 칼을 칼집에서 빼낸다고 하자. 그에게 이런 생각이 들 것이다. '이것은 칼이고 이것은 칼집이다. 칼과 칼집은 다르다. 칼은 칼집에서 빼내어졌다.'라고. [18]

우다이여, 다시 예를 들면 사람이 뱀을 뱀허물에서 끄집어내는 것과 같다. '이것은 뱀이고 이것은 뱀허물이다. 뱀과 뱀허물은 다르다. 뱀은 뱀허물에서 끄집어내졌다.'라고.

우다이여, 그와 같이 나는 나의 제자들에게 도닦음을 설했다. 그들은 그렇게 행하여 이 몸으로부터 형색을 갖추었고 마음으로 만들어졌고 모든 수족을 다 갖추었고 감각기능이 결여되지 않은 다른 몸을 만들어낸다.

그리하여 많은 나의 제자들은 최상의 지혜의 완결과 완성을 성취하여 머문다."

⑭ 여러 가지 신통변화[神足通]

31. "다시 우다이여, 나는 나의 제자들에게 도닦음을 설했다. 그들은 그렇게 행하여 여러 가지 신통변화를 얻는다. 즉 하나인 채 여럿이 되기도 하고 여럿이 되었다가 하나가 되기도 한다. 나타났다 사라졌다 하고 벽이나 담이나 산을 아무런 장애 없이 통과하기를 마치 허공에서처럼 한다. 땅에서도 떠올랐다 잠겼다 하기를 물속에서처럼 한다. 물 위에서 빠지지 않고 걸어가기를 땅 위에서처럼 한다. 가부좌한 채 허공을 날아가기를 날개 달린 새처럼 한다. 저 막강하고 위력적인 태양과 달을 손으로 만져 쓰다듬기도 하며 심지어는 저 멀리 범천의 세상에까지도 몸의 자유자재를 발한다[神足通].

우다이여, 예를 들면 노련한 도기공이나 도기공의 제자가 잘 준비된 진흙으로 그가 원하는 그릇이 어떤 것이건, 그것을 그대로 만들고 빚어내는 것과 같다.166) 우다이여, 다시 예를 들면 숙련된 상아 세공인이나 그의 제자가 잘 준비된 상아로 그가 원하는 상아 세공품이 어떤 것이건, 그것을 그대로 만들고 빚어내는 것과 같다. 우다이여, 다시 예를 들면 숙련된 금 세공인이나 그의 제자가 잘 준비된 금으로 그가 원하는 금 세공품이 어떤 것이건, 그것을 그대로 만들고 빚어내는 것과 같다.

우다이여, 그와 같이 나는 나의 제자들에게 도닦음을 설했다. 그들은 그렇게 행하여 여러 가지 신통변화를 얻는다. 즉 하나인 채 여럿이 되기도 하고 … [19] … 심지어는 저 멀리 범천의 세상에까지도 몸의 자유자재를 발한다.

그리하여 많은 나의 제자들은 최상의 지혜의 완결과 완성을 성취하여 머문다."

⑮ 신성한 귀의 요소[天耳通]

32. "다시 우다이여, 나는 나의 제자들에게 도닦음을 설했다. 그들은 그렇게 행하여 인간의 능력을 넘어선 청정하고 신성한 귀의 요소로 천상이나 인간의 소리 둘 다를 멀든 가깝든 간에 다 듣는다[天耳通].

우다이여, 예를 들면 나팔수가 힘이 세면 별 어려움 없이 사방으로 자기의 소리를 알리는 것과 같다.167)

---

166) "'노련한 도기공(cheka-kumbhakāra)' 등은 신통변화의 지혜[神足通, iddhividha-ñāṇa]를 얻은 비구와 같고, '잘 준비된 진흙(suparikamma-kata-mattika)' 등은 신통변화의 지혜와 같고, 그가 원하는 특정한 형태의 그릇(icchiticchita-bhājana-vikati) 등을 만들어내는 것은 그 비구가 신통을 나투는 것(vikubbana)과 같다."(MA.iii.264)

167) "이와 같이 '나팔수(saṅkha-dhamaka)'가 사방으로 자기의 나팔 소리를 알릴 때 '이것은 나팔 소리다.'라고 확정 지으려는(vavatthāpentā) 중생들에게 그 나팔 소리가 드러나는 때가 마치 수행자에게 멀고 가까운 것으로 분류되는 천상(dibba)의 소리와 인간(mānusaka)의 소리가 드러나는 때와 같

우다이여, 그와 같이 나는 나의 제자들에게 도닦음을 설했다. 그들은 그렇게 행하여 인간의 능력을 넘어선 청정하고 신성한 귀의 요소로 천상이나 인간의 소리 둘 다를 멀든 가깝든 간에 다 듣는다.

그리하여 많은 나의 제자들은 최상의 지혜의 완결과 완성을 성취하여 머문다."

⑯ 남의 마음을 아는 지혜[他心通]

33. "다시 우다이여, 나는 나의 제자들에게 도닦음을 설했다. 그들은 그렇게 행하여 자기의 마음으로 다른 중생들과 다른 인간들의 마음을 대하여 꿰뚫어 안다. 즉 탐욕이 있는 마음은 탐욕이 있는 마음이라고 꿰뚫어 알고 탐욕을 여읜 마음은 탐욕을 여읜 마음이라고 꿰뚫어 알며, 성냄이 있는 마음은 성냄이 있는 마음이라고 꿰뚫어 알고 성냄을 여읜 마음은 성냄을 여읜 마음이라고 꿰뚫어 알며, 어리석음이 있는 마음은 어리석음이 있는 마음이라고 꿰뚫어 알고 어리석음을 여읜 마음은 어리석음을 여읜 마음이라고 꿰뚫어 알며, 수축한 마음은 수축한 마음이라고 꿰뚫어 알고 흩어진 마음은 흩어진 마음이라고 꿰뚫어 알며, 고귀한 마음은 고귀한 마음이라고 꿰뚫어 알고 고귀하지 않은 마음은 고귀하지 않은 마음이라고 꿰뚫어 알며, 위가 있는 마음은 위가 있는 마음이라고 꿰뚫어 알고 위가 없는 마음은 위가 없는 마음이라고 꿰뚫어 알며, 삼매에 든 마음은 삼매에 든 마음이라고 꿰뚫어 알고 삼매에 들지 않은 마음은 삼매에 들지 않은 마음이라고 꿰뚫어 알며, 해탈한 마음은 해탈한 마음이라고 꿰뚫어 알고 해탈하지 않은 마음은 해탈하지 않은 마음이라고 꿰뚫어 안다[他心通].

우다이여, 예를 들면 장식을 좋아하는 어리고 젊은 여자나 남자가 깨끗하고 흠 없는 거울이나 맑은 물에 비친 자신의 영상을 살펴보면

다."(MA.iii.264)

서, 점이 있으면 점이 있다고 알고 [20] 점이 없으면 점이 없다고 아는 것과 같다.168)

우다이여, 그와 같이 나는 나의 제자들에게 도닦음을 설했다. 그들은 그렇게 행하여 자기의 마음으로 다른 중생들과 다른 인간들의 마음을 대하여 꿰뚫어 안다. 즉 탐욕이 있는 마음은 탐욕이 있는 마음이라고 꿰뚫어 알고 … 해탈하지 않은 마음은 해탈하지 않은 마음이라고 꿰뚫어 안다.

그리하여 많은 나의 제자들은 최상의 지혜의 완결과 완성을 성취하여 머문다."

⑰ 전생을 기억하는 지혜[宿命通]

34. "다시 우다이여, 나는 나의 제자들에게 도닦음을 설했다. 그들은 그렇게 행하여 한량없는 전생의 갖가지 삶들을 기억한다. 즉 한 생, 두 생, 세 생, 네 생, 다섯 생, 열 생, 스무 생, 서른 생, 마흔 생, 쉰 생, 백 생, 천 생, 십만 생, 세계가 수축하는 여러 겁, 세계가 팽창하는 여러 겁, 세계가 수축하고 팽창하는 여러 겁을 기억한다. '어느 곳에서 이런 이름을 가졌고, 이런 종족이었고, 이런 용모를 가졌고, 이런 음식을 먹었고, 이런 행복과 고통을 경험했고, 이런 수명의 한계를 가졌고, 그곳에서 죽어 다른 어떤 곳에 다시 태어나 그곳에서는 이런 이름을 가졌고, 이런 종족이었고, 이런 용모를 가졌고, 이런 음식을 먹었고, 이런 행복과 고통을 경험했고, 이런 수명의 한계를 가졌고, 그곳에서 죽어 다시 여기 태어났다.'라고. 이처럼 한량없는 전생의 갖가지 모습들을 그 특색과 더불어 상세하게 기억해낸다[宿命通].

---

168) "자기 얼굴의 영상(mukha-nimitta)을 비춰볼 때 얼굴의 흠(mukha- dosa)이 분명해지듯이 타심통의 지혜(cetopariya-ñāṇa)로 마음을 기울이면서 앉아있는 비구에게 [본문에 나타나는] 다른 이들의 이 열여섯 가지 마음이 분명해진다."(MA.iii.264)

우다이여, 예를 들면 어떤 사람이 자기 마을에서 다른 마을로 갔다가, 그곳에서 또 다른 마을로 갔다가, 그곳에서 자기 마을로 되돌아온다고 하자. 그에게 이런 생각이 들 것이다. '나는 우리 마을에서 다른 마을로 갔다. 그곳에서 이와 같이 서 있었고 이와 같이 앉아있었고 이와 같이 말했고 이와 같이 침묵했다. 나는 그 마을에서 다시 다른 마을로 갔다. 그곳에서 [21] 이와 같이 서 있었고 이와 같이 앉아 있었고 이와 같이 말했고 이와 같이 침묵했다. 그리고 그 마을에서 다시 우리 마을로 되돌아왔다.'라고.169)

우다이여, 그와 같이 나는 나의 제자들에게 도닦음을 설했다. 그들은 그렇게 행하여 한량없는 전생의 갖가지 삶들을 기억한다. 즉 한 생, 두 생, … 이처럼 한량없는 전생의 갖가지 모습들을 그 특색과 더불어 상세하게 기억해낸다.

그리하여 많은 나의 제자들은 최상의 지혜의 완결과 완성을 성취하여 머문다."

⑱ 신성한 눈의 지혜[天眼通]

35. "다시 우다이여, 나는 나의 제자들에게 도닦음을 설했다. 그들은 그렇게 행하여 청정하고 인간을 넘어선 신성한 눈[天眼]으로 중생들이 죽고 태어나고, 천박하고 고상하고, 잘생기고 못생기고, 좋은 곳[善處]에 가고 나쁜 곳[惡處]에 가는 것을 보고, 중생들이 지은 바 그 업에 따라 가는 것을 꿰뚫어 안다. '이들은 몸으로 못된 짓을 골고루 하고 말로 못된 짓을 골고루 하고 또 마음으로 못된 짓을 골고루 하고, 성자들을 비방하고, 삿된 견해를 지니어 사견업(邪見業)을 지었다. 이들은 몸이 무너져 죽은 뒤 처참한 곳[苦界], 불행한 곳[惡處], 파

169) 이하 §§34~36에 나타나는 세 가지 비유에 관한 주해는 본서 제2권 「큰 앗사뿌라 경」(M39) §19 이하의 주해를 참조할 것.

멸처, 지옥에 태어났다. 그러나 이들은 몸으로 좋은 일을 골고루 하고 말로 좋은 일을 골고루 하고 마음으로 좋은 일을 골고루 하고 성자들을 비방하지 않고 바른 견해를 지니고 정견업(正見業)을 지었다. 이들은 몸이 무너져 죽은 뒤 좋은 곳[善處], 천상세계에 태어났다.'라고. 이와 같이 그는 청정하고 인간을 넘어선 신성한 눈으로 중생들이 죽고 태어나고, 천박하고 고상하고, 잘생기고 못생기고, 좋은 곳[善處]에 가고 나쁜 곳[惡處]에 가는 것을 보고, 중생들이 지은 바 그 업에 따라 가는 것을 꿰뚫어 안다[天眼通].

우다이여, 예를 들면 대문이 있는 두 집이 있는데, 눈 있는 어떤 사람이 그 가운데 서서 사람들이 문으로 들어오고 나가고 계속적으로 움직이고 이 집 저 집을 들락거리는 것을 보는 것과 같다.

우다이여, 그와 같이 나는 나의 제자들에게 도닦음을 설했다. 그들은 그렇게 행하여 청정하고 인간을 넘어선 신성한 눈[天眼]으로 중생들이 죽고 태어나고, 천박하고 고상하고, 잘생기고 못생기고, 좋은 곳[善處]에 가고 나쁜 곳[惡處]에 가는 것을 보고, 중생들이 지은 바 그 업에 따라 가는 것을 꿰뚫어 안다. … 이와 같이 그는 청정하고 인간을 넘어선 신성한 눈으로 중생들이 죽고 태어나고, 천박하고 고상하고, 잘생기고 못생기고, 좋은 곳[善處]에 가고 나쁜 곳[惡處]에 가는 것을 보고, 중생들이 지은 바 그 업에 따라 가는 것을 꿰뚫어 안다.

그리하여 많은 나의 제자들은 최상의 지혜의 완결과 완성을 성취하여 머문다." [22]

⑲ 번뇌를 소멸하는 지혜[漏盡通]

36. "다시 우다이여, 나는 나의 제자들에게 도닦음을 설했다. 그들은 그렇게 행하여 모든 번뇌가 다하여 아무 번뇌가 없는 마음의 해탈[心解脫]과 통찰지를 통한 해탈[慧解脫]을 바로 지금·여기에서 스

스로 최상의 지혜로 알고 실현하고 구족하여 머문다[漏盡通].

우다이여, 예를 들면 산속 깊은 곳에 맑고 투명하고 깨끗한 호수가 있어, 눈 있는 어떤 사람이 그곳 강둑에 서서 조개껍데기, 자갈, 조약돌, 움직이거나 가만히 서 있는 물고기 떼를 보는 것과 같다. 그에게 이런 생각이 들 것이다. '이 호수는 참 맑고 투명하고 깨끗하구나. 여기 이런 조개껍데기도 있고, 자갈도 있고, 조약돌도 있고, 물고기 떼도 있어 움직이기도 하고 가만히 서 있기도 하는구나.'라고.

우다이여, 그와 같이 나의 제자들에게 도닦음을 설했다. 그들은 그렇게 행하여 모든 번뇌가 다하여 아무 번뇌가 없는 마음의 해탈과 통찰지를 통한 해탈을 바로 지금 · 여기에서 스스로 최상의 지혜로 알고 실현하고 구족하여 머문다.

그리하여 많은 나의 제자들은 최상의 지혜의 완결과 완성을 성취하여 머문다."

37. "우다이여, 이것이 다섯 번째 법으로, 이 때문에 나의 제자들이 나를 존경하고 존중하고 공경하고 숭배하며 그렇게 존경하고 존중하고 공경하고 의지하면서 머문다."

38. "우다이여, 이것이 참으로 나의 제자들이 나를 존경하고 존중하고 공경하고 숭배하며 그렇게 존경하고 존중하고 공경하고 의지하면서 머무는 다섯 가지 법이다."

세존께서는 이와 같이 설하셨다. 사꿀루다이 유행승은 흡족한 마음으로 세존의 말씀을 크게 기뻐하였다.

사꿀루다이 긴 경(M77)이 끝났다.

사마나만디까 경[170]

Samaṇamaṇḍikā Sutta(M78)

1. 이와 같이 나는 들었다. 한때 세존께서는 사왓티에서 제따 숲의 아나타삔디까 원림(급고독원)에 머무셨다.

그때 사마나만디까의 아들인 욱가하마나 유행승[171]은 삼백 명이나 되는 유행승의 큰 무리들과 함께 말리까의 원림에 [23] 머물렀다. 그곳은 토론 장소였고 띤두까 나무로 지어졌고 하나의 강당만이 있었다.[172]

---

170) 여기서 사마나만디까(Samaṇamaṇḍikā)는 본경 §1에서 보듯이 욱가하마나 유행승의 어머니 이름이다. 그런데 전통적으로 Se, Be, Ee에서 사마나만디까를 경의 제목으로 채택하고 있다.

171) "욱가하마나(Uggāhamāna)는 그의 유행승(paribbājaka)으로서의 이름이었고, 본래의 이름은 수마나(Sumana)였다. 무엇이든 섭수할 수 있고(uggahituṁ) 섭수하게 할 수 있다(uggāhetuṁ)고해서 욱가하마나라고 불렀다고 한다."(MA.iii.265)

172) "그곳에서 많은 바라문들과 출가자들이 함께 모여 각자 자기의 교리를 천명하고 드러내고 설명했기 때문에 그 원림은 '토론 장소(samaya-ppavādaka)'로 불리었다. 그리고 그것은 띤두까 나무(tindukā-cīra)라고 불리는 띰바루 나무를 정렬하여(timbarūsaka-rukkha-panti) 사방으로 둘러쌌기 때문에 '띤두까 나무로 지어진(tindukācīra)'이라고 했다. 이곳에는 처음에는 한 개의 강당(sālā)만 있었는데 나중에 덕 높은 유행승인 뽓타빠다

2. 그때 빤짜깡가 목수[173]는 한낮에 세존을 뵙기 위해 사왓티를 나왔다. 그때 빤짜깡가 목수에게 이런 생각이 들었다.

"지금은 세존을 뵙기에 적당한때가 아니다. 세존께서는 한거하고 계신다.[174] 마음으로 존경 받을 만한[175] 비구들을 뵙기에도 적당한때가 아니다. 마음으로 존경 받을 만한 비구들도 한거하고 계신다. 그러니 나는 이제 토론 장소이고 띤두까 나무로 지어졌고 하나의 강당만이 있는 말리까의 원림으로 사마나만디까의 아들인 욱가하마나 유행승을 만나러 가야겠다."

그러자 빤짜깡가 목수는 토론 장소이고 띤두까 나무로 지어졌고 하나의 강당만이 있는 말리까의 원림으로 사마나만디까의 아들인 욱가하마나 유행승을 만나러 갔다.

3. 그때 사마나만디까의 아들인 욱가하마나 유행승은 많은 유

(Poṭṭhapāda-paribbājaka)에 의해 많은 강당이 들어섰다. 그러므로 그 한 개의 강당에 대해 이름이 붙여졌기 때문에 '하나의 강당(eka-sālaka)'이라고 불렸다. 이것은 [빠세나디 꼬살라 왕의 왕비인] 말리까(Mallikā)에 의해 세워진 말리까의 정원이었는데 꽃과 과일로 가득 찬 원림으로 만들어 '말리까의 원림(Mallikāya ārāma)'이라고 불렸다."(MA.iii.266)
뽓타빠다 유행승에 관계된 경으로는 『디가 니까야』 제1권 「뽓타빠다 경」(D9)이 있다. 말라까 왕비(Mallikā devī)에 대해서는 본서 「애생경」(愛生經, M87) §5의 주해를 참조할 것.

173) 빤짜깡가 목수(Pañcakaṅga thapati)에 대해서는 본서 제2권 「많은 느낌 경」(M59) §1의 주해를 참조할 것.

174) "'한거하고 계신다(paṭisallīno).'는 것은 각각 형색 등의 영역(gocara)에서 마음을 가져와(paṭisaṁharitvā) 조심하고(līno) 禪의 기쁨에 몰두(jhāna-rati-sevana)하여 혼자 머무는 상태(ekī-bhāva)를 말한다."(MA.iii.266)

175) "'마음으로 존경받을 만한 비구들(mano-bhāvanīyānā bhikkhū)'이란 마음을 향상시키는(mana-vaḍḍhanakā) 비구들이다. 그들에게 주의를 기울이고 그들을 마음에 잡도리할 때 마음이 장애에서 벗어나게(vinīvaraṇa) 되고 고양되고(unnamati) 향상된다(vaḍḍhati)."(MA.iii.266~267)

행승의 회중과 함께 앉아서 시끄럽게 떠들면서 높고 큰 목소리로 여러 가지 쓸데없는 이야기를 나누고 있었다. 즉 왕 이야기, 도둑 이야기, 대신들 이야기, 군대 이야기, 공포에 관한 이야기, 전쟁 이야기, 음식 이야기, 음료수 이야기, 옷 이야기, 침대 이야기, 화환 이야기, 향 이야기, 친척 이야기, 수레 이야기, 마을에 대한 이야기, 성읍에 대한 이야기, 도시에 대한 이야기, 지방에 대한 이야기, 여자 이야기, 영웅 이야기, 거리 이야기, 우물 이야기, 옛적 유령 이야기, 하찮은 이야기, 세상의 [기원]에 대한 이야기, 바다와 관련된 이야기, 이렇다거나 이렇지 않다는 이야기였다.

사마나만디까의 아들인 욱가하마나 유행승은 빤짜깡가 목수가 오는 것을 멀리서 보고 자신의 회중을 조용히 하도록 했다.

"존자들은 조용히 하시오. 존자들은 소리를 내지 마시오. 사문 고따마의 제자인 빤짜깡가 목수가 오고 있소. 사문 고따마의 제자들인 흰옷을 입은 재가자들이 사왓티에 살고 있는데 이 자는 그들 가운데 한 사람인 빤짜깡가 목수라오. 그런데 저 존자는 조용함을 좋아하고 조용함으로 길들여져 있고 조용함을 칭송한다오. 이제 우리 회중이 조용한 것을 알면 그가 우리에게 다가올 것이라 생각하오."

그러자 그 회중은 침묵하였다.

4. 그때 빤짜깡가 목수는 사마나만디까의 아들인 욱가하마나 유행승에게 다가갔다. 가서는 사마나만디까의 아들인 욱가하마나 유행승과 함께 환담을 나누었다. [24] 유쾌하고 기억할만한 이야기로 서로 담소를 하고서 한 곁에 앉았다. 한 곁에 앉은 빤짜깡가 목수에게 사마나만디까의 아들인 욱가하마나 유행승은 이렇게 말했다.

5. "목수여, 나는 네 가지 법을 구족한 인간을 유익한 법을 갖춘

자, 최상의 유익함을 가진 자, 최고의 경지를 얻은 자, 대적할 수 없는[176] 사문이라 천명합니다. 무엇이 넷인가?

목수여, 여기 몸으로 나쁜 업을 짓지 않고 나쁜 말을 하지 않고 나쁜 사유를 하지 않고 나쁜 생계로 삶을 영위하지 않는 것입니다.

목수여, 나는 네 가지 법을 구족한 인간을 유익한 법을 갖춘 자, 최상의 유익함을 가진 자, 최고의 경지를 얻은 자, 대적할 수 없는 사문이라 천명합니다."

6. 그때 빤짜깡가 목수는 사마나만디까의 아들인 욱가하마나 유행승의 말을 인정하지도 못하고 공박하지도 못했다. 인정하지도 못하고 공박하지도 못한 채 '세존께 가서 이 말의 뜻을 정확히 알아보리라.'라고 생각하면서 자리에서 일어나 돌아왔다.

7. 그러자 빤짜깡가 목수는 세존을 뵈러 갔다. 가서는 세존께 절을 올리고 한 곁에 앉았다. 한 곁에 앉아서 빤짜깡가 목수는 세존께 사마나만디까의 아들인 욱가하마나 유행승과 함께 나누었던 대화를 모두 말씀드렸다. 이렇게 말씀드리자 세존께서는 빤짜깡가 목수에게 이처럼 말씀하셨다.

8. "목수여, 참으로 그와 같다면 사마나만디까의 아들인 욱가하마나 유행승의 말에 의하면 어리고 아무것도 모르고 아직 뒤척이지도 못하고 반듯하게 누워만 있는 갓난아이가 유익한 법을 갖춘 자, 최상의 유익함을 가진 자, 최고의 경지를 얻은 자, 대적할 수 없는 사문이 될 것이다.

목수여, 왜냐하면 어리고 아무것도 모르고 아직 뒤척이지도 못하

---

176) "'대적할 수 없는(ayojjha)'이란 교리에 관한 논쟁(vāda-yuddha)으로 싸워서 이길 수가 없는 자를 말한다."(MA.iii.267)

고 반듯하게 누워만 있는 갓난아이에게는 몸이라는 [개념도] 없이[177] 단지 움직일 뿐인데 어떻게 몸으로 나쁜 업을 짓겠는가? 목수여, 어리고 아무것도 모르고 아직 뒤척이지도 못하고 반듯하게 누워만 있는 갓난아이에게는 말이라는 [개념도] 없이 단지 울 뿐인데[178] 어떻게 나쁜 말을 하겠는가? 목수여, 어리고 아무것도 모르고 아직 뒤척이지도 못하고 반듯하게 누워만 있는 갓난아이에게는 사유라는 [개념도] 없이 단지 부루퉁할 뿐인데[179] 어떻게 나쁜 사유를 하겠는가? 목수여, 어리고 아무것도 모르고 아직 뒤척이지도 못하고 반듯하게 누워만 있는 갓난아이에게는 생계라는 [개념도] 없이 단지 어머니의 젖을 먹을 뿐인데 어떻게 [25] 나쁜 생계로 삶을 영위함이 있겠는가?

목수여, 참으로 그와 같다면 사마나만디까의 아들인 욱가하마나 유행승의 말에 의하면 어리고 아무것도 모르고 아직 뒤척이지도 못하고 반듯하게 누워만 있는 갓난아이가 유익한 법을 갖춘 자, 최상의 유익함을 가진 자, 최고의 경지를 얻은 자, 대적할 수 없는 사문이 될

177) "'몸이라는 [개념도] 없이(kāyotipi na hoti)'라고 하셨다. 이런 갓난아이는 자기 몸(saka-kāya)이라거나 다른 사람의 몸(para-kāya)이라고 구별해서 아는 지혜(visesa-ñāṇa)가 없다는 말이다."(MA.iii.267)

178) "'말이라는 [개념도] 없이(vācātipi na hoti)'라고 하셨다. 그들에게는 거짓말(micchā-vācā)이라거나 바른 말(sammā-vācā)이라는 구별이 없다. 배고프거나 목마를 때 단지 울 뿐(rodita-matta)이다. 그렇게 우는 것은 오염원이 함께한 마음(kilesa-sahagata-citta)으로 운다."(MA.iii.268)

179) "'사유(saṅkappa)'라고 하셨다. 그들에게는 그릇된 사유라거나 혹은 바른 사유라는 구별이 없다. '단지 부루퉁할 뿐(vikūjita-matta)'이라는 것은 단지 울거나 방긋거릴 뿐이다. 갓난아이들의 마음은 과거를 대상으로 하여(atīt-ārammaṇa) 일어난다. 지옥(niraya)에서 왔으면 지옥의 괴로움을 생각하면서 울고, 천상세계(deva-loka)에서 왔으면 방긋거린다. 그렇게 하는 것도 오염원이 함께한 마음(kilesa-sahagata-citta)으로 한다."(MA.iii.268)

것이다.

목수여, 나는 이런 네 가지 법을 구족한 인간은 유익한 법을 갖춘 자가 아니며, 최상의 유익함을 갖춘 자가 아니며, 최고의 경지를 얻은 자가 아니며, 대적할 수 없는 사문이 아니라고 말한다. 그는 단지 어리고 아무것도 모르고 아직 뒤척이지도 못하고 반듯하게 누워만 있는 갓난아이의 특징을 얻었을 뿐이라고 말한다. 무엇이 넷인가?

목수여, 여기 몸으로 나쁜 업을 짓지 않고[180] 나쁜 말을 하지 않고 나쁜 사유를 하지 않고 나쁜 생계로 삶을 영위하지 않는 것이다.

목수여, 나는 이런 네 가지 법을 구족한 인간은 유익한 법을 갖춘 자가 아니며, 최상의 유익함을 갖춘 자가 아니며, 최고의 경지를 얻은 자가 아니며, 대적할 수 없는 사문이 아니라고 말한다. 그는 단지 어리고 아무것도 모르고 아직 뒤척이지도 못하고 반듯하게 누워만 있는 갓난아이의 특징을 가졌을 뿐이라고 말한다."

9. "목수여, 나는 열 가지 법을 구족한 인간[181]을 유익한 법을 갖춘 자, 최상의 유익함을 가진 자, 최고의 경지를 얻은 자, 대적할 수 없는 사문이라 천명한다.

---

180) "'몸으로 나쁜 업을 짓지 않고(na kāyena pāpakaṁ kammaṁ karoti)' 등에서는 단순히 행하지 않는 것만(akaraṇa-matta)이 아니라 세존께서는 단속하여 없앰(saṁvara-ppahāna)을 염두에 두시고 천명하신 것과 관련하여 설하신 것이다."(MA.iii.269)
단속함으로써 없애야 할 번뇌들(āsavā saṁvarā pahātabbā)에 대해서는 본서 제1권 「모든 번뇌 경」(M2) §12를 참조할 것.

181) '열 가지 법을 구족한 인간(dasahi dhammehi samannāgata purisa-puggala)'은 본경 §14에 나타나는 무학의 십정도(十正道) 즉 바른 견해부터 바른 지혜, 바른 해탈까지를 구족한 인간을 말한다. 먼저 이렇게 선언하시고 다시 §§11~13에서는 각각 '해로운 계행(akusala-sīlā)', '유익한 계행(kusala-sīlā)', '해로운 사유(akusala-saṅkappā)', '유익한 사유(kusala-saṅkappā)'를 말씀하시고 §14에서 최종적으로 무학의 십정도를 구족한 사람을 열 가지 법을 구족한 인간이라고 말씀하신다.

목수여, '이것이 해로운[不善] 계행이다.'라고 알아야 한다고 나는 말한다. 목수여, '해로운 계행은 이것에서 일어난다.'라고 알아야 한다고 나는 말한다. 목수여, '여기서 해로운 계행이 남김없이 소멸한다.'라고 알아야 한다고 나는 말한다. 목수여, '이와 같이 도를 닦을 때 해로운 계행을 소멸하기 위해 도를 닦는 것이다.'라고 알아야 한다고 나는 말한다.

목수여, '이것이 유익한[善] 계행이다.'라고 알아야 한다고 나는 말한다. 목수여, '유익한 계행은 이것에서 일어난다.'라고 알아야 한다고 나는 말한다. 목수여, '여기서 유익한 계행이 남김없이 소멸한다.'라고 알아야 한다고 나는 말한다. 목수여, '이와 같이 도를 닦을 때 유익한 계행을 소멸하기 위해 도를 닦는 것이다.'라고 알아야 한다고 나는 말한다.

목수여, '이것이 해로운 사유다.'라고 알아야 한다고 나는 말한다. 목수여, '해로운 사유는 이것에서 일어난다.'라고 알아야 한다고 나는 말한다. [26] 목수여, '여기서 해로운 사유가 남김없이 소멸한다.'라고 알아야 한다고 나는 말한다. 목수여, '이와 같이 도를 닦을 때 해로운 사유를 소멸하기 위해 도를 닦는 것이다.'라고 알아야 한다고 나는 말한다.

목수여, '이것이 유익한 사유다.'라고 알아야 한다고 나는 말한다. 목수여, '유익한 사유는 이것에서 일어난다.'라고 알아야 한다고 나는 말한다. 목수여, '여기서 유익한 사유가 남김없이 소멸한다.'라고 알아야 한다고 나는 말한다. 목수여, '이와 같이 도를 닦을 때 유익한 사유를 소멸하기 위해 도를 닦는 것이다.'라고 알아야 한다고 나는 말한다.

10. "목수여, 무엇이 해로운 계행인가? 해로운 몸의 업, 해로운

말의 업, 삿된 생계이다. 목수여, 이를 일러 해로운 계행이라 한다.

목수여, 이 해로운 계행은 어디에서 일어나는가? 그들의 일어남도 설했나니 마음에서 일어난다고 말한다. 어떠한 마음인가? 마음은 다양하고 여러 종류이고 여러 형태인데 탐욕을 가지고 성냄을 가지고 어리석음을 가진 마음이 있다. 그것에서 해로운 계행이 일어난다.

목수여, 그러면 어디서 이 해로운 계행은 남김없이 소멸하는가? 그들의 소멸도 설했다. 목수여, 여기 비구는 몸의 나쁜 행위를 제거하고 몸의 좋은 행위를 닦는다. 말의 나쁜 행위를 제거하고 말의 좋은 행위를 닦는다. 마음의 나쁜 행위를 제거하고 마음의 좋은 행위를 닦는다. 그릇된 생계를 제거하고 바른 생계로 삶을 영위한다. 여기서 이 해로운 계행은 남김없이 소멸한다.[182]

목수여, 어떻게 도를 닦을 때 해로운 계행을 소멸하기 위해 도를 닦는 것인가? 목수여, 여기 비구는 아직 일어나지 않은 나쁘고 해로운 법들은 일어나지 않도록 하기 위해 열의를 일으키고 정진하고 힘을 내고 마음을 다잡고 애를 쓴다. 이미 일어난 나쁘고 해로운 법들은 제거하기 위해 열의를 일으키고 정진하고 힘을 내고 마음을 다잡고 애를 쓴다. 아직 일어나지 않은 유익한 법들은 일어나도록 하기 위해 열의를 일으키고 정진하고 힘을 내고 마음을 다잡고 애를 쓴다. 이미 일어난 유익한 법들은 지속하게 하고 사라지지 않게 하고 증장하게 하고 충만하게 하고 닦기 위해 열의를 일으키고 정진하고 힘을 내고 마음을 다잡고 애를 쓴다. [27] 목수여, 이렇게 도를 닦을 때[183]

---

182) "'여기서 이 해로운 계행들은 남김없이 소멸한다(etthete akusalasīlā aparisesā nirujjhanti).'는 것은 예류과의 경지(sotāpatti-phale bhumma)를 말한다. 빠띠목카[戒目]의 단속을 통한 계행(pātimokkha-saṁvara-sīla)은 이 예류과에서 완성되기 때문이다. 그곳에 이르러서 해로운 계행들은 남김없이 소멸한다. 해로운 계행(akusala-sīla)은 나쁜 계행(dussīla)의 동의어이다."(MA.iii.269)

해로운 계행을 소멸하기 위해 도를 닦는 것이다."

11. "목수여, 무엇이 유익한 계행인가? 유익한 몸의 업, 유익한 말의 업, 청정한 생계이다. 목수여, 이를 일러 유익한 계행이라 한다.

목수여, 이 유익한 계행은 어디에서 일어나는가? 그들의 일어남도 설했나니 마음에서 일어난다고 말한다. 어떠한 마음인가? 마음은 다양하고 여러 종류이고 여러 형태인데 탐욕을 여의고 성냄을 여의고 어리석음을 여윈 마음이 있다. 그것에서 유익한 계행이 일어난다.

목수여, 그러면 어디서 이 유익한 계행은 남김없이 소멸하는가? 그들의 소멸도 설했다. 목수여, 여기 비구는 계를 지니지만 계를 지니는 데 그치지 않고[184] 마음의 해탈[心解脫]과 통찰지를 통한 해탈[慧解脫]을 있는 그대로 꿰뚫어 안다. 여기서 이 유익한 계행은 남김없이 소멸한다.[185]

목수여, 어떻게 도를 닦을 때 유익한 계행을 소멸하기 위해 도를 닦는 것인가? 목수여, 여기 비구는 아직 일어나지 않은 나쁘고 해로

---

183) "'이렇게 도를 닦을 때(evaṁ paṭipanno)'라고 하셨다. 여기서 예류도까지(yāva sotāpatti-maggā)를 두고 해로운 계행들을 소멸하기 위해서 도닦는 것이라고 한다. 그러나 예류과를 얻었을 때는(phala-patte) 그것들은 이미 소멸되었다(nirodhitā)고 한다."(MA.iii.269)

184) '계를 지니지만 계를 지니는 데 그치지 않고'는 sīlavā hoti no ca sīlamayo를 옮긴 것이다. 주석서는 이렇게 설명한다.
"'계를 지니지만(sīlavā hoti)'이란 것은 계행을 지니고 공덕을 지니는 것을 말한다. '계를 지니는 데 그치지 않고(no ca sīlamayo)'라는 것은 '이것만으로 충분하다, 더 이상 해야 할 것이 없다.'라고 계행을 지니는 데에만 그치지 않는다는 뜻이다."(MA.iii.270)

185) "'여기서 이 유익한 계행들이 남김없이 소멸한다(yatthassa te kusalasīlā aparisesā nirujjhanti).'는 것은 아라한과의 경지(arahatta-phale bhumma)를 말한다. 아라한과에 이르러 유익한 계행들이 남김없이 소멸하기 때문이다."(MA.iii.270)

운 법들은 일어나지 않도록 하기 위해 열의를 일으키고 정진하고 힘을 내고 마음을 다잡고 애를 쓴다. 이미 일어난 나쁘고 해로운 법들은 제거하기 위해 열의를 일으키고 정진하고 힘을 내고 마음을 다잡고 애를 쓴다. 아직 일어나지 않은 유익한 법들은 일어나도록 하기 위해 열의를 일으키고 정진하고 힘을 내고 마음을 다잡고 애를 쓴다. 이미 일어난 유익한 법들은 지속하게 하고 사라지지 않게 하고 증장하게 하고 충만하게 하고 닦기 위해 열의를 일으키고 정진하고 힘을 내고 마음을 다잡고 애를 쓴다. 목수여, 이렇게 도를 닦을 때 유익한 계행들을 소멸하기 위해 도를 닦는 것이다."[186]

12. "목수여, 무엇이 해로운 사유인가? 감각적 욕망에 대한 사유, 악의에 대한 사유, 해코지에 대한 사유이다.[187] 목수여, 이를 일러 해로운 사유라 한다.

목수여, 이 해로운 사유는 어디에서 일어나는가? 그들의 일어남도 설했나니 인식에서 일어난다고 말한다. 어떠한 인식인가? 인식은 다양하고 여러 종류이고 여러 형태인데 감각적 욕망에 대한 인식, 악의에 대한 인식, 해코지에 대한 인식이 있다. 그것에서 해로운 사유가 일어난다.

---

186) "여기서는 아라한도까지 닦는 것을 유익한 계행들을 소멸하기 위해 도닦는 것이라고 한다. 그러나 아라한과에 이르러서는 그들이 소멸했다고 한다." (MA.iii.270)

187) "감각적 욕망에 대한 사유는 여덟 가지 탐욕이 함께한 마음과 함께 생긴 것(aṭṭha-lobha-sahagata-citta-sahajātā)이고, 나머지 두 가지 사유는 두 가지 불만족이 함께한 마음(domanassa-sahagata-citta-dvaya)과 함께 생긴 것이다."(MA.iii.270)
여덟 가지 탐욕이 함께한 마음 혹은 탐욕에 뿌리박은 마음들(lobha-mūla-cittāni)에 대해서는 『아비담마 길라잡이』 제1장 §4를, 불만족이 함께한 성냄에 뿌리박은 마음(dosa-mūla-cittāni) 두 가지는 제1장 §5를 참조할 것.

목수여, 그러면 어디서 이 해로운 사유는 남김없이 소멸하는가? 그들의 소멸도 설했다. 목수여, 여기 비구는 감각적 욕망들을 완전히 떨쳐버리고 [28] 해로운 법[不善法]들을 떨쳐버린 뒤, 일으킨 생각[尋]과 지속적 고찰[伺]이 있고, 떨쳐버렸음에서 생긴 희열[喜]과 행복[樂]이 있는 초선(初禪)을 구족하여 머문다. 여기서 이 해로운 사유는 남김없이 소멸한다.188)

목수여, 어떻게 도를 닦을 때 해로운 사유를 소멸하기 위해 도를 닦는 것인가? 목수여, 여기 비구는 아직 일어나지 않은 나쁘고 해로운 법들은 일어나지 않도록 하기 위해 열의를 일으키고 정진하고 힘을 내고 마음을 다잡고 애를 쓴다. 이미 일어난 나쁘고 해로운 법들은 제거하기 위해 열의를 일으키고 정진하고 힘을 내고 마음을 다잡고 애를 쓴다. 아직 일어나지 않은 유익한 법들은 일어나도록 하기 위해 열의를 일으키고 정진하고 힘을 내고 마음을 다잡고 애를 쓴다. 이미 일어난 유익한 법들은 지속하게 하고 사라지지 않게 하고 증장하게 하고 충만하게 하고 닦기 위해 열의를 일으키고 정진하고 힘을 내고 마음을 다잡고 애를 쓴다. 목수여, 이렇게 도를 닦을 때 해로운 사유를 소멸하기 위해 도를 닦는 것이다."189)

13. "목수여, 무엇이 유익한 사유인가? 출리(出離)에 대한 사유, 악의 없음에 대한 사유, 해코지 않음[不害]에 대한 사유이다. 목수여, 이를 일러 유익한 사유라 한다.

---

188) "여기서 '초선(paṭhama jhāna)'은 불환과의 초선이다. 불환과를 얻었을 때 해로운 사유들(akusala-saṅkappā)이 남김없이(aparisesā) 소멸하기 때문이다."(MA.iii.270)

189) "여기서는 불환도까지 닦는 것을 해로운 사유들을 소멸하기 위해 도닦는 것이라고 한다. 그러나 불환과에 이르러서는 그들이 소멸했다고 한다."(MA.iii.270)

목수여, 이 유익한 사유는 어디에서 일어나는가? 그들의 일어남도 설했나니 인식에서 일어난다고 말한다. 어떠한 인식인가? 인식은 다양하고 여러 가지이고 여러 형태인데 출리(出離)에 대한 인식, 악의 없음에 대한 인식, 해코지 않음에 대한 인식이 있다. 그것에서 유익한 사유가 일어난다.

목수여, 그러면 어디서 이 유익한 사유는 남김없이 소멸하는가? 그들의 소멸도 설했다. 목수여, 여기 비구는 일으킨 생각[尋]과 지속적 고찰[伺]을 가라앉혔기 때문에 [더 이상 존재하지 않고], 자기 내면의 것이고, 확신이 있으며, 마음의 단일한 상태이고, 일으킨 생각과 지속적 고찰은 없고, 삼매에서 생긴 희열과 행복이 있는 제2선(二禪)을 구족하여 머문다. 여기서 이 유익한 사유는 남김없이 소멸한다.190)

목수여, 어떻게 도를 닦을 때 유익한 사유를 소멸하기 위해 도를 닦는 것인가? 목수여, 여기 비구는 아직 일어나지 않은 나쁘고 해로운 법들은 일어나지 않도록 하기 위해 열의를 일으키고 정진하고 힘을 내고 마음을 다잡고 애를 쓴다. 이미 일어난 나쁘고 해로운 법들은 제거하기 위해 열의를 일으키고 정진하고 힘을 내고 마음을 다잡고 애를 쓴다. 아직 일어나지 않은 유익한 법들은 일어나도록 하기 위해 열의를 일으키고 정진하고 힘을 내고 마음을 다잡고 애를 쓴다. 이미 일어난 유익한 법들은 지속하게 하고 사라지지 않게 하고 증장하게 하고 충만하게 하고 닦기 위해 열의를 일으키고 정진하고 힘을 내고 마음을 다잡고 애를 쓴다. 목수여, 이렇게 도를 닦을 때 유익한 사유를 소멸하기 위해 도를 닦는 것이다."191)

---

190) "이것은 아라한과의 경지(arahatta-phale bhumma)를 말한다. 아라한과의 제2선에 이르러 유익한 사유들이 남김없이 소멸하기 때문이다."(MA.iii.270)

191) "여기서는 아라한도까지 닦는 것을 유익한 사유들을 소멸하기 위해 도닦는

14. "목수여, 그러면 어떤 열 가지 법을 구족한 인간을 [29] 유익한 법을 갖춘 자, 최상의 유익함을 가진 자, 최고의 경지를 얻은 자, 대적할 수 없는 사문이라고 나는 천명하는가?

목수여, 여기 비구는 무학(無學)의 경지인 바른 견해를 구족한다. 무학의 경지인 바른 사유를 구족한다. 무학의 경지인 바른 말을 구족한다. 무학의 경지인 바른 행위를 구족한다. 무학의 경지인 바른 생계를 구족한다. 무학의 경지인 바른 정진을 구족한다. 무학의 경지인 바른 마음챙김을 구족한다. 무학의 경지인 바른 삼매를 구족한다. 무학의 경지인 바른 지혜를 구족한다. 무학의 경지인 바른 해탈을 구족한다.192)

목수여, 나는 이러한 열 가지 법을 구족한 인간을 유익한 법을 갖춘 자, 최상의 유익함을 가진 자, 최고의 경지를 얻은 자, 대적할 수 없는 사문이라고 나는 천명한다."

세존께서는 이와 같이 설하셨다. 빤짜깡가 목수는 흡족한 마음으로 세존의 말씀을 크게 기뻐하였다.

사마나만디까 경(M78)이 끝났다.

것이라고 한다. 그러나 아라한과에 이르러서는 그들이 소멸했다고 한다."(MA.iii.270)

192) 이 열 가지 도는 본서 제2권 「밧달리 경」(M65) §34에도 나타난다. 그곳의 주해들을 참조할 것.

사꿀루다이 짧은 경

Cūḷa-sakuludāyi Sutta(M79)

1. 이와 같이 나는 들었다. 한때 세존께서는 라자가하의 대나무 숲에 있는 다람쥐 보호구역에 머무셨다.

그 즈음에 사꿀루다이 유행승은 많은 유행승들의 회중과 함께 공작 보호구역인 유행승들의 원림에 머물고 있었다.

2. 그때 세존께서는 오전에 옷매무새를 가다듬고 발우와 가사를 수하시고 라자가하로 탁발을 가셨다. 그때 세존께 이런 생각이 들었다.

"지금 라자가하로 탁발하러 가는 것은 너무 이르다. 나는 공작 보호구역인 유행승들의 원림으로 사꿀루다이 유행승을 만나러 가는 것이 좋겠다."

3. 그래서 세존께서는 공작 보호구역인 유행승들의 원림으로 가셨다. 그때 사꿀루다이 유행승은 많은 유행승의 회중과 함께 앉아서 시끄럽게 떠들면서 높고 [30] 큰 목소리로 여러 가지 쓸데없는 이야기를 나누고 있었다. 즉 왕 이야기, 도둑 이야기, 대신들 이야기,

군대 이야기, 공포에 관한 이야기, 전쟁 이야기, 음식 이야기, 음료수 이야기, 옷 이야기, 침대 이야기, 화환 이야기, 향 이야기, 친척 이야기, 수레 이야기, 마을에 대한 이야기, 성읍에 대한 이야기, 도시에 대한 이야기, 지방에 대한 이야기, 여자 이야기, 영웅 이야기, 거리 이야기, 우물 이야기, 옛적 유령 이야기, 하찮은 이야기, 세상의 [기원]에 대한 이야기, 바다와 관련된 이야기, 이렇다거나 이렇지 않다는 이야기였다.

사꿀루다이 유행승은 세존께서 오시는 것을 멀리서 보고 자신의 회중을 조용히 하도록 했다.

"존자들은 조용히 하시오. 존자들은 소리를 내지 마시오. 사문 고따마께서 오고 계시오. 저 존자께서는 조용함을 좋아하고 조용함으로 길들여져 있고 조용함을 칭송한다오. 이제 우리 회중이 조용한 것을 알면 저분이 우리에게 다가올 것이라 생각하오."

그러자 그 회중은 침묵하였다.

4. 그때 세존께서는 사꿀루다이 유행승에게로 다가가셨다. 그러자 사꿀루다이 유행승은 세존께 이렇게 말씀드렸다.

"어서 오십시오, 세존이시여. 저희는 세존을 환영합니다. 세존께서는 오랜만에 여기에 오실 기회를 만드셨습니다. 이리로 오셔서 앉으십시오. 세존이시여, 이것이 마련된 자리입니다."

세존께서는 마련된 자리에 앉으셨다. 사꿀루다이 유행승도 역시 다른 낮은 자리를 잡아서 한 곁에 앉았다. 한 곁에 앉은 사꿀루다이 유행승에게 세존께서는 이렇게 말씀하셨다.

"우다이여, 무슨 이야기를 하기 위해 지금 여기에 모였는가? 그리고 그대들이 하다 만 이야기는 무엇인가?"

5. "세존이시여, 저희들이 지금 앉아서 하던 이야기에 대해서는 그냥 두십시오. 그 이야기는 세존께서 나중에라도 들으실 수 있습니다.

세존이시여, 제가 이 회중에 오지 않았을 때 이 회중은 여러 가지 쓸데없는 이야기를 나누며 앉아있었습니다. 세존이시여, 그런데 제가 이 회중에 오니까 이 회중은 '사문 우다이는 우리에게 법을 설해 줄 것이다. 우리는 그것을 들으리라.'면서 제 얼굴을 바라보며 앉아 있습니다. 세존이시여, 이제 세존께서 [31] 이 회중에 오셨으니 저와 이 회중은 '세존께서는 우리에게 법을 설해주실 것이다. 우리는 그것을 들으리라.'면서 세존을 바라보며 앉아 있습니다."

6. "우다이여, 그렇다면 내가 설해야 할 것을 제안해 보라."

"세존이시여, 근자에 자신을 모든 것을 아는 자이고 모든 것을 보는 자라면서 '나는 걸어갈 때에도 서 있을 때에도 잠잘 때에도 깰 때에도 언제나 한결같이 지와 견이 현전한다.'라고 완전한 지와 견을 선언한 자가 있었습니다. 그런데 제가 과거에 관해 질문하면 그는 다른 질문으로 그 질문을 피해가고, 화제를 바꾸어버리고, 노여움과 성냄과 불만족을 드러내었습니다. 세존이시여, 그런 제게 세존을 생각하면서 환희심이 생겼습니다. '오, 참으로 이런 법들에 능숙한 분은 세존이시고 선서이시다.'라고."

"우다이여, 그런데 근자에 자신을 모든 것을 아는 자이고 모든 것을 보는 자라면서 '나는 걸어갈 때에도 서 있을 때에도 잠잘 때에도 깰 때에도 언제나 한결같이 지와 견이 현전한다.'라고 완전한 지와 견을 선언했다가 그대가 과거에 관해 질문하면 다른 질문으로 그 질문을 피해가고, 화제를 바꾸어버리고, 노여움과 성냄과 불만족을 드러낸 그는 누구인가?"

"세존이시여, 그는 니간타 나따뿟따입니다."

7. "우다이여, 만약 어떤 사람이 한량없는 전생의 갖가지 삶들을 기억하여 즉 한 생, 두 생, … 이처럼 한량없는 전생의 갖가지 모습들을 그 특색과 더불어 상세하게 기억해낼 수 있다면[宿命通], 그는 나에게 과거에 관해 질문을 하거나 내가 그에게 과거에 관해 질문할 수 있다. 혹은 그는 전생에 관한 내 질문에 대답하여 내 마음을 만족시키거나 내가 전생에 관한 그의 질문에 대답하여 그의 마음을 만족시킬 수 있다.

우다이여, 만약 어떤 사람이 청정하고 인간을 넘어선 신성한 눈[天眼]으로 중생들이 죽고 태어나고, 천박하고 고상하고, 잘생기고 못생기고, 좋은 곳[善處]에 가고 나쁜 곳[惡處]에 가는 것을 보고, 중생들이 지은 바 그 업에 따라 가는 것을 꿰뚫어 알며, … 이렇듯 중생들이 지은 바 그 업에 따라 가는 것을 꿰뚫어 안다면[天眼通], 그는 나에게 미래에 관해 질문을 하거나 [32] 내가 그에게 미래에 관해 질문할 수 있다. 혹은 그는 미래에 관한 내 질문에 대답하여 내 마음을 만족시키거나 내가 미래에 관한 그의 질문에 대답하여 그의 마음을 만족시킬 수 있다.

우다이여, 그렇더라도 과거도 그만두고 미래도 그만두고 나는 그대에게 [조건[緣]에 대한] 가르침193)을 설하리라.194) '이것이 있을

---

193) '[조건에 대한] 가르침(dhamma)'은 본서 「왓차곳따 불 경」(M72) §18에도 나타났다. 그곳의 §19에서 세존께서는 불과 연료의 비유로 연료가 남아 있는 불은 타오르지만 연료가 없으면 타오르지 않는 것을 비유로 들어 설하셨는데 여기서 연기(緣起)를 추상화한 정형구를 말씀하시는 것과 같은 내용이라 할 수 있다.

194) "이 사람은 과거에 관해 설명하더라도 이해하지 못하고, 미래에 관해 설명하더라도 이해하지 못할 것이다. 그리하여 세존께서 미묘하고 난해한(saṇha-sukhuma) 조건[緣]의 형태(paccay-ākāra)에 대해 설하시고자 하시면서

때 저것이 있다. 이것이 일어날 때 저것이 일어난다. 이것이 없을 때 저것이 없다. 이것이 소멸할 때 저것이 소멸한다.'195)"

8. "세존이시여, 저는 현재의 이 몸으로 경험한 것의 갖가지 모습들을 그 특색과 더불어 상세하게 기억해내는 것도 불가능한데 어떻게 제가 세존께서 하시는 것처럼 한량없는 전생의 갖가지 삶들을 기억하여 즉 한 생, 두 생, … 이처럼 한량없는 전생의 갖가지 모습들

'법을 설하리라.'라고 말씀하셨다. 그렇다면 그는 이것을 이해할 수 있는가? 이것은 더욱 이해하지 못할 것이다. 그러나 미래에 훈습(vāsanā)의 조건이 될 것이라는 것을 보시고 세존께서 이렇게 말씀하셨다."(MA.iii.272)

195) 빠알리 문장은 다음과 같다.
"imasmiṁ sati idaṁ hoti(이것이 있을 때 저것이 있다.)
imassuppādā idam uppajjati(이것이 일어날 때 저것이 일어난다.)
imasmiṁ asati idaṁ na hoti(이것이 없을 때 저것이 없다.)
imassa nirodhā idaṁ nirujjhati(이것이 소멸할 때 저것이 소멸한다.)"
이것은 12연기를 추상화한 정형구로 우리에게 잘 알려져 있다. 이 가운데 첫 번째 두 구절은 괴로움의 발생구조를, 뒤의 두 구절은 괴로움의 소멸구조를 나타낸다. 이 연기의 공식은 연기의 가르침을 모은 『상윳따 니까야』 제2권 「인연 상윳따」(S12)의 경들 가운데서도 S12:21; 22; 49; 50; 61; 62에 나타나고 조금 다른 형태는 S12:41에도 나타나고 있다. 본경에서는 이 정형구가 단독으로 나타나고 있지만 다른 경들에서는 모두 이 정형구는 반드시 12연기의 유전문(流轉門, anuloma)과 환멸문(還滅門, paṭiloma)의 정형구와 같이 나타난다.
복주서는 '이것이 있을 때 저것이 있다.'라고 '있다'는 표현을 하였다고 해서 실재하는 어떤 것을 두고 말한 것이 아니라, "도에 의해서 소멸에 이르지 못한 상태(magg-ena anirujjhana-sabhāva)"(SAṬ.ii.51)를 뜻하는 것이라고 설명하고 있다. 같은 방법으로 '이것이 없을 때 저것이 없다.'라는 표현을 하였다고 해서 아무것도 없는 것을 말하는 것이 아니라 도에 의해서 소멸에 이른 상태를 뜻하는 것으로 이해해야 한다고 적고 있다.(*Ibid*)
이 연기의 추상화된 정형구와 12연기의 유전문, 환멸문, 순관, 역관 등에 대해서는 『초기불교 이해』 230~231를 참조할 것. 연기의 추상화된 정형구에 대한 긴 주석은 『자설경 주석서』(UdA.38~42)에 나타난다. 관심 있는 분은 Masefield가 번역한 The Udāna Commentary 1:66~72를 일독할 것을 권한다.

을 그 특색과 더불어 상세하게 기억해낼 수 있겠습니까?

세존이시여, 그리고 저는 지금 진흙탕에서 나타난 유령조차도 보지 못하는데 어떻게 세존께서 하시는 것처럼 청정하고 인간을 넘어선 신성한 눈[天眼]으로 중생들이 죽고 태어나고, 천박하고 고상하고, 잘생기고 못생기고, 좋은 곳[善處]에 가고 나쁜 곳[惡處]에 가는 것을 보고, 중생들이 지은 바 그 업에 따라 가는 것을 꿰뚫어 알며, … 이렇듯 중생들이 지은 바 그 업에 따라 가는 것을 꿰뚫어 알겠습니까?

그런데 세존께서 '우다이여, 그렇더라도 과거도 그만두고 미래도 그만두고 나는 그대에게 법을 설하리라. 이것이 있을 때 저것이 있다. 이것이 일어날 때 저것이 일어난다. 이것이 없을 때 저것이 없다. 이것이 소멸할 때 저것이 소멸한다.'라고 하시니 이것은 제게 더욱더 분명하지가 않습니다. 세존이시여, 그러니 참으로 저는 저희 스승들의 가르침에 관한 질문에 대답하여 세존의 마음을 만족시켜드려야 할 것 같습니다."

9. "우다이여, 그대 스승들의 가르침에는 어떤 것이 있는가?"

"세존이시여, 저희 스승들의 가르침에는 '이것이 최상의 광명이다.[196] 이것이 최상의 광명이다.'라는 이런 것이 있습니다."

"우다이여, 그대 스승들의 가르침에서 '이것이 최상의 광명이다.

---

196) '이것이 최상의 광명이다.'는 ayaṁ paramo vaṇṇo를 옮긴 것이다. vaṇṇa는 √vṛ(*to cover*)에서 파생된 명사이며, 문자적인 기본 뜻인 '덮여있는 것'에서 외부 혹은 피부를 덮고 있는 색깔, 외모를 뜻하고, 피부를 덮고 있는 색깔에서 태생, 계급 등의 의미로도 쓰인다. PED는 1. *colour,* 2. *appearance,* 3. *lustre, splendour,* 4. *beauty,* 5. *expression. look, 6. colour of skin, appearance of body, complexion*의 6가지 뜻을 제시하고 있다. 『디가 니까야 주석서』는 "완나(vaṇṇa)는 모양(saṇṭhāna), 태생(jāti), 형색의 감각장소(rūpāyatana, 色處 = 형상이나 색깔), 이유(kāraṇa), 크기(pamāṇa), 덕(성질, guṇa), 칭송(pasaṁsa) 등의 뜻으로 쓰인다."(DA.i.37)고 언급하고 있다.

이것이 최상의 광명이다.'라고 그대가 말하였다. 그러면 그 최상의 광명이란 어떤 것인가?"

"세존이시여, 그 광명보다 더 빼어나고 더 수승한 다른 광명이 없는 그것이 최상의 광명입니다."

"우다이여, 그러면 '그 광명보다 더 빼어나고 더 수승한 다른 광명이 없는 그 최상의 광명이란 어떤 것인가?" [33]

"세존이시여, 그 광명보다 더 빼어나고 더 수승한 다른 광명이 없기 때문에 그것은 최상의 광명입니다."

10. "우다이여, 그대의 이런 이야기는 오래 끌게 될 것이다.[197] 그대는 '세존이시여, 그 광명보다 더 빼어나고 더 수승한 다른 광명이 없는 그것이 최상의 광명입니다.'라고 말하면서 그 광명을 천명하지 못한다.

우다이여, 예를 들면[198] 어떤 사람이 말하기를, '나는 이 나라에서 제일가는 미녀를 갈망하고 사랑한다.'라고 한다고 하자. 그러면 사람들이 그에게 '여보시오, 그대가 갈망하고 사랑하는, 나라에서 제일가는 미녀가 끄샤뜨리야인지 바라문인지 와이샤인지 수드라인지 그대는 알고 있소?'라고 물으면, 그는 '아니요.'라고 대답할 것이다. 사람들이 다시 그에게 '여보시오, 그대가 갈망하고 사랑하는, 나라에서 제일가는 미녀의 이름이 무엇이고 성이 무엇인지 … 키가 큰지 작은

197) 즉 우다이가 이런 식으로 이야기한다면 이것은 백 년 혹은 천 년 동안 계속한다고 해도 그 뜻을 드러내지 못한다는 말이라고 주석서는 설명하고 있다.(MA.iii.273)

198) 본경에 나타나는 '나라에서 제일가는 미녀(janapada-kalyāṇī)'의 비유는 『디가 니까야』 제1권 「뽓타빠다 경」(D9) §35와 『상윳따 니까야』 제2권 「미녀 경」(S17:22) §3과 제5권 「경국지색 경」(S47:20) §3 등에도 나타나고 있다.

지 중간인지 … 피부색이 검은지 갈색인지 황금색인지 … 어떤 마을이나 성읍이나 도시에 사는지 그대는 알고 있소?'라고 물으면, 그는 '아니요.'라고 대답할 것이다. 그러면 다시 사람들이 그에게 '여보시오, 그대는 알지 못하고 보지 못하는 [여인]을 갈망하고 사랑하는 것이 아니오?'라고 물으면, 그는 '그렇소.'라고 대답할 것이다.

우다이여, 이를 어떻게 생각하는가? 참으로 이와 같다면 그 사람의 이야기는 터무니없는 것이 되지 않겠는가?"

"세존이시여, 분명히 그렇습니다. 참으로 이와 같다면 그 사람의 이야기는 터무니없는 것이 되고 맙니다."

"우다이여, 그와 같이 그대는 '세존이시여, 그 광명보다 더 빼어나고 더 수승한 다른 광명이 없는 그것이 최상의 광명입니다.'라고 말하면서 그 광명을 천명하지 못한다."

11. "세존이시여, 마치 아름답고 최상품이고 팔각형이고 아주 잘 절단된 에메랄드가 붉은 담요 위에 놓여 있을 때 빛을 내고 광채를 발하고 광휘롭듯이, 이러한 광명이 자아이고[199] 죽고 나서도 소멸되지 않습니다."

12. "우다이여, 이를 어떻게 생각하는가? 아름답고 최상품이고 팔각형이고 아주 잘 절단되었고 붉은 담요 위에 놓여 [34] 빛을 내고 광채를 발하고 광휘로운 에메랄드가 있고 칠흑같이 어두운 밤에 반딧불이 있을 때, 이 두 가지 광명 가운데 어느 것이 더 빼어나고 더 수승한 광명인가?"

---

199) "'이러한 광명이 자아다(evaṁvaṇṇo attā hoti).'라는 것은 그가 [색계 제3선천인] 변정천(Subhakiṇha-devaloka)에 태어난 무더기를 두고 '우리가 죽는 때에 자아는 변정천의 무더기처럼 빛을 발합니다.'라고 말한 것일 뿐이다."(MA.iii.273)

"세존이시여, 칠흑같이 어두운 밤의 반딧불이 이 두 가지 광명 가운데 더 빼어나고 더 수승합니다."

13. "우다이여, 이를 어떻게 생각하는가? 칠흑같이 어두운 밤에 반딧불이 있고 칠흑같이 어두운 밤에 기름 등불이 있을 때, 이 두 가지 광명 가운데 어느 것이 더 빼어나고 더 수승한 광명인가?"

"세존이시여, 칠흑같이 어두운 밤의 기름등불이 이 두 가지 광명 가운데 더 빼어나고 더 수승합니다."

14. "우다이여, 이를 어떻게 생각하는가? 칠흑같이 어두운 밤에 기름등불이 있고 칠흑같이 어두운 밤에 큰 화톳불이 있을 때, 이 두 가지 광명 가운데 어느 것이 더 빼어나고 더 수승한 광명인가?"

"세존이시여, 칠흑같이 어두운 밤의 화톳불이 이 두 가지 광명 가운데 더 빼어나고 더 수승합니다."

15. "우다이여, 이를 어떻게 생각하는가? 칠흑같이 어두운 밤에 큰 화톳불이 있고 새벽녘의 구름 한 점 없이 맑은 하늘에 샛별이 있을 때, 이 두 가지 광명 가운데 어느 것이 더 빼어나고 더 수승한 광명인가?"

"세존이시여, 새벽녘의 구름 한 점 없이 맑은 하늘의 샛별이 이 두 가지 광명 가운데 더 빼어나고 더 수승합니다."

16. "우다이여, 이를 어떻게 생각하는가? 새벽녘의 구름 한 점 없이 맑은 하늘에 샛별이 있고 보름날 포살일의 한밤중에 구름 한 점 없이 맑은 하늘에 둥실 뜬 보름달이 있을 때, 이 두 가지 광명 가운데 어느 것이 더 빼어나고 더 수승한 광명인가?"

"세존이시여, 보름날 포살일의 한밤중에 구름 한 점 없이 맑은 하

늘에 둥실 뜬 보름달이 이 두 가지 광명 가운데 더 빼어나고 더 수승합니다." [35]

17. "우다이여, 이를 어떻게 생각하는가? 보름날 포살일의 한밤중에 구름 한 점 없이 맑은 하늘에 둥실 뜬 보름달이 있고 우기철의 마지막 달인 가을 한낮에 구름 한 점 없이 맑은 하늘에 둥실 뜬 태양이 있을 때, 이 두 가지 광명 가운데 어느 것이 더 빼어나고 더 수승한 광명인가?"

"세존이시여, 우기철의 마지막 달인 가을 한낮에 구름 한 점 없이 맑은 하늘에 둥실 뜬 태양이 이 두 가지 광명 가운데 더 빼어나고 더 수승합니다."

18. "우다이여, 이러한 해와 달의 광채가 미칠 수 없는 [그런 광채를 지닌] 더 훌륭한 많은 신들을 나는 알고 있다. 그렇지만 나는 그 광명보다 더 빼어나거나 더 수승한 다른 광명은 없다고 말하지 않는다. 우다이여, 그러나 그대는 반딧불보다도 더 희미하고 더 하잘것없는 광명을 가지고 '이것이 최상의 광명이다.'라고 말한다. 그러면서도 그 광명을 천명하지 못한다."

19. "세존께서는 논의의 결말을 내버렸습니다. 선서께서는 논의의 결말을 내버렸습니다."

"우다이여, 왜 그대는 '세존께서는 논의의 결말을 내버렸습니다. 선서께서는 논의의 결말을 내버렸습니다.'라고 그렇게 말하는가?"

"세존이시여, 저희 스승들은 '이것이 최상의 광명이다. 이것이 최상의 광명이다.'라고 가르칩니다. 세존이시여, 그런데 세존께서 저희 스승들의 가르침에 대해 질문하시고 반문하시고 추궁하실 때 그것은 실없고 헛되고 결핍된 것임을 알았습니다."

20. "우다이여, 그런데 오로지 행복뿐인 세계가 있는가? 그 오로지 행복뿐인 세계를 실현하는, 근거 있는 도닦음[200]이 있는가?"

"세존이시여, 저희 스승들은 '오로지 행복뿐인 세계가 있다. 오로지 행복뿐인 세계를 실현하는, 근거 있는 도닦음이 있다.'라고 가르칩니다."

21. "우다이여, 그러면 어떤 것이 오로지 행복뿐인 세계를 실현하는, 근거 있는 도닦음인가?"

"세존이시여, 여기 어떤 자는 생명을 죽이는 것을 버리고 생명을 죽이는 것을 금합니다. 주지 않은 것을 가지는 것을 버리고 주지 않는 것을 가지는 것을 금합니다. 삿된 음행을 버리고 삿된 음행을 금합니다. [36] 거짓말을 버리고 거짓말을 금합니다. 그리고 다른 어떤 종류의 고행[201]을 받들어 행합니다. 세존이시여, 이것이 오로지 행복뿐인 세계를 실현하는, 근거 있는 도닦음입니다."

22. "우다이여, 이를 어떻게 생각하는가? 생명을 죽이는 것을 버리고 생명을 죽이는 것을 금할 때, 자아는 오로지 즐거움만을 느끼는가, 아니면 즐거움과 괴로움을 다 느끼는가?"

"세존이시여, 즐거움과 괴로움을 다 느낍니다."

"우다이여, 이를 어떻게 생각하는가? 주지 않은 것을 가지는 것을 버리고 주지 않는 것을 가지는 것을 금할 때, 자아는 오로지 즐거움

---

200) '근거 있는 도닦음'은 ākāravatī paṭipadā를 옮긴 것이다. 본서 제2권 「검증자 경」(M47) §16에서는 '합리적인'으로, 「확실한 가르침 경」(M60) §4에서는 '적절한 이유'로 각각 그곳의 문맥에 따라 옮겼다.

201) "여기서 '다른 어떤 종류의 고행(aññatara tapoguṇa)'이란 나체 수행자들의 성전(acelaka-pāḷi)을 두고 한 말로, 술 마시는 것을 금하는 것(surā-pāna-virati)을 뜻한다."(MA.iii.274)

만을 느끼는가, 아니면 즐거움과 괴로움을 다 느끼는가?"

"세존이시여, 즐거움과 괴로움을 다 느낍니다."

"우다이여, 이를 어떻게 생각하는가? 삿된 음행을 버리고 삿된 음행을 금할 때, 자아는 오로지 즐거움만을 느끼는가, 아니면 즐거움과 괴로움을 다 느끼는가?"

"세존이시여, 즐거움과 괴로움을 다 느낍니다."

"우다이여, 이를 어떻게 생각하는가? 거짓말을 버리고 거짓말을 금할 때, 자아는 오로지 즐거움만을 느끼는가, 아니면 즐거움과 괴로움을 다 느끼는가?"

"세존이시여, 즐거움과 괴로움을 다 느낍니다."

"우다이여, 이를 어떻게 생각하는가? 다른 어떤 종류의 고행을 받들어 행할 때, 자아는 오로지 즐거움만을 느끼는가, 아니면 즐거움과 괴로움을 다 느끼는가?"

"세존이시여, 즐거움과 괴로움을 다 느낍니다."

"우다이여, 이를 어떻게 생각하는가? 즐거움과 괴로움이 섞인 도닦음을 실천하고서도 오로지 행복뿐인 세계를 실현하겠는가?"

23. "세존께서는 논의의 결말을 내버렸습니다. 선서께서는 논의의 결말을 내버렸습니다."

"우다이여, 왜 그대는 '세존께서는 논의의 결말을 내버렸습니다. 선서께서는 논의의 결말을 내버렸습니다.'라고 그렇게 말하는가?"

"세존이시여, 저희 스승들은 '오로지 행복뿐인 세계가 있다. 오로지 행복뿐인 세계를 실현하는, 근거 있는 도닦음이 있다.'라고 가르칩니다. 세존이시여, 그런데 세존께서 저희 스승들의 가르침에 대해 질문하시고 반문하시고 추궁하실 때 그것은 실없고 헛되고 결핍된 것임을 알았습니다. 세존이시여, 그렇다면 오로지 행복뿐인 세계가

있기는 있습니까? 그 오로지 행복뿐인 세계를 실현하는, 근거 있는 도닦음이 있기는 있습니까?" [37]

24. "우다이여, 오로지 행복뿐인 세계가 있다. 그 오로지 행복뿐인 세계를 실현하는, 근거 있는 도닦음이 있다."

"세존이시여, 그러면 어떤 것이 오로지 행복뿐인 세계를 실현하는, 근거 있는 도닦음입니까?"

25. "우다이여, 여기 비구는 감각적 욕망들을 완전히 떨쳐버리고 … 초선(初禪)을 구족하여 머문다. … 제2선(二禪)을 … 제3선을 구족하여 머문다. 우다이여, 이것이 그 오로지 행복뿐인 세계를 실현하는, 근거 있는 도닦음이다."

"세존이시여, 그것은 오로지 행복뿐인 세계를 실현하는, 근거 있는 도닦음이 아닙니다. 세존이시여, 이 시점에서 이미 오로지 행복뿐인 세계가 실현된 것입니다."

"우다이여, 이 시점에서 아직 오로지 행복뿐인 세계가 실현된 것이 아니다. 그것은 다만 오로지 행복뿐인 세계를 실현하는, 근거 있는 도닦음일 뿐이다."

26. 이렇게 말씀하시자 사꿀루다이 유행승의 회중은 높고 큰 목소리로 시끄럽게 떠들었다.

"이제 우리는 스승들의 가르침과 함께 망했다. 이제 우리는 스승들의 가르침과 함께 망했다.202) 우리는 그보다 더 높은 것을 알지

---

202) "여기서 '이제 우리는 망했다(ettha mayaṁ anassāma).'는 것은 이런 이유(kāraṇa)라면 우리는 망했다는 말이다. 무슨 까닭으로 이렇게 말했는가? 그들은 수행자들이 이전에는 다섯 가지 법들에 확고하게 머물러 까시나를 대상으로 한 준비 작업(kasiṇa-parikamma, 까시나를 통한 예비단계의 수행)을 지어 제3선을 일으켜서 그 禪에 든 채 임종하여 변정천(Subhakiṇhā)

못한다.”[203]

그러자 사꿀루다이 유행승은 그 유행승들을 진정시킨 뒤 세존께 이렇게 여쭈었다.

27. “세존이시여, 그러면 어떤 시점에서 오로지 행복뿐인 세계가 실현됩니까?”

“우다이여, 비구는 행복도 버리고 괴로움도 버리고, 아울러 그 이전에 이미 기쁨과 슬픔을 소멸하였으므로 괴롭지도 즐겁지도 않으며, 평온으로 인해 마음챙김이 청정한[捨念淸淨] 제4선(四禪)을 구족하여 머문다. 그는 오로지 행복뿐인 세계에 태어난 신들과 함께 머물고 대화하고 토론한다. 우다이여, 이 시점에서 오로지 행복뿐인 세계가 실현된다.”

28. “세존이시여, 참으로 이런 오로지 행복뿐인 세계를 실현하기 위해[204] 비구들은 세존 아래서 청정범행을 닦는 것입니다.”

에 태어난다고 알고 있었다. 그러나 점점 시간이 흐를수록 까시나를 대상으로 한 준비 작업도 알지 못했고 제3선도 일으킬 수가 없었다. 그리하여 다섯 가지 예비단계의 법들(pañca pubba-bhāga-dhammā)을 ‘오로지 행복뿐인 세계(ekanta-sukha loka)’를 실현하는, ‘근거 있는 도닦음(ākāravatī paṭipadā)’이라고 여기고, 제3선을 오로지 행복뿐인 세계라고 여겼다. 그래서 이렇게 말했다.”(MA.iii.275)

그리고 ‘망했다’로 옮긴 동사 anassāma는 기본형 nasāti(√nas, *to perish*, 멸망하다, 잃어버리다)의 불확정 과거(*Aorist*) 1인칭 복수형이다. 이 표현은 본서 제1권 「코끼리 발자국 비유의 짧은 경」(M27) §7과 본서 「법탑경」(M89) §17에도 나타나고 있는데 거기서는 문맥에 따라서 ‘망할 뻔했다.’로 옮겼다.

203) “다섯 가지 법들보다 더 높은 도닦음(paṭipadā), 혹은 제3선보다 더 높은 오로지 행복뿐인 세계(ekanta-sukha loka)를 알지 못한다는 말이다.”(MA.iii.275)

204) “‘실현(sacchikiriyā)’에는 두 종류가 있다. ① 달성을 통한 실현(paṭilābha-sacchikiriyā)과 ② 목전의 체험을 통한 실현(paccakkha-sacchikiriyā)

"우다이여, 참으로 이런 오로지 행복뿐인 세계를 실현하기 위해 비구들이 내 아래서 청정범행을 닦는 것이 아니다. 우다이여, 다른 더 높고 더 수승한 법들이 있으니, 그것을 실현하기 위해 비구들은 내 아래서 청정범행을 닦는다." [38]

"세존이시여, 그러면 더 높고 더 수승한 법들이 어떤 것이기에, 그것을 실현하기 위해 비구들이 세존 아래서 청정범행을 닦습니까?"

29. ~ *36.* "우다이여, 여기 여래가 이 세상에 출현하나니 그는 아라한[應供]이며, 완전히 깨달은 분[正等覺]이며, 명지와 실천을 구족한 분[明行足]이며, 피안으로 잘 가신 분[善逝]이며, 세간을 잘 알고 계신 분[世間解]이며, 가장 높은 분[無上士]이며, 사람을 잘 길들이는 분[調御丈夫]이며, 하늘과 인간의 스승[天人師]이며, 부처님[佛]이며, 세존(世尊)이다." … …

<본서 제2권 「깐다라까 경」(M51) §§12~19와 같음.>

… 의심을 제거하여 의심을 극복하여 머물고, 유익한 법들에 아무런 의심이 없어서 의심으로부터 마음을 청정하게 한다."

이다.
이 중에서 ① 제3선을 얻어 그 禪에 든 채 임종을 맞아 변정천의 신들과 동일한 수명과 피부색을 가지고(samān-āyu-vaṇṇa) 그곳에 태어나는 것을 달성을 통한 실현이라 한다. ② 제4선을 일으켜 신통을 나투어(iddhi-vikubbana) 변정천에 가서 그들과 함께 머물고(santiṭṭhati) 대화하고(sal-lapati) 토론하는 것(sākacchaṁ āpajjati)을 목전의 체험을 통한 실현이라 한다.
이 둘 다의 실현을 위해 제3선은 근거 있는 도닦음(ākāravatī paṭipadā)이다. 이것을 얻지 않고서는 변정천에 태어나는 것도 제4선을 일으키는 것도 불가능하기 때문이다. 이처럼 이 둘 모두의 실현을 두고 '참으로 이런 오로지 행복뿐인 세계를 실현하기 위해(etassa nūna ekantasukhassa lokassa sacchikiriyāhetu)'라고 말씀하신 것이다."(MA.iii.275)

37. "그는 마음의 오염원이고 통찰지를 무력하게 만드는 이들 다섯 가지 장애를 제거하여 감각적 욕망들을 완전히 떨쳐버리고 … 초선(初禪)을 구족하여 머문다.

우다이여, 이것이 더 높고 더 수승한 법으로 이것을 실현하기 위해 비구들이 내 아래서 청정범행을 닦는다."

38. ~ *40.* "우다이여, 다시 비구는 일으킨 생각[尋]과 지속적 고찰[伺]을 가라앉혔기 때문에 … 제2선을 … 제3선을 … 제4선을 구족하여 머문다.

우다이여, 이것도 역시 더 높고 더 수승한 법으로 이것을 실현하기 위해 비구들이 내 아래서 청정범행을 닦는다."

41. "그는 이와 같이 마음이 집중되고, 청정하고, 깨끗하고, 흠이 없고, 오염원이 사라지고, 부드럽고, 활발발하고, 안정되고, 흔들림이 없는 상태에 이르렀을 때 전생을 기억하는 지혜로 마음을 향하게 한다. 그는 한량없는 전생의 갖가지 삶들을 기억한다. 즉 한 생, 두 생, … 이처럼 한량없는 전생의 갖가지 모습들을 그 특색과 더불어 상세하게 기억해낸다[宿命通].

우다이여, 이것도 역시 더 높고 더 수승한 법으로 이것을 실현하기 위해 비구들이 내 아래서 청정범행을 닦는다."

42. "그는 이와 같이 마음이 집중되고, 청정하고, 깨끗하고, 흠이 없고, 오염원이 사라지고, 부드럽고, 활발발하고, 안정되고, 흔들림이 없는 상태에 이르렀을 때 중생들의 죽음과 다시 태어남을 아는 지혜로 마음을 향하게 한다. 그는 청정하고 인간을 넘어선 신성한 눈[天眼]으로 중생들이 죽고 태어나고, 천박하고 고상하고, 잘생기고 못생

기고, 좋은 곳[善處]에 가고 나쁜 곳[惡處]에 가는 것을 본다. … 이렇듯 중생들이 지은 바 그 업에 따라 가는 것을 꿰뚫어 안다[天眼通].

우나이여, 이것도 역시 더 높고 더 수승한 법으로 이것을 실현하기 위해 비구들이 내 아래서 청정범행을 닦는다."

43. "그는 이와 같이 마음이 집중되고, 청정하고, 깨끗하고, 흠이 없고, 오염원이 사라지고, 부드럽고, 활발발하고, 안정되고, 흔들림이 없는 상태에 이르렀을 때 모든 번뇌를 소멸하는 지혜로 마음을 향하게 한다. 그는 '이것이 괴로움이다.'라고 있는 그대로 꿰뚫어 안다. … [39] … '이것이 번뇌의 소멸로 인도하는 도닦음이다.'라고 있는 그대로 꿰뚫어 안다[漏盡通]."

44. "그가 이와 같이 알고 이와 같이 볼 때 그는 감각적 욕망에 기인한 번뇌에서 마음이 해탈한다. 존재에 기인한 번뇌에서도 마음이 해탈한다. 무명에 기인한 번뇌에서도 마음이 해탈한다. 해탈했을 때 해탈했다는 지혜가 생긴다. '태어남은 다했다. 청정범행은 성취되었다. 할 일을 다 해 마쳤다. 다시는 어떤 존재로도 돌아오지 않을 것이다.'라고 꿰뚫어 안다.

우다이여, 이것도 역시 더 높고 더 수승한 법으로 이것을 실현하기 위해 비구들이 내 아래서 청정범행을 닦는다."

45. 이렇게 말씀하시자 사꿀루다이 유행승은 세존께 이렇게 말씀드렸다.

"경이롭습니다, 세존이시여. 경이롭습니다, 세존이시여. 마치 넘어진 자를 일으켜 세우시듯, 덮여있는 것을 걷어내 보이시듯, [방향을] 잃어버린 자에게 길을 가리켜주시듯, 눈 있는 자 형상을 보라고 어둠 속에서 등불을 비춰주시듯, 세존께서는 여러 가지 방편으로 법을 설해주셨습니다. 저는 이제 세존께 귀의하옵고 법과 비구 승가에 귀의합니다. 세존이시여, 저는 세존의 곁에 출가하여 구족계를 받고자 합니다."

46. 이렇게 말씀드렸을 때 사꿀루다이 유행승의 회중은 사꿀루다이 유행승에게 이렇게 말했다.

"우다이 존자시여, 사문 고따마 아래서 청정범행을 닦지 마십시오. 우다이 존자시여, 스승이신 분이 다시 제자가 되어선 안 됩니다. 만약 그렇게 되면 마치 [큰] 물 항아리가 [작은] 물 주전자가 되는 것과 같은 상황이 우다이 존자께 벌어집니다. 우다이 존자시여, 사문 고따마 아래서 청정범행을 닦지 마십시오. 우다이 존자시여, 스승이신 분이 다시 제자가 되어선 안 됩니다."

참으로 이처럼 사꿀루다이 유행승의 회중은 사꿀루다이 유행승이 세존 아래서 청정범행을 닦는 것을 방해했다.205)

---

205) "'방해했다(antarāyam akāsi).'는 것은 그가 출가를 하지 못하도록(pabbajjaṁ na labhati), 강하게 의지할 조건이 결핍되도록(upanissaya-vipanna) 그렇게 방해했다(upaddutam akāsi)는 말이다.
이 유행승은 깟사빠 부처님의 시대에 출가하여 사문의 법(samaṇa-dhamma)을 실천 수행했다. 그런데 그의 동료 비구가 교단에 흥미를 잃어버려 '도반이여, 나는 환속해야 할 것 같습니다.'라고 말했는데, 그는 그의 발우와 가사(patta-cīvara)가 탐이 나서 환속하도록 부추겼다. 그리하여 그 동료는 그에게 발우와 가사를 주고 승단을 떠났다. 그 업으로 지금의 세존 곁으로 출가하는 것에 장애(antarāya)가 생긴 것이다. 그러나 세존께서는 앞 경에서도 아주 길게 설법을 하셨고, 여기서도 길게 법을 설하셨다. 이 설법으로 그가 도와 과를 통찰(magga-phala-paṭivedha)하지는 못하지만 통찰을 위한 미래의 조건(paccaya)이 될 것이라고 아시고 법을 설하셨다.
세존께서는 미래의 조건을 보시고는 자애관을 닦으면서 머무는 자(mettāvihāri)에 관한 한 어떤 비구도 이 사람의 앞에 앉히지 않으셨다. 왜냐하면 세존께서는 미래에 이 사람이 나의 교단에 출가하여 자애관을 닦으면서 머무는 자들 가운데 최고(agga)가 될 것이라고 아셨기 때문이다.
그는 세존께서 반열반에 드신 뒤에 아소까 법왕의 시대에(Dhamma-Asoka-rāja-kāle) 빠딸리뿟따(Pāṭaliputta, 지금의 빠뜨나)에서 태어나 출가

사꿀루다이 짧은 경(M79)이 끝났다.

하여 아라한과를 얻었다. 그는 앗사굿따 장로(Assagutta thera)라는 이름으로 자애관을 닦으면서(metta-anubhāva) 머무는 자들 가운데 상수가 되었으며 전인도(sakala-jambudīpa) 비구 승가의 교계사(ovād-ācariya)가 되었다. … 아소까 법왕이 장로의 공덕을 듣고 뵙기를 청하여 세 번이나 사자를 보내었지만 한 번도 응하지 않았다고 한다."(MA.iii.275~276)

웨카낫사 경

Vekhanassa Sutta(M80)

1. 이와 같이 나는 들었다. [40] 한때 세존께서는 사왓티에서 제따 숲의 아나타삔디까 원림(급고독원)에 머무셨다.

2. 그때 웨카낫사 유행승206)이 세존을 뵈러 갔다. 가서는 세존과 함께 환담을 나누었다. 유쾌하고 기억할만한 이야기로 서로 담소를 하고서 한 곁에 섰다. 한 곁에 서서 웨카낫사 유행승은 세존의 곁에서 감흥어를 읊었다.

"이것이 최상의 광명이다. 이것이 최상의 광명이다."

"깟짜나여,207) 그런데 왜 그대는 '이것이 최상의 광명이다. 이것

---

206) "웨카낫사 유행승(Vekhanassa paribbājaka)은 사꿀루다이(Sakuludāyi)의 스승(ācariya)이었다고 한다. 그는 사꿀루다이 유행승이 최상의 광명에 관한 질문(parama-vaṇṇa-pañha)으로 패했다(parājita)는 소식을 듣고 '사꿀루다이는 내가 잘 가르쳤고, 그 또한 잘 배웠는데 어떻게 그가 패했는지, 내가 친히 가서 사문 고따마에게 최상의 광명에 관한 질문을 하여 알아보리라'고 생각하면서 라자가하에서 45요자나의 거리인 사왓티로 세존을 찾아갔다. 가서는 선 채로 세존의 곁에서 이 감흥어(udāna)를 읊었다."(MA.iii.277)

207) 깟짜나(Kaccāna)는 바라문의 족성인데 세존께서 이렇게 그를 부르시니 아마도 웨카낫사는 이 가문의 사람이었던 것 같다.

이 최상의 광명이다.'라고 하는가? 도대체 그 최상의 광명이란 어떤 것인가?"

"고따마 존자시여, 그 광명보다 더 빼어나고 더 수승한 다른 광명이 없는 그것이 최상의 광명입니다."

"깟짜나여, 그러면 '그 광명보다 더 빼어나고 더 수승한 다른 광명이 없는 그 최상의 광명이란 어떤 것인가?"

"고따마 존자시여, 그 광명보다 더 빼어나고 더 수승한 다른 광명이 없기 때문에 그것은 최상의 광명입니다."

3. ~ *11.* "깟짜나여, 그대의 이런 이야기는 오래 끌게 될 것이다. 그대는 '세존이시여, 그 광명보다 더 빼어나고 더 수승한 다른 광명이 없는 그것이 최상의 광명입니다.'라고 말하면서 그 광명을 천명하지 못한다. … [41, 42] …

<바로 앞의 「사꿀루다이 짧은 경」(M79) §§10~18과 같음.>

… 깟짜나여, 이러한 해와 달의 광채가 미칠 수 없는 [그런 광채를 지닌] 더 훌륭한 많은 신들을 나는 알고 있다. 그렇지만 나는 그 광명보다 더 빼어나거나 더 수승한 다른 광명은 없다고 말하지 않는다. 깟짜나여, 그러나 그대는 반딧불보다도 더 희미하고 더 하잘것없는 광명을 가지고 '이것이 최상의 광명이다.'라고 말한다. 그러면서도 그 광명을 천명하지 못한다."

12. "깟짜나여, 이런 다섯 가닥의 얽어매는 감각적 욕망이 있다.[208] 무엇이 다섯인가?

---

208) "'이런 다섯 가닥의 얽어매는 감각적 욕망이 있다(pañca kho ime kāma-guṇā).'라고 시작하신 것은 무슨 까닭인가? 재가자(agāriya)들 가운데서도 어떤 이는 감각적 욕망이 치성하고(kāma-garuka) 감각적 욕망에 열중하

원하고 좋아하고 마음에 들고 사랑스럽고 감각적 욕망을 짝하고 매혹적인, 눈으로 인식되는 형색들이 있다. … 귀로 인식되는 소리들이 있다. … 코로 인식되는 냄새들이 있다. … 혀로 인식되는 맛들이 있다. [43] 원하고 좋아하고 마음에 들고 사랑스럽고 감각적 욕망을 짝하고 매혹적인, 몸으로 인식되는 감촉들이 있다.

깟짜나여, 이것이 다섯 가닥의 얽어매는 감각적 욕망이다."

13. "깟짜나여, 이 다섯 가닥의 얽어매는 감각적 욕망에 의지하여 생기는 즐거움과 기쁨을 일러 감각적 욕망의 즐거움이라 한다. 이처럼 감각적 욕망들 때문에 감각적 욕망의 즐거움이 있다. 그러나 감각적 욕망의 즐거움과는 다르고 그 감각적 욕망을 능가하는 즐거움[209]이 있으니, 그것을 그중에서 최상이라고 말한다."

14. 이와 같이 말씀하시자 웨카낫사 유행승은 세존께 이렇게 말씀드렸다.

"경이롭습니다, 고따마 존자시여. 놀랍습니다, 고따마 존자시여. 고따마 존자께서는 '감각적 욕망들 때문에 감각적 욕망의 즐거움이 있고 감각적 욕망의 즐거움과는 다르고 그 감각적 욕망을 능가하는 즐거움이 있으니, 그것을 그중에서 최상이라고 말한다.'라고 금언을 말씀하셨습니다."

는 자(kāma-adhimutta)가 있고 또 어떤 이는 출리(nekkhamma)가 치성하고 출리에 열중하는 자가 있다. 출가자(pabbajita)들도 또한 그와 같다. 그러나 이 사람은 감각적 욕망이 치성하고 감각적 욕망에 열중하는 사람이다. 그는 이 대화를 나누면서 자신이 감각적 욕망에 열중하고 있음을 주시할 것이므로(sallakkhessati) 이 가르침(desanā)이 그에게 적합할 것(sappāya)이라고 생각하시면서 이 가르침을 시작하셨다."(MA.iii.277)

209) "'감각적 욕망을 능가하는 즐거움(kām-agga-sukha)'이란 열반을 말한다."(MA.iii.277)

"깟짜나여, 다른 견해를 가졌고 다른 가르침을 받아들였고 다른 가르침을 좋아하고 다른 수행을 추구하고 다른 스승을 따르는 그대가 감각적 욕망이라든지 감각적 욕망의 즐거움이라든지 감각적 욕망을 능가하는 즐거움을 알기란 어렵다. 깟짜나여, 번뇌가 다했고 삶을 완성했으며 할 바를 다 했고 짐을 내려놓았으며 참된 이상을 실현했고 삶의 족쇄를 부수었으며 바른 구경의 지혜로 해탈한 아라한인 비구들이라야 감각적 욕망이라든지 감각적 욕망의 즐거움이라든지 감각적 욕망을 능가하는 즐거움을 알 수 있다."

15. 이렇게 말씀하시자 웨카낫사 유행승은 화나고 마음이 언짢아서 바로 그 세존을 비난하고, 바로 그 세존을 경멸하고, '사문 고따마는 망신을 당할 것이다.'210)라는 말을 하려고 세존께 이렇게 말씀드렸다.

"그런데 이와 같이 여기 어떤 사문・바라문들은 과거를 알지 못하고 미래를 보지 못하면서도 '태어남은 다했다. 청정범행은 성취되었다. 할 일을 다 해 마쳤다. 다시는 어떤 존재로도 돌아오지 않을 것이다.'라고 주장합니다. 그러나 그들의 이런 말은 웃음거리가 되고 말았고, 오직 말뿐이고211) 허망하고 공허한 것으로 판명되었습니다."

16. "깟짜나여, 과거를 알지 못하고 [44] 미래를 보지 못하면서도

---

210) '망신을 당할 것이다.'는 pāpito bhavissati를 옮긴 것이다. 직역하면 '사악한 자가 될 것이다.'인데, 문맥상 '알지도 못하면서 이렇게 말을 한다.'는 뜻이기 때문에 역자는 이와 같이 의역을 했다. 주석서에서도 "알지 못하는 상태(ajānana-bhāva)를 두고 사악한 자가 될 것이다(pāpito bhavissati)라고 한 것이다."(MA.iii.278)라고 설명하고 있다.

211) "'오직 말뿐이다(nāmakaṁ yeva sampajjati).'라는 것은 아무런 의미 없고 가치 없는 소리일 뿐(niratthaka-vacana-matta)이라는 말이다."(MA.iii.278)

'태어남은 다했다. 청정범행은 성취되었다. 할 일을 다 해 마쳤다. 다시는 어떤 존재로도 돌아오지 않을 것이다.'라고 주장하는 사문·바라문들이 있는데, 그들에게 이것은 합당한 비난이다. 깟짜나여, 그렇더라도 과거도 그만두고 미래도 그만두자.212)

교활하지 않고 속이지 않고 정직하고 지혜로운 사람이 온다면 나는 가르치고 법을 설한다. 그가 가르친 대로 따라 행하면 오래지 않아 '이와 같이 나는 참으로 속박에서 바르게 해탈했으니, 즉 무명의 속박에서 바르게 해탈했다.'라고 스스로 알고 스스로 보게 될 것이다.

깟짜나여, 예를 들면 어리고 아무것도 모르고 아직 뒤척이지도 못하고 반듯하게 누워만 있는 갓난아이가 양 팔목과 발목과 목이 실끈에 묶여 있다가213) 그가 다 자라서 감각기능들이 성숙해지면 그 끈들에서 풀려날 것이다. 그러면 그는 '나는 풀려났다.'라고 알 것이고 더 이상 속박이란 없게 될 것이다.

깟짜나여, 그와 같이214) 교활하지 않고 속이지 않고 정직하고 지

212) "'과거도 그만두고 미래도 그만두자(tiṭṭhatu pubbanto tiṭṭhatu aparanto).'라는 것은 '그대는 과거라는 화제(atīta-kathā)에 어울리는(anucchavika) 숙명통의 지혜(pubbe-nivāsa-ñāṇa)도 없고, 미래라는 화제(anāgata-kathā)에 어울리는 천안통의 지혜(dibba-cakkhu-ñāṇa)도 없기 때문에 이 둘 모두 그만두자.'라고 세존께서 말씀하신 것이다."(MA.iii.278)

213) '양 팔목과 발목과 목이 실끈에 묶여 있다가'는 kaṇṭha-pañcamehi bandhanehi baddho assa sutta-bandhanehi(목을 다섯 번째로 하는 실끈으로 된 끈에 의해서 묶여 있다가)를 풀어서 옮긴 것이다. 여기서 '양 팔목과 발목과 목'은 kaṇṭha-pañcama(목을 다섯 번째로 하는 것)를 주석서를 참조해서 풀어서 옮긴 것이다. 주석서는 "그 갓난아이를 보호하기 위해(ārakkh-atthāya) 양 손목과 발목(hattha-pādā), 목(gīvā), 이렇게 다섯 군데를 실(suttaka)로 묶는데 그것을 두고 한 말이다."(MA.iii.278)라고 설명하고 있다.

214) "이 비유의 적용은 다음과 같다. 무명의 첫 시작점(purimā koṭi)을 알지 못하는 것은 갓난아이(dahara kumāra)가 실에 묶이는 것(sutta-bandhana)을 알지 못하는 때와 같고, 아라한도에 의해 무명의 속박(avijjā-bandha-

혜로운 사람이 온다면 나는 가르치고 법을 설한다. 그가 가르친 대로 따라 행하면 오래지 않아 '이와 같이 나는 참으로 속박에서 바르게 해탈했으니, 즉 무명의 속박에서 바르게 해탈했다.'라고 스스로 알고 스스로 보게 될 것이다."

17. 이렇게 말씀하시자 웨카낫사 유행승은 세존께 이렇게 말씀드렸다.

"경이롭습니다, 고따마 존자시여. 경이롭습니다, 고따마 존자시여. … 고따마 존자께서는 저를 재가신자로 받아주소서. 오늘부터 목숨이 붙어 있는 그날까지 귀의하옵니다."라고.

웨카낫사 경(M80)이 끝났다.

제8장 유행승 품이 끝났다.

---

na)에서 벗어났음(pamokkha)을 아는 것은 무명의 시작점을 알 수 없었지만 벗어나는 순간(mocana-kāla)에 아는 것과 같다."(MA.iii.278)

제9장

왕 품

Rāja-vagga

(M81~90)

가띠까라 경

Ghaṭīkāra Sutta(M81)

1. 이와 같이 나는 들었다. [45] 한때 세존께서는 많은 비구 승가와 함께 꼬살라를 유행하셨다.

2. 그때 세존께서는 가던 길을 벗어나 어떤 곳에서 미소를 지으셨다.215) 그러자 아난다 존자에게 이런 생각이 들었다.

"어떤 이유와 어떤 조건 때문에 세존께서는 미소를 지으실까? 여래는 이유 없이 미소를 짓지 않으신다."

그러자 아난다 존자는 한쪽 어깨가 드러나게 옷을 입고 세존께 합

---

215) "'미소를 지으셨다(sitaṁ pātvākāsi).'는 것은 앞니(aggagga-danta)를 드러내시고 은은한 미소를 띠며(manda-hasita) 웃으신 것을 말한다. 세상 사람들은 가슴을 치면서 웃지만 부처님들은 그렇지 않다. 부처님들은 웃으실 때 단지 기뻐하는 모습만(haṭṭha-pahaṭṭh-ākāra-matta)을 지으신다." (MA.iii.278~279)
부처님이 이처럼 특정 장소에서 미소를 지으신 것은 본서 「마카데와 경」(M83) §2, 『앙굿따라 니까야』 제3권 「가웨시 경」(A5:180) §1에도 나타나며 『상윳따 니까야』 제2권 「뼈 경」(S19:1) §3에서는 마하목갈라나 존자도 이런 미소를 지은 것으로 나타난다.
부처님과 아라한들이 지으시는 이러한 미소가 아비담마에서 미소짓는 마음(hasituppāda-citta)으로 정착이 된 듯하다. 미소짓는 마음에 대해서는 『아비담마 길라잡이』 제1장 §10의 [해설] 4를 참조할 것.

장하여 절을 올리고 세존께 이렇게 말씀드렸다.

"세존이시여, 어떤 이유와 어떤 조건 때문에 세존께서는 미소를 지으십니까? 여래는 이유 없이 미소를 짓지 않으십니다."

3. "아난다여, 옛적에 이곳에 부유하고 번창하고 인구가 많고 사람들로 붐비는 웨발링가라는 상업도시가 있었다. 아난다여, 아라한이시고 정등각자이신 깟사빠 세존께서 이 웨발링가 상업도시 부근에 머무셨다. 아난다여, 여기에 바로 아라한이시고 정등각자이신 깟사빠 세존의 원림이 있었다. 아난다여, 아라한이시고 정등각자이신 깟사빠 세존께서는 여기 머무시면서 비구 승가를 교계하셨다."

4. 그때 아난다 존자는 그의 대가사를 네 겹으로 접어 자리를 만들고 세존께 이렇게 말씀드렸다.

"세존이시여, 그렇다면 세존께서는 여기 앉으십시오. 그렇게 하시면 이 땅은 두 분의 아라한 · 정등각자들께서 사용하신 곳이 됩니다."

세존께서는 마련된 자리에 앉으셨다. 앉으셔서 세존께서는 아난다 존자에게 말씀하셨다.

5. "아난다여, 옛적에 이곳에 부유하고 번창하고 인구가 많고 사람들로 붐비는 웨발링가라는 상업도시가 있었다. 아난다여, 아라한이시고 정등각자이신 깟사빠 세존께서 이 웨발링가 상업도시 부근에 머무셨다. 아난다여, 여기에 바로 아라한이시고 정등각자이신 깟사빠 세존의 원림이 있었다. 아난다여, 아라한이시고 정등각자이신 깟사빠 세존께서는 여기 머무시면서 [46] 비구 승가를 교계하셨다."

6. "아난다여, 이 웨발링가라는 상업도시에 가띠까라라는 도기

공216)이 있었는데, 그는 아라한이시고 정등각자이신 깟사빠 세존의 신도 중에 가장 으뜸가는 신도였다. 도기공 가띠까라에게는 조띠빨라라는 바라문 학도 친구가 있었는데 가장 절친한 친구였다. 아난다여, 어느 때 도기공 가띠까라는 조띠빨라 바라문 학도를 불러 말했다.

"여보게, 벗 조띠빨라여. 우리 함께 아라한이시고 정등각자이신 깟사빠 세존을 뵈러 가세. 아라한이시고 정등각자이신 깟사빠 세존을 친견하는 것은 참으로 좋은 일일세."

아난다여, 이렇게 말하자 조띠빨라 바라문 학도는 도기공 가띠까라에게 이렇게 말했다.

"벗 가띠까라여, 그만하시게. 그 까까머리 사문을 만나서 무엇을 한다는 말이오."

아난다여, 두 번째로 … 아난다여, 세 번째로 도기공 가띠까라는 조띠빨라 바라문 학도에게 이렇게 말했다.

"여보게, 벗 조띠빨라여. 우리 함께 아라한이시고 정등각자이신 깟사빠 세존을 뵈러 가세. 아라한이시고 정등각자이신 깟사빠 세존을 친견하는 것은 참으로 좋은 일일세."

아난다여, 이렇게 말하자 조띠빨라 바라문 학도는 도기공 가띠까라에게 이렇게 말했다.

"벗 가띠까라여, 그만하시게. 그 까까머리 사문을 만나서 무엇을

---

216) 도기공 가띠까라(Ghaṭīkāra kumbhakāra)의 이야기는 본경뿐만 아니라 『상윳따 니까야』 제1권 「가띠까라 경」(S1:50)과 「가띠까라 경」(S2:24)에도 나타난다. 「가띠까라 경」(S1:50)은 모두 13개 게송들({170~182})로 구성되어 있는데 이것은 모두 「가띠까라 경」(S2:24)에도 똑같이 나타난다. 그러나 본경처럼 상세한 산문은 나타나지 않는다. 가띠까라(Ghaṭikāra)는 문자적으로 도기(ghaṭi)를 만드는 자(kāra)라는 뜻으로 이 단어 자체가 도기공(kumbhakāra)을 뜻한다.

한다는 말이오."

"벗 조띠빨라여, 그러면 속돌217)과 목욕가루를 가지고 강으로 목욕을 가세."

아난다여, "그러세, 벗이여."라고 조띠빨라 바라문 학도는 도기공 가띠까라에게 대답했다."

7. "아난다여, 그때 도기공 가띠까라와 조띠빨라 바라문 학도는 속돌과 목욕가루를 가지고 강으로 목욕을 갔다. 아난다여, 그때 도기공 가띠까라는 조띠빨라 바라문 학도에게 이렇게 말했다.

"벗 조띠빨라여. 여기서 가까운 곳에 아라한이시고 정등각자이신 깟사빠 세존의 원림이 있다네. 여보게, 벗 조띠빨라여, 우리 함께 아라한이시고 정등각자이신 깟사빠 세존을 뵈러 가세. 아라한이시고 정등각자이신 깟사빠 세존을 친견하는 것은 참으로 좋은 일일세."

아난다여, 이렇게 말하자 조띠빨라 바라문 학도는 도기공 가띠까라에게 이렇게 말했다.

"벗 가띠까라여, 그만하시게. 그 까까머리 사문을 만나서 [47] 무엇을 한다는 말이오?"

아난다여, 두 번째로 … 아난다여, 세 번째로 도기공 가띠까라는 조띠빨라 바라문 학도에게 이렇게 말했다.

"벗 조띠빨라여. 여기서 가까운 곳에 아라한이시고 정등각자이신 깟사빠 세존의 원림이 있다네. 여보게, 벗 조띠빨라여, 우리 함께 아라한이시고 정등각자이신 깟사빠 세존을 뵈러 가세. 아라한이시고

---

217) "'속돌(sotti)'은 홍옥 부스러기(kuruvinda-pāsāṇa-cuṇṇa)를 랙(*lac*, lākhā)으로 묶어서 작은 공처럼 연결한 것(kata-guḷika-kalāpakā)을 말한다. 목욕할 때 그 양쪽 끝을 잡고서 몸을 문지르는 것이다."(MA.iii.280) 요즘의 때밀이 수건과 같은 역할을 하는 것이다.

정등각자이신 깟사빠 세존을 친견하는 것은 참으로 좋은 일일세."

아난다여, 이렇게 말하자 조띠빨라 바라문 학도는 도기공 가띠까라에게 이렇게 말했다.

"벗 가띠까라여, 그만하시게. 그 까까머리 사문을 만나서 무엇을 한다는 말이오?""

8. "아난다여, 그러자 도기공 가띠까라는 조띠빨라 바라문 학도의 허리띠를 거머쥐고 이렇게 말했다.

"벗 조띠빨라여. 여기서 가까운 곳에 아라한이시고 정등각자이신 깟사빠 세존의 원림이 있다네. 여보게, 벗 조띠빨라여, 우리 함께 아라한이시고 정등각자이신 깟사빠 세존을 뵈러 가세. 아라한이시고 정등각자이신 깟사빠 세존을 친견하는 것은 참으로 좋은 일일세."

아난다여, 이렇게 말하자 조띠빨라 바라문 학도는 도기공 가띠까라에게 이렇게 말했다.

"벗 가띠까라여, 그만하시게. 그 까까머리 사문을 만나서 무엇을 한다는 말이오?""

9. "아난다여, 그러자 도기공 가띠까라는 조띠빨라 바라문 학도가 머리를 감자 그의 머리채를 잡고[218] 이렇게 말했다.

"벗 조띠빨라여. 여기서 가까운 곳에 아라한이시고 정등각자이신 깟사빠 세존의 원림이 있다네. 여보게, 벗 조띠빨라여, 우리 함께 아라한이시고 정등각자이신 깟사빠 세존을 뵈러 가세. 아라한이시고

---

218) "그는 '이 조띠빨라는 통찰지를 가진 자(paññavā)이다. 한번 여래를 친견하기만 하면 여래를 친견하는 것(dassana)으로도 청정한 믿음을 가질 것이고(pasīdissati), 설법(dhamma-kathā)을 듣는 것으로도 청정한 믿음을 가질 것이다.'라고 생각하면서 그의 '머리채를 잡고(kesesu parāmasitvā)' 이렇게 말한 것이다."(MA.iii.281)

정등각자이신 깟사빠 세존을 친견하는 것은 참으로 좋은 일일세."

아난다여, 이렇게 말하자 조띠빨라 바라문 학도에게 이런 생각이 들었다.

'참으로 경이롭구나. 참으로 놀랍구나. 우리는 서로 태생이 다름에도[219] 머리를 감고 있을 때 이 도기공 가띠까라가 나의 머리채를 당길 생각을 다 하다니. 참으로 이것은 예삿일이 아니지 싶구나.'[220]

그는 도기공 가띠까라에게 이렇게 말했다.

"벗 가띠까라여, 그대는 이렇게까지 해야 하는가."[221]

"벗 조띠빨라여, 나는 이렇게까지 해야 한다네. 왜냐하면 그만큼 [48] 나는 아라한이시고 정등각자이신 깟사빠 세존을 친견하는 것은 좋은 일이라고 생각한다네."

"벗 가띠까라여, 그렇다면 놓게. 함께 가세.""

10. "아난다여, 그러자 도기공 가띠까라와 조띠빨라 바라문 학도는 아라한이시고 정등각자이신 깟사빠 세존을 뵈러 갔다. 가서 도기

---

219) "도기공 가띠까라는 낮은 계급 출신(lāmaka-jātika)이라는 뜻이다."(MA.iii.281)
인도에서의 상황은 지금도 여전히 그러하지만 그 당시에는 특히 더 낮은 계급의 사람이 높은 계급의 사람의 머리를 만지는 일은 일상의 예의에 크게 어긋나는 일이었다.

220) "우리가 가는 것은 결코 사소한 일(oraka)이 아니고 하찮은 일(khuddaka)이 아니고 중대한 일(mahanta)일 것이다. 왜냐하면 이 친구는 자신의 힘(thāma)으로 나를 거머쥔 것이 아니라 스승(satthu)의 힘으로 나를 거머쥐었다고 생각하면서 거머쥐는 결정을 내린 것이다."(MA.iii.281)

221) '이렇게까지 해야 하는가?'는 yāvetadohipi를 주석서를 참조해서 옮긴 것이다. 주석서는 이렇게 설명한다.
"여기서 do와 hi와 pi는 불변화사(nipātā)로 의미가 없다. 그러므로 yāvat-uparimaṁ(이 정도의 높이까지)이라는 뜻이다. '입으로 말하는 것과 허리띠를 잡는 것을 넘어 머리채를 잡아끌면서(kesa-ggahaṇa)까지 그곳에 가야 할 목적(payoga)이 있는가?'라는 말이다."(MA.iii.281)

공 가띠까라는 아라한이시고 정등각자이신 깟사빠 세존께 절을 올리고 한 곁에 앉았다. 조띠빨라 바라문 학도는 아라한이시고 정등각자이신 깟사빠 세존과 함께 환담을 나누었다. 유쾌하고 기억할만한 이야기로 서로 담소를 하고서 한 곁에 앉았다. 아난다여, 한 곁에 앉아서 도기공 가띠까라는 아라한이시고 정등각자이신 깟사빠 세존께 이렇게 말씀드렸다.

"세존이시여, 이 조띠빨라 바라문 학도는 저의 친구 중에 가장 절친한 친구입니다. 세존께서는 이 사람에게 법을 설해주십시오."

아난다여, 그때 아라한이시고 정등각자이신 깟사빠 세존께서는 도기공 가띠까라와 조띠빨라 바라문 학도에게 법문으로[222] 가르치시고 격려하시고 분발하게 하시고 기쁘게 하셨다. 아난다여, 그때 도기공 가띠까라와 조띠빨라 바라문 학도는 아라한이시고 정등각자이신 깟사빠 세존의 법문으로 가르침을 받고 격려를 받고 분발하고 기뻐하며 세존의 말씀을 기뻐하고 감사드리면서 자리에서 일어나 세존께 절을 올리고 오른쪽으로 돌아 [경의를 표한] 뒤 물러갔다."

11. "아난다여, 그때 조띠빨라 바라문 학도는 도기공 가띠까라에게 이렇게 말했다.

"벗 가띠까라여, 그대는 이런 법을 들으면서 왜 집을 나와서 출가하지 않는가?"

"벗 조띠빨라여, 내가 늙고 눈먼 양친을 봉양하는 것을 모르는가?"

---

222) "깟사빠 세존께서는 여기서 기억을 떠오르게 하기 위해(sati-paṭilābh-atthāya) 전생과 관련된(pubbe-nivāsa-paṭisaṁyuttā) 법문을 설하셨다. 세존께서는 그에게 '조띠빨라여, 그대는 저열한 계급(lāmaka-ṭṭhāna)에 태어난 중생이 아니다. 대보리좌(mahā-bodhi-pallaṅka)에 앉아 모든 것을 아는 지혜[一切智, sabbaññuta-ññāṇa]를 열망하면서 태어난 중생이다. 그러한 그대가 이렇게 방일하면서 지내는 것(pamāda-vihāra)은 적절치 않다.'라는 식으로 기억을 되살리기 위해 법문을 설하셨다."(MA.iii.282)

"벗 가띠까라여, 그렇다면 나는 집을 떠나 출가하겠네.""

12. "아난다여, 그러자 도기공 가띠까라와 조띠빨라 바라문 학도는 아라한이시고 정등각자이신 깟사빠 세존을 뵈러 갔다. [49] 가서는 아라한이시고 정등각자이신 깟사빠 세존께 절을 올리고 한 곁에 앉았다. 아난다여, 한 곁에 앉아서 도기공 가띠까라는 아라한이시고 정등각자이신 깟사빠 세존께 이렇게 말씀드렸다.

"세존이시여, 이 조띠빨라 바라문 학도는 저의 친구 중에 가장 절친한 친구입니다. 세존께서는 이 사람을 출가하게 해주십시오."

아난다여, 조띠빨라 바라문 학도는 아라한이시고 정등각자이신 깟사빠 세존의 아래로 출가하여 구족계를 받았다."223)

13. "아난다여, 그때 아라한이시고 정등각자이신 깟사빠 세존께

---

223) "그러면 그는 출가(pabbajja)하여 무엇을 행하였는가? 보살들이 실천해야 하는 것(kattabba)을 행하였다. 보살들은 부처님 곁에 출가하여 네 가지 청정한 계(catu-pārisuddhi-sīla)에 확고히 머물러, 부처님 말씀인 삼장(tepiṭaka)을 배우고, 열세 가지 두타행(dhutaṅga)을 받아 지녀 숲으로 들어가서, 오고 갈 때 의무를 충실히 이행하고, 사문의 법(samaṇa-dhamma)을 행하면서, 위빳사나를 증장하여, 수순하는 지혜(anuloma-ñāṇa)까지만 증득하여 머문다. 하지만 도과를 증득하기 위해(magga-phal-attha) 애쓰지는 않는다(vāyāmaṁ na karonti). [왜냐하면 도과를 얻어버리면 보살의 생애가 끝나버리기 때문이다.] 이 조띠빨라도 출가하여 구족계를 받고는 보살들이 하는 것처럼 그렇게 했다." (MA.iii.282)
주석서의 이러한 설명은 대승불교의 꽃인 보살행의 의미를 깊이 새기게 해준다. 이처럼 상좌부에서도 보살의 의미를 충분히 이해하고 인정하고 있다고 보여진다.
수순하는 지혜(anuloma-ñāṇa)는 열 가지 (혹은 아홉 가지) 위빳사나의 지혜(vipassanā-ñāṇa) 가운데 마지막 지혜이다. 수순하는 지혜에 대해서는 『청정도론』 XXII.128이하와 『아비담마 길라잡이』 제9장 §33의 [해설] 9를 참조할 것. 네 가지 청정한 계(catu-pārisuddhi-sīla)에 대해서는 『아비담마 길라잡이』 제9장 §28의 [해설]과 『청정도론』 I.42 이하를, 열세 가지 두타행에 대해서는 『청정도론』 제2장을 참조할 것.

서는 조띠빨라 바라문 학도가 구족계를 받은 지 얼마되지 않아, 즉 구족계를 받은 지 보름이 지나자 웨발링가에서 원하는 만큼 머무시고 바라나시를 향하여 유행을 떠나셨다. 차례로 유행하시다가 바라나시에 도착하셨다. 그곳에서 아라한이시고 정등각자이신 깟사빠 세존께서는 바라나시의 이시빠따나의 녹야원에 머무셨다."

14. "아난다여, 까시[224]의 왕인 끼끼[225]는 아라한이시고 정등각자이신 깟사빠 세존께서 바라나시에 도착하셔서 바라나시의 이시빠따나 녹야원에 머무신다고 들었다. 그러자 까시의 왕인 끼끼는 여러 훌륭한 마차들을 준비하게 하고 훌륭한 마차에 올라 왕의 위세를 크게 떨치며 아라한이시고 정등각자이신 깟사빠 세존을 친견하기 위해 다른 여러 훌륭한 마차들과 함께 바라나시를 떠나 마차로 더 이상 갈 수 없는 곳에 이르자 마차에서 내려서 걸어서 아라한이시고 정등각

---

224) 옛적부터 와라나시(Varanasi, 바라나시)를 까시(Kāsi) 혹은 까시까(Kāsika)라고도 불렀다. 까시에 대해서는 본서 제2권 「끼따기리 경」(M70) §1의 주해를 참조할 것.

225) 본경에서 보듯이 끼끼(Kikī)는 깟사빠 부처님 시대에 까시(Kāsi, Varanasi)의 왕이었다. 자따까에 의하면 끼끼의 딸들 가운데 한명이 우랏차다(Uracchadā)였는데 16살에 아라한이 되었다고 한다. 그에게는 사마니(Samaṇī), 사마나(Samaṇā), 굿따(Guttā), 빅쿠다시까(Bhikkhudāsikā), 담마(Dhammā), 수담마(Sudhammā), 상가다시(Saṅghadāsī)라는 일곱 명의 딸들이 더 있었는데 그들은 석가모니 부처님 시대에 각각 케마(Khemā) 비구니, 웁빨라완나(Uppalavaṇṇā) 비구니, 빠따짜라(Paṭācārā) 비구니, 고따마(Gotamā = 끼사고따미 비구니), 담마딘나(Dhammadinnā) 비구니, 마하마야(Mahāmāyā) 부인, 위사카(Visākhā) 청신녀로 태어났다고 한다.(J.iv.481)
본경 §6에서는 가띠까라가 깟사빠 부처님의 으뜸가는 신도(aggupaṭṭhāka)라고 나타나지만 『앙굿따라 니까야 주석서』에는 끼끼 왕이 깟사빠 부처님의 으뜸가는 신도였다고 나타난다.(AA.ii.308) 『디가 니까야』 제2권 「대전기경」(D14 §1.12)에도 깟사빠 부처님 시대에는 끼끼가 왕이었으며 수도는 와라나시(Varanasi)였다고 나타난다.

자이신 깟사빠 세존을 뵈러 갔다. 가서는 아라한이시고 정등각자이신 깟사빠 세존께 절을 올리고 한 곁에 앉았다. 아난다여, 한 곁에 앉은 까시의 왕인 끼끼에게 아라한이시고 정등각자이신 깟사빠 세존께서는 법문으로 가르치시고 격려하시고 분발하게 하시고 기쁘게 하셨다."

15. "아난다여, 그때 까시의 왕인 끼끼는 아라한이시고 정등각자이신 깟사빠 세존의 법문으로 가르침을 받고 격려를 받고 분발하고 기뻐하며 아라한이시고 정등각자이신 깟사빠 세존께 이렇게 말씀드렸다. [50]

"세존이시여, 세존께서는 비구 승가와 함께 내일 저의 공양을 허락해주십시오."

아라한이시고 정등각자이신 깟사빠 세존께서는 침묵으로 허락하셨다. 그러자 까시의 왕인 끼끼는 세존께서 침묵으로 허락하신 것을 알고 자리에서 일어나 세존께 절을 올리고 오른쪽으로 돌아 [경의를 표한] 뒤 물러갔다."

16. "아난다여, 그때 까시의 왕인 끼끼는 그 밤이 지나자 자신의 거처에서 여러 가지 맛있는 부드러운 음식과 딱딱한 음식, 즉 묵은 붉은 쌀226)에서 뉘를 제거하여 최상의 쌀밥을 짓게 하고 여러 가지

---

226) "'묵은 붉은 쌀(paṇḍu-puṭaka sāli)'이란 자루에 넣어 말린 붉은 쌀이다. 이것은 벼를 베자마자 자루에 담은 뒤 묶어 공기가 통하는 곳에 말려서 향가루(gandha-cuṇṇa)를 씌워 자루에 담아 3년을 묵힌다. 이렇게 3년이 지난 향기 나는 붉은 쌀(sugandha-ratta-sāli)을 뉘를 다 제거한 뒤에 이런 깨끗하고 온전한 쌀을 가지고 딱딱한 과자 종류(khajjaka-vikati)도 만들고 밥도 짓게 해서 공양을 올린 것이다."(MA.iii.283)
지금도 인도 특히 남인도와 스리랑카에서는 이런 쌀이 최상의 품질이라고 말은 하지만 그렇게 애용하지는 않는 것으로 보인다.

국과 여러 가지 반찬들을 준비하게 하고서 아라한이시고 정등각자이신 깟사빠 세존께 시간을 알려 드렸다.

"세존이시여, 가실 시간이 되었습니다. 공양이 다 준비되었습니다.""

17. "아난다여, 그때 아라한이시고 정등각자이신 깟사빠 세존께서는 오전에 옷매무새를 가다듬고 발우와 가사를 수하시고 비구 승가와 함께 까시 왕 끼끼의 거처로 가셨다. 가서는 비구 승가와 함께 마련된 자리에 앉으셨다. 그러자 까시 왕 끼끼는 부처님을 비롯하여 비구 승가에게 딱딱한 음식과 부드러운 음식 등 맛있는 음식을 손수 충분히 대접하고 만족시켜드렸다. 그때 까시 왕 끼끼는 아라한이시고 정등각자이신 깟사빠 세존께서 공양을 마치시고 발우에서 손을 떼시자 어떤 낮은 자리를 잡아서 한 곁에 앉았다. 한 곁에 앉아서 까시 왕 끼끼는 아라한이시고 정등각자이신 깟사빠 세존께 이렇게 말씀드렸다.

"세존이시여, 세존께서는 바라나시에서 우기의 안거를 보내십시오. 그러면 승가에게 도움이 될 것입니다."

"대왕이여, 그만두십시오. 내가 우기의 안거를 지낼 곳은 이미 정해졌습니다."

아난다여, 두 번째로 … 아난다여, 세 번째로 까시 왕 끼끼는 아라한이시고 정등각자이신 깟사빠 세존께 이렇게 말씀드렸다.

"세존이시여, 세존께서는 바라나시에서 우기의 안거를 보내십시오. 그러면 승가에게 도움이 될 것입니다."

"대왕이여, 그만두십시오. 내가 우기의 안거를 지낼 곳은 이미 정해졌습니다."

아난다여, 그러자 까시 왕 끼끼는 '아라한이시고 정등각자이신 깟사빠 세존께서 [51] 바라나시에서 우기의 안거를 지내셨으면 하는 나의 청을 승낙하지 않으신다.'라고 알고 실망하고 마음이 우울했다."

18. "아난다여, 그때 까시 왕 끼끼는 아라한이시고 정등각자이신 깟사빠 세존께 이렇게 말씀드렸다.

"세존이시여, 세존께서는 저보다 더 헌신적인 다른 사람이 있으십니까?"

"대왕이여, 웨발링가라는 상업도시가 있는데, 그곳에 가띠까라라는 도기공이 있습니다. 그는 나의 신도 중에 가장 으뜸가는 신도입니다. 대왕이여, 그대는 '아라한이시고 정등각자이신 깟사빠 세존께서 바라나시에서 우기의 안거를 지내셨으면 하는 나의 청을 승낙하지 않으신다.'라고 알고 실망하고 마음이 우울하지만 그 도기공 가띠까라에게는 그런 것이 없고 앞으로도 있지 않을 것입니다.

대왕이여, 도기공 가띠까라는 부처님께 귀의했고 법에 귀의했고 승가에 귀의했습니다.

대왕이여, 도기공 가띠까라는 생명을 죽이는 것을 삼갔고 주지 않은 것을 가지는 것을 삼갔고 삿된 음행을 삼갔고 거짓말 하는 것을 삼갔고, 방일하는 근본이 되는 술 등을 마시는 것을 삼갔습니다.

대왕이여, 도기공 가띠까라는 부처님께 완전한 믿음을 구족했고 법에 완전한 믿음을 구족했고 승가에 완전한 믿음을 구족했고 성자들이 좋아하는 계율을 구족했습니다.

대왕이여, 도기공 가띠까라는 괴로움에 의심이 없고 괴로움의 일어남에 의심이 없고 괴로움의 소멸에 의심이 없고 괴로움의 소멸로 인도하는 도닦음에 의심이 없습니다.

대왕이여, 도기공 가띠까라는 한 번 먹는 자이고 청정범행을 닦는 자이고 계를 구족했으며 좋은 성품을 지녔습니다.

대왕이여, 도기공 가띠까라는 보석과 황금을 버렸고 금과 은을 버렸습니다.

대왕이여, 도기공 가띠까라는 삽이나 손으로 땅을 파지 않습니다. 제방을 쌓고 남은 흙이나 쥐가 파서 버린 흙을 필요한 만큼 가져와서 항아리를 만들어서 이렇게 말합니다. '누구든지 원하는 사람은 적당량의 쌀이나 적당량의 녹두나 적당량의 노란 콩을 남겨두고 원하는 것을 가져가시오.'라고.

대왕이여, 도기공 가띠까라는 눈멀고 연로한 양친을 봉양하고 있습니다. [52] 대왕이여, 도기공 가띠까라는 다섯 가지 낮은 단계의 족쇄를 완전히 없애고 [정거천에] 화생하여 그곳에서 완전히 열반에 들어 그 세계에서 다시 돌아오지 않는 법을 얻었습니다[不還者]."

19. "대왕이여, 한 번은 내가 웨발링가에 머물렀는데 그때 오전에 옷매무새를 가다듬고 발우와 가사를 수하고 도기공 가띠까라의 양친을 만나러 갔습니다. 가서는 도기공 가띠까라의 양친에게 이렇게 말했습니다.

"도기공은 어디로 갔습니까?"

"세존이시여, 당신의 신도는 밖에 나갔습니다. 솥에 있는 쌀밥을 꺼내시고 냄비에 있는 국을 꺼내어 드십시오."

대왕이여, 그때 나는 솥에 있는 쌀밥을 꺼내고 냄비에 있는 국을 꺼내어서 먹고 자리에서 일어나 돌아왔습니다. 대왕이여, 그때 도기공 가띠까라가 부모님께 돌아와 이렇게 말씀드렸습니다.

"누가 솥에 있는 쌀밥을 꺼내고 냄비에 있는 국을 꺼내어 드시고 자리에서 일어나 돌아갔습니까?"

"얘야, 아라한이시고 정등각자이신 깟사빠 세존께서 솥에 있는 쌀밥을 꺼내고 냄비에 있는 국을 꺼내어 드시고 자리에서 일어나 떠나셨단다."

대왕이여, 그러자 도기공 가띠까라에게 이런 생각이 들었습니다.

'아라한이시고 정등각자이신 깟사빠 세존께서 이렇게 나를 신뢰하시다니 이것은 나에게 축복이고 이것은 나에게 큰 이득이다.'

대왕이여, 그때 도기공 가띠까라에게는 보름 동안이나 희열과 행복이 사라지지 않았고227) 그의 양친에게는 칠 일 동안 사라지지 않았습니다."

20. "대왕이여, 또 다른 때에 내가 웨발링가에 머물 적에 오전에 옷매무새를 가다듬고 발우와 가사를 수하고 도기공 가띠까라의 양친을 만나러 갔습니다. 만나러 가서 도기공 가띠까라의 양친에게 이렇게 말했습니다.

"도기공은 어디로 갔습니까?"

"세존이시여, 당신의 신도는 밖에 나갔습니다. 솥에 있는 보리죽을 꺼내시고 냄비에 있는 국을 꺼내어 드십시오."

대왕이여, 그때 나는 항아리에 있는 보리죽을 꺼내고 냄비에 있는 국을 꺼내어 먹고 [53] 자리에서 일어나 돌아왔습니다. 대왕이여. 그때 도기공 가띠까라가 부모님께 돌아와 이렇게 말씀드렸습니다.

"누가 항아리에 있는 보리죽을 꺼내고 냄비에 있는 국을 꺼내어 드시고 자리에서 일어나서 돌아갔습니까?"

"얘야, 아라한이시고 정등각자이신 깟사빠 세존께서 항아리에 있

---

227) "'희열과 행복이 사라지지 않았고(pīti-sukhaṁ na vijahi)'라고 했다. 그러나 희열과 행복이 끊임없이 계속해서(nirantaraṁ) 사라지지 않는 것은 아니다. 밤이건 낮이건 마을에서건 숲에서건 '천상을 포함한 세계에서 가장 높은 분이 우리 집에 들어오셔서 손수 음식을 꺼내어 드시다니, 이것은 내게 축복이다.'라고 생각할 때마다 다섯 종류의 희열(pañca-vaṇṇā pīti)이 일어나는 것을 두고 한 말이다."(MA.iii.286)
다섯 종류의 희열에 관해서는 『청정도론』 IV.94에 잘 나타나 있으므로 참조하기 바란다.

는 보리죽을 꺼내고 냄비에 있는 국을 꺼내어 드시고 자리에서 일어나 떠나셨단다."

대왕이여, 그러자 도기공 가띠까라에게 이런 생각이 들었습니다.

'아라한이시고 정등각자이신 깟사빠 세존께서 이렇게 나를 신뢰하시다니 이것은 나에게 축복이고 이것은 나에게 큰 이득이다.'

대왕이여, 그때 도기공 가띠까라에게는 보름 동안이나 희열과 행복이 사라지지 않았고 그의 양친에게는 칠 일 동안 사라지지 않았습니다."

21. "대왕이여, 또 다른 때에 내가 웨발링가에 머물 적에 그때 토굴에 비가 샜습니다. 대왕이여, 그때 나는 비구들을 불러 말했습니다.

"비구들이여, 가서 도기공 가띠까라의 집에 풀이 있는지를 살펴보라."

대왕이여, 이렇게 말하자 비구들이 나에게 이렇게 말했습니다.

"세존이시여, 도기공 가띠까라의 집에는 풀이 없습니다. 그러나 그의 작업장이 풀로 덮여있습니다."

"비구들이여, 가서 도기공 가띠까라의 작업장 지붕을 벗겨 오거라."

대왕이여, 그러자 그 비구들은 도기공 가띠까라의 작업장 지붕을 벗겨 왔습니다. 대왕이여, 그러자 도기공 가띠까라의 양친은 비구들에게 이렇게 말했습니다.

"우리 작업장의 지붕을 벗기는 자들이 누구입니까?"

"누이여, 비구들입니다. 아라한이시고 정등각자이신 깟사빠 세존의 토굴이 샙니다."

"가져가십시오, 존자들이시여. 가져가십시오, 좋은 분들이시여."

대왕이여, 그때 도기공 가띠까라가 부모님께 돌아와 말씀드렸습니다.

"누가 우리 작업장의 지붕을 벗겨갔습니까?"

"얘야, 아라한이시고 정등각자이신 깟사빠 세존의 토굴이 샌단다."

대왕이여, 그러자 도기공 가띠까라에게 이런 생각이 들었습니다.

'아라한이시고 정등각자이신 깟사빠 세존께서 이렇게 나를 신뢰하시다니 이것은 나에게 축복이고 이것은 나에게 큰 이득이다.'

대왕이여, 그때 [54] 도기공 가띠까라에게는 보름 동안이나 희열과 행복이 사라지지 않았고 그의 양친에게는 칠 일 동안 사라지지 않았습니다. 대왕이여, 그러자 석 달 내내 그 작업장은 하늘을 지붕 삼아 있었지만 비가 내리지 않았습니다. 대왕이여, 도기공 가띠까라는 이런 사람입니다."

"세존이시여, 세존께서 도기공 가띠까라를 이렇게 신뢰하시다니 도기공 가띠까라에게 축복이고 도기공 가띠까라에게 큰 이득입니다."

22. "아난다여, 그때 까시 왕 끼끼는 도기공 가띠까라에게 자루에 담아서 묵힌 붉은 쌀과 그에 따르는 국거리 오백 수레분을 보냈다. 아난다여, 그때 왕의 사람들이 도기공 가띠까라에게 가서 이렇게 말했다.

"존자시여, 이것은 까시 왕 끼끼께서 그대에게 보낸 오백 수레분의 자루에 담아서 묵힌 붉은 쌀과 그에 따르는 국거리입니다. 존자시여, 이것을 받으십시오."

"왕께서는 해야 할 일이 많고 바쁠 것입니다. 저는 충분합니다. 이것은 왕이 가지셔야 합니다.""

23. "아난다여, 아마 그대에게 이런 생각이 들지도 모른다. '그때의 조띠빨라 바라문 학도는 다른 사람이었을 것이다.'라고. 아난다여,

그러나 그렇게 여겨서는 안된다. 내가 그때의 조띠빨라 바라문 학도였다.”

세존께서는 이와 같이 설하셨다. 아난다 존자는 흡족한 마음으로 세존의 말씀을 크게 기뻐하였다.

가띠까라 경(M81)이 끝났다.

랏타빨라 경

Raṭṭhapāla Sutta(M82)

1. 이와 같이 나는 들었다. 한때 세존께서는 많은 비구 승가와 함께 꾸루[228]를 유행하시다가 툴라꿋티따[229]라는 꾸루의 성읍에 도착하셨다.

2. 툴라꿋티따에 사는 바라문 장자들은 이렇게 들었다.

"사꺄의 후예이고, 사꺄 가문에서 출가한 사문 고따마라는 분이 많은 비구 승가와 함께 꾸루를 [55] 유행하시다가 툴라꿋티따에 도착했다. 그분 고따마 존자께는 이러한 좋은 명성이 따른다. '이런 [이유로] 그분 세존께서는 아라한[應供]이며, 완전히 깨달은 분[正等覺]이며, 명지와 실천을 구족한 분[明行足]이며, 피안으로 잘 가신 분[善逝]이며, 세간을 잘 알고 계신 분[世間解]이며, 가장 높은 분[無上士]이며, 사람을 잘 길들이는 분[調御丈夫]이며, 하늘과 인간의 스승[天人師]이

---

228) 꾸루(Kuru)에 대해서는 본서 제1권 「마음챙김의 확립 경」(M10) §1의 주해를 참조할 것.

229) "그곳의 집들은 곡식창고가 가득 차 있다(paripuṇṇa-koṭṭha-agāra)고 해서 툴라꿋티따(Thullakoṭṭhita)라고 한다."(MA.iii.288)
thulla는 형용사로 뚱뚱하거나 부피가 큰 것을 뜻한다.

며, 부처님[佛]이며, 세존(世尊)이다. 그는 신을 포함하고 마라를 포함하고 범천을 포함한 세상과 사문·바라문들을 포함하고 신과 사람을 포함한 무리들을 스스로 최상의 지혜로 알고 실현하여 드러낸다. 그는 시작도 훌륭하고 중간도 훌륭하고 끝도 훌륭하며 의미와 표현을 구족했고 더할 나위 없이 완벽하고 지극히 청정한 법을 설하고, 범행(梵行)을 드러낸다.'라고. 참으로 그러한 아라한을 뵙는 것은 축복이다."

3. 그러자 툴라꼿티따에 사는 바라문 장자들은 세존을 뵈러 갔다. 세존을 뵈러 가서 어떤 사람들은 세존께 절을 올리고 한 곁에 앉았다. 어떤 사람들은 세존과 함께 환담을 나누고 유쾌하고 기억할만한 이야기로 서로 담소를 하고서 한 곁에 앉았다. 어떤 사람들은 세존께 합장하여 인사드리고 한 곁에 앉았다. 어떤 사람들은 세존의 앞에서 이름과 성을 말씀드리고 한 곁에 앉았다. 어떤 자들은 조용히 한 곁에 앉았다. 세존께서는 한 곁에 앉은 툴라꼿티따에 사는 바라문 장자들에게 법문으로 가르치시고 격려하시고 분발하게 하시고 기쁘게 하셨다.

4. 그때 그 툴라꼿티따에서 가장 뛰어난 가문의 아들인 랏타빨라[230]라는 선남자가 그 회중에 앉아있었다. 그때 랏타빨라 선남자에

---

230) 랏타빨라 존자(āyasmā Raṭṭhapāla)는 『앙굿따라 니까야』 「하나의 모음」(A1:14:3-2)에서 "믿음으로 출가한 자들 가운데서 랏타빨라가 으뜸이다."라고 세존께서 칭찬하고 계신다. 왜 그가 믿음으로 출가한 자들 가운데 으뜸인지는 본경이 그 이유를 잘 보여주고 있다.
그의 게송이 『장로게』(Thag) {769}~{793}의 25개 게송으로 전해온다. 이 가운데 {769}부터 {774}까지의 처음의 6개 게송은 본경 §25에 나타나는 6개의 게송과 일치한다.
그리고 본경 §42에 나타나는 게송들은 『장로게』(Thag)에 나타나는 랏타빨라 존자의 25개 게송 가운데 일곱 번째인 {776}부터 마지막인 {793}의 18

게 이런 생각이 들었다.

'내가 세존께서 설하신 법을 이해하는 바로는 재가에 살면서 더할 나위 없이 완벽하고 지극히 청정한 소라고둥처럼 빛나는 청정범행을 실천하기란 쉽지 않다. 그러니 나는 이제 머리와 수염을 깎고 물들인 옷을 입고 집을 떠나 출가하리라.'

5. 그때 툴라꿋티따에 사는 바라문 장자들은 세존의 법문으로 가르침을 받고 격려를 받고 분발하고 기뻐하며 세존의 말씀을 기뻐하고 감사드리면서 [56] 자리에서 일어나 세존께 절을 올리고 오른쪽으로 돌아 [경의를 표한] 뒤 물러갔다.

6. 그때 툴라꿋티따에 사는 바라문 장자들이 떠난 지 얼마 되지 않아 랏타빨라 선남자는 세존을 뵈러 갔다. 가서는 세존께 절을 올리고 한 곁에 앉았다. 한 곁에 앉아서 랏타빨라 선남자는 세존께 이렇게 말씀드렸다.

"세존이시여, 제가 세존께서 설하신 법을 이해하는 바로는 재가에 살면서 더할 나위 없이 완벽하고 지극히 청정한 소라고둥처럼 빛나는 청정범행을 실천하기란 쉽지 않습니다. 세존이시여, 저는 이제 머리와 수염을 깎고 물들인 옷을 입고 집을 떠나 출가하고자 합니다. 세존이시여, 제가 세존 아래에서 출가하게 해주시고 구족계를 받게 해주십시오."

"랏타빨라여, 그런데 집을 떠나 출가하는 것을 부모에게서 허락받았는가?"

"세존이시여, 저는 집을 떠나 출가하는 것에 대해 부모님의 허락을 받지 않았습니다."

개와 거의 같다.

"랏타빨라여, 여래는 부모의 허락을 받지 않은 자들을 출가하게 하지 않는다."

"세존이시여, 그러면 제가 집을 떠나 출가하는 것에 대해 부모님의 허락을 받도록 하겠습니다."

7. 그러자 랏타빨라 선남자는 자리에서 일어나 세존께 절을 올리고 오른쪽으로 돌아 [경의를 표한] 뒤 부모님을 뵈러 갔다. 가서는 부모님께 이렇게 말씀드렸다.

"어머님, 아버님, 제가 세존께서 설하신 법을 이해하는 바로는 재가에 살면서 더할 나위 없이 완벽하고 지극히 청정한 소라고둥처럼 빛나는 청정범행을 실천하기란 쉽지 않습니다. 저는 이제 머리와 수염을 깎고 물들인 옷을 입고 집을 떠나 출가하고자 합니다. 제가 집을 떠나 출가하도록 허락하여 주십시오."

이렇게 말씀드리자 랏타빨라 선남자의 부모는 랏타빨라 선남자에게 이렇게 말했다.

"사랑하는 랏타빨라야, 너는 우리의 사랑스럽고 소중한 외아들이다. 너는 편안하게 성장했고 편안하게 양육되었다. 랏타빨라야, 너는 어떤 괴로움도 모른다. 이리 오너라, 랏타빨라야. 먹고 마시고 즐겨라. 먹고 마시고 즐기면서 감각적 즐거움을 누리고 공덕을 쌓으며 행복하게 살아라. 우리는 네가 집을 떠나 출가하는 것을 허락하지 않는다.[231] [57] 설령 네가 죽었다 하더라도 우리는 너 없이 머무는 것을 원하지 않을 것인데, 어떻게 살아있는 네가 집을 떠나 출가하는 것을 허락할 수 있겠느냐?"

---

231) '이리 오너라, 랏타빨라야, 먹고 마시고'로 시작되는 이 문장은 Ee에만 나타나고 Be와 Se에는 없는 내용이다. 냐나몰리 스님/보디 스님의 영역에도 이 부분은 없다.

두 번째로 … 세 번째로 부모님께 이렇게 말씀드렸다.

"어머님, 아버님, 제가 세존께서 설하신 법을 이해하는 바로는 재가에 살면서 더할 나위 없이 완벽하고 지극히 청정한 소라고둥처럼 빛나는 청정범행을 실천하기란 쉽지 않습니다. 저는 이제 머리와 수염을 깎고 물들인 옷을 입고 집을 떠나 출가하고자 합니다. 제가 집을 떠나 출가하도록 허락하여 주십시오."

세 번째로 랏타빨라 선남자의 부모는 랏타빨라 선남자에게 이렇게 말했다.

"사랑하는 랏타빨라야, 너는 우리의 사랑스럽고 소중한 외아들이다. 너는 편안하게 성장했고 편안하게 양육되었다. 랏타빨라야, 너는 어떤 괴로움도 모른다. 이리 오너라, 랏타빨라야. 먹고 마시고 즐겨라. 먹고 마시고 즐기면서 감각적 즐거움을 누리고 공덕을 쌓으며 행복하게 살아라. 우리는 네가 집을 떠나 출가하는 것을 허락하지 않는다. 설령 네가 죽었다 하더라도 우리는 너 없이 머무는 것을 원하지 않을 것인데, 어떻게 살아있는 네가 집을 떠나 출가하는 것을 허락할 수 있겠느냐?"

그때 랏타빨라 선남자는 부모로부터 출가를 허락받지 못하자 '나는 여기서 죽든지 아니면 출가할 것이다.'라고 하면서 땅바닥에 드러누웠다. [58]

8. 그러자 랏타빨라 선남자의 부모는 랏타빨라 선남자에게 이렇게 말했다.

"사랑하는 랏타빨라야, 너는 우리의 사랑스럽고 소중한 외아들이다. 너는 편안하게 성장했고 편안하게 양육되었다. 랏타빨라야, 너는 어떤 괴로움도 모른다. 일어나라, 랏타빨라야. 먹고 마시고 즐겨라. 먹고 마시고 즐기면서 감각적 즐거움을 누리고 공덕을 쌓으며 행복하게 살아라. 우리는 네가 집을 떠나 출가하는 것을 허락하지 않는다. 설령 네가 죽었다 하더라도 우리는 너 없이 머무는 것을 원하지 않을 것인데, 어떻게 살아있는 네가 집을 떠나 출가하는 것을 허락할 수 있겠느냐?"

이렇게 말했을 때 랏타빨라 선남자는 아무 말도 하지 않았다.두 번째로 … 세 번째로 랏타빨라 선남자의 부모는 랏타빨라 선남자에게 이렇게 말했다.

"사랑하는 랏타빨라야, 너는 우리의 사랑스럽고 소중한 외아들이다. 너는 편안하게 성장했고 편안하게 양육되었다. 랏타빨라야, 너는 어떤 괴로움도 모른다. 일어나라, 랏타빨라야. 먹고 마시고 즐겨라. 먹고 마시고 즐기면서 감각적 즐거움을 누리고 공덕을 쌓으며 행복하게 살아라. 우리는 네가 집을 떠나 출가하는 것을 허락하지 않는다. 설령 네가 죽었다 하더라도 우리는 너 없이 머무는 것을 원하지 않을 것인데, 어떻게 살아있는 네가 집을 떠나 출가하는 것을 허락할 수 있겠느냐?"

이렇게 말했을 때 랏타빨라 선남자는 아무 말도 하지 않았다.

9. 그러자 랏타빨라 선남자의 부모는 랏타빨라 선남자의 친구들을 만나러 갔다. 가서는 랏타빨라 선남자의 친구들에게 이렇게 말했다.

"얘들아, 이 랏타빨라가 '나는 여기서 죽든지 아니면 출가할 것이다.'라고 하면서 땅바닥에 드러누워 있다. 얘들아, 이리 와서 랏타빨라에게 가서 랏타빨라에게 이렇게 말해다오.

'벗 랏타빨라여, 그대는 부모님의 사랑스럽고 소중한 외아들이다. 그대는 편안하게 성장했고 편안하게 양육되었다. 벗 랏타빨라여, 그대는 어떤 괴로움도 모른다. 일어나라, 벗 랏타빨라여. 먹고 마시고 즐기라. 먹고 마시고 즐기면서 감각적 즐거움을 누리고 공덕을 쌓으며 행복하게 살라. 그대의 부모님은 그대가 집을 떠나 출가하는 것을 허락하지 않는다. 설령 그대가 죽었다 하더라도 그대의 부모님은 [59] 그대 없이 머무는 것을 원하지 않을 것인데, 어떻게 살아있는 그대가 집을 떠나 출가하는 것을 허락할 수 있겠는가?'라고."

10. 그러자 랏타빨라 선남자의 친구들은 랏타빨라의 부모에게 동의하고 랏타빨라 선남자를 만나러 갔다. 만나러 가서 랏타빨라 선남자에게 이렇게 말했다.

"벗 랏타빨라여, 그대는 부모님의 사랑스럽고 소중한 외아들이네. 그대는 편안하게 성장했고 편안하게 양육되었네. 벗 랏타빨라여, 그대는 어떤 괴로움도 모른다네. 일어나게, 벗 랏타빨라여. 먹고 마시고 즐기게. 먹고 마시고 즐기면서 감각적 즐거움을 누리고 공덕을 쌓으며 행복하게 살게. 그대의 부모님은 그대가 집을 떠나 출가하는 것을 허락하지 않는다네. 설령 그대가 죽었다 하더라도 그대의 부모님은 그대 없이 머무는 것을 원하지 않을 것인데, 어떻게 살아있는 그대가 집을 떠나 출가하는 것을 허락할 수 있겠는가?"

이렇게 말했을 때 랏타빨라 선남자는 아무 말도 하지 않았다.두 번째로 … 세 번째로 랏타빨라 선남자의 친구들은 랏타빨라 선남자에게 이렇게 말했다.

"벗 랏타빨라여, 그대는 부모님의 사랑스럽고 소중한 외아들이네. 그대는 편안하게 성장했고 편안하게 양육되었네. 벗 랏타빨라여, 그대는 어떤 괴로움도 모른다네. 일어나게, 벗 랏타빨라여. 먹고 마시고 즐기게. 먹고 마시고 즐기면서 감각적 즐거움을 누리고 공덕을 쌓으며 행복하게 살게. 그대의 부모님은 그대가 집을 떠나 출가하는 것을 허락하지 않는다네. 설령 그대가 죽었다 하더라도 그대의 부모님은 그대 없이 머무는 것을 원하지 않을 것인데, 어떻게 살아있는 그대가 집을 떠나 출가하는 것을 허락할 수 있겠는가?"

세 번째에도 랏타빨라 선남자는 아무 말도 하지 않았다.

11. 그러자 랏타빨라 선남자의 친구들은 랏타빨라 선남자의 부모를 만나러 갔다. 가서는 랏타빨라 선남자의 부모에게 이렇게 말씀드렸다.

"어머님, 아버님, 이 랏타빨라 선남자는 그곳에서 땅바닥에 드러누워 '나는 여기서 죽든지 아니면 [60] 출가할 것이다.'라고 합니다. 만일 부모님께서 랏타빨라 선남자가 집을 떠나 출가하는 것을 허락하지 않는다면 거기서 죽게 될 것입니다. 그러나 만일 부모님께서 랏타빨라 선남자가 집을 떠나 출가하는 것을 허락하신다면, 그가 출가한 뒤에라도 그를 볼 수 있을 것입니다. 만일 랏타빨라 선남자가 집을 떠나 출가하여 그것에 흥미를 느끼지 못한다면 그가 어디 다른 곳으로 가겠습니까? 여기로 다시 돌아올 것입니다. 그러니 랏타빨라 선남자가 집을 떠나 출가하는 것을 허락하십시오."

"얘들아, 랏타빨라 선남자가 집을 떠나 출가하는 것을 허락하겠다. 그 대신 출가하고 나서 부모를 만나러 와야 한다."

그러자 랏타빨라 선남자의 친구들은 랏타빨라 선남자를 만나러 갔다. 만나러 가서는 랏타빨라 선남자에게 이렇게 말했다.

"벗 랏타빨라여, 그대는 부모님의 사랑스럽고 소중한 외아들이네. 그대는 편안하게 성장했고 편안하게 양육되었네. 벗 랏타빨라여, 그대는 어떤 괴로움도 모른다네. 일어나게, 벗 랏타빨라여. 이제 먹고 마시고 즐기게. 부모님이 그대가 집을 떠나 출가하는 것을 허락하셨네. 그러나 그대는 출가하고 나서 부모님을 뵈러 와야만 하네."

12. 그러자 랏타빨라 선남자는 일어나 원기를 회복하여 세존을 뵈러 갔다. 가서는 세존께 절을 올리고 한 곁에 앉았다. 한 곁에 앉아서 랏타빨라 선남자는 세존께 이렇게 말씀드렸다.

"세존이시여, 저는 집을 떠나 출가하는 것을 부모님께 허락 받았습니다. 세존께서는 저를 출가하게 해 주십시오."

랏타빨라 선남자는 세존 아래에서 출가하였고 구족계를 받았다.

13. 그때 세존께서는 랏티빨라 존자가 구족계를 받은 지 얼마되지 않아, 즉 구족계를 받은 지 보름이 지나자 툴라꼿티따에서 원하는 만큼 머무시고 사왓티를 향해 유행을 떠나셨다. 차례로 유행하시다가 사왓티에 도착하셨다. 그곳에서 세존께서는 [61] 사왓티에서 제따 숲의 아나타삔디까 원림(급고독원)에 머무셨다.

14. 그러자 랏타빨라 존자는 혼자 은둔하여 방일하지 않고 열심히, 스스로 독려하며 지냈다.232) 오래지 않아 좋은 가문의 아들들이 바르게 집을 떠나 출가하는 목적인 그 위없는 청정범행의 완성을 지금・여기에서 최상의 지혜로 알고 실현하고 구족하여 머물렀다. '태어남은 다했다. 청정범행은 성취되었다. 할 일을 다 해 마쳤다. 다시는 어떤 존재로도 돌아오지 않을 것이다.'라고 꿰뚫어 알았다.

랏타빨라 존자는 아라한들 중의 한 분이 되었다.

15. 그때 랏타빨라 존자는 세존을 뵈러 갔다.233) 가서는 세존께

232) "그는 12년을 이렇게 방일하지 않고 열심히, 스스로 독려하며 지냈다. 이 존자는 가르침을 받아야 하는 사람(neyya-puggala)이었다. 그러므로 공덕을 가졌고(puññavā) 굳은 결심을 가져(abhinīhāra-sampanna) '오늘, 바로 오늘 아라한과를 얻으리라.'라고 사문의 법을 실천했지만 12년 만에 아라한과를 얻었다."(MA.iii.294)

절을 올리고 한 곁에 앉았다. 한 곁에 앉아서 랏타빨라 존자는 세존께 이렇게 말씀드렸다.

"세존이시여, 세존께서 허락해주신다면 저는 부모님을 찾아뵙고자 합니다."

세존께서는 당신의 마음으로 랏타빨라 존자의 마음 길을 헤아려보셨다. 세존께서는 랏타빨라 선남자가 공부지음을 버리고 환속할 일은 없을 것이라고 아시고 랏타빨라 존자에게 이렇게 말씀하셨다.

"랏타빨라여, 지금이 적당한 시간이라고 생각한다면 그렇게 하라."

16. 그러자 랏타빨라 존자는 자리에서 일어나 세존께 절을 올리고 오른쪽으로 돌아 [경의를 표한] 뒤 나와 거처를 정돈한 뒤 발우와 가사를 수하고 툴라꼿티따로 유행을 떠났다. 차례로 유행하여 툴라꼿티따에 도착했다. 그곳에서 랏타빨라 존자는 툴라꼿티따의 꼬라뱌 왕[234]의 미가찌라 정원[235]에 머물렀다. 그 다음날 랏타빨라 존자는

233) "내 부모님이 나의 출가를 허락해주실 때에 '때때로 와서 우리들에게 가르침을 달라.'라고 말하면서 허락하셨다. 나의 부모님은 하기 어려운 일을 하셨고 나는 그분들의 의향(ajjhāsaya)에 따라 출가했다. 이제 내가 아라한과를 얻었으니, 세존께 여쭌 뒤 내 부모님을 뵈러 가리라고 생각하면서 세존께 다가간 것이다."(MA.iii.294)

234) 주석서는 꼬라뱌 왕(rājā Koravya)에 대한 설명이 나타나지 않는다. 문자적으로 꼬라뱌(꼬라위야, Koravya)는 꾸루족(Kurū)의 후손이라는 뜻이다. 이곳이 꾸루 지방이기 때문에 꾸루족과 관계가 있는 왕인 듯하다. DPPN에도 나타나지 않는 것으로 봐서 DPPN의 저자는 이 단어를 꾸루의 왕으로 보통명사로 해석한 것이 아닌가 추측된다.

235) "'미가찌라(Migacīra)'는 정원(uyyāna)의 이름이다. 그것은 꼬라뱌 왕(rājā Koravya)이 '이 정원은 때를 지나서 도착하는 출가자들(pabbajitā)에게 내준 것이다. 마음껏 편히 향유하기를 바란다.'라고 하면서 허락한 곳이다. 그러므로 장로는 '내가 여기 도착한 사실을 내 부모님께 알리리라. 그들은 나에게 발 씻을 따뜻한 물과 발에 바를 기름 등을 보내줄 것이다.'라고 생각을 일으키면서 그 정원에 들어갔다."(MA.iii.294~295)

오전에 옷매무새를 가다듬고 발우와 가사를 수하고 툴라꼿티따로 탁발을 갔다. 툴라꼿티따에서 차례로 탁발하면서 자신의 아버지 집에 이르렀다.

17. 바로 그때에 랏타빨라 존자의 아버지는 중앙 문의 방에서 머리를 빗고 있었다. 랏타빨라 존자의 아버지는 멀리서 랏타빨라 존자가 오는 것을 보았다. 보고는 이렇게 말했다.

"이들 까까머리 사문들 때문에 사랑스럽고 소중한 내 외아들이 출가했다." [62]

랏타빨라 존자는 자기 아버지 집에서 보시도 얻지 못했고 거절도 얻지 못했다.236) 그가 얻은 것은 모욕뿐이었다.

18. 바로 그때에 랏티빨라 존자의 친척 하녀가 어제 먹다 남은 보리죽을 버리려 하고 있었다. 그러자 랏타빨라 존자는 그녀에게 이렇게 말했다.

"누이여, 만일 그것이 버릴 것이라면 여기 내 발우에 주시오."

그러자 랏티빨라의 친척 하녀는 어제 먹다 남은 보리죽을 랏티빨라 존자의 발우에 부으면서 손과 발과 목소리의 특징을 알아차렸다. 그러자 랏티빨라의 친척 하녀는 랏타빨라 존자의 어머니에게 가서 이렇게 말했다.

"마님, 알고 계십시오. 마님의 아들 랏타빨라가 왔습니다."

"뭐라고? 만일 그게 사실이라면 너는 하녀를 면할 것이다."

---

236) 탁발을 갔을 때 거절한다는 표시를 하면 더 이상 기다릴 필요 없이 다음 집으로 가서 필요한 음식을 얻을 수 있다. 그러므로 신도가 보시를 하고 싶지 않을 때는 거절한다는 표시를 정중하게 해주는 것이 좋다. 여기서 '거절'은 paccakkhāna를 옮긴 것인데 주석서는 '정중하게(paṭisanthāra) 거절하는 것'이라고 설명한다.(MA.iii.298)

그러자 랏타빨라 존자의 어머니는 랏타발라 존자의 아버지에게 가서 이렇게 말했다.

"장자님, 알고 계십시오. 랏타빨라가 왔습니다."

19. 바로 그때 랏타빨라 존자는 어떤 벽 옆에 앉아서 지난밤에 남았던 보리죽을 먹고 있었다. 그때 랏타빨라 존자의 아버지는 랏타빨라 존자에게 다가갔다. 다가가서 랏타빨라 존자에게 이렇게 말했다.

"사랑하는 우리 아들 랏티빨라여, 거기에 있었구나. 지난밤에 남았던 보리죽을 먹고 있는 것이 아닌가! 랏티빨라여, 네가 들어가서 쉴 너의 집이 있지 않느냐?"

"장자여, 집을 떠나 출가한 우리에게 집이 어디 있겠습니까? 장자여, 우리에게는 집이 없습니다. 장자여, 우리는 [63] 당신의 집에 갔었습니다. 거기서 보시도 얻지 못했고 거절당하는 것도 얻지 못했습니다. 얻은 것은 모욕뿐이었습니다."

"랏타빨라여, 이리 오거라. 집으로 들어가자꾸나."

"장자여, 되었습니다. 오늘 제 공양은 마쳤습니다."

"그러면 랏타빨라여, 내일 와서 공양하겠다고 약속해다오."

랏타빨라 존자는 침묵으로 동의하였다.

20. 그러자 랏타빨라 존자의 아버지는 랏타빨라 존자가 동의한 것을 알고 자기 집으로 돌아갔다. 가서는 금화와 황금으로 큰 무더기를 만들어 돗자리로 덮어놓고 랏타빨라 존자의 옛 아내들을 불러서 말했다.

"이리 오라, 며느리들아, 너희들은 전에 랏타빨라 선남자에게 사랑받고 귀애받던 그런 장신구로 치장을 하라."

21. 그때 랏타빨라 존자의 아버지는 그 밤이 지나고 자신의 집에서 맛있는 딱딱한 음식과 부드러운 음식을 준비하게 하고 랏타빨라 존자에게 시간을 알렸다.

"사랑하는 우리 아들 랏타빨라여, 시간이 되었구나. 공양이 다 준비되었다."

22. 그때 랏타빨라 존자는 오전에 옷매무새를 가다듬고 발우와 가사를 수하고 자기 아버지의 집으로 갔다. 가서는 마련된 자리에 앉았다. 그러자 랏타빨라 존자의 아버지는 그 금화와 황금으로 만든 무더기를 열어 보이면서 랏타빨라 존자에게 이렇게 말했다.

"사랑하는 우리 아들 랏타빨라여, 이것은 네 어머니의 유산이다. 아버지의 유산은 따로 있고 할아버지의 재산도 따로 있다. 아들 랏타빨라여, 재물을 즐기면서 공덕을 지을 수도 있다. 그러니 이리 오라, 사랑하는 우리 아들 랏타빨라여, [64] 공부지음을 그만두고 환속하여 재물을 즐기면서 공덕을 지어라."

"장자여, 만일 당신이 내 말대로 하시겠다면 이 금화와 황금으로 만든 무더기를 수레에 싣고 나가 강가 강의 물속에 던져버리십시오. 장자여, 왜냐하면 이것 때문에 당신에게 근심·탄식·육체적 고통·정신적 고통·절망이 일어날 것이기 때문입니다."

23. 그러자 랏타빨라 존자의 옛 부인들이 그의 발을 붙잡고 랏타빨라 존자에게 이렇게 말했다.

"서방님, 어떤 요정들이 있기에 그들을 위해 당신은 청정범행을 닦으십니까?"

"누이들이여, 요정들 때문에 우리는 청정범행을 닦는 것이 아닙니다."

"'누이'라는 말로써 랏타빨라 서방님은 우리를 부르시는구나."라고 그들은 그 자리에서 기절을 해버렸다.

24. 그러자 랏타빨라 존자는 아버지께 이렇게 말했다.

"장자여, 만일 음식을 주시려면 주십시오. 더 이상 우리를 모욕하지 마십시오."

"아들 랏타빨라여, 음식을 들라. 준비가 되었다."

그러자 랏타빨라 존자의 아버지는 랏타빨라 존자에게 딱딱한 음식과 부드러운 음식 등 맛있는 음식을 손수 충분히 대접하고 만족시켜 드렸다. 그때 랏타빨라 존자는 공양을 마치자 발우에서 손을 떼고 일어나서 이 게송을 읊었다.

25. "보라,[237] 잘 치장했고 상처덩이이고
잘 세워진[238] 저 몸[239]을.
그것은 고통스럽고[240] 많은 관심의 대상[241]이고

237) "옆에 서 있던 사람에게 한 말이다."(MA.iii.301)

238) "아홉 개의 상처 구멍(vaṇa-mukha)이 있기 때문에 '상처덩이(arukāya)'이다. 300개의 뼈(aṭṭhi)가 900개의 힘줄(nhāru)에 묶이고 그 위에 900개의 고깃덩이(maṁsa-pesi)가 덧붙여져 반듯하게 서 있기 때문에 '잘 세워진(samussita)'이라고 했다."(MA.iii.302)

239) 여기서 '몸'은 bimba(형체)를 옮긴 것인데 주석서에서 atta-bhāva(자기 몸)이라고 설명하고 있어서(MA.iii.302) 이렇게 옮겼다.

240) "'고통스럽고(ātura)'란 늙음(jarā)으로 고통스럽고 질병(roga)으로 고통스럽고 오염원(kilesa)으로 고통스럽고 항상(nicca) 고통스럽다."(MA.iii.302)

241) '많은 관심의 대상'은 bahu-saṅkappa(많은 관심을 [일으키는 것])를 주석서를 참조해서 옮긴 것이다. 주석서는 이렇게 설명한다.
"'많은 관심을 [일으키는 것](관심의 대상, bahu-saṅkappa)'이란 다른 사람에게서 일어난 욕구와 관심(patthanā-saṅkappa)을 통해서 많은 관심을 [일으키는 것]이다. 여자들의 몸에 대해 남자들의 관심(saṅkappa)이 생기고, 또한 그들의 몸에 대해 여자들의 관심이 생긴다. 공동묘지에 버려진 시

견고하게 머물지 않는다.[242)]

보라, 보석과 귀걸이로
잘 치장한 형색을.
해골이 피부에 포장되어
옷으로 아름답게 꾸며졌구나.

발에는 헤너 물감으로 붉게 칠하고[243)]
얼굴은 분칠하여
어리석은 자를 현혹시키기엔 충분하나
피안을 찾는 자를 현혹시키지는 못하네. [65]

머리는 여덟 가닥으로 땋았고
눈에는 연고를 발라
어리석은 자 현혹시키기에 충분하나
피안을 찾는 자 현혹시키지는 못하네.

새로 착색한 연고 단지처럼
불결한 몸을 아름답게 장식하여

체에 대해서도 까마귀나 매 등은 열망하기(patthayanti) 때문에 많은 관심을 [일으키는 것], 즉 많은 관심의 대상이라고 한다."(MA.iii.302)

242) "'견고하게 머물지 않는다(natthi dhuvaṁ ṭhiti).'고 했다. 이 몸은 환(māyā)과 같고 신기루(marīci)와 같고 포말덩이(pheṇa-piṇḍa)와 같고 물거품(udaka-pupphuḷa) 등과 같아서 영원히 머문다는 것은 있을 수 없다. 무너지는 성질을 가졌음(bhijjana-dhammatā)이 확실하기(niyata) 때문이다."(MA.iii.302)

243) '헤너 물감으로 붉게 칠하고'는 alattaka(헤너 물감)-katā(만든)를 풀어서 옮긴 것이다. 여기서 alattaka는 붉은 염료로 쓰이는 랙(*lac*)을 뜻한다. 그래서 이렇게 옮겼다. 사전에 의하면 이것은 부처꽃과(*Lythraceae*) 식물의 관에서 생기는 홍자색의 염료이다.

어리석은 자 현혹시키기에 충분하나
피안을 찾는 자 현혹시키지는 못하네.

사냥꾼이 올가미를 놓았으나
사슴은 덫에 걸리지 않고
미끼를 먹고서 떠나버리나니
사냥꾼을 슬피 울게 한다."244)

26. 그때 랏타빨라 존자는 일어서서 이 게송을 읊고 꼬라뱌 왕의 미가찌라 정원으로 갔다. 가서는 낮 동안을 머물기 위해 어떤 나무 아래 앉았다.

27. 그때 꼬라뱌 왕은 미가와245)를 불러서 말했다.

"착한 정원 관리사여, 미가찌라 정원을 깨끗하게 청소하라. 그 아름다운 곳을 보러갈 것이다."

"그러겠습니다, 폐하."라고 미가와는 꼬라뱌 왕에게 대답하고 미가찌라 정원을 치우다가 랏타빨라 존자가 어떤 나무 아래 앉아 낮 동안을 머물고 있는 것을 보았다. 보고서 꼬라뱌 왕에게 가서 이렇게 말했다.

"미가찌라를 깨끗하게 청소했습니다. 그런데 이 툴라꼿티따에서

---

244) "이 구절을 통해 장로는 부모님을 사슴 사냥꾼(miga-luddaka)에 비유하고, 나머지 친척들은 사슴 사냥꾼의 일행들에, 금화와 황금(hiraññа-suvaṇṇa)은 올가미(vākarā-jāla)에, 자신이 먹은 밥(bhutta-bhojana)은 미끼로 준 풀(nivāpa-tiṇa)에, 자신은 큰 사슴(mahā-miga)에 비유하여 보인 것이다. 마치 큰 사슴이 미끼로 놓은 풀을 원하는 만큼 먹고 물을 마시고 목을 들어 사방을 둘러본 뒤 '이곳으로 가면 안전할 것이다.'라고 생각하면서 사슴 사냥꾼을 슬픔에 빠트리고 숲으로 되돌아가듯이 장로도 이 게송을 읊은 뒤에 허공(ākāsa)으로 날아서 미가찌라 정원으로 되돌아갔다."(MA.iii.303)

245) "'미가와(Migava)'는 그 정원 관리사의 이름이다."(MA.iii.304)

가장 뛰어난 집안의 아들이며 폐하께서 항상 칭송하던 랏타빨라라는 선남자가 거기 어떤 나무 아래 앉아 낮 동안을 머물고 있습니다."

"착한 미가와여, 그렇다면 오늘 정원 구경 가는 것은 그만 되었다. 이제 나는 그 랏타빨라 존자를 친견하러 가야겠다."

28. 그때 꼬라바 왕은 "거기에 장만한 음식을 모두 나누어주라." 라고 말하고 여러 훌륭한 마차들을 준비하게 하고 훌륭한 마차에 올라 왕의 위세를 크게 떨치며 다른 여러 훌륭한 마차들과 함께 랏타빨라 존자를 친견하기 위해 툴라꿋티따를 떠났다. 마차로 더 이상 갈 수 없는 곳에 이르자 마차에서 내려 저명한 인사들과 함께 걸어서 랏타빨라 존자를 뵈러 갔다. 가서는 [66] 랏타빨라 존자와 함께 환담을 나누었다. 유쾌하고 기억할만한 이야기로 서로 담소를 하고서 한 곁에 섰다. 한 곁에 서서 꼬라바 왕은 랏타빨라 존자에게 이렇게 말했다.

"랏타빨라 존자는 여기 코끼리 모피 위에 앉으십시오."

"대왕이여, 괜찮습니다. 당신이 앉으십시오. 나는 내 자리에 앉았습니다."

꼬라바 왕은 마련된 자리에 앉았다. 앉아서 꼬라바 왕은 랏타빨라 존자에게 이렇게 말했다.

29. "랏타빨라 존자여, 네 가지 좌절이 있는데 그 좌절을 겪고 여기 어떤 사람들은 머리와 수염을 깎고 물들인 옷을 입고 집을 떠나 출가합니다. 무엇이 넷인가요? 늙음으로 인한 좌절, 질병으로 인한 좌절, 재산으로 인한 좌절, 친지를 잃음으로 인한 좌절입니다."

30. "랏타빨라 존자여, 어떤 것이 늙음으로 인한 좌절일까요?

랏타빨라 존자여, 여기 어떤 자는 늙고 나이 들고 노후하고 긴 여정을 보냈고 생의 마지막 단계에 이르게 됩니다. 그는 이렇게 숙고합니다. '나는 이제 늙고 나이 들고 노후하고 긴 여정을 보냈고 노쇠하게 되었다. 그러므로 내가 아직 벌지 못한 재산을 번다거나 번 재산을 불린다는 것은 쉽지 않다. 그러니 이제 나는 머리와 수염을 깎고 물들인 옷을 입고 집을 떠나 출가해야겠다.'라고. 그는 늙음으로 인한 좌절을 겪고 머리와 수염을 깎고 물들인 옷을 입고 집을 떠나 출가합니다.246)

랏타빨라 존자여, 이를 일러 늙음으로 인한 좌절이라 합니다.

랏타빨라 존자께서는 아직은 연소하고 젊고 머리가 검고 축복받은 젊음을 구족한 초년기입니다. 그러니 랏타빨라 존자는 그런 늙음으로 인한 좌절은 겪지 않았습니다. 그런데도 랏타빨라 존자께서는 무엇을 알고, 보고, 들어서 집을 떠나 출가했습니까?"

31. "랏타빨라 존자여, 그러면 어떤 것이 질병으로 인한 좌절일까요?

랏타빨라 존자여, 여기 어떤 자는 중병에 걸려 극심한 고통에 시달립니다. 그는 이렇게 숙고합니다. '나는 지금 중병에 걸려 극심한 고통에 시달린다. 그러므로 내가 아직 벌지 못한 재산을 번다거나 번 재산을 불린다는 것은 쉽지 않다. [67] 그러니 이제 나는 머리와 수염을 깎고 물들인 옷을 입고 집을 떠나 출가해야겠다.'라고.

그는 질병으로 인한 좌절을 겪고 머리와 수염을 깎고 물들인 옷을 입고 집을 떠나 출가합니다.

랏타빨라 존자여, 이를 일러 질병으로 인한 좌절이라 합니다.

---

246) "멀리 있는 승원에 가서 비구들에게 절하고 '존자시여, 저는 젊은 시절에 유익한 행위를 많이 했습니다. 이제는 늙었습니다. 탑전의 뜰을 청소하고 풀을 뽑으면서 살겠습니다. 존자시여, 저를 출가시켜 주십시오.'라고 연민을 일으키도록 간청한다. 그러면 장로는 연민(anukampā)으로 그를 출가시킨다. 이것을 두고 한 말이다."(MA.iii.305)

랏타빨라 존자는 병이 없고 고통이 없으며 음식을 고루 소화시키도록[247] 너무 차지도 않고 너무 덥지도 않은 [중간의 업에서 생긴 불의 요소를 구족했습니다.][248] 그러니 랏타빨라 존자는 그런 질병으로 인한 좌절은 겪지 않았습니다. 그런데도 랏타빨라 존자는 무엇을 알고, 보고, 들어서 집을 떠나 출가했습니까?"

32. "랏타빨라 존자여, 그러면 어떤 것이 재산으로 인한 좌절일까요?

랏타빨라 존자여, 여기 어떤 자는 큰 재물과 큰 재산을 가져 부유

---

247) '음식을 고루 소화시키도록'은 sama-vepākiniyā gahaṇiyā를 옮긴 것이다. 여기서 sama-vepākini는 고루 소화시키는 이라는 뜻이고, gahaṇī는 주석서에 의하면 먹은 음식을 고루 소화시키는 일종의 소화기관이다. 그러므로 주석서대로 옮기면 이것은 '음식을 고루 소화시키는 소화기관'이 된다. 그리고 주석서는 이 gahaṇī를 업에서 생긴 불의 요소(kammaja-tejo-dhātu)라고 설명한다. 주석서의 설명을 살펴보자.
"gahaṇī는 업에서 생긴 불의 요소(kammaja-tejo-dhātu)를 말한다. 이곳에서 먹은 음식이 소화되거나(jīrati) 혹은 마치 썩은 음식(puṭabhatta)처럼 이곳에 머물러 있게 되는 이러한 두 가지는 '음식을 고루 소화시키는 소화기관(samavepākiniyā gahaṇiyā)'을 구족한 것이 아니다. 그러나 음식을 먹을 때에 음식에 대한 열의(bhatta-cchanda)가 생기는 것이 음식을 고루 소화시키는 소화기관, 즉 업에서 생긴 불의 요소를 구족한 것이다."(MA.iii.306)
즉 소화기관이라 한다 해서 실제로 있는 소화기관이 아니라 음식을 소화시키려는 열의라는 업에서 생긴 불의 요소를 gahaṇī라고 부른다는 것이다. 그래서 역자는 이것을 소화기관으로 옮기지 않고 '소화시키도록'이라고 옮겼다.

248) '너무 차지도 않고 너무 덥지도 않은 [중간의 업에서 생긴 불의 요소를 구족했습니다.]'는 nātisītāya naccuṇhāya를 주석서를 참조해서 풀어서 옮긴 것이다. 본서 「보디 왕자 경」(M85) §58에 해당하는 주석서는 다음과 같이 설명한다.
"음식을 소화시키는 업에서 생긴 불의 요소(kammaja-tejo-dhātu)가 지나치게 차가운 사람은 찬 것을 두려워하고(sīta-bhīrū), 지나치게 뜨거우면 더운 것을 두려워한다(uṇha-bhīrū). 그들의 정진(padhāna)은 성취되지 못한다. 그러므로 그 중간의 [적당한 불의 요소를] 가진 자(majjhima-gahaṇika)라야 정진을 성취한다는 뜻이다."(MA.iii.326)

했는데 그런 그의 재산이 점점 줄어듭니다. 그는 이렇게 숙고합니다. '나는 전에는 큰 재물과 큰 재산을 가져 부유했는데 점점 나의 재산이 줄고 있다. 그러므로 내가 아직 벌지 못한 재산을 번다거나 번 재산을 불린다는 것은 쉽지 않다. 그러니 이제 나는 머리와 수염을 깎고 물들인 옷을 입고 집을 떠나 출가해야겠다.'라고. 그는 재산으로 인한 좌절을 겪고 머리와 수염을 깎고 물들인 옷을 입고 집을 떠나 출가합니다.

랏타빨라 존자여, 이를 일러 재산으로 인한 좌절이라 합니다.

랏타빨라 존자께서는 이 툴라꼿티따에서 가장 뛰어난 집안의 아들이었습니다. 그러니 랏타빨라 존자는 그런 재산으로 인한 좌절은 겪지 않았습니다. 그런데도 랏타빨라 존자는 무엇을 알고, 보고, 들어서 집을 떠나 출가했습니까?"

33. "랏타빨라 존자여, 그러면 어떤 것이 친지를 잃음으로 인한 좌절일까요?

랏타빨라 존자여, 여기 어떤 자는 많은 친구와 동료들과 일가친척들이 있었지만 그의 친지들이 점점 줄어듭니다. 그는 이렇게 숙고합니다. '나는 전에는 친구와 동료들과 일가친척들이 많았는데 점점 나의 친지들이 점점 줄어든다. 그러므로 내가 아직 벌지 못한 재산을 번다거나 번 재산을 불린다는 것은 쉽지 않다. 그러니 이제 나는 [68] 머리와 수염을 깎고 물들인 옷을 입고 집을 떠나 출가해야겠다.'라고. 그는 친지를 잃음으로 인한 좌절을 겪고 머리와 수염을 깎고 물들인 옷을 입고 집을 떠나 출가합니다.

랏타빨라 존자여, 이를 일러 친지를 잃음으로 인한 좌절이라 합니다.

랏타빨라 존자는 이 툴라꼿티따에 많은 친구와 동료들과 일가친척들이 있었습니다. 그러니 랏타빨라 존자는 그런 친지를 잃음으로 인한 좌절은 겪지 않았습니다. 그런데도 랏타빨라 존자께서는 무엇을 알고, 보고, 들어서 집을 떠나 출가했습니까?"

34. "랏타빨라 존자여, 이것이 네 가지 좌절인데 이것을 겪고 여기 어떤 사람들은 머리와 수염을 깎고 물들인 옷을 입고 집을 떠나 출가합니다. 그러나 랏타빨라 존자는 이러한 것들이 없었습니다. 그런데도 랏타빨라 존자는 무엇을 알고, 보고, 들어서 집을 떠나 출가했습니까?"

35. "대왕이여, 아시는 분, 보시는 분, 아라한, 정등각자이신 그분 세존께서 설하신 네 가지 가르침의 요약이 있습니다. 저는 그것을 알고, 보고, 들어서 집을 떠나 출가했습니다. 무엇이 넷인가요?"

36. "① 대왕이여, '세상은 견고하지 않고 달려간다.'[249)]라는 것이 아시는 분, 보시는 분, 아라한, 정등각자이신 그분 세존께서 설하신 첫 번째 가르침의 요약입니다. 저는 그것을 알고, 보고, 들어서 집을 떠나 출가했습니다.

② 대왕이여, '세상은 피난처가 없고 보호자가 없다.'라는 것이 아시는 분, 보시는 분, 아라한, 정등각자이신 그분 세존께서 설하신 두 번째 가르침의 요약입니다. 저는 그것을 알고, 보고, 들어서 집을 떠나 출가했습니다.

③ 대왕이여, '세상은 자기 것이 없다. 모든 것을 버리고 가야 한다.'라는 것이 아시는 분, 보시는 분, 아라한, 정등각자이신 그분 세존께서 설하신 세 번째 가르침의 요약입니다. 저는 그것을 알고, 보고, 들어서 집을 떠나 출가했습니다.

---

249) "'달려간다(upanīyati).'는 것은 늙음과 죽음의 곁으로 간다, 혹은 수명이 줄어들면서(āyu-kkhaya) 그곳으로 실려 간다는 말이다."(MA.iii.306)

④ 대왕이여, '세상은 항상 불완전하고 만족할 줄 모르며 갈애의 노예이다.'라는 것이 아시는 분, 보시는 분, 아라한, 정등각자이신 그 분 세존께서 설하신 네 번째 가르침의 요약입니다. 저는 그것을 알고, 보고, 들어서 집을 떠나 출가했습니다."

37. "대왕이여, 아시는 분, 보시는 분, 아라한, 정등각자이신 그 분 세존께서 설하신 이러한 네 가지 가르침의 요약이 있습니다. [69] 저는 그것을 알고, 보고, 들어서 집을 떠나 출가했습니다."

38. "랏타빨라 존자는 '세상은 견고하지 않고 달려간다.'라고 말씀하셨습니다. 랏타빨라 존자여, 이 말의 뜻을 어떻게 보아야 하겠습니까?"

"대왕이여, 이를 어떻게 생각하십니까? 대왕은 스무 살이었거나 스물다섯 살이었을 적에는 코끼리 타기에도 능숙했고 말 타기에도 능숙했고 마차 타기에도 능숙했고 궁술에도 능숙했고 검술에도 능숙했고 허벅지도 강건하고 팔도 강건하여 전쟁을 완수하기에 충분했습니까?"

"랏타빨라 존자여, 제가 스무 살이었거나 스물다섯 살이었을 적에는 코끼리 타기에도 능숙했고 말 타기에도 능숙했고 마차 타기에도 능숙했고 궁술에도 능숙했고 검술에도 능숙했고 허벅지도 강건하고 팔도 강건하여 전쟁을 완수하기에 충분했습니다. 랏타빨라 존자여, 그때 내게 신통력이 있지 않았을까 하는 생각까지 듭니다. 힘으로 저를 견줄 만한 사람은 본 적이 없었습니다."

"대왕이여, 이를 어떻게 생각하십니까? 대왕은 지금도 허벅지가 강건하고 팔이 강건하여 전쟁을 완수하기에 충분합니까?"

"아닙니다, 랏타빨라 존자여. 지금은 늙고 나이 들고 노후하고 긴 여정을 보냈고, 노쇠하여 여든이 되었습니다. 랏타빨라 존자여, 때로는 여기에 발을 디뎌야지 하면서도 다른 곳에 발을 디딥니다."

"대왕이여, 이것을 두고 아시는 분, 보시는 분, 아라한, 정등각자이신 그분 세존께서는 '세상은 견고하지 않고 달려간다.'라고 설하셨습니다. 저는 그것을 알고, 보고, 들어서 집을 떠나 출가했습니다."

"경이롭습니다, 랏타빨라 존자여. 놀랍습니다, 랏타빨라 존자여. 아시는 분, 보시는 분, 아라한, 정등각자이신 그분 세존께서는 '세상은 견고하지 않고 달려간다.'라고 잘 설하셨습니다. 랏타빨라 존자여, 참으로 세상은 견고하지 않고 달려가버립니다."

39. "랏타빨라 존자여, 이 왕가에는 상병과 마병과 전차병과 보병이 있어 우리의 위험을 제거해줄 것입니다. [70] 그런데 랏타빨라 존자는 '세상은 피난처가 없고 보호자가 없다.'라고 말씀하셨습니다. 랏타빨라 존자여, 이 말의 뜻을 어떻게 보아야 하겠습니까?"

"대왕이여, 이를 어떻게 생각하십니까? 대왕은 어떤 지병이 있으십니까?"

"랏타빨라 존자여, 제게는 지병인 풍이 있습니다. 랏타빨라 존자여, 때로는 친구와 동료들과 일가친척들이 '이제 꼬라뱌 왕은 임종할 것이다. 이제 꼬라뱌 왕은 임종할 것이다.'라고 생각하면서 저를 에워싸고 서 있기도 합니다."

"대왕이여, 이를 어떻게 생각하십니까? 그 친구와 동료들과 일가친척들에게 '여보게, 나의 친구와 동료들과 일가친척들이여, 이리들 오게. 그대들 모두 내가 고통을 조금만 느낄 수 있도록 이 고통스러운 느낌을 나누어 가게.'라고 명령할 수 있습니까, 아니면 대왕이 그 고통스러운 느낌을 느껴야만 합니까?"

"랏타빨라 존자여, 저는 그 친구와 동료들과 일가 친척들에게 '여보게, 나의 친구와 동료들과 일가친척들이여, 이리들 오게. 그대들 모두 내가 고통을 조금만 느낄 수 있도록 이 고통스러운 느낌을 나누어 가게.'라고 명령할 수 없습니다. 대신에 제가 그 고통스러운 느낌을 느껴야만 합니다."

"대왕이여, 이것을 두고 아시는 분, 보시는 분, 아라한, 정등각자이신 그분 세존께서는 '세상은 피난처가 없고 보호자가 없다.'라고 설하셨습니다. 저는 그것을 알고, 보고, 들어서 집을 떠나 출가했습니다."

"경이롭습니다, 랏타빨라 존자여. 놀랍습니다, 랏타빨라 존자여. 아시는 분, 보시는 분, 아라한, 정등각자이신 그분 세존께서는 '세상은 피난처가 없고 보호자가 없다.'라고 잘 설하셨습니다. 랏타빨라 존자여, 참으로 세상은 피난처가 없고 보호자가 없습니다."

40. "랏타빨라 존자여, 이 왕가에는 아주 많은 금화와 황금 덩이가 지하에 묻혀있고 금고에 저장되어 있습니다. 그런데 랏타빨라 존자는 '세상은 자기 것이 없다. 모든 것을 버리고 가야 한다.'라고 말씀하셨습니다. 랏타빨라 존자여, 이 말의 뜻을 어떻게 보아야 하겠습니까?"

"대왕이여, 이를 어떻게 생각하십니까? 대왕은 지금 [71] 다섯 가닥의 얽어매는 감각적 욕망을 갖추고 완비하여 즐기고 있습니다. 그런데 저 세상에서도 역시 '나는 지금의 이들 다섯 가닥의 얽어매는 감각적 욕망을 갖추고 완비하여 즐길 것이다.'라고 기대할 수 있습니까, 아니면 대왕은 지은 바 업에 따라 [저 세상으로] 갈 것이고 다른 사람들이 이 재산을 인수하게 됩니까?"

"랏타빨라 존자여, 저는 지금 다섯 가닥의 얽어매는 감각적 욕망을 갖추고 완비하여 즐기고 있습니다. 그런데 저 세상에서도 역시 '나는 지금의 이들 다섯 가닥의 얽어매는 감각적 욕망을 갖추고 완비하여 즐길 것이다.'라고 기대할 수 없습니다. 그 대신에 저는 지은 바 업에 따라 [저 세상으로] 갈 것이고, 다른 사람들이 이 재산을 인수하게 될 것입니다."

"대왕이여, 이것을 두고 아시는 분, 보시는 분, 아라한, 정등각자이신 그분 세존께서는 '세상은 자기 것이 없다. 모든 것을 버리고 가야 한다.'라고 설하셨습니다. 저는 그것을 알고, 보고, 들어서 집을 떠나 출가했습니다."

"경이롭습니다, 랏타빨라 존자여. 놀랍습니다, 랏타빨라 존자여. 아시는 분, 보시는 분, 아라한, 정등각자이신 그분 세존께서는 '세상은 자기 것이 없다. 모든 것을 버리고 가야 한다.'라고 잘 설하셨습니다. 랏타빨라 존자여, 참으로 세상은 자기 것이 없습니다. 모든 것을 버리고 가야 합니다."

41. "'세상은 항상 불완전하고 만족할 줄 모르며 갈애의 노예이다.'라고 랏타빨라 존자께서는 말씀하셨습니다. 랏타빨라 존자여, 이 말의 뜻을 어떻게 보아야 하겠습니까?"

"대왕이여, 이를 어떻게 생각하십니까? 대왕은 부유한 꾸루 지방을 통치하고 계십니까?"

"그렇습니다, 랏타빨라 존자여. 저는 부유한 꾸루 지방을 통치하고 있습니다."

"대왕이여, 이를 어떻게 생각하십니까? 이제 믿을만하고 의지할 수 있는 사람이 동쪽에서 와서 대왕에게 말하기를 '대왕이여, 아셔야 합니다. 저는 동쪽에서 왔습니다. 그곳에서 부유하고 번창하고 인구가 많고 사람들로 붐비는 큰 나라를 봤습니다. 그곳에는 상병과 마병과 전차병과 보병이 있으며 그곳에는 많은 상아가 있으며 그곳에는 제련되지 않은 금화와 황금덩이가 많을 뿐 아니라 제련된 것도 많이 있으며 그곳에는 많은 여인의 무리가 있습니다. 폐하가 가진 현재의 병력으로 정복할 수 있습니다. 대왕이여, 정복하십시오.'라고 한다면 대왕은 어떻게 하시겠습니까?" [72]

"랏타빨라 존자여, 우리는 그곳을 정복하여 통치할 것입니다."

"대왕이여, 이를 어떻게 생각하십니까? 이제 믿을만하고 의지할 수 있는 사람이 서쪽에서 … 북쪽에서 … 남쪽에서 와서 대왕에게 말하기를 '대왕이여, 아셔야 합니다. 저는 남쪽에서 왔습니다. 그곳에서 부유하고 번창하고 인구가 많고 사람들로 붐비는 큰 나라를 봤습니다. 그곳에는 상병과 마병과 전차병과 보병이 있으며 그곳에는 많은 상아가 있으며 그곳에는 제련되지 않은 금화와 황금덩이가 많을 뿐 아니라 제련된 것도 많이 있으며 그곳에는 많은 여인의 무리가 있습니다. 폐하가 가진 현재의 병력으로 정복할 수 있습니다. 대왕이여, 정복하십시오.'라고 한다면 대왕은 어떻게 하시겠습니까?"

"랏타빨라 존자여, 우리는 그곳을 정복하여 통치할 것입니다."

"대왕이여, 이것을 두고 아시는 분, 보시는 분, 아라한, 정등각자이신 그분 세존께서는 '세상은 항상 불완전하고 만족할 줄 모르며 갈애의 노예이다.'라고 설하셨습니다. 저는 그것을 알고, 보고, 들어서 집을 떠나 출가했습니다."

"경이롭습니다, 랏타빨라 존자여. 놀랍습니다, 랏타빨라 존자여. 아시는 분, 보시는 분, 아라한, 정등각자이신 그분 세존께서는 '세상은 항상 불완전하고 만족할 줄 모르며 갈애의 노예이다.'라고 잘 설하셨습니다. 랏타빨라 존자여, 참으로 세상은 항상 불완전하고 만족할 줄 모르며 갈애의 노예입니다."

42. 이렇게 랏타빨라 존자는 말했다. 이렇게 설하고 다시 이렇게 [게송으로] 말했다.[250)]

"이 세상에 부유한 사람들을 나는 보나니
재물을 얻지만 어리석음 때문에 베풀지를 않습니다.
탐욕으로 재물을 쌓아두면서
점점 더 감각적 욕망들을 동경합니다.[251]

왕은 무력으로 땅을 정복하여
바다와 맞닿는 땅을 통치하면서도
바다의 이쪽 기슭[252]으로 만족하지 못하고
바다의 저쪽 기슭마저 동경합니다. [73]

왕뿐만 아니라 다른 많은 인간들도
갈애를 떨쳐내지 못하고 죽음을 맞고
[욕망을] 이루지 못하고 몸을 버리니
세상에 감각적 욕망에는 만족이 없습니다.

친지들은 머리를 풀고
'오, 우리 [사람이] 죽었다.'고 통곡을 하지만
수의로 그를 감싸 울러 매고 나가서
화장용 더미 위에 놓고 거기서 태웁니다.

---

250) 다음 게송은 『장로게』(Thag)에 나타나는 랏타빨라 존자의 25개 게송 가운데 일곱 번째인 {776}부터 마지막인 {793}의 18개와 거의 같다.

251) "하나를 얻으면 둘을 '동경하고(abhipatthayanti)', 둘을 얻고는 넷을 동경한다. 이와 같이 점점 더 대상으로서의 감각 욕망과 오염원으로서의 감각적 욕망(vatthu-kāma-kilesa-kāma)을 동경한다."(MA.iii.307)

252) "'바다의 이쪽 기슭(oraṁ samuddassa)'인 자기 왕국(saka-raṭṭha)을 말한다. 그것으로 만족하지 못하는 모습(atitta-rūpa)을 말이다."(MA.iii.307)

재산은 남겨두고 한 벌 수의에 입혀
쇠꼬챙이들에 찔리면서 타들어가니
여기 친지도 친구들도 동료들도
죽어가는 그에게 의지처가 되지 못합니다.

상속자들이 그의 재물을 가져가고
중생은 자기 업에 따라 저 세상으로 가고
재물은 죽은 자를 따르지 않나니
처자도 재물도 왕국도 또한 그와 같습니다.

재물로 긴 수명을 얻을 수 없고
번영으로 늙음을 내쫓을 수 없습니다.
생은 짧고 영원하지 않고 변하기 마련인 것이라
지자들은 말합니다.

부자도 가난뱅이도 [죽음과] 맞닥뜨리고[253)]
바보도 현자도 그와 같지만
바보는 어리석음으로 인해 그것에 부딪혀 드러눕지만
현자는 죽음과 맞닥뜨려도 떨지 않습니다.[254)]

---

253) '[죽음과] 맞닥뜨리고'는 phusanti phassaṁ(접촉을 맞닿는다.)을 옮긴 것인데, 주석서에서 "죽음의 접촉(maraṇa-phassa)과 맞닿는다."(MA.iii.308) 라고 풀이하고 있어서 이렇게 옮겼다.

254) "어리석은 자(bāla)가 죽음의 접촉과 맞닥뜨리듯이 현자(dhīra)도 죽음과 맞닥뜨린다. 죽음과 맞닥뜨리지 않는 사람은 아무도 없다. 그러나 어리석은 사람은 그 어리석음 때문에 죽음과 맞닥뜨리면 그것에 부딪혀 드러눕고 만다. '나는 해탈에 도움 될 만한 선한 행위를 하지 못했다.'라는 등으로 후회(vippaṭisāra)하면서 동요하고(calati) 떨고(vedhati) 전율한다(vipphandati). 그러나 현자는 선처의 표상(sugati-nimitta)을 보면서 전율하지 않고 동요하지 않는다."(MA.iii.308)

그러므로 통찰지가 재물보다 소중하니
그것으로 여기서 목적을 이루기 때문입니다.[255)]
[그것을] 성취하지 못했기 때문에 여러 생을 거쳐
중생들은 어리석음으로 인해 사악한 업들을 짓습니다.

끊임없이 윤회하면서 모태에 들고
저 세상으로 가나니
작은 통찰지를 가진 자는 그에 믿음을 가져[256)]
모태에 들고 저 세상으로 갑니다. [74]

강도짓을 하다 잡힌, 나쁜 성품의 도적이
자기 업으로 고통받듯이
그처럼 나쁜 성품의 사람들도 다음 세상으로 가서
자기 업으로 고통받습니다.

감각적 욕망은 화려하고 달콤하고 매혹적이어서
여러 형태로 마음을 뒤흔드니
왕이여, 얽어매는 감각적 욕망에서
재난을 보고 나는 출가했습니다.

과일이 나무에서 떨어지듯이 젊은이건 늙은이건
몸이 무너지면 [떨어지나니]

---

255) "그 통찰지로 '여기(idha)' 이 세상에서(imasmiṁ loke) 모든 일을 다 해 마친(sabba-kicca-vosāna) 아라한과라는 '목적(vosāna)'을 얻는다. 그러므로 재물보다 더 귀중한 것이다."(MA.iii.308)

256) "'작은 통찰지를 가진(appa-pañña)' 그러한 사람은 그러한 작은 통찰지를 가진 다른 사람에게 '믿음을 가진다(abhisaddahanta).'는 말이다."(MA.iii.308)

왕이여, 이것을 보고 나는 출가했습니다.
분명 출가자의 삶이 더 뛰어납니다."257)

랏타빨라 경(M82)이 끝났다.

257) "'분명 출가자의 삶이 더 뛰어납니다(apaṇṇakaṁ sāmaññam eva seyyo).'라고 했다. 방해받지 않고(aviruddha) 두 갈래로 갈라지지 않고(advejjha-gāmi) 반드시 해탈로 인도하는(ekanta-niyyānika) 출가자의 삶(sāmañña)이 더 고귀하고 더 수승하다고 결론짓고 출가를 선택했습니다, 대왕이여. 그러므로 대왕이 질문한 '무엇을 보고 듣고 출가를 했습니까?'라는 것에 대해 '이것을 보고 이것을 듣고 출가를 했습니다.'라고 나를 이해하라고 하면서 가르침을 끝맺고 있다."(MA.iii.309)

마카데와 경

Makhādeva Sutta(M83)

1. 이와 같이 나는 들었다. 한때 세존께서는 미틸라[258]에 있는 마카데와 망고 숲에[259] 머무셨다.

---

258) 미틸라(Mithilā)는 위데하(Vidheha)의 수도(rājadhānī)였다.(J.vi.397) 『디가 니까야』 제2권 「마하고윈다 경」(D19)에 미틸라는 레누 왕의 전담 바라문(govinda)이었던 마하고윈다 바라문이 터를 닦아서 웨데하 사람들에게 배분하였다는 전설적인 이야기가 나타난다.(D19 §38) 짬빠에서 미틸라로 통하는 길이 나 있었다. 미틸라는 인도 대서사시 『라마야나』와 고층 우빠니샤드인 『브르하다란냐까 우빠니샤드』에 의하면 바라문 전통에서 성군으로 칭송받는 자나까(Janaka) 왕의 수도이기도 하였는데, 지금 네팔의 자나까뿌라(Janakapura)라고 한다. 세존께서는 본경 외에도 본서 「브라흐마유 경」(M91)을 이곳에서 설하셨다.
위데하(Videhā)는 인도 중원의 16국 가운데 하나요, 웨살리를 수도로 하는 왓지(Vajjī)를 구성하는 부족 가운데 하나다. 왓지는 몇몇 부족들로 이루어져 있었다고 하는데 그 가운데서 릿차위(Licchavī)와 위데하(Videha)가 강성하였다고 한다. 부처님 당시에는 릿차위가 강성하여(MA.i.394) 『앙굿따라 니까야』 제3권 「릿차위 청년 경」(A5:58)에서 보듯이 초기경에서 릿차위(Licchavī)와 왓지는 동일시되다시피 하고 있다.

259) "옛적에 마카데와라는 왕(Makhādeva nāma rājā)이 이 망고 숲(ambavana)을 만들었다. 그 나무들이 다 죽고 다음에 다른 왕이 다시 심었지만 그 처음 이름대로 마카데와 망고 숲이라고 불렀다."(MA.iii.309)

2. 그때 세존께서는 어떤 곳에서 미소를 지으셨다.260) 그러자 아난다 존자에게 이런 생각이 들었다.

"어떤 이유와 어떤 조건 때문에 세존께서는 미소를 지으실까? 여래는 이유 없이 미소를 짓지 않으신다."

그러자 아난다 존자는 한쪽 어깨가 드러나게 옷을 입고 세존께 합장하여 절을 올리고 세존께 이렇게 말씀드렸다.

"세존이시여, 어떤 이유와 어떤 조건 때문에 세존께서는 미소를 지으십니까? 여래는 이유 없이 미소를 짓지 않으십니다."

3. "아난다여, 옛적에 이 미틸라에 마카데와라는 왕261)이 있었

---

260) "세존께서 해거름에 경행하시다가 아름다운 장소를 보시고 내가 옛적에 이 곳에서 머물렀다고 떠올리면서 '옛적에 내가 마카데와라는 왕이 되어 이 망고 숲을 만들었고, 여기서 내가 출가하여 네 가지 거룩한 마음가짐[四梵住, cattāro brahma-vihārā]을 닦아서 범천의 세상(brahma-loka)에 태어났다. 그러나 이런 이유가 비구 승가에게는 드러나지 않았으므로 내가 이제 설명해야겠다.'라고 생각하시면서 앞니(aggagga-danta)를 드러내시면서 미소를 지으셨다."(MA.iii.309~310)
본서 「가띠까라 경」(M81) §2의 주해도 참조할 것.

261) 마카데와 왕(Makhādeva rājā)은 사가라데와(Sāgaradeva)의 아들이고, 인류 최초의 왕이라는 마하삼마따(Mahāsammata)의 후손이다. 이 마카데와 왕조는 옥까까(Okkāka, Sk. Ikṣvāku, 익슈와꾸) 왕이 전승하였다고 한다.(Dpv.iii.34f.; Mhv.ii.10; DAṬ.i.393) 그리고 『디가 니까야』 제1권 「암밧타 경」(D3)에서 보듯이 석가모니 부처님의 종족인 사꺄족은 바로 이 옥까까 왕을 시조로 한다.(D3 §1.16)
본경에 해당하는 복주서는 옛날 팔만사천 전륜성왕들의 시조(ādipurisa)가 바로 이 마카데와 왕이었다고 적고 있다.(MAṬ.ii.147)
본경뿐만 아니라 『자따까』(J.i.137; J.vi.95 등)에도 마카데와 왕과 마카데와 망고 숲의 이야기가 나타나고 있다.
한편 마하삼마따(Mahāsammata) 왕은 『디가 니까야』 제3권 「세기경」(世紀經, D27) §§20~21에도 나타나는데 여기서 부처님께서는 "많은 사람들에 의해서 뽑혔다고 해서 '마하삼마따, 마하삼마따'라는 단어가 첫 번째로 생겨났다."(D27 §21)고 말씀하고 계신다. 이처럼 인류 최초의 왕은 백성들이

는데 그는 법다웠고 법으로 통치했으며 법에 확고한[262] 대왕이었다. 그는 바라문들과 장자들과 시민들과 지방민들 사이에서 법대로 행했다.[263] 그는 14일과 15일과 보름의 8일째 날에 포살을 [75] 준수했다."

4. "아난다여, 그때 마카데와 왕은 여러 해가 지나고 여러 백 년이 지나고 여러 천 년이 지나 그의 이발사에게 말했다.
"착한 이발사여, 그대가 만일 내 머리에서 흰 머리카락이 생기는 것을 보면 나에게 알려다오."

아난다여, 이발사는 마카데와 왕에게 "알겠습니다, 폐하."라고 대답했다. 아난다여, 이발사는 여러 해가 지나고 여러 백 년이 지나고 여러 천 년이 지나 왕의 머리에서 흰 머리카락이 생긴 것을 보고 마카데와 왕에게 이렇게 말했다.

"폐하에게 염라대왕의 사자[264]가 나타났습니다. 폐하의 머리에서

그들의 재산보호나 치안유지 등을 위해서 함께 동의해서 뽑은 사람일 뿐이라는 것이 초기불교의 관점이다.
주석서(DA.i.258 등)에 의하면 마하삼마따 왕은 인류 최초의 왕이었으며, 사까족의 최초의 왕이라고 한다. 『천궁사 주석서』(VmA)에 의하면 마하삼마따 왕은 인도신화에서 최초의 인간으로 간주하는 마누(Manu)라고 설명하고 있다.(VmA.19)

262) "'법다웠다(dhammika).'는 것은 법을 가지고 있었다는 말이다. '법으로 통치했다(dhamma-rājā).'는 것은 법에 의해 왕이 되었다는 뜻이고, '법에 확고했다(dhamme ṭhito).'는 것은 열 가지 유익한 업의 길[十善業道]이라는 법에 확고했다는 말이다."(MA.iii.310)

263) "즉 평등하게(samaṁ) 대했다는 말이다."(MA.iii.310)

264) '염라대왕의 사자'는 deva-dūtā(신의 사자들)를 옮긴 것이다. deva는 주로 신 혹은 하늘 신을 뜻하는데 여기서는 염라대왕(죽음의 신, maccu)이라고 설명하고 있어서 이렇게 옮겼다. 본서 제4권 「저승사자 경」(M130)에서는 저승사자로 옮겼다.
주석서의 설명은 다음과 같다.
"'염라대왕의 사자(deva-dūta)라고 하였다. 여기서 deva는 염라대왕(죽음

흰 머리카락이 생긴 것이 보입니다."

"착한 이발사여, 그렇다면 그 흰 머리카락을 족집게로 잘 뽑아서 내 손바닥에다 놓아다오."

아난다여, 그 이발사는 마카데와 왕에게 "그러겠습니다, 폐하."라고 대답하고 그 흰 머리카락을 족집게로 잘 뽑아서 마카데와 왕의 손바닥에 올려놓았다. 아난다여, 그러자 마카데와 왕은 이발사에게 가장 좋은 마을을 [영지로] 하사하고 왕세자를 불러 이렇게 말했다.

"사랑하는 왕자여, 나에게 염라대왕의 사자가 나타났다. 내 머리에서 흰 머리카락이 생긴 것이 보인다. 나는 인간의 감각적 욕망을 다 누렸으니 이제 하늘의 감각적 욕망을 누릴 때가 되었다. 이리 오라, 사랑하는 왕자여. 이 왕국을 통치하라. 나는 이제 머리와 수염을 깎고 물들인 옷을 입고 집을 떠나 출가할 것이다.

사랑하는 왕자여, 그러므로 너도 역시 머리에서 흰 머리카락이 생기는 것을 보면 이발사에게 가장 좋은 마을을 [영지로] 하사하고 왕세자를 왕위에 잘 옹립한 뒤 머리와 수염을 깎고 물들인 옷을 입고 집을 떠나 출가하라. 내가 제정한 이 좋은 관행을 계속 전하여 네가 나의 마지막 사람이 되지 마라. 사랑하는 왕자여, 두 사람이 살고 있을 때 어떤 사람이 이런 좋은 관행을 끊어버리면 그가 그들 가운데 마지막 사람이 될 것이다. 사랑하는 왕자여, 그러므로 나는 이렇게

의 신, maccu)을 말한다. 그의 사자(dūta)라고 해서 염라대왕의 사자라 한다. 몸에 흰 머리칼들(palitāni)이 생기는 것은 염라대왕의 곁에 서 있는 것과 같기 때문에 흰머리를 염라대왕의 사자라고 부른다. 신(deva)과 같은 사자라는 뜻에서도 염라대왕의 사자라고 한다. 잘 장엄한 신(devatā)이 허공에 서서 '어떠어떠한 방향에서 그가 죽을 것이다.'라고 말하면 그는 그렇게 되었다. 이와 같이 몸에 흰머리가 나타나는 것은 신의 예언과 같다(devatā-byākaraṇa-sadisa). 그러므로 흰 머리칼들을 신과 같은 사자라고 부르는 것이다."(MA.iii.310~311)

말한다. '내가 제정한 [76] 이 좋은 관행을 계속 전하여 네가 나의 마지막 사람이 되지 마라.'라고.""265)

5. "아난다여, 그러자 마카데와 왕은 이발사에게 가장 좋은 마을을 [영지로] 하사하고 왕세자를 왕위에 잘 옹립한 뒤 이 마카데와 망고 숲에서 머리와 수염을 깎고 물들인 옷을 입고 집을 떠나 출가하였다.

그는 자애가 함께한 마음으로 한 방향을 가득 채우면서 머물렀다. 그처럼 두 번째 방향을, 그처럼 세 번째 방향을, 그처럼 네 번째 방향을 자애가 함께한 마음으로 가득 채우면서 머물렀다. 이와 같이 위로, 아래로, 옆으로, 모든 곳에서 모두를 자신처럼 여기고, 모든 세상을 풍만하고, 광대하고, 무량하고, 원한 없고, 악의 없는, 자애가 함께한 마음으로 가득 채우면서 머물렀다.

연민이 함께한 마음으로 … 더불어 기뻐함이 함께한 마음으로 … 평온이 함께한 마음으로 한 방향을 가득 채우면서 머물렀다. 그처럼 두 번째 방향을, 그처럼 세 번째 방향을, 그처럼 네 번째 방향을 평온이 함께한 마음으로 가득 채우면서 머물렀다. 이와 같이 위로, 아래로, 옆으로, 모든 곳에서 모두를 자신처럼 여기고, 모든 세상을 풍만하고, 광대하고, 무량하고, 원한 없고, 악의 없는, 평온이 함께한 마음으로 가득 채우면서 머물렀다."

6. "아난다여, 마카데와 왕은 팔만 사천 년 동안 왕자의 유희를 즐겼고, 팔만 사천 년 동안 소왕국을 통치했고, 팔만 사천 년 동안 왕국을 통치했고, 팔만 사천 년 동안 이 마카데와 망고 숲에서 집을 떠

---

265) 이와 유사한 이야기가 『디가 니까야』 제3권 「전륜성왕 사자후경」(D26) §2 이하에 나타나고 있으므로 참조하기 바란다.

나 출가하여 청정범행을 닦았다. 그는 네 가지 거룩한 마음가짐[四梵住]을 닦고서 몸이 무너져 죽은 후 범천의 세상에 태어났다."

7. "아난다여, 그때 마카데와 왕의 아들은 여러 해가 지나고 여러 백 년이 지나고 여러 천 년이 지나 이발사를 불러서 말했다.

"착한 이발사여, 그대가 만일 내 머리에서 흰 머리카락이 생긴 것을 보면 나에게 알려다오."

아난다여, 이발사는 마카데와 왕의 아들에게 "알겠습니다, 폐하."라고 대답했다. 아난다여, 이발사는 여러 해가 지나고 여러 백 년이 지나고 여러 천 년이 지나 그의 머리에서 흰 머리카락이 생긴 것을 보고 그에게 이렇게 말했다.

"폐하에게 염라대왕의 사자가 나타났습니다. 폐하의 머리에서 [77] 흰 머리카락이 생긴 것이 보입니다."

"착한 이발사여, 그렇다면 그 흰 머리카락을 족집게로 잘 뽑아서 내 손바닥에다 놓아다오."

아난다여, 그 이발사는 마카데와 왕의 아들에게 "그러겠습니다, 폐하."라고 대답하고 그 흰 머리카락을 족집게로 잘 뽑아 마카데와 왕의 아들의 손바닥에다 놓았다. 아난다여, 그러자 마카데와 왕의 아들은 이발사에게 가장 좋은 마을을 [영지로] 하사하고 왕세자를 불러 이렇게 말했다.

"사랑하는 왕자여, 나에게 염라대왕의 사자가 나타났다. 내 머리에서 흰 머리카락이 생긴 것이 보인다. 나는 인간의 감각적 욕망을 다 누렸으니 이제 하늘의 감각적 욕망을 누릴 때가 되었다. 이리 오라, 사랑하는 왕자여. 이 왕국을 통치하라. 나는 이제 머리와 수염을 깎고 물들인 옷을 입고 집을 떠나 출가할 것이다.

사랑하는 왕자여, 그러므로 너도 역시 머리에서 흰 머리카락이 생기는 것을 보면 이발사에게 가장 좋은 마을을 [영지로] 하사하고 왕세자를 왕위에 잘 옹립한 뒤 머리와 수염을 깎고 물들인 옷을 입고 집을 떠나 출가하라. 내가 세징한 이 좋은 관행을 계속 전하여 네가 나의 마지막 사람이 되지 마라. 사랑하는 왕자여, 두 사람이 살고 있을 때 어떤 사람이 이런 좋은 관행을 끊어버리면 그가 그들 가운데 마지막 사람이 될 것이다.

사랑하는 왕자여, 그러므로 나는 이렇게 말한다. '내가 제정한 이 좋은 관행을 계속 전하여 네가 나의 마지막 사람이 되지 마라.'라고.""

8. "아난다여, 그러자 마카데와 왕의 아들은 이발사에게 가장 좋은 마을을 [영지로] 하사하고 왕세자를 왕위에 잘 옹립한 뒤 이 마카데와 망고 숲에서 머리와 수염을 깎고 물들인 옷을 입고 집을 떠나 출가하였다.

그는 자애가 함께한 마음으로 한 방향을 가득 채우면서 머물렀다. 그처럼 두 번째 방향을, 그처럼 세 번째 방향을, 그처럼 네 번째 방향을 자애가 함께한 마음으로 가득 채우면서 머물렀다. 이와 같이 위로, 아래로, 옆으로, 모든 곳에서 모두를 자신처럼 여기고, 모든 세상을 풍만하고, 광대하고, 무량하고, 원한 없고, 악의 없는, 자애가 함께한 마음으로 가득 채우면서 머물렀다.

그는 연민이 함께한 마음으로 … 더불어 기뻐함이 함께한 마음으로 … 평온이 함께한 마음으로 한 방향을 가득 채우면서 머물렀다. 그처럼 두 번째 방향을, 그처럼 세 번째 방향을, 그처럼 네 번째 방향을 평온이 함께한 마음으로 가득 채우면서 머물렀다. 이와 같이 위로, 아래로, 옆으로, 모든 곳에서 모두를 자신처럼 여기고, 모든 세상을 풍만하고, 광대하고, 무량하고, 원한 없고, 악의 없는, 평온이 함께한 마음으로 [78] 가득 채우면서 머물렀다."

9. "아난다여, 마카데와 왕의 아들은 팔만 사천 년 동안 왕자의 유희를 즐겼고, 팔만 사천 년 동안 소왕국을 통치했고, 팔만 사천 년 동안 왕국을 통치했고, 팔만 사천 년 동안 이 마카데와 망고 숲에서 집을 떠나 출가하여 청정범행을 닦았다. 그는 네 가지 거룩한 마음가짐[四梵住]을 닦고서 몸이 무너져 죽은 후 범천의 세상에 태어났다."

10. "아난다여, 그 후로 마카데와 왕의 자손들은 팔만 사천 대에 이르기까지 이 마카데와 망고 숲에서 머리와 수염을 깎고 물들인 옷을 입고 집을 떠나 출가하였다.

그들은 자애가 함께한 마음으로 한 방향을 가득 채우면서 머물렀다. 그처럼 두 번째 방향을, 그처럼 세 번째 방향을, 그처럼 네 번째 방향을 자애가 함께한 마음으로 가득 채우면서 머물렀다. 이와 같이 위로, 아래로, 옆으로, 모든 곳에서 모두를 자신처럼 여기고, 모든 세상을 풍만하고, 광대하고, 무량하고, 원한 없고, 악의 없는, 자애가 함께한 마음으로 가득 채우면서 머물렀다.

그들은 연민이 함께한 마음으로 … 더불어 기뻐함이 함께한 마음으로 … 평온이 함께한 마음으로 한 방향을 가득 채우면서 머물렀다. 그처럼 두 번째 방향을, 그처럼 세 번째 방향을, 그처럼 네 번째 방향을 평온이 함께한 마음으로 가득 채우면서 머물렀다. 이와 같이 위로, 아래로, 옆으로, 모든 곳에서 모두를 자신처럼 여기고, 모든 세상을 풍만하고, 광대하고, 무량하고, 원한 없고, 악의 없는, 평온이 함께한 마음으로 가득 채우면서 머물렀다."

11. "아난다여, 그들은 팔만 사천 년 동안 왕자의 유희를 즐겼고, 팔만 사천 년 동안 소왕국을 통치했고, 팔만 사천 년 동안 왕국을 통

치했고, 팔만 사천 년 동안 이 마카데와 망고 숲에서 집을 떠나 출가하여 청정범행을 닦았다. 그는 네 가지 거룩한 마음가짐[四梵住]을 닦고서 몸이 무너져 죽은 후 범천의 세상에 태어났다."

12. "그런 왕들 가운데 마지막으로 니미라는 왕이 있었는데 그는 법다웠고 법으로 통치했으며 법에 확고한 대왕이었다. 그는 바라문들과 장자들과 시민들과 지방민들 사이에서 법대로 행했다. 그는 14일과 15일과 보름의 8일째 날에 포살을 준수했다."

13. "아난다여, 옛날에 삼십삼천의 신들이 [79] 수담마 의회266)에 모여 함께 앉아있을 때 이런 이야기가 있었다.

"존자들이여, 위데하 사람들에게 니미 왕이 있다는 것은 축복이고, 큰 이득입니다. 니미 왕은 법답고 법으로 통치하며 법에 확고한 대왕이고 바라문들과 장자들과 시민들과 지방민들 사이에서 법대로 행하고, 14일과 15일과 보름의 8일째 날에 포살을 준수합니다."

아난다여, 그러자 신들의 왕인 삭까가 삼십삼천의 신들을 불러서 말했다.

"존자들이여, 그대들은 니미 왕을 만나보고 싶은가?"

"존자시여, 우리는 니미 왕을 만나고 싶습니다."

바로 그때 니미 왕은 보름의 포살 일이어서 머리를 감고 왕궁의

---

266) '수담마 의회'는 Sudhammā sabhā를 옮긴 것이다. sudhamma는 '좋은 법'이란 뜻이며 sabhā는 현재 인도에서도 국회를 뜻하는 용어로 쓰이듯이 '의회, 회의, 회합' 등을 뜻한다. 신들이 모여서 회합을 가지는 삼십삼천의 집회소가 바로 수담마 의회(Sudhammā sabhā)이다. 수담마 의회에 모여서 회합을 가지는 삼십삼천의 모습에 대해서는 『디가 니까야』 제2권 「마하수닷사나 경」(D18) §12와 「자나와사바 경」(D19) §2이하와 본서 제2권 「마라를 꾸짖음 경」(M50) §29와 『앙굿따라 니까야』 제1권 「사대천왕 경」 1(A3:36) §2 등에도 나타난다.

위층에 올라가 포살을 하면서 앉아있었다.

아난다여, 그때 신들의 왕 삭까는 마치 힘센 사람이 구부린 팔을 펴고 편 팔을 구부리듯이 그렇게 재빨리 삼십삼천의 신들 가운데서 사라져 니미 왕 앞에 나타났다. 아난다여, 그러자 신들의 왕 삭까는 니미 왕에게 이렇게 말했다.

"대왕이여, 그대에게 이득이 생겼소. 그대에게 큰 이득이 생겼소. 대왕이여, 삼십삼천의 신들이 수담마 의회에 모여 함께 앉아있을 때 이런 이야기가 있었기 때문이오.

'존자들이여, 위데하 사람들에게 니미 왕이 있다는 것은 축복이고, 큰 이득입니다. 니미 왕은 법답고 법으로 통치하며 법에 확고한 대왕이고 바라문들과 장자들과 시민들과 지방민들 사이에서 법대로 행하고, 14일과 15일과 보름의 8일째 날에 포살을 준수합니다.'

대왕이여, 삼십삼천의 신들이 그대를 만나보고 싶어 하오. 대왕이여, 나는 그대에게 천 마리의 혈통 좋은 말들이 끄는 마차를 보내겠소. 대왕이여, 두려워하지 말고 천상의 마차에 오르시오."

아난다여, 니미 왕은 침묵으로 동의했다. 아난다여, 그러자 신들의 왕 삭까는 니미 왕이 침묵으로 동의한 것을 알고 마치 힘센 사람이 구부린 팔을 펴고 편 팔을 구부리듯이 그렇게 재빨리 니미 왕 앞에서 사라져 삼십삼천의 신들 앞에 나타났다."

14. "아난다여, 그러자 신들의 왕 삭까는 마부 마딸리에게 말했다.

"착한 마딸리여, 그대는 천 마리의 혈통 좋은 말들이 끄는 마차를 준비하여 니미 왕에게 가서 이렇게 말하라. '대왕이여, 이것은 신들의 왕 삭까가 당신에게 보낸 천 마리의 혈통 좋은 말들이 끄는 마차입니다. 대왕이여, 두려워하지 말고 [80] 천상의 마차에 오르십시오.' 라고."

아난다여, 마부 마딸리는 "그러겠습니다."라고 신들의 왕 삭까에게 대답하고 천 마리의 혈통 좋은 말들이 끄는 마차를 준비하여 니미 왕에게 가서 이렇게 말했다.

"대왕이여, 이것은 신들의 왕 삭까가 당신에게 보낸 천 마리의 혈통 좋은 말들이 끄는 마차입니다. 대왕이여, 두려워하지 마시고 천상의 마차에 오르십시오. 대왕이여, 그런데 어떤 길로 당신을 모실까요?267) 악업을 지은 자들이 악업의 과보를 받는 길로 모실까요, 아니면 선업을 지은 자들이 선업의 과보를 받는 길로 모실까요?"

"마딸리여, 두 가지 다로 나를 인도해주시오.""

15. "아난다여, 마부 마딸리는 니미 왕을 수담마 의회로 안내했다. 아난다여, 신들의 왕인 삭까는 니미 왕이 멀리서 오는 것을 보고 이렇게 말했다.

"어서 오시오, 대왕이여. 환영합니다, 대왕이여. 대왕이여, 삼십삼천의 신들이 수담마 의회에 모여 함께 앉아서 이런 이야기를 하고 있소.

'존자들이여, 위데하 사람들에게 니미 왕이 있다는 것은 축복이고, 큰 이득입니다. 니미 왕은 법답고 … 포살을 준수합니다.'라고.

대왕이여, 삼십삼천의 신들이 그대를 보고 싶어 하오. 대왕이여, 신들 사이에서 신들의 위력을 즐기시오."

"존자여, 됐습니다. 저를 미틸라로 보내주십시오. 그곳에서 저는 바라문들과 장자들과 시민들과 지방민들 사이에서 법대로 행하고, 14일과 15일과 보름의 8일째 날에 포살을 준수하려 합니다.""

---

267) "이 길 중에서 하나의 길은 지옥(niraya)으로 가고, 또 다른 길은 천상세계(deva-loka)로 가는데, 어떤 길로 안내해주면 좋을지를 묻는 것이다."(MA.iii.316)

16. "아난다여, 그러자 신들의 왕 삭까는 마부 마딸리에게 말했다.

"착한 마딸리여, 그대는 천 마리의 혈통 좋은 말들이 끄는 마차를 준비하여 니미 왕을 미틸라로 모셔드려라."

아난다여, 마부 마딸리는 "그러겠습니다."라고 신들의 왕 삭까에게 대답하고 천 마리의 혈통 좋은 말들이 끄는 마차를 준비하여 니미 왕을 미틸라로 다시 인도했다. 아난다여, 그곳에서 니미 왕은 바라문들과 장자들과 시민들과 지방민들 사이에서 법대로 행하고, 14일과 15일과 보름의 8일째 날에 포살을 [81] 준수했다."

17. "아난다여, 그때 니미 왕은 여러 해가 지나고 여러 백 년이 지나고 여러 천 년이 지나 이발사를 불러서 말했다.

"착한 이발사여, 그대가 만일 내 머리에서 흰 머리카락이 생긴 것을 보면 나에게 알려다오."

아난다여, 이발사는 니미 왕에게 "알겠습니다, 폐하."라고 대답했다. 아난다여, 이발사는 여러 해가 지나고 여러 백 년이 지나고 여러 천 년이 지나 그의 머리에서 흰 머리카락이 생긴 것을 보고 그에게 이렇게 말했다.

"폐하에게 염라대왕의 사자가 나타났습니다. 폐하의 머리에서 흰 머리카락이 생긴 것이 보입니다."

"착한 이발사여, 그렇다면 그 흰 머리카락을 족집게로 잘 뽑아서 내 손바닥에다 놓아다오."

아난다여, 그 이발사는 니미 왕에게 "그러겠습니다, 폐하."라고 대답하고 그 흰 머리카락을 족집게로 잘 뽑아 니미 왕의 손바닥에다 놓았다. 아난다여, 그러자 니미 왕은 이발사에게 가장 좋은 마을을 [영지로] 하사하고 왕세자를 불러 이렇게 말했다.

"사랑하는 왕자여, 나에게 염라대왕의 사자가 나타났다. 내 머리에서 흰 머리카락이 생긴 것이 보인다. 나는 인간의 감각적 욕망을 다 누렸으니 이제 하늘의 감각적 욕망을 누릴 때가 되었다. 이리 오라, 사랑하는 왕자여. 이 왕국을 통치하라. 나는 이제 머리와 수염을 깎고 물들인 옷을 입고 집을 떠나 출가할 것이다.

사랑하는 왕자여, 그러므로 너도 역시 머리에서 흰 머리카락이 생기는 것을 보면 이발사에게 가장 좋은 마을을 [영지로] 하사하고 왕세자를 왕위에 잘 옹립한 뒤 머리와 수염을 깎고 물들인 옷을 입고 집을 떠나 출가하라. 내가 제정한 이 좋은 관행을 계속 전하여 네가 나의 마지막 사람이 되지 않도록 하라. 사랑하는 왕자여, 두 사람이 살고 있을 때 어떤 사람이 이런 좋은 관행을 끊어버리면 그가 그들 가운데 마지막 사람이 될 것이다. 사랑하는 왕자여, 그러므로 나는 이렇게 말한다. '내가 제정한 이 좋은 관행을 계속 전하여 네가 나의 마지막 사람이 되지 않도록 하라.'라고.""

18. "아난다여, 그러자 니미 왕은 이발사에게 가장 좋은 마을을 [영지로] 하사하고 왕세자를 왕위에 잘 옹립한 뒤 이 마카데와 망고 숲에서 머리와 수염을 깎고 물들인 옷을 입고 집을 떠나 출가하였다.

그는 자애가 함께한 마음으로 한 방향을 가득 채우면서 머물렀다. 그처럼 [82] 두 번째 방향을, 그처럼 세 번째 방향을, 그처럼 네 번째 방향을 자애가 함께한 마음으로 가득 채우면서 머물렀다. 이와 같이 위로, 아래로, 옆으로, 모든 곳에서 모두를 자신처럼 여기고, 모든 세상을 풍만하고, 광대하고, 무량하고, 원한 없고, 악의 없는, 자애가 함께한 마음으로 가득 채우면서 머물렀다.

연민이 함께한 마음으로 … 더불어 기뻐함이 함께한 마음으로 … 평온이 함께한 마음으로 한 방향을 가득 채우면서 머물렀다. 그처럼 두 번째 방향을, 그처럼 세 번째 방향을, 그처럼 네 번째 방향을 평온이 함께한 마음으로 가득 채우면서 머물렀다. 이와 같이 위로, 아래로, 옆으로, 모든 곳에서 모두를 자신처럼 여기고, 모든 세상을 풍만하고, 광대하고, 무량하고, 원한 없고, 악의 없는, 평온이 함께한 마음으로 가득 채우면서 머물렀다."

19. "아난다여, 니미 왕은 팔만 사천 년 동안 왕자의 유희를 즐겼고, 팔만 사천 년 동안 소왕국을 통치했고, 팔만 사천 년 동안 왕국을 통치했고, 팔만 사천 년 동안 이 마카데와 망고 숲에서 집을 떠나 출가하여 청정범행을 닦았다. 그는 네 가지 거룩한 마음가짐[四梵住]을 닦고서 몸이 무너져 죽은 후 범천의 세상에 태어났다."

20. "아난다여, 니미 왕에게는 깔라라자나까라는 아들이 있었다. 그는 집을 떠나 출가하지 않았다. 그는 그 좋은 관행을 끊어버렸다. 그는 그들 가운데서 마지막 사람이 되었다."

21. "아난다여, 아마 그대는 '그때에 그 좋은 관행을 제정한 마카데와 왕은 다른 사람이었을 것이다.'라는 생각을 할지도 모른다. 아난다여, 그러나 그것을 그렇게 여겨서는 안된다. 그때의 마카데와 왕은 나였다. 내가 그 좋은 관행을 제정했다. 내가 제정한 그 좋은 관행을 후손들도 잘 지켰다.

아난다여, 그러나 그 좋은 관행은 [속된 것에 대해] 역겨움으로 인도하지 못했고, 욕망의 빛바램으로 인도하지 못했고, 소멸로 인도하지 못했고, 고요함으로 인도하지 못했고, 최상의 지혜로 인도하지 못했고, 바른 깨달음으로 인도하지 못했고, 열반으로 인도하지 못했다. 그것은 오직 범천의 세상에 태어나는 것이었다.

아난다여, 그러나 내가 지금에 제정한 좋은 관행은 [속된 것에 대해] 완전히 역겨움으로 인도하고, 욕망이 빛바램으로 인도하고, 소멸로 인도하고, 고요함으로 인도하고, 최상의 지혜로 인도하고, 바른 깨달음으로 인도하고, 열반으로 인도한다.

아난다여, 그러면 어떤 것이 지금에 내가 제정한 [속된 것에 대해] 완전히 역겨움으로 인도하고, 욕망이 빛바램으로 인도하고, 소멸로 인도하고, 고요함으로 인도하고, 최상의 지혜로 인도하고, 바른 깨달음으로 인도하고, 열반으로 인도하는 좋은 관행인가?

바로 이 성스러운 팔정도[八支聖道]이니, 바른 견해[正見], 바른 사유[正思惟], 바른 말[正語], 바른 행위[正業], 바른 생계[正命], [83] 바른 정진[正精進], 바른 마음챙김[正念], 바른 삼매[正定]이다.

아난다여, 이것이 지금에 내가 제정한 [속된 것에 대해] 완전히 역겨움으로 인도하고, 욕망이 빛바램으로 인도하고, 소멸로 인도하고, 고요함으로 인도하고, 최상의 지혜로 인도하고, 바른 깨달음으로 인도하고, 열반으로 인도하는 좋은 관행이다.268) 아난다여, 그런 나는

---

268) 같은 내용을 담은 가르침이 『디가 니까야』 제2권 「마하고윈다경」(D19) §61에도 나타난다. 「마하고윈다 경」과 본경에 의하면 부처님께서 전생에 마하고윈다였거나(D19) 마카데와 왕(본경)이었을 때는 팔정도를 알지 못하였기 때문에 열반을 실현하지는 못하고 단지 범천의 세상에 태어나는 것만이 가능했다. 그러나 금생에는 이제 열반을 실현한 부처님이 되어 이제부터 팔정도를 설하시어 천상으로 윤회하는 것조차 완전히 극복한 열반의 길을 드러내 보이시는 것이다.

본경 외에도 『디가 니까야』 제1권 「마할리 경」(D6 §14)과 「깟사빠 사자후경」(D8 §13)과 제2권 「빠야시 경」(D23 §31)에서는 팔정도를 불교에만 있는 가장 현저한 가르침으로 언급하고 있다. 특히 세존의 임종 직전에 마지막으로 세존의 제자가 된 수밧다 유행승에게 팔정도가 있기 때문에 불교 교단에는 진정한 사문이 있다고 하신, 『디가 니까야』 제2권 「대반열반경」(D16 §5.27)의 말씀은 불교 만대의 표준이 되는 대사자후이시다. 이처럼 부처님께서는 최초설법(S56:11)도 중도인 팔정도로 시작하셨고 최후의 설법(D16 §5.27)도 팔정도로 마무리하셨다.

여기서 최후의 설법은 부처님의 마지막 유훈 다섯 가지를 뜻하는 것이 아니다. 이러한 유훈을 남기시기 직전에 찾아온 수밧다라는 유행승에게 하신, 위

이렇게 말한다.

"내가 제정한 이 좋은 관행을 계속 전하라. 그대는 나의 마지막 사람이 되지 않도록 하라. 아난다여, 두 사람이 살고 있을 때 어떤 사람이 이런 좋은 관행을 끊어버리면269) 그가 그들 가운데 마지막 사람이 될 것이다. 아난다여, 그러므로 나는 이렇게 말한다. '내가 제정한 이 좋은 관행을 계속 전하여 그대가 나의 마지막 사람이 되지 않도록 하라.'라고.""

세존께서는 이와 같이 설하셨다. 아난다 존자는 흡족한 마음으로 세존의 말씀을 크게 기뻐했다.

마카데와 경(M83)이 끝났다.

에서 인용한 말씀을 최후의 설법이라고 표현하여 설법과 유훈을 구분하고 있음을 밝힌다. 마지막 유훈에 대해서는 『디가 니까야』 제2권 「대반열반경」(D16) §§6.1~6.7을 참조할 것.

269) "'이런 좋은 관행을 끊어버리면(yena me idaṁ kalyāṇaṁ vaṭṭaṁ nihitaṁ)'이라고 하셨다. 이것은 '누가 이 좋은 관행을 끊게 되고, 누구에 의해 이것이 끊어져버렸고, 누가 이어나가고, 누구에 의해 전해졌는가?'하는 네 가지를 분석한 것(vibhāga)이다.
① 여기 계행을 지키는(sīlavā) 비구가 '나는 아라한과를 얻을 수 없다.'라고 정진(vīriya)을 포기할 때 이 좋은 관행을 끊게 된다(samucchindati). ② 계행을 파한 자(dussīla)에 의해 이것이 끊어져버렸다고 한다. ③ 일곱 부류의 유학은 이것을 이어가고 있다(pavattenti). ④ 번뇌 다한 자(khīṇāsava)에 의해 이것이 전해졌다(pavattita)고 한다."(MA.iii.319)

마두라 경

Madhura Sutta(M84)

1. 이와 같이 나는 들었다. 한때 마하깟짜나 존자[270]는 마두라[271]의 군다 숲에 머물렀다.

---

270) 마하깟짜나 존자(āyasmā Mahākaccāna)는 웃제니(Ujjeni, 지금 맛댜쁘라데쉬의 우자인 지방)의 짠다빳조따(Caṇḍappajjota) 왕의 궁중제관의 아들(purohita-putta)로 태어났으며 풍채가 좋고 잘생겼고 멋있었고 황금색 피부를 가졌다고 한다.(MA.iii.319)
그는 베다에 능통했으며 그의 부친이 죽은 뒤 대를 이어 궁중제관이 되었다. 그는 짠다빳조따 왕의 명으로 일곱 명의 친구들과 함께 부처님을 웃제니로 초대하기 위해서 부처님께 갔다가 설법을 듣고 무애해를 갖춘 아라한이 되어 출가하였다.(AA.i.206)
『앙굿따라 니까야』「하나의 모음」(A1:14:1-10)에는 마하깟짜나 존자가 "간략하게 설한 것에 대해 상세하게 그 뜻을 설명하는 자들 가운데서 으뜸"이라고 언급되고 있다. 주석서는 이 보기로 본서 제1권「꿀 덩어리 경」(Madhupiṇḍika Sutta, M18)과「깟짜나 뻬얄라」(본서 제4권「마하 깟짜나 존자와 지복한 하룻밤 경」(M133)인 듯)와「도피안 경」(Pārāyana Sutta)을 들고 있다.(AA.i.209) 이 가운데 특히 본서 제1권과 제4권에 나타나는 두 경은 멋진 보기가 된다. 그리고『상윳따 니까야』제3권「할릿디까니 경」1/2(S22:3/4)와 제4권「할릿다까니 경」(S35:130)과「로힛짜 경」(S35:132) 등도 이러한 그의 재능을 잘 드러내고 있다. 북방에서도 깟짜나(가전연) 존자는 논의제일(論議第一)로 꼽힌다.

271) 마두라(Madhurā, 문자적으로는 '달콤한'이라는 뜻)는 수라세나의 수도였으며 야무나 강변에 위치하였다. 지금의 웃따라쁘라데쉬 주의 마투라(Mathu-

2. 마두라의 아완띠뿟따 왕272)은 이렇게 들었다.

"참으로 사문 깟짜나 존자는 마두라의 군다 숲에 머물고 계신다. 그 깟짜나 존자에게는 이러한 좋은 명성이 따른다. '그는 지자이며 슬기롭고 현명하며 많이 배웠고 명료하게 표현하고 선견지명이 있고 연세가 드셨고 아라한이다.273) 그러한 아라한을 친견하는 것은 참으로 좋은 일이다.'라고."

3. 그때 마두라의 아완띠뿟따 왕은 여러 훌륭한 마차들을 준비하게 하고 훌륭한 마차에 올라 왕의 위세를 크게 떨치며 다른 여러 훌륭한 마차들과 함께 마하깟짜나 존자를 친견하기 위해 마두라를 떠났다. 마차로 더 이상 갈 수 없는 곳에 이르자 마차에서 내려 걸어서 마하깟짜나 존자를 뵈러 갔다. 가서는 [84] 마하깟짜나 존자와 함께 환담을 나누었다. 유쾌하고 기억할만한 이야기로 서로 담소를 하

---

rā)에서 동남쪽으로 5마일 정도 떨어진 마홀리(Maholi)라고 학자들은 추정하고 있다. 불교의 8대 성지 가운데 하나인 상깟사(Saṅkassa, 상까시야)로부터 30㎞ 정도 떨어진 곳에 있다. 후대 문헌에서는 남쪽의 마두라(지금의 타밀나두 주에 있는 큰 도시)와 구분하기 위해서 북 마두라(Uttara-Madhu-rā)라고 불렸다.(VvA) 부처님 재세 시에는 아완띠뿟따가 이곳의 왕이었다.

272) "아완띠뿟따(Avantiputta)는 아완띠라는 왕국(Avantira-ṭṭha)의 왕의 딸(dhītā)의 아들이다."(MA.iii.319)
아완띠(Avanti)는 옛 인도 중원의 16국(Mahājanapada) 가운데 하나로 마가다(Magadha)와 꼬살라(Kosala)와 왐사(Vaṁsa, Vatsa)와 더불어 4대 강국으로 꼽혔다고 한다. 수도는 웃제니(Ujjenī, 지금의 Ujain)와 마힛사띠(Māhissati)였다. 한때 아완띠는 북쪽과 남쪽(Avanti Dakkhiṇā-patha)으로 분리되어 있었다고 하며, 이 둘은 각각의 수도였다고도 한다. 부처님 당시에는 빳조따 왕이 통치하였으며, 그는 그의 불같은 성품 때문에 짠다 빳조따(Caṇḍa-Pajjota)로 잘 알려졌다.(Vin.i.277)

273) "'연세가 드셨고 아라한이다(vuddho ceva arahā ca).'라고 했다. 아라한이어도 나이가 어리면(dahara) 연세 드신 분에게처럼 존경하지 않는다. 그러나 장로는 연세가 드셨기도 하고 아라한이기도 하였다."(MA.iii.319)

고서 한 곁에 앉았다. 한 곁에 앉아서 마두라의 아완띠뿟따 왕은 마하깟짜나 존자에게 이렇게 말했다.

4. "깟짜나 존자시여, 바라문들은 이렇게 말합니다.

'바라문들만이 최상의 계급이다. 다른 계급은 저열하다. 바라문들만이 밝고 다른 계급은 어둡다. 바라문들만이 청정하고 다른 계급의 사람들은 그렇지 않다. 바라문들만이 범천의 아들들이고 적출들이고 입에서 태어났고 범천에서 태어났고 범천이 만들었고 범천의 상속자들이다.'[274)]

여기에 대해 깟짜나 존자께서는 어떻게 말씀하십니까?"

5. "대왕이여, '바라문들만이 최상의 계급이다. 다른 계급은 저열하다. 바라문들만이 밝고 다른 계급은 어둡다. 바라문들만이 청정하고 다른 계급의 사람들은 그렇지 않다. 바라문들만이 범천의 아들들이고 적출들이고 입에서 태어났고 범천에서 태어났고 범천이 만들었고 범천의 상속자들이다.'라는 것은 단지 세상에서 하는 말에 지나지 않습니다. 대왕이여, '바라문들만이 최상의 계급이다. … 범천의 상속자들이다.'라는 것이 단지 세상에서 하는 말에 지나지 않는다는 사실은 이 방법으로 알 수 있습니다.

대왕이여, 이를 어떻게 생각합니까? 만일 끄샤뜨리야의 어떤 사람이 재산과 곡식과 은과 금으로 아주 부유하다면 다른 끄샤뜨리야가 그보다 일찍 일어나고 늦게 잠자고 그에게 시중을 들려고 하고 그를 기쁘게 하려고 하고 듣기 좋은 말을 하려고 하고, 바라문도 와이샤도 수드라[275)]도 역시 그보다 일찍 일어나고 늦게 잠자고 그에게 시중을

---

274) ' ' 안의 바라문들의 주장은 본서 「앗살라야나 경」(M93) §5에도 나타난다. 그 경에서 전개되는 부처님의 명쾌하신 설명과 그곳 §5의 주해 등도 참조할 것.

들려고 하고 그를 기쁘게 하려고 하고 듣기 좋은 말을 하려고 하겠습니까?"

"깟짜나 존자시여, 만일 끄샤뜨리야의 어떤 사람이 재산과 곡식과 은과 금으로 아주 부유하다면 다른 끄샤뜨리야가 그보다 일찍 일어나고 늦게 잠자고 그에게 시중을 들려고 하고 그를 기쁘게 하려고 하고 듣기 좋은 말을 하려고 하고, 바라문도 와이샤도 수드라도 역시 그보다 일찍 일어나고 늦게 잠자고 그에게 시중을 들려고 하고 그를 기쁘게 하려고 하고 듣기 좋은 말을 하려고 할 것입니다."

"대왕이여, 이를 어떻게 생각합니까? 만일 어떤 바라문이 재산과 곡식과 은과 금으로 아주 부유하다면 다른 바라문이 그보다 일찍 일어나고 늦게 잠자고 그에게 시중을 들려고 하고 그를 기쁘게 하려고 하고 듣기 좋은 말을 하려고 하고, 와이샤도 수드라도 [85] 끄샤뜨리야도 역시 그보다 일찍 일어나고 늦게 잠자고 그에게 시중을 들려고 하고 그를 기쁘게 하려고 하고 듣기 좋은 말을 하려고 하겠습니까?"

"깟짜나 존자시여, 만일 어떤 바라문이 재산과 곡식과 은과 금으로 아주 부유하다면 다른 바라문이 그보다 일찍 일어나고 늦게 잠자고 그에게 시중을 들려고 하고 그를 기쁘게 하려고 하고 듣기 좋은 말을 하려고 하고, 와이샤도 수드라도 끄샤뜨리야도 역시 그보다 일찍 일어나고 늦게 잠자고 그에게 시중을 들려고 하고 그를 기쁘게 하려고 하고 듣기 좋은 말을 하려고 할 것입니다."

"대왕이여, 이를 어떻게 생각합니까? 만일 어떤 와이샤가 재산과 곡식과 은과 금으로 아주 부유하다면 다른 와이샤가 그보다 일찍 일

275) 끄샤뜨리야(kṣatriya)와 바라문(brāhmaṇa)과 와이샤(vaiśya)와 수드라(śūdra)라는 용어의 유래에 대한 불교적 해석은 『디가 니까야』 제3권 「세기경」(D27) §§20~25에 나타나고 있으니 참조할 것. 본서 「깐나깟탈라 경」(M90) §9의 주해도 참조할 것.

어나고 늦게 잠자고 그에게 시중을 들려고 하고 그를 기쁘게 하려고 하고 듣기 좋은 말을 하려고 하고, 수드라도 끄샤뜨리야도 바라문도 역시 그보다 일찍 일어나고 늦게 잠자고 그에게 시중을 들려고 하고 그를 기쁘게 하려고 하고 듣기 좋은 말을 하려고 하겠습니까?"

"깟짜나 존자시여, 만일 어떤 와이샤가 재산과 곡식과 은과 금으로 아주 부유하다면 다른 와이샤가 그보다 일찍 일어나고 늦게 잠자고 그에게 시중을 들려고 하고 그를 기쁘게 하려고 하고 듣기 좋은 말을 하려고 하고, 수드라도 끄샤뜨리야도 바라문도 역시 그보다 일찍 일어나고 늦게 잠자고 그에게 시중을 들려고 하고 그를 기쁘게 하려고 하고 듣기 좋은 말을 하려고 할 것입니다."

"대왕이여, 이를 어떻게 생각합니까? 만일 어떤 수드라가 재산과 곡식과 은과 금으로 아주 부유하다면 다른 수드라가 그보다 일찍 일어나고 늦게 잠자고 그에게 시중을 들려고 하고 그를 기쁘게 하려고 하고 듣기 좋은 말을 하려고 하고, 끄샤뜨리야도 바라문도 와이샤도 역시 그보다 일찍 일어나고 늦게 잠자고 그에게 시중을 들려고 하고 그를 기쁘게 하려고 하고 듣기 좋은 말을 하려고 하겠습니까?"

"깟짜나 존자시여, 만일 어떤 수드라가 재산과 곡식과 은과 금으로 아주 부유하다면 다른 수드라가 그보다 일찍 일어나고 늦게 잠자고 그에게 시중을 들려고 하고 그를 기쁘게 하려고 하고 듣기 좋은 말을 하려고 하고, 끄샤뜨리야도 바라문도 와이샤도 역시 그보다 일찍 일어나고 늦게 잠자고 그에게 시중을 들려고 하고 그를 기쁘게 하려고 하고 듣기 좋은 말을 하려고 할 것입니다."

"대왕이여, 이를 어떻게 생각합니까? 만일 이와 같다면 이들 네 계급[276]은 평등합니까, 그렇지 않습니까? 여기에 대해 어떻게 생각합

276) '네 계급'은 cattāro vaṇṇā를 옮긴 것이다. 여기서 vaṇṇa는 색깔을 뜻하는

니까?" [86]

"깟짜나 존자시여, 참으로 그와 같다면 이들 네 계급은 평등합니다. 저는 여기서 어떤 다른 차이점을 보지 못합니다."

"대왕이여, '바라문들만이 최상의 계급이다. … 범천의 상속자들이다.'라는 것이 단지 말에 지나지 않는다는 사실은 이 방법으로 알 수 있습니다."

6. "대왕이여, 이를 어떻게 생각합니까? 여기 끄샤뜨리야가 생명을 죽이고, 주지 않은 것을 가지고, 삿된 음행을 하고, 거짓말을 하고, 중상모략을 하고, 욕설을 하고, 잡담을 하고, 탐욕스럽고, 악의를 품고, 그릇된 견해를 가진다면 몸이 무너져 죽은 뒤 처참한 곳[苦界], 불행한 곳[惡處], 파멸처, 지옥에 태어나겠습니까, 그렇지 않겠습니까? 여기에 대해 어떻게 생각합니까?"

"깟짜나 존자시여, 여기 끄샤뜨리야가 생명을 죽이고, 주지 않은 것을 가지고, 삿된 음행을 하고, 거짓말을 하고, 중상모략을 하고, 욕설을 하고, 잡담을 하고, 탐욕스럽고, 악의를 품고, 그릇된 견해를 가진다면 몸이 무너져 죽은 뒤 처참한 곳, 불행한 곳, 파멸처, 지옥에 태어날 것입니다. 여기에 대해 저는 이렇게 생각합니다. 그리고 저는 아라한들에게서 그렇게 들었습니다."

단어인데(예를 들면 『디가 니까야』 제2권 「마하수닷사나 경」(D17) §1.5 등에는 cattāro vaṇṇā가 네 가지 색깔을 뜻한다.) 베다에서부터 계급이나 신분을 뜻하는 의미로 쓰였으며, 이것이 불교에도 그대로 받아들여져 본경에서처럼 계급을 뜻하는 술어로 쓰이기도 한다.(vaṇṇa의 여러 뜻에 대해서는 본서 「사꿀루다이 짧은 경」(M79 §9의 주해를 참조할 것.)

'네 계급(cattāro vaṇṇā, 사성계급)'이라는 술어는 니까야에서는 본경과 본서 「깐나깟탈라 경」(M90) §9와 「앗살라야나 경」(M93(§7 등)과 「에수까리 경」(M96) §14 등과 『디가 니까야』 제3권 「세기경」(D27) §31 등과 『쿳다까 니까야』의 『자설경』(Ud.55) 등에 나타나고 있다.

"장하십니다, 대왕이여. 대왕이여, 대왕이 이렇게 생각하셨다니 장하시고 대왕이 아라한들로부터 이렇게 들었다니 장하십니다.

대왕이여, 이를 어떻게 생각합니까? 여기 바라문이 … 여기 와이샤가 … 여기 수드라가 생명을 죽이고, 주지 않은 것을 가지고, … 몸이 무너져 죽은 뒤 처참한 곳, 불행한 곳, 파멸처, 지옥에 태어나겠습니까, 그렇지 않겠습니까? 여기에 대해 어떻게 생각합니까?"

"깟짜나 존자시여, 여기 수드라가 생명을 죽이고, 주지 않은 것을 가지고, … 몸이 무너져 죽은 뒤 처참한 곳, 불행한 곳, 파멸처, 지옥에 태어날 것입니다. 여기에 대해 저는 이렇게 생각합니다. 그리고 저는 아라한들에게서 그렇게 들었습니다."

"장하십니다, 대왕이여. 대왕이여, 대왕이 이렇게 생각하셨다니 장하시고 대왕이 아라한들로부터 이렇게 들었다니 장하십니다.

대왕이여, 이를 어떻게 생각합니까? 만일 이와 같다면 이들 네 계급은 평등합니까, 그렇지 않습니까? 여기에 대해 어떻게 생각합니까?" [87]

"깟짜나 존자시여, 참으로 그와 같다면 이들 네 계급은 평등합니다. 저는 여기서 어떤 다른 차이점을 보지 못합니다."

"대왕이여, '바라문들만이 최상의 계급이다. … 범천의 상속자들이다.'라는 것이 단지 말에 지나지 않는다는 사실은 이 방법으로도 알 수 있습니다."

7. "대왕이여, 이를 어떻게 생각합니까? 여기 끄샤뜨리야가 생명을 죽이는 것을 삼가고, 주지 않은 것을 가지는 것을 삼가고, 삿된 음행을 삼가고, 거짓말을 삼가고, 중상모략을 삼가고, 욕설을 삼가고, 잡담을 삼가고, 탐욕스럽지 않고, 악의를 품지 않고, 바른 견해를 가진다면 몸이 무너져 죽은 뒤 좋은 곳[善處], 천상세계에 태어나겠습니

까, 그렇지 않겠습니까? 여기에 대해 어떻게 생각합니까?"

"깟짜나 존자시여, 여기 끄샤뜨리야가 생명을 죽이는 것을 삼가고, 주지 않은 것을 가지는 것을 삼가고, 삿된 음행을 삼가고, 거짓말을 삼가고, 중상모략을 삼가고, 욕설을 삼가고, 잡담을 삼가고, 탐욕스럽지 않고, 악의를 품지 않고, 바른 견해를 가진다면 몸이 무너져 죽은 뒤 좋은 곳[善處], 천상세계에 태어날 것입니다. 여기에 대해 저는 이렇게 생각합니다. 그리고 저는 아라한들에게서 이렇게 들었습니다."

"장하십니다, 대왕이여. 대왕이여, 대왕이 이렇게 생각하셨다니 장하시고 대왕이 아라한들에게서 그렇게 들었다니 장하십니다.

대왕이여, 이를 어떻게 생각합니까? 여기 바라문이 … 여기 와이샤가 … 여기 수드라가 생명을 죽이는 것을 삼가고, 주지 않은 것을 가지는 것을 삼가고, … 몸이 무너져 죽은 뒤 좋은 곳[善處], 천상세계에 태어나겠습니까, 그렇지 않겠습니까? 여기에 대해 어떻게 생각합니까?"

"깟짜나 존자시여, 여기 수드라가 생명을 죽이는 것을 삼가고, 주지 않은 것을 가지는 것을 삼가고, … 몸이 무너져 죽은 뒤 좋은 곳[善處], 천상세계에 태어날 것입니다. 여기에 대해 저는 이렇게 생각합니다. 그리고 저는 아라한들에게서 그렇게 들었습니다."

"장하십니다, 대왕이여. 대왕이여, 대왕이 이렇게 생각하셨다니 장하시고 대왕이 아라한들에게서 그렇게 들었다니 장하십니다.

대왕이여, 이를 어떻게 생각합니까? 만일 이와 같다면 이들 네 계급은 평등합니까, 그렇지 않습니까? 여기에 대해 어떻게 생각합니까?"

"깟짜나 존자시여, 참으로 그와 같다면 이들 네 계급은 평등합니다. 저는 여기서 어떤 다른 차이점을 보지 못합니다."

"대왕이여, '바라문들만이 최상의 계급이다. … 범천의 상속자들이다.'라는 것이 단지 말에 지나지 않는다는 사실은 이 방법으로도 알 수 있습니다."

8. "대왕이여, 이를 어떻게 생각합니까? 여기 끄샤뜨리야가 집을 부수고, 다른 사람의 재산을 약탈하고, 주거침입을 하고, 노상강도질을 하고, 남의 아내를 강간했다고 합시다. 만일 대왕의 신하들이 그를 잡아서 대왕에게 보이면서 '폐하, 이자는 범죄를 저지른 도둑입니다. 폐하께서 원하시는 대로 처벌을 내리십시오.'라고 한다면 대왕은 그를 어떻게 하십니까?"

"깟짜나 존자시여, 저는 사형에 처하거나 재산을 몰수하거나 추방하거나 경우에 맞게 처벌을 할 것입니다. 깟짜나 존자시여, 그것은 무슨 이유일까요? 전에 그가 가졌던 끄샤뜨리야라는 신분은 사라지고 이제는 도둑이라고 불리기 때문입니다."

"대왕이여, 이를 어떻게 생각합니까? 여기 바라문이 … 여기 와이샤가 … 여기 수드라가 집을 부수고, 다른 사람의 재산을 약탈하고, 주거침입을 하고, 노상강도질을 하고, 남의 아내를 강간했다고 합시다. 만일 대왕의 신하들이 그를 잡아서 대왕에게 보이면서 '폐하, 이자는 범죄를 저지른 도둑입니다. 폐하께서 원하시는 대로 처벌을 내리십시오.'라고 한다면 대왕은 그를 어떻게 하십니까?"

"깟짜나 존자시여, 저는 사형에 처하거나 재산을 몰수하거나 추방하거나 경우에 맞게 처벌을 할 것입니다. 깟짜나 존자시여, 그것은 무슨 이유일까요? 전에 그가 가졌던 수드라라는 신분은 사라지고 도둑이라고 불리기 때문입니다."

"대왕이여, 이를 어떻게 생각합니까? 만일 이와 같다면 이들 네 계급은 평등합니까, 그렇지 않습니까? 여기에 대해 어떻게 생각합니까?"

"깟짜나 존자시여, [88] 참으로 그와 같다면 이들 네 계급은 평등합니다. 저는 여기서 어떤 다른 차이점을 보지 못합니다."

"대왕이여, '바라문들만이 최상의 계급이다. … 범천의 상속자들이다.'라는 것이 단지 말에 지나지 않는다는 사실은 이 방법으로도 알 수 있습니다." [89]

9. "대왕이여, 이를 어떻게 생각합니까? 여기 끄샤뜨리야가 머리와 수염을 깎고 물들인 옷[染衣]을 입고 집을 떠나 출가하여 생명을 죽이는 것을 삼가고, 주지 않은 것을 가지는 것을 삼가고, 거짓말하는 것을 삼가고, 하루 한 끼만 먹고, 금욕적인 생활을 하고, 계를 지니고, 좋은 성품을 지녔다고 합시다. 대왕은 그를 어떻게 대하시겠습니까?"

"깟짜나 존자시여, 우리는 그에게 절을 올리고, 자리에서 일어나서 영접하고, 자리에 앉기를 권하고, 의복과 음식과 거처와 병구완을 위한 약품 등 필수품으로 그를 초대하고, 여법하게 그를 보살피고 방어하고 보호할 것입니다. 깟짜나 존자시여, 그것은 무슨 이유일까요? 전에 그가 가졌던 끄샤뜨리야라는 신분은 사라지고 이제는 사문이라고 불리기 때문입니다."

"대왕이여, 이를 어떻게 생각합니까? 여기 바라문이 … 여기 와이샤가 … 여기 수드라가 머리와 수염을 깎고 물들인 옷을 입고 집을 떠나 출가하여 생명을 죽이는 것을 삼가고, 주지 않은 것을 가지는 것을 삼가고, 거짓말하는 것을 삼가고, 하루 한 끼만 먹고, 금욕 생활을 하고, 계를 지니고, 좋은 성품을 지녔다고 합시다. 대왕은 그를 어떻게 대하시겠습니까?"

"깟짜나 존자시여, 우리는 그에게 절을 올리고, 자리에서 일어나서 영접하고, 자리에 앉기를 권하고, 의복과 음식과 거처와 병구완을 위한 약품 등 필수품으로 그를 초대하고, 여법하게 그를 보살피고 방어하고 보호할 것입니다. 깟짜나 존자시여, 그것은 무슨 이유일까요? 전에 그가 가졌던 수드라라는 신분은 사라지고 이제는 사문이라고 불리기 때문입니다."

"대왕이여, 이를 어떻게 생각합니까? 만일 이와 같다면 이들 네 계급은 평등합니까, 그렇지 않습니까? 여기에 대해 어떻게 생각합니까?"

"깟짜나 존자시여, 참으로 그와 같다면 이들 네 계급은 평등합니다. 저는 여기서 어떤 다른 차이점을 보지 못합니다."

"대왕이여, '바라문들만이 최상의 계급이다. … 범천의 상속자들이다.'라는 것이 단지 말에 지나지 않는다는 사실은 이 방법으로도 알 수 있습니다." [90]

10. 이와 같이 설하자 마두라의 아완띠뿟따 왕은 마하깟짜나 존자에게 이렇게 말했다.

"경이롭습니다, 마하깟짜나 존자시여. 경이롭습니다, 마하깟짜나 존자시여. 마치 넘어진 자를 일으켜 세우시듯, 덮여있는 것을 걷어내 보이시듯, [방향을] 잃어버린 자에게 길을 가리켜주시듯, 눈 있는 자 형상을 보라고 어둠 속에서 등불을 비춰주시듯, 마하깟짜나 존자께서는 여러 가지 방편으로 법을 설해주셨습니다. 저는 이제 마하깟짜나 존자께 귀의하옵고 법과 비구 승가에 귀의합니다. 마하깟짜나 존자께서는 저를 재가신자로 받아주소서. 오늘부터 목숨이 붙어 있는 그날까지 귀의하옵니다."

"대왕이여, 대왕은 나에게 귀의하지 마십시오. 제가 귀의한 세존께 귀의하십시오."

"깟짜나 존자시여, 아라한이시고 정등각자이신 그분 세존께서는 지금 어디에 머물고 계십니까?"

"대왕이여, 아라한이시고 정등각자이신 그분 세존께서는 열반하셨습니다."

11. "깟짜나 존자시여, 만일 제가 듣기를, 그분 세존께서 십 유순이나 떨어진 곳에 계신다고 하더라도 저는 그분 세존 · 아라한 · 정등각자를 친견하러 십 유순을 갈 것입니다. 만일 제가 듣기를, 그분 세존께서 이십 유순이나 떨어진 곳에 … 삼십 유순이나 떨어진 곳에 … 사십 유순이나 떨어진 곳에 …오십 유순이나 떨어진 곳에 계신다고 하더라도 저는 그분 세존 · 아라한 · 정등각자를 친견하러 오십 유순을 갈 것입니다. 만일 제가 듣기를, 그분 세존께서 백 유순이나 떨어진 곳에 계신다고 하더라도 저는 그분 세존 · 아라한 · 정등각자를 친견하러 백 유순을 갈 것입니다.

깟짜나 존자시여, 세존께서는 열반하셨지만 저는 열반하신 그분 세존께 귀의하옵고 또한 법과 비구 승가에 귀의합니다. 마하깟짜나 존자께서는 저를 재가신자로 받아주소서. 오늘부터 목숨이 붙어 있는 그날까지 귀의하옵니다."

마두라 경(M84)이 끝났다.

보디 왕자 경

Bodhirājakumāra Sutta(M85)

1. 이와 같이 나는 들었다. [91] 한때 세존께서는 박가[277]에서 악어산 근처 베사깔라 숲의 녹야원에 머물렀다.[278]

2. 그 무렵 꼬까나다[279]라는 궁전이 보디 왕자[280]를 위해 최근에 지어졌는데 아직 어떤 사문도 어떤 바라문도 어떤 다른 사람도 머문 적이 없었다.

---

277) 박가(Bhagga)에 대해서는 본서 제1권 「추론 경」(M15) §1의 주해를 참조할 것.

278) 본경은 『율장』 Vin.ii.127~129에도 나타나고 있다.

279) "본래 '꼬까나다(kokanada)'는 홍련(paduma)을 말하는데, 그 길조의 궁전(maṅgala-pāsāda)이 연꽃 모양으로 세워졌기 때문에 꼬까나다라는 이름으로 불렸다."(MA.iii.321)

280) 보디 왕자(Bodhi rājakumāra)는 꼬삼비(Kosambī)의 우데나(Udena) 왕의 아들이었으며, 어머니는 웃제니의 짠다빳조따(Caṇḍappajjota) 왕의 딸인 와술라닷따(Vāsuladattā)였다.(DhpA.i.191f.) 본경에 의하면 그는 코끼리 조련에 능숙하였으며(§§55~57) 어머니 뱃속에 있을 때 이미 삼귀의 계를 받은(§61) 불교 모태신앙의 원조라 할 수 있다.

3. 그때 보디 왕자는 산지까뿟따 바라문 학도를 불러서 말했다.

"오라, 착한 산지까뿟따여. 그대는 세존께 가라. 가서는 '세존이시여, 보디 왕자는 세존의 발에 머리 조아려 절을 올립니다. 그리고 병은 없으신지 어려움은 없으신지, 가볍고 힘 있고 편안하게 머무시는지 문안을 여쭙니다.'라고 내 이름으로 세존의 발에 머리 조아려 절을 올리고, 세존께서 병은 없으신지 어려움은 없으신지, 가볍고 힘 있고 편안하게 머무시는지 문안을 여쭈어라. 그리고 '세존이시여, 세존께서는 비구 승가와 함께 내일 보디 왕자의 공양을 받으실 것을 허락하여 주십시오.'라고 여쭈어라."

"그러겠습니다, 존자시여."라고 산지까뿟따 바라문 학도는 보디 왕자에게 대답하고 세존을 뵈러 갔다. 가서는 세존과 함께 환담을 나누었다. 유쾌하고 기억할만한 이야기로 서로 담소를 하고서 한 곁에 앉았다. 한 곁에 앉아서 바라문 산지까뿟따는 세존께 이렇게 말씀드렸다.

"고따마 존자시여, 보디 왕자는 세존의 발에 머리 조아려 절을 올리고, 병은 없으신지 어려움은 없으신지, 가볍고 힘 있고 편안하게 머무시는지 문안을 여쭙니다. 그리고 고따마 존자께서는 비구 승가와 함께 내일 보디 왕자의 공양을 받으실 것을 허락해달라고 말씀드립니다."

4. 세존께서는 침묵으로 허락하셨다. 그러자 산지까뿟따 바라문 학도는 세존께서 허락하신 것을 알고 자리에서 일어나 보디 왕자에게 가서 이렇게 말했다.

"저는 존자의 이름으로 그분 고따마 존자께 '고따마 존자시여, 보디 왕자가 고따마 존자의 발에 머리 조아려 절을 올립니다. 병은 없으신지 어려움은 없으신지, 가볍고 힘 있고 편안하게 머무시는지 문안을 여쭙니다. 그리고 고따마 존자께서는 비구 승가와 함께 내일 보디 왕자의 공양청을 허락해달라고 말씀드립니다.'라고 말씀드렸고 [92] 사문 고따마께서는 허락하셨습니다."

5. 그러자 보디 왕자는 그 밤이 지나자 자신의 거처에서 맛있는 여러 음식을 준비하게 한 뒤 꼬까나다 궁전을 흰 천으로 맨 아래 계단까지 덮게 하고 산지까뿟따 바라문 학도를 불러서 말했다.

"오라, 착한 산지까뿟따여, 세존을 찾아뵙고 '세존이시여, 시간이 되었습니다. 공양이 다 준비되었습니다.'라고 시간을 알려 드려라."

"그러겠습니다, 존자시여."라고 보디 왕자에게 대답하고 산지까뿟따 바라문 학도는 세존께 다가가서 시간을 알려 드렸다.

"고따마 존자시여, 시간이 되었습니다. 공양이 다 준비되었습니다."

6. 그때 세존께서는 오전에 옷매무새를 가다듬고 발우와 가사를 수하시고 보디 왕자의 거처로 가셨다.

7. 그때 보디 왕자는 현관문 밖에 서서 세존이 오시기를 기다리고 있었다. 보디 왕자는 세존께서 멀리서 오시는 것을 보았다. 보고서는 세존을 맞이하러 앞으로 나아가 절을 올리고 앞쪽으로 모시면서 꼬까나다 궁전으로 들어갔다. 세존께서는 첫 번째 계단 앞에서 멈추셨다. 그러자 보디 왕자는 세존께 이렇게 말씀드렸다.

"세존이시여, 세존께서는 천 위로 가십시오. 선서께서는 천 위로 가십시오. 그러면 그것은 저희들에게 오랜 세월 이익과 행복이 될 것입니다."

이렇게 말씀드리자 세존께서는 침묵하셨다.281)

두 번째로 … 세 번째로 보디 왕자는 세존께 이렇게 말씀드렸다.

"세존이시여, 세존께서는 천 위로 가십시오. 선서께서는 천 위로 가십시오. 그러면 그것은 저희들에게 오랜 세월 이익과 행복이 될 것입니다."

그러자 세존께서는 아난다 존자를 쳐다보셨다. [93] 그러자 아난다 존자는 보디 왕자에게 이렇게 말했다.

---

281) "'무슨 까닭으로 왕자는 이렇게 성대하게 대접하는가?'라고 마음을 기울일 때 아들을 원하기(putta-patthana) 때문에 이렇게 한다는 것을 세존께서 아셨다. 그 왕자는 아들이 없었다. 그는 이렇게 들었다. '부처님들을 시중하면(adhikāraṁ katvā) 마음으로 원하는 바를 얻는다.'라고. 그리하여 그는 '만약 내게 아들이 생길 것이라면 부처님께서 흰 천(cela-ppaṭika) 위로 걸어가실 것이고, 그렇지 않을 것이라면 부처님께서 흰 천 위로 걷지 않을 것이다.'라는 마음으로 흰 천을 깔게 한 것이다. 그러자 세존께서 '이 자에게 아들이 생길 것인가?'라고 마음을 기울였을 때 이 자는 아들이 없을 것이라고 보셨다.
어떤 전생에 그는 어떤 섬에서 살면서 부인과 둘 다 공히 욕망을 일으켜 어린 새를 잡아먹었다. 만약 부인이 달랐더라면 아들을 가질 수 있을 것이나 둘 다 공히 욕망을 일으켜 악업을 지었기 때문에 아들을 가질 수 없다는 것을 아셨다.
만일 천 위를 걷게 되면 '부처님들을 대접하면 마음으로 원하는 바를 얻는다는 소문이 세상에 있다. 내가 이렇게 성대하게 대접했건만 내게 아들이 생기지 않는다. 이 말은 헛된 것이다.'라고 잘못된 믿음을 가질 수 있다. 이교도들도 '사문들이 하지 말아야 할 것이 아무것도 없구나. 천을 파괴하면서 방랑하는구나.'라고 불평할 것이다.
그리고 지금의 승단에는 다른 사람의 마음을 아는 많은 비구들이 있는데, 그들이라면 가능하다고 알면 걸을 것이고 불가능하다고 알면 걷지 않을 것이다. 그러나 미래의 비구들은 이러한 것들을 잘 알지 못할 것이다. 그들이 천 위를 걸을 때 만약 소원이 성취되면 좋지만 성취하지 못하게 되면 '전에는 비구 승가를 대접하면 원하는 바를 얻었다고 하는데 이제는 그것을 얻을 수 없구나. 내 생각에 그 비구들은 도닦음을 성취했지만(paṭipatti-pūrakā) 지금의 이 비구들은 도닦음을 성취하지 못했다.'라고 사람들이 후회할 것(vip-paṭisāri)이다. 이러한 까닭으로 세존께서 천 위를 걷는 것을 원치 않으시면서 침묵을 지키셨다.
이런 이유로 세존께서는 "비구들이여, 천 위를 걷지 마라(na, bhikkhave, celappaṭikā akkamitabbā)."(Vin.ii.129)라는 학습계목(sikkhā-pada)을 제정하셨다."(MA.iii.322~323)

"왕자여, 천을 거두십시오. 세존께서는 천 위로 걷지 않으실 것입니다. 여래께서는 후대의 사람들을 고려하십니다."

8. 그러자 보디 왕자는 천을 치우게 하고서 꼬까나다 궁전의 윗층에 자리들을 마련했다. 그러자 세존께서는 꼬까나다 궁전에 올라 마련된 자리에 비구 승가와 함께 앉으셨다.

9. 그러자 보디 왕자는 부처님을 비롯하여 비구 승가에게 딱딱한 음식과 부드러운 음식 등 맛있는 음식을 손수 충분히 대접하고 만족시켜드렸다. 그때 보디 왕자는 세존께서 공양을 마치시고 발우에서 손을 떼시자 어떤 낮은 자리를 잡아 한 곁에 앉았다. 한 곁에 앉아서 보디 왕자는 세존께 이렇게 말씀드렸다.

"세존이시여, 제게는 '행복으로 행복은 얻어지지 않을 것이다. 참으로 괴로움으로 행복은 얻어질 것이다.'282)라는 이런 생각이 듭니다."

10. "왕자여, 나도 전에 아직 정각을 이루지 못한 보살이었을 적에 '행복으로 행복은 얻어지지 않는다. 참으로 괴로움으로 행복이 얻어진다.'라는 이러한 생각이 들었다."

---

282) "행복으로 행복은 얻어지지 않을 것이다. 괴로움으로 행복은 얻어질 것이다(na kho sukhena sukhaṁ adhigantabbaṁ, dukkhena kho sukhaṁ adhigantabba)."라는 이 말은 본서 제1권 「괴로움의 무더기의 짧은 경」(M14) §20에서 니간타들이 세존께 주장하는 것으로도 나타난다. 그러나 본경에서 보디 왕자가 이렇게 말씀드린 것은 니간타들의 이런 주장과는 관계가 없는 듯하다. 본경의 주석서는 이렇게 설명한다.
"왜 그는 이렇게 말씀드렸는가? [내가] 감각적 욕망들에 대한 쾌락의 탐닉에 몰두하는 인식을 가진 자이면(kāma-sukhallika-anuyoga-saññī) 정등각자는 다가오지 않으실 것이다. 그러므로 나도 역시 스승과 동등한 바람(samāna-cchanda)을 가져야겠다고 생각하여서 이렇게 말씀드린 것이다." (MA.iii.323)

11. ~ *14.* "왕자여, 그런 나는 나중에 아직은 연소하고 젊고 머리가 검고 축복받은 젊음을 구족한 초년기에 … …

<본서 제1권 「성스러운 구함 경」(M26) §§15~17과 같음.>

… 참으로 이곳은 용맹정진을 원하는 선남자들이 용맹정진하기에 적합한 곳이다.'라고."

15. ~ *42.* "왕자여, 내게 전에 들어본 적이 없는 세 가지 비유가 즉시에 떠올랐다. …

<본서 제2권 「삿짜까 긴 경」(M36) §§17~44와 같음.>[283)]

… 마치 방일하지 않고 열심히, 스스로 독려하며 머무는 자에게 무명이 제거되고 명지가 일어나고 어둠이 제거되고 광명이 일어나듯이, 내게도 무명이 제거되고 명지가 일어났고 어둠이 제거되고 광명이 일어났다."

43. ~ *53.* "왕자여, 그런 내게 이런 생각이 들었다. '내가 증득한 이 법은 심오하여 … [94] …

<본서 제1권 「성스러운 구함 경」(M26) §§19~29와 같음.>

… 두 비구가 탁발하여 가져오면 우리 여섯 명이 연명을 했다."

---

283) 그러나 본서 제2권 「삿짜까 긴 경」(M36경) §§20~25에 해당하는 본경의 §18~23에는 "내게 비록 이러한 괴로운 느낌이 일어났지만 그것이 내 마음을 제압하지는 못했다."라는 문장이 나타나지 않는다. 그리고 「삿짜까 긴 경」(M36) §39, §41, §44에 해당하는 본경의 §37, §39, §42에는 "내게 이러한 즐거운 느낌이 일어났지만 그것이 내 마음을 제압하지는 못했다."라는 문장도 나타나지 않는다.

54. "왕자여, 다섯 비구들은 이와 같이 나의 지도를 받고 이와 같이 나의 가르침을 받아 오래지 않아 좋은 가문의 아들들이 집에서 나와 출가하는 목적인 그 위없는 청정범행의 완성을 지금・여기에서 스스로 최상의 지혜로 알고 실현하고 구족하여 머물렀다."

55. 이렇게 말씀하시자 보디 왕자는 세존께 이렇게 여쭈었다.

"세존이시여, 얼마나 오래 비구가 여래의 지도를 받아야 좋은 가문의 아들들이 집에서 나와 출가하는 목적인 그 위없는 청정범행의 완성을 지금・여기에서 스스로 최상의 지혜로 알고 실현하고 구족하여 머물 수 있습니까?"

"왕자여, 그렇다면 그것에 대해 내가 그대에게 되물어보겠다. 그대가 적당하다고 여기는 대로 대답하라. 왕자여, 이를 어떻게 생각하는가? 그대는 코끼리를 타고 가축의 몰이 막대기를 사용하는 기술에 숙달이 되었는가?"

"세존이시여, 그렇습니다. 저는 코끼리를 타고 가축의 몰이 막대기를 사용하는 기술에 숙달이 되었습니다."

56. "왕자여, 이를 어떻게 생각하는가? 여기 사람이 와서 '보디 왕자는 코끼리를 타고 가축의 몰이 막대기를 사용하는 기술을 잘 안다. 그의 곁에서 나는 코끼리를 타고 가축의 몰이 막대기를 사용하는 기술을 익히리라.'라고 한다 하자.

그가 만일 믿음이 없다면 믿음으로 성취해야 할 것을 그는 성취할 수 없을 것이다. 그가 만일 병이 들었다면 병 없음으로 성취해야 할 것을 성취할 수 없을 것이다. 그가 만일 간교하고 현혹시킨다면 정직함과 현혹시키지 않음으로 성취해야 할 것을 성취할 수 없을 것이다. 그가 만일 게으르다면 열심히 정진하여 성취해야 할 것을 성취할 수 없을 것이다. 그가 만일 통찰지가 없다면 통찰지를 가져 성취해야 할 것을 성취할 수 없을 것이다.

왕자여, 이를 어떻게 생각하는가? 그래도 그 사람은 그대 곁에서 코끼리를 타고 가축의 몰이 막대기를 사용하는 기술을 공부할 수 있겠는가?"

"세존이시여, 이 중에서 한 가지 요소만 그에게 결여되어도 그가 제 곁에서 코끼리를 타고 가축의 몰이 막대기를 사용하는 기술을 공부할 수 없을 것인데 다섯 가지 요소가 다 결여되었다면 더 말해서 무엇하겠습니까?"

57. "왕자여, 이를 어떻게 생각하는가? 여기 사람이 와서 [95] '보디 왕자는 코끼리를 타고 가축의 몰이 막대기를 사용하는 기술을 잘 안다. 그의 곁에서 나는 코끼리를 타고 가축의 몰이 막대기를 사용하는 기술을 익히리라.'라고 한다 하자.

그가 만일 믿음이 있다면 믿음으로 성취해야 할 것을 그는 성취할 수 있을 것이다. 그가 만일 병이 없다면 병 없음으로 성취해야 할 것을 성취할 수 있을 것이다. 그가 만일 정직하고 현혹시키지 않는다면 정직함과 현혹시키지 않음으로 성취해야 할 것을 성취할 수 있을 것이다. 그가 만일 열심히 정진한다면 열심히 정진하여 성취해야 할 것을 성취할 수 있을 것이다. 그가 만일 통찰지가 있다면 통찰지를 가져 성취해야 할 것을 성취할 수 있을 것이다.

왕자여, 이를 어떻게 생각하는가? 그러면 그 사람은 그대 곁에서 코끼리를 타고 가축의 몰이 막대기를 사용하는 기술을 공부할 수 있겠는가?"

"세존이시여, 이 중에서 한 가지 요소만 그에게 있어도 그가 제 곁에서 코끼리를 타고 가축의 몰이 막대기를 사용하는 기술을 공부할 수 있을 것인데 다섯 가지 요소가 다 있다면 더 말해서 무엇하겠습니까?"

58. "왕자여, 그와 같이 다섯 가지 노력하는 자의 구성요소[五勤支][284]가 있다. 무엇이 다섯인가?

왕자여, (1) 여기 비구는 믿음이 있어 여래의 깨달음에 믿음을 가진다. '이런 [이유로] 그분 세존께서는 아라한[應供]이며, 완전히 깨달은 분[正等覺]이며, 명지와 실천을 구족한 분[明行足]이며, 피안으로 잘 가신 분[善逝]이며, 세간을 잘 알고 계신 분[世間解]이며, 가장 높은 분[無上士]이며, 사람을 잘 길들이는 분[調御丈夫]이며, 하늘과 인간의 스승[天人師]이며, 부처님[佛]이며, 세존(世尊)이다.'라고.

(2) 그는 병이 없고 고통이 없으며 음식을 고루 소화시키도록 너무 차지도 않고 너무 덥지도 않은 중간의 [업에서 생긴] 불의 요소를 구족하여 정진을 감내한다.

(3) 그는 정직하고 현혹시키지 않으며 스승과 지적인 동료 수행자들에게 있는 그대로 자신을 드러낸다.

(4) 그는 열심히 정진하며 머문다. 해로운 법[不善法]들을 버리고 유익한 법[善法]들을 구족하기 위해서 굳세고 분투하며 유익한 법들에 대한 임무를 내팽개치지 않는다.

---

284) '다섯 가지 노력하는 자의 구성요소[五勤支]'는 pañca padhāniyaṅgā를 옮긴 것이다. 이것은 본서 「깐나깟탈라 경」(M90) §10 등과 『디가 니까야』 제3권 「합송경」(D33) §2.1과 「십상경」(D34) §1.6 (1)과 『앙굿따라 니까야』 제3권 「구성요소 경」(A5:53)에도 나타나고 있다. 주석서는 다음과 같이 설명한다.
"노력(padhāna)은 노력하는 성품(padahana-bhāva)을 말하고, 그런 노력하는 성품을 가진 자가 '노력하는 자(padhāniya)'이다. 노력하는 비구의 구성요소들이라고 해서 노력하는 자의 구성요소(padhāniy-aṅgāni)라 한다."(MA.iii.325)

(5) 그는 통찰지를 가졌다. 그는 일어나고 사라짐을 꿰뚫고, 성스럽고, 통찰력이 있고, 바르게 괴로움의 소멸로 인도하는 통찰지를 구족했다.

왕자여, 이것이 다섯 가지 노력하는 자의 구성요소이다."

59. "왕자여, 이러한 노력의 다섯 가지 요소들을 구족한 비구는 칠 년 동안 여래의 지도를 받으면 좋은 가문의 아들들이 집에서 나와 출가하는 목적인 그 위없는 청정범행의 완성을 지금 · 여기에서 스스로 최상의 지혜로 알고 실현하고 구족하여 머물 수 있을 것이다. [96]

왕자여, 칠 년까지는 아니더라도 이러한 노력의 다섯 가지 요소들을 구족한 비구는 육 년을 … 오 년을 … 사 년을 … 삼 년을 … 이 년을 … 일 년을 … 아니 일 년까지는 아니더라도 이러한 노력의 다섯 가지 요소들을 구족한 비구는 칠 개월을 … 육 개월을 … 오 개월을 … 사 개월을 … 삼 개월을 … 이 개월을 … 일 개월을 … 일 개월까지는 아니더라도 이러한 노력의 다섯 가지 요소들을 구족한 비구는 여래의 지도를 받아 저녁에 가르침을 들으면 아침에 특별함을 얻게 되고[285] 아침에 가르침을 들으면 저녁에 특별함을 얻게 될 것이다."[286]

---

285) "즉 해질 무렵에 가르침을 받으면 그 다음날 해가 뜰 무렵에 특별함(visesa)을 얻고, 해가 뜰 무렵에 가르침을 받으면 해질 무렵에 특별함을 얻는다." (MA.iii.327)

286) "저녁에 가르침을 들으면 아침에 특별함을 얻게 되고 아침에 가르침을 들으면 저녁에 특별함을 얻게 될 것이다."는 sāyam anusiṭṭho pāto visesaṁ adhigamissati, pātam anusiṭṭho sāyaṁ visesaṁ adhigamissati를 옮긴 것이다. 세존의 이 말씀은 『상윳따 니까야』 제4권 「행하기 어려움 경」(S38:16) §5에서 잠부카다까 유행승이 사리뿟따 존자에게 "도반이여, 그런데 [출세간]법에 이르게 하는 법을 닦는 비구가 아라한이 되는데 오래 걸립니까?"라고 질문하자, 존자가 "도반이여, 오래 걸리지 않습니다."라고 대답하는데 대한 근거로 주석서(SA.iii.89)에서 인용되고 있다.

60. 이렇게 말씀하시자 보디 왕자는 세존께 이렇게 말씀드렸다.

"참으로 부처님이십니다. 참으로 법이라 할 만합니다. 참으로 법이 잘 설해졌습니다. 사람이 저녁에 가르침을 들으면 아침에 특별함을 얻게 되고 아침에 가르침을 들으면 저녁에 특별함을 얻게 된다고 하시기 때문입니다."287)

61. 이렇게 말하자 산지까뿟따 바라문 학도는 보디 왕자에게 이렇게 말했다.

"보디 존자여, 당신은 '참으로 부처님이십니다. 참으로 법이라 할 만합니다. 참으로 법이 잘 설해졌습니다.'라고만 말씀하시고 '저는 고따마 존자께 귀의하옵고 또한 법과 승가에 귀의합니다.'라고 하지 않았습니다."

"착한 산지까뿟따여, 그대는 그렇게 말하지 마라. 착한 산지까뿟따여, 그대는 그렇게 말하지 마라. 착한 산지까뿟따여, 나는 어머니의 면전에서 이것을 들었고 이해했다. [97]

착한 산지까뿟따여, 한때 세존께서는 꼬삼비의 고시따 원림에 머무셨다. 그때 나의 어머님은 임신을 하셨는데 세존을 뵈러 가서 세존께 절을 올리고 한 곁에 앉았다. 한 곁에 앉아서 나의 어머님은 세존께 이렇게 말씀드렸다.

"세존이시여, 저의 태내에 있는 아이가 남자이건 여자이건, 그는 세존께 귀의하오며 또한 법과 비구 승가에 귀의합니다. 세존께서는 그를 재가신자로 받아주소서. 오늘부터 목숨이 붙어 있는 그날까지 귀의하옵니다."288)

---

287) "부처님과 가르침이 고귀하시고(uḷāratā) 가르침이 잘 설해졌기(svākkhāta-tā) 때문에 아침에 명상주제를 들으면 저녁에 아라한과를 얻는다. 그러므로 찬탄하면서 이렇게 말한 것이다."(MA.iii.327)

착한 산지까뿟따여, 한 번은 세존께서 여기 박가에서 악어 산 근처의 베사깔라 숲에 있는 녹야원에 머무셨다. 그때 유모가 나를 등허리에 업고 세존을 뵈러 갔다. 가서는 절을 올리고 한 곁에 섰다. 한 곁에 서서 나의 유모는 세존께 이렇게 말씀드렸다.

"세존이시여, 이 보디 왕자는 세존께 귀의하옵고 또한 법과 비구 승가에 귀의하옵니다. 세존께서는 그를 재가신자로 받아주소서. 오늘부터 목숨이 붙어 있는 그날까지 귀의하옵니다."

착한 산지까뿟따여, 이런 나는 이제 세 번째로 세존께 귀의하고 또한 법과 비구 승가에 귀의하노라.

"세존께서는 저를 재가신자로 받아주소서. 오늘부터 목숨이 붙어 있는 그날까지 귀의하옵니다."라고."

보디 왕자 경(M85)이 끝났다.

288) 보디 왕자의 이런 일화는 요즘 말하는 모태신앙의 정수를 보여준다고 하겠다.

앙굴리말라 경

Aṅgulimāla Sutta(M86)

1. 이와 같이 나는 들었다. 한때 세존께서는 사왓티에서 제따 숲의 아나타삔디까 원림(급고독원)에 머무셨다.

2. 그 무렵 빠세나디 꼬살라 왕의 영토에 앙굴리말라[289]라는

289) "손가락으로 화환을 만들어 목에 걸고 다닌다(aṅgulīnaṁ mālaṁ dhāreti)라고 해서 '앙굴리말라(Aṅgulimāla)'라고 했다. 무슨 까닭으로 걸고 다녔는가? 스승의 요구(ācariya-vacana)가 있었기 때문이다. 이 경의 유래는 다음과 같다.
앙굴리말라는 꼬살라 국왕의 궁중제관(purohita)이었던 박가와(Bhaggava)라는 이름의 바라문을 아버지로 만따니(Mantāṇi)라는 이름의 바라문 여자를 어머니로 하여 태어났다. 그가 어머니의 태에서 나올 때에 모든 도시의 무기들에 불이 났고, 왕궁의 길조에도 침실에 놓여있던 칼과 막대기에도 불이 났다. 바라문이 밖으로 나가 성좌를 살펴보다가 도둑의 성좌 아래에서 태어난 것을 알고 왕을 찾아가서 쾌적한 침실을 원했다.
왕은 '스승이시여, 쾌적한 침실이 어디 있습니까? 내 길상의 무기에 불이 났습니다. 왕국이나 내 생명에 무슨 변고라도 생기지 않을까 싶습니다.' '대왕이여, 두려워 마십시오. 내 집에 남아가 태어났는데 그의 영향으로 궁궐뿐만 아니라 온 도시의 무기들에 불이 났습니다.' '스승이여, 어떤 사람이 되겠습니까?' '대왕이여, 도둑이 될 것입니다.' '한 사람의 도둑(eka-coraka)이 되겠습니까, 아니면 왕국을 멸망시킬 도둑(rajja-dūsaka)입니까?' '왕이여, 한 사람의 도둑입니다.'
이렇게 말하고 나서 왕의 마음을 얻고자 하여 '왕이여, 그를 죽이십시오.'라

고 말했다. 그러나 왕은 말했다. '한 사람의 도둑이라면 무엇을 하겠습니까? 천 까리사나 되는 넓은 들판에 한 알의 벼이삭과 같습니다. 그냥 그를 키우십시오.' 그의 이름을 지으려 할 때 침실에 놓여있던 길상검과 막대기에도 불이 나고 덮개 위에 놓여있던 화살에도 불이 났지만 아무것도 손상되지 않았다. 그리하여 그의 이름을 아힘사까(Ahiṁsaka, 不害者)라고 지었고, 얼마 후 학업과 기술을 익히도록 하기 위해 딱까실라(Takkasīla)로 보냈다.
그는 법다운 제자(dhamm-antevāsika)가 되어 학업에 전념했다. 소임에도 충실했고 시봉도 성심껏 잘했고 마음에 들게 행하고 고운 말을 했다. 나머지 제자들은 열외로 취급되었다. 그들은 '아힘사까 바라문 학도가 온 이래로 우리는 빛을 보지 못하고 있다. 어떻게 해서 그를 파멸시킬 것인가?'라고 앉아서 궁리를 했지만 그는 모든 사람들보다 월등한 통찰지를 갖고 있었기에 통찰지가 없다고 말할 수도 없었고, 소임도 충실히 이행했기 때문에 소임을 잘 못한다고 말할 수도 없었고, 출생 신분이 좋았기 때문에 신분이 나쁘다고 말할 수도 없었다. 그렇다면 어떻게 할 것인가를 궁구하다 스승에게서 그를 떼어놓으면 그를 파멸로 이끌 수 있다는 계략(khara-manta)이 떠올랐다. 그들은 스승님을 찾아가 아힘사까가 스승을 배신했다는 거짓을 고했다. 스승은 처음에는 믿지 않고 오히려 그들을 호되게 나무라지만 결국 그 말을 믿게 되고 자기 부인과 아힘사까 사이에 부정한 관계가 있었다고 의심하면서 그를 죽이기로 결심한다.
그리다 '내가 이 사람을 죽이면 사방에 명성이 자자한 스승이 자기 곁에 학업을 배우러 온 학생에게 화를 내어 생명을 앗아갔다.'라고 생각하면서 다시는 어떤 사람도 학업을 배우러 오지 않을 것이다. 그것은 내 이득을 상실하는 것이다. 그리하여 그는 배움이 끝난 뒤에 스승께 올리는 감사의 선물을 떠올렸다.
그는 그에게 선물로 천 명의 오른 손가락을 바칠 것을 요구했다. 그는 자기가 아힘사까의 가문에 태어났기 때문에 그것을 할 수 없다고 말씀드렸지만 스승은 지금까지 배운 학업과 기술에 대해 감사의 선물(upacāra)을 올리지 않으면 그 학업은 결실을 볼 수 없다면서 요구했고, 아힘사까는 다섯 개의 무기(pañc-āvudha)를 들고 스승께 절을 올리고 숲으로 들어갔다. 그는 숲의 입구나 중앙이나 출구에 서서 사람들을 죽였다. 본래는 통찰지를 가졌지만 산 생명을 죽이면서 그의 마음은 안정되지 못했고 서서히 계산에도 집중할 수 없었다. 그래서 손가락(aṅguli)을 뚫어 실에 꿰어 화환(māla)을 만들어 목에 걸고 다녔다. 그리하여 앙굴리말라라는 이름이 생겨났다.
밤에는 마을 안으로 들어와 대문을 부수고 사람들을 죽여 마을과 성읍을 황폐화시켰다. 불안한 사람들이 궁전 앞으로 모여들어 앙굴리말라라는 도적이 나타나 사람들을 죽인다고 울면서 대왕께 고했다. 앙굴리말라의 아버지인 박가와는 '분명 내 아들이다.'라고 알아차리고는 부인에게 말했다. '앙굴리말라라는 도적이 나타났는데 그는 다른 사람이 아니라 분명 그대의 아들 아힘

도적이 있었는데 그는 잔인하고 손에 피를 묻히고 살해와 파괴를 일삼고 뭇 생명들에게 자비가 없었다. 그는 마을을 마을이 아니게 성읍을 성읍이 아니게 [98] 지역을 시역이 아니게 황폐하고 피폐하게 만들었다. 그는 끊임없이 사람들을 죽여 그 손가락으로 화환을 만들어 걸고 다녔다.

3. 그때 세존께서는 오전에 옷매무새를 가다듬고 발우와 가사를 수하고 사왓티로 탁발을 가셨다. 사왓티에서 탁발하여 공양을 마치고 탁발에서 돌아와 처소를 정돈하시고 발우와 가사를 수하고 도적 앙굴리말라가 있는 길로 걸어가셨다. 소 먹이는 자들과 양치기들과 농부들이 지나가다 세존께서 도적 앙굴리말라가 있는 길로 걸어가시는 것을 보았다. 보고서는 세존께 이렇게 말씀드렸다.

"사문이시여, 이 길로 걸어가지 마십시오. 사문이시여, 이 길에는 앙굴리말라라는 도적이 있는데 그는 잔인하고 손에 피를 묻히고 살해와 파괴를 일삼고 뭇 생명들에게 자비가 없습니다. 그는 마을을 마을이 아니게 성읍을 성읍이 아니게 지역을 지역이 아니게 황폐하고 피폐하게 만듭니다. 그는 끊임없이 사람들을 죽여 그 손가락으로 화

사까입니다. 이제 왕이 그를 붙잡아 들일 것인데 어떻게 하면 좋겠습니까?' 부인은 남편에게 아들을 데려올 것을 간청했지만 남편은 두려움으로 거절했다. 어머니의 가슴에 연민이 생겼고 내가 가서 내 아들을 데리고 오리라고 생각하면서 길을 나섰다.

바로 그날 세존께서 이른 아침에 세상을 굽어 살펴보시다가 앙굴리말라를 보시고는 '내가 가면 이 사람에게 축복이 있을 것이다. 마을이 없는 숲에 서서 네 구절로 된 게송[四句偈, catuppadikā gāthā]을 듣고 나의 곁에 출가하여 육신통(cha abhiññā)을 실현하게 될 것이다. 만약 내가 가지 않으면 어머니에게 죄를 저지르게 될 것이다. 그에게 호의를 베풀리라고 생각하시면서 아침에 옷매무새를 가다듬고 탁발하러 갔다가 공양을 마치고 그를 거두고자 승원을 나서셨고, 이 뜻을 보이기 위해 '그때 세존께서는(atha kho bhagavā)'이라고 말씀을 시작하셨다."(MA.iii.328~331)

환을 만들어 걸고 다닙니다. 사문이시여, 이 길은 열 명의 장정이나 스무 … 서른 … 마흔 … 쉰 명의 장정들이 함께 모여 간다 해도 여전히 도적 앙굴리말라의 손에 걸려듭니다."

이렇게 말씀드려도 세존께서는 침묵하면서 걸어가셨다. 두 번째로 … 세 번째로 … 세존께서는 침묵하면서 걸어가셨다.

4. 도적 앙굴리말라는 세존께서 멀리서 오시는 것을 보았다. 보고서는 이런 생각이 들었다.

"참으로 경이롭구나, 참으로 놀랍구나. 이 길은 열 명의 장정이나 스무 … [99] 서른 … 마흔 … 쉰 명의 장정들이 함께 모여 걸어오더라도 그들 모두 내 손에 걸려든다. 그런데 지금 이 사문은 둘도 아니고 혼자 운명에 끌린 듯이 오는구나. 내 어찌 이 사문의 목숨을 빼앗지 않을 수 있겠는가?"

그때 도적 앙굴리말라는 칼과 방패를 들고 활과 화살 통을 매고 세존의 뒤를 바짝 추적했다.

5. 그때 세존께서는 도적 앙굴리말라가 온 힘을 다해 최대한 빨리 가도 보통 걸음으로 가시는 세존을 도저히 따라잡을 수 없는 그런 형태의 신통변화를 나투셨다. 그러자 도적 앙굴리말라는 이런 생각이 들었다.

"참으로 경이롭구나, 참으로 놀랍구나. 전에 나는 달리는 코끼리도 따라가서 잡았고 달리는 말도 따라가서 잡았고 달리는 마차도 따라가서 잡았고 달리는 사슴도 따라가서 잡았다. 그런데 온 힘을 다해 최대한 빨리 가도 보통 걸음으로 가는 이 사문을 도저히 따라잡을 수 없구나."

그는 서서 세존께 이렇게 말했다.

"멈춰라, 사문이여. 멈춰라, 사문이여."

"앙굴리말라여, 나는 멈추었으니 그대도 멈추어라."

그때 도적 앙굴리말라는 이런 생각이 들었다.

"이들 사문들은 사꺄의 후예들로 진실을 말하고 진실을 주장한다. 그런데 이제 이 사문은 걸어가면서도 말하기를 '앙굴리말라여, 나는 멈추었으니 그대도 멈추어라.'고 한다. 나는 이 사문에게 물어보리라."

6. 그때 도적 앙굴리말라는 세존께 게송으로서 말했다.290)

"사문이여, 그대는 가면서 '나는 멈추었다.'라고 말하고
멈춘 나에게 '그대는 멈추지 않았다.'고 말한다.
사문이여, 나는 그대에게 이 뜻을 묻노니
어찌하여 그대는 멈췄고 나는 멈추지 않았는가?"

"앙굴리말라여, 나는 멈추었으니
모든 존재들에게 영원히 몽둥이를 내려놓았음이라.
그러나 그대는 생명들에 대해 자제가 없으니
그러므로 나는 멈추었고 그대는 멈추지 않았다." [100]

"참으로 오랜 끝에야291) 존경하는 분, 위대한 선인
사문께서 큰 숲으로 오셨으니
게송으로 설한 그대의 가르침을 듣고

---

290) 이 게송들은 『장로게』(Thag) {861}~{865}로도 나타나고 있다.

291) "도적(cora)은 다음과 같이 생각했다. '이렇게 큰 사자후(mahā sīha-nāda)는 분명 다른 사람의 것이 아닐 것이다. 사문의 왕인 싯다르타의 사자후일 것이다. 예리한 눈을 가진(tikhiṇa-cakkhu) 정등각자가 나를 본 것이 틀림없다. 세존께서 나에게 호의를 베풀기 위해(saṅgaha-karaṇ-attha) 오셨다.'라고. 그리하여 그는 '참으로 오랜 끝에야(cirassaṁ vata me)'라고 말을 시작했다."(MA.iii.333)

저는 영원히 악을 버릴 것입니다."292)

이와 같이 말하고 도적은 칼과 무기를
깊은 낭떠러지 밑으로 던져버렸다.
도적은 선서의 발에 절을 올리고
그곳에서 출가를 요청했다.

자비롭고 위대한 선인인 부처님께서는
신을 포함한 세상의 스승이셨으니
그때 '오라, 비구여.'라고 그를 불렀다.
이렇게 그는 비구가 되었다.

7. 그때 세존께서는 앙굴리말라 존자를 시자로 하여서 사왓티로 유행을 떠나셨다. 차례로 유행을 하시면서 사왓티에 도착하셨다. 거기서 세존께서는 사왓티에서 제따 숲의 아나타삔디까 원림(급고독원)에 머무셨다.

8. 그때 빠세나디 꼬살라 왕의 내전의 문에 많은 사람들의 무리

---

292) 본 게송은 Ee를 따라 옮긴 것이다. 그러나 '큰 숲으로 오셨으니'라는 부분이 Ee에는 mahāvanaṁ … paccavādi로 나타나는데 이것으로는 뜻을 유추해 낼 수 없다. 그래서 Se의 mahāvanaṁ … paccupādi로 읽었다. 그러나 Be에 따르면 본 게송의 두 번째와 세 번째 문단이 Ee와 다르게 나타난다. 이것에 따라 옮기면 다음과 같다.

"참으로 오랜 끝에야 존경하는 분, 대성인
진실을 말하시는 분께서 큰 숲으로 오셨으니
게송으로 설한 그대의 가르침을 듣고
저는 영원히 악을 버리기 위해 걸어갈 것입니다."
(cirassaṁ vata me mahito mahesī,
mahāvanaṁ pāpuṇi saccavādī,
sohaṁ carissāmi pahāya pāpaṁ,
sutvāna gāthaṁ tava dhammayuttaṁ)

가 모여 높고 큰 목소리로 요란스러웠다.

"폐하, 폐하의 영토 안에 앙굴리말라라는 도적이 있는데 그는 잔인하고 손에 피를 묻히고 살해와 파괴를 일삼고 뭇 생명들에게 자비가 없습니다. 그는 마을을 마을이 아니게 성읍을 성읍이 아니게 지역을 지역이 아니게 황폐하고 피폐하게 만듭니다. 그는 끊임없이 사람들을 죽여 그 손가락으로 화환을 만들어 걸고 다닙니다. 폐하께서 그를 억류시키십시오."

9. 그러자 빠세나디 꼬살라 왕은 한낮에 오백의 기마병들과 함께 사왓티를 나와 원림으로 갔다. 마차로 더 이상 갈 수 없는 곳에 이르자 마차에서 내려 걸어서 세존를 뵈러 갔다. [101] 가서는 세존께 절을 올리고 한 곁에 앉았다. 한 곁에 앉은 빠세나디 꼬살라 왕에게 세존께서는 이렇게 말씀하셨다.

"대왕이여, 어쩐 일입니까? 마가다의 세니야 빔비사라 왕이 대왕을 공격하기라도 했습니까, 아니면 웨살리의 릿차위나 다른 적대적인 왕들이 대왕을 공격하기라도 했습니까?"

10. "세존이시여, 아닙니다. 마가다의 세니야 빔비사라 왕이 공격해온 것도 아니고, 웨살리의 릿차위나 다른 적대적인 왕들이 공격해온 것도 아닙니다. 세존이시여, 저의 영토 안에 앙굴리말라라는 도적이 있는데 그는 잔인하고 손에 피를 묻히고 살해와 파괴를 일삼고 뭇 생명들에게 자비가 없습니다. 그는 마을을 마을이 아니게 성읍을 성읍이 아니게 지역을 지역이 아니게 황폐하고 피폐하게 만듭니다. 그는 끊임없이 사람들을 죽여 그 손가락으로 화환을 만들어 걸고 다닙니다. 세존이시여, 저는 그를 억류시키지 못할 것입니다."

11. "대왕이여, 만일 그런데 앙굴리말라가 머리와 수염을 깎고 물들인 옷을 입고 집을 떠나 출가하여 생명을 죽이는 것을 삼가고, 주지 않은 것을 가지는 것을 삼가고, 거짓말하는 것을 삼가고, 하루 한 끼만 먹고, 금욕적인 생활을 하고, 계를 지니고, 좋은 성품을 지닌 것을 대왕이 본다면, 대왕은 그를 어떻게 대하겠습니까?"

"세존이시여, 우리는 그에게 절을 올리고, 자리에서 일어나서 영접하고, 자리에 앉기를 권하고, 의복과 음식과 거처와 병구완을 위한 약품 등 필수품으로 그를 초대하고, 여법하게 그를 보살피고 방어하고 보호할 것입니다. 세존이시여, 그러나 어떻게 그런 나쁜 행실과 나쁜 성품을 가진 자가 이런 계를 가지고 자기 제어를 할 수가 있겠습니까?"

12. 그때 앙굴리말라 존자가 세존의 멀지 않은 곳에 앉아있었다. 그러자 세존께서는 그의 오른팔을 들어 보이시면서 빠세나디 꼬살라 왕에게 말씀하셨다.

"대왕이여, 여기 이 자가 앙굴리말라입니다."

그러자 빠세나디 꼬살라 왕은 두려움에 떨고 공포에 휩싸이고 털이 곤두섰다. 그때 세존께서는 빠세나디 꼬살라 왕이 두려움에 떨고 공포에 휩싸이고 털이 곤두선 것을 아시고 빠세나디 꼬살라 왕에게 이렇게 말씀하셨다.

"대왕이여, 두려워하지 마십시오. 대왕이여, 두려워하지 마십시오. 그를 두려워해야 할 것이 아무것도 없습니다."

그때 빠세나디 꼬살라 왕에게 생겼던 두려움과 공포와 [102] 털이 곤두선 것이 가라앉았다. 그때 빠세나디 꼬살라 왕은 앙굴리말라 존자에게 다가갔다. 가서는 앙굴리말라 존자에게 이렇게 말했다.

"존자시여, 존자가 정말 앙굴리말라 맞습니까?"

"그렇습니다, 대왕이여."

"존자시여, 존자의 부친은 무슨 성을 가졌고 어머니는 무슨 성을 가졌습니까?"

"대왕이여, 아버님은 각가이시고 어머님은 만따니이십니다."

"존자시여, 각가 만따니뿟따[293] 존자에게 행운이 있길 빕니다. 나는 각가 만따니뿟따 존자께 의복과 음식과 처소와 병구완을 위한 약품을 공양올리겠습니다."

13. 그 무렵 앙굴리말라 존자는 숲 속에 머물고, 탁발음식만 수용하고, 분소의를 입고, 삼의(三衣)만 입는 자였다.[294] 그때 앙굴리말라 존자는 빠세나디 꼬살라 왕에게 이렇게 대답했다.

"대왕이여, 충분합니다. 나의 삼의는 이미 갖추어졌습니다."

그러자 빠세나디 꼬살라 왕은 세존께 가서 세존께 절을 올리고 한

---

293) '만따니뿟따(Mantāṇī-putta)'는 만따니의 아들(putta)이란 말이다. 그의 어머니 성이 만따니였기 때문에 왕은 그를 만따니뿟따 즉 만따니의 아들이라 부른 것이다. 부처님 당시에는 이런 이름이 아주 많았다. 대표적인 것이 사리뿟따(Sāriputta)이다. 사리뿟따 존자의 어머니 성이 사리(Sāri)였기 때문에 사리의 아들이라는 의미에서 사리뿟따가 이름이 된 것이다. 이처럼 이름에 뿟따가 붙은 것은 모두 누구의 아들이란 뜻이다. 그리고 여기서 앙굴리말라의 아버지가 각가(Gagga)라고 불리는데 왕은 앙굴리말라도 각가라고 부르고 있다. DPPN은 각가가 족성(gotta)일 것이라고 밝히고 있다.(*s.v.* Gagga)

한편 만따니뿟따라는 단어는 우리에게 설법제일 부루나(富樓那) 존자로 알려진 뿐나 만따니뿟따 존자(āyasamā Puṇṇa Mantāṇiputta)의 이름으로 우리에게 익숙하다. 뿐나 만따니뿟따 존자에 대해서는 본서 제1권 「역마차 교대 경」(M24) §2의 주해를 참조할 것.

294) 즉 앙굴리말라 존자는 그 당시에 이러한 네 가지의 두타행을 함께 실천하고 있었다. 두타행(頭陀行, dhutaṅga)은 모두 13가지로 정리가 되어 『청정도론』 제2장에 상세하게 기술되어 있으므로 참조하기 바란다. 13가지 두타행의 명칭은 본서 제4권 「바른 사람 경」(M113) §12의 주해를 참조할 것.

곁에 앉았다. 한 곁에 앉아서 꼬살라의 왕 빠세나디는 세존께 이렇게 말씀드렸다.

"경이롭습니다, 세존이시여. 놀랍습니다, 세존이시여. 세존이시여, 세존께서는 이렇게 길들여지지 않은 자들을 길들이시고 고요하지 못한 자들을 고요하게 하시고 열반을 얻지 못한 자들에게 열반을 얻게 하십니다. 세존이시여, 저희들은 몽둥이와 칼로서도 길들이지 못한 자를 세존께서는 몽둥이도 칼도 없이 길들이셨습니다. 세존이시여, 저는 이제 가봐야 할 것 같습니다. 바쁘고 해야 할 일이 많습니다."

"대왕이여, 지금이 적당한 시간이라면 그렇게 하십시오."

그러자 빠세나디 꼬살라 왕은 자리에서 일어나 세존께 절을 올리고 오른쪽으로 돌아 [경의를 표한] 뒤 물러갔다.

14. 그때 앙굴리말라 존자는 오전에 옷매무새를 가다듬고 발우와 가사를 수하고 사왓티로 탁발을 갔다. 앙굴리말라 존자는 사왓티에서 차례대로 탁발하다가 어떤 여인이 순산을 하지 못하고 기형아를 낳는 것을 보았다. [103] 그것을 보고 이런 생각이 들었다.

"중생들은 참으로 고통받고 있구나. 중생들은 참으로 고통받고 있구나."

그때 앙굴리말라 존자는 사왓티에서 탁발하여 공양을 마치고 탁발에서 돌아와 세존을 뵈러 갔다. 가서는 절을 올리고 한 곁에 앉았다. 한 곁에 앉아서 앙굴리말라 존자는 세존께 이렇게 말씀드렸다.

"세존이시여, 저는 오전에 옷매무새를 가다듬고 발우와 가사를 수하고 사왓티로 탁발을 갔습니다. 사왓티에서 차례대로 탁발하다가 어떤 여인이 순산을 하지 못하고 기형아를 낳는 것을 보았습니다. 그것을 보고 제게 이런 생각이 들었습니다. '중생들은 참으로 고통받고 있구나. 중생들은 참으로 고통받고 있구나.'라고."

15. "앙굴리말라여, 그렇다면 그대는 사왓티로 가라. 가서는 그 여인에게 이렇게 말하라. '누이여, 내가 태어난 이후로 의도적으로 산 생명의 목숨을 빼앗은 적이 없습니다. 이 진실로 그대가 안락하고 태아도 안락하기를 바랍니다.'라고."

"세존이시여, 그러면 그것은 제가 고의로 거짓말을 하는 것이 될 것 입니다. 세존이시여, 저는 많은 산 생명들의 목숨을 빼앗았습니다."

"앙굴리말라여, 그렇다면 그대는 사왓티로 가서 그 여인에게 이렇게 말하라. '누이여, 내가 성스러운 태생으로 거듭난 이후로 의도적으로 산 생명의 목숨을 빼앗은 적이 없습니다. 이 진실로 그대가 안락하고 태아도 안락하기를 바랍니다.'라고."

"그러겠습니다, 세존이시여."라고 앙굴리말라 존자는 세존께 대답하고 사왓티로 갔다. 가서는 그 여인에게 이렇게 말하였다.

"누이여, 내가 성스러운 태생으로 거듭난 이후로 의도적으로 산 생명의 목숨을 빼앗은 적이 없습니다. 이 진실로 그대가 안락하고 태아도 안락하기를 바랍니다."

그러자 그 여인도 안락했고 태아도 안락했다.

16. 그때 앙굴리말라 존자는 혼자 은둔하여 방일하지 않고 열심히, 스스로 독려하며 지냈다. 오래지 않아 좋은 가문의 아들들이 집에서 나와 출가하는 목적인 그 위없는 청정범행의 완성을 지금·여기에서 스스로 최상의 지혜로 알고 실현하고 구족하여 머물렀다. '태어남은 다했다. 청정범행은 성취되었다. 할 일을 다 해 마쳤다. 다시는 어떤 존재로도 돌아오지 않을 것이다.'라고 꿰뚫어 알았다. [104]

앙굴리말라 존자는 아라한들 중의 한 분이 되었다.

17. 그때 앙굴리말라 존자는 오전에 옷매무새를 가다듬고 발우와 가사를 수하고 사왓티로 탁발을 갔다. 그때 어떤 사람이 던진 흙덩이가 앙굴리말라 존자의 몸에 떨어졌고, 다른 사람이 던진 몽둥이가 앙굴리말라 존자의 몸에 날아왔고, 또 다른 사람이 던진 사금파리가 앙굴리말라 존자의 몸을 쳤다. 그때 앙굴리말라 존자는 머리가 깨져 피를 흘리며 발우가 부서지고 옷이 찢어진 채 세존을 뵈러 갔다. 세존께서는 앙굴리말라 존자가 멀리서 오는 것을 보셨다. 보시고서 앙굴리말라 존자에게 이렇게 말씀하셨다.

"감내하라, 바라문이여.[295] 감내하라, 바라문이여. 그대가 수년, 수백 년, 수천 년을 지옥에서 고통받을 그 업의 과보를 그대가 지금·여기에서 겪는 것이다."

18. 그러자 앙굴리말라 존자는 한적한 곳에 가서 홀로 앉아 해탈의 행복을 맛보면서 그때 이 감흥어를 읊었다.[296]

"전에 방일했지만 그 후로는 방일하지 않는 자
그는 이 세상을 비추나니 구름을 벗어난 달처럼.[297]

그가 지은 삿된 업을 유익함[善]으로 덮는 자[298]

---

295) "'바라문(brāhmaṇa)'이라는 호칭으로 부른 것은 번뇌 다한 상태(khīṇāsava-bhāva)인 아라한을 두고 하신 말씀이다."(MA.iii.339)

296) 이 게송들은 『장로게』(Thag) {866}~{891}로도 나타나고 있다.

297) "마치 오염원이 가신(nirupakkilesa) 달(candimā)이 세상을 비추듯이, 방일함이라는 오염원을 벗어난(pamāda-kilesa-vimutta) 방일하지 않는 비구는 자신의 무더기[蘊], 감각장소[處], 요소[界]라는 이 세상(loka)을 비춘다. 오염원인 어둠을 몰아낸다(vihata-kiles-andhakāra)는 말이다."(MA.iii.340)

298) "'유익함으로 덮는다(kusalena pidhīyati).'는 것은 도의 유익함으로 덮어

그는 이 세상을 비추나니 구름을 벗어난 달처럼.

참으로 젊은 비구가 부처님의 교법에 몰두할 때[299]
그는 이 세상을 비추나니 구름을 벗어난 달처럼.[300]

나의 적들은 참으로 부처님의 가르침을 듣고
부처님 교법에 몰두하기를!
나의 적들은 참으로 법으로 인도하는
좋은 분들을 섬기기를! [105]

참으로 인욕을 설하고
온화함[301]을 칭송하는 분들이 있으니
나의 적들은 그들의 법을 때때로 듣고
그것을 따라 행하기를!

그러면 분명 그들은 나를 해치지도
다른 이를 해치지도 않으리라.
최상의 평화를 얻어
약하거나 강한 자들을 보호하기를![302]

재생연결을 없애버리는 것(appaṭisandhika)이다."(MA.iii.340)

299) "'부처님의 교법에 몰두한다(yuñjati buddhasāsane).'는 것은 부처님의 교법에 몸과 말과 마음으로 몰두하여 머문다는 말이다."(MA.iii.340)

300) "이상 세 개의 게송은 장로의 감흥어(udāna-gāthā)이다."(MA.iii.340)

301) '온화함'은 avirodha(원한 없음)를 옮긴 것인데 주석서는 자애(mettā)라고 설명하고 있다.(MA.iii.341)

302) "'최상의 평화(parama santi)'란 평화로운(santi-bhūta) 열반을 말한다."(MA.iii.341)
한편 '약하거나 강한 자'는 tasa-thāvare를 옮긴 것인데, 주석서는 다음과 같이 설명하고 있다.

물 대는 자들은 물을 인도하고
화살 만드는 자들은 화살대를 곧게 하고
목수들은 나무를 다루고
지자들은 자신을 다스린다.303)

어떤 자들은 몽둥이로 길들이고
갈고리와 채찍으로 길들인다.
그러나 나는 몽둥이도 없고 칼도 없는
여여한 분304)에 의해서 길들여졌다.

"여기서 tasā는 갈애가 있는 자들(sataṇhā)을 뜻하고, thāvarā는 갈애가 없는 자들(nittaṇhā)을 말한다. 이것의 의미는 '열반을 얻는 자는 갈애가 있거나 갈애가 없는(tasa-thāvara) 모든 자들을 보호할 수 있다. 그러므로 나의 적들은 열반을 얻기를! 그리하여 그들은 절대로 나를 해치지 않기를.'이라는 것이다. 이상의 세 게송은 자신의 보호(attano paritta)를 위해서 읊은 것이다."(MA.iii.341)
그런데 단어의 뜻으로 보자면 tasa(Sk. trasa)는 √tras(*to tremble*)에서 파생된 명사이고 thāvara(Sk. sthāvara)는 √sthā(*to stand*)에서 파생된 명사이다. 문맥상 tasā는 움직이는 것들 즉 인간을 포함한 동물들을 뜻하고 thāvara는 움직이지 못하고 서 있는 것들 즉 식물을 뜻하는 것으로, 혹은 더 간단히 전자는 유정으로 후자는 무정물로 평이하게 볼 수도 있다.

303) "'지자들은 자신을 다스린다(attānaṁ damayanti paṇḍitā).'라고 했다. '물 대는 자들(nettikā)'은 길을 곧게 만들어 물을 끌어들이고, '화살을 만드는 자들(usukārā)'은 화살대를 곧게 만들고, '목수들(tacchakā)'은 나무를 곧게 만들듯이, 지자는 자신을 다스려서 올곧게(ujukaṁ) 만들고 온화하게(nibbisevanaṁ) 만든다는 말이다."(MA.iii.342)

304) 본경에 해당하는 주석서는 『닛데사』(의석, 義釋, Nd1.114~116)에 나타나는 다음의 다섯 가지를 통해서 세존을 '여여한 분(tādī)'이라고 설명하고 있다. 주석서를 인용한다.
"① 그는 원하는 것과 원하지 않은 것에 대해 여여하다(iṭṭhāniṭṭhe tādi). ② 그는 탐·진·치 등의 모든 오염원들을 토해냈기 때문에 여여하다(vantāvīti tādī). ③ 그는 탐·진·치 등의 모든 오염원들을 버렸기 때문에 여여하다(cattāvīti tādī). ④ 그는 네 가지 폭류(ogha)를 건넜기 때문에 여여하다(tiṇṇāvīti tādī). ⑤ 그가 구족한 여러 가지 특징의 설명이 그러하기

비록 예전에는 살인자였지만
이제 내 이름은 '불해(不害)'이다.
이제야 나는 참된 이름을 가졌으니
그 누구도 해치지 않는다.

나는 전에 앙굴리말라라고 알려진 도적이었다.
큰 격류에 휩쓸리다 부처님을 귀의처로 다가갔다.

비록 전에는 앙굴리말라라고 알려진
손에 피를 묻히는 자였지만
이제 나의 귀의처를 보라.
나는 존재의 사슬305)을 끊었노라.

악처로 인도하는 그런 업을
참으로 많이 지어 왔지만
업의 과보를 얻어306) 이제 나는
빚 없이 음식을 수용하도다.307)

때문에 여여하다(taṁniddesā tādī). 이와 같이 여여함의 특징을 구족했기 때문에 스승을 여여한 분이라고 한다."(MA.iii.342)

305) "'존재의 사슬(bhava-netti)'이란 존재의 밧줄(bhava-rajju), 즉 갈애를 두고 한 말이다."(MA.iii.342)

306) "'업의 과보를 얻어(phuṭṭho kamma-vipākena)'라는 것은 도의 의도(magga-cetanā)를 경험한 것을 말한다. 그 도의 의도는 업을 익게 하고(paccati) 태우고(vipaccati) 소멸하게 하기(ḍayhati) 때문에 도의 의도를 업의 과보(kamma-vipāka)라 한 것이다."(MA.iii.343)

307) "'빚 없이 음식을 수용한다(anaṇo bhuñjāmi bhojanaṁ).'고 했다. 이러한 도의 의도(magga-cetanā)를 경험했기 때문에 이 사람은 '빚이 없다(an-aṇa).' 오염원이 없어졌다(nikkilesa jāta)는 말이다.
'수용한다(bhuñjāmi)'고 했다. 네 가지 수용(cattāro paribhogā)이 있다.

어리석고 우둔한 사람들은 방일에 빠지지만
현자는 방일하지 않음을 최고의 재산처럼 보호한다.

방일에 빠지지 말고 감각적 욕망에 탐닉하지 마라.
방일하지 않고 참선하는 자 궁극적인 행복을 얻으리.308)

잘 왔노라 잘못 오지 않았노라.
나의 이런 요청은 잘못된 것이 아니었어라.309)
설해진 가르침들 가운데
으뜸가는 것을 나는 얻었다.

잘 왔노라310) 잘못 오지 않았노라.

---

① 훔친 것의 수용(theyya-paribhoga) ② 빚낸 것의 수용(iṇa-paribhoga) ③ 상속자의 수용(dāyajja-paribhoga) ④ 주인의 수용(sāmi-paribhoga)이다.
① 계행이 나쁜 자가 승가 가운데 버젓이 앉아서 [필수품을] 수용할 때 그것을 훔친 것의 수용이라 한다. ② 계를 지니는 자가 반조하지 않고 수용하는 것을 빚낸 것의 수용이라 한다. ③ 일곱 부류의 유학(有學, sekkha)들이 필수품을 수용하는 것을 상속자의 수용이라 한다. ④ 번뇌 다한 자(khīṇ-āsava)들이 수용하는 것을 주인의 수용이라 한다. 여기서는 오염원이 없는 상태와 관련하여 빚 없음이라고 했다."(MA.iii.343)
네 가지 수용(cattāro paribhogā)에 대한 자세한 설명은 『청정도론』 I.125~129를 참조할 것.

308) '어리석고'부터 '행복을 얻으리.'까지의 이 두 게송은 『상윳따 니까야』 제1권 「믿음 경」(S1:36) {119}~{120}과 『법구경』(Dhp) {26}~{27}에는 세존께서 읊으신 것으로 나타나며 『장로게』(Thag) {883}에는 앙굴리말라 존자가 읊은 것으로 나타난다.

309) "'나의 이런 요청은 잘못된 것이 아니었어라(nayidaṁ dummantitaṁ mama).'라는 것은 정등각자를 만나고 나서 '출가하겠습니다.'라고 말씀드렸는데, 나의 그런 말이 잘못된 요청이 아니라는 것이다."(MA.iii.343)

310) "'나는 스승이다.'라고 세상에 출현하신 분에 의해 가르침은 잘 설해졌다. 그 가르침 가운데 가장 으뜸인 열반을 내가 얻었으니 '잘 온 것(sāgata)'이라는

이런 나의 요청은 잘못된 것이 아니었어라.
세 가지 명지[三明][311]를 얻었으니
부처님의 교법을 [모두] 실천하였노라."[312]

앙굴리말라 경(M86)이 끝났다.

말이다."(MA.iii.343)

311) "'세 가지 명지[三明, tisso vijjā]란 숙명통, 천안통, 누진통의 [세 가지] 통찰지(pubbenivāsa-dibbacakkhu-āsavakkhaya-paññā이다." (MA.iii.344)
세 가지 명지[三明]와 명지(明知, vijjā)에 대해서는 본서 제1권 「두려움과 공포 경」(M4) §28을 참조할 것.

312) "'부처님의 교법을 [모두] 실천하였노라(kataṁ buddhassa sāsanaṁ).'라는 것은 부처님의 교법에서 해야 할 임무(kattabba-kicca)를 내가 모두 다 해 마쳤다. 세 가지 명지와 아홉 가지 출세간법(nava lokuttara-dhammā)에 의해 가르침의 정수리(matthaka)를 얻은 것이다."(MA.iii.344)
아홉 가지 출세간 법은 네 가지 도(예류도부터 아라한도)와 네 가지 과(예류과부터 아라한과까지)와 열반을 말한다.

애생경(愛生經)313)

사랑하는 사람에게서 생기는 것에 대해

Piyajātika Sutta(M87)

1. 이와 같이 나는 들었다. [106] 한때 세존께서는 사왓티에서 제따 숲의 아나타삔디까 원림(급고독원)에 머무셨다.

2. 그 즈음에 어떤 장자의 사랑스럽고 마음에 드는 외아들이 죽었다. 그는 아들이 죽자 일할 생각도 나지 않고 밥 먹을 생각도 나지 않았다. 그는 계속해서 묘지에 가서 '외아들아, 어디 있느냐? 외아들아, 어디 있느냐?'라고 하면서 울었다.

3. 그러자 그 장자는 세존을 뵈러 갔다. 세존을 뵙고 절을 올리고서 한 곁에 앉았다. 한 곁에 앉은 그 장자에게 세존께서는 이렇게 말씀하셨다.

"장자여, 그대의 감각기관314)들은 자신의 마음이 잘 안정되어 있

---

313) 한역『중아함』제26「애생경」(愛生經)에 해당하는 경이다.

314) '감각기관'은 indriya를 옮긴 것인데 초기불전연구원에서 [여섯 가지] 감각기능[六根]으로 옮긴 술어이다. 본경에서는 전문술어로 쓰인 것이 아니라서 감각기관으로 옮겼다.

는 사람의 감각기관들과 같지 않구나. 그대의 감각기관들은 심히 어지럽구나."

"세존이시여, 어찌 저의 감각기관들이 어지럽지 않겠습니까. 세존이시여, 저의 사랑스럽고 마음에 드는 외아들이 죽었습니다. 그가 죽자 일할 생각도 나지 않고 밥 먹을 생각도 나지 않습니다. 저는 계속해서 묘지에 가서 '외아들아, 어디 있느냐? 외아들아, 어디 있느냐?'라고 하면서 웁니다."

"장자여, 참으로 그러하다. 장자여, 참으로 근심 · 탄식 · 육체적 고통 · 정신적 고통 · 절망은 사랑하는 사람에게서 생겨나고 사랑하는 사람에게서 발생하는 것이다."

"세존이시여, 누가 그렇게 근심 · 탄식 · 육체적 고통 · 정신적 고통 · 절망이 사랑하는 사람에게서 생겨나고 사랑하는 사람에게서 발생한다고 생각하겠습니까? 세존이시여, 참으로 사랑하는 사람에게서 생겨나고 사랑하는 사람에게서 발생하는 것은 즐거움과 기쁨입니다."

이처럼 그 장자는 세존의 말씀을 즐거워하지 않고 불만을 드러내면서 자리에서 일어나 물러갔다.

4. 그 즈음에 많은 노름꾼들이 세존으로부터 멀지 않은 곳에서 노름을 하고 있었다. 그러자 그 장자는 그 노름꾼들에게로 다가갔다. 다가가서 그 노름꾼들에게 이렇게 말했다.

"여보게들, 방금 [107] 나는 사문 고따마를 뵈러 갔다오. 가서는 사문 고따마께 절을 올리고서 한 곁에 앉았소. 한 곁에 앉은 나에게 사문 고따마는 이렇게 말씀하셨소.

'그대의 감각기관들은 자신의 마음이 잘 안정되어 있는 사람의 감각기관들과 같지 않구나. 그대의 감각기관들은 심히 어지럽구나.'

'세존이시여, 어찌 저의 감각기관들이 어지럽지 않겠습니까. 세존이시여, 저의 사랑스럽고 마음에 드는 외아들이 죽었습니다. 그가 죽자 일할 생각도 나지 않고 밥 먹을 생각도 나지 않습니다. 저는 계속해서 묘지에 가서 '외아들아, 어디 있느냐? 외아들아, 어디 있느냐?'라고 하면서 웁니다.'

'장자여, 참으로 그러하다. 장자여, 참으로 근심 · 탄식 · 육체적 고통 · 정신적 고통 · 절망은 사랑하는 사람에게서 생겨나고 사랑하는 사람에게서 발생하는 것이다.'

'세존이시여, 누가 그렇게 근심 · 탄식 · 육체적 고통 · 정신적 고통 · 절망이 사랑하는 사람에게서 생겨나고 사랑하는 사람에게서 발생한다고 생각하겠습니까? 세존이시여, 참으로 사랑하는 사람에게서 생겨나고 사랑하는 사람에게서 발생하는 것은 즐거움과 기쁨입니다.'

여보게들, 그래서 나는 세존의 말씀을 즐거워하지 않고 불만을 드러내면서 자리에서 일어나 떠나왔소."

"장자여, 참으로 그러합니다. 장자여, 참으로 그러합니다. 장자여, 참으로 사랑하는 사람에게서 생겨나고 사랑하는 사람에게서 발생하는 것은 즐거움과 기쁨입니다."

그러자 장자는 '노름꾼들은 나와 같은 생각이다.'라고 생각하면서 떠났다.

5. 그러자 이 이야기가 점점 퍼져서 왕의 내전까지 흘러들어갔다. 그때 빠세나디 꼬살라 왕은 말리까 왕비[315]를 불러서 말했다.

315) 말리까 왕비(Mallikā devī)는 꼬살라의 왕 빠세나디(Pasenadi)의 아내였다. 문자적으로 mallikā는 재스민 꽃을 뜻한다. 말리까는 꼬살라의 화환 만드는 자(mālā-kāra)의 딸이었으며 16세에 부처님을 뵙고 죽을 공양 올렸는데 세존께서는 그녀가 왕비가 될 것이라고 하셨다고 한다.(J.iii.405; SA.i.140) 바로 그날에 빠세나디 왕은 아자따삿뚜에게 패하여 그곳으로 가게 되

"말리까여, '참으로 근심·탄식·육체적 고통·정신적 고통·절망은 사랑하는 사람에게서 생겨나고 사랑하는 사람에게서 발생한다.'라고 사문 고따마께서 말씀하셨습니다."

"대왕이여, 만일 세존께서 그렇게 말씀하셨다면 그것은 분명 그러합니다."

"무엇이든 사문 고따마가 말씀하셨다고 하면 말리까는 '대왕이시여, 만일 세존께서 그렇게 말씀하셨다면 그것은 분명 그러합니다.'라고 동의합니다. 말리까여, 마치 스승이 제자에게 무엇이든지 말하면 제자가 '그렇습니다, 스승님. 그렇습니다, 스승님.'하면서 모두 동의하듯이, 그대도 무엇이든 사문 고따마가 말씀하셨다고 하면 '대왕이시여, 만일 세존께서 [108] 그렇게 말씀하셨다면 그것은 분명 그러합니다.'라고 모두 동의를 합니다. 오 말리까여, 그만 물러가시오. 내 앞에서 사라지시오."

6. 그러자 말리까 왕비는 날리장가 바라문을 불러서 말했다.

"이리 오십시오, 바라문이여. 그대는 세존을 뵈러 가십시오. 가서는 내 이름으로 세존의 발에 머리 조아리고, '세존이시여, 말리까 왕비가 세존의 발에 머리 조아려 절을 올립니다. 그리고 병은 없으신지 어려움은 없으신지, 가볍고 힘 있고 편안하게 머무시는지 문안을 여쭙니다.'라고 세존께서 병은 없으신지 어려움은 없으신지, 가볍고 힘 있고 편안하게 머무시는지 문안드리십시오.

그런 후에 '세존께서는 '참으로 근심·탄식·육체적 고통·정신

었고, 그런 인연으로 그녀는 왕비가 되었다고 한다.(DhpA.iii.119f) 이렇게 부처님과 왕을 만난 인연을 가진 그녀는 그 후로 부처님의 변함없는 재가신도였다. 그녀와 관계된 경들로는 『상윳따 니까야』 제1권 「말리까 경」(S3:8)과 『앙굿따라 니까야』 제2권 「말리까 경」(A4:197)과 제3권 「꼬살라 경」(A5:49) 등이 전해온다.

적 고통 · 절망은 사랑하는 사람에게서 생겨나고 사랑하는 사람에게서 발생하는 것이다.'라고 말씀하셨습니까?'라고 말씀드리십시오. 그리고 세존께서 설명해주시는 대로 그것을 잘 호지해서 나에게 일러 주십시오. 참으로 여래께서는 거짓을 말씀하시지 않으십니다."

"그러겠습니다."라고 날리장가 바라문은 말리까 왕비에게 대답하고 세존을 뵈러 갔다. 가서는 세존과 함께 환담을 나누었다. 유쾌하고 기억할만한 이야기로 서로 담소를 하고서 한 곁에 앉았다. 한 곁에 앉아서 날리장가 바라문은 세존께 이렇게 말씀드렸다.

"고따마 존자시여, 말리까 왕비가 세존의 발에 머리 조아려 절을 올립니다. 그리고 병은 없으신지 어려움은 없으신지, 가볍고 힘 있고 편안하게 머무시는지 문안드리옵니다. 그리고 이렇게 여쭈옵니다. '세존이시여, 세존께서는 '참으로 근심 · 탄식 · 육체적 고통 · 정신적 고통 · 절망은 사랑하는 사람에게서 생겨나고 사랑하는 사람에게서 발생하는 것이다.'라고 말씀하셨습니까?'라고."

7. "참으로 그러하다, 바라문이여. 참으로 그러하다, 바라문이여. 참으로 근심 · 탄식 · 육체적 고통 · 정신적 고통 · 절망은 사랑하는 사람에게서 생겨나고 사랑하는 사람에게서 발생한다."

8. "바라문이여, 어떻게 근심 · 탄식 · 육체적 고통 · 정신적 고통 · 절망이 사랑하는 사람에게서 생겨나고 사랑하는 사람에게서 발생하는 것인지 그것은 이런 방법으로 알 수 있다.

바라문이여, 예전에 이 사왓티에 어떤 여인의 어머니가 임종을 했다. 그녀는 어머니의 임종으로 실성을 해버리고 정신이 나가버렸다. 그래서 이 거리 저 거리 이 골목 저 골목을 다니면서 '내 어머니를 못 보셨습니까? 내 어머니를 못 보셨습니까?'라고 울부짖었다." [109]

9. ~ *14.* "바라문이여, 어떻게 근심 · 탄식 · 육체적 고통 · 정신적 고통 · 절망이 사랑하는 사람에게서 생겨나고 사랑하는 사람에게서 발생하는 것인지 그것은 이런 방법으로도 역시 알 수 있다.
바라문이여, 예전에 이 사왓티에 어떤 여인의 아버지가 … 오라버니가 … 자매가 … 아들이 … 딸이 … 남편이 임종을 했다. 그녀는 남편의 임종으로 실성을 해버리고 정신이 나가버렸다. 그래서 이 거리 저 거리 이 골목 저 골목을 다니면서 '내 남편을 못 보셨습니까? 내 남편을 못 보셨습니까?'라고 울부짖었다."

15. ~ *21.* "바라문이여, 어떻게 근심 · 탄식 · 육체적 고통 · 정신적 고통 · 절망이 사랑하는 사람에게서 생겨나고 사랑하는 사람에게서 발생하는 것인지 그것은 이런 방법으로도 역시 알 수 있다.
바라문이여, 예전에 이 사왓티에 어떤 남자의 어머니가 … 아버지가 … 형제가 … 누이가 … 아들이 … 딸이 … 아내가 임종을 했다. 그는 아내의 임종으로 실성을 해버리고 정신이 나가버렸다. 그래서 이 거리 저 거리 이 골목 저 골목을 다니면서 '내 아내를 못 보셨습니까? 내 아내를 못 보셨습니까?'라고 울부짖었다."

22. "바라문이여, 어떻게 근심 · 탄식 · 육체적 고통 · 정신적 고통 · 절망이 사랑하는 사람에게서 생겨나고 사랑하는 사람에게서 발생하는 것인지 그것은 이런 방법으로도 역시 알 수 있다.

바라문이여, 예전에 이 사왓티에 어떤 여인이 친척집에 갔다. 그녀의 친척들은 그녀를 남편과 이혼시키고 다른 사람에게 주려고 했지만 그녀는 원치 않았다. 그러자 그녀는 그 사왓티에 사는 남편에게 이렇게 말했다. '서방님, 저의 친척들이 저를 당신과 이혼시키고 다른 사람에게 주려고 하는데 저는 원치 않습니다.' 그러자 그 남자는

'우리는 저 세상에서 함께 삽시다.'라고 하면서 그 여인을 두 토막으로 살해하고 [110] 자신도 자결해버렸다.

바라문이여, 이런 방법으로도 역시 근심 · 탄식 · 육체적 고통 · 정신적 고통 · 절망은 사랑하는 사람에게서 생겨나고 사랑하는 사람에게서 발생하는 것이라는 것을 알 수 있다."

23. 그러자 날리장가 바라문은 세존의 말씀을 기뻐하고 감사드리면서 자리에서 일어나 말리까 왕비에게 다가갔다. 가서는 세존과 나누었던 대화의 전말을 모두 말리까 왕비에게 전했다.

24. 그러자 말리까 왕비는 빠세나디 꼬살라 왕에게 다가갔다. 가서는 빠세나디 꼬살라 왕에게 이렇게 말했다.

"대왕이시여, 이를 어떻게 생각하십니까? 당신은 와지리 공주316)를 사랑하십니까?"

"그렇습니다, 말리까여. 나는 나의 공주 와지리를 사랑합니다."

"대왕이시여, 이를 어떻게 생각하십니까? 와지리 공주에게 변고가 생기면 근심 · 탄식 · 육체적 고통 · 정신적 고통 · 절망이 생기겠습니까?"

"말리까여, 와지리 공주에게 변고가 생기면 내 생명에 문제가 생긴 것과 마찬가지인데 어찌 내게 근심 · 탄식 · 육체적 고통 · 정신적 고통 · 절망이 생기지 않겠습니까."

"대왕이시여, 아시는 분, 보시는 분, 아라한, 정등각자이신 그분 세

316) 와지리 공주(Vajīrī kumārī)는 꼬살라의 빠세나디 왕의 외동딸로 아자따삿뚜 마가다 왕의 왕비가 된다. 빠세나디 왕은 이렇듯 마가다와 정략적인 관계를 유지하기 위해 자기 여동생인 꼬살라데위(Kosaladevī)는 마가다의 빔비사라 왕과 결혼을 시켰고, 자기 딸은 아버지 빔비사라 왕을 시해하고 왕이 된 아자따삿뚜 왕과 결혼시켰다.

존께서는 이것을 두고 '참으로 근심 · 탄식 · 육체적 고통 · 정신적 고통 · 절망은 사랑하는 사람에게서 생겨나고 사랑하는 사람에게서 발생하는 것이다.'라고 말씀하셨습니다."

25. ~*28.* "대왕이시여, 이를 어떻게 생각하십니까? 당신은 끄샤뜨리야 여인인 와사바[317]를 … 위두다바 대장군[318]을 … [111] … 저를 … 까시와 꼬살라[319]를 사랑하십니까?"

"그렇습니다, 말리까여. 나는 까시와 꼬살라를 사랑합니다."

"대왕이시여, 이를 어떻게 생각하십니까? 까시와 꼬살라에 어떤 변고가 생기면 근심 · 탄식 · 육체적 고통 · 정신적 고통 · 절망이 생기겠습니까?"

"말리까여, 까시와 꼬살라에 어떤 변고가 생기면 내 생명에 문제

---

317) 와사바(Vāsabhā)는 빠세나디 왕의 왕비 가운데 한 사람으로 와사바캇띠야(Vāsabhakhattiyā)라고도 불린다. 그녀는 사꺄족의 왕 마하나마(Mahānāma)와 하녀 사이에서 난 딸이었다. 여러 문헌(DhpA.i.339; J.i.133; iv.144 등)에 의하면 꼬살라 왕이 부처님과 인척 관계를 맺고 싶어 사꺄족의 딸과 결혼하고자 하였다. 이에 자존심이 강했던 사꺄족은 그녀를 보냈으며, 이들 사이에서 난 아들이 바로 위두다바(Viḍūḍabha) 왕자이다.

318) 위두다바(Viḍūḍabha) 왕자 혹은 대장군(senāpati)은 꼬살라의 왕 빠세나디와 말리까 왕비 사이에서 태어난 아들이 아니고, 사꺄족 하녀 출신으로 꼬살라 왕의 또 다른 왕비였던 와사바캇띠야(Vāsabhakhattiyā)에게서 태어난 아들이다. 이 왕자가 커서 까삘라왓투를 방문했다가 자기 어머니에 관한 이야기를 듣고 격분했고, 후에 사꺄를 정복하여 남녀노소를 가리지 않고 무참한 살육을 하였다고 한다. 이 위두다바는 빠세나디 왕의 총사령관이었던 디가 까라야나(Dīgha Kārāyana)의 도움으로 모반을 일으켜 왕위를 찬탈하게 된다.

319) 꼬살라(Kosala)는 부처님 재세 시에 인도에 있었던 16개국 가운데 하나다. 16국은 점점 서로 병합되어 나중에는 두 개의 나라로 병합되니 그것이 바로 꼬살라와 마가다(Magadha)였다. 그때 까시(와라나시, Varanasi)도 꼬살라로 병합이 된다. 부처님 재세 시에는 빠세나디(Pasenadi) 왕이 꼬살라를 통치하였고, 그의 아들 위두다바(Viḍūḍabha)가 계승하였으며, 수도는 사왓티(Savatthi)였다.

가 생긴 것과 마찬가지인데 어찌 내게 근심 · 탄식 · 육체적 고통 · 정신적 고통 · 절망이 생기지 않겠습니까."

"대왕이시여, 아시는 분, 보시는 분, 아라한, 정등각자이신 그분 세존께서는 이것을 두고 '참으로 근심 · 탄식 · 육체적 고통 · 정신적 고통 · 절망은 사랑하는 사람에게서 생겨나고 사랑하는 사람에게서 발생하는 것이다.'라고 말씀하셨습니다."

29. "경이롭습니다, 말리까여. 놀랍습니다, 말리까여. [112] 세존께서는 통찰지로써 꿰뚫으시고 통찰지로써 보십니다. 이리 오시오, 말리까여. 내게 정화수를 주시오."320)

그러자 빠세나디 꼬살라 왕은 자리에서 일어나 한쪽 어깨가 드러나게 윗옷을 입고 세존을 향해 합장을 하고 세 번 감흥어를 읊었다.

"아라한이시고 정등각자이신 세존께 귀의합니다.
아라한이시고 정등각자이신 세존께 귀의합니다.
아라한이시고 정등각자이신 세존께 귀의합니다."

애생경(愛生經, M87)이 끝났다.

---

320) '내게 정화수를 주시오.'는 ācāmehi를 옮긴 것이다. 주석서에서 "정화하는 물을 주시오(ācaman-odakaṁ dehi)."(MA.iii.346)로 풀이하고 있어서 이렇게 옮겼다. 계속해서 주석서는 "이것은 입안을 헹구고 손발을 씻고 세수한 뒤 스승께 인사를 드리고 싶어서 이렇게 말한 것이다."(*Ibid*)라고 설명하고 있다.

외투 경[321]

Bāhitika Sutta(M88)

1. 이와 같이 나는 들었다. 한때 세존께서는 사왓티에서 제따 숲의 아나타삔디까 원림(급고독원)에 머무셨다.

2. 그때 아난다 존자는 오전에 옷매무새를 가다듬고 발우와 가사를 수하고 사왓티로 탁발을 갔다. 사왓티에서 탁발하여 공양을 마치고 탁발에서 돌아와 낮 동안을 머물기 위해 동쪽 원림[東園林]의 녹자모 강당으로 갔다.

3. 그 무렵 빠세나디 꼬살라 왕이 한낮에 에까뿐다리까라는 코끼리를 타고 사왓티에서 나왔다. 빠세나디 꼬살라 왕은 아난다 존자가 멀리서 오는 것을 보았다. 보고서는 시리왓다 대신에게 말했다.

"착한 시리왓다여, 저분은 아난다 존자가 아니신가?"

"그렇습니다, 대왕이시여. 저분은 아난다 존자이십니다."

4. 그러자 빠세나디 꼬살라 왕은 어떤 사람을 불러서 말했다.

---

321) 본경의 유래에 대해서는 본경 §8의 주해를 참조하고, '외투(bāhitikā)'에 대해서는 본경 §18의 주해를 참조할 것.

"여봐라, 이리 오너라. 그대는 아난다 존자에게 가서 '존자시여, 빠세나디 꼬살라 왕이 아난다 존자의 발에 머리 조아려 절을 올립니다.'라고 내 이름으로 아난다 존자의 발에 머리 조아려 절을 올려라. 그런 후에 이렇게 말씀드려라. '존자시여, 만일 아난다 존자께서 급한 용무가 없으시다면 아난다 존자께서는 연민심을 일으키시어 [113] 잠시만 기다려주십시오.'라고."

5. "그러겠습니다, 폐하."라고 그 사람은 빠세나디 꼬살라 왕에게 대답하고 아난다 존자를 뵈러 갔다. 가서는 아난다 존자에게 절을 올리고 한 곁에 섰다. 한 곁에 서서 그 사람은 아난다 존자에게 이렇게 말했다.

"존자시여, 빠세나디 꼬살라 왕이 아난다 존자의 발에 머리 조아려 절을 올립니다. 그리고 이렇게 말씀드립니다. '존자시여, 만일 아난다 존자께서 급한 용무가 없으시다면 아난다 존자께서는 연민심을 일으키시어 잠시만 기다려주십시오.'라고."

6. 아난다 존자는 침묵으로 승낙하였다. 그러자 빠세나디 꼬살라 왕은 코끼리로 갈 수 있는 곳까지 가서 코끼리에서 내려 걸어서 아난다 존자를 뵈러 갔다. 뵙고서는 아난다 존자에게 절을 올리고 한 곁에 섰다. 한 곁에 서서 빠세나디 꼬살라 왕은 아난다 존자에게 이렇게 말했다.

"존자시여, 만일 아난다 존자께서 급한 용무가 없으시다면 아난다 존자께서는 연민심을 일으키셔서 아찌라와띠 강둑으로 가주시면 고맙겠습니다."

7. 아난다 존자는 침묵으로 승낙하였다. 그러자 아난다 존자는 아찌라와띠 강둑으로 갔다. 가서 어떤 나무 아래 마련된 자리에 앉았

다. 그러자 빠세나디 꼬살라 왕은 코끼리로 갈 수 있는 곳까지 가서 코끼리에서 내려 걸어서 아난다 존자에게 다가갔다. 가서는 아난다 존자에게 절을 올리고 한 곁에 섰다. 한 곁에 서서 빠세나디 꼬살라 왕은 아난다 존자에게 이렇게 말했다.

"존자시여, 아난다 존자께서는 여기 코끼리 모피 위에 앉으십시오."

"대왕이여, 괜찮습니다. 대왕이 앉으십시오. 나는 내 자리에 앉았습니다."

8. 빠세나디 꼬살라 왕은 마련된 자리에 앉았다. 자리에 앉아서 빠세나디 꼬살라 왕은 아난다 존자에게 이렇게 말했다.

"아난다 존자시여, 그분 세존께서는 지성 있는 사문・바라문들로부터 비난을 살 만한[322] 그런 몸의 행위를 하십니까?"

---

322) "'비난을 살만한 것(opārambha)'이란 비난과 잘못(dosa)을 제기할만한 것(āropana-araha)을 말한다. 본경은 순다리 유행녀의 사건(Sundari-vatthu)과 관련하여 생긴 것이다. [그때 그 사건은 아직 계류 중이었으므로] 빠세나디 왕이 그것을 아난다 존자에게 묻는 것이다."(MA.iii.346)
이 사건은 『자설경』(Ud.iv.8)과 『자설경 주석서』(UdA.256ff.)와 『법구경 주석서』(DhpA.iii.474f.)와 『숫따니빠따 주석서』(SNA.ii.528f.)와 『자따까』(J.ii.415f.) 등에 나타나는데, DPPN에 나타나는 것을 요약하면 다음과 같다.
그 당시에 부처님은 많은 사람들로부터 큰 존경을 받고 있었고 네 가지 필수품도 어렵지 않게 구할 수 있었지만 다른 외도 수행자들은 존경 받지도 못했고 필수품도 쉽게 구할 수가 없었다. 외도 수행자들은 그 사실을 참을 수 없자 부처님을 곤경에 빠뜨릴 계략을 꾸몄다. 그들은 순다리(Sundari)라는 유행녀(paribbājikā, 여자 유행승)를 꼬드겨 밤마다 제따 숲을 찾아가서 다음날 날이 밝을 때 돌아와 사람들이 부처님을 의심하도록 했다. 그들은 얼마 후에 그녀를 살해하여 제따 숲 근처에 매장하고는 빠세나디 왕에게 이 유행녀가 보이지 않는다고 고했다. 외도들은 그곳을 뒤져서 그녀의 시체를 발견했고, 그 시체를 사왓티에 보내어 부처님의 소행이라고 비난을 시작했고, 사람들도 그 말을 믿고는 부처님과 비구 승가에게 비난의 화살을 돌렸다. 부처님께서는 탁발에서 돌아온 비구들에게서 그 사실을 전해 듣고 비구들에게,

"거짓으로 남을 비난하는 자 지옥에 떨어지고,

"대왕이시여, 아닙니다. 그분 세존께서는 지성 있는 사문 · 바라문들로부터 비난을 살 만한 그런 몸의 행위를 하지 않으십니다." [114]

"아난다 존자시여, 그러면 그분 세존께서는 지성 있는 사문 · 바라문들로부터 비난을 살 만한 그런 말의 행위를 … 마음의 행위를 하십니까?"

"대왕이시여, 아닙니다. 그분 세존께서는 지성 있는 사문 · 바라문들로부터 비난을 살 만한 그런 마음의 행위를 하지 않으십니다."

9. "경이롭습니다, 존자시여. 놀랍습니다, 존자시여. 존자시여, 우리가 질문하여 종결지을 수 없었던 것을 아난다 존자께서는 그런 질문에 대해 잘 설명하여 종결지으셨습니다. 존자시여, 어리석고 지각없는 자들이 충분히 검증하지 않고 깊이를 헤아리지 않고 남들을 칭찬하거나 비난하면 우리는 그것을 문제의 본질로 인정하지 않습니

하고도 하지 않았다 하는 자들도 또한 그와 같네.
둘 모두 저 세상에서 동등하나니
저열한 행위의 주인공들은 다른 세상에 있네."(Ud.45)
(abhūtavādī nirayaṁ upeti,
yo vāpi katvā na karomi cāha.
ubhopi te pecca samā bhavanti,
nihīnakammā manujā paratthā.)

라는 게송으로 대응하면 일주일 후에 그 헛소문이 가라앉을 거라고 말씀하셨다. 부처님의 말씀대로 그때 그 사건의 전말이 명명백백하게 다 드러나게 되었고 부처님은 다음과 같은 감흥어(udāna)를 읊으셨다.

"제어되지 못한 사람들은 말로 사람을 꿰찌르니
마치 화살로 전쟁터의 코끼리를 꿰찌르는 것과 같구나.
자기에게 쏟아진 거친 말을 듣더라도
비구는 분노 없이 인내해야 하리."(Ud. 45)
(tudanti vācāya janā asaññatā,
sarehi saṅgāmagataṁva kuñjaraṁ.
sutvāna vākyaṁ pharusaṁ udīritaṁ,
adhivāsaye bhikkhu aduṭṭhacitto.)

다. 존자시여, 그러나 현명하고 영리하고 슬기로운 자들이 충분히 검증하고 깊이를 헤아리고서 남들을 칭찬하거나 비난하면 우리는 그것을 문제의 본질로 인정합니다."

10. "아난다 존자시여, 그런데 어떤 것이 지성 있는 사문 · 바라문들로부터 비난을 살 만한 몸의 행위입니까?"

"대왕이시여, 해로운[不善][323] 몸의 행위입니다."

"아난다 존자시여, 그러면 어떤 것이 해로운 몸의 행위입니까?"

"대왕이시여, 비난받을 만한 몸의 행위입니다."

"아난다 존자시여, 그러면 어떤 것이 비난받을 만한 몸의 행위입니까?"

"대왕이시여, 악의가 있는 몸의 행위입니다."

"아난다 존자시여, 그러면 어떤 것이 악의가 있는 몸의 행위입니까?"

"대왕이시여, 괴로운 결과를 가져올 몸의 행위입니다."

"아난다 존자시여, 그러면 어떤 것이 괴로운 결과를 가져올 몸의 행위입니까?"

"대왕이시여, 자신을 해치고 다른 사람을 해치고 둘 다를 해치며, 그로 인해 해로운 법들이 증장하고 유익한 법들이 줄어드는 몸의 행위입니다. 이런 몸의 행위가 지성 있는 사문 · 바라문들로부터 비난을 사게 됩니다."

---

323) 여기 본경 §§10~17에서 아난다 존자는 유익함[善, kusala]과 해로움[不善, akusala]을 명확하게 정의하고 있다. 세존께서는 탐 · 진 · 치와 열 가지 해로움[十不善]을 해로운 법들[不善法, akusala-dhammā]로, 불탐 · 부진 · 불치와 열 가지 유익함[十善]을 유익한 법들[善法, kusala-dhammā]로 정의하고 계신다. 본서 「왓차곳따 긴 경」(M73) §§3~5를 참조할 것. 선법과 불선법 즉 유익한 법과 해로운 법에 대해서는 『초기불교 이해』 제20장 네 가지 바른 노력[四正勤]과 선법 · 불선법(299쪽 이하)을 참조할 것.

11. ~ *12.* "아난다 존자시여, 그런데 어떤 것이 지성 있는 사문・바라문들로부터 비난을 살 만한 말의 행위 … 마음의 행위입니까?" [115]

"대왕이시여, 해로운 마음의 행위입니다."

"아난다 존자시여, 그러면 어떤 것이 해로운 마음의 행위입니까?"

"대왕이시여, 비난받을 만한 마음의 행위입니다."

"아난다 존자시여, 그러면 어떤 것이 비난받을 만한 마음의 행위입니까?"

"대왕이시여, 악의가 있는 마음의 행위입니다."

"아난다 존자시여, 그러면 어떤 것이 악의가 있는 마음의 행위입니까?"

"대왕이시여, 괴로운 결과를 가져올 마음의 행위입니다."

"아난다 존자시여, 그러면 어떤 것이 괴로운 결과를 가져올 마음의 행위입니까?"

"대왕이시여, 자신을 해치고 다른 사람을 해치고 둘 다를 해치며, 그로 인해 해로운 법들이 증장하고 유익한 법들이 줄어드는 마음의 행위입니다. 이런 마음의 행위가 지성 있는 사문・바라문들로부터 비난을 사게 됩니다."

13. "아난다 존자시여, 그런데 그분 세존께서는 모든 해로운 법[不善法]을 제거하는 것만을 칭송하셨습니까?"

"대왕이시여, 여래께서는 모든 해로운 법을 제거하셨고 유익한 법[善法]을 구족하셨습니다."324)

---

324) 주석서는 아난다 존자는 질문의 범위(bhāriya)를 넘어서 적극적으로 답변을 하였다고 설명하고 있다. 즉 왕은 칭송에 대해서 물었는데 아난다 존자는 부처님께서는 모든 해로운 법들을 제거하는 것(pahāna)을 칭송만 하신 것

14. "아난다 존자시여, 그런데 어떤 것이 지성 있는 사문·바라문들의 비난을 받지 않는 몸의 행위입니까?"

"대왕이시여, 유익한[善] 몸의 행위입니다."

"아난다 존자시여, 그러면 어떤 것이 유익한 몸의 행위입니까?"

"대왕이시여, 비난받을 일이 없는 몸의 행위입니다."

"아난다 존자시여, 그러면 어떤 것이 비난받을 일이 없는 몸의 행위입니까?"

"대왕이시여, 악의가 없는 몸의 행위입니다."

"아난다 존자시여, 그러면 어떤 것이 악의가 없는 몸의 행위입니까?"

"대왕이시여, 즐거운 결과를 가져올 몸의 행위입니다."

"아난다 존자시여, 그러면 어떤 것이 즐거운 결과를 가져올 몸의 행위입니까?"

"대왕이시여, 자신도 해치지 않고 다른 사람도 해치지 않고 둘 다를 해치지 않으며, 그로 인해 해로운 법들이 줄어들고 유익한 법들이 증장하는 몸의 행위입니다. 이런 몸의 행위가 지성 있는 사문·바라문들의 비난을 받지 않습니다."

15. **~16.** "아난다 존자시여, 그런데 어떤 것이 지성 있는 사문·바라문들의 비난을 받지 않는 말의 행위 … 마음의 행위입니까?"

"대왕이시여, 유익한 마음의 행위입니다." [116]

"아난다 존자시여, 그러면 어떤 것이 유익한 마음의 행위입니까?"

(vaṇṇeyya)이 아니라 실제로도 모든 해로운 법들을 제거하셨다(pahīna-akusalatā)고 대답한다. 이렇게 하여 그는 부처님은 실제로 행하시는 대로 그대로 말씀하시는 분(yathā-kārī tathā-vādī)이라고 설명을 하고 있기 때문이다.(MA.iii.347)

"대왕이시여, 비난받을 일이 없는 마음의 행위입니다."

"아난다 존자시여, 그러면 어떤 것이 비난받을 일이 없는 마음의 행위입니까?"

"대왕이시여, 악의가 없는 마음의 행위입니다."

"아난다 존자시여, 그러면 어떤 것이 악의가 없는 마음의 행위입니까?"

"대왕이시여, 즐거운 결과를 가져올 마음의 행위입니다."

"아난다 존자시여, 그러면 어떤 것이 즐거운 결과를 가져올 마음의 행위입니까?"

"대왕이시여, 자신도 해치지 않고 다른 사람도 해치지 않고 둘 다를 해치지 않으며, 그로 인해 해로운 법들이 줄어들고 유익한 법들이 증장하는 마음의 행위입니다. 이런 마음의 행위가 지성 있는 사문·바라문들의 비난을 받지 않습니다."

17. "아난다 존자시여, 그런데 그분 세존께서는 모든 유익한 법을 구족하는 것만을 칭송하셨습니까?"

"대왕이시여, 여래께서는 모든 해로운 법을 제거하셨고 유익한 법을 구족하셨습니다."

18. "경이롭습니다, 존자시여. 놀랍습니다, 존자시여. 아난다 존자께서 참으로 이와 같이 잘 말씀해주셨습니다. 아난다 존자께서 설하신 이 좋은 말씀 때문에 저희들은 만족스럽고 기쁩니다.

존자시여, 아난다 존자께서 설하신 이 좋은 말씀으로 저희들은 이렇게 만족스럽고 기쁜 나머지, 만일 아난다 존자께서 코끼리 보배[象寶][325]를 원하신다면 코끼리 보배를 드리겠습니다. 만일 아난다 존

325) 전륜성왕이 구족하고 있는 일곱 가지 보배[七寶]에 속하는 상보와 마보에

자께서 말 보배[馬寶]를 원하신다면 말 보배를 드리겠습니다. 만일 아난다 존자께서 좋은 마을을 원하신다면 좋은 마을을 드리겠습니다. 존자시여, 그러나 이런 것들은 아난다 존자께서 원치 않으신다는 것을 우리는 압니다.

존자시여, 이 외투326)는 웨데히의 아들 아자따삿뚜 마가다 왕이 왕실 일산(日傘) 통 안에 넣어 제게 보낸 것인데 길이가 열여섯 완척이고, 넓이가 여덟 완척 되는 것입니다. 아난다 존자께서는 연민히 여기시어 이것을 받아주십시오."

"대왕이시여, 저의 삼의327)는 다 갖추어졌습니다." [117]

대해서는 본서 제4권「어리석은 자와 현명한 자 경」(M129) §§36~37을 참조할 것.

326) "'외투(bāhitikā)'라는 것은 다른 나라(bāhiti-raṭṭha)에서 만든 옷감(uṭṭhita-vattha)의 이름이다."(MA.iii.347)
외투로 옮긴 bāhitika는 bāhira와 연관이 있는 단어이다. hāhira는 '밖'이나 '외국의'를 뜻하는 형용사이다. 그러므로 bāhitika는 '밖에 입는 옷 = 외투'이란 의미로도 해석할 수 있고 '밖(외국)에서 온 옷 = 수입 옷'이라는 뜻으로도 해석할 수 있다. 역자와 냐나몰리 스님은 외투로 옮겼다. 그런데 여기서 보듯이 주석서는 다른 나라에서 들여온 옷 혹은 옷감으로 설명하고 있다. 이 옷이 마가다 국에서 온 것이라는 본문의 내용으로 볼 때 이렇게 해석하는 것도 충분한 의미가 있다고 여겨진다.
그리고 외투라 한다고 해서 요즘의 코트 같은 잘 만들어진 외투를 생각하면 곤란하다. 인도에서는 천 자체가 외투이다. 스님들의 가사처럼 천 자체를 겉에 두르면 그것이 외투인 것이다. 스님들의 가사나 인도의 사리 등을 외투라 한다고 생각하면 된다. 그래서 일반적으로 옷감이나 천을 뜻하는 vattha는 그 자체가 옷이나 의복이나 가사나 외투나 외피라는 의미로도 쓰인다.

327) '삼의(三衣)는 ti-cīvara를 직역하여 옮긴 것이다.『율장 주석서』는 이렇게 삼의를 정의한다.
"삼의란 안따라와사까와 웃따라상가와 상가띠를 말한다(ticīvaranti antara-vāsako uttarāsaṅgo saṅghāṭīti)."(VinA.iii.636)
여기서 '안따라와사까(antara-vāsaka)'를 직역하면 아래에(antara) 머물고 있는 것(vāsaka)이고 그래서 하의를 뜻하며 남방 비구 스님들이 입는 치마 같은 하의를 말한다. '웃따라상가(uttar-āsaṅga)'를 직역하면 위에(utta

19. "존자시여, 이 아찌라와띠 강은 산 위에서 큰 구름이 비를 많이 내리면 양쪽 둑으로 범람한다는 것을 아난다 존자도 보아왔고 우리도 보아왔습니다. 존자시여, 그와 같이 아난다 존자께서는 이 외투로 자신의 삼의를 만드십시오. 아난다 존자의 오래된 삼의는 동료 수행자들에게 나누어주시면 됩니다. 그와 같이 우리의 선물은 범람할 것이라고 생각합니다. 아난다 존자께서는 외투를 받아주소서."

20. 아난다 존자는 외투를 받았다. 그러자 빠세나디 꼬살라 왕은 아난다 존자에게 이렇게 말하였다.

"아난다 존자시여, 저는 이제 가봐야 할 것 같습니다. 바쁘고 해야 할 일이 많습니다."

"대왕이여, 지금이 적당한 시간이라면 그렇게 하십시오."

그러자 빠세나디 꼬살라 왕은 아난다 존자의 말씀을 기뻐하고 감사드리면서 자리에서 일어나 아난다 존자에게 절을 올리고 오른쪽으로 돌아 [경의를 표한] 뒤 물러갔다.

21. 그러자 아난다 존자는 빠세나디 꼬살라 왕이 물러간 뒤 오래지 않아서 세존을 뵈러 갔다. 가서는 세존께 절을 올리고 한 곁에 앉

-ra) 붙어있는 것(āsaṅga)인데 그래서 상의를 뜻한다. 주로 일곱 조각의 천을 이어서 만든 것이기 때문에 중국에서는 이것을 칠조가사(七條袈裟)로 옮기기도 하였다. 인도와 남방은 더운 곳이기 때문에 거처나 방 안에서 머물 때는 이 두 가지 옷만을 입는다. '상가띠(saṅghāṭi)'는 saṁ+√granth(*to tie*)의 명사로 천 조각들을 한데 모아서 만든 옷이라는 뜻으로 겉 옷 혹은 외투라는 의미이고 대가사를 뜻한다. 거처 밖을 나가거나 신도를 만나거나 예식이 있을 때 등에는 이것을 수한다.

한편 이 셋을 중국에서는 안타회(安陀會/安多會), 울다라승(鬱多羅僧/鬱多羅僧), 승가리(僧伽梨)로 음역하여 옮겼다. 그래서 『사분율』(四分律)에는 "삼의자 승가리 울다라승 안타회(三衣者 僧伽梨 鬱多羅僧 安陀會)"로 나타나고, 『십송율』(十誦律)에는 "의명삼의 약승가리 약울다라승 약안타회(衣名三衣 若僧伽梨 若鬱多羅僧 若安陀會)"로 나타난다.

았다. 한 곁에 앉아서 아난다 존자는 빠세나디 꼬살라 왕과 나누었던 대화를 모두 세존께 아뢰었고 그 외투는 세존께 드렸다.

22. 그러자 세존께서는 비구들을 불러서 말씀하셨다.

"비구들이여, 빠세나디 꼬살라 왕이 아난다를 만나 그에게 공경할 [기회를] 얻었다니 그것은 참으로 빠세나디 꼬살라 왕에게 축복이고 큰 이득이 되었구나."

세존께서는 이와 같이 설하셨다. 그 비구들은 흡족한 마음으로 세존의 말씀을 크게 기뻐했다.

외투 경(M88)이 끝났다.

법탑 경

Dhammacetiya Sutta(M89)

1. 이와 같이 나는 들었다. [118] 한때 세존께서는 삭까의 메달룸빠[328]라는 삭까족들의 성읍에 머무셨다.

2. 그 무렵 빠세나디 꼬살라 왕은 어떤 볼일이 있어[329] 나가라

---

328) 메달룸빠(Medaḷumpa)는 니까야에서 여기에만 나타나고 있다. 본경 §5에서 보듯이 이곳은 낭가라까(Naṅgaraka)에서 3유순 떨어진 곳에 있다. 이곳은 본경을 통해서 빠세나디 꼬살라 왕이 세존을 마지막으로 친견한 곳이기도 하다. 『법구경 주석서』에는 Uḷumpa로 나타나지만(DhpA.iv.204) 본경에 해당하는 주석서는 메다딸룸빠(Medataḷumpa)로 설명하는데 그 이유로 이곳에서 메다완나(medavaṇṇa, 지방(脂肪)의 색깔을 띤) 돌이 지표면에 보이기 때문에 붙여진 이름이라고 밝히고 있다.(MA.iii.348)

329) "'어떤 볼일이 있어(kenacideva karaṇīyena)'라고 했다. 이 일화는 다음과 같다.
반둘라 총사령관은 말라 국(Malla)의 왕자였다. 그는 그 당시 인도 최고의 상업도시이자 교육도시로 알려진 딱까실라(Takkasilā)로 유학하여 꼬살라 국의 빠세나디 왕(rājā Pasenadikosala)과 왓지 국 릿차위 족의 수장이었던 릿차위 마할리(Mahāli Licchavi) 등과 함께 공부하였다고 한다. 후에 이 반둘라는 빠세나디 왕의 총사령관(senāpati)이 된다.
그러나 부패한 신하의 음모를 간파하지 못한 빠세나디 왕이 반둘라 총사령관(Bandhula senāpati)을 그의 아들 서른두 명과 함께 한 날에 죽이라고 명령했다.

까[330]에 도착했다. 그러자 빠세나디 꼬살라 왕은 디가 까라야나[331]

그날 반둘라 총사령관의 아내 말리까(Mallikā)는 부처님을 비롯하여 오백 명의 비구들을 초청했다. 그들이 집에 와서 앉자마자 '총사령관 반둘라가 죽었다.'는 부음을 가져와 그의 아내 말리까에게 전하면서 왕이 반둘라 총사령관을 그의 아들 서른두 명과 함께 한 번의 공격으로 죽였다고 알렸다. 그녀는 여러 사람에게 알려져서는 안된다고 생각하면서 부고를 허리춤에 넣고 비구 승가를 대접했다.

그때 버터우유 단지를 꺼내다 문지방에 부딪혀 깨졌다. 그것을 제쳐두고 다른 것을 꺼내어 비구 승가에게 대접했다. 스승께서 공양을 마치시고 법문을 시작하시려고 '버터우유의 단지가 깨진 조건을 생각하지 마라.'라고 말씀하셨다.

그때 말리까는 부고를 꺼내어 세존 앞에 놓으면서 '세존이시여, 이것은 서른두 명의 아들과 함께 장군이 죽었다는 부고입니다. 저는 이것도 생각하지 않는데 어째 버터우유의 단지가 깨진 조건을 생각하겠습니까?'라고 대답했다. 세존께서는 '말리까여, 생각지 마라. 시작이 없는 윤회에서(anamatagge saṁsāre) 이런 일은 계속되고 있다.'라고 무상함 등과 관련된(aniccatādi-paṭisaṁyutta) 법문을 설하고 떠나셨다.

말리까는 서른두 명의 며느리들을 불러 왕에 대해 원한을 갖지 않도록 훈계했다. 왕은 말리까를 불러 총사령관과 자기 사이에 증오가 있었는지를 확인한다. 그녀의 대답으로 증오가 없었음을 알고 깊이 후회하면서 큰 슬픔이 생겨났다. 빠세나디 왕은 동료를 죽인 이래로 궁전에서도 친척들 가운데서도 왕실의 화목 속에서도 마음의 위안을 얻지 못하자 여기저기 포행을 하게 되었다. 이런 일이 있었고, 이것을 두고 '어떤 볼일이 있다.'라고 한 것이다." (MA.iii.348~349)

330) "나가라까(Nagaraka)는 삭까족의 성읍(nigama)의 이름이었다."(MA.iii.348)
나가라까는 Be를 따랐다. Ee에는 낭가라까(Naṅgaraka)로 나타나지만 같은 Ee의 본서 제4권 「공(空)에 대한 짧은 경」(M121) §3에는 Nagaraka로 나타난다. DPPN은 이 둘을 같은 단어로 간주하고 있다.(*s.v.* Nagaraka)

331) 디가 까라야나(Dīgha Kārāyana)는 빠세나디 꼬살라 왕의 총사령관(대장군, senāpati)이었다. 그는 말라족의 수장이자 이전의 빠세나디 왕의 총사령관이었던 반둘라의 조카(bhāgineyy)였다. 반둘라에게는 말리까와의 사이에 32명의 아들이 있었는데, 빠세나디 꼬살라 왕이 부패한 그의 신하의 계략에 넘어가 그의 아들과 함께 그들을 죽이고 난 뒤 그의 조카 디가 까라야나를 총사령관의 자리에 앉혔다.(MA.iii.349) 디가 까라야나는 빠세나디 왕의 총사령관이 되었지만 그의 삼촌을 죽인 왕에게 원한을 품었고 나중에 빠세나디 왕의 아들인 위두다바가 모반을 일으켜 왕위를 찬탈하고자 할 때 그에

를 불러서 말했다.

"착한 까라야나여, 아주 훌륭한 마차들을 준비하라. 아름다운 경치를 즐길 것이다."

"그렇겠습니다, 폐하."라고 디가 까라야나는 빠세나디 꼬살라 왕에게 대답하고 아주 훌륭한 마차들을 준비한 다음 빠세나디 꼬살라 왕에게 알렸다.

"폐하, 아주 훌륭한 마차들을 준비했습니다. 이제 출발할 시간이 되었습니다."

3. 그러자 빠세나디 꼬살라 왕은 훌륭한 마차에 올라 왕의 위세를 크게 떨치며 다른 여러 훌륭한 마차들과 함께 낭가라까를 출발하여 공원으로 향했다. 마차로 더 이상 갈 수 없는 곳에 이르자 마차에서 내려 걸어서 공원으로 들어갔다.

4. 그때 빠세나디 꼬살라 왕은 공원에서 산책을 하면서 이리저리 포행하다가 아름답고 멋있고 조용하고 소음이 없고 한적하고 인적이 드물고 그 아래에서 한거하기에 좋은 나무 밑을 보았다. 보고는 세존에 대한 생각이 떠올랐다.

"이 나무 밑은 아름답고 멋있고 조용하고 소음이 없고 한적하고 인적이 드물고 그 아래에서 한거하기에 좋다. 전에 우리는 이런 곳에서[332] 아라한이시고 정등각자이신 세존께 인사를 드리고는 했다."

그때 빠세나디 꼬살라 왕은 디가 까라야나를 불러서 말했다.

게 도움을 주어 빠세나디 왕을 폐위시키는 데에 한 몫 한다. 아래 본경 §9의 주해를 참조할 것.

332) "'우리는 이런 곳에서(yattha sudaṁ mayaṁ)'라는 것은 그곳에서만 전에 세존께 인사를 올린 것이 아니라 그와 비슷한 곳에서도 전에 세존께 인사를 올리고는 했기 때문에 '우리는 이런 곳에서'라고 했다."(MA.iii.350)

"착한 까라야나여, 이 나무 밑은 아름답고 멋있고 조용하고 소음이 없고 한적하고 인적이 드물고 그 아래에서 한거하기에 좋다. 전에 우리는 이런 곳에서 아라한이시고 정등각자이신 세존께 인사를 드리고는 했다. 착한 까라야나여, 지금 아라한이시고 정등각자이신 [119] 세존께서는 어디에 머물고 계시는가?"

5. "대왕이시여, 메달룸빠라는 삭까족들의 성읍이 있습니다. 그 분 세존 · 아라한 · 정등각자께서는 지금 그곳에 머물고 계십니다."

"착한 까라야나여, 낭가라까에서 메달룸빠라는 삭까족들의 성읍까지는 얼마나 먼가?"

"대왕이시여, 멀지 않습니다. 삼 유순333)입니다. 아직 해가 남아 있으니 충분히 그곳에 도착할 수 있습니다."

"착한 까라야나여, 그렇다면 훌륭한 마차들을 준비하라. 우리는 그 분 세존 · 아라한 · 정등각자를 뵈러갈 것이다."

"그렇게 하겠습니다, 폐하."라고 디가 까라야나는 빠세나디 꼬살라 왕에게 대답하고는 아주 훌륭한 마차들을 준비한 뒤 빠세나디 꼬살라 왕에게 알렸다.

"폐하, 아주 훌륭한 마차들을 준비했습니다. 이제 가실 시간이 되었습니다."

6. 그러자 빠세나디 꼬살라 왕은 훌륭한 마차에 올라 다른 여러 훌륭한 마차들과 함께 낭가라까를 출발하여 메달룸빠라는 삭까족들의 성읍으로 향했다. 아직 해가 남아 있을 때 메달룸빠라는 삭까족들의 성읍에 도착해서 공원으로 향했다. 그는 마차로 더 이상 갈 수 없

333) '유순(兪旬, 踰旬, yojana)'은 [소에] 멍에를 얹어서(*yoke*) 쉬지 않고 한 번에 갈 수 있는 거리인데 대략 7마일 즉 11km 정도의 거리라고 한다.(PED) 그러므로 3유순은 대략 20마일, 즉 32㎞ 정도 되는 거리이다.

는 곳에 이르자 마차에서 내려 걸어서 공원으로 들어갔다.

7. 그 즈음에 많은 비구들이 노지에서 포행을 하고 있었다. 그러자 빠세나디 꼬살라 왕은 그 비구들에게 다가가서 말했다.

"존자들이시여, 지금 그분 세존・아라한・정등각자께서는 어디에 머물고 계십니까? 우리는 그분 세존・아라한・정등각자를 친견하고자 합니다."

8. "대왕이시여, 저 문이 닫혀 있는 거처[334]입니다. 그러니 소리를 내지 마시고 다가 가셔서 서두르지 말고 현관에 들어가셔서 '흠' 하고 기척을 알린 후 빗장을 두드리십시오. 그러면 세존께서 문을 열어주실 것입니다."

그러자 빠세나디 꼬살라 왕은 거기서 칼과 터번을 벗어서 디가 까라야나에게 맡겼다.[335] 그러자 디가 까라야나에게 이런 생각이 들었다.

"이제 대왕은 독대를 하시려나보다. 내가 지금 오직 여기서 서 있어야만 하는가?"[336]

---

334) "향실(Gandhakuṭi)을 두고 한 말이다."(MA.iii.350)

335) "무슨 이유로 까라야나에게 맡겼는가? 너무나도 존경하는 정등각자를 뵈러 가면서 들뜬 마음으로 가는 것은 적당하지 않고, 또 혼자 다가가서 자기가 하고 싶은 대로 대화를 나누고 싶었기 때문이다. 다섯 가지 왕의 징표(pañca rāja-kakudha-bhaṇḍa)를 다 내려놓으면 떠나라고 하지 않기 때문에 스스로 모든 것을 내려놓았다. 이런 두 가지 이유로 그에게 맡겼다. … 칼(khagga)과 터번(uṇhīsa)의 두 가지를 맡길 때 이미 나머지 세 가지인 불자(拂子, vālavījani)와 일산(chatta)과 신발(upāhana)이 포함되어 있었다."(MA.iii.351)

336) "그는 이런 생각을 하고 있었다. '예전에 이 왕이 사문 고따마와 독대(catukkaṇṇa-manta)를 한 뒤 나의 외삼촌(mātula)을 그의 32명의 아들과 함께 죽였다. 지금 다시 독대를 하려는 것을 보니 아마 나를 죽이려나 보다.' 이와 같이 분노하면서(kopa-vasena) 이렇게 생각한 것이다."(MA.iii.350)

그러자 빠세나디 꼬살라 왕은 그 문이 닫혀 있는 거처로 소리를 내지 않고 다가갔다. 서두르지 않고 현관에 들어서서 기척을 알린 뒤 빗장을 두드렸고 세존께서는 문을 열어주셨다.

9. 그러자 빠세나디 꼬살라 왕은 [120] 거처로 들어가[337] 세존의 발에 머리를 조아리고 세존의 발에 입을 맞추고 손으로 어루만지면서 "세존이시여, 저는 꼬살라의 국왕 빠세나디입니다. 세존이시여, 저는 꼬살라의 국왕 빠세나디입니다."라고 자기 이름을 밝혔다.[338]

"대왕이여, 그런데 그대는 무슨 이유를 보기에 이 몸에 그와 같은 최상의 존경을 표하고 그러한 친근함을 표시합니까?"

10. "세존이시여, 저는 '세존께서는 정등각자이시다. 법은 세존에 의해 잘 설해졌다. 세존의 제자인 승가는 도를 잘 닦는 분들이시다.'라고 세존에 대해 법답게 추론합니다.[339] 세존이시여, 여기서 저

---

337) "왕이 향실(Gandhakuṭi)로 들어서자마자 디가 까라야나(Dīgha Kārāya-na)는 왕의 다섯 가지 징표를 가지고 서둘러 군대(khandh-āvāra)로 돌아가 왕의 아들 위두다바(Viḍūḍabha)에게 말했다. '착한 왕자님이시여, 일산(chatta)을 내걸으십시오.'라고. '내 아버지는 어디 가셨습니까?' '아버지에 대해서는 묻지 마십시오. 만약 왕자님이 내걸지 않으면 제가 내걸겠습니다.' 위두다바 왕자는 '착한이여, 내가 내걸겠습니다.'라고 동의했다.
까라야나는 왕에게 한 마리의 말과 칼과 한 명의 수행원을 남겨두고 '만약 왕이 살고 싶으면 돌아오지 마십시오.'라고 말하면서 위두다바의 일산을 내걸어서 그것을 거머쥐고 사왓티로 갔다. 이렇게 하여 그는 빠세나디 왕을 폐위시키는데 일조한다."(MA.iii.352)

338) 같은 방법의 인사법이 본서 「브라흐마유 경」(M91) §34와 『상윳따 니까야』 제1권 「마낫탓다 경」(S7:15) §5와 『앙굿따라 니까야』 제6권 「꼬살라 경」 2(A10:30) §3에 나타나고 있다. 이 세 경에서는 각각 브라흐마유 바라문과 마낫탓다 바라문과 빠세나디 꼬살라 왕이 세존께 이런 인사를 드리고 있다. 이러한 인사법을 두고 '최상의 존경을 표한 것(parama-nipaccā-kāra)'이라고 세존께서는 말씀하고 계신다. 그리고 '최상의 존경을 표한 것'이라는 이 용어는 『상윳따 니까야』 제5권 「멧돼지 동굴 경」(S48:58) §3 이하에서 세존과 사리뿟따 존자 사이의 대화에서도 나타나고 있다.

는 어떤 사문・바라문들은 십 년이나 이십 년이나 삼십 년이나 사십 년의 일정 기간 동안 청정범행을 닦는 것을 보아왔습니다. 그들은 그 후에 목욕하고 기름을 바르고 머리와 수염을 단정하게 하여 다섯 가닥의 얽어매는 감각적 욕망을 갖추고 완비하여 즐깁니다.

세존이시여, 그러나 저는 여기 비구들을 봅니다. 그들은 생명이 있는 한 목숨이 다할 때까지 완벽하고 지극히 청정한 범행을 닦습니다. 세존이시여, 저는 이 밖에서 이와 같이 완벽하고 지극히 청정한 다른 범행을 본 적이 없습니다. 세존이시여, 이것도 역시 '세존께서는 정등각자이시다. 법은 세존에 의해 잘 설해졌다. 세존의 제자인 승가는 도를 잘 닦는 분들이시다.'라고 세존에 대해 법답게 추론하는 것입니다."

11. "다시 세존이시여, 왕들은 왕들끼리 싸우고 무사들은 무사들끼리 싸우고 바라문들은 바라문들끼리 싸우고 장자들은 장자들끼리 싸우고 어머니는 아들과 싸우고 아들은 어머니와 싸우고 아버지는 아들과 싸우고 아들은 아버지와 싸우고 형제는 형제끼리 싸우고 형제는 자매와 싸우고 자매는 형제와 싸우고 친구는 친구끼리 싸웁니다.340)

세존이시여, 그러나 저는 여기서 비구들은 화합하고 정중하고 논쟁하지 않고 물과 우유가 섞인 것 같고 [121] 우정 어린 눈으로 서로를 바라보며 머무는 것을 봅니다. 세존이시여, 저는 이 밖에서 이와 같이 화합하여 지내는 다른 대중을 본 적이 없습니다. 세존이시여, 이것도 역시 '세존께서는 정등각자이시다. 법은 세존에 의해 잘 설해

339) "'법답게 추론한다(dhammanvayo).'는 것은 직접 경험한 분명한 지혜라고 불리는(paccakkha-ñāṇa-saṅkhāta) 법에 대한 추리(anunaya), 추론(anu-māna), 깨달음(anubuddhi)이 있다는 말이다."(MA.iii.352)

340) 본서 제1권 「괴로움의 무더기의 긴 경」(M13) §11과 같은 내용이다.

졌다. 세존의 제자인 승가는 도를 잘 닦는 분들이시다.'라고 세존에 대해 법답게 추론하는 것입니다."

12. "다시 세존이시여, 저는 이 공원 저 공원으로, 이 정원 저 정원으로 산책을 다닙니다. 그런 저는 그런 곳에서 깡마르고 처참하며 초췌하고 황달에 걸리고 혈관이 툭 튀어나와, 생각건대 사람들이 다시는 눈으로 그들을 쳐다보는 것을 꺼릴 것 같은 어떤 사문・바라문들을 보아왔습니다. 그런 제게 이런 생각이 들었습니다. '참으로 이 분들은 청정범행을 닦는 것을 기뻐하지 않거나 아니면 어떤 악업을 짓고 그것을 감추고 있는 것이리라. 그래서 저렇게 깡마르고 처참하며 초췌하고 황달에 걸리고 혈관이 툭 튀어나와, 생각건대 사람들이 다시는 눈으로 그들을 쳐다보는 것을 꺼리는 것이리라.' 저는 그들에게 다가가서 이와 같이 묻습니다. '왜 존자들은 깡마르고 처참하며 초췌하고 황달에 걸리고 핏줄이 툭 튀어나와 생각건대 사람들이 다시는 눈으로 당신들을 쳐다보기조차 꺼릴 것 같이 되었습니까?' 그들은 이렇게 대답합니다. '대왕이시여, 유전병[341]입니다.'라고.

세존이시여, 그러나 여기서 저는 비구들은 항상 미소 짓고 즐겁고 기쁨에 차있고 감각기능들이 청정하고 담담하고 차분하고 다른 사람의 시주로 살고 사슴과 같은 마음으로 머무는[342] 것을 봅니다. 세존이시여, 그런 저에게 이런 생각이 듭니다. '참으로 이 존자들은 그분 세존의 교법에서 연속적으로 고귀한 특별함을 인식하는구나.[343] 그

---

341) "여기서 '유전병(bandhuka-roga)'이란 자기 가족의 병(kula-roga)을 말한다. 즉 우리 집에 태어난 사람은 이러한 병을 가지고 있다는 말이다." (MA.iii.353)

342) 본서 제2권 「메추라기 비유 경」(M66) §9의 주해를 참조할 것.

343) "'연속적으로 고귀한 특별함을 인식한다(uḷāraṁ pubbenāparaṁ visesaṁ

래서 저렇게 항상 미소 짓고 즐겁고 기쁨에 차있고 감각기능들이 청정하고 담담하고 차분하고 다른 사람의 시주로 살고 사슴과 같은 마음으로 머무는구나.'라고. 세존이시여, 이것도 역시 '세존께서는 정등각자이시다. 법은 세존에 의해 잘 설해졌다. 세존의 제자인 승가는 도를 잘 닦는 분들이시다.'라고 세존에 대해 법답게 추론하는 것입니다."

13. "다시 세존이시여, 저는 관정한 끄샤뜨리야 왕으로서 [122] 사형에 처해야 할 자는 사형을 시키고 벌금을 물려야 할 자는 벌금을 물리고 추방해야 할 자는 추방할 수 있습니다. 세존이시여, 그런 제가 법정에 앉아 있는데도 그들은 나의 말을 가로막고 중단시킵니다. 제가 '그대들은 내가 법정에 앉아 있을 때에 나의 말을 가로막고 중단시키지 마라. 내 말이 끝날 때가지 기다리라.'라고 말을 해도 그들은 나의 말을 가로막고 중단시킵니다.

세존이시여, 그러나 저는 여기서 세존께서 수백 명의 대중들에게 법을 설하실 때 그때에 세존의 제자인 비구들은 기침소리도 헛기침소리도 내는 것을 보지 못합니다. 세존이시여, 언젠가 세존께서 수백 명의 대중에게 법을 설하셨는데 거기서 세존의 어떤 제자가 '어흠'하며 헛기침을 했습니다. 그러자 어떤 동료 수행자가 그의 무릎을 슬쩍 건드리며 '존자여, 조용히 하시오. 존자는 소리를 내지 마시오. 우리의 스승이신 세존께서 법을 설하십니다.'라고 했습니다.344) 세존이

---

sañjānanti).'라고 했다. 여기서 '연속적으로(pubbena aparaṁ)'라는 것은 이전의 특별함에서부터 나중의 특별함까지(pubbato aparaṁ visesaṁ)를 말한다. 이 중에서 까시나를 대상으로 준비(kasiṇa-parikamma)를 지어 증득(samāpatti)을 일으킬 때까지의 고귀함(uḷāra)을 이전의 특별함을 인식한다고 말하고, 증득을 기초(pada-ṭṭhāna)로 하여 위빳사나를 증장하여 아라한과를 얻을 때까지의 고귀함을 이전의 특별함에서부터 나중의 특별함을 인식한다고 말한다."(MA.iii.353)

344) 본서 「사꿀루다이 긴 경」(M77) §6에도 나타나고 있다.

시여, 그런 제게 이런 생각이 들었습니다. '참으로 경이롭구나, 참으로 놀랍구나. 몽둥이도 무기도 없이 저렇게 대중이 잘 인도될 수 있다니.'라고.

세존이시여, 저는 이 밖에서 이처럼 잘 인도된 다른 대중을 본 적이 없습니다. 세존이시여, 이것도 역시 '세존께서는 정등각자이시다. 법은 세존에 의해 잘 설해졌다. 세존의 제자인 승가는 도를 잘 닦는 분들이시다.'라고 세존에 대해 법답게 추론하는 것입니다."

14. "다시 세존이시여,[345] 여기서 저는 학식 있고 영리하고 다른 자들과의 논쟁에 뛰어나고 머리카락조차 꿰찌르는 명사수와 같은 어떤 끄샤뜨리야들을 본 적이 있는데, 생각건대 그들은 자신들의 통찰지로 다른 이들의 견해들을 단번에 논파하면서 돌아다닙니다. 그들은 사문 고따마가 어떤 마을이나 성읍을 방문할 것이라는 소문을 들으면 그들은 질문을 미리 준비합니다. '우리는 사문 고따마에게 가서 이런 질문을 할 것이다. 이와 같이 우리의 질문을 받으면 그는 이와 같이 설명할 것이고, 그러면 우리는 이와 같이 논파할 것이다. 다시 이와 같이 우리의 질문을 받으면 그는 이와 같이 설명할 것이고, 그러면 우리는 또 이와 같이 논파할 것이다.'라고.

그들은 사문 고따마가 어떤 마을이나 성읍에 도착했다는 소문을 들으면 세존을 만나러 갑니다. 세존께서는 그들에게 법을 설하여 가르치고 격려하고 [123] 고무하고 기쁘게 합니다. 그들은 세존의 설법으로 가르침을 받고 격려되고 고무되고 기뻐서 세존께 아무런 질문을 할 수가 없는데 어떻게 논파할 수 있겠습니까? 오히려 그들은 세존의 제자가 됩니다. 세존이시여, 이것도 역시 '세존께서는 정등각자

345) 이하 본경의 §§14~17은 본서 제1권 「코끼리 발자국 비유의 짧은 경」(M27) §§4~7과 같은 내용이다.

이시다. 법은 세존에 의해 잘 설해졌다. 세존의 제자인 승가는 도를 잘 닦는 분들이시다.'라고 세존에 대해 법답게 추론하는 것입니다."

15. "다시 세존이시여, 여기서 저는 학식 있고 … 어떤 바라문들을 본 적이 있는데 …"

16. "다시 세존이시여, 여기서 저는 학식 있고 … 어떤 장자들을 본 적이 있는데 …"

17. "다시 세존이시여, 여기서 저는 학식 있고 영리하고 다른 자들과의 논쟁에 뛰어나고 머리카락조차 꿰찌르는 명사수와 같은 어떤 사문들을 본 적이 있는데 … 세존께 아무런 질문을 할 수가 없는데 어떻게 논파할 수 있겠습니까?

오히려 그들은 세존께 자신들의 출가를 허락해줄 것을 청하고, 세존께서는 그들에게 출가를 허락합니다. 그들은 그곳에서 출가하여 혼자 은둔하여 방일하지 않고 열심히, 스스로 독려하며 지냅니다. 오래지 않아 좋은 가문의 아들들이 집에서 나와 출가하는 목적인 그 위없는 청정범행의 완성을 지금 · 여기에서 스스로 최상의 지혜로 알고 실현하고 구족하여 머뭅니다.

그들은 이렇게 말합니다. '참으로 우리는 거의 망할 뻔했다. 우리는 거의 망할 뻔했다. 우리는 이전에 사문이 아니면서 사문이라고 선언했고, 바라문이 아니면서 바라문이라고 선언했고, 아라한이 아니면서 아라한이라고 선언했다. 이제 우리는 참으로 사문이고, 참으로 바라문이고, 참으로 아라한이다.'라고.[346] 세존이시여, 이것도 역시 '세존께서는 정등각자이시다. 법은 세존에 의해 잘 설해졌다. 세존의

---

346) '오히려 그들은 …'부터 여기까지는 본서 제1권 「코끼리 발자국 비유의 짧은 경」(M27) §7에도 나타나고 있다.

제자인 승가는 도를 잘 닦는 분들이시다.'라고 세존에 대해 법답게 추론하는 것입니다."

18. "다시 세존이시여, 이시닷따와 뿌라나[347]는 저의 도목수들인데 저의 밥을 먹고 저의 마차를 타고 다닙니다. 저는 그들에게 생계를 주었고 명성을 가져다주었습니다. 그런데도 세존을 존경하듯이 [124] 그렇게 저를 존경하지는 않습니다. 세존이시여, 옛적에 저는 군대를 이끌고 나갔다가 아주 좁고 불편한 어떤 숙소에 머물면서 이들 도목수 이시닷따와 뿌라나를 시험한[348] 적이 있습니다. 세존이시여, 그때 도목수 이시닷따와 뿌라나는 밤이 깊도록 법담을 나누다가 세존께서 머물고 계신다고 들었던 그 방향으로 머리를 두고 나에게 발을 향하게 하고서 누웠습니다.

세존이시여, 그런 저게 이런 생각이 들었습니다. '참으로 경이롭구나, 참으로 놀랍구나. 이시닷따와 뿌라나는 나의 도목수들이고 나의 밥을 먹고 나의 마차를 타고 다닌다. 나는 그들에게 생계를 주었고 명성을 가져다주었다. 그런데도 세존을 존경하듯이 그렇게 나를 존경하지는 않는구나. 참으로 이 존자들은 그분 세존의 교법에서 연속적으로 고귀한 특별함을 인식하는구나.'라고. 세존이시여, 이것도 역

---

347) 빠세나디 꼬살라 왕의 시종(thapati)인 이시닷따(Isidatta)와 뿌라나(Purāṇa)는 형제간으로 부처님을 향한 신심이 지극했다. 『앙굿따라 니까야』 제4권 「미가살라 경」(A6:44)과 제6권 「미가살라 경」(A10:75)에 의하면 뿌라나는 청정범행을 닦는 독신이었고, 이시닷따는 재가에 머물면서 부인과 함께 살았는데, 뿌라나는 계행이 뛰어났고 이시닷따는 통찰지가 뛰어났다. 둘은 모두 일래자(sakadāgāmī)가 되어 도솔천에 태어났다고 한다. 그리고 이 두 사람은 『상윳따 니까야』 제6권 「시종 경」(S55:6)에서도 세존의 설법을 듣는 청법자로 나타나고 있다.

348) "'시험했다(vīmaṁsamāna)'는 것은 잠들지 않았으면서 잠든 척하고 누워 있었다는 말이다."(MA.iii.354)

시 '세존께서는 정등각자이시다. 법은 세존에 의해 잘 설해졌다. 세존의 제자인 승가는 도를 잘 닦는 분들이시다.'라고 세존에 대해 법답게 추론하는 것입니다."

19. "다시 세존이시여, 세존께서도 끄샤뜨리야이시고 저도 끄샤뜨리야입니다. 세존께서도 꼬살라 사람이고 저도 꼬살라 사람입니다. 세존께서도 여든이시고 저도 여든입니다. 세존이시여, 세존께서도 끄샤뜨리야이시고 저도 끄샤뜨리야이며, 세존께서도 꼬살라 사람이고 저도 꼬살라 사람이며, 세존께서도 여든이시고 저도 여든입니다.[349] 이것으로 제가 세존께 최상의 존경을 표하고 그러한 친근함을 표시하는 것은 당연하다고 생각합니다."

20. "세존이시여, 우리는 이제 가봐야 할 것 같습니다. 바쁘고 해야 할 일이 많습니다."

"대왕이여, 지금이 적당한 시간이라면 그렇게 하십시오."

그러자 빠세나디 꼬살라 왕은 자리에서 일어나서 세존께 절을 올리고 오른쪽으로 돌아 [경의를 표한] 뒤 물러났다.[350]

---

349) 이 말은 이 경이 부처님께서 열반에 드시던 그 해의 일화를 담고 있음을 알 수 있다.

350) "왕은 향실에서 나와 디가 까라야나가 서 있던 곳으로 갔다. 그가 그곳에 있지 않은 것을 보고는 군대가 있는 곳으로 돌아갔다. 그곳에서도 다른 사람들을 볼 수 없자 그는 시녀에게 물었고, 그녀는 모든 소식을 알려주었다. 왕은 '이제 나는 나 혼자 그곳으로 가서는 안된다. 라자가하로 가서 내 조카인 아자따삿뚜와 함께 내 왕국을 되찾겠다.'라고 라자가하로 향했다.
그는 도중에 싸라기 죽을 먹고 걸쭉한 물을 마셨다. 그의 몸은 세심한 주의를 기울여 양육되어왔기 때문에 그런 음식을 제대로 소화시킬 수 없었다. 게다가 그가 라자가하에 도착한 것도 너무 늦어 성문이 닫혀있었다. '오늘은 객사에서 자고 내일 내 조카를 만나리라.'라고 생각하면서 도시 밖 어떤 객사에서 잠을 청했다. 그는 그날 밤 자주 잠에서 깨어 여러 번 밖을 들락거렸다. 그때부터 그는 발을 움직일 수 없게 되어 시녀의 무릎에서 잠이 들었다

21. 그러자 세존께서는 빠세나디 꼬살라 왕이 떠난 지 얼마 되지 않아 비구들을 불러 말씀하셨다.

"비구들이여, 빠세나디 꼬살라 왕은 법의 탑들[法塔]351)을 말하고 자리에서 일어나 떠났다. 비구들이여, 법의 탑들을 배우라. 비구들이여, 법의 탑들에 [125] 정통하라. 비구들이여, 법의 탑들을 호지하라. 비구들이여, 법의 탑들은 뜻을 갖추었고 청정범행의 시작352)이다."

세존께서는 이와 같이 설하셨다. 그 비구들은 흡족한 마음으로 세존의 말씀을 크게 기뻐하였다.

법탑 경(M89)이 끝났다.

가 다음날 이른 새벽에 임종을 맞았다.

그녀는 그가 임종한 사실을 알고 '이제 우리의 군주인 꼬살라 왕이 다른 나라 도시 밖의 주인도 없는 객사에서 홀로 죽음을 맞았다.'라고 말하면서 큰 소리로 탄식을 하기 시작했다. 사람들이 그것을 듣고 아자따삿뚜 왕에게 아뢰었다. 왕이 와서 보고 인식을 하고는 꼬살라 왕이 온 이유를 알아차리고 위두다바(Viḍūḍabha)를 쳐야겠다고 생각하면서 북을 울리게 하고 군대를 집합시켰다.

그러자 대신들이 발에 엎드려 '폐하, 만약 폐하의 외삼촌이 건강하신 분이라면 폐하께서 가시는 것이 적절하겠지만 이제 위두다바도 폐하를 의지하여 왕국을 통치할 수 있습니다.'라고 간하면서 막았다."(MA.iii.354~355)

351) "'법의 탑들[法塔, dhamma-cetiyāni]'이라는 것은 법을 존중하는 명언들(dhammassa cittīkāra-vacanāni)을 뜻한다. 삼보 가운데서 어떤 것을 존중하면 모든 것에 존경을 표한 것이 된다. 그러므로 세존에게 존중을 표하면 법에 대해서도 존중을 표한 것이다. 그러므로 세존께서는 '법의 탑들'이라고 하셨다."(MA.iii.355)

352) "'청정범행의 시작(ādi-brahmacariyakāni)'이란 도와 관련된 청정범행(magga-brahmacariya)의 시작(ādi-bhūtāni)이다. 즉 예비 단계의 도닦음(pubba-bhāga-paṭipatti-bhūtāni)이라는 뜻이다."(MA.iii.355)

깐나깟탈라 경

Kaṇṇakatthala Sutta(M90)

1. 이와 같이 나는 들었다. 한때 세존께서는 우준나353)에서 깐나깟탈라의 녹야원354)에 머무셨다.

2. 그 무렵 빠세나디 꼬살라 왕은 어떤 볼일이 있어 우준냐에 도착했다. 그러자 빠세나디 꼬살라 왕은 어떤 사람을 불러서 말했다.

"이 사람아, 그대는 세존을 뵈러 가라. 가서는 내 이름으로 세존의 발에 머리 조아리고 '세존이시여, 빠세나디 꼬살라 왕이 세존의 발에 머리 조아려 절을 올립니다. 그리고 병은 없으신지 어려움은 없으신지, 가볍고 힘 있고 편안하게 머무시는지 문안을 여쭙니다.'라고 세

353) 우준나(Ujuññā, Be:Uruññā)는 꼬살라(Kosala) 국의 지역(raṭṭha) 이름이기도 하고 도시(nagara) 이름이기도 하다. 부처님을 찾아온 나체 수행자 깟사빠(acela Kassapa)에게 법을 설하신 『디가 니까야』 제1권 「깟사빠 사자후경」(D8)도 이곳에서 설하셨다. 그는 이곳에서 법을 듣고 신심이 생겨 출가하여 구족계를 받고 나중에 아라한이 된다.

354) "우준냐라는 도시 근처에 깐나깟탈라(Kaṇṇakatthala)라는 이름의 아름다운 한 지역(ramaṇīya bhūmi-bhāga)이 있었는데 그곳은 사슴들(migā)이 안전하게 머물도록 하기 위해 마련된 곳이므로 '녹야원(migadāya)'이라 불리었다."(MA.iii.356)

존께서 병은 없으신지 어려움은 없으신지, 가볍고 힘 있고 편안하게 머무시는지 문안드려라. 그런 후에 이렇게 말씀드려라. '세존이시여, 오늘 빠세나디 꼬살라 왕이 아침 식사 후에 세존을 친견하러 올 섯입니다.'라고."

"그렇게 하겠습니다, 폐하."라고 그 사람은 빠세나디 꼬살라 왕에게 대답하고서 세존을 뵈러 갔다. 세존을 뵙고는 세존께 절을 올리고 한 곁에 앉았다. 한 곁에 앉아 그 사람은 세존께 이렇게 말씀드렸다.

"세존이시여, 빠세나디 꼬살라 왕이 세존의 발에 머리 조아리고 병은 없으신지 어려움은 없으신지, 가볍고 힘 있고 편안하게 머무시는지 문안을 여쭙니다. 그리고 이렇게 말씀드립니다. '세존이시여, 오늘 빠세나디 꼬살라 왕이 아침 식사 후에 세존을 친견하러 올 것입니다.'라고."

3. 소마와 사꿀라 자매[355]는 오늘 [126] 빠세나디 꼬살라 왕이 아침 식사 후 세존을 친견하러 갈 것이라고 들었다. 그러자 소마와 사꿀라 자매는 빠세나디 꼬살라 왕에게 식사를 제공하던 곳[356]에서 그에게 다가가서 이렇게 말했다.

"대왕이시여, 그러시다면 저희들의 이름으로 세존의 발에 머리 조아리고 '세존이시여, 소마와 사꿀라 자매가 세존께서 병은 없으신지 어려움은 없으신지, 가볍고 힘 있고 편안하게 머무시는지 문안을 여

---

355) "'소마와 사꿀라 자매(Somā ca bhaginī Sakulā ca bhaginī)'는 자매지간으로 둘 다 꼬살라 국 빠세나디 왕의 왕비들(pajāpatiyo)이었다."(MA.iii.356)

356) '식사를 제공하던 곳'은 bhatta-abhihāra(식사 제공)를 옮긴 것인데 주석서에서 bhattaṁ abhiharaṇa-ṭṭhāna(식사를 제공하던 장소)라고 설명하고 있어서 이렇게 옮겼다.
"왕이 식사를 하는 곳에는 모든 왕비들(orodhā)이 국자(kaṭacchu) 등을 들고 왕에게 시중을 들러 갔다. 그들 자매도 그곳에 와있었다."(MA.iii.356)

쭙니다.'라고 병은 없으신지 어려움은 없으신지, 가볍고 힘 있고 편안하게 머무시는지 문안 드려주십시오."

4. 그러자 빠세나디 꼬살라 왕은 아침 식사 후에 세존을 뵈러 갔다. 세존을 뵙고 세존께 절을 올리고 한 곁에 앉았다. 한 곁에 앉아서 빠세나디 꼬살라 왕은 세존께 이렇게 말씀드렸다.

"세존이시여, 소마와 사꿀라 자매가 세존께서 병은 없으신지 어려움은 없으신지, 가볍고 힘 있고 편안하게 머무시는지 문안을 여쭙니다."

"대왕이여, 그런데 소마와 사꿀라 자매는 다른 전령을 찾지 못했습니까?"

"세존이시여, 소마와 사꿀라 자매는 '오늘 빠세나디 꼬살라 왕이 아침 식사 후에 세존을 친견하러 갈 것이다.'라고 들었습니다. 그러자 소마와 사꿀라 자매는 내게 식사를 제공하던 곳에서 내게 다가와 이렇게 말했습니다. '대왕이시여, 그러시다면 저희들의 이름으로 세존의 발에 머리 조아리고 '세존이시여, 소마와 사꿀라 자매가 세존께서 병은 없으신지 어려움은 없으신지, 가볍고 힘 있고 편안하게 머무시는지 문안을 여쭙니다.'라고 병은 없으신지 어려움은 없으신지, 가볍고 힘 있고 편안하게 머무시는지 문안 드려주십시오.'라고."

"대왕이여, 소마와 사꿀라 자매가 행복하기를 바랍니다."

5. 그러자 빠세나디 꼬살라 왕은 세존께 이렇게 말씀드렸다.

"세존이시여, 저는 '사문 고따마는 '모든 것을 알고 모든 것을 보며 완전한 지와 견을 공언할 사문이나 바라문은 없다. 그런 것은 불가능하다.'라고 말씀하신다.'고 들었습니다. 세존이시여, '모든 것을 알고 모든 것을 보며 완전한 지와 견을 공언할 사문이나 바라문은 없다.

그런 것은 불가능하다고 사문 고따마가 말했다.'라고 이렇게 말하는 [127] 그들은 세존께서 말씀하신 대로 말했고, 혹시 거짓으로 세존을 헐뜯는 것은 아닙니까? 어떤 이유로도 그들의 주장은 비난받지 않겠습니까?"

"대왕이여, '모든 것을 알고 모든 것을 보며 완전한 지와 견을 공언할 사문이나 바라문은 없다. 그런 것은 불가능하다고 사문 고따마가 말했다.'[357]라고 이렇게 말하는 그들은 내가 말했던 대로 말하는 자들이 아니고, 사실이 아닌 거짓으로 나를 헐뜯는 것입니다."

6. 그러자 빠세나디 꼬살라 왕은 대장군 위두다바를 불러서 말했다.

"대장군이여, 누가 이런 이야기를 궁궐 내에 퍼뜨렸는가?"

"대왕이시여, 아까사 족성을 가진 산자야 바라문입니다."

7. 그러자 빠세나디 꼬살라 왕은 다른 사람을 불러서 말했다.

"이리 오라, 선한 사람이여. 내 이름으로 '존자여, 빠세나디 꼬살라 왕이 당신을 부르십니다.'라고 아까사 족성의 산자야 바라문을 불러오너라."

"그렇게 하겠습니다, 폐하."라고 그 사람은 빠세나디 꼬살라 왕에게 대답하고 아까사 족성의 산자야 바라문에게 갔다. 가서 아까사 족성의 산자야 바라문에게 이렇게 말했다.

"존자여, 빠세나디 꼬살라 왕이 당신을 부르십니다."

8. 그러자 빠세나디 꼬살라 왕은 세존께 이렇게 말씀드렸다.

"세존이시여, 세존께서 다른 어떤 것을 두고 말씀하신 것을 사람

---

357) 여기에 대해서는 본서 「왓차곳따 삼명 경」(M71) §5와 본경 §8과 주해를 참조할 것.

들이 달리 이해하게 될 수도 있습니까? 세존이시여, 세존께서 어떤 것에 관해 그런 말씀을 하신 것을 기억하십니까?"

"대왕이여, 나는 '한 번에 모든 것을 알고 모든 것을 보는[358] 사문이나 바라문은 없다. 그런 경우는 있을 수 없다.'라고 말을 한 것을 기억합니다."

"세존이시여, 세존께서는 참으로 이치에 맞는 말씀을 하셨습니다. 세존이시여, 세존께서는 참으로 이치에 맞는 말씀을 하셨습니다. '한 번에 모든 것을 알고 모든 것을 보는 사문이나 바라문은 [128] 없다. 그런 경우는 있을 수 없다.'라고."

9. "세존이시여, 끄샤뜨리야와 바라문과 와이샤와 수드라의 네 계급[359]이 있습니다. 세존이시여, 이들 네 계급 가운데 어떤 구별이

---

358) "'한 번에 모든 것을 알고 모든 것을 보는(yo sakideva sabbañ ñassati sabbaṁ dakkhīti)'이라고 하셨다. 하나의 전향을 가진 한 마음(ekāvajjana eka-citta)으로 과거·미래·현재를 모두 알거나 보는 사람은 없다는 말이다. '한 마음으로 과거의 모든 것을 알아야겠다.'라고 전향하더라도 과거의 모든 것을 알 수 없고, 오직 한 부분(eka-desa)만 알 수 있다."(MA.iii.357)
마음은 대상을 아는 것(ārammaṇaṁ cinteti — DhsA.63)으로 정의되고 마음이 일어날 때는 반드시 대상과 더불어 일어난다. 찰나생·찰나멸을 거듭하면서 마음이 일어날 때, 특정 순간에 일어난 마음은 그 순간에 대상으로 하는 오직 그 대상만을 안다는 말이다.
여기에 대해서는 본서 「산다까 경」(M76) §52도 참조할 것.

359) "끄샤뜨리야와 바라문과 와이샤와 수드라의 네 계급이 있습니다."는 'cattār-ome vaṇṇā, khattiyā brāhmaṇā vessā suddā'를 옮긴 것이다. 빠알리어로는 캇띠야, 브라흐마나, 웻사, 숫다로 나타나지만 초기불전연구원에서는 이들을 각각 우리에게 익숙한 산스끄리뜨 표기인 끄샤뜨리야(kṣatriya)와 바라문(brāhmaṇa)과 와이샤(vaiśya)와 수드라(śūdra)로 음역을 하고 있다. 이들을 무사, 바라문, 평민, 노예 등의 역어로 옮기면 오히려 어색할듯하여 이를 피하고 있다. 예를 들면 수드라를 노동자나 근로자로 옮길 수도 없고 노예나 천민이라고 옮기기도 주저된다.
이들 용어의 유래에 대한 불교적 해석은 『디가 니까야』 제3권 「세기경」(D27) §§20~25에 나타나고 있으며, §26에서는 사문에 대해서는 이들 네

있고 차이점이 있습니까?"

"대왕이여, 끄샤뜨리야와 바라문과 와이샤와 수드라의 네 계급이 있습니다. 대왕이여, 이들 네 계급들 가운데 두 계급인 끄샤뜨리야와 바라문은 최상이라 불리는데, 그것은 사람들이 그들에게 인사하고 자리에서 일어나서 맞이하고 합장하고 경의를 표하기 때문입니다."

10. "세존이시여, 저는 세존께 현생에 관한 것을 여쭙는 것이 아니라 내생에 관한 것[360]을 여쭙니다. 세존이시여, 끄샤뜨리야와 바라문과 와이샤와 수드라의 네 계급이 있습니다. 세존이시여, 이들 네 계급 가운데 어떤 구별이 있고 차이점이 있습니까?"

"대왕이여, 다섯 가지 노력하는 자의 구성요소[五勤支][361]가 있습니다. 무엇이 다섯입니까?

대왕이여, (1) 여기 비구는 믿음이 있어 여래의 깨달음에 믿음을 가집니다. '이런 [이유로] 그분 세존께서는 아라한[應供]이며, 완전히 깨달은 분[正等覺]이며, 명지와 실천을 구족한 분[明行足]이며, 피안으로 잘 가신 분[善逝]이며, 세간을 잘 알고 계신 분[世間解]이며, 가장 높은 분[無上士]이며, 사람을 잘 길들이는 분[調御丈夫]이며, 하늘과 인간의 스승[天人師]이며, 부처님[佛]이며, 세존(世尊)이다.'라고.

(2) 그는 병이 없고 고통이 없으며 음식을 고루 소화시키도록 너무 차지도 않고 너무 덥지도 않은 중간의 [업에서 생긴] 불의 요소를 구

계급의 구성원 모두가 사문의 구성원(samaṇa-maṇḍala)이 될 수 있다고 나타난다. 「세기경」(D27)의 해당부분을 참조할 것.

360) "'내생에 관한 것(samparāyika)'이란 즉 내생의 공덕(samparāya-guṇa)에 관한 질문이다."(MA.iii.357)

361) '다섯 가지 노력하는 자의 구성요소[五勤支]'는 pañca padhāniyaṅgā를 옮긴 것이다. 여기에 대해서는 본서 「보디 왕자 경」(M85) §58의 주해를 참조할 것.

족하여 정진을 감내합니다.

(3) 그는 정직하고 현혹시키지 않으며 스승과 지적인 동료 수행자들에게 있는 그대로 자신을 드러냅니다.

(4) 그는 열심히 정진하며 머뭅니다. 해로운 법[不善法]들을 버리고 유익한 법[善法]들을 구족하기 위해서 굳세고 분투하며 유익한 법들에 대한 임무를 내팽개치지 않습니다.

(5) 그는 통찰지를 가졌습니다. 그는 일어나고 사라짐을 꿰뚫고, 성스럽고, 통찰력이 있고, 바르게 괴로움의 소멸로 인도하는 통찰지를 구족했습니다.

대왕이여, 이것이 다섯 가지 노력하는 자의 구성요소입니다. 끄샤뜨리야와 바라문과 와이샤와 수드라의 네 계급이 이런 다섯 가지 노력하는 자의 구성요소를 구족하면 그들에게는 오랜 세월 이익과 행복이 있을 것입니다."

11. "세존이시여, 끄샤뜨리야와 바라문과 와이샤와 [129] 수드라의 네 계급이 있습니다. 이들이 이런 다섯 가지 노력하는 자의 구성요소를 구족하면 그들에게 구별이 있고 차이점이 있을 수 있습니까?"

"대왕이여, 여기서 그들에게 구별이 있고 차이점이 있다면 그것은 노력의 차이 때문[362]이라고 나는 말합니다.

대왕이여, 예를 들면 두 마리의 길들여야 할 코끼리와 길들여야 할

---

362) "'노력의 차이 때문(padhāna-vemattatā)'이라고 하셨다. 범부의 노력(padhāna)이 다르고, 예류자의 노력이 다르고, 일래자의 노력이 다르고, 불환자의 노력이 다르고, 아라한의 노력이 다르고, 80명의 큰 제자들(mahā-sāvakā)의 노력이 다르고, 두 상수제자들(agga-sāvakā)의 노력이 다르고, 벽지불들(pacceka-buddhā)의 노력이 다르고, 일체지자인 부처님들(sabbaññu-buddhā)의 노력이 다르다. 범부의 노력은 예류자의 노력에 미칠 수 없고 … 벽지불들의 노력은 일체지자인 부처님들의 노력에 미칠 수 없다. '노력의 차이 때문'이란 것은 이것을 두고 하신 말씀이다."(MA.iii.357)

말과 길들여야 할 소는 잘 길들여졌고 잘 훈련되었고, 두 마리의 길들여야 할 코끼리와 길들여야 할 말과 길들여야 할 소는 길들여지지 않았고 훈련되지 않았다고 합시다.

대왕이여, 이를 어떻게 생각합니까? 두 마리의 길들여야 할 코끼리와 길들여야 할 말과 길들여야 할 소가 잘 길들여졌고 잘 훈련되었다면 그들은 길들여졌기 때문에 길들여진 습성을 갖추고 길들여졌기 때문에 길들여진 경지에 도달했다고 할 수 있겠습니까?"

"그렇습니다, 세존이시여."

"그러면 두 마리의 길들여야 할 코끼리와 길들여야 할 말과 길들여야 할 소가 길들여지지 않았고 훈련되지 않았다면 그들이 길들여지지 않았음에도 불구하고 길들여진 습성을 갖추고 길들여지지 않았음에도 불구하고 길들여진 경지에 도달했다고 할 수 있겠습니까?"

"아닙니다, 세존이시여."

"대왕이여, 그와 같이 믿음을 가진 자, 병 없는 자, 정직하고 현혹시키지 않는 자, 열심히 정진하는 자, 통찰지를 가진 자가 얻을 수 있는 것을 믿음이 없는 자, 병이 있는 자, 교활하고 속이는 자, 게으른 자, 통찰지가 없는 자가 얻을 수 있다고 하는 것은 불가능합니다."

12. "세존이시여, 세존께서는 참으로 이치에 맞는 말씀을 하셨습니다. 세존이시여, 세존께서는 참으로 합리적인 말씀을 하셨습니다.

세존이시여, 끄샤뜨리야와 바라문과 와이샤와 수드라의 네 계급이 있는데, 이들이 이 다섯 가지 노력하는 자의 요소들을 구족하고 그들이 바른 노력을 한다면, 이것과 관련하여 그들에게 구별이 있고 차이점이 있습니까?"

"대왕이여, 여기서 한 사람의 해탈이 다른 사람의 해탈과 아무런 차이점이 없다고 나는 말합니다.

대왕이여, 예를 들면 어떤 사람이 마른 사까 나무를 가져와 불을 지피면 열이 날 것이고, 이제 다른 사람이 마른 살라 나무를 가져와 불을 지피면 열이 날 것이며, [130] 이제 다시 다른 사람이 마른 망고 나무를 가져와 불을 지피면 열이 날 것이며, 이제 또 다른 사람이 마른 무화과나무를 가져와 불을 지피면 열이 날 것입니다.

대왕이여, 이를 어떻게 생각합니까? 그 불은 각기 다른 나무로 지폈기 때문에 불꽃과 불꽃 사이에, 색깔과 색깔 사이에, 광채와 광채 사이에 어떤 차이점이 있겠습니까?"

"그렇지 않습니다, 세존이시여."

"대왕이여, 정진으로 점화되고 노력으로 지펴진 불꽃도 그와 같아서 그들의 해탈과 해탈 사이에는 어떠한 차이도 없다고 나는 말합니다."

13. "세존이시여, 세존께서는 참으로 이치에 맞는 말씀을 하셨습니다. 세존이시여, 세존께서는 참으로 합리적인 말씀을 하셨습니다.

세존이시여, 그런데 신들이 존재하기는 합니까?"

"대왕이여, 왜 그대는 '세존이시여, 그런데 신들이 존재하기는 합니까?'라고 질문합니까?"

"세존이시여, 신들은 여기 인간 세상으로 돌아오는지, 아니면 여기 인간 세상으로 돌아오지 않는지, 그것을 여쭙는 것입니다."

"대왕이여, 고통에 예속되어 있는363) 신들은 여기 인간 세상으로

363) 여기서 '고통'은 byābajjha를 아래 주석서를 참조해서 옮긴 것이다. byāba-jjha나 byābādha는 대부분 '악의, 적의, 분노' 등으로 번역되었으나, 여기서는 주석서를 참조해서 이렇게 옮겼다.(본서 제1권 「괴로움의 무더기의 긴 경」(M13) §32의 주해와 「두 가지 사유 경」(M19) §3의 주해도 참조할 것.) 주석서는 이렇게 설명하고 있다.

"'고통에 예속되어 있는(sabyābajjhā)'이란 심소법인 괴로움(cetasika-dukkhā)을 근절을 통한 버림(samuccheda-ppahāna)으로써, [즉 완전한 버림을 통해] 아직 버리지 못한 것을 말한다. '고통에서 벗어난(abyāba-

돌아오게 되고,[364] 고통에서 벗어난 신들은 여기 인간 세상으로 돌아오지 않을 것입니다."

14. 이와 같이 말씀하셨을 때 대장군 위두다바가 세존께 이렇게 여쭈었다.

"세존이시여, 고통에 예속되어 있어 여기 인간 세상으로 돌아오는 그 신들이 고통에서 벗어나 여기 인간 세상으로 돌아오지 않는 그 신들을 그곳에서 쫓아내거나 추방할 수 있습니까?"

그러자 아난다 존자에게 이런 생각이 들었다.

"이 위두다바 대장군은 빠세나디 꼬살라 왕의 아들이고 나는 세존의 아들이다. 이제 아들이 아들과 대화할 때이다."

그러자 아난다 존자는 대장군 위두다바에게 말했다.

"대장군이여, 그렇다면 이것을 그대에게 물어보리니 그대가 원하는 대로 설명하십시오. 대장군이여, 이를 어떻게 생각하십니까? 빠세나디 꼬살라 왕이 정복하여 빠세나디 꼬살라 왕이 지배력을 가지고 [131] 통치하는 곳에서 빠세나디 꼬살라 왕은 사문이나 바라문이 공덕을 쌓았건 공덕을 쌓지 않았건 청정범행을 닦았건 청정범행을 닦지 않았건 간에 그 영토에서 쫓아내거나 추방할 수 있습니까?"

"존자시여, 빠세나디 꼬살라 왕이 정복하여 빠세나디 꼬살라 왕이 지배력을 가지고 통치하는 그곳에서 빠세나디 꼬살라 왕은 사문이나 바라문이 … 쫓아내거나 추방할 수 있습니다."

"대장군이여, 이를 어떻게 생각하십니까? 빠세나디 꼬살라 왕이 정복하지 못하여 빠세나디 꼬살라 왕이 지배력을 가지지 못하고 통

---

jjhā)'이란 고통을 근절을 통한 버림으로써 버린 것이다."(MA.iii.360)

364) "재생(upapatti)을 통해서 여기 인간 세상에 돌아오는 것이다."(MA.iii.360)

치하지 못하는 곳에서 빠세나디 꼬살라 왕은 사문이나 바라문이 공덕을 쌓았건 공덕을 쌓지 않았건 청정범행을 닦았건 청정범행을 닦지 않았건 간에 그 영토에서 쫓아내거나 추방할 수 있습니까?"

"존자시여, 빠세나디 꼬살라 왕이 정복하지 못하여 빠세나디 꼬살라 왕이 지배력을 가지지 못하고 통치하지 못하는 그곳에서 빠세나디 꼬살라 왕은 … 쫓아내거나 추방할 수 없습니다."

"대장군이여, 이를 어떻게 생각하십니까? 그대는 삼십삼천의 신들에 대해서 들은 적이 있습니까?"

"삼십삼천에 대해서 들은 적이 있습니다. 빠세나디 꼬살라 왕도 삼십삼천의 신들에 대해서 들은 적이 있습니다."

"대장군이여, 이를 어떻게 생각하십니까? 빠세나디 꼬살라 왕은 삼십삼천의 신들을 그곳에서 쫓아내거나 추방할 수 있습니까?"

"존자시여, 빠세나디 꼬살라 왕은 삼십삼천의 신들을 볼 수도 없는데 어떻게 그곳에서 쫓아내거나 추방할 수 있겠습니까?"

"대장군이여, 그와 마찬가지로 고통에 예속되어 있어 여기 인간 세상으로 돌아오는 그 신들은 고통에서 벗어나 여기 인간 세상으로 돌아오지 않는 그 신들을 볼 수도 없는데 어떻게 그곳에서 쫓아내거나 추방할 수 있겠습니까?"

15. 그러자 빠세나디 꼬살라 왕은 세존께 이렇게 말씀드렸다.

"세존이시여, 이 비구의 이름은 무엇입니까?"[365]

"대왕이여, 아난다라고 합니다."

"참으로 그는 아난다(기쁨)입니다. 참으로 그는 아난다(기쁨)답습니다. 세존이시여, 아난다 존자는 참으로 이치에 맞는 말씀을 하셨습니

365) "왕이 아난다 존자를 알면서도 모르는 척하면서 질문했는데 그것은 아난다 존자를 칭찬하기 위해서(pasaṁsitukāmatā)였다."(MA.iii.361)

다. [132] 세존이시여, 아난다 존자는 참으로 합리적인 말씀을 하셨습니다. 세존이시여, 그런데 범천이 존재하기는 합니까?"

"대왕이여, 왜 그대는 '세존이시여, 그런데 범천들이 존재하기는 합니까?'라고 질문합니까?"

"세존이시여, 범천은 여기 인간 세상으로 돌아오는지, 아니면 여기 인간 세상으로 돌아오지 않는지, 그것을 여쭙는 것입니다."

"대왕이여, 고통에 예속되어 있는 범천은 여기 인간 세상으로 돌아오게 되고, 고통에서 벗어난 범천은 여기 인간 세상으로 돌아오지 않을 것입니다."

16. 그때 어떤 사람이 빠세나디 꼬살라 왕에게 이렇게 말했다.

"대왕이시여, 아까사 족성의 산자야 바라문이 왔습니다."

그러자 빠세나디 꼬살라 왕은 아까사 족성의 산자야 바라문에게 이렇게 물었다.

"바라문이여, 누가 이런 이야기를 궁궐 내에 퍼뜨렸는가?"

"대왕이시여, 대장군 위두다바이십니다."

대장군 위두다바는 말했다.

"대왕이시여, 아까사 족성의 산자야 바라문이 이런 말을 했습니다."

17. 그러자 어떤 사람이 빠세나디 꼬살라 왕에게 이렇게 말하였다.

"대왕이시여, 떠나실 시간입니다."

그러자 빠세나디 꼬살라 왕은 세존께 이렇게 아뢰었다.

"세존이시여, 우리는 일체지(一切知)에 대해 세존께 질문을 드렸고 세존께서는 일체지를 설명해주셨습니다. 우리는 그것을 인정하고 받아들입니다. 그래서 마음이 흡족합니다.

세존이시여, 우리는 네 계급의 청정에 관해 세존께 실문을 드렸고 세존께서는 네 계급의 청정에 관해 설명해주셨습니다. 우리는 그것을 인정하고 받아들입니다. 그래서 마음이 흡족합니다.

세존이시여, 우리는 신들에 관해 세존께 질문을 드렸고 세존께서는 신들에 관해 설명해주셨습니다. 우리는 그것을 인정하고 받아들입니다. 그래서 마음이 흡족합니다.

세존이시여, 우리는 범천에 관해 세존께 질문을 드렸고 세존께서는 범천에 관해 설명해주셨습니다. 우리는 그것을 인정하고 받아들입니다. 그래서 마음이 흡족합니다.

세존이시여, 우리가 무엇이건 세존께 질문을 드리면 세존께서는 그것을 설명해주셨습니다. 우리는 그것을 인정하고 받아들입니다. 그래서 마음이 흡족합니다. [133]

세존이시여, 이제 가봐야 할 것 같습니다. 바쁘고 해야 할 일이 많습니다."

"대왕이여, 지금이 적당한 시간이라면 그렇게 하십시오."

18. 그러자 빠세나디 꼬살라 왕은 세존의 말씀을 기뻐하고 감사드리면서 자리에서 일어나 세존께 절을 올리고 오른쪽으로 돌아 [경의를 표한] 뒤 물러갔다.

깐나깟탈라 경(M90)이 끝났다.

제9장 왕 품이 끝났다.

제10장

바라문 품

Brāhmaṇa-vagga

(M91~100)

브라흐마유 경

Brahmāyu Sutta(M91)

1. 이와 같이 나는 들었다. 한때 세존께서는 오백 명의 큰 비구 승가[366]와 함께 위데하에서 유행하셨다.

2. 그 무렵 브라흐마유 바라문[367]이 미틸라에 살고 있었는데 나이 들어 늙고 노후하고 긴 여정을 보내고 노쇠하여 백스무 살이 되었다. 그는 세 가지 베다[368]에 통달하고, 어휘와 제사와 음운과 어원

---

366) "'큰 비구 승가와 함께(mahatā bhikkhusaṅghena saddhiṁ)'에서 '큰(mahā)'이란 욕심 없음(app-icchatā) 등의 공덕도 크기(guṇa-mahatta) 때문에 크고, 오백 명이나 되어 숫자도 크기(saṅkhyā-mahatta) 때문에 크다. '비구 승가(bhikkhu-saṅgha)'란 견해와 계행이 동등한 집단이라 불리는(diṭṭhi-sīla-sāmañña-saṅghāta-saṅkhāta) 사문의 무리(samaṇa-gaṇa)라는 뜻이다."(MA.iii.361)
즉 '큰(mahā)'은 '위대한, 뛰어난'의 뜻도 되고 '많은'의 뜻도 된다는 설명이다.

367) 브라흐마유 바라문(Brahmāyu brāhmaṇa)은 본경에만 나타나고 있다. 본경 §34에 나타나는 세존께 대한 그의 지극한 예의 표시는 『여시어경 주석서』에서 엎드려 절함 즉 부복(俯伏, paṇipāta)의 예로 인용하고 있다.(ItA.ii.46) 여기서 부복으로 옮긴 paṇipāta는 pra+ni+√pat(*to fall*)에서 파생된 명사로 말 그대로 앞으로 아래로 몸을 낮추는 행위이다. 요즘 말하는 오체투지의 의미라 하겠다.

368) 여기서 '세 가지 베다(ti vedā)'란 『리그베다』(Ṛgveda), 『야주르베다』(Ya

과 다섯 번째로 역사[369]에 정통하고, 언어와 문법에 능숙하고, 세간

-jurveda), 『사마베다』(Sāmaveda)인데 초기불전에서 『아타르와베다』(Atharvaveda)는 베다로 인정되지 않는다.

인도의 베다 문헌은 고대로부터 삼히따(Saṁhitā, 本集), 브라흐마나(Brāhmaṇa, 祭儀書), 아란냐까(Araṇyaka, 森林書), 우빠니샤드(Upaṇiśad, 秘義書)의 단계를 거치면서 발전해 왔다. 삼히따(베다본집)에는 우리가 잘 아는 『리그베다』 『야주르베다』 『사마베다』 『아타르와베다』 가 있다. 이 베다본집을 토대로 하여 수많은 학파와 문도와 가문들이 생겨나게 되고, 각 학파나 문도에서는 각각 그들 고유의 제의서와 삼림서와 비의서를 가지고 있으며 그 학파는 수천 개가 넘었다고 한다. 그리고 이들은 제사에서 각각 네 가지 역할을 분장해서 관리하면서 인도 전통 바라문교를 유지해 왔다.

초기불전에서는 이 가운데 『아타르와베다』를 제외한 앞의 세 가지 베다만을 삼베다(ti vedā, tevijjā)라고 하여 인정하고 있다. 초기경에서 『아타르와베다』는 베다로 인정되지 않는다. 사실 『아타르와베다』는 그 내용이 흑마술(黑魔術, *black magic*)에 관한 것이 많기 때문에 신성한 베다로 인정하기 어렵다. 그리고 『야주르베다』와 『사마베다』의 거의 모든 만뜨라는 『리그베다』에 모두 나타난다. 『리그베다』 가운데서 제사의식을 관장하는 야주스(yajus) 바라문이 의식을 거행하면서 읊는 만뜨라를 모은 것이 『야주르베다』이며, 리그베다 가운데서 제사에서 창(唱)을 하는 사만(sāman) 바라문들의 창에 관계된 만뜨라를 모은 것이 『사마베다』라고 보면 된다.

한편 『상윳따 니까야』 제1권 「돌조각 경」(S1:38)에는 '다섯 베다(pañcavedā)'라는 술어가 나타나는데 주석서는 위의 4베다에다 역사(itihāsa)를 넣어서 5베다로 설명하고 있다.(SA.i.81) 이것은 "역사를 다섯 번째로 하는(itihāsa-pañcamā) 3베다(ti vedā)"(『디가 니까야』 제1권 「암밧타 경」(D3) §1.3)라는 경문이나, 여기에 대해서 " 『아타르와베다』(Athabbaṇa-veda)를 네 번째로 하고 '참으로 그러하였다(iti ha āsa).'는 말과 상응하여 오래된 이야기(purāṇa-kathā)라 불리는 역사(itihāsa)를 다섯 번째로 한다고 해서 역사를 다섯 번째로 하는 베다들이라 한다."(DA.i.247)라고 설명하는 『디가 니까야 주석서』의 견해와 일치한다.

369) 각파에 속하는 바라문들은 그들의 베다 문헌들, 특히 베다본집(Saṁhitā)을 바르게 이해하기 위해 불교가 태동하기 전부터 음운(Śikṣā), 제사(Kalpa), 문법(Vyākaraṇa), 어원(Nirukta), 운율(Chandas), 점성술(Jyotiśa)의 여섯 가지 측면에서 많은 연구를 했고, 이들은 베당가(Vedāṅga)라는 여섯 갈래로 정착이 되었으며 지금까지도 이 베당가에 속하는 많은 문헌들이 전승되어 오고 있다. 불교에서는 여섯 베당가 가운데서 운율과 점성술을 제외하고 대신에 역사(itihāsa)를 넣어 이렇게 다섯 가지로 베다의 학문방법을 정

의 철학과 대인상에 능통했다.

3. 브라흐마유 바라문은 이렇게 들었다.

"사꺄의 후예이고, 사꺄 가문에서 출가한 사문 고따마라는 분이 지금 오백 명의 많은 비구 승가와 함께 위데하에서 유행하고 계신다. 그분 고따마 존자께는 이러한 좋은 명성이 따른다. '이런 [이유로] 그 분 세존께서는 아라한[應供]이며, 완전히 깨달은 분[正等覺]이며, 명지와 실천을 구족한 분[明行足]이며, 피안으로 잘 가신 분[善逝]이며, 세간을 잘 알고 계신 분[世間解]이며, 가장 높은 분[無上士]이며, 사람을 잘 길들이는 분[調御丈夫]이며, 하늘과 인간의 스승[天人師]이며, 부처님[佛]이며, 세존(世尊)이다. 그는 신을 포함하고 마라를 포함하고 범천을 포함한 세상과 사문·바라문들을 포함하고 신과 사람을 포함한 무리들을 스스로 최상의 지혜로 알고 실현하여 드러낸다. 그는 시작도 훌륭하고 중간도 훌륭하고 끝도 훌륭하며 의미와 표현을 구족했고 더할 나위 없이 완벽하고 지극히 청정한 법을 설하고, 범행(梵行)을 드러낸다.'라고, 참으로 그러한 아라한을 뵙는 것은 축복이다."

4. 그 즈음에 [134] 브라흐마유 바라문에게는 그의 제자 웃따라라는 바라문 학도가 있었는데 그는 삼베다에 통달하였다. 그러자 브

리하고 있다. 아마 초기불교 시대에는 아직 운율과 점성술이 베당가의 영역으로 정리가 되지 않았던 것 같다.

그러나 주석서에서는 "『아타르와베다』(Athabbaṇaveda)를 네 번째로 하고 '참으로 그러하였다.'(iti ha āsa)라고 그러한 말과 관련된 오래된 이야기(purāṇakathā)라 불리는 역사(itihāsa)를 다섯 번째로 한다고 해서 역사를 다섯 번째로 하는 베다들이라 한다."(MA.iii.362)라고 설명하여 『아타르와베다』를 네 번째로 간주하여 주석을 하고 있다. 그리고 여기서 역사(itihāsa)에 속하는 것이 바로 인도의 『마하바라따』(Mahābhārata)이며 이 이후에 전개된 『뿌라나』(Purāṇa) 문헌도 역사서에 넣는다. 그래서 여섯 베당가의 다음 단계로 이띠하사-뿌라나라는 영역을 넣어서 인도 문헌의 발전을 기술하고 있다.

라흐마유 바라문은 웃따라 바라문 학도에게 말했다.

"얘야, 웃따라야. 사꺄의 후예이고, 사꺄 가문에서 출가한 사문 고따마라는 분이 … 참으로 그러한 아라한을 뵙는 것은 축복이다. 이리 오라, 웃따라야. 너는 사문 고따마를 뵈러 가라. 가서는 고따마 존자를 둘러싼 그의 명성이 사실인지 아닌지, 그분 고따마 존자가 실제로 그런 분인지 아닌지, 사문 고따마에 대해서 알아보라. 그러면 너를 통해서 우리는 그분 고따마 존자에 대해 알게 될 것이다."

5. "존자시여, 제가 어떻게 해서 고따마 존자를 둘러싼 그의 명성이 사실인지 아닌지, 그분 고따마 존자가 실제로 그런 분인지 아닌지, 알아볼 수 있겠습니까?"

"얘야, 웃따라야. 우리의 만뜨라들370)에는 서른두 가지 대인상들이 전해 내려온다. 그 대인상들을 갖춘 분에게는 두 가지 운명 이외에 다른 것은 없다. 만일 재가에 머물면 정의롭고 법다운 전륜성왕이 되어 사방을 정복한 승리자로 나라를 안정되게 하고 일곱 가지 보배를 두루 갖추게 된다. 그에게 이런 일곱 가지 보배들이 있나니 윤보(輪寶), 상보(象寶), 마보(馬寶), 보배보(寶貝寶), 여인보(女人寶), 장자보(長者寶), 그리고 일곱 번째로 주장신보(主藏臣寶)이다.371)

---

370) "여기서 '만뜨라들(mantā)'은 베다들(vedā)을 말한다."(MA.iii.364)

371) 이 '일곱 가지 보배들(satta ratana)'은 본서 제4권 「어리석은 자와 현명한 자 경」(M129) §§34~41에 상세하게 묘사되어 나타나므로 참조하기 바란다. 본경에 해당하는 주석서는 다음과 같이 설명하고 있다.
"'윤보(輪寶, cakka-ratana)' 등에서 바퀴가 기쁨을 생기게 한다는 뜻(rati-janan-attha)에서 보배(ratana)이다. 그러므로 윤보(輪寶)이다. 다른 보배 등에도 같은 방법이 적용된다.
이 중에서 전륜성왕(cakkavatti-rājā)은 윤보로써 정복하지 못한 것을 정복하고(ajitaṁ jināti), 코끼리 보배와 말의 보배로써 정복한 것을 마음대로 누비고(anuvicarati), 주장신보로써 정복한 것을 보호하고(anurakkhati), 나머지 보배로써는 즐거움(upabhoga-sukha)을 향수한다(anubhavati).

그에게 천 명이 넘는 아들이 생기는데 그들은 모두 용감하고 용맹스럽고 적군을 정복한다. 그는 바다에 이르기까지 전 대지를 징벌과 무력을 쓰지 않고 법으로써372) 정복하여 통치한다. 그런데 만일 그가 집을 나와 출가하면 아라한, 정등각자가 되어 세상의 장막을 벗겨버린다.373)

얘야, 웃따라야. 나는 만뜨라를 전수하는 자이고 너는 만뜨라를 전수받는 자이다."

그리고 첫 번째 보배는 노력의 힘(ussāha-satti-yoga)이, 상보와 마보와 장자보는 지배자의 힘(pabhu-satti-yoga)이, 마지막 보배는 협의의 힘(manta-satti-yoga)이 충만해지고, 여인보와 보배보에 의해서는 세 가지 힘의 결실(ti-vidha-satti-yoga-phala)이 충만해진다.
그는 여인보와 보배보로써 재물의 즐거움(bhoga-sukha)을 향수하고(anubhavati), 나머지로써 통치권의 즐거움(issariya-sukha)을 향수한다.
처음의 셋은 성냄 없음의 유익함에서 생긴 업의 영향(adosa-kusala-mūla-janita-kamma-anubhāva)으로 성취되고, 중간의 셋은 탐욕 없음(alobha)의 유익함에서 생긴 업의 영향으로 성취되고, 마지막 하나는 어리석음 없음(amoha)의 유익함에서 생긴 업의 영향으로 성취된다."(MA.iii.365~366)

372) "'생명을 죽여서는 안된다(pāṇo na hantabbo).'라는 등의 다섯 가지 계행[五戒]의 법(pañca-sīla-dhamma)으로써 정복한다."(MA.iii.367)

373) "'세상의 장막을 벗겨버린다(loke vivatta-cchaddo).'라고 했다. 이 세상은 탐욕, 성냄, 어리석음, 자만, 사견, 무명, 악행의 장막(rāga-dosa-moha-māna-diṭṭhi-avijjā-duccarita-chadana)이라는 일곱 가지에 가려있고(paṭicchanna), 오염원의 어둠(kiles-andhakāra)에 덮여있다. 부처님은 그 장막을 걷어내고 사방에서 빛이 흐르게 하기(sañjāt-āloka) 때문에 '세상의 장막을 벗겨버린다.'고 했다.
여기서 첫 번째 문구인 '아라한'으로는 존경받을 만한 상태(pūja-arahatā)를 말했고, 두 번째 문구인 '정등각자'로는 존경 받게 된 원인(hetu), 즉 바르게 깨달았기(sammā-sambuddha) 때문이라는 뜻을 말했고, 세 번째 문구(장막을 벗겨버림)로는 부처님이 되신 이유(buddhatta-hetu-bhūtā), 즉 '장막을 벗겨버림(vivaṭṭa-cchadatā)'을 말했다고 알아야 한다."(MA.iii.367)

6. "그렇게 하겠습니다."라고 웃따라 바라문 학도는 브라흐마유 바라문에게 대답하고 자리에서 일어나 브라흐마유 바라문에게 절을 올리고 오른쪽으로 돌아 [경의를 표한] 뒤 위데하에서 유행을 하고 계시는 세존께로 유행을 떠났다. [135] 차례로 유행하여 세존을 뵈러 갔다. 세존을 뵙고 세존과 함께 환담을 나누었다. 유쾌하고 기억할만한 이야기로 서로 담소를 하고서 한 곁에 앉았다. 한 곁에 앉아서 웃따라 바라문 학도는 세존의 몸에서 서른두 가지 대인상들을 살펴보았다. 그는 세존의 몸에서 서른두 가지 대인상들을 대부분 보았지만 두 가지는 볼 수 없었다. 포피에 감추어진 음경[馬陰藏相]과 긴 혀[廣長舌相], 이 두 가지 대인상에 대해서는 의문을 가지고 의심하고 확신하지 못하고 결정하지 못했다.

그때 세존께 이런 생각이 들었다.

"이 웃따라 바라문 학도는 내 몸에서 서른두 가지 대인상들을 대부분 보지만 두 가지는 찾지 못하고 있다. 포피에 감추어진 음경[馬陰藏相]과 긴 혀[廣長舌相], 이 두 가지 대인상에 대해서는 의문을 가지고 의심하고 확신하지 못하고 결정하지 못하는구나."

7. 그러자 세존께서는 웃따라 바라문 학도가 포피에 감추어진 음경과 긴 혀를 볼 수 있도록 그런 형태의 신통변화를 나투셨다. 그 다음에 세존께서는 혀를 빼서 두 귓구멍을 이쪽저쪽 문질렀고 두 콧구멍을 이쪽저쪽 문질렀고374) 온 이마를 혀로 덮으셨다.

---

374) "부처님의 귓구멍이나 콧구멍에는 더러움이나 땀방울, 혹은 콧물 같은 것이 전혀 없었다. 그래서 오른쪽 귓구멍에 닿게 하고 그 다음에 왼쪽 귓구멍에, 그리고 오른쪽 콧구멍에 닿게 하고 왼쪽 콧구멍에 닿게 한 뒤 온 이마를 덮었다고 한다."(MA.iii.370)
아래 §9에 열거되는 32가지 대인상 가운데 12번째를 참고할 것.

8. 그러자 웃따라 바라문 학도에게 이런 생각이 들었다.

"사문 고따마께서는 서른두 가지 대인상들을 구족하셨다. 참으로 이제 나는 사문 고따마를 따라다니면서 그의 위의[375]를 관찰하리라."

그때 웃따라 바라문 학도는 일곱 달을 마치 그림자처럼 세존을 따라다니면서 떠나지 않았다. 일곱 달이 지나자 위데하에서 미틸라로 유행을 떠났다. 차례로 유행하여 미틸라의 브라흐마유 바라문을 뵈러 갔다. 가서는 브라흐마유 바라문에게 절을 올리고 한 곁에 앉았다. 한 곁에 앉은 웃따라 바라문 학도에게 브라흐마유 바라문은 이렇게 말했다.

"얘야, 웃따라야. 고따마 존자를 둘러싼 그의 명성이 사실이던가, 혹은 그렇지 않던가? 그분 고따마 존자가 [136] 실제로 그런 분이던가, 혹은 그렇지 않던가?"

9. "존자시여, 그분 고따마 존자를 둘러싼 명성은 사실이고 다르지 않았습니다. 존자시여, 그분 고따마 존자는 실제로 그런 분이고 다르지 않았습니다. 존자시여, 그분 고따마 존자께서는 서른두 가지 대인상[376]을 모두 구족하셨습니다.[377]

---

375) 여기서 '위의(威儀)'는 iriyāpatha를 옮긴 것이다. 이것은 니까야에서 주로 행동거지나 행·주·좌·와의 네 가지 자세[四威儀]를 뜻하는 것으로 나타나는데(본서 제1권 「마음챙김의 확립 경」(M10) §6 참조) 이때는 자세로 옮겼다. 그런데 본경에서 iriyāpatha는 우리에게 팔십종호(八十種好)로 알려진 내용을 뜻한다. 여기에 대해서는 본경 §§10~21을 참조할 것.

376) 서른두 가지 대인상[三十二大人相, dvattiṁsa-mahā-purisa-lakkhaṇā-ni] 줄여서 삼십이상(三十二相)은 『맛지마 니까야』에서는 본경에서만 전체가 다 나타나고 있다. 이 32상은 『디가 니까야』 제3권 「삼십이상경」(D30)에서 게송과 함께 상세하게 설명되고 있으므로 참조하기 바란다. 그리고 『디가 니까야』, 제1권 「대본경」(D14) §1.32에도 본경처럼 전체가 나타나고 있다.

① 그분 고따마 존자는 발이 평면으로 땅바닥에 닿습니다.[378] 이것도 역시 대인이신 그분 고따마 존자의 대인상입니다.

② 그분 고따마 존자의 발바닥에 바퀴[輪]들이 나타나 있는데 그 바퀴들에는 천 개의 바퀴살과 테와 중심부가 있어 일체를 두루 갖추었습니다.

③ 그분 고따마 존자는 발꿈치가 깁니다.[379]

④ 그분 고따마 존자는 손가락이 깁니다.

⑤ 그분 고따마 존자는 손과 발이 부드럽고 유연합니다.

⑥ 그분 고따마 존자는 손가락과 발가락 사이마다 얇은 막이 있습니다.

⑦ 그분 고따마 존자는 발의 복사뼈가 위로 돌출해있습니다.

---

377) 이 서른두 가지 대인상은 중국에서 경들마다 순서도 다르고 내용도 조금씩 차이가 나며 각각 다른 한문술어로 옮겨졌기 때문에 빠알리 경의 서른두 가지 대인상과 비교할 기준이 없다. 그래서 본경을 옮기면서 괄호 안에 한역을 밝히지 않는다. 한역 『장아함』의 「대전기경」과 「불설법집명수경」(佛說法集名數經)에 번역된 32상은 『디가 니까야』 제1권 「대본경」(D14) §1.2의 주해에서 밝히고 있으므로 참조하기 바란다.

378) "'발이 평면으로 땅바닥에 닿는다(suppatiṭṭhitapāda).'는 것은 다른 사람의 경우 땅에 발을 디딜 때 발바닥의 앞쪽(aggatala)이나 혹은 뒤꿈치(paṇhi)나 옆쪽(passa)이 먼저 닿거나 중간(vemajjha)에 틈(chidda)이 있으며, 발을 들어 올릴 때에도 발바닥의 앞쪽 등에서 어떤 부분을 먼저 들어올린다. 그러나 세존의 경우 그렇지 않다. 그의 발은 마치 금으로 만든 신발의 바닥(suvaṇṇa-pāduka-tala)과 같아서 한번 발을 놀릴 때에 발바닥 전체(sakala pādatala)가 땅에 닿고 땅에서 들어올린다. 그러므로 고따마 존자는 발이 평면으로 땅에 닿는다고 했다."(MA.iii.374)

379) "'발뒤꿈치가 길다(āyata-paṇhi).'는 것은 길고(dīgha) 원만한(paripuṇṇa) 발꿈치를 가졌다는 뜻이다. 다른 사람의 경우 발의 앞쪽(agga-pāda)이 길고 발꿈치 위에 다리가 서 있지만 세존의 경우 그렇지 않다. 세존의 발을 네 등분 할 때 앞의 두 부분은 발의 앞쪽이고, 세 번째 부분에는 다리(jaṅghā)가 서 있고, 네 번째 부분에 붉은 담요 위의 놀이 공처럼 발꿈치가 있다."(MA.iii.376)

⑧ 그분 고따마 존자는 장딴지는 마치 사슴 장딴지와 같습니다[如鹿王相].

⑨ 그분 고따마 존자는 꼿꼿이 서서 굽히지 않고도 두 손바닥으로 두 무릎을 만지고 문지를 수 있습니다[垂手過膝相].

⑩ 그분 고따마 존자는 음경이 포피에 감추어져 있습니다.

⑪ 그분 고따마 존자는 몸이 황금색으로 피부가 황금빛 같습니다.

⑫ 그분 고따마 존자는 피부가 매끈합니다. 피부가 매끈하여 미세 먼지나 때가 몸에 끼지 않습니다.380)

⑬ 그분 고따마 존자는 털이 제각기 분리되어 있습니다. 각각의 털구멍마다 하나의 털만 생깁니다.

⑭ 그분 고따마 존자는 몸의 털이 위로 향해 있습니다. 푸르고 검은 곱슬털이고 오른쪽으로 향해있습니다.

⑮ 그분 고따마 존자의 사지는 범천처럼 곧습니다.381)

⑯ 그분 고따마 존자는 몸의 일곱 군데가 볼록합니다.382)

---

380) "그렇다면 부처님께서는 왜 손과 발을 씻으시는가? 계절[의 변화에 몸을] 순응시키기 위해서(utu-ggahaṇ-attha)이고, 시주자들(dāyakā)에게 공덕의 결실을 주기 위해서(puñña-phal-attha) 씻으신다. 또한 임무를 실천(vatta-sīsa)하기 위해서이다. 비구가 거처에 들어올 때에는 발을 씻고 들어와야 한다고 말씀하셨기 때문이다."(MA.iii.378)
한역에는 이 대인상의 언급은 없다.

381) "'사지가 범천처럼 곧다(brahm-uju-gatta).'는 것은 범천처럼 몸의 사지가 곧고(uju-gatta) 키가 크다(uggata-dīgha-sarīra). 대개 중생들은 어깨(khandha), 엉덩이(kaṭi), 무릎(jāṇu)의 세 곳이 굽어있다. 엉덩이는 굽어지면서 뒤로 향하고, 나머지 두 곳은 앞으로 향한다. 키가 큰 몇몇 중생들은 옆구리가 굽고(passa-vaṅkā), 몇몇은 머리를 들고 별자리들(nakkhattāni)를 헤아리는 것처럼 걷고, 몇몇은 살과 피가 없어(appa-maṁsa-lohitā) 막대기 같다(sūla-sadisā). 그러나 세존은 몸이 곧고, 신들의 도시에 서 있는 황금문(suvaṇṇa-toraṇa)처럼 키가 크시다."(MA.iii.378)

382) "'일곱 군데가 볼록함(satt-ussada)'이라 했다. 여기서 일곱 군데란 양 손등(hattha-piṭṭhi), 양 발등(pāda-piṭṭhi), 양 어깨(aṁsa-kūṭa), 몸통(khan

⑰ 그분 고따마 존자는 사자의 상반신과 같습니다.383)

⑱ 그분 고따마 존자는 양 어깨 사이가 편편합니다.384)

⑲ 그분 고따마 존자는 몸의 둘레가 니그로다 나무와 같습니다. 그의 신장은 양 팔을 벌린 둘레와 같고, 양팔을 벌린 둘레는 신장의 크기와 같습니다.385)

⑳ 그분 고따마 존자는 목386)이 고르게 둥급니다.387)

-dha)을 말한다. 세존은 이 일곱 군데에 살이 고루 펴져있어 볼록하다(paripuṇṇa-maṁs-ussada). 다른 사람의 경우 손등과 발등에는 힘줄 등이 드러나고, 어깨에는 뼈가 드러나지만 세존은 그렇지 않다."(MA.iii.378) 그런데 이 대인상은 Ee에는 빠져있다. 그러나 이 32상을 설명하는 『디가 니까야』 제3권 「삼십이상경」(D30)의 Ee의 §1.2와 이를 설명하는 §1.13에는 나타나고 있다.

383) "'사자의 상반신과 같다(sīha-pubbaddha-kāya).'는 것은 사자의 상반신(puratthima-kāya)은 원만하고(paripuṇṇa) 하반신(pacchima-kāya)은 원만하지 못하다(aparipuṇṇa). 여래의 몸은 사자의 상반신처럼 온몸(sabba kāya)이 원만하다."(MA.iii.379)

384) "'양 어깨 사이가 편편하다(cit-antaraṁsa)'는 것은 양 어깨 사이(antar-aṁsa = dvinnaṁ koṭṭānam antara)가 다른 사람의 경우처럼 기울어지지 않고 편편하고(cita) 원만한 것(paripuṇṇa)을 말한다."(MA.iii.380)

385) '몸의 둘레가 니그로다 나무와 같다.'는 Be, Se의 nigrodha-parimaṇḍalo로 읽은 것이다. Ee에는 nigrodha-parimakho로 나타나는데 의미가 불분명하다.
"니그로다 나무의 위아래 수간의 길이(dīgha)와 옆으로 벌어진(vitthāra) [가지의] 크기가 같듯이(eka-ppamāṇa), 부처님의 위아래의 키와 양팔을 벌렸을 때의 그 길이(byāma)는 같다는 말이다."(MA.iii.380)

386) 여기서 '목'으로 옮긴 원어는 khandha이다. khandha가 우리 몸의 부분을 나타낼 때는 분명히 우리 몸의 어깨나 몸통을 뜻하는데 바로 밑의 주해에서 보듯이 주석서의 설명은 주로 목(gala)에 관한 것이다. 그래서 목으로 옮기고 있음을 밝힌다. 냐나몰리 스님은 *his neck and his shoulders*로 목과 어깨 둘 다를 뜻하는 것으로 옮겼다.

387) "'목이 고르게 둥글다(samavaṭṭa-kkhandho).'고 했다. 마치 어떤 이들은 학(koñca)처럼 목이 길거나(dīgha-gala) 왜가리(baka)처럼 목에 만곡이 있거나(vaṅka-gala) 멧돼지(varāha)처럼 굵다(puthula-gala). 이야기를

㉑ 그분 고따마 존자는 맛을 지니는 탁월함을 가졌습니다.388)

㉒ 그분 고따마 존자는 턱이 사자와 같습니다.389) [137]

㉓ 그분 고따마 존자는 이가 마흔 개입니다.

㉔ 그분 고따마 존자는 이가 고릅니다[齒白齊密相].

㉕ 그분 고따마 존자는 이 사이에 틈새가 없습니다.

㉖ 그분 고따마 존자는 이가 아주 흽니다.390)

㉗ 그분 고따마 존자는 혀가 아주 깁니다.391)

할 때에는 정맥(sirā-jāla)이 드러나고 목소리도 약하다. 그러나 여래는 아주 둥근 황금으로 만든 작은 북과 같은(suvaṭṭita-suvaṇṇ-āliṅga-sadisa) 목을 가졌다. 말을 할 때에도 정맥이 드러나지 않고 우레가 진동하는 것처럼(meghassa viya gajjato) 목소리도 크다."(MA.iii.380)

388) '맛을 지니는 탁월함을 가진'은 rasaggasaggī를 옮긴 것이다. 주석서에 의하면 이것은 rasa+gasa+aggi의 세 단어의 합성어이다. 주석서는 다음과 같이 설명한다.
"먼저 맛을 지니고 있기 때문에(rasaṁ gasanti haranti) 맛을 지님(rasaggasa)이다. [단 맛] 등의 맛을 머금고 있음을 두고 한 말이다. 그에게 그런 탁월함(aggā)이 있기 때문에 rasaggasaggī(맛을 지니는 탁월함을 가진 자)라 한다. 위대한 사람[大人, mahāpurisa]은 여러 가지 맛을 머금었던 것을 혀끝을 입천장으로 향하게 하여 목에다 붙들어둔다. 참깨 등의 음식도 혀끝에 놓고 온몸으로 영양소(ojā)를 공급한다. 그리하여 용맹정진(mahāpadhāna)할 때 한 개의 쌀알 등이나 한 줌의 콩이나 액즙으로 몸을 지탱할 수 있었다. 다른 사람의 경우 그렇지 않기 때문에 온몸에 영양소를 공급할 수가 없다. 그러므로 몸에 고통이 많이 따른다."(MA.iii.381)

389) "'턱이 사자와 같다(sīha-hanu).'고 하였다. 사자의 경우 아래턱(heṭṭhima-hanu)만 원만(paripuṇṇa)하고 위턱은 원만하지 않다. 그러나 대인의 턱은 위아래가 모두 사자의 아래턱처럼 원만하다."(MA.iii.381)

390) "'이가 아주 희다(susukka-dāṭha).'고 하였다. 세존은 하얀 이를 가졌는데 마치 오사디 별보다 더 돋보이는 빛을 가졌다."(MA.iii.382)
오사디(osadhī)는 약풀을 뜻하기도 하고 새벽에 아주 빛나는 별의 이름이기도 하다. DPL은 Venus(금성)라고 하나 출처가 없다. 인도신화에 의하면 달이 약을 상징하는 별이다. 그래서 달을 oṣadhīsa(Sk. oṣadhīśa)라고도 한다.

391) "'혀가 아주 길다(pahūta-jivha).'고 하였다. 세존의 혀(jivhā)는 부드럽고

㉘ 그분 고따마 존자는 범천의 목소리를 가져 가릉빈가 새소리와 같습니다.392)

㉙ 그분 고따마 존자는 눈동자가 검푸릅니다.

㉚ 그분 고따마 존자는 속눈썹이 소의 것과 같습니다.393)

㉛ 그분 고따마 존자는 두 눈썹 사이에 솜과 같이 희고 부드러운 털이 있습니다.

㉜ 그분 고따마 존자는 머리에 육계가 솟았습니다.394) 이것도 역

(mudu) 길고(dīghā) 넓으며(puthulā) 아울러 색깔도 좋다(vaṇṇa-sampannā). 이 대인상을 찾기 위해 왔던 사람의 의심을 제거하기 위해(kaṅkhā-vinodan-attha) 혀를 밖으로 내어 부드러움의 특징(mudukattā)으로 두 귓구멍을 이쪽저쪽 문지르고는 두 콧구멍을 이쪽저쪽 문질렀고, 긴 특징(dīghattā)으로 두 귓구멍까지 닿았고, 넓은 특징(puthulattā)으로 온 이마를 혀로 덮으셨다. 이와 같이 그에게 부드럽고 길고 넓은 세 가지 특징을 구족한 것(ti-lakkhaṇa-sampanna)을 드러내어 그로 하여금 의심을 제거하게 하셨다."(MA.iii.382)

392) "'범천의 목소리(brahma-ssara)'라고 했다. 범천(mahā-brahma)의 경우 담즙과 타액(pitta-semha)이 감각토대(vatthu)를 괴롭히지 않기 때문에(apalibuddhattā) 목소리가 깨끗하다. 대인의 경우도 그가 실천한 행위(kata-kamma)가 그의 감각토대를 청결하게 한다. 감각토대가 깨끗하기 때문에 배꼽에서부터 올라올 때 목소리가 깨끗하다. 말을 할 때에도 가릉빈가 새(karavīka)처럼 한다.
'가릉빈가 새소리(karavīka-bhāṇī)'라고 했다. 흥겨운 가릉빈가 새소리와 같이 감미로운 목소리(matta-karavīka-ruta-mañju-ghosa)를 가졌다는 뜻이다."(MA.iii.382)

393) "'속눈썹이 소와 같다(go-pakhuma).'고 했다. 검은 송아지(kāḷa-vacchaka)의 속눈썹은 짙고(bahala-dhātuka), 황색 송아지(ratta-vacchaka)의 속눈썹은 맑고 뚜렷하다(vippasanna). 방금 태어난 황색 송아지의 속눈썹과 같은 속눈썹을 가졌다(taṁ-muhutta-jāta-ratta-vaccha-sadisa-cakkhu-bhaṇḍa)는 말이다. 여래의 속눈썹은 씻고 닦아서 놓아둔 보석 목걸이(maṇi-guḷikā) 처럼 부드럽고 유연하고 우아한 속눈썹이 모여 있는(mudu-siniddha-nīla-sukhuma-pakhum-ācitāni) 눈(akkhīni)을 가졌다."(MA.iii.384)

394) "'머리에 육계가 솟았다(uṇhīsa-sīsa).'는 것은 충만한 이마(paripuṇṇa-

시 대인이신 그분 고따마 존자의 대인상입니다.

10. "그분 고따마 존자께서는 걸을 때에 오른 발부터 먼저 내딛습니다.[395] 그분은 발을 너무 멀리 뻗지도 않고 발을 너무 가까이 내려놓지도 않습니다. 그분은 너무 빨리 걷지도 않고 너무 느리게 걷지도 않습니다. 무릎이 서로 부딪히지 않고, 발목이 서로 부딪히지 않고 걷습니다. 그분은 갈 때 넓적다리를 올리거나 내리거나 안으로 구부리거나 벌리지 않습니다.[396] 걸을 때는 고따마 존자의 하반신만

---

nalāṭa)와 충만한 머리(paripuṇṇa-sīsa)를 가졌다는 이 두 가지 뜻을 두고 말했다. 첫째, 여래의 경우 오른쪽 귀에서부터 시작하여 온 이마를 덮고 채우면서 나아가 왼쪽 귀에 안정적으로 닿는다. 왕이 쓰고 있는 터번(uṇhīsa-paṭṭa)처럼 빛난다.(virocati) 최후의 생인 보살들(pacchima-bhavika-bodhisattā)의 이 특징을 알아 왕을 위해 터번을 만들었다. 이것이 첫 번째 뜻이다. 둘째, 여래의 머리는 송곳 끝으로 회전시켜 놓여있는 아주 원만한 물거품과 같은 머리를 가졌다."(MA.iii.385)

395) 이하 본경의 §22까지는 북방불교의 전적에서 언급되는 부처님의 팔십종호(八十種好)에 대응할 수 있는 부분이 아닌가 여겨진다. 본경의 이 부분 외에는 4부 니까야에서 팔십종호와 비교해 볼 수 있는 경문은 나타나지 않는 것으로 여겨진다. 본경 §§10~22의 내용을 점검해 보면 대략 115개 정도의 특징이 나열되고 있어 보인다.
그런데 삼십이상·팔십종호(三十二相·八十種好)라는 술어 자체는 CBETA로 검색해 보면 한역경전들에서 860번이 넘게 나타나고 八十種好라는 술어만이 나타나는 경우는 1300번이 넘는 것으로 조회되었다. 『장아함』의 「유행경」(遊行經)과 『잡아함』에도 나타나고 특히 『증일아함』에는 여러 번 나타나지만 80종호의 내용이 나타나는 아함부의 경들은 없는 듯하다. 그 외 여러 북방의 한역경들에서도 사정은 마찬가지여서 80종호의 내용을 담고 있는 경전들은 드문 듯하다. 한역경전들 가운데서 삼십이상 팔십종호의 내용이 다 언급되는 경들로는 『방광대장엄경』(方廣大莊嚴經) 제3권과 구마라즙이 번역한 『마하반야바라밀경』(摩訶般若波羅蜜經) 제24권과 역시 구마라즙이 번역한 『좌선삼매경』(坐禪三昧經)을 들 수 있다.

396) "'넓적다리를 올리지 않는다(na satthiṁ unnāmeti).'는 것은 깊은 물속에서 걸을 때처럼 넓적다리를 들어 올리지 않는 것이고, '내리지 않는다(na onāmeti).'는 것은 나뭇가지를 꺾는 막대기의 갈고리처럼 뒤로 질질 끌게 하지 않는 것이고, '안으로 구부리지 않는다(na sannāmeti).'는 것은 매달

움직이며 몸으로 애를 써서397) 걷지 않습니다. 돌아볼 때에 그분 고따마 존자께서는 온몸으로 돌아서398) 봅니다. 그분은 위로 올려다보거나 아래로 내려다보거나 이리저리 두리번거리며 보지 않습니다. 쟁기의 범위만큼 봅니다. 그것을 넘어서도 그분의 지견은 막힘이 없습니다."

11. "그는 실내로 들어설 때에 몸을 쳐들거나 낮추거나 앞으로 굽히거나 [138] 뒤로 굽히지 않습니다. 그분은 자리에서 너무 멀리서나 너무 가까이에서 몸을 돌리지 않으며 손으로 짚고 자리에 앉지 않고, 자리에 몸을 던지지 않습니다."

12. "그분은 실내에서 앉아 있을 때 안절부절못하여 손을 만지작대거나 안절부절못하여 바닥에 비비지 않습니다. 그분은 무릎과 무릎을 꼬거나 발목과 발목을 꼬거나 손으로 턱을 괴고 앉지 않습니다. 그분은 실내에 앉아 있을 때 두려워하지 않고 떨지 않고 동요하지 않고 안절부절못하지 않습니다. 그분은 두려워하지 않고 떨지 않고 동요하지 않고 안절부절못하지 않기 때문에 털이 곤두서지 않고 한거에 전념합니다."399)

려 있는 곳에서 발을 때리는 것처럼 뻣뻣하게 하지 않는 것이고, '벌리지 않는다(na vināmeti).'는 것은 꼭두각시가 노는 것처럼 이리저리로 움직이지 않는다는 것이다."(MA.iii.387~388)
경망스럽게 걷지 않는다는 뜻으로 이해하면 되겠다.

397) "'몸으로 애를 써서(kāya-balena)'라는 것은 팔을 힘 있게 움직여 몸에 땀을 흘리면서 몸으로 애를 써서 걷지 않는다는 말이다."(MA.iii.388)

398) "'온몸으로 돌아서 본다(sabba-kāyeneva avaloketi).'는 것은 목(gīva)만 돌리지 않고 [본서 제2권 「마라에 대한 견책 경」(M50) §21에서 설한] 코끼리가 쳐다보는 것(nāga-apalokita)과 같이 보는 것을 말한다."(MA.iii.388)

13. "그분은 발우에 물을 받을 때 발우를 쳐들거나 낮추거나 앞으로 기울이거나 뒤로 기울이지 않습니다. 그분은 발우에 물을 받을 때 너무 적게도 너무 많이도 받지 않습니다. 그분은 물을 튀기면서 발우를 씻지 않습니다. 그분은 발우를 뒤집어서400) 먼저 씻지 않습니다. 그분은 손을 씻기 위해 발우를 땅에 내려놓지 않습니다. 손을 씻을 때 발우도 씻어졌고 발우를 씻을 때 손도 씻어졌습니다. 그분은 발우 씻은 물을 너무 멀리도 너무 가까이에도 버리지 않고 흩뿌리지도 않습니다."

14. "그분은 밥을 받을 때 발우를 쳐들거나 낮추거나 앞으로 기울이거나 뒤로 기울이지 않습니다. 그분은 밥을 너무 적게 받지도 않고 너무 많이 받지도 않습니다. 그분 고따마 존자께서는 반찬도 적당량을 취합니다.401) 한 입의 밥과 적당량의 반찬을 초과하지 않습니다.402) 그분 고따마 존자께서는 두세 번 입에서 음식을 굴리고 삼킵니다. 단 하나의 밥알도 씹지 않은 채 몸으로 들어가게 하지 않고 단

---

399) "'한거에 전념한다(vivek-āvatta).'는 것은 한거인 열반으로 마음을 돌리는 것(āvaṭṭa-mānaso)을 말한다."(MA.iii.390)

400) "[여러 방법으로] 발우(patta)를 뒤집어서 먼저 발우 뒤쪽부터 닦지 않는다는 뜻이다."(MA.iii.390)

401) "'적당량의 반찬(byañjanamatta)'은 밥(odana)의 4분의 1정도의 분량을 말한다."(MA.iii.391)

402) "'한입의 밥과 적당량의 반찬을 초과하지 않는다(na ca byañjanena ālopaṁ atināmeti).'라고 했다. 어떤 사람은 밥(bhatta)이 마음에 들면 밥을 많이 받고 반찬(byañjana)이 마음에 들면 반찬을 많이 받는다. 그러나 스승은 그렇게 받지 않는다. 마음에 들지 않는 반찬은 제쳐두고 밥만 먹거나 혹은 마음에 들지 않은 밥은 제쳐두고 반찬만 먹는 것을 적당량의 반찬을 초과하는 것이라 한다. 세존께서는 적당량의 반찬을 초과하지 않는다. 스승께서는 한 번 걸러(ekantarikaṁ) 반찬을 먹고 밥과 반찬을 동시에(ekata) 끝낸다."(MA.iii.391)

하나의 밥알도 입안에 남겨두지 않습니다. 그런 후에 다른 한 입의 밥을 취합니다.

그분은 맛을 감상하면서 음식을 드십니다. 그러나 맛에 대해 탐착은 하지 않습니다. 그가 취하는 음식은 여덟 가지 요소들을 가지고 있습니다. 즐기기 위해서가 아니며 취하기 위해서도 아니며 치장을 하기 위해서도 아니며 장식을 위해서도 아니며 단지 이 몸을 지탱하고 존속하고 잔인함을 쉬고 청정범행(梵行)을 잘 지키기 위해서입니다. '그래서 [139] 나는 오래된 느낌을 물리치고 새로운 느낌을 일어나게 하지 않을 것이다. 나는 잘 부양될 것이고 비난받을 일 없이 편안하게 머물 것이다.'라고 그는 생각합니다."403)

15. "그분은 공양 후에 발우에 물을 받을 때 발우를 쳐들거나 낮추거나 앞으로 기울이거나 뒤로 기울이지 않습니다. 그분은 발우에 물을 받을 때 너무 적게도 너무 많이도 받지 않습니다. 그분은 물을 튀기면서 발우를 씻지 않습니다. 그분은 발우를 뒤집어서 먼저 씻지 않습니다. 그분은 손을 씻기 위해 발우를 땅에 내려놓지 않습니다. 손을 씻을 때 발우도 씻어졌고 발우를 씻을 때 손도 씻어졌습니다. 그분은 발우 씻은 물을 너무 멀리도 너무 가까이에도 버리지 않고 흩뿌리지도 않습니다."

16. "그분은 공양 후에 발우를 바닥에 놓을 때 너무 멀지도 않고 너무 가깝지도 않게 내려놓습니다. 발우에 부주의하지도 않고 지나치게 조심하지도 않습니다."404)

---

403) 이 문장은 음식을 반조하는 구절로 본서 제1권 「모든 번뇌 경」(M2) §14에도 나타나고 있다.

404) '부주의하지 않는다(na ca anatthiko).'는 것은 어떤 사람은 발우를 발우 대좌에 올려놓고 발우를 물(udaka)로 씻지 않는다. 먼지(rajo)가 앉으면 무관

17. "그분은 공양 후에 잠시 침묵 속에 앉아 계시지만 축원 법문을 할 시간을 지나쳐버리게 하지도 않습니다. 그분은 공양 후에 축원 법문을 하시는데 그 음식을 불평하지 않고 다른 음식을 기대하지 않습니다. 대신에 법문으로 그 대중을 가르치고 격려하고 분발하게 하고 기쁘게 하십니다. 그분은 법문으로 그 대중을 가르치고 격려하고 분발하게 하고 기쁘게 하시고서 자리에서 일어나 떠납니다."

18. "그분은 너무 빨리 걷거나 너무 느리게 걷지 않으며 벗어나기를 원하는 사람처럼 가지 않습니다."

19. "그분 고따마 존자님의 옷은 그의 몸에서 너무 높게도 너무 낮게도 입지 않고 몸에 너무 꽉 끼거나 너무 헐렁하게 입지도 않습니다. 바람이 그분 고따마 존자님의 몸에서 옷을 움직일 수 없습니다. 고따마 존자님의 몸에는 먼지와 때가 끼지 않습니다."

20. "그분은 원림으로 돌아가시면 마련된 자리에 앉으십니다. 앉아서 발을 씻습니다. 그분 고따마 존자님은 발을 돌보는 것에는 관심을 두지 않고 머뭅니다. 그분은 발을 씻고서 가부좌를 틀고 상체를 곧추세우고 전면에 마음챙김을 확립하고 앉습니다. 그분은 결코 자신을 해칠 생각을 하지 않고 남을 해칠 생각을 하지 않고 둘 다를 해칠 생각을 하지 않습니다. 그분 고따마 존자님은 자신의 이로움과 남의 이로움과 둘 다의 이로움과 온 세상의 이로움을 생각하면서 앉아 있습니다." [140]

심하게 쳐다보는데 이와 같이 하지 않는 것이다. '지나치게 조심하지도 않는다(na ca ativelānurakkhī).'는 것은 어떤 사람은 지나치게 보호를 한다. 공양 후에 발우를 물에 씻어서 옷 속에 집어넣어 발우를 쥐고 있는데 이와 같이 하지 않는 것이다."(MA.iii.392)

21. "그분은 원림에 가시면 대중에게 법을 설하십니다. 대중에게 아첨하거나 대중을 꾸짖지도 않고 오로지 법문으로 그 대중을 가르치고 격려하고 고무하고 기쁘게 하십니다. 그분 고따마 존자님의 입에서 나오는 말씀은 여덟 가지 요소들을 구족합니다. 편견 없고, 분명하고, 감미롭고, 듣기 좋고,405) 울려 퍼지고,406) 음조가 좋고, 심오하고, 낭랑합니다. 그분 고따마 존자님의 목소리는 그곳에 모인 대중은 듣게 하지만 대중을 넘어서는 목소리가 나가지 않습니다. 그들은 그분 고따마 존자님의 법문으로 가르침을 받고 격려를 받고 분발하고 기뻐하며 자리에서 일어나 오직 그분을 우러러보면서 다른 것에는 관심 없이 물러갑니다."

22. "존자님이시여, 우리는 그분 고따마 존자님이 걸으시는 것을 보았고, 서 계시는 것을 보았고, 내실에 침묵하고 앉아 계시는 것을 보았고, 내실에서 공양 드시는 것을 보았고, 공양 후에 침묵 속에 앉아계시는 것을 보았고, 공양 후에 축원 법문을 하시는 것을 보았고, 원림으로 들어가시는 것을 보았고, 원림에 들어가서 침묵으로 앉아 계시는 것을 보았고, 원림에 가서 대중에게 법을 설하시는 것을 보았습니다. 그분 고따마 존자님은 이러하고 이러한 분이시며 이보다 더 많습니다."407)

---

405) "'편견 없는(vissaṭṭha)'은 인자한(siniddha), 편견 없는(자유로운, 방해 받지 않는, apalibuddha)의 뜻이다. '분명한(viññeyyo)'이란 이해할 수 있는(viññāpanīya), 분명한(pākaṭa)을 뜻한다. 듣기 좋은(savanīya)이란 감미롭기 때문에 듣기 좋다는 말이다."(MA.iii.394)

406) '울려 퍼지는'은 bindu를 옮긴 것이다. 주석서는 sampiṇḍita(*to combine, to unite*)로 이 단어를 설명하고 있다.(MA.iii.394) 그러나 이 단어로는 목소리를 나타내는 뜻을 유추할 수 없어 냐나몰리 스님이 영역한 *ringing*을 참조하여 옮겼다.

23. 이렇게 말하자 브라흐마유 바라문은 자리에서 일어나 한쪽 어깨가 드러나게 윗옷을 입고 세존께 합장하고 세 번 감흥어를 읊었다.

"그분 세존 · 아라한 · 정등각자께 귀의합니다.
그분 세존 · 아라한 · 정등각자께 귀의합니다.
그분 세존 · 아라한 · 정등각자께 귀의합니다.

참으로 언제 어디서든 그분 고따마 존자님을 만나 뵙고 허심탄회하게 어떤 대화를 한번 나누면 좋겠습니다."

24. 그때 세존께서는 차례대로 위데하에서 유행을 하시다가 미틸라에 도착하셨다. 참으로 세존께서는 미틸라의 마카데와 망고 숲에 머무셨다. 미틸라에 거주하는 바라문 장자들은 이와 같이 들었다.

"사꺄의 후예이고, [141] 사꺄 가문에서 출가한 사문 고따마 존자가 오백 명의 큰 비구 승가와 함께 위데하에서 유행하시다가 미틸라에 도착하여 미틸라의 마카데와 망고 숲에 머무신다. 그분 고따마 존자께는 이러한 좋은 명성이 따른다. … <§3과 동일함.> … 참으로 그러한 아라한을 뵙는 것은 축복이다."

25. 그러자 미틸라에 사는 바라문 장자들은 세존을 뵈러 갔다. 가서는 어떤 자들은 세존께 절을 올리고 한 곁에 앉았다. 어떤 자들은 세존께 절을 올리고 한 곁에 앉았고, 어떤 자들은 세존과 함께 환

---

407) "'이보다 더 많다(tato ca bhiyyo).'는 것은 특징(공덕, guṇa)을 상세하게 설명할 수가 없어 나머지 특징을 한 데 묶어 꾸러미(kalāpa)처럼, 실에 꿴 것(suttaka-baddha)처럼 만들어 설명하면서 이렇게 말한 것이다. 즉 내가 설명한 특징(kathita-guṇa)보다 설명하지 않은 특징이 훨씬 더 많다. 대지와 같고 대해 등과 같아서 끝이 없고 헤아릴 수 없는 그분의 특징은 하늘(ākāsa)처럼 설명되었다."(MA.iii.395)

담을 나누고 유쾌하고 기억할만한 이야기로 서로 담소를 나누고 한 곁에 앉았고, 어떤 자들은 세존께 합장하여 인사드리고 한 곁에 앉았고, 어떤 자들은 세존의 앞에서 이름과 성을 말한 뒤 한 곁에 앉았고, 어떤 자들은 말없이 한 곁에 앉았다.

26. 브라흐마유 바라문은 "사꺄의 후예이고, 사꺄 가문에서 출가한 사문 고따마 존자가 오백 명의 큰 비구 승가와 함께 위데하에서 유행하시다가 미틸라에 도착하여 미틸라의 마카데와 망고 숲에 머무신다."고 들었다. 그러자 브라흐마유 바라문은 많은 바라문 학도들과 함께 마카데와 망고 숲으로 갔다. 브라흐마유 바라문이 망고 숲 근처에 다다랐을 때 이런 생각이 들었다.

"내가 미리 알리지도 않고 사문 고따마를 만나러 가는 것은 어울리지 않는다."

그래서 브라흐마유 바라문은 어떤 바라문 학도를 불러서 말하였다.

"이리 오라, 바라문 학도여. 그대는 사문 고따마를 뵈러 가라. 가서는 '고따마 존자시여, 브라흐마유 바라문이 고따마 존자께서 병은 없으신지 어려움은 없으신지, 가볍고 힘 있고 편안하게 머무시는지 문안을 여쭙니다.'라고 내 이름으로 세존께서 병은 없으신지 어려움은 없으신지, 가볍고 힘 있고 편안하게 머무시는지 문안을 여쭈어라. 그런 후에 이렇게 말씀드리라.

'고따마 존자시여, 브라흐마유 바라문은 나이 들고 늙고 노후하고 긴 여정을 보내고 노쇠한 백스무 살의 노장으로 세 가지 베다에 통달하고, 어휘와 제사와 음운과 어원과 다섯째로 역사에 정통하고, 언어와 문법에 능숙하고, 세간의 철학과 대인상에 능통합니다. 존자시여, 미틸라에 살고 있는 바라문 장자들 가운데서 브라흐마유 바라문은 재산이 많은 것으로 가장 잘 알려져 있고, 브라흐마유 바라문은 만뜨라를 많이 아는 것으로 가장 잘 알려져 있고, 브라흐마유 바라문은 장수하는 것과 명성으로도 가장 잘 알려져 있습니다. 그가 고따마 존자님을 뵙고자 하십니다.'"

"그렇게 하겠습니다."라고 그 바라문 학도는 바라흐마유 바라문에게 대답하고 세존을 뵈러 갔다. 가서는 세존과 함께 환담을 나누었다. 유쾌하고 기억할만한 이야기로 서로 담소를 하고서 한 곁에 섰다. 한 곁에 서서 바라문 학도는 세존께 이렇게 말씀드렸다.

"고따마 존자시여, 브라흐마유 바라문이 고따마 존자께서 병은 없으신지 어려움은 없으신지, 가볍고 힘 있고 편안하게 머무시는지 문안을 여쭈십니다. 고따마 존자시여, 브라흐마유 바라문은 나이 들고 늙고 … 세간의 철학과 대인상에 능통합니다. 존자시여, 미틸라에 살고 있는 바라문 장자들 가운데서 브라흐마유 바라문은 재산이 많은 것으로 가장 잘 알려져 있고, 브라흐마유 바라문은 만뜨라를 많이 아는 것으로 가장 잘 알려져 있고, 브라흐마유 바라문은 장수하는 것과 명성으로도 가장 잘 알려져 있습니다. [142] 그가 고따마 존자님을 뵙고자 하십니다."

"바라문 학도여, 지금이 브라흐마유 바라문이 좋은 시간이라 생각한다면 그렇게 하라."

27. 그러자 그 바라문 학도는 브라흐마유 바라문에게 돌아갔다. 가서는 브라흐마유 바라문에게 이렇게 말했다.

"지금이 존자에게 좋은 시간이라 생각한다면 그렇게 하라고 사문 고따마 존자께서 허락하셨습니다."

그러자 브라흐마유 바라문은 세존을 뵈러 갔다. 그 대중들은 브라흐마유 바라문이 멀리서 오는 것을 보았다. 보고서는 명성이 있고 유명한 사람에게 하듯이 속히 자리를 내어 주었다. 그러자 브라흐마유 바라문은 그 대중에게 이렇게 말하였다.

“존자들이여, 자기 자리에 앉아있으시오. 나는 여기 사문 고따마의 곁에 앉을 것입니다.”

28. 그러자 브라흐마유 바라문은 세존께 다가갔다. 가서는 세존과 함께 환담을 나누었다. 유쾌하고 기억할만한 이야기로 서로 담소를 하고서 한 곁에 앉았다. 한 곁에 앉아서 브라흐마유 바라문은 세존의 몸에서 서른두 가지 대인상들을 살펴보았다. [143] 그는 세존의 몸에서 서른두 가지 대인상들을 대부분 보았지만 두 가지는 볼 수 없었다. 포피에 감추어진 음경과 긴 혀, 이 두 가지 대인상에 대해서는 의문을 가지고 의심하고 확신하지 못하고 결정하지 못했다.

29. 그때 브라흐마유 바라문은 세존께 게송으로 말씀드렸다.

“고따마시여, 저는 서른두 가지 대인상들을 배웠지만
그 가운데 두 가지를 존자의 몸에서 볼 수가 없습니다.

최고의 인간이시여, 존자의 음경은
포피에 감추어져 있습니까?
혀는 여성 명사라고 불리지만
당신의 혀는 남성다운 것입니까?408)

우리가 알고 있는 것처럼 혀는 아주 깁니까?
선인이시여, 조금만 드러내어 의심을 제거해주소서.

---

408) 빠알리어에서 명사는 모두 남성, 여성, 중성의 성을 지닌다. 그중에서 혀는 여성명사이다. 그래서 바라문은 ‘혀는 여성명사라고 불린다(nārīsaha nāma savhayā)’라고 말하고 있다. 그래서 주석서는 “혀(jivhā)는 여성명사로 불린다는 것은 세간에서 통용되는 어법(vohāra-kusalatā)에 따른 것이다.”(MA.iii.396)라고 설명하고 있다.

현생의 이익을 위하고 내생의 행복을 위해
우리가 알고 싶은 것을 여쭐 수 있도록 기회를 주소서."

30. 그때 세존께 이런 생각이 들었다.

"이 브라흐마유 바라문은 내 몸에서 서른두 가지 대인상들을 대부분 보지만 두 가지는 찾지 못하고 있다. 포피에 감추어진 음경과 긴 혀, 이 두 가지 대인상에 대해서는 의문을 가지고 의심하고 확신하지 못하고 결정하지 못하는구나."

그러자 세존께서는 브라흐마유 바라문이 포피에 감추어진 음경과 긴 혀를 볼 수 있도록 그런 형태의 신통변화를 나투셨다. 그 다음에 세존께서는 혀를 빼서 두 귓구멍을 이쪽저쪽 문질렀고 두 콧구멍을 이쪽저쪽 문질렀고 온 이마를 혀로 덮으셨다.

31. 그리고 세존께서는 브라흐마유 바라문에게 게송으로 대답하셨다.

"바라문이여, 그대는 서른두 가지 대인상을 배웠고
내 몸에 그 모든 것이 있으니 그대는 의심하지 마시오.

최상의 지혜로 알아야 할 것을 최상의 지혜로 알았고
닦아야 할 것을 닦았고
내게서 버려야 할 것을 버렸으니
바라문이여, 그러므로 나는 부처입니다.409) [144]

---

409) "'최상의 지혜로 알아야 할 것(abhiññeyya)'은 명지(vijjā)와 해탈(vimutti)이고, '닦아야 할 것(bhāvetabba)'은 도의 진리[道諦, magga-sacca]이고, '버려야 할 것(pahātabba)'은 일어남의 진리[集諦, samudaya-sacca]이다. 원인을 언급함으로써 결과는 성취되었기 때문에 그들의 결과인 소멸의 진리[滅諦, nirodha-sacca]와 괴로움의 진리[苦諦, dukkha-sacca]는 이

현생의 이익을 위하고
내생의 행복을 위해
기회를 드렸으니 그대가 알고 싶은 것을
무엇이든지 물어보십시오."

32. 그때 브라흐마유 바라문에게 이런 생각이 들었다.

"사문 고따마는 기회를 주셨다. 나는 사문 고따마께 무엇을 여쭈어야 할까? 현생의 이익을 여쭈어야 할까, 아니면 내생의 이익을 여쭈어야 할까?"

그때 브라흐마유 바라문에게 이런 생각이 들었다.

"나는 현생의 이익에 관한 한 능하다. 다른 사람들도 내게 현생의 이익을 질문한다. 나는 사문 고따마께 내생의 이익에 관해 질문하리라."

그러자 브라흐마유 바라문은 세존께 게송으로 질문을 드렸다.

"어떻게 해서 바라문이 되고,
어떻게 해서 베다에 통달한 자가 됩니까?
존자시여, 어떻게 해서 삼명을 갖추고,
누구를 일러 슈루띠에 정통한 자라 합니까?[410]

미 설명된 것이다. 이와 같이 실현해야 할 것(sacchikātabba = 滅諦)을 실현했고, 철저하게 알아야 할 것(pariññātabba, 苦諦)을 철저하게 알았다는 이 뜻도 또한 여기에 포함된 것이다."(MA.iii.404)

여기에 나타나는 '최상의 지혜로 … 그러므로 나는 부처입니다.'라는 이 게송은 다음의 「셀라 경」(M92) §19와 『숫따니빠따』(Sn.109)와 『장로게』(Thag.79) 등에도 나타나는 잘 알려진 게송이다. 그리고 『청정도론』 VII.26에서도 부처님을 설명하는 구절로 인용되고 있다.

410) '베다에 통달한 자(vedagū)'와 '슈루띠에 정통한 자(깨끗한 자, sotthiya)'에 대해서는 본서 제2권 「앗사뿌라 긴 경」(M39) §§26~27을 참조할 것.

존자시여, 어떻게 해서 아라한이 되고,
어떻게 해서 완성한 자[411]가 됩니까?
존자시여, 어떻게 해서 성자가 되고,
누구를 일러 부처라고 합니까?"

33. 그때 세존께서는 브라흐마유 바라문에게 게송으로 대답하셨다.[412]

"전생의 삶을 알고
천상과 악도를 보는 자[413]
태어남을 부수었고[414]
최상의 지혜로 알아 목적을 이룬[415] 성자

---

411) "'완성한 자(kevalī)'란 모든 공덕을 갖춘 자(sakalaguṇa-sampanna)를 말한다."(MA.iii.396)
한편 아래 §33의 '범행을 완성한 자'에 해당하는 주석서에서는 완성한 자(kevalī)를 완전한 상태(sakala-bhāva)를 구족한 자로 설명하고 있다.

412) "바라문은 여덟 가지를 질문했는데, 일격(eka-ppahāra)으로 그것을 모두 설명하시면서 대답하신다."(MA.iii.396)
눈여겨볼 점은 브라흐마유 바라문은 자기 학파인 바라문교에서 통용되는 용어의 의미를 질문한 것이지만, 부처님은 그 용어에 대해 부처님의 교법에 어울리는 의미를 새롭게 부여하여 대답하신다는 점이다. 이런 식의 법문은 초기불전의 여러 곳에서 찾아볼 수 있다. 예를 들면 바라문, 목욕을 마친 자, 베다에 통달한 자, 슈루띠에 정통한 자에 대한 불교식 설명을 하시는 본서 제2권 「앗사뿌라 긴 경」(M39) §§24~27을 들 수 있다.

413) "'전생의 삶을 아는 자(pubbenivāsaṁ yo vedi)'란 그의 전생의 삶이 분명하게 드러나는 [숙명통을 가진 자]를 뜻한다. '천상과 악도를 본다(sagga-apāyaṁ passati).'는 것은 천안통(dibba-cakkhu-ñāṇa)을 말한다."(MA.iii.396)

414) "'태어남을 부수었고(jātikkhayaṁ patto)'는 아라한과를 얻었다는 말이다."(MA.iii.397)

415) "'최상의 지혜로 알아 목적을 이룬 자(abhiññā vosito)'란 아라한과를 최상

청정한 마음을 알고
탐욕에서 완전히 벗어난 자
태어남과 죽음을 버렸고[416]
청정범행을 완성한 자[417]
모든 법들을 통달한 자[418]
그러한 자를 부처라고 부릅니다."[419]

의 지혜로 알아 목적을 이루었다(vosāna-ppatta)는 말이다."(MA.iii.397)

416) "'태어남과 죽음을 버렸고(pahīna-jāti-maraṇo)'에서 태어남의 소멸에 이르렀기 때문에(jāti-kkhaya-ppattattā) 태어남을 버렸고, 태어남을 버림으로써 죽음을 버렸다."(MA.iii.397)

417) "'청정범행을 완성한 자(brahma-cariyassa kevalī)'란 청정범행의 완전한 상태(sakala-bhāva)를 구족한 자, 즉 네 가지 도의 청정범행을 모두 갖추어 머무는 자(sakala-catu-magga-brahmacariya-vāsa)를 말한다."(MA.iii.397)

418) "'모든 법들을 통달한 자(pāragū sabbadhammānaṁ)'란 세간적인 것과 출세간적인 모든 법들을 최상의 지혜로 알아서 통달한 자를 말한다.
'통달(pāragū)'에는 ① 통달지의 통달(pariññā-pāragū)이 있는데 이것은 오온에 대해 통달하는 것이다. ② 버림의 통달(pahāna-pāragū)은 모든 오염원(kilesa)들을 통달하는 것이다. ③ 닦음의 통달(bhāvanā-pāragū)은 네 가지 도를 통달하는 것이다. ④ 실현의 통달(sacchikiriyā-pāragū)은 소멸을 통달하는 것이다. ⑤ 증득의 통달(samāpatti-pāragū)은 모든 증득을 통달하는 것이다. 여기서 모든 법들을 통달했다는 것으로는 ⑥ 최상의 지혜의 통달(abhiññā-pāragū)을 말한 것이다."(MA.iii.397)

419) "'그러한 자를 부처라고 부릅니다(Buddho tādi pavuccati).'라고 하셨다. 이러한 여섯 가지 측면으로 통달하여 모든 면에서 네 가지 진리[四諦]를 깨달았기 때문에 부처라고 부른다는 것이다. 이것으로 모든 질문에 답했다.
'청정한 마음을 알고 탐욕에서 벗어났다(cittaṁ visuddhaṁ jānāti muttaṁ rāgehi sabbaso).'는 것은 첫 번째 질문을 답한 것으로, 악을 멀리했기 때문에(bāhita-pāpattā) '바라문(brāhmaṇa)'이 되는 것이다.
'통달했다(pāragū).'는 것은 두 번째 질문을 답한 것으로, 앎으로(vedehi) 알았기 때문에(gatattā) '베다에 통달한 자(vedagū)'가 되는 것이다.
'전생의 삶을 앎(pubbenivāsaṁ vedi)' 등은 세 번째 질문을 답한 것으로,

34. 이렇게 말씀하시자 브라흐마유 바라문은 자리에서 일어나서 한쪽 어깨가 드러나게 윗옷을 입고 세존의 발에 머리를 조아리고 세존의 발에 입을 맞추고 손으로 어루만지면서 "세존이시여, 저는 브라흐마유 바라문입니다. 세존이시여, 저는 브라흐마유 바라문입니다."라고 자기의 이름을 밝혔다.420)

35. 그때 그 대중들은 참으로 놀랍고 감탄했다.

"사문의 큰 신통력과 큰 위력은 참으로 놀랍고 참으로 희유하구나.421) 이 유명하고 명성을 가진 브라흐마유 바라문이 이러한 겸양

이러한 세 가지 명지(te vijjā)가 있기 때문에 '삼명을 갖춘 자(tevijja)'가 되는 것이다.
'탐욕에서 완전히 벗어났다(muttaṁ rāgehi sabbaso).'는 것은 네 번째 질문을 답한 것으로, 나쁜 법들에서 빠져나왔기 때문에 '대운을 가진 자(sotthi)'가 되는 것이다.
'태어남을 부수었다(pahīna-jāti).'는 것은 '아라한'을 설명했기 때문에 다섯 번째 질문을 답한 것이다.
'목적을 이루었고, 범행을 완성했다(brahma-cariyassa kevalī).'는 것은 여섯 번째 질문을 답한 것이다.
'지혜로 알아 목적을 이룬 성자(abhiññā vosito)'라는 것은 일곱 번째 질문을 답한 것이다.
'모든 법들을 통달한 자, 그러한 자를 부처라고 부른다(pāragū sabba-dhammānaṁ buddho tādi pavuccati).'라는 것은 여덟 번째 질문을 답한 것이다."(MA.iii.397~398)

420) 세존께서 '최상의 존경을 표한 것(parama-nipaccākāra)'이라고 표현하신 같은 방법의 인사법이 본서 「법탑 경」(M89) §9에도 나타나고 있다. 그곳의 주해를 참조할 것.

421) 역자가 저본으로 삼은 Ee와 Se에는 사문의 큰 신통력과 위력이 놀랍고 희유한 것이라고 나타나지만, Be에는 이 유명한 브라흐마유 바라문이 세존께 저런 겸양을 표시하다니, 참으로 놀랍고 희유한 일이라고 나타난다. 역자는 Ee와 Se를 따라 옮겼지만 문맥상 Be의 내용이 더 어울린다고 본다.
Ee와 Se에는 다음과 같이 나타난다.
acchariyaṁ vata bho, abbhutaṁ vata bho, samaṇassa mahiddhikatā mahānubhāvatā. yatra hi nāmāyaṁ brahmāyu brāhmaṇo

을 표하다니."

그러자 세존께서는 브라흐마유 바라문에게 이렇게 [145] 말씀하셨다. "바라문이여, 그만 하십시오. 일어나서 그대의 자리에 앉으십시오. 그대는 내게 깨끗한 믿음을 가지고 있습니다."

그러자 브라흐마유 바라문은 일어나서 자신의 자리에 앉았다.

36. 그러자 세존께서는 브라흐마유 바라문에게 순차적인 가르침을 설하셨다.422) 보시의 가르침, 계의 가르침, 천상의 가르침, 감각적 욕망들의 위험과 타락과 오염원, 출리에 대한 공덕을 밝혀주셨다. 세존께서는 브라흐마유 바라문의 마음이 준비되고 마음이 부드러워지고 마음의 장애가 없어지고 마음이 고무되고 마음에 깨끗한 믿음이 생겼음을 아시게 되었을 때 부처님들께서 직접 얻으신 괴로움[苦]과 일어남[集]과 소멸[滅]과 도[道]라는 법의 가르침을 드러내셨다.

마치 얼룩이 없는 깨끗한 천이 바르게 잘 염색되는 것처럼 그 자리에서 '일어나는 법은 그 무엇이건 모두 멸하기 마련인 법이다[集法卽滅法]'라는 티 없고 때가 없는 법의 눈[法眼]이 브라흐마유 바라문에게 생겼다. 그때 브라흐마유 바라문은 법을 보았고, 법을 얻었고, 법을 체득했고, 법을 간파했고, 의심을 건넜고, 혼란을 제거했고, 무외를 얻었고, 스승의 교법에서 다른 사람에게 의지하지 않게 되었다.

ñāto yasassī evarūpaṁ paramanipaccakāraṁ karissatīti
Be에는 다음과 같이 나타난다.
acchariyaṁ vata bho, abbhutaṁ vata bho, yatra hi nāmāyaṁ brahmāyu brāhmaṇo ñāto yasassī evarūpaṁ paramanipaccakāraṁ karissatīti

422) 여기에 대한 설명은 본서 제2권 「우빨리 경」(M56) §18의 주해를 참고할 것.

37. 그러자 브라흐마유 바라문은 세존께 이렇게 말씀드렸다.

"경이롭습니다, 고따마 존자시여. 경이롭습니다, 고따마 존자시여. 마치 넘어진 자를 일으켜 세우시듯, 덮여있는 것을 걷어내 보이시듯, [방향을] 잃어버린 자에게 길을 가리켜주시듯, 눈 있는 자 형상을 보라고 어둠 속에서 등불을 비춰주시듯, 고따마 존자께서는 여러 가지 방편으로 법을 설해주셨습니다. 저는 이제 고따마 존자께 귀의하옵고 법과 비구 승가에 귀의합니다. 고따마 존자께서는 저를 재가신자로 받아주소서. 오늘부터 목숨이 붙어 있는 그날까지 귀의하옵니다.

세존이시여, 세존께서는 비구 승가와 함께 내일 저의 공양을 허락하여 주십시오."

세존께서는 침묵으로 허락하셨다. 그러자 브라흐마유 바라문은 세존께서 침묵으로 허락하신 것을 알고 자리에서 일어나 세존께 절을 올리고 오른쪽으로 돌아 [경의를 표한] 뒤 물러갔다.

38. 그러자 브라흐마유 바라문은 그 밤이 지나자 자신의 거처에서 여러 가지 맛있는 부드러운 음식과 딱딱한 음식을 준비하게 하고서 세존께 시간을 알려 드렸다.

"세존이시여, 가실 시간이 되었습니다. 공양이 다 준비되었습니다."

그때 [146] 세존께서는 오전에 옷매무새를 가다듬고 발우와 가사를 수하시고 비구 승가와 함께 브라흐마유 바라문의 거처로 가셨다. 가서는 비구 승가와 함께 마련된 자리에 앉으셨다. 그러자 브라흐마유 바라문은 부처님을 비롯하여 비구 승가에게 여러 가지 맛있는 부드러운 음식과 딱딱한 음식을 손수 충분히 대접하고 만족시켜드렸다.

39. 그때 세존께서는 거기서 칠일을 지내시고 위데하로 유행을 떠나셨다. 그러자 브라흐마유 바라문은 세존께서 떠나신 지 얼마 안

되어 임종을 했다. 그러자 많은 비구들이 세존을 뵈러 갔다. 가서는 세존께 절을 올리고서 한 곁에 앉았다. 한 곁에 앉아서 세존께 이와 같이 말씀드렸다.

"세존이시여, 브라흐마유 바라문이 임종을 했습니다. 그가 태어날 곳[行處]은 어디이고, 그는 내세에 어떻게 되겠습니까?"

"비구들이여, 브라흐마유 바라문은 현명했고, 법에 적합한 법[423]에 들어섰고, 그는 내가 법을 설명하는데 성가시게 하지 않았다.[424] 비구들이여, 브라흐마유 바라문은 다섯 가지 낮은 단계의 족쇄를 완전히 없애고 [정거천에] 화생하여 그곳에서 완전히 열반에 들어 그 세계에서 다시 돌아오지 않는 법을 얻었다."

세존께서는 이와 같이 설하셨다. 그 비구들은 흡족한 마음으로 세존의 말씀을 크게 기뻐했다.

브라흐마유 경(M91)이 끝났다.

---

423) '법에 적합한 법'은 dhammassa anudhamma를 옮긴 것이다. 주석서에서 "여기에 나타나는 dhamma는 아라한도를 말하고, anudhamma란 낮은 단계의(heṭṭhimā) 세 가지 도(예류도, 일래도, 불환도)와 세 가지 사문의 결실[沙門果, sāmañña-phalāni, 예류과, 일래과, 불환과]을 말한다."(MA.iii.399)라고 설명하고 있다. 아라한도를 얻기에 적합한 낮은 단계의 세 가지 도와 과를 얻었다는 뜻이다.
"'들어섰다(paccapādi).'는 것은 이러한 도닦음(paṭipāṭi)을 통해서 얻었다(paṭilabhī)는 뜻이다."(MA.iii.399)

424) "'성가시게 하지 않았다(na vihesesi).'는 것은 세존을 피곤하게 만들지 않았다(na kilamesi)는 말로, 세존께서 반복해서(punappunaṁ) 말씀을 하도록 하지 않았다는 뜻이다."(MA.iii.399)

셀라 경[425]

Sela Sutta(M92)

1. 이와 같이 나는 들었다. 한때 세존께서는 천이백오십 명의 많은 비구 승가와 함께 [102] 앙굿따라빠에서 유행하시다가 아빠나라는 앙굿따라빠의 읍[426]에 도착하셨다.

2. 땋은 머리를 한 고행자 께니야[427]는 이렇게 들었다.

---

425) 본경은 『숫따니빠따』(Sn.102ff)에도 「셀라 경」(Sela sutta)으로 나타나고 있다. 그래서 Ee에는 본경의 빠알리 원문이 생략되고 나타나지 않는다. 역자는 Be를 저본으로 하여 옮겼다. 본문 [ ] 안의 숫자는 Ee 『숫따니빠따』의 페이지 번호이다.

426) 앙굿따라빠(Aṅguttarāpā)와 아빠나(Apaṇa)에 대해서는 본서 제2권 「뽀딸리야 경」(M54) §1의 주해를 참조할 것.

427) 주석서에 의하면 땋은 머리를 한 고행자 께니야(Keṇiya jaṭila)는 바라문 대부호(brāhmaṇa-mahā-sāla)였다고 한다. 그는 자신의 재산을 보호하기 위해서 땋은 머리의 고행자(jaṭila)가 되었다고 한다. 그는 왕에게 선물(paṇṇ-ākāra)을 주고 왕으로부터 땅을 구입해서 자신의 아쉬람(assama)을 지었으며 천 명의 가족을 보호하는 자(nissaya)가 되었다고 한다.(MA.iii.399; SnA.ii.440) 그는 낮에는 가사(kāsāya)를 두른 고행자가 되고 밤에는 다섯 가닥의 얽어매는 감각적 욕망을 즐겼다고 주석서는 적고 있다.(SnA.ii.440) 그리고 께니야는 아내와 자식을 부양하는(sa-putta-bhariya) 고행자의 부류로 언급이 되고 있다.(DA.i.270; SnA.i.295)

"사문 고따마 존자가 천이백오십 명의 [103] 많은 비구 승가와 함께 앙굿따라빠에서 유행하시다가 아빠나라는 앙굿따라빠의 성읍에 도착하셨다. 그분 고따마 존자께는 이러한 좋은 명성이 따른다. '이런 [이유로] 그분 세존께서는 아라한[應供]이며, 완전히 깨달은 분[正等覺]이며, 명지와 실천을 구족한 분[明行足]이며, 피안으로 잘 가신 분[善逝]이며, 세간을 잘 알고 계신 분[世間解]이며, 가장 높은 분[無上士]이며, 사람을 잘 길들이는 분[調御丈夫]이며, 하늘과 인간의 스승[天人師]이며, 부처님[佛]이며, 세존(世尊)이다. 그는 신을 포함하고 마라를 포함하고 범천을 포함한 세상과 사문·바라문들을 포함하고 신과 사람을 포함한 무리들을 스스로 최상의 지혜로 알고 실현하여 드러낸다. 그는 시작도 훌륭하고 중간도 훌륭하고 끝도 훌륭하며 의미와 표현을 구족했고 더할 나위 없이 완벽하고 지극히 청정한 법을 설하고, 범행(梵行)을 드러낸다.'라고. 참으로 그러한 아라한을 뵙는 것은 축복이다."

3. 그러자 땋은 머리의 고행자 께니야는 세존을 뵈러 갔다. 세존을 뵙고 세존과 함께 환담을 나누었다. 유쾌하고 기억할만한 이야기로 서로 담소를 하고서 한 곁에 앉았다. 한 곁에 앉은 땋은 머리의 고행자 께니야에게 세존께서는 법문으로 가르치시고 격려하시고 분발하게 하시고 기쁘게 하셨다. 그러자 땋은 머리의 고행자 께니야는 세존의 법문으로 가르침을 받고 격려를 받고 분발하고 기뻐하여 세존께 이렇게 말씀드렸다.

"고따마 존자께서는 비구 승가와 함께 내일 저의 공양을 허락하여 주십시오."

이렇게 말씀드리자 세존께서는 땋은 머리의 고행자 께니야에게 이렇게 말씀하셨다.

"께니야여, 비구 승가는 많아서 [104] 천이백오십 명이나 되고, 또 그대는 바라문들에게 깊은 믿음을 가지고 있다."

두 번째로 땋은 머리의 고행자 께니야는 세존께 이렇게 말씀드렸다.

"고따마 존자시여, 비록 비구 승가가 많아서 천이백오십 명이나 되고, 또 제가 바라문들에게 깊은 믿음을 가지고 있다하더라도 고따마 존자께서는 비구 승가와 함께 내일 저의 공양을 허락하여 주십시오."

두 번째로 세존께서는 땋은 머리의 고행자 께니야에게 이렇게 말씀하셨다.

"께니야여, 비구 승가는 많아서 천이백오십 명이나 되고, 또 그대는 바라문들에게 깊은 믿음을 가지고 있다."

세 번째로 땋은 머리의 고행자 께니야는 세존께 이렇게 말씀드렸다.

"고따마 존자시여, 비록 비구 승가가 많아서 천이백오십 명이나 되고, 또 제가 바라문들에게 깊은 믿음을 가지고 있다하더라도 고따마 존자께서는 비구 승가와 함께 내일 저의 공양을 허락하여 주십시오."

세존께서는 침묵으로 허락하셨다.

4. 그러자 땋은 머리의 고행자 께니야는 세존께서 침묵으로 허락하신 것을 알고서 자리에서 일어나 자신의 아쉬람으로 가서 친구와 동료들과 일가친척들을 불러서 말했다.

"여러분들, 친구와 동료들과 일가친척들은 들으십시오. 나는 사문 고따마 존자를 비구 승가와 함께 내일 공양에 초청하였습니다. 필요한 준비를 좀 해주십시오."

"그러겠습니다."라고 땋은 머리의 고행자 께니야의 친구와 동료들과 일가친척들은 땋은 머리의 고행자 께니야에게 대답하고 어떤 자들은 솥을 걸기 위해 땅을 파고 어떤 자들은 장작을 패고 어떤 자들은 그릇을 씻고 어떤 자들은 물 항아리를 설치하고 어떤 자들은 자리를 준비했다. 땋은 머리의 고행자 께니야는 손수 천막을 설치했다.

5. 그 무렵 셀라라는 바라문428)이 아빠나에 살고 있었다. [105] 그는 세 가지 베다에 통달했고, 어휘와 제사와 음운과 어원과 다섯 번째로 역사에 정통했고, 언어와 문법에 능숙했고, 세간의 철학과 대인상에 능통했으며 삼백 명의 바라문 학도들에게 만뜨라를 가르치고 있었다.

6. 그때 땋은 머리의 고행자 께니야는 셀라 바라문에게 깊은 믿음을 가지고 있었다. 그때 셀라 바라문은 삼백 명의 바라문 학도들에 둘러싸여 산책하면서 이리저리 포행을 하다가 땋은 머리의 고행자 께니야의 아쉬람으로 갔다. 셀라 바라문은 땋은 머리의 고행자 께니야의 아쉬람에서 어떤 자들은 솥을 걸기 위해 땅을 파고 어떤 자들은 장작을 패고 어떤 자들은 그릇을 씻고 어떤 자들은 물 항아리를 설치하고 어떤 자들은 자리를 준비하고 땋은 머리의 고행자 께니야는 손수 천막을 설치하고 있는 것을 보았다.

7. 이것을 보자 그는 땋은 머리의 고행자 께니야에게 이렇게 말했다.

"아니 께니야 존자는 아들을 장가들입니까? 아니면 딸을 시집보냅니까? 아니면 큰 제사라도 준비하는 것입니까? 아니면 마가다의 세니야 빔비사라 왕을 군대와 더불어 내일 식사에 초대라도 했습

---

428) 셀라 바라문(Sela brāhmaṇa)은 본경 §28에서 보듯이 본경의 부처님의 말씀을 듣고 출가하여 출가한 지 7일 만에 아라한이 되었다. 『법구경 주석서』에 의하면 세존께서는 후에 미가라마따(미가라의 어머니, 녹자모, 鹿子母)라 불리게 되었던 위사카(Visākhā)와 그의 가족들을 만나러 밧디야(Bhaddiya)로 가시는 도중에 셀라(Sela) 바라문을 처음 만나셨다고 한다. 위사카는 그때 일곱 살(satta-vassika-kāla)이었다.(DhpA.i.384)

니까?"

8. "셀라여, 저는 아들을 장가들이는 것도 딸을 시집보내는 것도 마가다의 세니야 빔비사라 왕을 군대와 더불어 내일 식사에 초대한 것도 아닙니다. 사실은 [공양을 올리는] 큰 제사가 있습니다. 사문 고따마 존자가 천이백오십 명의 많은 비구 승가와 함께 앙굿따라빠에서 유행하시다가 아빠나라는 앙굿따라빠의 성읍에 도착하셨습니다.

그분 [106] 고따마 존자께는 이러한 좋은 명성이 따릅니다. '이런 [이유로] 그분 세존께서는 아라한[應供]이며, 완전히 깨달은 분[正等覺]이며, 명지와 실천을 구족한 분[明行足]이며, 피안으로 잘 가신 분[善逝]이며, 세간을 잘 알고 계신 분[世間解]이며, 가장 높은 분[無上士]이며, 사람을 잘 길들이는 분[調御丈夫]이며, 하늘과 인간의 스승[天人師]이며, 부처님[佛]이며, 세존(世尊)이다.'라고.

저는 사문 고따마 존자를 비구 승가와 함께 내일 공양에 초청하였습니다."

9. "께니야 존자여, 부처님이라고 했습니까?"

"셀라 존자여, 부처님이라고 저는 말씀드렸습니다."

"께니야 존자여, 부처님이라고 했습니까?"

"셀라 존자여, 부처님이라고 저는 말씀드렸습니다."

10. 그러자 셀라 바라문에게 이런 생각이 들었다.

"부처님이라는 말조차도 이 세상에서는 듣기 힘들다. 우리의 만뜨라들에는 서른두 가지 대인상들이 전해 내려온다. 그 대인상들을 갖춘 분에게는 두 가지 운명 이외에 다른 것은 없다. 만일 재가에 머물면 정의롭고 법다운 전륜성왕이 되어 사방을 정복한 승리자로 나라를 안정되게 하고 일곱 가지 보배를 두루 갖추게 된다. 그에게 이런 일곱 가지 보배들이 있나니 윤보(輪寶), 상보(象寶), 마보(馬寶), 보배보(寶貝寶), 여인보(女人寶), 장자보(長者寶), 그리고 일곱 번째로 주장신보(主藏臣寶)이다. 그에게 천 명이 넘는 아들이 생기는데 그들은 모두 용감하고 훤칠하며 적군을 정복한다. 그는 바다에 이르기까지 전 대지를 징벌과 무력을 쓰지 않고 법으로써 정복하여 통치한다. 그런데 만일 그가 집을 나와 출가하면 아라한 · 정등각자가 되어 세상의 장막을 벗겨버린다."

11. "께니야 존자여, 그분 아라한 · 정등각자인 고따마 존자는 지금 어디에 계십니까?"

이렇게 묻자 땋은 머리의 고행자 께니야는 그의 오른팔을 들어 셀라 바라문에게 이렇게 말했다. [107]

"셀라 존자여, 저기 푸른 숲에 계십니다."

12. 그러자 셀라 바라문은 삼백 명의 바라문 학도들과 함께 세존을 뵈러 갔다. 그때 셀라 바라문은 그 바라문 학도들에게 말했다.

"그대들은 조용히 오라. 조심해서 발걸음을 떼야 한다. 세존들에게 다가가기란 어려운 일이다. 그들은 혼자 다니는 사자들429)과 같기 때문이다. 그리고 내가 사문 고따마 존자와 대화를 나눌 때 그대들은 나의 말을 가로막고 중단시키지 마라. 내 말이 끝날 때가지 기다려라."

13. 그때 셀라 바라문은 세존을 뵈러 갔다. 가서는 세존과 함께

429) "'혼자 다니는 사자들(sīhā va ekacarā)'이라 했다. 무리를 지어서 다니는(gaṇavāsī) 사자는 어린 사자들 등과 함께 방일(pamāda)에 빠진다. 혼자 다니는 사자는 방일하지 않는다. 이와 같이 방일하지 않고 머무는 것(appamāda-vihāra)을 보이기 위해 혼자 다니는 사자에 비유했다."(MA. iii.401)

환담을 나누었다. 유쾌하고 기억할만한 이야기로 서로 담소를 하고서 한 곁에 앉았다. 한 곁에 앉아서 셀라 바라문은 세존의 몸에서 서른두 가지 대인상들을 살펴보았다. 그는 세존의 몸에서 서른두 가지 대인상들을 대부분 보았지만 두 가지는 볼 수 없었다. 포피에 감추어진 음경[馬陰藏相]과 긴 혀[廣長舌相], 이 두 가지 대인상에 대해서는 의문을 가지고 의심하고 확신하지 못하고 결정하지 못했다.

그때 세존께 이런 생각이 들었다.

"이 셀라 바라문은 내 몸에서 서른두 가지 대인상들을 대부분 보지만 두 가지는 찾지 못하고 있다. 포피에 감추어진 음경과 긴 혀, 이 두 가지 대인상에 대해서는 의문을 가지고 의심하고 확신하지 못하고 결정하지 못하는구나."

14. 그러자 세존께서는 셀라 바라문이 포피에 감추어진 음경과 긴 혀를 볼 수 있도록 그런 형태의 신통변화를 나투셨다. [108] 그 다음에 세존께서는 혀를 빼서 두 귓구멍을 이쪽저쪽 문질렀고 두 콧구멍을 이쪽저쪽 문질렀고 온 이마를 혀로 덮으셨다.

15. 그러자 셀라 바라문에게 이런 생각이 들었다.

"사문 고따마는 서른두 가지 대인상들을 완전하게 부족함이 없이 갖추었다. 나는 그가 부처님인지 아닌지 모른다. 그러나 나는 나이 들고 연로하고 스승들의 스승들인 바라문들로부터 '아라한들이고 바르게 깨달은 분들은 자신들을 칭송하는 말을 들으면 자신들을 드러낸다.'라고 말하는 것을 들었다. 참으로 나는 사문 고따마의 면전에서 그에 어울리는 게송들로써 칭송하리라."

그러자 셀라 바라문은 세존의 면전에서 그에 어울리는 게송들로써 칭송을 했다.

16. [셀라 바라문]

"세존께서는 완전한 몸을 가지셨고[430]
광휘롭고 고귀한 태생이며
매혹적이고 황금색이고
흰 치아를 가진 용맹한 분입니다.

고귀한 태생의 사람이 가지는 특성인 대인상들
그 모든 것이 당신의 몸에 있습니다.

맑은 눈, 잘생긴 얼굴, 좋은 풍채에다 곧고 위엄 있으니
사문의 무리들 가운데서 태양처럼 빛납니다.

비구가 선하게 보이면서
황금빛 피부를 가졌거늘
이렇듯 빼어난 미모의 당신이
왜 사문의 삶에 만족하십니까?

전차의 주인인 왕으로서 전륜성왕이 되고
사방 정복하여 잠부 섬의 주인 되시기에 충분합니다. [109]

무사들과 지역 왕들은
당신께 충성을 바칠 것이니
고따마시여, 왕 중의 왕,
인간의 제왕이 되어 통치하십시오."

---

430) "'완전한 몸을 가지셨다(paripuṇṇa-kāya).'는 것은 서른두 가지 대인상을 완전하게 갖추셨다는 말이다."(MA.iii.402)

17. [세존]

"셀라여, 나는 왕이니
가장 위대한 법왕입니다.[431]
법으로써 바퀴를 굴리나니[432]
아무도 멈추게 할 수 없는 바퀴를."

18. [셀라 바라문][433]

"완전히 깨달은 분이라고, 무상의 법왕이라 선언하시고
법의 바퀴를 굴리노라고 말씀하십니다, 고따마시여.

누가 존자님의 총사령관이며 누가 스승을 따르는 제자며
당신이 굴리신 법륜을 누가 뒤를 이어 굴립니까?"

19. [세존]

"셀라여, 내가 굴린 바퀴는 위없는 법의 바퀴이니
여래의 아들인 사리뿟따가 뒤를 이어 굴릴 것입니다.

---

431) "'가장 위대한 법왕(dhamma-rājā anuttaro)'이라고 하신 것은, '나는 최상의 존재(bhav-agga, 즉 비상비비상처)로부터 아래로 무간 지옥에 이르기까지(avīci-pariyanta), 옆으로는 무량한 세계(appamāṇa-loka-dhātuyo)의 중생들을 가르친다. 나는 발 없는 [중생], 두 발 가진 [중생] 등으로 분류되는(apada-dvipadādi-bhedā) 중생들이 있는 한 그들 가운데 가장 위대하다(agga).'는 말씀이다."(MA.iii.403)

432) "'법으로써 바퀴를 굴린다(dhammena cakkaṁ vattemi).'는 것은 계·정·혜·해탈·해탈지견(오법온)이 나를 닮은 자(paṭibhāga)란 아무도 없다. 그런 나는 이와 같이 가장 위대한 법왕이 되어 위없는 네 가지 마음챙김의 확립[四念處] 등으로 구분되는 법으로써 바퀴를 굴린다는 말씀이시다."(MA.iii.403)

433) "이와 같이 세존께서 자신을 드러내시는 것을 보고 셀라 바라문은 환희와 기쁨(pīti-somanassa)이 생겨 다시 더 확고히하기 위해(daḷhīkaraṇ-attha) 이제 두 게송을 더 읊는다."(MA.iii.403)

최상의 지혜로 알아야 할 것을 최상의 지혜로 알았고,
닦아야 할 것을 닦았고
내게서 버려야 할 것을 버렸으니
바라문이여, 그러므로 나는 부처입니다.434)

나에 대한 의심을 버리고
확신을 가지시오, 바라문이여.
완전하게 깨달은 자들을
만나는 것은 참으로 어렵습니다. [110]

나는 이 세상에 출현이 그토록 어려운
완전하게 깨달은 자이니
바라문이여, 그런 나는
최고의 의사입니다.435)

견줄 이 없는 브라흐마가 되어436)
마라의 병사들을 부수었고

---

434) '최상의 지혜로'부터 '나는 부처입니다.'까지는 본서 「브라흐마유 경」(91) §31에도 나타난다. 그곳의 주해를 참조할 것.

435) "'의사(sallakatta)'란 탐욕(rāga) 등을 치료하는 의사이다. '최고(anuttara)'라고 한 것은 일반 의사(bāhira-vejja)가 치료하여 가라앉은 병(vūpasamita-roga)은 이 몸에 다시 요동치지만 부처님은 그런 의사가 아니다. 부처님이 치료하여 가라앉은 병은 다른 생(bhav-antara)에도 다시 일어나지 않는다. 그러므로 부처님은 최고의 의사라는 말이다."(MA.iii.403)
여기서 의사로 옮긴 salla-katta는 '[독 묻은] 화살(salla)에 대해서 일하는 자(katta, Sk. kartṛ)라는 뜻으로 외과 의사를 뜻한다. 본서 M63 §5, M75 §13, M101 §7, M105 §19와 『청정도론』 IV.68 등에도 나타난다.

436) "여기서 '브라흐마가 되어(brahma-bhūta)'란 최상의 존재가 되어(seṭṭha-bhūta)라는 뜻이다."(MA.iii.403)

모든 적들을[437] 굴복시켜
두려움 없이 기뻐합니다."

20. [셀라]
"그대들은 이것을 들으라.
눈 있으시고 의사이신 대영웅께서
마치 숲 속의 사자처럼 포효하신다.

견줄 이 없는 브라흐마가 되어
마라의 병사들을 부수었으니
그분을 보면 비록 천한 태생일지라도
그 누가 청정한 믿음을 내지 않겠는가?

원하는 자는 따르고
원하지 않는 자는 가라.
고결한 통찰지를 구족하신 분의 곁으로
여기서 나는 출가할 것이라."

21. [학도들]
"정등각자의 교법을 이제
존자께서 좋아하신다면
고결한 통찰지를 구족하신 분의 곁으로
저희들도 출가할 것입니다."

---

437) "'모든 적들(sabba-amittā)'이란 무더기, 오염원, 업형성력, 염라대왕, 신의 아들, 마라라고 불리는(khandha-kilesa-abhisaṅkhāra-maccu-deva putta-māra-saṅkhāta) 모든 적들(paccatthikā)이다."(MA.iii.403)

22. [셀라]

"저희들 삼백 명 바라문은 합장하고 바라오니
세존이시여, 당신의 곁에서 범행을 닦고자 합니다."

23. [세존]

"셀라여, 범행은 잘 설해졌고, 스스로 보아 알 수 있고,
시간이 걸리지 않는다.438)
범행을 닦는 것에 방일하지 않고 공부지으면
출가는 헛되지 않으리."

24. 참으로 셀라 바라문은 그의 회중과 함께 세존의 곁에서 출가하여 구족계를 받았다.

25. 그때 땋은 머리의 고행자 께니야는 그 밤이 지나자 자신의 아쉬람에서 여러 가지 맛있는 부드러운 음식과 딱딱한 음식을 준비하게 하고서 [111] 세존께 시간을 알려 드렸다.

"세존이시여, 가실 시간이 되었습니다. 공양이 다 준비되었습니다."

그때 세존께서는 오전에 옷매무새를 가다듬고 발우와 가사를 수하시고 비구 승가와 함께 땋은 머리의 고행자 께니야의 아쉬람으로 가셨다. 가서는 비구 승가와 함께 마련된 자리에 앉으셨다. 그러자 땋은 머리의 고행자 께니야는 부처님을 비롯하여 비구 승가에게 여러 가지 맛있는 부드러운 음식과 딱딱한 음식을 손수 충분히 대접하고 만족시켜드렸다. 그때 땋은 머리의 고행자 께니야는 세존께서 공양

438) "'시간이 걸리지 않는다(akālika).'라고 하셨다. 도의 바로 다음 순간에 과가 일어난다(magga-anantara-phal-uppatti). 과는 다른 시간에(kāl-antara), 즉 일정한 기간이 지난 뒤에 얻어지는 것이 아니다. 그래서 시간이 걸리지 않는다고 하셨다."(MA.iii.406)

을 마치시고 발우에서 손을 떼시자 어떤 낮은 자리를 잡아서 한 곁에 앉았다. 한 곁에 앉은 땋은 머리의 고행자 께니야에게 세존께서는 이 게송으로 축원 법문을 하셨다.

26. "불에 헌공하는 것이 제사 중에 제일이고,[439]
사위뜨리는 운율의 제일이다.[440]
왕은 사람들 중에 제일이고,
바다는 강들 가운데 제일이다.[441]

달은 별들 중에 제일이고,
태양은 빛나는 것들 중의 제일이다.

---

439) "'불에 헌공하는 것이 제사 중에 제일(aggi-hutta-mukhā yaññā)'이라고 하셨다. 불에 헌공하지(aggi-paricariya) 않고 바라문들이 제사(yaññā)를 지낸다는 것은 있을 수 없기 때문에 불에 헌공하는 것이 제사 가운데 제일이라 하신 것이다."(MA.iii.406)

440) "베다를 배울 때 가장 먼저 배워야 하기 때문에 '사위뜨리가 운율 가운데 제일(Sāvittī chandaso mukhaṁ)'이라고 하셨다."(MA.iii.406)
'사위뜨리(Sk. Sāvitrī, Pāli. Sāvittī)'는 인도의 베다에서부터 나타나는 운율로 바라문교에서도 가장 신성시 여기는 운율이다. 초기불전에서처럼 베다 등의 모든 인도의 게송도 네 구절로 된 사구게(四句偈)가 기본이다. 그리고 이러한 사구게 가운데서도 한 구(句, pāda)에 8개의 음절이 들어 있어서 4구에 모두 32음절로 되어있으며, 모든 산스끄리뜨 운문의 가장 기본이 되는 운율로는 베다에서부터 나타나는 아누슈뚭(anuṣṭhubh, Pāli. anuṭṭhubba) 운율(chandas)이 있다. 산스끄리뜨 문헌에서는 이것을 가장 기본이 되는 운율로 취급한다.
그런데 여기서 언급되고 있는 사위뜨리는 네 구절이 아니라 세 구절로 구성되어 있는, 굳이 말하자면 삼구게이다. 그리고 한 구절이 8음절로 구성되어 있기 때문에 전체적으로는 24음절로 구성되어 있다. 그래서 『상윳다 니까야 주석서』도 사위뜨리를 "세 개의 구(句)에 24개의 음절로 된 것(tipada catu-vīsatakkhara — SA.ii.403)"이라고 설명한다. 이러한 사위뜨리 운율을 가장 신성한 것으로 인도인들은 굳게 믿고 있다.

441) "'바다(sāgara)'는 강의 저장소(nadīnaṁ ādhāra)이고 귀의처(paṭisaraṇa)이기 때문에 제일이다."(MA.iii.407)

공덕을 바라면서 보시를 올리는 자들에게는
승가가 제일이다."442)

그때 세존께서는 땋은 머리의 고행자 께니야에게 이 게송으로써 축원 법문을 하시고서 자리에서 일어나서 나가셨다.

27. 그때 셀라 존자와 그의 회중은 혼자 은둔하여 방일하지 않고 열심히, 스스로 독려하며 지냈다. [112] 오래지 않아 좋은 가문의 아들들이 집에서 나와 출가하는 목적인 그 위없는 청정범행의 완성을 지금 · 여기에서 스스로 최상의 지혜로 알고 실현하고 구족하여 머물렀다. '태어남은 다했다. 청정범행은 성취되었다. 할 일을 다 해 마쳤다. 다시는 어떤 존재로도 돌아오지 않을 것이다.'라고 꿰뚫어 알았다.

셀라 존자는 그의 회중과 함께 아라한들 중의 한 분이 되었다.

28. 그러자 셀라 존자는 그의 회중과 함께 세존을 뵈러 갔다. 가서는 한쪽 어깨가 드러나게 윗옷을 입고 세존께 합장한 채 게송으로 말씀드렸다.

"당신께 귀의한지 오늘로
8일이 지났습니다, 눈을 가진 분이시여.
세존이시여, 7일 밤 동안 저희들은
당신의 교법에 길들여졌습니다.

---

442) "보시를 받을만한 자들(dakkhiṇeyyā) 가운데 최상이 되는 것(aggattā)을 특별히(visesena) 언급하시면서, 그때 부처님을 위시한 승가를 두고 '공덕을 바라면서 보시를 올리는 자들에게는 승가가 제일이다.'라고 말씀하신 것이다. 이렇게 하여 승가는 공덕(puñña)이 들어오는 입구(āya-mukha)라는 것을 밝히셨다."(MA.iii.407)

당신은 부처님이시고 스승이시고
마라를 정복하신 성자이십니다.
당신은 잠재성향들을 잘랐고 스스로도 건넜고
이 사람들을 건네주셨습니다.

당신은 재생의 근거를 극복했고
당신은 번뇌를 부수었습니다.
당신은 취착 없는 사자로서
공포와 두려움을 제거하셨습니다.

이들 삼백 명의 비구들은 합장하고 서 있습니다.
영웅이시여, 발을 뻗어주십시오.
용들이 스승께 인사드립니다."

셀라 경(M92)이 끝났다.

앗살라야나 경

Assalāyana Sutta(M93)

1. 이와 같이 나는 들었다. [147] 한때 세존께서는 사왓티에서 제따 숲의 아나타삔디까 원림(급고독원)에 머무셨다.

2. 그 무렵 오백여 명의 여러 지방443) 바라문들이 어떤 볼일이 있어 사왓티에 머물고 있었다. 그때 그 바라문들에게 이런 생각이 들었다.

"이 사문 고따마는 네 계급의 청정444)을 공언한다.445) 누가 참으

443) "'여러 지방의 바라문들(nānā-verajjakā brāhmaṇā)'이란 앙가, 마가다 등 다른 각기 다른 나라에서 온 사람들이다. 그 나라에서 태어나서 성장했다(jāta-saṁvaḍḍhāna)는 뜻이다."(MA.iii.408)

444) "'네 계급의 청정(cātuvaṇṇi suddhi)'이라 하였다. '사문 고따마는 네 계급 모두 평등하다(catuvaṇṇa-sādhāraṇa)고 한다. 그러나 우리는 목욕하여 청정해지는 것(nhāna-suddhi)은 물론 수행하여 청정해지는 것(bhāvanā-suddhi)도 오로지 바라문만이 청정해진다고 말한다. 그러므로 사문 고따마의 말을 적절치 않다고 생각한다.'는 뜻이다."(MA.iii.408)

445) 본서 「깐나깟탈라 경」(M90) §§10~12에서도 네 계급의 구별(visesa)과 차이점(nānākaraṇa)이 논의되고 있는데, 그 경의 §12에서 세존께서는 만일 있다면 그것은 '노력의 차이 때문(padhāna-vemattatā)'이라고 말씀하신다.

로 이 문제에 대해 사문 고따마와 대론할 수 있을까?"

3. 그 무렵 앗살라야나라는 바라문 학도446)가 사왓티에 살고 있었다. 그는 젊고 삭발을 했고 열여섯 살이었으며 세 가지 베다에 통달했고, 어휘와 제사와 음운과 어원과 다섯 번째로 역사에 정통했고, 언어와 문법에 능숙했고, 세간의 철학과 대인상에 능통했다. 그때 그 바라문들에게 이런 생각이 들었다.

"앗살라야나라는 바라문 학도가 사왓티에 살고 있다. 그는 젊고 삭발을 했고 열여섯 살이었으며 세 가지 베다에 통달했고, 어휘와 제사와 음운과 어원과 다섯 번째로 역사에 정통했고, 언어와 문법에 능숙했고, 세간의 철학과 대인상에 능통했다. 그러면 참으로 이 문제에 대해 사문 고따마와 대론할 수 있을 것이다."

4. 그러자 그 바라문들은 앗살라야나 바라문 학도를 만나러 갔다. 만나러 가서 앗살라야나 바라문 학도에게 이렇게 말했다.

"앗살라야나 존자여, 사문 고따마는 모든 계급의 청정을 공언하오. 오시오. 앗살라야나 존자라면 참으로 이 문제에 대해 사문 고따마와 대론할 수 있을 것이오."

이렇게 말하자 앗살라야나 바라문 학도는 그 바라문들에게 이렇게 말했다.

"존자들이시여, 사문 고따마는 법을 말씀하시는 분입니다. 법을 말

---

446) 앗살라야나 바라문 학도(Assalāyana māṇava)는 본경 §19에서 보듯이 세존과의 토론 후에 부처님의 재가신도가 된다. 주석서에 의하면 그 후 앗살라야나는 신심 깊은(saddhā, pasanna) 신도가 되어 자신의 집(nivesana)에다 탑(cetiya)을 건립하여 모셨으며 그의 후손들도 모두 붓다고사의 시대까지도 이렇게 자신들의 집에다 탑을 건립하여 모셨다고 한다.(MA.iii.412) 앗살라야나는 『법구경 주석서』에서 잘 알려진 바라문들의 이름을 나열하는 가운데 첫 번째로 나타나고 있기도 하다.(DhpA.i.372)

씀하시는 분과 대론하는 것은 어렵습니다. 저는 이 문제에 대해 사문 고따마와 대론할 수가 없습니다."

두 번째로 바라문들은 앗살라야나 바라문 학도에게 이렇게 말했다.

"앗살라야나 존자여, 사문 고따마는 모든 계급의 청정을 공언하오. 오시오. [148] 앗살라야나 존자가 참으로 이 문제에 대해 사문 고따마와 대론할 수 있을 것이오. 앗살라나 존자는 이미 유행승의 삶을 닦았지 않았소."

두 번째로 앗살라야나 바라문 학도는 그 바라문들에게 이렇게 말했다.

"존자들이시여, 사문 고따마는 법을 말씀하시는 분입니다. 법을 말씀하시는 분과 대론하는 것은 어렵습니다. 저는 이 문제에 대해 사문 고따마와 대론할 수가 없습니다."

세 번째로 바라문들은 앗살라야나 바라문 학도에게 이렇게 말했다.

"앗살라야나 존자여, 사문 고따마는 모든 계급의 청정을 공언하오. 오시오. 앗살라야나 존자가 참으로 이 문제에 대해 사문 고따마와 대론할 수 있을 것이오. 앗살라나 존자는 이미 유행승의 삶을 닦았지 않았소. 앗살라야나 존자는 싸워보지도 않고 패배하지 마시오."

이렇게 말하자 앗살라야나 바라문 학도는 그 바라문들에게 이렇게 말했다.

"존자들이시여, 사문 고따마는 법을 말씀하시는 분입니다. 법을 말씀하시는 분과 대론하는 것은 어렵습니다. 저는 이 문제에 대해 사문 고따마와 대론할 수가 없습니다. 그렇더라도 저는 존자님들의 뜻에 따라가보겠습니다."

5. 그러자 앗살라야나 바라문 학도는 여러 바라문들과 함께 세존을 만나러 갔다. 세존을 만나 뵙고 세존과 함께 환담을 나누었다.

유쾌하고 기억할만한 이야기로 서로 담소를 하고서 한 곁에 앉았다. 한 곁에 앉은 앗살라야나 바라문 학도는 세존께 이렇게 말씀드렸다.

"고따마 존자시여, 바라문들은 이렇게 말합니다. '바라문들만이 최상의 계급이다. 다른 계급은 저열하다. 바라문들만이 밝은 계급이고 다른 계급은 어둡다. 바라문들만이 청정하고 다른 계급의 사람들은 그렇지 않다. 바라문들만이 범천의 아들들이고 적출들이고 입에서 태어났고,447) 범천에서 태어났고 범천이 만들었고 범천의 상속자들이다.'448)라고. 여기에 대해서 고따마 존자께서는 어떻게 말씀하십

---

447) 바라문들은 범천(brahma)의 '입에서 태어났다(mukhato jātā).'고 말하고 있다. 그리고 본서 「짱끼 경」(M95) §34에서는 사문들은 '조상의 발에서 태어난 자(bandhu-pādā-pacca)'라고 언급된다. 그런데 같은 표현이 리그베다에도 나타난다. 인도 최고(最古)요 최고(最高)의 권위인 『리그베다』의 「뿌루샤 숙따」(Pruṣa Sūkta, 原人에 대한 찬미가)는 이렇게 노래한다.

> "바라문은 그(뿌루샤)의 입이고
> 그의 팔로부터 끄샤뜨리야(무사)가 만들어졌고
> 그의 넓적다리로부터 와이샤(평민)가
> 발로부터 수드라(천민)가 태어났다."(Rv.x.90:12)

범천으로부터 태어난 곳의 높이는 신분의 높이와 함께 가는 듯하다. 그래서 다른 바라문들은 범천의 입(mukha)에서 태어났지만 다난자니 족성의 바라문들은 범천의 머리(matthaka)를 열고 출현하였다고 하면서 그들의 우월성을 주장했다고 한다.(SA.i.226)

448) ' ' 안의 주장은 본서 「마두라 경」(M84) §4에서도 마두라의 아완띠뿟따 왕의 질문에서 나타난다. 그 경에서 마하깟짜나 존자는 여러 가지 보기로 네 계급의 평등함을 역설하고 있다.
한편 바라문들의 이러한 논리를 각묵 스님은 '내 일기장의 논리'라고 적고 있다.(『상윳따 니까야』 제4권 「로힛짜 경」(S35:132) §3 참조) 만일 어떤 사람이 말하기를 '나는 착한 사람이고 너는 나쁜 놈이다. 왜냐하면 내 일기장에 그렇게 적혀있기 때문이다.'라고 한다면 이 진술은 타당성을 확보할 수 없다. 객관성이 결여되어 있기 때문이다. 그러므로 자기들의 성전에 그렇게 적혀 있다고 해서 그것을 절대화해버리면 참으로 '내 일기장의 논리'가 되고 만다.
여기에 대해서는 본서 「에수까리 경」(M96) §§3~4와 주해, 「짱끼 경」(M95) §34와 주해도 참조할 것.

니까?”

“앗살라야나여, 바라문들의 바라문 아내들도 월경을 하고 잉태를 하고 출산을 하고 수유를 한다. 그리고 그 바라문들은 자궁에서 태어났으면서도 이와 같이 말한다. ‘바라문들만이 최상의 계급이다. 다른 계급은 저열하다. 바라문들만이 밝은 계급이고 다른 계급은 어둡다. 바라문들만이 청정하고 다른 계급의 사람들은 그렇지 않다. 바라문들만이 범천의 아들들이고 적출들이고 입에서 태어났고449) 범천에서 태어났고 범천이 만들었고 범천의 상속자들이다.’라고.” [149]

6. “비록 고따마 존자께서 그렇게 말씀하시더라도 바라문들은 이렇게 생각합니다. ‘바라문들만이 최상의 계급이다. 다른 계급은 저열하다. … 범천의 상속자들이다.’라고.”

“앗살라야나여, 이를 어떻게 생각하는가? 그대는 요나450)와 깜보

---

449) 여기에 대해서 주석서는 이렇게 비판한다.
“만일 그들의 말이 진실이라면 바라문 아내들의 자궁(kucchi)이 대범천(mahā-brahma)의 가슴(ura)이고, 바라문 아내들의 자궁에 있는 관(passāva-magga)이 대범천의 입(mukha)이다. 그래서 우리는 대범천의 가슴인 [바라문 아내들의 자궁]에 머물다가 대범천의 입인 [자궁의 관]으로부터 나왔다고 말하는 것이 된다.”(MA.iii.409)

450) 요나(Yonā)는 요나까(Yonakā)로 나타나기도 하고 야와나(Yavanā)로 표기되기도 한다. 암반에 새겨진 아소까 대왕의 칙령 V와 XII에 의하면 요나와 깜보자는 본경에서처럼 함께 언급되고 있다고 한다. 이것으로 볼 때 요나와 깜보자는 아소까 대왕의 서북부 최전방의 국경지역이었던 것이 분명하다. 요나는 박트리아 그리스(Baktrian Greeks)에 속하는 아이오니아(Ionia)의 빠알리어 표기인 듯하다. 『밀린다왕문경』에 의하면 밀린다 왕의 시대에는 사갈라(Sāgala)가 요나(Yonakā)의 수도였다.(Mil.1)
요나에는 삼차결집 후에 이곳으로 전법사단으로 파견된 마하락키따(Mahārakkhita) 장로에 의해서 불교가 전파되었다고 한다.(VinA.i.64; Mhv.xii.5; Dpv.viii.9)
마하왐사(Mahāvaṁsa, Mhv.xxix.39)에 의하면 요나에 있는 마하담마락키따(Yona-Mahādhammarakkhita)의 휘하에 3천 명의 비구들이 요나(Yona-nagara)의 알라산다(Alasandā)에 모였다고 한다. 알라산다는 마

자[451]나 다른 변방에는 주인과 노예의 두 계급뿐인데 주인이 노예가 되기도 하고 노예가 주인이 되기도 한다고 들은 적이 있는가?"[452]

"존자시여, 저는 요나와 깜보자나 다른 변방에는 주인과 노예의 두 계급뿐인데 주인이 노예가 되기도 하고 노예가 주인이 되기도 한

케도니아(Macedonia) 왕 알렉산더(Alexander)에 의해서 건설된 카불(Ka-bul) 근처의 빠로빠니사다(Paropanisada) 나라의 알렉산드리아(Alexan-dria)라고 한다.

한편 요나 지방의 언어는 Milakkha-bhāsā(밀라카 언어)라고 불린다.(Vin A.i.249; MAṬ.ii.151) 밀라카는 중국에서 멸려차(蔑戾車)로 음역되었는데, 『디가 니까야』 제3권 「합송경」(D33) §3.2와 『상윳따 니까야』 제6권 「변방 경」(S56:62) §4에서 "변방의 무지몽매한 멸려차(蔑戾車, milakkha)"로 표현되고 있다.

451) 깜보자(Kammoja)는 『앙굿따라 니까야』 제1권 「팔관재계 경」(A3:70) §17 등에서 언급되는 옛 인도 16국(Mahājanapada) 가운데 맨 마지막에 언급되는 곳이다.

깜보자는 인도의 중원(Majjhima-desa)이 아니라 서북부(Uttarāpatha)에 위치한 지방이었다. 암반에 새겨진 아소까 대왕의 칙령 XIII에 의하면 아소까 대왕은 이 깜보자에도 전법사단을 파견한 것으로 나타난다. 무께르지(Mookerji)는 깜보자가 아프가니스탄의 카불(Kabul) 강의 기슭에 있었던 나라가 아닌가하고 제언한다.(Asoka, 168, no. 1.)

깜보자는 주석서 문헌에서는 자주 준마의 서식지(assānaṁ āyatana)로 언급되고 있으며(Vis.X.28; DA.i.124) 『앙굿따라 니까야 주석서』에는 "[여인들은] 재물(bhoga)을 벌기 위해서 깜보자 나라(Kamboja-raṭṭha)로 가지 않는다."(AA.iii.110)라고 나타나기도 한다.

452) "어떤 바라문이 부인과 함께 장사를 하러 요나까 나라(Yonaka-raṭṭha)나 깜보자 나라(Kamboja-raṭṭha)로 가서 임종을 해버렸다. 그의 집에 장성한 아들이 없자 바라문 아내가 하인(dāsa)이나 노비(kammakara)와 동거를 하여 한 아들이 태어나더라도 그 남자는 하인일 뿐이다. 그러나 태어난 그의 아들이 대를 이은 주인(dāyajja-sāmika)이 된다.

어머니 쪽으로는 청정하고 아버지 쪽으로는 청정하지 못한 그가 장사를 하러 중부 지방(majjhima-padesa)으로 가서 바라문 소녀와 결혼하여 한 아이를 얻는다. 그도 역시 어머니 쪽으로만 청정하고 아버지 쪽으로는 청정하지 못하다. 이와 같이 바라문 전통(brāhmaṇa-samaya)에서조차도 혼혈 태생(jāti-sambheda)이 있다는 것을 보여주기 위해서 하신 말씀이다."(MA.iii.409)

다고 들은 적이 있습니다."

"앗살라야나여, 그렇다면 바라문들은 무슨 힘으로 무엇을 귀의처로 삼아 이와 같이 '바라문들만이 최상의 계급이다. 다른 계급은 저열하다. … 범천의 상속자들이다.'라고 말했는가?"

7. "비록 고따마 존자께서 그렇게 말씀하시더라도 바라문들은 이렇게 생각합니다. '바라문들만이 최상의 계급이다. 다른 계급은 저열하다. … 범천의 상속자들이다.'라고."

"앗살라야나여, 이를 어떻게 생각하는가? 여기 끄샤뜨리야가 생명을 죽이고, 주지 않은 것을 가지고, 삿된 음행을 하고, 거짓말을 하고, 중상모략을 하고, 욕설을 하고, 잡담을 하고, 탐욕스럽고, 악의를 품고, 그릇된 견해를 가진다면, 오직 그만 몸이 무너져 죽은 뒤 처참한 곳[苦界], 불행한 곳[惡處], 파멸처, 지옥에 태어나고 바라문은 그렇지 않겠는가?

여기 와이샤가 … 여기 수드라가 생명을 죽이고, 주지 않은 것을 가지고, 삿된 음행을 하고, 거짓말을 하고, 중상모략을 하고, 욕설을 하고, 잡담을 하고, 탐욕스럽고, 악의를 품고, 그릇된 견해를 가진다면, 오직 그만 몸이 무너져 죽은 뒤 처참한 곳, 불행한 곳, 파멸처, 지옥에 태어나고 바라문은 그렇지 않겠는가?"

"고따마 존자시여, 그렇지 않습니다. 고따마 존자시여, 끄샤뜨리야도 생명을 죽이고, 주지 않은 것을 가지고, 삿된 음행을 하고, 거짓말을 하고, 중상모략을 하고, 욕설을 하고, 잡담을 하고, 탐욕스럽고, 악의를 품고, 그릇된 견해를 가진다면, 몸이 무너져 죽은 뒤 처참한 곳, 불행한 곳, 파멸처, 지옥에 태어납니다.

고따마 존자시여, 바라문도, 와이샤도, 수드라도, 즉 네 계급 모두가 생명을 죽이고, [150] 주지 않은 것을 가지고, 삿된 음행을 하고,

거짓말을 하고, 중상모략을 하고, 욕설을 하고, 잡담을 하고, 탐욕스럽고, 악의를 품고, 그릇된 견해를 가진다면, 몸이 무너져 죽은 뒤 처참한 곳, 불행한 곳, 파멸처, 지옥에 태어납니다."

"앗살라야나여, 그렇다면 바라문들은 무슨 힘으로 무엇을 귀의처로 삼아 이와 같이 '바라문들만이 최상의 계급이다. 다른 계급은 저열하다. … 범천의 상속자들이다.'라고 말했는가?"

8. "비록 고따마 존자께서 그렇게 말씀하시더라도 바라문들은 이렇게 생각합니다. '바라문들만이 최상의 계급이다. 다른 계급은 저열하다. … 범천의 상속자들이다.'라고."

"앗살라야나여, 이를 어떻게 생각하는가? 여기 바라문이 생명을 죽이는 것을 삼가고, 주지 않은 것을 가지는 것을 삼가고, 삿된 음행을 삼가고, 거짓말을 삼가고, 중상모략을 삼가고, 욕설을 삼가고, 잡담을 삼가고, 탐욕스럽지 않고, 악의를 품지 않고, 바른 견해를 가진다면, 오직 그만 몸이 무너져 죽은 뒤 좋은 곳[善處], 천상세계에 태어나고 끄샤뜨리야나 와이샤나 수드라는 그렇지 않겠는가?"

"그렇지 않습니다, 고따마 존자시여. 끄샤뜨리야도 생명을 죽이는 것을 삼가고, 주지 않은 것을 가지는 것을 삼가고, 삿된 음행을 삼가고, 거짓말을 삼가고, 중상모략을 삼가고, 욕설을 삼가고, 잡담을 삼가고, 탐욕스럽지 않고, 악의를 품지 않고, 바른 견해를 가진다면, 몸이 무너져 죽은 뒤 좋은 곳, 천상세계에 태어납니다.

고따마 존자시여, 바라문도, 와이샤도, 수드라도, 즉 네 계급 모두가 생명을 죽이는 것을 삼가고, 주지 않은 것을 가지는 것을 삼가고, 삿된 음행을 삼가고, 거짓말을 삼가고, 중상모략을 삼가고, 욕설을 삼가고, 잡담을 삼가고, 탐욕스럽지 않고, 악의를 품지 않고, 바른 견해를 가진다면, 몸이 무너져 죽은 뒤 좋은 곳, 천상세계에 태어납니다."

"앗살라야나여, 그렇다면 바라문들은 무슨 힘으로 무엇을 귀의처로 삼아 이와 같이 '바라문들만이 최상의 계급이다. 다른 계급은 저열하다. … 범천의 상속자들이다.'라고 말했는가?"

9. "비록 고따마 존자께서 그렇게 말씀하시더라도 [151] 바라문들은 이렇게 생각합니다. '바라문들만이 최상의 계급이다. 다른 계급은 저열하다. … 범천의 상속자들이다.'라고."

"앗살라야나여, 이를 어떻게 생각하는가? 참으로 바라문만이 이 지역에서 악의 없고 적의 없는 자애로운 마음을 닦을 수 있고 끄샤뜨리야나 와이샤나 수드라는 그렇지 못하겠는가?"

"그렇지 않습니다, 고따마 존자시여. 끄샤뜨리야도 이 지역에서 악의 없고 적의 없는 자애로운 마음을 닦을 수 있고, 바라문도, 와이샤도, 수드라도, 즉 네 계급 모두가 이 지역에서 악의 없고 적의 없는 자애로운 마음을 닦을 수 있습니다."

"앗살라야나여, 그렇다면 바라문들은 무슨 힘으로 무엇을 귀의처로 삼아 이와 같이 '바라문들만이 최상의 계급이다. 다른 계급은 저열하다. … 범천의 상속자들이다.'라고 말했는가?"

10. "비록 고따마 존자께서 그렇게 말씀하시더라도 바라문들은 이렇게 생각합니다. '바라문들만이 최상의 계급이다. 다른 계급은 저열하다. … 범천의 상속자들이다.'라고."

"앗살라야나여, 이를 어떻게 생각하는가? 참으로 바라문만이 속돌과 목욕가루를 가지고 강으로 목욕을 가서 먼지와 때를 씻어낼 수 있고 끄샤뜨리야나 와이샤나 수드라는 그렇게 할 수 없는가?"

"그렇지 않습니다, 고따마 존자시여. 끄샤뜨리야도 속돌과 목욕가루를 가지고 강으로 목욕을 가서 먼지와 때를 씻어낼 수 있고, 바라문도, 와이샤도, 수드라도, 즉 네 계급 모두 속돌과 목욕가루를 가지고 강으로 목욕하러 가서 먼지와 때를 씻어낼 수 있습니다."

"앗살라야나여, 그렇다면 바라문들은 무슨 힘으로 무엇을 귀의처로 삼아 이와 같이 '바라문들만이 최상의 계급이다. 다른 계급은 저열하다. … 범천의 상속자들이다.'라고 말했는가?"

11. "비록 고따마 존자께서 그렇게 말씀하시더라도 바라문들은 이렇게 생각합니다. '바라문들만이 최상의 계급이다. 다른 계급은 저열하다. … 범천의 상속자들이다.'라고."

"앗살라야나여, 이를 어떻게 생각하는가? [152] 여기 관정을 한 끄샤뜨리야 왕이 여러 다른 태생의 사람 백 명을 모아놓고 '이리 오라, 이 가운데서 끄샤뜨리야 가문과 바라문 가문과 왕의 가문에 태어난 존자들은 이 살라 나무나 살랄라 나무나 전단향 나무나 빠두마까 나무의 부시막대를 가지고 불을 일으켜 열을 내게 하라. 그러나 이 가운데서 천민의 가문이나 사냥꾼의 가문이나 버들 세공 가문이나 수레 제작 가문이나 거리 청소부 가문에 태어난 자들은 개 밥통이나 돼지 여물통이나 쓰레기통이나 피마자 나무의 부시막대를 가지고 불을 일으켜 열을 내게 하라.'라고.

이를 어떻게 생각하는가, 앗살라야나여? 끄샤뜨리야 가문과 바라문 가문과 왕의 가문에 태어난 사람이 살라 나무나 살랄라 나무나 전단향 나무나 빠두마까 나무의 부시막대를 가지고 불을 일으켜 열을 내면, 그것은 불꽃이 있고 색깔이 있고 광명이 있어 그 불은 불의 역할453)을 해내고, 반면에 천민의 가문이나 사냥꾼의 가문이나 버들

---

453) "'불의 역할(aggi-karaṇīya)'이란 추위를 물리치고, 어둠을 몰아내고, 음식을 장만하는 것(sīta-vinodana-andhakāra-vidhamana-bhatta-pacana)

세공 가문이나 수레 제작 가문이나 거리 청소부 가문에 태어난 사람이 개 밥통이나 돼지 여물통이나 쓰레기통이나 피마자 나무의 부시막대를 가지고 불을 일으켜 열을 내면, 그것은 불꽃도 없고 색깔도 없고 광명도 없어서 그 불은 불의 역할을 해낼 수 없겠는가?"

"그렇지 않습니다, 고따마 존자시여. 끄샤뜨리야 가문과 바라문 가문과 왕의 가문에 태어난 사람이 살라 나무나 살랄라 나무나 전단향 나무나 빠두마까 나무의 부시막대를 가지고 불을 일으켜 열을 내면, 그것은 불꽃이 있고 색깔이 있고 광명이 있어 불의 용도로 그 불을 사용할 수 있습니다. 천민의 가문이나 사냥꾼의 가문이나 버들 세공 가문이나 수레 제작 가문이나 거리 청소부 가문에 태어난 사람이 개 밥통이나 돼지 여물통이나 쓰레기통이나 피마자 나무의 부시막대를 가지고 불을 일으켜 열을 내면, 그것도 불꽃이 있고 색깔이 있고 광명이 있어서 그 불은 불의 역할을 해낼 수 있습니다. 고따마 존자시여, 불은 모두 불꽃이 있고 [153] 색깔이 있고 광명이 있어서 그 불은 불의 역할을 해낼 수 있습니다."

"앗살라야나여, 그렇다면 바라문들은 무슨 힘으로 무엇을 귀의처로 삼아 이와 같이 '바라문들만이 최상의 계급이다. 다른 계급은 저열하다. … 범천의 상속자들이다.'라고 말했는가?"

12. "비록 고따마 존자께서 그렇게 말씀하시더라도 바라문들은 이렇게 생각합니다. '바라문들만이 최상의 계급이다. 다른 계급은 저열하다. … 범천의 상속자들이다.'라고."

"앗살라야나여, 이를 어떻게 생각하는가? 여기 끄샤뜨리야 청년과 바라문 처녀가 함께 산다고 하자. 그들이 함께 살아 아들을 낳는다면

등이다."(MA.iii.410)

그 끄샤뜨리야 청년과 바라문 처녀 사이에서 난 아들은 어머니와도 같은 [계급이고] 아버지와도 같은 [계급이니] 끄샤뜨리야라 불러야 하는가, 바라문이라 불러야 하는가?"

"고따마 존자시여, 끄샤뜨리야 청년과 바라문 처녀 사이에서 난 아들은 어머니와도 같은 [계급이고] 아버지와도 같은 [계급이니] 끄샤뜨리야라 불러도 되고 바라문이라 불러도 됩니다."

13. "앗살라야나여, 이를 어떻게 생각하는가? 여기 바라문 청년과 끄샤뜨리야 처녀가 함께 산다고 하자. 그들이 함께 살아서 아들을 낳는다면 그 바라문 청년과 끄샤뜨리야 처녀 사이에서 난 아들은 어머니와도 같은 [계급이고] 아버지와도 같은 [계급이니] 끄샤뜨리야라 불러야 하는가, 바라문이라 불러야 하는가?"

"고따마 존자시여, 바라문 청년과 끄샤뜨리야 처녀 사이에서 난 아들은 어머니와도 같은 [계급이고] 아버지와도 같은 [계급이니] 끄샤뜨리야라 불러도 되고 바라문이라 불러도 됩니다."

14. "앗살라야나여, 이를 어떻게 생각하는가? 여기 암말을 수당나귀와 교배한다고 하자. 그들을 교배하여 새끼가 생기면 암말과 수당나귀의 사이에서 난 새끼는 암컷과도 같은 [말이고] 수컷과도 같은 [당나귀]이니 말이라 불러야 하는가, 당나귀라 불러야 하는가?"

"고따마 존자시여, 그것은 어느 쪽에도 속하지 않는 노새입니다. [154] 고따마 존자시여, 여기서는 다른 점을 보지만 앞의 경우에는 어떤 다른 점도 보지 못합니다."

15. "앗살라야나여, 이를 어떻게 생각하는가? 여기 두 바라문 학도가 있어서 한배에서 난 형제라고 하자. 한 명은 [베다 공부에] 힘쓰고 [베다에] 밝고 다른 한 명은 그것에 힘쓰지도 않고 밝지도 않다

고 하자. 이 경우에 바라문들은 죽은 조상의 제사 음식과 훌륭한 자를 위한 음식과 신의 제사 음식과 손님 접대할 음식454)이 있다면 누구에게 먼저 공양을 베풀겠는가?"

"고따마 존자시여, 바라문들은 죽은 조상의 제사 음식과 훌륭한 자를 위한 음식과 신의 제사 음식과 손님 접대할 음식이 있다면 [베

---

454) '죽은 조상의 제사 음식'은 saddha를, '훌륭한 자를 위한 음식'은 thāli-pāka를, '신의 제사 음식'은 yaññā를, '손님 접대할 음식'은 pāhuṇa를 주석서의 설명에 따라 옮긴 것이다. 여기서 첫 번째 '삿다(saddha)'는 일반적으로 믿음으로 옮기는 saddhā와 같이 śrad+√dhā(*to put*)에서 파생된 단어이다. 삿다의 산스끄리뜨는 슈랏다(śrāddha)인데 제의서에 의하면 슈랏다는 가정제사(pāka-yajña, gṛhya-yajña) 가운데 하나로 조상에게 올리는 제사를 뜻한다.

제의서에 의하면 가정제사(pāka-yajña)에는 일곱 종류가 있다. 간략히 설명하면 다음과 같다.

① 아슈따까(Aṣṭakā): 겨울철 넉 달의 하현의 8일(요즘 음력 24일)에 조상에게 지내는 제사.

② 빠르와나(혹은 스딸리빠까, Pārvaṇa/Sthālīpāka): 본 주해의 아래 설명 참조.

③ 슈랏다(Śrāddha): 조상에게 올리는 제사를 통칭하는 말이다.

④ 슈라와니(Śrāvaṇī): 슈라와나 달(음력 7~8월) 저녁에 올리는 음식 제사.

⑤ 아그라하야니(Agrahāyaṇī): 마르가쉬르샤(Mārgaśīrṣa) 달의 보름에 올리는 제사.

⑥ 짜이뜨리(Caitrī): 짜이뜨라(Caitra) 달의 보름에 올리는 제사.

⑦ 아슈와유지(Aśvayujī): 아슈위나(Aśvina) 달의 보름에 올리는 제사.

두 번째, '탈리빠까(thālipāka)'는 『앙굿따라 니까야 주석서』에서는 "존경하는 사람에게 드리기에 적당한 밥(bhatta)"(AA.ii.266)이라고 설명하고 있다. 탈리빠까의 산스끄리뜨는 스탈리빠까(sthālīpāka)인데, 바라문들의 제의서에 의하면 스탈리빠까(빠르와나)는 가정 제사(pāka-yajña) 가운데 하나다. 『디가 니까야 주석서』에도 결혼식(maṅgala)이나 축제 등에서 준비하는 음식(DA.i.267)이라고 했듯이 이 제사의식은 특히 결혼을 한 부부가 결혼 후 처음 맞이하는 보름날에 올리는 제사의식이며, 그 후 일생 동안 매달 그믐과 보름에 실행하는 제사이다.(DVR)

세 번째, '얀냐(yañña)'는 조상에게 지내는 제사가 아니라 신들에게 올리는 큰 공공제사(Sk. havir-yajña)를 말한다. 공공제사에 대해서는 『디가 니까야』 제1권 「꾸따단따 경」(D5) §1의 주해를 참조할 것.

네 번째, '빠후나(pāhuṇa)'는 손님들(atithi)에게 대접하는 음식이다.

다 공부에] 힘쓰고 [베다에] 밝은 바라문 학도에게 먼저 공양을 베풉니다. 고따마 존자시여, 죽은 조상의 제사 음식과 훌륭한 자를 위한 음식과 신의 제사 음식과 손님 접대할 음식이 있다면 [베다 공부에] 힘쓰지 않고 [베다에] 밝지 않은 바라문 학도에게 베푼 공양이 무슨 큰 과보가 있겠습니까?"

16. "앗살라야나여, 이를 어떻게 생각하는가? 여기 두 바라문 학도가 있어서 한배에서 난 형제라고 하자. 한 명은 [베다 공부에] 힘쓰고 [베다에] 밝지만 계행을 파하고 악한 성품을 지녔고, 다른 한 명은 [베다 공부에] 힘쓰지 않고 [베다에] 밝지는 않지만 계행을 갖추고 선한 성품을 지녔다고 하자. 이 경우에 바라문들은 죽은 조상의 제사 음식과 훌륭한 자를 위한 음식과 신의 제사 음식과 손님 접대할 음식이 있다면 누구에게 먼저 공양을 베풀겠는가?"

"고따마 존자시여, 바라문들은 죽은 조상의 제사 음식과 훌륭한 자를 위한 음식과 신의 제사 음식과 손님 접대할 음식이 있다면 [베다 공부에] 힘쓰지 않고 [베다에] 밝지는 않지만 계행을 갖추고 선한 성품을 지닌 바라문 학도에게 먼저 공양을 베풉니다. 고따마 존자시여, 죽은 조상의 제사 음식과 훌륭한 자를 위한 음식과 신의 제사 음식과 손님 접대할 음식이 있다면 [베다 공부에] 힘쓰고 [베다에] 밝지만 계행을 파하고 악한 성품을 지닌 바라문 학도에게 베푼 공양이 무슨 큰 과보가 있겠습니까?"

17. "앗살라야나여, 처음에 그대는 태생을 주장했다. 태생을 주장했다가 만뜨라를 주장했다. 만뜨라를 주장했다가 지금은 바로 내가 선언한 그 모든 계급의 청정을 그대 스스로도 주장하게 되었다."

이렇게 말씀하시자 앗살라야나 바라문 학도는 말없이 의기소침하여 어깨를 늘어뜨리고 고개를 숙이고 우울한 표정으로 아무런 대답을 못하고 앉아있었다. 그러자 세존께서는 앗살라야나 바라문 학도가 말없이 의기소침하여 어깨를 늘어뜨리고 고개를 숙이고 우울한 표정으로 아무런 대답을 못하고 앉아있는 것을 아시고 앗살라야나 바라문 학도에게 이렇게 말씀하셨다.

18. "앗살라야나여, 옛적에[455] 일곱 명의 바라문 선인들이 숲 속에서 초막을 짓고 살고 있었을 때 '바라문들만이 최상의 계급이다. [155] 다른 계급은 저열하다. … 범천의 상속자들이다.'라는 이런 아주 나쁜 견해[惡見]가 생겼다. 앗살라야나여, 아시따 데왈라 선인[456]은 일곱 명의 바라문 선인들이 숲 속에서 초막을 짓고 살고 있었을 때 '바라문들만이 최상의 계급이다. 다른 계급은 저열하다. … 범천의 상속자들이다.'라는 이런 형태의 아주 나쁜 견해가 생겼다는 것을 들었다.

앗살라야나여, 그러자 아시따 데왈라 선인은 머리와 수염을 손질하고 황색 외투를 입고 장화[457]를 신고 금으로 만든 지팡이를 짚고 일곱 명의 바라문 선인들의 초막의 방에 나타났다. 앗살라야나여, 아

---

455) "'옛적에(bhūta-pubbaṁ)'라고 하셨다. 이것은 세존께서 '앗살라야나여, 옛적에 나는 태생(jāti)이 더 낮은 계급이었고 그대는 더 높은 계급이었는데도 내가 출생의 계급에 대한 주장을 질문하면 대답을 못했다. 그런데 지금은 그대는 낮은 계급이고 나는 더 높은 계급으로 질문을 하는데 어떻게 그대가 대답할 수 있겠는가? 그러니 이것에 대해 생각을 굴리지 마라.'고 바라문 청년을 지지하면서(upatthambhanta) 이 가르침을 시작하신 것이다."(MA.iii.411)

456) "'아시따 데왈리 선인(Asita Devala isi)'에서 아시따는 검둥이(kāḷaka)라는 뜻으로 [하천한 계급을 뜻하고], 데왈라는 선인의 이름이다."(MA.iii.411)

457) 여기서 '장화'는 paṭaliyo upāhanā를 옮긴 것이다. 주석서는 "줄무늬의 신발(gaṇaṅgaṇ-upāhanā)"(MA.iii.411)이라고 설명을 하고 있는데 문맥상 '장화'가 잘 어울리는 것 같아 이렇게 옮겼다.

시따 데왈라 선인은 일곱 명의 바라문 선인들의 초막의 방에서 포행을 하면서 이렇게 말했다.

'그런데 이들 바라문 선인들은 다 어디로 갔지? 그런데 이들 바라문 선인들은 다 어디로 갔지?'

앗살라야나여, 그때 일곱 바라문 선인들에게 이런 생각이 들었다.

'누가 일곱 명의 바라문 선인들의 초막의 방에서 시골뜨기458)처럼 포행을 하면서 '그런데 이들 바라문 선인들은 다 어디로 갔지? 그런데 이들 바라문 선인들은 다 어디로 갔지?'라고 하는가? 우리는 저주를 해버려야겠다.'

앗살라야나여, 그때 일곱 명의 바라문 선인들은 '에이 비천한 놈아, 재나 되어버려라.'라고 아시따 데왈라 선인에게 저주를 했다. 앗살라야나여, 일곱 명의 바라문 선인들이 아시따 데왈라 선인에게 저주를 하면 할수록 아시따 데왈라 선인은 더 수려해지고 더 멋지게 되고 더 훤하게 되었다. 앗살라야나여, 그러자 일곱 명의 바라문 선인들에게 이런 생각이 들었다.

'참으로 우리의 고행은 헛되었구나. 우리의 청정범행은 아무런 결실도 없게 되었구나. 전에는 우리가 '에이 비천한 놈아, 재나 되어버려라.'라고 저주하면 그 사람은 반드시 재가 되었는데, 이 자는 우리가 저주를 하면 할수록 더 수려해지고 더 멋지게 되고 더 훤하게 되는구나.'

'참으로 존자들의 고행은 헛되지 않소. 존자들의 청정범행도 아무런 결실이 없는 것이 아니오. 지금 존자들이 나에 대해 가지고 있는 증오의 마음을 버리시오.' [156]

---

458) '시골뜨기'는 gāmaṇḍala-rūpa를 옮긴 것이다. 주석서에서 "시골 소년의 모습(gāma-dāraka-rūpo)"(MA.iii.411)이라고 설명하고 있어서 이렇게 옮겼다.

'알겠습니다. 존자에 대해 품고 있는 증오의 마음을 버리겠습니다. 그런데 존자는 누구십니까?'

'존자들은 아시따 데왈라 선인이라고 들어보았소?'

'그렇습니다, 존자시여.'

'존자들이여, 내가 바로 그 사람이오.'

앗살라야나여, 그러자 일곱 명의 바라문 선인들은 아시따 데왈라 선인에게 인사를 하러 다가갔다. 앗살라야나여, 그러자 아시따 데왈라 선인은 일곱 명의 바라문 선인들에게 이렇게 말했다.

'존자들이여, 나는 이렇게 들었소. '일곱 명의 바라문 선인들이 숲 속에서 초막을 짓고 살고 있을 때 '바라문들만이 최상의 계급이다. 다른 계급은 저열하다. 바라문들만이 밝은 계급이고 다른 계급은 어둡다. 바라문들만이 청정하고 다른 계급의 사람들은 그렇지 않다. 바라문들만이 범천의 아들들이고 적출들이고 입에서 태어났고 범천에서 태어났고 범천이 만들었고 범천의 상속자들이다.'라는 이런 아주 나쁜 견해가 생겼다.'라고.'

'그렇습니다, 존자시여.'

'존자들이여, 그런데 그대들은 그대들의 친어머니가 바라문 계급의 남자와만 사랑하고 바라문이 아닌 다른 계급의 남자와는 사랑하지 않았는지, 그것을 알고 있소?'

'아닙니다. 존자시여.'

'존자들이여, 그러면 그대들의 친어머니의 일곱 선대 조모들이 바라문 계급의 남자와만 사랑하고 바라문이 아닌 다른 계급의 남자와는 사랑하지 않았는지, 그것을 알고 있소?'

'아닙니다. 존자시여.'

'존자들이여, 그러면 그대들은 그대들의 친아버지가 바라문 계급

의 여자와만 사랑하고 바라문이 아닌 다른 계급의 여자와는 사랑하지 않았는지, 그것을 알고 있소?'

'아닙니다. 존자시여.'

'존자들이여, 그러면 그대들의 친아버지의 일곱 선대 조부들이 바라문 계급의 여자와만 사랑하고 바라문이 아닌 다른 계급의 여자와는 사랑하지 않았는지, 그것을 알고 있소?'

'아닙니다. 존자시여.'

'존자들이여, 그러면 그대들은 어떻게 해서 수태가 이루어지는지 알고 있소?'

'우리는 어떻게 해서 수태되는지 알고 있습니다, [157] 존자시여. 여기 어머니와 아버지가 교합하고, 어머니가 월경이 있고, 그곳에 올 중생이 있어서, 이와 같이 세 가지가 만날 때 수태가 이루어집니다.'

'존자들이여, 그런데 존자들은 그곳에 올 중생이 끄샤뜨리야인지 바라문인지 와이샤인지 수드라인지 알고 있소?'

'존자시여, 우리는 그곳에 올 중생이 끄샤뜨리야인지 바라문인지 와이샤인지 수드라인지 알지 못합니다.'

'존자들이여, 그렇다면 존자들은 자신들이 누구인지는 알고 있소?'

'존자시여, 우리는 우리 자신들도 누구인지 모릅니다.'

앗살라야나여, 참으로 그들 일곱 명의 바라문 선인들은 출생에 대한 그들의 주장을 두고 아시따 데왈라 선인이 질문하고 반문하고 추궁했지만 그것을 설명해내지 못했다. 그런데 출생에 대한 그대의 주장을 내가 지금 질문하고 반문하고 추궁하는데 어떻게 그대가 그것을 설명해낸다는 말인가? 그대는 그들의 스승의 가르침을 의지하여 머물지만 그 [일곱 명의 바라문 선인]들을 위해 숟가락을 가지고 다니는 뿐나만도 못하구나."459)

19. 이렇게 말씀하셨을 때 앗살라야나 바라문 청년은 세존께 이렇게 말씀드렸다.

"경이롭습니다, 고따마 존자시여. 경이롭습니다, 고따마 존자시여. … 고따마 존자께서는 저를 재가신자로 받아주소서. 오늘부터 목숨이 붙어 있는 그날까지 귀의하옵니다."

앗살라야나 경(M93)이 끝났다.

---

459) "뿐나(Puṇṇa)는 이들 일곱 명의 바라문 선인들을 위해 국자(dabbi)를 들고 푸성귀(paṇṇa)를 요리하여 그들에게 공양을 올리는 하인으로서 혼자 지내면서 국자를 사용하는 방법을 터득했다. 그러나 그대 앗살라야나(Assalāyana)는 그들 일곱 명의 바라문 선인들의 스승의 가르침을 의지하여 함께 머물지만 국자를 사용하는 기술조차도 알지 못한다는 말이다. 그러나 앗살라야나는 세존을 향한 신심(saddhā)이 깊고 청정한 믿음(pasanna)을 갖고 있었기 때문에 자신의 집 안에 탑(cetiya)을 세웠고, 그날 이후로 앗살라야나 가문에 태어난 자들은 집을 지으면 집 안에 탑을 세웠다."(MA.iii.412)

고따무카 경

Ghoṭamukha Sutta(M94)

1. 이와 같이 나는 들었다. 한때 우데나 존자[460]는 바라나시의 케미야 망고 숲에 머물렀다.

2. 그 무렵 고따무카 바라문[461]이 어떤 볼일이 있어 바라나시에 도착했다. 그때 고따무카 바라문은 [158] 산책을 하면서 이리저리 포행하다가 케미야 망고 숲으로 갔다. 그 무렵 우데나 존자는 노지에서 경행을 하고 있었다. 그러자 고따무카 바라문은 우데나 존자에게 다가갔다. 가서는 우데나 존자와 함께 환담을 나누었다. 유쾌하고 기억할만한 이야기로 서로 담소를 하고서 우데나 존자의 한쪽 곁에서

---

460) 주석서는 우데나 존자(āyasmā Udena)가 누구인지 설명이 없다.

461) 고따무카 바라문(Ghoṭamukha brāhmaṇa)은 본경에만 나타나고 있다. 본경 §33에서 그는 승가를 위해서 승원을 지어 보시를 했다. 주석서에 의하면 그는 이러한 공덕으로 죽어서 천상(sagga)에 태어났다고 한다. 그러나 그가 가진 남을 알아보는 기술(jānana-sippa)을 전수 받은 자들은 아무도 천상에 태어나지 못했다. 그는 그가 천상에 태어난 것이 승가에 보시한 것 때문인 줄을 알고서는 인간으로 변장을 하여 내려와서 아직 죽지 않고 남아있던 여동생에게 그가 재물을 감추어두었던 것을 알려주었다. 그리고 그것을 가지고 비구 승가에 보시하여 여동생도 천상에 가게 만들었다고 한다.(MA.iii. 413~414)

따라 경행을 하면서 이렇게 말했다.

"사문이시여, 법에 부합하는 출가의 삶은 없다는 생각이 듭니다. 그것은 존자님과 같은 분을 본 적이 없기 때문이거나 법을 보지 못했기 때문인지도 모르겠습니다."

3. 이와 같이 말하자 우데나 존자는 포행을 그만두고 원림으로 들어가서 마련된 자리에 앉았다. 고따무카 바라문도 역시 경행을 그만두고 원림으로 들어가서 한 곁에 섰다. 한 곁에 서 있는 고따무카 바라문에게 우데나 존자는 이렇게 말했다.

"바라문이여, 자리가 준비되어 있으니 그대가 원한다면 앉으시오."

"우데나 존자님을 기다리면서는 자리에 앉지 않습니다. 저 같은 사람이 어떻게 초청받기도 전에 자리에 앉으리라고 생각할 수 있겠습니까?"

4. 그러자 고따무카 바라문은 다른 낮은 자리를 잡고서 한 곁에 앉았다. 한 곁에 앉은 고따무카 바라문은 우데나 존자에게 이렇게 말했다.

"사문이시여, 법에 부합하는 출가의 삶은 없다는 생각이 듭니다. 그것은 존자님과 같은 분을 본 적이 없기 때문이거나 법을 보지 못했기 때문인지도 모르겠습니다."

"바라문이여, 만일 그대가 내 말에 동의하고 싶으면 동의하고, 논박하고 싶으면 논박하고, 내가 말한 뜻을 알지 못하겠으면 '우데나 존자여, 이것은 어떻게 되는 것입니까? 이 뜻은 무엇입니까?'라고 나에게 다시 더 질문을 하십시오. 이와 같이 해서 우리는 이 문제를 의논할 수 있을 것입니다."

"우데나 존자시여, 만일 제가 우데나 존자님의 말씀에 동의하고 싶으면 동의하고, 논박하고 싶으면 논박하고, 우데나 존자님이 말한 뜻을 알지 못하겠으면 [159] '우데나 존자님, 이것은 어떻게 됩니까? 이것의 뜻은 무엇입니까?'라고 우데나 존자님께 다시 더 질문하겠습니다. 이와 같이 우리가 이 문제를 의논해보면 좋겠습니다."

5. "바라문이여, 이 세상에는 네 부류의 사람들이 존재합니다.462) 무엇이 넷인가요?

바라문이여, 여기 어떤 자는 자신을 학대하여 자신을 학대하는 데 몰두합니다. 바라문이여, 여기 어떤 자는 남을 학대하여 남을 학대하는 데 몰두합니다. 바라문이여, 여기 어떤 사람은 자신을 학대하여 자신을 학대하는 데 몰두하고, 또 남을 학대하여 남을 학대하는 데 몰두합니다. 바라문이여, 여기 어떤 자들은 자신을 학대하지 않아서 자신을 학대하는 데 몰두하지 않고, 또 남을 학대하지 않아서 남을 학대하는 데 몰두하지 않습니다. 그는 자신도 학대하지 않고 남도 학대하지 않아서 지금·여기에서 갈애가 없고, [모든 오염원들이] 적멸하고, [안으로 열 받는 오염원들이 없어] 시원하고, [禪과 도와 과와 열반의] 행복을 경험하면서 스스로 고결하게 되어 머뭅니다. 바라문이여, 이들 네 부류의 사람들 가운데서 어떤 사람이 그대의 마음에 듭니까?"

"우데나 존자시여, 자신을 학대하여 자신을 학대하는 데 몰두하는 사람은 제 마음에 들지 않습니다. 우데나 존자시여, 남을 학대하여 남을 학대하는 데 몰두하는 사람도 제 마음에 들지 않습니다. 우데나 존자시여, 자신을 학대하여 자신을 학대하는 데 몰두하고, 또 남을 학대하여 남을 학대하는 데 몰두하는 사람도 제 마음에 들지 않습니

---

462) 여기서부터 다음 문단까지는 본서 제2권 「깐다라까 경」(M51)의 §§5~6과 동일함.

다. 우데나 존자시여, 자신을 학대하지 않아서 자신을 학대하는 데 몰두 하지 않고, 또 남을 학대하지 않아서 남을 학대하는 데 몰두하지 않는 사람은 자신도 학대하지 않고 남도 학대하지 않아서 지금·여기에서 갈애가 없고, [모든 오염원들이] 적멸하고, [안으로 열 받는 오염원들이 없어] 시원하고, [禪과 도와 과와 열반의] 행복을 경험하면서 스스로 고결하게 되어 머뭅니다. 이 사람이 제 마음에 듭니다."

6. "바라문이여, 그러면 왜 이 세 부류의 사람은 그대의 마음에 들지 않습니까?"

"우데나 존자시여, 자신을 학대하고 자신을 학대하는 데 몰두하는 사람은 스스로 행복을 원하고 괴로움을 싫어하면서도 자신을 괴롭히고 학대합니다. 그러므로 제 마음에 들지 않습니다. [160]

우데나 존자시여, 다른 사람을 학대하고 다른 사람을 학대하는 데 몰두하는 사람은 다른 사람이 행복을 원하고 괴로움을 싫어하는데도 다른 사람을 괴롭히고 학대합니다. 그러므로 제 마음에 들지 않습니다.

우데나 존자시여, 자신을 학대하고 자신을 학대하는 데 몰두하며, 다른 사람을 학대하고 다른 사람을 학대하는 데 몰두하는 사람은 자신과 다른 사람이 행복을 원하고 괴로움을 싫어하는데도 자신과 다른 사람을 괴롭히고 학대합니다. 그러므로 제 마음에 들지 않습니다.

우데나 존자시여, 자신을 학대하지 않아서 자신을 학대하는 데 몰두하지 않고, 또 남을 학대하지 않아서 남을 학대하는 데 몰두하지 않는 사람은 자신도 학대하지 않고 남도 학대하지 않아서 지금·여기에서 갈애가 없고, [모든 오염원들이] 적멸하고, [안으로 열 받는 오염원들이 없어] 시원하고, [禪과 도와 과와 열반의] 행복을 경험하면서 스스로 고결하게 되어 머뭅니다. 이 사람이 제 마음에 듭니다."

7. "바라문이여, 두 부류의 무리들이 있습니다. 무엇이 둘인가요? 바라문이여, 여기 어떤 무리들은 보석으로 만든 귀걸이들에 강한 욕망을 가지고 있고 처자를 구하고 하인과 하녀를 구하고 전답과 땅을 구하고 금과 은을 구합니다. 바라문이여, 그런데 여기 어떤 무리들은 보석으로 만든 귀걸이들에 강한 욕망을 가지고 있지 않고 처자를 버리고 하인과 하녀를 버리고 전답과 땅을 버리고 금과 은을 버리고 집을 나와 출가했습니다.

바라문이여, 여기 [그대의 마음에 드는 사람인] 자신을 학대하지 않아서 자신을 학대하는 데 몰두하지 않고, 또 남을 학대하지 않아서 남을 학대하는 데 몰두하지 않는 사람은 자신도 학대하지 않고 남도 학대하지 않아서 지금·여기에서 갈애가 없고, [모든 오염원들이] 적멸하고, [안으로 열 받는 오염원들이 없어] 시원하고, [禪과 도와 과와 열반의] 행복을 경험하면서 스스로 고결하게 되어 머뭅니다.

바라문이여, 그러면 그대는 어떤 무리 중에 이런 사람을 더 많이 봅니까? 보석으로 만든 귀걸이들에 강한 욕망을 가지고 있고 처자를 구하고 하인과 하녀를 구하고 전답과 대지를 구하고 금과 은을 구하는 무리들입니까? 아니면 보석으로 만든 귀걸이들에 강한 욕망을 가지고 있지 않고 처자를 버리고 하인과 하녀를 버리고 전답과 대지를 버리고 금과 은을 버리고 집을 나와 출가한 무리들입니까?" [161]

"우데나 존자시여, [제 마음에 드는 사람인] 자신을 학대하지 않아서 자신을 학대하는 데 몰두하지 않고, 또 남을 학대하지 않아서 남을 학대하는 데 몰두하지 않는 사람은 자신도 학대하지 않고 남도 학대하지 않아서 지금·여기에서 갈애가 없고, [모든 오염원들이] 적멸하고, [안으로 열 받는 오염원들이 없어] 시원하고, [禪과 도와 과와 열반의] 행복을 경험하면서 스스로 고결하게 되어 머뭅니다.

이런 사람은 보석으로 만든 귀걸이들에 강한 욕망을 가지고 있지 않고 처자를 버리고 하인과 하녀를 버리고 전답과 대지를 버리고 금과 은을 버리고 집을 나와 출가한 무리들 가운데서 많이 보게 됩니다."

8. "바라문이여, 그런데 방금 그대는 '사문이시여, 법에 부합하는 출가의 삶은 없다는 생각이 듭니다. 그것은 존자님과 같은 분을 본 적이 없기 때문이거나 법을 보지 못했기 때문인지도 모르겠습니다.'라고 말한 것으로 알고 있습니다."

"우데나 존자시여, 참으로 저는 배우기 위해서 그런 말씀을 드렸습니다. '법에 부합하는 출가의 삶이 있다는 생각이 듭니다.'라고 우데나 존자께서는 이렇게 저를 받아주소서. 우데나 존자께서 네 부류의 사람에 대해서 간략하게 말씀하셨고 상세하게 설명해주시지 않으셨습니다. 우데나 존자께서는 연민심을 내시어 이 네 부류의 사람을 상세하게 분석해주십시오."

9. "바라문이여, 그렇다면 듣고 잘 마음에 잡도리하십시오. 나는 설하겠습니다."

"그러겠습니다, 존자시여."라고 고따무카 바라문은 우데나 존자에게 대답했다.

우데나 존자는 이렇게 설하였다.

10. ~ *30.* "바라문이여, 그러면 어떤 사람이 자신을 학대하고 자신을 학대하는 데 몰두하는 사람인가요? 비구들이여, 여기 어떤 자는 나체수행자이고, 관습을 거부하며 살고 … [162] …

<본서 제2권 「깐다라까 경」(M51) §§8~28와 같음.>

… 그는 자신도 학대하지 않고 남도 학대하지 않아서 지금 · 여기

에서 갈애가 없고, [모든 오염원들이] 적멸하고, [안으로 열 받는 오염원들이 없어] 시원하고, [禪과 도와 과와 열반의] 행복을 경험하면서 스스로 고결하게 되어 머뭅니다."

31. 이와 같이 설하자 고따무카 바라문은 우데나 존자에게 이렇게 말했다.

"경이롭습니다, 우데나 존자시여. 경이롭습니다, 우데나 존자시여. 마치 넘어진 자를 일으켜 세우시듯, 덮여있는 것을 걷어내 보이시듯, [방향을] 잃어버린 자에게 길을 가리켜주시듯, 눈 있는 자 형상을 보라고 어둠 속에서 등불을 비춰주시듯, 우데나 존자께서는 여러 가지 방편으로 법을 설해주셨습니다. 저는 이제 우데나 존자께 귀의하옵고 법과 비구 승가에 귀의합니다. 우데나 존자께서는 저를 재가신자로 받아주소서. 오늘부터 목숨이 붙어 있는 그날까지 귀의하옵니다."

32. "바라문이여, 그대는 나에게 귀의하지 마십시오. 내가 귀의한 세존께 귀의하십시오."

"우데나 존자시여, 지금 그분 세존·아라한·정등각자께서는 어디에 머물고 계십니까?"

"바라문이여, 지금 그분 세존·아라한·정등각자께서는 완전한 열반에 드셨습니다."463)

---

463) '완전한 열반에 드셨습니다.'는 parinibbuta를 문맥에 맞추어 옮긴 것인데, 이것은 반열반(般涅槃)으로 옮겨지는 parinibbāna의 형용사이다. 부처님이 완전한 열반에 드신 과정은 『디가 니까야』 제2권 「대반열반경」(D16) §§6.7~6.10에 나타나며, 이것은 『상윳따 니까야』 제1권 「반열반 경」(S6:15)과 같은 내용이다.
그리고 이 반열반을 무여열반(anupādisesa-nibbāna)이라 부르는데 무여열반과 유여열반에 대해서는 「대반열반경」(D16) §3.20의 주해를 참조하고, 특히 본서 「수낙캇따 경」(M105) §19의 주해를 참조할 것.

"우데나 존자시여, 만일 제가 듣기를, 그분 세존께서 십 유순이나 떨어진 곳에 계신다고 하더라도 저는 그분 세존 · 아라한 · 정등각자를 친견하러 십 유순을 갈 것입니다. 만일 제가 듣기를, 그분 세존께서 이십 유순이나 떨어진 곳에 … 삼십 유순이나 떨어진 곳에 … 사십 유순이나 떨어진 곳에 …오십 유순이나 떨어진 곳에 계신다고 하더라도 저는 그분 세존 · 아라한 · 정등각자를 친견하러 오십 유순을 갈 것입니다. 만일 제가 듣기를, 그분 세존께서 백 유순이나 [163] 떨어진 곳에 계신다고 하더라도 저는 그분 세존 · 아라한 · 정등각자를 친견하러 백 유순을 갈 것입니다.

우데나 존자시여, 세존께서는 완전한 열반에 드셨지만 저는 완전한 열반에 드신 그분 세존께 귀의하옵고 법과 비구 승가에 또한 귀의합니다. 우데나 존자께서는 저를 재가신자로 받아주소서. 오늘부터 목숨이 붙어 있는 그날까지 귀의하옵니다."

33. "우데나 존자시여, 앙가의 국왕은 제게 매일 보시를 합니다. 그중에서 일부를 저는 우데나 존자님께 매일 보시하겠습니다."

"바라문이여, 그런데 앙가의 국왕은 그대에게 어떤 보시를 매일 베풉니까?"

"우데나 존자시여, 오백 까하빠나464)입니다."

"바라문이여, 우리는 금이나 은을 받을 수 없습니다."

"만일 우데나 존자께서 받으실 수 없다면 우데나 존자께 승원을 지어드리겠습니다."

"바라문이여, 만일 그대가 원림을 짓고자 한다면 빠딸리뿟따465)

---

464) '까하빠나(kahāpaṇa)'는 그 시대의 화폐 단위였다. Singh, Life in North-Eastern India, pp. 255~257을 참조할 것.

465) 빠딸리뿟따(Pāṭaliputta, Sk. 빠딸리뿌뜨라, Paṭaliputra)는 지금 인도 비

에 승가의 집회소를 만드십시오."

"우데나 존자께서는 제게 승가에 보시하도록 제안하시니 저는 더욱더 마음이 흡족하고 기쁩니다. 우데나 존자시여, 그런 저는 이 일상적인 보시와 또 다른 일상적인 보시로 빠딸리뿟따에 승가의 집회소를 짓겠습니다."

그러자 고따무카 바라문은 이 일상적인 보시와 또 다른 일상적인 보시로 빠딸리뿟따에 승가의 집회소를 지었다. 그것은 지금 고따무카라고 불린다.

고따무카 경(M94)이 끝났다.

하르 주의 주도인 빠뜨나(Patna)의 옛 이름이다. 『디가 니까야』 제2권 「대반열반경」(D16) §1.19이하와 §1.26에는 빠딸리 마을(Pāṭaligāma)을 확장하여 빠딸리뿟따 도시가 건설되는 것이 언급되고 있으며, 세존께서는 이 도시는 번창한 최고의 도시가 될 것이라고 예언하셨다.(D16 §1.28) 세존의 예언대로 그 후 빠딸리 마을(gāma)은 빠딸리뿟따(Sk. Paṭaliputra)로 불리게 되며 마우리야(Maurya) 왕조, 굽따(Gupta) 왕조 등 역대 인도 통일 국가의 수도로 그 이름을 떨쳤다.

짱끼 경

Caṅkī Sutta(M95)

1. 이와 같이 나는 들었다. [164] 한때 세존께서는 많은 비구 승가와 함께 꼬살라에서 유행하시다가 오빠사다라는 꼬살라의 바라문 마을에 도착하셨다. 거기서 세존께서는 오빠사다의 북쪽에 있는 천신의 숲이라는 살라 나무숲에 머무셨다.

2. 그 무렵 짱끼 바라문466)은 오빠사다를 다스리고 있었는데 유정들이 붐비고 풀, 나무, 물, 곡식이 풍부하였으며 빠세나디 꼬살라 왕이 왕의 하사품이자 거룩한 마음의 표시로 그에게 영지(領地)로

---

466) 짱끼 바라문(Caṅkī brāhmaṇa)은 부처님 당시에 유명했던 바라문이다. 그래서 본서 「와셋타 경」(M98) §2와 「수바 경」(M99) §13과 『디가 니까야』 제1권 「암밧타 경」(D3) §1.1과 「삼명경」(D13) §2 등에는 짱끼 바라문, 따룩카 바라문, 뽁카라사띠 바라문, 자눗소니 바라문, 또데야 바라문과 다른 아주 잘 알려진 바라문의 큰 가문 출신들이 잇차낭갈라에 살고 있었다고 언급되고 있다. 여기에 대해서는 본서 「와셋타 경」(M98) §2와 주해를 참조할 것.
그리고 『디가 니까야』 제1권 「삼명경」(D13) §2에는 이들이 마나사까따에 많이 머물고 있었다고 나타난다. 이처럼 짱끼 바라문은 일련의 바라문들 가운데서 제일 먼저 언급되고 있다. 이 이외에 그와 관계된 경들은 니까야에 나타나지 않는다.

준 곳이었다.467)

3. 오빠사다에 사는 바라문 장자들은 이렇게 들었다.

"사꺄의 후예이고, 사꺄 가문에서 출가한 사문 고따마라는 분이 많은 비구 승가와 함께 꼬살라에서 유행하시다가 오빠사다라는 꼬살라의 바라문 마을에 도착하셨다. … <본서 「브라흐마유 경」(M91) §3과 같음> … 참으로 그러한 아라한을 뵙는 것은 축복이다."

4. 그러자 오빠사다에 사는 바라문 장자들은 무리를 짓고 떼를 지어 오빠사다를 떠나 북쪽으로 천신의 숲이라는 살라 나무숲으로 갔다.

5. 그 즈음에 짱끼 바라문은 대궐의 윗층에서 오후의 휴식을 취하고 있었다. 짱끼 바라문은 오빠사다에 사는 바라문 장자들이 무리를 짓고 떼를 지어 오빠사다를 출발하여 북쪽으로 천신의 숲이라는 살라 나무숲으로 가는 것을 보았다. 보고서는 무관을 불러서 말했다.

"여보시오, 무관. 왜 오빠사다에 사는 바라문 장자들이 무리를 짓고 떼를 지어 오빠사다를 출발하여 북쪽으로 천신의 숲이라는 살라

---

467) '빠세나디 꼬살라 왕이 왕의 하사품이자 거룩한 마음의 표시로 그에게 영지(領地)로 준 곳이었다.'는 rājabhoggaṁ raññā pasenadinā kosalena dinnaṁ rājadāyaṁ brahmadeyyaṁ를 옮긴 것이다. 영지는 rāja bhogga를 옮긴 것이고, 왕의 하사품은 rājadāya를, 거룩한 마음의 표시는 brahmadeyya를 옮긴 것이다.
니까야에는 이런 정형구로 왕들이 바라문이나 유력한 사람들에게 영지를 하사하는 경우가 몇 군데 나타난다. 『디가 니까야』 제1권 「암밧타 경」(D3) §1.1에서는 빠세나디 꼬살라 왕이 뽁카라사띠 바라문에게 영지를 하사하고, 「소나단다 경」(D4) §1에는 빔비사라 마가다 왕이 소나단다 바라문에게, 「꾸따단따 경」(D5) §1에는 빔비사라 마가다 왕이 꾸따단따 바라문에게, 「로힛짜 경」(D12) §1에는 빠세나디 꼬살라 왕이 로힛짜 바라문에게, 제2권 「빠야시 경」(D23) §1에는 빠세나디 꼬살라 왕이 빠야시 태수에게 영지를 하사하는 것이 본 정형구를 통해서 나타나고 있다.

나무숲으로 가고 있는가?”

6. “짱끼 존자시여, 사꺄의 후예이고, 사꺄 가문에서 출가한 사문 고따마라는 분이 많은 비구 승가와 함께 꼬살라에서 유행하시다가 오빠사다라는 꼬살라의 바라문 마을에 도착했습니다. 오빠사다에 사는 바라문 장자들은 이렇게 들었습니다. ‘… 참으로 그러한 아라한을 뵙는 것은 축복이다.’라고. 이들은 그분 고따마 존자를 뵈러 갑니다.”

“여보시오, 무관. 그렇다면 오빠사다에 사는 바라문 장자들에게 가서 ‘존자들이여, 짱끼 바라문이 ‘존자들은 조금만 기다리시오. 짱끼 바라문도 사문 고따마를 친견하러 갈 것입니다.’라고 말씀하십니다.’라고 이렇게 말하시오.”

“알겠습니다, 존자시여.”라고 그 무관은 짱끼 바라문에게 대답하고 [165] 오빠사다에 사는 바라문 장자들을 만나러 가서 이렇게 말했다.

“존자들이여, 짱끼 바라문이 다음과 같이 말씀하십니다. ‘존자들은 조금만 기다리시오. 짱끼 바라문도 사문 고따마를 친견하러 갈 것입니다.’라고.”

7. 그 무렵 오백여 명의 여러 지방 출신 바라문들이 어떤 볼일이 있어 사왓티에 머물고 있었다. 그때 그 바라문들은 ‘짱끼 바라문도 사문 고따마를 친견하러 갈 것이다.’라고 들었다. 그러자 그 바라문들은 짱끼 바라문을 만나러 갔다. 가서는 짱끼 바라문에게 이렇게 말했다.

“짱끼 존자께서 사문 고따마를 만나러 갈 것이라는 것이 사실입니까?”

“존자들이여, 그렇습니다. 나도 역시 사문 고따마를 친견하러 갈 것입니다.”

8. "짱끼 존자께서는 사문 고따마를 만나러 가지 마십시오.468) 짱끼 존자께서 사문 고따마를 만나러 가는 것은 어울리지 않습니다. 반대로 사문 고따마가 짱끼 존자를 친견하러 오는 것이 어울립니다.

(1) 참으로 짱끼 존자는 모계와 부계의 양쪽 모두로부터 순수혈통을 이어왔고 일곱 선대 동안 태생에 관한 한 공격받을 일이 없고 나무랄 데가 없습니다. 짱끼 존자는 태생에 관한 한 양쪽 모두로부터 좋은 태생이므로 이런 점 때문에 짱끼 존자께서 사문 고따마를 만나러 가는 것은 어울리지 않습니다. 반대로 사문 고따마가 짱끼 존자를 친견하러 오는 것이 어울립니다.

(2) 참으로 짱끼 존자께서는 큰 재물과 큰 재산을 가진 부자이십니다. 짱끼 존자는 큰 재물과 큰 재산을 가진 부자이므로 이런 점 때문에 짱끼 존자께서 사문 고따마를 만나러 가는 것은 어울리지 않습니다. 반대로 사문 고따마가 짱끼 존자를 친견하러 오는 것이 어울립니다.

(3) 참으로 짱끼 존자께서는 세 가지 베다에 통달했고, 어휘와 제사와 음운과 어원과 다섯 번째로 역사에 정통했고, 언어와 문법에 능숙했고, 세간의 철학과 대인상에 능통했습니다. …

(4) 참으로 짱끼 존자께서는 수려하고 멋지고 훤하며 최상의 외모를 갖추고 기품 있는 아름다움과 당당한 위세를 가졌으며 친견하기에 모자람이 없는 분이십니다. …

(5) 참으로 짱끼 존자께서는 계를 갖춘 분이며 계행이 원만하고 원

---

468) 본경 §§8~9는 『디가 니까야』 제1권 「소나단다 경」(D4) §§5~6과 「꾸따단따 경」(D5) §§6~7과 거의 같은 내용을 담고 있다. 본경 §8에는 짱끼 바라문의 10가지 자질이 나타나지만 「소나단다 경」(D4) §5와 「꾸따단따 경」(D5) §6에는 소나단다 바라문과 꾸따단따 바라문의 12가지 자질이 나타난다. 이 두 경의 첫 번째와 아홉 번째 특질이 본경에는 빠져있다. 그리고 「소나단다 경」(D4) §6과 「꾸따단따 경」(D5) §7에는 부처님의 29가지 특질이 나타나지만 본경 §9에는 부처님의 20가지 특질이 나타나고 있다.

숙한 계행을 구족하셨습니다. …

(6) 참으로 짱끼 존자께서는 선한 말씀을 하시고 선한 말씨를 가졌고 [166] 예의바르고 명확하고 흠이 없고 뜻을 바르게 전달하는 언변을 구족하셨습니다. …

(7) 참으로 짱끼 존자께서는 많은 스승들의 스승이시고 삼백 명의 바라문 학도들에게 만뜨라를 가르치십니다. …

(8) 참으로 짱끼 존자께서는 빠세나디 꼬살라 왕에게 존경받고 존중받고 공경받고 숭배받고 경배받습니다. …

(9) 참으로 짱끼 존자께서는 뽁카라사띠 바라문469)에게 존경받고 존중받고 공경받고 숭배받고 경배받습니다. …

(10) 참으로 짱끼 존자께서는 유정들이 붐비고 풀, 나무, 물, 곡식이 풍부하며 빠세나디 꼬살라 왕이 왕의 하사품으로 바라문에게 영지로 준 오빠사다를 다스리고 계십니다. 짱끼 존자는 유정들이 붐비고 풀, 나무, 물, 곡식이 풍부하며 빠세나디 꼬살라 왕이 왕의 하사품으로 존자에게 영지(領地)로 준 이 오빠사다를 다스리고 계시므로 이런 점들 때문에 짱끼 존자께서 사문 고따마를 만나러 가는 것은 어울리지

469) 뽁카라사띠 바라문(Pokkharasāti brāhmaṇa)은 짱끼 바라문(Caṅkī brāhmaṇa)처럼 부처님 당시에 유명했던 바라문이다.(본서 「짱끼 경」(M95) §2의 주해 참조) 그는 『디가 니까야』 제1권 「암밧타 경」(D3)에서 자신의 도제였던 암밧타 바라문 학도(Ambaṭṭha māṇava)에게 정말로 세존이 여래십호에 걸맞는 그런 분인지 아닌지를 알아오라고 보낸다. 이렇게 해서 「암밧타 경」(D3)은 전개가 되는 것이다. 그리고 그는 「암밧타 경」을 통해서 부처님의 신도가 된다.
본서 「수바경」(M99) §10에 의하면 그의 전체 이름은 Pokkharasāti Opa-mañña Subhagavanika(수바가 숲의 소유자이고 우빠만냐 성을 가진 뽁카라사띠 바라문)이다. 여기서 오빠만냐(Opamañña)는 우빠만냐(Upamañña)라는 족성을 가진 자를 뜻하고, 수바가와니까(Subhaga-vanika)는 수바가 숲에 사는 자라는 뜻으로, 사는 지역을 뜻한다.
그리고 본서 「와셋타 경」(M98) 등에 나타나는 와셋타(Vāseṭṭha)는 뽁카라사띠의 상수제자였다고 한다.(M98 §7; DA.ii.399; SnA.ii.463)

않습니다. 반대로 사문 고따마가 짱끼 존자를 친견하러 오는 것이 옳습니다."

9. 이렇게 말하자 짱끼 바라문은 그 바라문들에게 이렇게 말하였다.

"존자들이여, 그렇다면 왜 내가 그분 고따마 존자를 친견하러 가는 것이 옳고 그분 고따마 존자께서 나를 만나러 오는 것이 어울리지 않은지, 내 말을 들어보시오.

(1) 존자들이여, 참으로 사문 고따마께서는 모계와 부계의 양쪽 모두로부터 순수혈통을 이어왔고 일곱 선대 동안 태생에 관한 한 공격받을 일이 없고 나무랄 데가 없습니다. 고따마 존자께서는 태생에 관한 한 양쪽 모두로부터 좋은 태생이므로 이런 점 때문에 그분 고따마 존자께서 나를 만나러 오는 것은 어울리지 않습니다. 반대로 내가 그분 고따마 존자를 친견하러 가는 것이 옳습니다.

(2) 존자들이여, 사문 고따마께서는 지하에 묻어두고 금고에 저장해온 아주 많은 금화와 황금 덩이를 버리고 출가하셨습니다. …

(3) 존자들이여, 사문 고따마께서는 연소하고 젊고 머리가 검고 축복받은 젊음을 구족한 초년기에 집을 떠나 출가하셨습니다. …

(4) 존자들이여, 사문 고따마께서는 부모님이 원치 않아 눈물을 흘리며 통곡하심에도 불구하고 삭발을 하고 가사를 입고 집을 떠나 출가하셨습니다. …

(5) 존자들이여, 사문 고따마께서는 수려하고 멋지고 훤하며 최상의 외모를 갖추고 [167] 기품 있는 아름다움과 당당한 위세를 가졌으며 친견하기에 모자람이 없는 분이십니다. …

(6) 참으로 고따마 존자께서는 계를 갖춘 분이며 계행이 원만하고 원숙한 계행을 구족하셨습니다. …

(7) 참으로 고따마 존자께서는 선한 말씀을 하시고 선한 말씨를 가졌고 예의바르고 명확하고 흠이 없고 뜻을 바르게 전달하는 언변을 구족하셨습니다. …

(8) 존자들이여, 사문 고따마께서는 많은 스승들의 스승이십니다. …

(9) 존자들이여, 사문 고따마께서는 감각적 욕망을 멸진했고470) 허영심이 없으십니다.471) …

(10) 존자들이여, 사문 고따마께서는 업을 설하시고 도덕적 행위를 설하시며 바라문 사람들에게 아무런 해악을 도모하지 않습니다. …

(11) 존자들이여, 사문 고따마께서는 귀족 가문에서, 최초의 끄샤뜨리야 가문472)에서 출가하셨습니다. …

(12) 존자들이여, 사문 고따마께서는 큰 재물과 큰 재산을 가진 부유한 가문에서 출가셨습니다. …

(13) 존자들이여, 사문 고따마께 질문하기 위해 먼 왕국과 먼 지방에서 사람들이 옵니다. …

(14) 존자들이여, 수천 명의 천신들이 사문 고따마께 목숨 바쳐 귀

---

470) "'감각적 욕망을 멸진했다(khīṇa-kāmarāga).'고 했다. 세존께서는 [감각적 욕망뿐만 아니라] 모든 오염원들(kilesā)을 다 없앴지만, 이 바라문은 그것을 알지 못한다. 자기가 아는 선(jānana-ṭṭhāna)에서 그 공덕(guṇa)을 말했을 뿐이다."(MA.iii.422)

471) "'허영심(cāpalla)이 없다.'는 것은 발우에 대한 화려함(patta-maṇḍanā), 옷(cīvara)에 대한 화려함, 거처(senāsana)에 대한 화려함 등이 없다는 뜻이다."(MA.iii.422)

472) '최초의 끄샤뜨리야 가문'은 Ee, Se의 ādīna-khattiya-kulā를 옮긴 것이다. 여기서 ādīna의 뜻이 명확하지 않은데 주석서에서도 설명이 없다. Be에는 asambhinnā-khattiya-kulā(섞이지 않은 즉 순수한 끄샤뜨리야 가문)라고 나타난다. 역자는 ādīna라는 단어가 ādi(시작, 처음)에서 비롯되었다고 여겨서 '최초의, 본래의'라는 뜻으로 이렇게 옮겼다. 냐나몰리 스님도 '*original*'로 옮겼다.

의합니다. …

⒂ 존자들이여, 사문 고따마께는 이러한 좋은 명성이 따릅니다. '이런 [이유로] 그분 세존께서는 아라한[應供]이시며, 바르게 완전히 깨달은 분[正等覺]이시며, 명지와 실천을 구족한 분[明行足]이시며, 피안으로 잘 가신 분[善逝]이시며, 세간을 잘 알고 계신 분[世間解]이시며, 가장 높은 분[無上士]이시며, 사람을 잘 길들이는 분[調御丈夫]이시며, 하늘과 인간의 스승[天人師]이시며, 부처님[佛]이시며, 세존(世尊)이시다.'라고. …

⒃ 존자들이여, 사문 고따마께서는 서른두 가지 대인상을 구족하셨습니다. …

⒄ 존자들이여, 마가다의 세니야 빔비사라 왕이 처자와 함께 목숨 바쳐 사문 고따마께 귀의했습니다. …

⒅ 존자들이여, 빠세나디 꼬살라 왕이 처자와 함께 목숨 바쳐 사문 고따마께 귀의했습니다. …

⒆ 존자들이여, 뽁카라사띠 바라문이 처자와 함께 목숨 바쳐 사문 고따마께 귀의했습니다. …

⒇ 존자들이여, 사문 고따마께서는 오빠사다에 도착하셔서 오빠사다의 북쪽에 있는 천신의 숲이라는 살라 나무숲에 머무십니다. 그런데 어떤 사문들이든 바라문들이든 우리 마을에 오시면 우리의 손님들이십니다. 우리는 손님들을 존경하고 존중하고 공경하고 숭배해야 합니다.

존자들이여, 사문 고따마께서 오빠사다에 도착하셔서 오빠사다의 북쪽에 있는 천신의 숲이라는 살라 나무숲에 머무십니다. 사문 고따마께서는 우리의 손님이십니다. 우리는 손님들을 존경하고 존중하고 공경하고 숭배해야 합니다. 이런 점 때문에 그분 고따마 존자께서 나를 만나러 오는 것은 어울리지 않습니다. 반대로 내가 그분 고따마 존자를 친견하러 가는 것이 옳습니다.

내가 알고 있는 고따마 존자의 뛰어난 점은 이 정도까지입니다. 그러나 그분 고따마 존자의 뛰어난 점은 이것이 다가 아닙니다. 참으로 그분 고따마 존자의 뛰어난 점은 한량이 없습니다. [168]

존자들이여, 이런 각각의 특성을 구족하고 있기 때문에 그분 고따마 존자께서 나를 만나러 오는 것은 옳지 않습니다. 내가 그분 고따마 존자를 친견하러 가는 것이 어울립니다. 존자들이여, 그러니 우리 모두 사문 고따마를 친견하러 갑시다."

10. 그러자 짱끼 바라문은 많은 바라문 무리와 함께 세존을 뵈러 갔다. 뵈러 가서 세존과 함께 환담을 나누었다. 유쾌하고 기억할만한 이야기로 서로 담소를 하고서 한 곁에 앉았다.

11. 그때 세존께서는 연로한 바라문들과 함께 이런저런 기억할 만한 이야기로서 담소를 나누시고 앉아 계셨다. 그때 젊고 삭발을 했고 열여섯 살이었으며, 세 가지 베다에 통달했고, 어휘와 제사와 음운과 어원과 다섯 번째로 역사에 정통했고, 언어와 문법에 능숙했고, 세간의 철학과 대인상에 능통한 까빠티까라는 바라문 학도가 있었는데, 그가 그 회중에 앉아있었다. 그는 연로한 바라문들이 세존과 함께 대화를 나누는 도중에 끼어들어 방해했다. 그러자 세존께서는 까빠티까 바라문 학도를 꾸짖으셨다.

"바라드와자 존자는 연로한 바라문들이 대화를 나눌 때 끼어들어 방해하지 마라. 바라드와자 존자는 이야기가 끝날 때까지 기다려라."

이렇게 말씀하시자 짱끼 바라문은 세존께 이렇게 말씀드렸다.

"고따마 존자께서는 까빠티까 바라문 학도를 꾸짖지 마십시오. 까빠티까 바라문 학도는 좋은 가문의 아들입니다. 까빠 티까 바라문 학도는 많이 배웠습니다. 까빠티까 바라문 학도는 선한 말씨를 가졌습니다. 까빠티까 바라문 학도는 현명합니다. 까빠티까 바라문 학도는 고따마 존자와 함께 이 담론에 동참할 능력이 있습니다."

12. 그러자 세존께 이런 생각이 드셨다.

"바라문들이 이렇게 그를 칭송하다니 참으로 [169] 까빠티까 바라문 학도는 세 가지 베다에 통달을 했나보다."

그때 까빠티까 바라문 학도에게 이런 생각이 들었다.

"사문 고따마가 내게 시선을 주면 그때 나는 사문 고따마께 질문을 하리라."

그러자 세존께서는 당신의 마음으로 까빠티까 바라문 학도의 마음을 아시고 까빠티까 바라문 학도에게 시선을 보내셨다. 그러자 까빠티까 바라문 학도에게 이런 생각이 들었다.

"사문 고따마가 내게 시선을 주었다. 나는 이제 사문 고따마께 질문을 하리라."

그러자 까빠티까 바라문 학도는 세존께 이렇게 말씀드렸다.

"고따마 존자시여, 이러이러하다고 전승되어오고 성전으로 전해 온 바라문들의 오래된 만뜨라를 의지하여 바라문들은 '이것만이 진리이고 다른 것은 헛된 것이다.'라는 결정적인 결론을 갖고 있습니다. 여기에 대해 고따마 존자께서는 어떻게 말씀하십니까?"

13. "바라드와자여,473) 그런데 모든 바라문들 가운데 단 한 명의 바라문이라도 '나는 이것을 알고 나는 이것을 본다. 이것만이 진리이

---

473) 본서 「짱끼 경」(M95) §13과 「수바 경」(M99) §9에도 본경 §13과 같은 내용이 나타난다.

고 다른 것은 헛되다.'라고 말한 자가 있는가?"

"없습니다, 고따마 존자시여."

"바라드와자여, 그런데 바라문들 가운데 단 한 명의 스승이라도, 단 한 명의 스승들의 스승이라도, 이렇게 해서 일곱 선대 스승에 이르기까지 '나는 이것을 알고 나는 이것을 본다. 이것만이 진리이고 다른 것은 헛되다.'라고 말한 자가 있는가?"

"없습니다, 고따마 존자시여."

"바라드와자여, 바라문들의 선조로서 만뜨라를 만들고 만뜨라를 설하는 선인들이 있었다. 지금의 바라문들은 [그 선조들이] 노래하고 설하고 모은 오래된 만뜨라 구절들을 따라 노래하고 따라 설하고 설한 것을 다시 따라 설하고 말한 것을 따라 말하는데, 예를 들면 그들은 앗타까, 와마까, 와마데와, 웻사밋따, 야마딱기, 앙기라사, 바라드와자, 와셋타, 깟사빠, 바구474) 등이다. 이들도 '나는 이것을 알고 나는 이것을 본다. 이것만이 진리이고 다른 것은 헛되다.'라고 이렇게 말한 적이 있는가?" [170]

"없습니다, 고따마 존자시여."

"바라드와자여, 참으로 바라문들 가운데 어느 누구도 '나는 이것을

---

474) '앗타까, 와마까, 와마데와, 웻사밋따, 야마딱기, 앙기라사, 바라드와자, 와셋타, 깟사빠, 바구'는 각각 Aṭṭhaka, Vāmaka, Vāmadeva, Vessāmitta, Yamataggi, Aṅgirasa, Bhāradvāja, Vāseṭṭha, Kassapa, Bhagu를 옮긴 것이다.
이들은 모두 당시의 유명한 바라문 족성들이다. 예를 들면 이 가운데 웻사밋따(Sk. Viśvāmitra)는 리그베다 3장을 전승해온 가문의 이름이며, 와마데와(Sk. Vāmadeva)는 4장을, 바라드와자(Bharadvāja)는 6장을, 와셋타(Sk. Vasiṣṭha)는 7장을 전승해온 가문의 이름이다. 불교문헌과 바라문교 문헌, 자이나 문헌 등 인도 여러 문헌에 빈번히 나타나는 족성들이기도 하다.
그리고 본문의 '바라문들의 선조로서 … 깟사빠, 바구 등으로'는 『디가 니까야』 제1권 「암밧타 경」(D3) §28과 「삼명경」(D13) §13과 『앙굿따라 니까야』 제3권 「도나 경」(A5:192) §2 등에도 나타난다.

알고 나는 이것을 본다. 이것만이 진리이고 다른 것은 헛되다.'라고 말한 자가 없다.

그리고 바라문들 가운데 어떤 스승도, 스승들의 어떤 스승도, 이렇게 해서 일곱 선대 스승들에 이르기까지 어느 누구도 '나는 이것을 알고 나는 이것을 본다. 이것만이 진리이고 다른 것은 헛되다.'라고 말한 자가 없었다.

그리고 바라문들의 선조 선인들이 만뜨라를 만들고 만뜨라를 설했고, 지금의 바라문들은 [그 선조들이] 노래하고 설하고 모은 오래된 만뜨라 구절들을 따라 노래하고 따라 설하고 설한 것을 다시 따라 설하고 말한 것을 따라 말하는데, 예를 들면 그들은 앗타까, 와마까, 와마데와, 웻사밋따, 야마딱기, 앙기라사, 바라드와자, 와셋타, 깟사빠, 바구 등이다. 이들도 '나는 이것을 알고 나는 이것을 본다. 이것만이 진리이고 다른 것은 헛되다.'라고 이렇게 말한 적이 없다.

바라드와자여, 마치 서로를 잡고 줄을 서 있는 장님과 같아서 맨 앞에 선 사람도 보지 못하고 가운데 사람도 보지 못하고 마지막 사람도 보지 못하는 것과 같다. 바라드와자여, 그와 같이 바라문들이 설한 것은 장님 줄 서기와 같아서[475] 맨 앞에 선 사람도 보지 못하고 가운데 사람도 보지 못하고 마지막 사람도 보지 못한다.

이를 어떻게 생각하는가, 바라드와자여. 이와 같다면 바라문들의 믿음은 근거가 없는 것으로 판명된 것이 아닌가?"

14. "고따마 존자시여, 여기서 바라문들은 단지 믿음으로만 이것

---

475) '장님 줄 서기와 같음' 혹은 우리에게 장님 줄 서기의 비유로 잘 알려진 것은 andhaveṇūpama를 옮긴 것이다. 이 비유는 본서 「짱끼 경」(M95) §13과 「수바 경」(M99) §9와 『디가 니까야』 제1권 「삼명경」(D13) §15에도 나타나고 있다.

을 존중하는 것만이 아니라 구전(口傳)이기 때문에 여기서 바라문들은 존중합니다."

"바라드와자여, 처음에 그대는 믿음을 주장하였고 이제 구전을 말하는구나.

바라드와자여, 이제 이들 다섯 가지 법들은 지금·여기에서 두 가지 과보를 가져온다. 무엇이 다섯 가지인가?

믿음, 찬성, 구전, 이론적인 추론, 사색하여 얻은 견해이다.476) 바라드와자여, 이들 다섯 가지 법들은 지금·여기에서 두 가지 과보를 가져온다.

바라드와자여, 믿음으로 완전히 받아들였더라도 공허하고 텅 비고 거짓으로 판명되기도 하고, 믿음으로 완전히 받아들이지 않았더라도 그것이 사실이고 진실이고 다르지 않은 것으로 판명되기도 한다.

---

476) '믿음', '찬성', '구전', '이론적인 추론', '사색하여 얻은 견해'는 각각 saddhā, ruci, anussava, ākāra-parivitakka, diṭṭhi-nijjhāna-khanti를 옮긴 것이다. 주석서는 이 다섯을 다음과 같이 설명하고 있다.
"① 어떤 사람은 남을 믿기 때문에 그가 말한 것은 사실이라고 받아들인다.
② 어떤 자는 앉아서 생각할 때 그가 좋아하는 이론(kāraṇa)에 대해 사실이라고 찬성하면서 받아들인다.
③ 어떤 자는 옛적부터 이렇게 전승되어 왔으니 이것은 사실이라고 구전(anussava)에 의해 받아들인다.
④ 어떤 자는 추론하여 하나의 이론을 확립한다. 그리하여 이것이 사실이라고 이론적인 추론을 통해(ākāra-parivitakka) 받아들인다.
⑤ 어떤 자는 생각을 할 때 하나의 나쁜 견해가 떠오른다. 그것으로 이론을 사색할 때 그것을 좋아한다. 그는 이것이 사실이라고 하면서 그 '사색하여 얻은 견해(diṭṭhi-nijjhāna-kkhanti)'를 받아들인다."(SA.ii.122)
한편 다른 주석서에서는 "④ '이론적인 추론(ākāra-parivitakka)'은 원인에 바탕한 추론(kāraṇa-vitakko)이라고도 한다. ⑤ '사색하여 얻은 견해(diṭṭhi-nijjhāna-kkhanti)'란 이론을 생각할 때 삿된 잘못된 믿음(pāpikā laddhi)이 일어나는데, 그것을 두고 '이것이 옳다.'라고 거머쥐는(gahaṇa) 이론을 말한다."(SA.ii.403)고 설명하고 있다.
복주서는 이런 견해는 있는 그대로 받아들인 것이 아니기 때문에 무지(aññāṇa)일 뿐이라고 설명한다.(SAṬ.ii.317)

바라드와자여, [171] 완전히 찬성한 것이라도 … 완전하게 구전된 것이라도 … 충분히 추론했더라도 … 철저하게 사색했더라도 그것이 공허하고 텅 비고 거짓으로 판명되기도 하고 철저하게 사색하지 않았더라도 그것이 사실이고 진실이고 다르지 않은 것으로 판명되기도 한다. 바라드와자여, 진리를 수호하는 지자가 '이것만이 진리이고 다른 것은 헛된 것이다.'라고 결정적인 결론에 도달하는 것은 옳지 않다."

15. "고따마 존자시여, 그러면 어떻게 해서 진리가 수호됩니까? 어떻게 해서 사람이 진리를 수호합니까? 우리는 진리를 수호하는 것에 대해 고따마 존자께 여쭙니다."

"바라드와자여, 만일 사람에게 믿음이 있다면 '나는 이러한 믿음이 있다.'라고 이렇게 말하면서 진리를 수호한다. 그러나 그는 아직은 '이것만이 진리이고 다른 것은 헛된 것이다.'라고 결정적인 결론에는 도달하지 않는다. 바라드와자여, 이런 방법으로 진리는 수호된다. 이런 방법으로 그는 진리를 수호한다. 이런 방법으로 우리는 진리를 수호하는 것을 설명한다. 그러나 아직은 진리를 발견한 것이 아니다.

바라드와자여, 만일 사람이 어떤 것을 찬성한다면 … 바라드와자여, 만일 사람이 구전을 받아들인다면 … 바라드와자여, 만일 사람이 이론을 추론한다면 … 바라드와자여, 만일 사람이 사색하여 견해를 얻는다면 '나는 사색하여 이러한 견해를 얻었다.'라고 이렇게 말하면서 진리를 수호한다. 그러나 그는 아직은 '이것만이 진리이고 다른 것은 헛된 것이다.'라고 결정적인 결론에는 도달하지 않는다. 바라드와자여, 이런 방법으로 진리는 수호된다. 이런 방법으로 그는 진리를 수호한다. 이런 방법으로 우리는 진리를 수호하는 것을 설명한다. 그러나 아직은 진리를 발견한 것이 아니다."

16. "고따마 존자시여, 그런 방법으로 진리는 수호됩니다. 그런 방법으로 그는 진리를 수호합니다. 그런 방법으로 우리는 진리의 수호를 인정합니다.

고따마 존자시여, 그러면 어떻게 해서 진리의 발견477)이 있습니까? 어떻게 해서 사람이 진리를 발견합니까? 우리는 진리의 발견에 대해 고따마 존자께 여쭙니다."

17. "바라드와자여, 여기 비구가 어떤 마을이나 성읍을 의지하여 머무는데, [172] 장자나 장자의 아들이 그를 찾아가 탐욕의 법들과 성냄의 법들과 어리석음의 법들의 세 가지 법들에 입각해서 [그를] 조사한다.478) '이 존자는 그의 마음이 탐욕의 법들에 휩싸여 알지 못하면서 '나는 안다.'라고 말하고 보지 못하면서 '나는 본다.'라고 하거나 혹은 다른 사람을 긴 세월동안 불이익과 고통의 길로 재촉하는 그런 탐욕의 법들이 있는 것은 아닌가?'라고.

그는 이렇게 그를 조사하여 '이 존자는 그의 마음이 탐욕의 법들에 휩싸여 알지 못하면서 '나는 안다.'라고 말하고, 보지 못하면서 '나는 본다.'라고 하거나, 혹은 다른 사람을 긴 세월동안 불이익과 고통의 길로 재촉하는 그런 탐욕의 법들이 없다. 참으로 이 존자의 몸의 행위와 말의 행위는 탐욕에 빠진 자의 행위와 다르다. 이 존자가 설하는 법은 심오하고 보기 어렵고 이해하기 어렵고 고요하고 수승하고 단순한 사유의 영역을 넘어섰고 미묘하여 오로지 현자만이 알아볼 수 있

---

477) "'진리의 발견(sacca-anubodha)'이란 도를 깨닫는 것(magga-anubodha)이다."(MA.iii.427)

478) 여기 본경의 §§17~20에 나타나고 있는 '조사(samannesanā)'에 대한 말씀은 본서 제2권 「검증자 경」(M47)에서 언급되고 있는 내용과 궤를 같이한다 할 수 있다.

다. 참으로 이런 법은 탐욕에 빠진 자가 쉽게 설할 수 없다.'라고 안다."

18. "그를 조사하여 탐욕의 법들로부터 청정함을 관찰한 후에 더 나아가서 성냄의 법들에 입각하여 그를 조사한다. '이 존자는 그의 마음이 성냄의 법들에 휩싸여 알지 못하면서 '나는 안다.'라고 말하고, 보지 못하면서 '나는 본다.'라고 하거나, 혹은 다른 사람을 긴 세월동안 불이익과 고통의 길로 재촉하는 그런 성냄의 법들이 있는 것은 아닌가?'라고.

그는 이렇게 그를 조사하여 '이 존자는 그의 마음이 성냄의 법들에 휩싸여 알지 못하면서 '나는 안다.'라고 말하고 보지 못하면서 '나는 본다.'라고 하거나 혹은 다른 사람을 긴 세월동안 불이익과 고통의 길로 재촉하는 그런 성냄의 법들이 없다. 참으로 이 존자의 몸의 행위와 말의 행위는 성냄에 빠진 자의 행위와 다르다. 이 존자가 설하는 법은 심오하고 보기 어렵고 이해하기 어렵고 고요하고 수승하고 단순한 사유의 영역을 넘어섰고 미묘하여 오로지 현자만이 알아볼 수 있다. 참으로 이런 법은 성냄에 빠진 자가 쉽게 설할 수 없다.'라고 안다."

19. "그를 조사하여 성냄의 법들로부터 청정함을 관찰한 후에 [173] 더 나아가서 어리석음의 법들에 입각하여 그를 조사한다. '이 존자는 그의 마음이 어리석음의 법들에 휩싸여 알지 못하면서 '나는 안다.'라고 말하고, 보지 못하면서 '나는 본다.'라고 하거나, 혹은 다른 사람을 긴 세월동안 불이익과 고통의 길로 재촉하는 그런 어리석음의 법들이 있는 것은 아닌가?'라고.

그는 이렇게 그를 조사하여 '이 존자는 그의 마음이 어리석음의 법들에 휩싸여 알지 못하면서 '나는 안다.'라고 말하고, 보지 못하면서

'나는 본다.'라고 하거나, 혹은 다른 사람을 긴 세월동안 불이익과 고통의 길로 재촉하는 그런 어리석음의 법들이 없다. 참으로 이 존자의 몸의 행위와 말의 행위는 어리석음에 빠진 자의 행위와 다르다. 이 존자가 설하는 법은 심오하고 보기 어렵고 이해하기 어렵고 고요하고 수승하고 단순한 사유의 영역을 넘어섰고 미묘하여 오로지 현자만이 알아볼 수 있다. 참으로 이런 법은 어리석음에 빠진 자가 쉽게 설할 수 없다.'라고 안다."

20. "그를 조사하여 어리석음의 법들로부터 청정함을 관찰한 후에 그는 그에게 믿음이 생긴다. 믿음이 생긴 자는 그를 친견한다. 친견하면서 공경한다. 공경하면서 귀를 기울인다. 귀 기울이면서 법을 배운다. 배우고 나서 법을 호지한다. 호지한 법들의 뜻을 자세히 살펴본다. 뜻을 자세히 살필 때에 법을 사유하여 받아들인다. 법을 사유하여 받아들이기 때문에 열의가 생긴다. 열의가 생길 때에 시도한다. 시도할 때 세밀하게 조사한다. 세밀하게 조사한 뒤 노력한다. 노력할 때 몸으로 최상의 진리를 실현하고 통찰지로써 그것을 꿰뚫어 본다.[479)]

바라드와자여, 이런 방법으로 진리의 발견이 있다. 이런 방법으로 그는 진리를 발견한다. 이런 방법으로 우리는 진리의 발견을 설명한다. 그러나 아직은 진리에 도달한 것이 아니다."

21. "고따마 존자시여, 그런 방법으로 진리의 발견이 있습니다. 그런 방법으로 그는 진리를 발견합니다. 그런 방법으로 우리는 진리의 발견을 인정합니다.

고따마 존자시여, 그러면 어떻게 해서 진리에 도달함[480)]이 있습

---

479) 여기에 대해서는 본서 제2권 「끼따기리 경」(M70) §23의 주해를 참조할 것.

니까? 어떻게 해서 사람이 진리에 도달합니까? 우리는 진리에 도달하는 것에 대해 고따마 존자께 여쭙니다." [174]

"바라드와자여, 진리에 도달하는 것은 그러한 법들[481]을 받들어 행하고 닦고 많이 공부짓는 데에 있다. 바라드와자여, 이런 방법으로 진리에 도달함이 있다. 이런 방법으로 그는 진리에 도달한다. 이런 방법으로 우리는 진리에 도달함을 설명한다."

22. "고따마 존자시여, 그런 방법으로 진리에 도달함이 있습니다. 그런 방법으로 그는 진리에 도달합니다. 그런 방법으로 우리는 진리에 도달함을 인정합니다.

고따마 존자시여, 그러면 진리에 도달하기 위해서는 어떤 법이 도움이 됩니까? 우리는 진리에 도달하는 데에 도움되는 법을 고따마 존자께 여쭙니다."

"바라드와자여, 진리에 도달하는 데에 노력[482]이 도움 된다. 만일 노력하지 않으면 진리에 도달할 수 없다. 노력하기 때문에 진리에 도달하는 것이다. 그러므로 진리에 도달하는 데에 노력이 도움 된다."

23. "고따마 존자시여, 노력을 위해서는 어떤 법이 도움 됩니까? 우리는 노력을 위해 도움되는 법을 고따마 존자께 여쭙니다."

"바라드와자여, 노력을 위해서는 세밀히 조사함이 도움 된다. 만일

---

480) "'진리에 도달함(sacca-anuppatti)'이란 과를 실현하는 것(phala-sacchi-kiriyā)이다."(MA.iii.427)

481) "'그러한 법들(tesaṁ dhammānaṁ)'이란 도와 관련된 법들(magga-sam-payutta-dhammā)을 말한다."(MA.iii.427)

482) "'노력(padhāna)'은 도의 노력(magga-padhāna)이다. 이 도의 노력은 과의 실현이라 불리는 진리에 도달하는 데(sacca-anuppatti) 도움이 된다. 도가 없으면 과가 없기 때문이다."(MA.iii.427)

세밀히 조사하지 않으면 노력할 수가 없다. 세밀히 조사하기 때문에 노력한다. 그러므로 노력하기 위해서는 세밀히 조사함이 도움 된다."

24. "고따마 존자시여, 세밀히 조사하기 위해서는 어떤 법이 도움 됩니까? 우리는 세밀히 조사하기 위해 도움되는 법을 고따마 존자께 여쭙니다."

"바라드와자여, 세밀히 조사하기 위해서는 시도함이 도움 된다. 만일 시도하지 않으면 세밀히 조사할 수 없다. 시도하기 때문에 세밀히 조사한다. 그러므로 세밀히 조사하기 위해서는 시도함이 도움 된다."

25. "고따마 존자시여, 시도하기 위해서는 어떤 법이 도움 됩니까? 우리는 시도하기 위해 도움되는 법을 고따마 존자께 여쭙니다."

"바라드와자여, 시도하기 위해 열의가 도움 된다. 만일 열의가 생기지 않으면 시도할 수 없다. 열의가 생기기 때문에 시도한다. 그러므로 시도하기 위해서는 열의가 도움 된다."

26. "고따마 존자시여, 열의를 위해서는 어떤 법이 도움 됩니까? [175] 우리는 열의를 위해 도움되는 법을 고따마 존자께 여쭙니다."

"바라드와자여, 열의를 위해서는 법을 사유하여 받아들임이 도움 된다. 만일 법을 사유하여 받아들이지 않으면 열의가 생길 수 없다. 법을 사유하여 받아들이기 때문에 열의가 생긴다. 그러므로 열의를 위해서는 법을 사유하여 받아들임이 도움 된다."

27. "고따마 존자시여, 법을 사유하여 받아들이기 위해서는 어떤 법이 도움 됩니까? 우리는 법을 사유하여 받아들이기 위해 도움되는 법을 고따마 존자께 여쭙니다."

"바라드와자여, 법을 사유하여 받아들이기 위해서는 뜻을 자세히 살펴보는 것이 도움 된다. 만일 뜻을 자세히 살펴보지 않으면 법을 사유하여 받아들일 수 없다. 뜻을 자세히 살펴보기 때문에 법을 사유하여 받아들인다. 그러므로 법을 사유하여 받아들이기 위해서는 뜻을 자세히 살펴보는 것이 도움 된다."

28. "고따마 존자시여, 뜻을 자세히 살펴보기 위해서는 어떤 법이 도움 됩니까? 우리는 뜻을 자세히 살펴보기 위해 도움되는 법을 고따마 존자께 여쭙니다."

"바라드와자여, 뜻을 자세히 살펴보기 위해서는 법을 호지함이 도움 된다. 만일 법을 호지하지 않으면 뜻을 자세히 살펴볼 수가 없다. 법을 호지하기 때문에 뜻을 자세히 살펴본다. 그러므로 뜻을 자세히 살펴보기 위해서는 법을 호지함이 도움 된다."

29. "고따마 존자시여, 법을 호지하기 위해서는 어떤 법이 도움 됩니까? 우리는 법을 호지하기 위해 도움되는 법을 고따마 존자께 여쭙니다."

"바라드와자여, 법을 호지하기 위해서는 법을 배움이 도움 된다. 만일 법을 배우지 않으면 법을 호지할 수가 없다. 법을 배우기 때문에 법을 호지한다. 그러므로 법을 호지하기 위해서는 법을 배움이 도움 된다."

30. "고따마 존자시여, 법을 배우기 위해서는 어떤 법이 도움 됩니까? 우리는 법을 배우기 위해 도움되는 법을 고따마 존자께 여쭙니다."

"바라드와자여, 법을 배우기 위해서는 귀를 기울임이 도움 된다. [176] 만일 귀를 기울이지 않으면 법을 배울 수가 없다. 귀를 기울이기 때문에 법을 배운다. 그러므로 법을 배우기 위해서는 귀를 기울임이 도움 된다."

31. "고따마 존자시여, 귀를 기울이기 위해서는 어떤 법이 도움 됩니까? 우리는 귀를 기울이기 위해 도움되는 법을 고따마 존자께 여쭙니다."

"바라드와자여, 귀를 기울이기 위해서는 공경이 도움 된다. 만일 공경하지 않으면 귀를 기울일 수가 없다. 공경하기 때문에 귀를 기울인다. 그러므로 귀를 기울이기 위해서는 공경이 도움 된다."

32. "고따마 존자시여, 공경하기 위해서는 어떤 법이 도움 됩니까? 우리는 공경하기 위해 도움되는 법을 고따마 존자께 여쭙니다."

바라드와자여, 공경하기 위해서는 친견이 도움 된다. 만일 친견하지 않으면 공경할 수가 없다. 친견하기 때문에 공경한다. 그러므로 공경하기 위해서는 친견이 도움 된다."

33. "고따마 존자시여, 친견하기 위해서는 어떤 법이 도움 됩니까? 우리는 친견하기 위해 도움되는 법을 고따마 존자께 여쭙니다."

"바라드와자여, 친견하기 위해서는 믿음이 도움 된다. 만일 믿음이 생기지 않으면 친견할 수가 없다. 믿음이 생기기 때문에 친견한다. 그러므로 친견하기 위해서는 믿음이 도움 된다."483)

---

483) 본경 §§21~33에서 부처님께서는 진리에 도달하는 과정을 모두 13단계로 말씀하고 계신다. 그 13단계는, 진리에 도달함 - 노력 - 세밀히 조사함 - 시도 - 열의 - 법을 사유하여 받아들임 - 뜻을 자세히 살펴봄 - 법을 호지함 - 법을 배움 - 귀를 기울임 - 공경 - 친견 - 믿음이다. 즉 믿음을 토대로 해서 법을 배우고 그리하여 진리에 도달하게 된다는 말씀이다. 이 13단계를 원어로 적어보면 다음과 같다.
saccānupatti - padhāna - tulana - ussāha - chanda - dhamma-nijjhānakhanti - atthupaparikkhā - dhammadhāraṇa - dhamma-savana - sotāvadhāna - payirūpāsana - upasaṅkamana - saddhā
그리고 '진리의 수호'는 sacca-anurakkhana를 옮긴 것이며, '진리의 발견'

34. "저희들은 진리를 수호하는 것을 고따마 존자님께 여쭈었고 고따마 존자께서는 진리를 수호하는 것에 대해 설명해주셨습니다. 저희는 그것을 좋아하고 인정하고 그래서 마음으로 기뻐합니다.

저희들은 진리의 발견에 대해 고따마 존자님께 여쭈었고 고따마 존자께서는 진리의 발견에 대해 설명해주셨습니다. 저희는 그것을 좋아하고 인정하고 그래서 마음으로 기뻐합니다. [177]

저희들은 진리에 도달함에 대해 고따마 존자님께 여쭈었고 고따마 존자께서는 진리에 도달함에 대해 설명해주셨습니다. 저희는 그것을 좋아하고 인정하고 그래서 마음으로 기뻐합니다.

저희가 무엇이든지 고따마 존자께 질문을 드리면 고따마 존자께서는 그것에 관해 설명해주셨습니다. 저희는 그것을 인정하고 받아들입니다. 그래서 마음으로 기뻐합니다.

고따마 존자시여, 참으로 저희들은 이전에는 이렇게 알았습니다. '까까머리 사문들, 비천한 깜둥이들, 우리 조상의 발에서 태어난[484)]

은 sacca-anubodha를 옮긴 것이다.

484) '까까머리(muṇḍaka)', '비천한 자(ibbha)', '깜둥이(kiṇha)', '조상의 발에서 태어난 자(bandhu-pādā-pacca)'는 바라문들이 사문들을 비하하여 부르는 용어들이다. 이 표현은 본서 제2권 「마라를 꾸짖음 경」(M50) §3과 『디가 니까야』 제1권 「암밧타경」(D3) §1.10과 제3권 「세기경」(D27) §3과 『상윳따 니까야』 제4권 「로힛짜 경」(S35:132) §3 등에도 나타난다.
'조상의 발에서 태어난 자(bandhu-pādā-pacca)'는 그들의 선조인 범천이 사람들을 만들 때 범천의 발에서 만들어진 계급이라는 말이다. 인도 최고(最古)요 최고(最高)의 권위인 『리그베다』의 「뿌루샤 숙따」(Pruṣa Sūkta, 原人에 대한 찬미가)는 이렇게 노래한다.

> "바라문은 그(뿌루샤)의 입이고
> 그의 팔로부터 끄샤뜨리야(무사)가 만들어졌고
> 그의 넓적다리로부터 와이샤(평민)가
> 발로부터 수드라(천민)가 태어났다."(Rv.x.90:12)

본경에서 바라문 학도들은 출가자들은 수드라와 같아서 그들의 조상신인 뿌

그들이 누구이건데 감히 어찌 법을 이해한다는 말인가?'라고. 그러나 참으로 고따마 존자께서는 제게 사문들에 대한 사문의 사랑과 사문들에 대한 사문의 청정한 믿음과 사문들에 대한 사문의 존경심을 생기게 해주셨습니다."

35. "경이롭습니다, 고따마 존자시여. 경이롭습니다, 고따마 존자시여 … 고따마 존자께서는 저를 재가신자로 받아주소서. 오늘부터 목숨이 붙어 있는 그날까지 귀의하옵니다."

짱끼 경(M95)이 끝났다.

루사의 발에서 태어난 자라고 얕보고 천시하고 있는 것이다. 여기에 대해서는 본서 「앗살라야나 경」(M93) §5의 주해도 참조할 것.

에수까리 경

Esukāri Sutta(M96)

1. 이와 같이 나는 들었다. 한때 세존께서는 사왓티에서 제따 숲의 아나타삔디까 원림(급고독원)에 머무셨다.

2. 그때 에수까리 바라문[485]이 세존을 뵈러 갔다. 가서는 세존과 함께 환담을 나누었다. 유쾌하고 기억할만한 이야기로 서로 담소를 하고서 한 곁에 앉았다. 한 곁에 앉아서 에수까리 바라문은 세존께 여쭈었다.

3. "고따마 존자시여, 바라문들은 네 가지 봉사를 규정합니다. 바라문에 대한 봉사를 규정하고 끄샤뜨리야에 대한 봉사를 규정하고 와이샤에 대한 봉사를 규정하고 수드라에 대한 봉사를 규정합니다.

고따마 존자시여, 여기 바라문들은 바라문에 대한 봉사를 다음과 같이 규정합니다. '바라문도 바라문에게 봉사해야 한다. 끄샤뜨리야도 바라문에게 봉사해야 한다. 와이샤도 바라문에게 봉사해야 한다.

---

485) 에수까리 바라문(Esukārī brāhmaṇa)은 본경에만 나타난다. 주석서는 별다른 설명이 없다.

수드라도 바라문에게 봉사해야 한다.' 고따마 존자시여, 이것이 바라문들이 바라문에 대한 [178] 봉사를 규정한 것입니다.

고따마 존자시여, 여기서 바라문들은 끄샤뜨리야에 대한 봉사를 다음과 같이 규정합니다. '끄샤뜨리야도 끄샤뜨리야에게 봉사해야 한다. 와이샤도 끄샤뜨리야에게 봉사해야 한다. 수드라도 끄샤뜨리야에게 봉사해야 한다.' 고따마 존자시여, 이것이 바라문들이 끄샤뜨리야에 대한 봉사를 규정한 것입니다.

고따마 존자시여, 여기서 바라문들은 와이샤에 대한 봉사를 다음과 같이 규정합니다. '와이샤도 와이샤에게 봉사해야 한다. 수드라도 와이샤에게 봉사해야 한다.' 고따마 존자시여, 이것이 바라문들이 와이샤에 대한 봉사를 규정한 것입니다.

고따마 존자시여, 여기서 바라문들은 수드라에 대한 봉사를 규정합니다. '오직 수드라만이 수드라에게 봉사해야 한다. 다른 누가 수드라에게 봉사하겠는가?' 고따마 존자시여, 이것이 바라문들이 수드라에 대한 봉사를 규정한 것입니다.

고따마 존자시여, 바라문들은 이런 네 가지 봉사를 규정합니다. 여기에 대해 고따마 존자께서는 어떻게 말씀하십니까?"

4. "바라문이여, 그렇다면 모든 세상 사람들이 바라문들에게 이런 네 가지 봉사를 규정하도록 동의했는가?"

"아닙니다, 고따마 존자시여."

"바라문이여, 예를 들면 가난하고 무일푼이고 곤궁에 처한 사람이 있다 하자. 그가 원하지 않는데도 그에게 고깃덩이를 잘라 주면서 '여보게, 그대는 이 고기를 먹어야 하네. 그리고 대가를 지불해야 하네.'라고 하는 것과 같다. 바라문이여, 그와 같이 바라문들은 다른 사문・바라문들의 동의도 없이 이런 네 가지 봉사를 규정한다."486)

5. "바라문이여, 나는 모든 사람을 위해 봉사해야 한다고 말하지 않는다. 바라문이여, 그렇지만 나는 아무에게도 봉사하지 않아야 한다고도 말하지 않는다. 바라문이여, 어떤 사람이 다른 어떤 사람에게 봉사하여 그 봉사로 인해 그가 오히려 나빠지고 좋아지지 않는다면 그는 봉사하지 않아야 한다고 나는 말한다. 바라문이여, 그러나 어떤 사람에게 봉사하여 그 봉사로 인해 그가 더 좋아지고 더 이상 나빠지지 않는다면 그는 봉사해야 한다고 나는 말한다."

6. "바라문이여, 만일 끄샤뜨리야에게 묻기를 '어떤 사람에게 봉사하여 그 봉사로 인해 그대가 오히려 나빠지고 좋아지지 않는 그런 자가 있고, 어떤 사람에게 봉사하여 그 봉사로 인해 그대가 더 좋아지고 더 이상 나빠지지 않는 그런 자가 있다면, 그 가운데 그대는 누구에게 봉사하겠는가?'라고 한다 하자. [179] 만일 그 끄샤뜨리야가 바르게 대답한다면 이렇게 말할 것이다. '그에게 봉사하여 그 봉사로 인해 내가 오히려 나빠지고 좋아지지 않는다면 나는 그에게 봉사하지 않을 것이다. 그에게 봉사하여 그 봉사로 인해 내가 더 좋아지고 나빠지지 않는다면 나는 그에게 봉사할 것이다.'라고.

바라문이여, 만일 바라문에게 … 만일 와이샤에게 … 만일 수드라에게 묻기를 '어떤 사람에게 봉사하여 그 봉사로 인해 그대가 오히려 나빠지고 좋아지지 않는 그런 자가 있고, 어떤 사람에게 봉사하여 그 봉사로 인해 그대가 더 좋아지고 더 이상 나빠지지 않는 그런 자가 있다면, 그 가운데 그대는 누구에게 봉사하겠는가?'라고 한다 하자. 만일 그 수드라가 바르게 대답한다면 이렇게 말할 것이다. '그에게

486) 바라문들의 이러한 논리를 각묵 스님은 '내 일기장의 논리'라고 적고 있다. (『상윳따 니까야』 제4권 「로힛짜 경」(S35:132) §3 참조) 여기에 대해서는 본서 「앗살라야나 경」(M93) §5의 주해를 참조할 것.

봉사하여 그 봉사로 인해 내가 오히려 나빠지고 좋아지지 않는다면 나는 그에게 봉사하지 않을 것이다. 그에게 봉사하여 그 봉사로 인해 내가 더 좋아지고 나빠지지 않는다면 나는 그에게 봉사할 것이다.' 라고."

7. "바라문이여, 나는 높은 가문 출신이라고 해서 좋다고 말하지 않는다. 바라문이여, 또한 나는 높은 가문 출신이라고 해서 나쁘다고도 말하지 않는다. 바라문이여, 나는 아주 수려한 외모를 지녔다고 해서 좋다고 말하지 않는다. 바라문이여, 또한 나는 수려한 외모를 지녔다고 해서 나쁘다고도 말하지 않는다. 바라문이여, 나는 아주 많은 재산을 가졌다고 해서 좋다고 말하지 않는다. 바라문이여, 또한 나는 많은 재산을 가졌다고 해서 나쁘다고도 말하지 않는다."

8. "바라문이여, 여기 어떤 자는 비록 높은 가문 출신일지라도 생명을 죽이고, 주지 않은 것을 가지고, 삿된 음행을 하고, 거짓말을 하고, 중상모략을 하고, 욕설을 하고, 잡담을 하고, 탐욕스럽고, 악의를 품고, 그릇된 견해를 갖고 있다. 그러므로 나는 높은 가문 출신이라고 해서 좋다고 말하지 않는다.

바라문이여, 여기 어떤 자는 높은 가문 출신일지라도 생명을 죽이는 것을 삼가고, 주지 않은 것을 가지는 것을 삼가고, 삿된 음행을 삼가고, 거짓말을 삼가고, 중상모략을 삼가고, 욕설을 삼가고, 잡담을 삼가고, 탐욕스럽지 않고, 악의를 품지 않고, 바른 견해를 갖고 있다. 그러므로 나는 높은 가문 출신이라고 해서 나쁘다고도 말하지 않는다.

바라문이여. 여기 어떤 자는 아주 수려한 외모를 지녔다할지라도 생명을 죽이고, … 삿된 견해를 갖고 있다. 그러므로 나는 아주 수려한 외모를 지녔다고 해서 좋다고 말하지 않는다.

바라문이여. 여기 어떤 자는 아주 수려한 외모를 지녔다할지라도 생명을 죽이는 것을 삼가고, … 바른 견해를 갖고 있다. 그러므로 나는 아주 수려한 외모를 지녔다고 해서 나쁘다고도 말하지 않는다.

바라문이여, 여기 어떤 자는 비록 아주 많은 재산을 가졌다 할지라도 생명을 죽이고, … 삿된 견해를 갖고 있다. 그러므로 나는 아주 많은 재산을 가졌다고 해서 좋다고 말하지 않는다.

바라문이여, 여기 어떤 자는 아주 많은 재산을 가졌다 할지라도 생명을 죽이는 것을 삼가고, … 바른 견해를 갖고 있다. 그러므로 [180] 나는 아주 많은 재산을 가졌다고 해서 나쁘다고도 말하지 않는다."

9. "바라문이여, 나는 모든 사람을 위해 봉사해야 한다고 말하지 않는다. 바라문이여, 그렇지만 나는 아무에게도 봉사하지 않아야 한다고도 말하지 않는다. 바라문이여, 어떤 사람에게 봉사하여 그 봉사로 인해 그가 믿음[487]이 증장하고 계행이 증장하고 배움이 증장하고 관대함이 증장하고 통찰지가 증장한다면 그는 봉사해야 한다고 나는 말한다."

10. 이렇게 말씀하시자 에수까리 바라문은 세존께 이렇게 말씀드렸다.

"고따마 존자시여, 바라문들은 네 가지 재산을 천명합니다. 바라문의 재산을 규정하고 끄샤뜨리야의 재산을 규정하고 와이샤의 재산을 규정하고 수드라의 재산을 규정합니다.

고따마 존자시여, 여기서 바라문들은 걸식을 바라문의 재산으로 규정합니다. 바라문이 자신의 재산인 걸식을 소홀히 하고 실천해야

---

487) 여기서 언급되고 있는 '믿음(saddhā)', '계행(sīla)', '배움(suta)', '관대함(cāga)', '통찰지(paññā)'의 다섯은 본서 제4권 「의도적 행위에 의한 태어남 경」(M120)의 기본 주제이므로 참조하기 바란다.

할 바를 실천하지 못하면 마치 보호해야 할 자가 주지 않은 것을 가지는 것과 같이 여깁니다. 고따마 존자시여, 이것이 바라문들이 바라문의 재산을 규정한 것입니다.

고따마 존자시여, 여기서 바라문들은 활과 화살통을 끄샤뜨리야의 재산으로 규정합니다. 끄샤뜨리야가 자신의 재산인 활과 화살통을 소홀히 하고 실천해야 할 바를 실천하지 못하면 마치 보호해야 할 자가 주지 않은 것을 가지는 것과 같이 여깁니다. 고따마 존자시여, 이것이 바라문들이 끄샤뜨리야의 재산을 규정한 것입니다.

고따마 존자시여, 여기서 바라문들은 농사와 목축을 와이샤의 재산으로 규정합니다. 와이샤가 자신의 재산인 농사와 목축을 소홀히 하고 실천해야 할 바를 실천하지 못하면 마치 보호해야 할 자가 주지 않은 것을 가지는 것과 같이 여깁니다. 고따마 존자시여, 이것이 바라문들이 와이샤의 재산을 규정한 것입니다.

고따마 존자시여, 여기서 바라문들은 낫과 짐 나르는 막대기를 수드라의 재산으로 규정합니다. 수드라가 자신의 재산인 낫과 짐 나르는 막대기를 소홀히 하고 실천해야 할 바를 실천하지 못하면 마치 보호해야 할 자가 주지 않은 것을 가지는 것과 같이 여깁니다. 고따마 존자시여, 이것이 바라문들이 수드라의 재산을 규정한 것입니다.

고따마 존자시여, 바라문들은 이런 네 가지 재산을 규정합니다. 여기에 대해 고따마 존자께서는 어떻게 말씀하십니까?"

11. "바라문이여, 그렇다면 모든 세상 사람들이 바라문들에게 이런 네 가지 재산을 규정하라고 동의했는가?" [181]

"아닙니다, 고따마 존자시여."

"바라문이여, 예를 들면 가난하고 무일푼이고 곤궁에 처한 사람이 있다 하자. 그가 원하지 않는데도 그에게 고깃덩이를 잘라 주면서

'여보게, 그대는 이 고기를 먹어야 하네. 그리고 대가를 지불해야 하네.'라고 하는 것과 같다. 바라문이여, 그와 같이 바라문들은 다른 사문 · 바라문들의 동의도 없이 이런 네 가지 재산을 규정한다."

12. "바라문이여, 나는 참으로 성스러운 출세간법을 인간의 재산으로 규정하노라. 그러나 사람들은 어디에 태어나건 선조의 어머니와 아버지의 족보를 상기하여 그것에 따라 이름을 얻는다. 끄샤뜨리야 가문에 만일 태어나면 끄샤뜨리야라고 하고, 바라문의 가문에 태어나면 바라문이라고 하고, 와이샤의 가문에 태어나면 와이샤라고 하고, 수드라의 가문에 태어나면 수드라라고 한다.

바라문이여, 마치 어떤 것을 조건하여 불이 타면 그 불은 그 조건에 따라 이름을 얻나니, 장작으로 인해 불이 타면 장작불이라고 하고, 지저깨비로 인해 불이 타면 모닥불이라고 하고, 짚으로 인해 불이 타면 짚불이라고 하고, 소똥으로 인해 불이 타면 소똥불이라고 하고, 왕겨로 인해 불이 타면 왕겨불이라고 하고, 쓰레기로 인해 불이 타면 쓰레기불이라고 하는 것과 같다.

바라문이여, 그와 같이 나는 참으로 성스러운 출세간법을 인간의 재산으로 규정하노라. 그러나 사람들은 어디에 태어나건 선조의 어머니와 아버지의 족보를 상기하여 그것에 따라 이름을 얻는다. 끄샤뜨리야 가문에 만일 태어나면 끄샤뜨리야라고 하고, … 수드라라고 한다."

13. "바라문이여, 끄샤뜨리야 출신 중에 누구라도 집을 나와 출가하여 여래가 선언한 법과 율에 들어오면 그는 생명을 죽이는 것을 삼가고, 주지 않은 것을 가지는 것을 삼가고, 삿된 음행을 삼가고, 거짓말을 삼가고, 중상모략을 삼가고, 욕설을 삼가고, 잡담을 삼가고,

탐욕스럽지 않고, 악의를 품지 않고, 바른 견해를 가진다. 그는 옳은 방법인 유익한 법488)을 성취한다. [182]

바라문이여, 바라문 출신 중에 누구라도 집을 나와 출가하여 여래가 선언한 법과 율에 들어오면 … 바라문이여, 와이샤 출신 중에 누구라도 … 바라문이여, 수드라 출신 중에 누구라도 집을 나와 출가하여 여래가 선언한 법과 율에 들어오면 그는 생명을 죽이는 것을 삼가고, … 바른 견해를 가진다. 그는 옳은 방법인 유익한 법을 성취한다."

14. "이를 어떻게 생각하는가, 바라문이여. 바라문만이 참으로 이 지역에서 악의도 없고 적의도 없이 자애로운 마음을 닦을 수 있고 끄샤뜨리야나 와이샤나 수드라는 그렇게 할 수 없는가?"

"그렇지 않습니다, 고따마 존자시여. 끄샤뜨리야도 이 지역에서 악의도 없고 적의도 없이 자애로운 마음을 닦을 수 있고, 바라문도, 와이샤도, 수드라도, 즉 네 계급 모두가 이 지역에서 악의도 없고 적의도 없이 자애로운 마음을 닦을 수 있습니다."

"바라문이여, 그와 같이 끄샤뜨리야 출신 중에 누구라도 집을 나와 출가하여 여래가 선언한 법과 율에 들어오면 그는 생명을 죽이는 것을 삼가고, … 바른 견해를 가진다. 그는 옳은 방법인 유익한 법을 성취한다.

바라문이여, 바라문 출신 중에 누구라도 집을 나와 출가하여 여래가 선언한 법과 율에 들어오면 … 바라문이여, 와이샤 출신 중에 누구라도 … 바라문이여, 수드라 출신 중에 누구라도 집을 나와 출가하여 여래가 선언한 법과 율에 들어오면 그는 생명을 죽이는 것을 삼가고, … 바른 견해를 가진다. 그는 옳은 방법인 유익한 법을 성취한다."

---

488) '옳은 방법인 유익한 법(ñāya dhamma kusala)'에 대해서는 본서 「산다까 경」(M76) §6의 주해를 참조할 것.

15. "바라문이여, 이를 어떻게 생각하는가? 바라문만이 속돌과 목욕가루를 가지고 강으로 목욕을 가서 먼지와 때를 씻어낼 수 있고 끄샤뜨리야나 와이샤나 수드라는 그렇게 할 수 없는가?"

"그렇지 않습니다, 고따마 존자시여. 끄샤뜨리야도 속돌과 목욕가루를 가지고 강으로 목욕을 가서 먼지와 때를 씻어낼 수 있고 바라문도, 와이샤도, 수드라도, 즉 네 계급 모두 속돌과 목욕가루를 가지고 강으로 목욕하러 가서 먼지와 때를 씻어낼 수 있습니다."

"바라문이여, 그와 같이 끄샤뜨리야 출신 중에 누구라도 집을 나와 출가하여 여래가 선언한 법과 율에 들어오면 그는 생명을 죽이는 것을 삼가고, … 바른 견해를 가진다. 그는 옳은 방법인 유익한 법을 성취한다.

바라문이여, 바라문 출신 중에 누구라도 … 바라문이여, 와이샤 출신 중에 누구라도 … 바라문이여, 수드라 출신 중에 누구라도 집을 나와 출가하여 여래가 선언한 법과 율에 들어오면 그는 생명을 죽이는 것을 삼가고, … 바른 견해를 가진다. 그는 옳은 방법인 유익한 법을 성취한다."

16. "이를 어떻게 생각하는가? 여기 관정을 한 끄샤뜨리야 왕이 여러 다른 태생의 사람 백 명을 모은다고 하자. '이리 오시오, 이 가운데서 끄샤뜨리야 가문과 바라문 가문과 왕의 가문에서 태어난 존자들은 이 살라 나무나 살랄라 나무나 전단향 나무나 빠두마까 나무의 부시막대를 가지고 불을 일으켜 열을 내게 하시오. 그러나 이 가운데서 천민의 가문이나 사냥꾼의 가문이나 버들 세공 가문이나 수레 제작 가문이나 거리 청소부 가문에 태어난 자들은 개 밥통이나 돼지 여물통이나 쓰레기통이나 피마자 나무의 부시막대를 가지고 불을

일으켜 열을 내게 하시오.'라고.

이를 어떻게 생각하는가, 바라문이여? 끄샤뜨리야 가문과 바라문 가문과 왕의 가문에 태어난 사람이 살라 나무나 살랄라 나무나 전단향 나무나 빠두마까 나무의 부시막대를 가지고 불을 일으켜 열을 내면, 그것은 불꽃이 있고 색깔이 있고 광명이 있어 그 불은 불의 역할을 해내고, 반면에 천민의 가문이나 사냥꾼의 가문이나 버들 세공 가문이나 수레 제작 가문이나 거리 청소부 가문에 태어난 사람이 개 밥통이나 돼지 여물통이나 쓰레기통이나 피마자 나무의 부시막대를 가지고 불을 일으켜 열을 내면, 그것은 불꽃도 없고 색깔도 없고 광명도 없어서 그 불은 불의 역할을 해낼 수 없겠는가?"

"그렇지 않습니다, 고따마 존자시여. 끄샤뜨리야 가문과 바라문 가문과 왕의 가문에 태어난 사람이 살라 나무나 [184] 살랄라 나무나 전단향 나무나 빠두마까 나무의 부시막대를 가지고 불을 일으켜 열을 내면, 그것은 불꽃이 있고 색깔이 있고 광명이 있어 불의 용도로 그 불을 사용할 수 있습니다.

천민의 가문이나 사냥꾼의 가문이나 버들 세공 가문이나 수레 제작 가문이나 거리 청소부 가문에 태어난 사람이 개 밥통이나 돼지 여물통이나 쓰레기통이나 피마자 나무의 부시막대를 가지고 불을 일으켜 열을 내면, 그것도 불꽃이 있고 색깔이 있고 광명이 있어서 그 불은 불의 역할을 해낼 수 있습니다.

고따마 존자시여, 불은 모두 불꽃이 있고 색깔이 있고 광명이 있어서 그 불은 불의 역할을 해낼 수 있습니다."

"바라문이여, 그와 같이 끄샤뜨리야 출신 중에 누구라도 집을 나와 출가하여 여래가 선언한 법과 율에 들어오면 그는 생명을 죽이는 것을 삼가고, … 바른 견해를 가진다. 그는 옳은 방법인 유익한 법을 성취한다.

바라문이여, 바라문 출신 중에 누구라도 … 바라문이여, 와이샤 출신 중에 누구라도 … 바라문이여, 수드라 출신 중에 누구라도 집을 나와 출가하여 여래가 선언한 법과 율에 들어오면 그는 생명을 죽이는 것을 삼가고, … 바른 견해를 가진다. 그는 옳은 방법인 유익한 법을 성취한다."

17. 이렇게 말씀하셨을 때 에수까리 바라문은 세존께 이렇게 말씀드렸다.

"경이롭습니다, 고따마 존자시여. 경이롭습니다, 고따마 존자시여. … 고따마 존자께서는 저를 재가신자로 받아주소서. 오늘부터 목숨이 붙어 있는 그날까지 귀의하옵니다."

에수까리 경(M96)이 끝났다.

다난자니 경

Dhānañjāni Sutta(M97)

1. 이와 같이 나는 들었다. 한때 세존께서는 라자가하의 대나무 숲에 있는 다람쥐 보호구역에 머무셨다.

2. 그 무렵 사리뿟따 존자는 남산489)에서 많은 비구 승가와 함께 유행을 하고 있었다. 그때 어떤 [185] 비구가 라자가하에서 안거를 마치고 남산으로 사리뿟따 존자를 뵈러 갔다. 가서는 사리뿟따 존자와 함께 환담을 나누었다. 유쾌하고 기억할만한 이야기로 서로 담소를 하고서 한 곁에 앉았다. 한 곁에 앉은 그 비구에게 사리뿟따 존자는 이렇게 말했다.

"도반이여, 세존께서는 무탈하시고 건강하십니까?"

"도반이시여, 세존께서는 무탈하시고 건강하십니다."

"도반이여, 비구 승가도 모두 무탈하고 건강합니까?"

---

489) '남산(南山)'은 닥키나기리(Dakkhiṇāgiri)를 직역하여 옮긴 것이다. 라자가하(Rājagaha, 왕사성)는 여러 산들로 에워싸여 있는데 그 가운데 남쪽에 있는 산의 이름이다. 라자가하는 예전에는 기립바자(Giribbaja)라 불리었는데 이는 문자적으로는 산(giri)의 요새(vaja)라는 뜻이다. 여러 산으로 둘러싸여 있기 때문에 이렇게 불렀다고 한다.(SnA.ii.382)

"도반이시여, 비구 승가도 모두 무탈하고 건강합니다."

"도반이여, 거기 딴둘라빨라 대문 근처에 다난자니490)라는 바라문이 살고 있습니다. 도반이여, 그 다난자니라는 바라문도 무탈하고 건강합니까?"

"도반이시여, 다난자니 바라문도 무탈하고 건강합니다."

"도반이여, 다난자니 바라문은 방일하지 않습니까?"

"도반이시여, 어찌 다난자니 바라문이 방일하지 않겠습니까? 도반이시여, 다난자니 바라문은 왕을 빙자하여 바라문 장자들을 수탈하고 장자들을 빙자하여 왕을 수탈합니다. 신심 있는 가문에서 시집온 신심 있는 그의 아내는 죽었고 다른 신심 없는 가문 출신인 신심 없는 새 아내를 맞이했습니다."

"도반이여, 다난자니 바라문이 방일하다니 내가 참으로 안 좋은 소식을 들었습니다. 도반이여, 참으로 안 좋은 소식을 들었습니다. 내가 언제 어디서든 다난자니 바라문을 만나게 되면 허심탄회하게 대화를 한번 나누어봐야겠습니다."

3. 그러자 사리뿟따 존자는 남산에서 원하는 만큼 머물고서 라자가하로 유행을 떠났다. 차례로 유행을 하여 라자가하에 도착하였다. 거기서 사리뿟따 존자는 라자가하의 대나무 숲에 있는 다람쥐 보호구역에 머물렀다.

---

490) 주석서는 다난자니 바라문(Dhanañjāni brāhmaṇa)이 누구인지 설명이 없다. 『상윳따 니까야 주석서』는 『상윳따 니까야』 제1권 「다난자니 경」(S7:1)에 나타나는 다난자니라는 바라문녀를 설명하면서 이렇게 주석을 하고 있다. "'다난자니(Dhanañjāni)'는 다난자니라는 족성(gotta)이다. 그들은 바라문들 가운데서도 가장 높은 족성(ukkaṭṭha-gotta)이라고 한다. 다른 바라문들은 범천의 입(mukha)에서 태어났지만 다난자니 족성은 범천의 머리(matthaka)를 열고 출현하였다고 한다."(SA.i.226)

4. 그때 사리뿟따 존자는 아침에 옷매무새를 가다듬고 발우와 가사를 수하고 라자가하로 탁발을 갔다. [186] 그 즈음에 다난자니 바라문은 도시 외곽의 외양간에서 소젖을 짜고 있었다. 그때 사리뿟따 존자는 라자가하에서 탁발하여 공양을 마치고 탁발에서 돌아와 다난자니 바라문을 만나러 갔다. 다난자니 바라문은 사리뿟따 존자가 멀리서 오는 것을 보고 사리뿟따 존자에게로 갔다. 가서는 사리뿟따 존자에게 이렇게 말했다.

"사리뿟따 존자시여, 이 우유를 드십시오. 아직 공양을 드셔도 되는 시간입니다."

"바라문이여, 됐습니다. 오늘의 공양은 마쳤습니다. 나는 저쪽 나무 아래서 낮 동안을 머물 것입니다. 거기로 오십시오."

"그러겠습니다, 존자시여."라고 다난자니 바라문은 사리뿟따 존자에게 대답했다.

5. 그러자 다난자니 바라문은 아침 식사를 마치고 사리뿟따 존자를 뵈러 갔다. 가서 사리뿟따 존자와 함께 환담을 나누었다. 유쾌하고 기억할만한 이야기로 서로 담소를 하고서 한 곁에 앉았다. 한 곁에 앉은 다난자니 바라문에게 사리뿟따 존자는 이렇게 말했다.

"다난자니여, 그대는 방일하지 않습니까?"

"사리뿟따 존자시여, 어찌 저희들이 방일하지 않겠습니까? 저희들은 부모를 봉양해야 하고, 처자를 부양해야 하고, 하인과 일꾼들을 거두어야 하고, 친구와 동료들에게 친구와 동료에 대한 도의를 지켜야 하고, 일가친척들에게 일가친척에 대한 도의를 지켜야 하고, 손님들에게 손님에 대한 도의를 지켜야 하고, 조상들에게는 조상에 대한 예의를 지켜야 하고, 신들에게는 신에 대한 도의를 지켜야 하고, 왕에게는 왕에 대한 도리를 다해야 합니다. 이 몸도 원기를 돋우어주고 잘 먹여줘야 합니다."

6. "다난자니여, 이를 어떻게 생각합니까? 여기 어떤 사람이 부모 때문에 비법(非法)491)을 행하고 잘못을 행하면, 비법을 행하고 잘못을 행한 이유로 지옥지기가 그를 지옥으로 끌고 갈 것입니다. 그가 '나는 부모 때문에 비법을 행하고 잘못을 행했으니 지옥지기는 나를 지옥으로 [끌고 가지 마시오.]'라고 하는 것이 통하겠습니까? [187] 혹은 그의 부모가 '이 사람은 우리 때문에 비법을 행하고 잘못을 행했으니 지옥지기는 그를 지옥으로 [끌고 가지 마시오.]'라고 하는 것이 통하겠습니까?"

"사리뿟따 존자시여, 그렇지 않습니다. 비록 그가 울부짖더라도 지옥지기는 그를 지옥으로 던져버릴 것입니다."

7. "다난자니여, 이를 어떻게 생각합니까? 여기 어떤 사람이 처자 때문에 비법을 행하고 잘못을 행하면, 비법을 행하고 잘못을 행한 이유로 지옥지기가 그를 지옥으로 끌고 갈 것입니다. 그가 '나는 처자 때문에 비법을 행하고 잘못을 행했으니 지옥지기는 저를 지옥으로 [끌고 가지 마시오.]'라고 하는 것이 통하겠습니까? 혹은 그의 처자가 '이 분은 우리 때문에 비법을 행하고 잘못을 행했으니 지옥지기는 그를 지옥으로 [끌고 가지 마시오.]'라고 하는 것이 통하겠습니까?"

"사리뿟따 존자시여, 그렇지 않습니다. 비록 그가 울부짖더라도 지

---

491) "여기서 말하는 '비법(非法, adhamma)'이란 다섯 가지 나쁜 행위(pañca dussīlya-kammāni) 혹은 열 가지 나쁜 행위를 말한다."(MA.iii.430)
"'열 가지 나쁜 행위(dasa dussīlya-kammāni)'란 열 가지 해로운 업의 길[十不善業道, dasa akusala-kamma-patha]에 있는 법들을 말한다."(MAṬ.ii.197)

옥지기는 그를 지옥으로 던져 버릴 것입니다."

8. "다난자니여, 이를 어떻게 생각합니까? 여기 어떤 사람이 하인과 일꾼들 때문에 … 지옥으로 던져버릴 것입니다."

9. "다난자니여, 이를 어떻게 생각합니까? 여기 어떤 사람이 친구와 동료들 때문에 … 지옥으로 던져버릴 것입니다." [188]

10. "다난자니여, 이를 어떻게 생각합니까? 여기 어떤 사람이 일가친척들 때문에 … 지옥으로 던져버릴 것입니다."

11. "다난자니여, 이를 어떻게 생각합니까? 여기 어떤 사람이 손님들 때문에 … 지옥으로 던져버릴 것입니다."

12. "다난자니여, 이를 어떻게 생각합니까? 여기 어떤 사람이 조상들 때문에 … 지옥으로 던져버릴 것입니다."

13. "다난자니여, 이를 어떻게 생각합니까? 여기 어떤 사람이 신들 때문에 … 지옥으로 던져버릴 것입니다."

14. "다난자니여, 이를 어떻게 생각합니까? 여기 어떤 사람이 왕 때문에 … 지옥으로 던져버릴 것입니다."

15. "다난자니여, 이를 어떻게 생각합니까? 여기 어떤 사람이 자기 몸에 원기를 돋우어주고 잘 먹여주는 것 때문에 비법을 행하고 잘못을 행하면, 비법을 행하고 잘못을 행한 이유로 지옥지기가 그를 지옥으로 끌고 갈 것입니다. 그가 '나는 내 몸에 원기를 돋우어주고 잘 먹여주는 것 때문에 비법을 행하고 잘못을 행했으니 지옥지기는 나를 지옥으로 [끌고 가지 마시오.]'라고 하는 것이 통하겠습니까? 혹

은 다른 사람들이 '이 사람은 자기 몸에 원기를 돋우어주고 잘 먹여주는 것 때문에 비법을 행하고 잘못을 행했으니 지옥지기는 그를 지옥으로 [끌고 가지 마시오.]'라고 하는 것이 통하겠습니까?"

"사리뿟따 존자시여, 그렇지 않습니다. 비록 그가 울부짖더라도 지옥지기는 그를 지옥으로 던져버릴 것입니다."

16. "다난자니여, 이를 어떻게 생각합니까? 부모 때문에 비법을 행하고 잘못을 행하는 자와 부모 때문에 법을 따르고492) 바르게 행하는 자 중에서 어떤 자가 더 낫습니까?"

"사리뿟따 존자시여, 부모 때문에 비법을 행하고 잘못을 행하는 자는 더 나은 자가 아닙니다. 사리뿟따 존자시여, 부모 때문에 법을 따르고 바르게 행하는 자가 더 낫습니다. 비법을 행하고 잘못을 행하는 자보다 법을 따르고 바르게 행하는 자가 더 낫습니다."

"다난자니여, 자신의 부모를 봉양하면서도 악한 업을 짓지 않고 공덕을 쌓기 위해 [선한] 원인이 되는 다른 종류의 법다운 일들이 있습니다."

17. ~ *25.* "다난자니여, 이를 어떻게 생각합니까? 처자 때문에 … [189] … 하인과 일꾼들 때문에 … 친구와 동료들 때문에 … [190] … 일가친척들 때문에 … 손님들 때문에 … 조상들 때문에 … 신들 때문에 … [191] … 왕 때문에 … 자기 몸에 원기를 돋우어주고 잘 먹여주는 것 때문에 비법을 행하고 잘못을 행하는 자와 자기 몸에 원기를 돋우어주고 잘 먹여주는 것 때문에 법을 따르고 바르게 행하는 자 중에서 어떤 자가 더 낫습니까?"

---

492) "여기서 '법을 따른다(dhamma-cārī)'는 것은 묘지의 귀신 물리치기나 망령 물리치기(sivavijjā bhūtavijjā, 『디가 니까야』 제1권 「범망경」(D1 §1.21 참조) 등을 법답게(dhammika) 행하는 것(kamma-kārī)을 말한다." (MA.iii.430)

"사리뿟따 존자시여, 자기 몸에 원기를 돋우어주고 잘 먹여주는 것 때문에 비법을 행하고 잘못을 행하는 자는 더 나은 자가 아닙니다. 사리뿟따 존자시여, 자기 몸에 원기를 돋우어주고 잘 먹여주는 것 때문에 법을 따르고 바르게 행하는 자가 더 낫습니다. 비법을 행하고 잘못을 행하는 자보다 법을 따르고 바르게 행하는 자가 더 낫습니다."

"다난자니여, 자기 몸에 원기를 돋우어주고 잘 먹여주면서도 악한 업을 짓지 않고 공덕을 쌓기 위해 [선한] 원인이 되는 다른 종류의 법다운 일들이 있습니다."

26. 그러자 다난자니 바라문은 사리뿟따 존자의 말씀을 기뻐하고 감사드리면서 자리에서 일어나 물러갔다.

27. 다난자니 바라문은 그 후에 중병에 걸려 극심한 고통에 시달렸다. 그때 다난자니 바라문은 어떤 사람을 불러서 말했다.

"여보게 이 사람아, [192] 그대는 세존을 뵈러 가게. 세존을 뵈러 가서 내 이름으로 세존의 발에 머리 조아리고 '세존이시여, 다난자니 바라문이 중병에 걸려 극심한 고통에 시달리고 있습니다. 그가 세존의 발에 머리 조아려 절을 드립니다.'라고 문안을 드려주게.

그리고 사리뿟따 존자를 뵈러 가게. 뵈러 가서 내 이름으로 사리뿟따 존자의 발에 머리 조아리고 '존자시여, 다난자니 바라문이 중병에 걸려 극심한 고통에 시달리고 있습니다. 그가 사리뿟따 존자의 발에 머리 조아려 절을 드립니다.'라고 문안을 드려주게. 그리고 이렇게 말씀드려주게. '존자시여, 사리뿟따 존자께서는 연민을 일으키시어 다난자니 바라문의 거처를 방문해주시면 감사하겠습니다.'라고."

"그러겠습니다, 존자시여."라고 그 사람은 다난자니 바라문의 말에 대답하고서 세존을 뵈러 갔다. 세존을 뵈러 가서 세존께 절을 올리고 한 곁에 앉았다. 한 곁에 앉아 세존께 이렇게 말씀드렸다.

"세존이시여, 다난자니 바라문이 중병에 걸려 극심한 고통에 시달리고 있습니다. 그가 세존의 발에 머리 조아려 절을 드립니다."

그리고 사리뿟따 존자를 뵈러 갔다. 뵈러 가서 사리뿟따 존자께 절을 올리고 한 곁에 앉았다. 한 곁에 앉아 사리뿟따 존자께 이렇게 말씀드렸다.

"존자시여, 다난자니 바라문이 중병에 걸려 극심한 고통에 시달리고 있습니다. 그가 사리뿟따 존자의 발에 머리 조아려 절을 드립니다. 그리고 이렇게 말씀드립니다. '존자시여, 사리뿟따 존자께서는 연민을 일으키시어 다난자니 바라문의 거처를 방문해주시면 감사하겠습니다.'"

사리뿟따 존자는 침묵으로 동의하였다.

28. 그때 사리뿟따 존자는 아침에 옷매무새를 가다듬고 발우와 가사를 수하고 다난자니 바라문의 거처로 갔다. 가서는 마련된 자리에 앉았다. 앉아서 사리뿟따 존자는 다난자니 바라문에게 이렇게 말했다.

"다난자니여, 어떻습니까? 견딜만합니까? 지낼만합니까? 통증이 진정되고 더하지는 않습니까? 차도는 좀 있고 더 심하지는 않습니까?"

29. "사리뿟따 존자시여, 저는 견디기가 힘듭니다. 지내기가 어렵습니다. 통증이 더 심해지고 진정되질 않습니다. 차도는 고사하고 더 심해지기만 합니다. 사리뿟따 존자시여, 마치 [193] 힘센 사람이 시퍼런 칼로 머리를 쪼개듯이 거센 바람이 제 머리를 내리칩니다.

사리뿟따 존자시여, 저는 견디기가 힘듭니다. … 차도는 고사하고 더 심해지기만 합니다. 사리뿟따 존자시여, 마치 힘센 사람이 튼튼한 가죽끈으로 머리에 머리띠를 동여맨 것처럼 제 머리에 심한 두통이 생겼습니다.

사리뿟따 존자시여, 저는 견디기가 힘듭니다. … 차도는 고사하고 더 심해지기만 합니다. 사리뿟따 존자시여, 마치 능숙한 백정이나 백정의 도제가 소 잡는 날카로운 칼로 배를 도려내듯이 거센 바람이 제 배를 도려냅니다.

사리뿟따 존자시여, 저는 견디기가 힘듭니다. … 차도는 고사하고 더 심해지기만 합니다. 사리뿟따 존자시여, 마치 힘센 두 사람이 힘없는 사람의 양팔을 잡고 숯불 구덩이 위에서 지지고 태우듯이 제 몸에 뜨거운 열기가 있습니다.

사리뿟따 존자시여, 저는 견디기가 힘듭니다. 지내기가 어렵습니다. 통증이 더 심해지고 진정되질 않습니다. 차도는 고사하고 더 심해지기만 합니다."

30. "다난자니여, 이를 어떻게 생각합니까? 지옥과 축생의 모태 중에 어떤 것이 더 낫습니까?"

"사리뿟따 존자시여, 지옥보다는 축생의 모태가 더 낫습니다."

"다난자니여, 이를 어떻게 생각합니까? 축생의 모태와 아귀의 영역 중에서 어떤 것이 더 낫습니까?"

"사리뿟따 존자시여, 축생의 모태보다는 아귀의 영역이 더 낫습니다."

"다난자니여, 이를 어떻게 생각합니까? 아귀의 영역과 인간의 영역 중에서 어떤 것이 더 낫습니까?"

"사리뿟따 존자시여, 아귀의 영역보다는 인간의 영역이 더 낫습니다."

"다난자니여, [194] 이를 어떻게 생각합니까? 인간의 영역과 사대왕천 중에서 어떤 것이 더 낫습니까?"

"사리뿟따 존자시여, 인간의 영역보다는 사대왕천이 더 낫습니다."

"다난자니여, 이를 어떻게 생각합니까? 사대왕천과 삼십삼천 중에서 어떤 것이 더 낫습니까?"

"사리뿟따 존자시여, 사대왕천보다는 삼십삼천이 더 낫습니다."

"다난자니여, 이를 어떻게 생각합니까? 삼십삼천과 야마천 중에서 어떤 것이 더 낫습니까?"

"사리뿟따 존자시여, 삼십삼천보다는 야마천이 더 낫습니다."

"다난자니여, 이를 어떻게 생각합니까? 야마천과 도솔천 중에서 어떤 것이 더 낫습니까?"

"사리뿟따 존자시여, 야마천보다는 도솔천이 더 낫습니다."

"다난자니여, 이를 어떻게 생각합니까? 도솔천과 화락천 중에서 어떤 것이 더 낫습니까?"

"사리뿟따 존자시여, 도솔천보다는 화락천이 더 낫습니다."

"다난자니여, 이를 어떻게 생각합니까? 화락천과 타화자재천 중에서 어떤 것이 더 낫습니까?"

"사리뿟따 존자시여, 화락천보다는 타화자재천이 더 낫습니다."

31. "다난자니여, 이를 어떻게 생각합니까? 타화자재천과 범천의 세상493) 중에서 어떤 것이 더 낫습니까?"

---

493) '범천의 세상'은 brahma-loka를 직역한 것이다. 본서를 비롯한 니까야의 여러 곳에 범천의 세상이란 술어가 나타나고 있다. 주석서에서는 색계 초선천부터 삼선천까지의 9가지 천상과 4선천의 광과천과 무상유정천과 다섯 가지 정거천과 네 가지 무색계 천상 — 이 20가지 천상을 모두 범천의 세상(brahma-loka)으로 부르고 있다.(MA.ii.333; VibhA.521, 등) 본경에서도

"범천의 세상이라고 사리뿟따 존자께서는 말씀하셨습니다. 범천의 세상이라고 사리뿟따 존자께서는 말씀하셨습니다."

그러자 사리뿟따 존자에게 이런 생각이 들었다.

"참으로 바라문들은 범천의 세상에 확고한 믿음이 있다. 나는 다난자니 바라문에게 범천의 일원이 되는 길을 설해야겠다."

"다난자니여, 나는 그대에게 범천의 일원이 되는 길을 설하겠습니다. 그것을 듣고 마음에 잘 잡도리하십시오. 나는 설하겠습니다."

"그러겠습니다, 존자시여."라고 다난자니 바라문은 사리뿟따 존자에게 대답했다. [195] 사리뿟따 존자는 이렇게 설했다.

32. "다난자니여, 어떤 것이 범천의 일원이 되는 길입니까? 다난자니여, 여기 비구는 자애가 함께한 마음으로 한 방향을 가득 채우면

욕계의 가장 높은 천상인 타화자재천 다음에 범천의 세상이 언급되고 있기 때문에 주석서의 이러한 설명은 타당하다. DPPN도 이렇게 설명하고 있다.

두 번째로는 색계 초선천의 신들을 범천이라고 볼 수도 있다. 색계 초선천을 범신천(梵身天)이라 부르고 이 범신천은 다시 범중천과 범보천과 대범천으로 구분이 되는데, 이 천상의 키워드가 바로 범천(brahma)이기 때문이다. (범신천에 대해서는 『아비담마 길라잡이』 제5장 §6의 해설을 참조할 것.) 특히 대범천의 몇몇 신들은 범천 혹은 대범천으로 초기불전에 나타나고 있으므로 초선천을 범천으로 보는 것도 타당하다. 그러나 초선천을 범천이라 부르지 않고 범신천이라 부르고 있기 때문에, 범천과 범신천이 정확히 일치한다고는 볼 수 없다. 그래서 DPPN도 색계 이상의 천상 즉 범천의 세상에 머무는 신들을 통틀어서 범천으로 정리하고 있다.

한편 범천으로 옮긴 brahma는 초기불전에서는 보통명사로도 쓰이며 특히 합성어로도 많이 나타나고 있다. 이 경우에는 예외 없이 모두 '신성함, 거룩함, 높음, 위대함' 등의 뜻으로 쓰인다. 그래서 주석서는 "최상이라는 뜻에서(seṭṭhatthena) 브라흐마(brahma)라 부른다."(DA.iii.865 등)라고 설명하고 있다. 예를 들면 청정범행으로 옮기는 브라흐마짜리야(brahma-cāriya)와 거룩한 마음가짐으로 옮기는 브라흐마위하라(brahma-vihāra), 최상의 존재로 옮기는 브라흐마부따(bhrahma-bhūta), 최고의 처벌로 옮기는 브라흐마단다(brahma-daṇḍa) 등이 있다. 이런 의미에서 색계와 무색계 천상을 일컫는 범천의 세상(brahma-loka)은 거룩한 천상 세계로 옮길 수 있다.

서 머뭅니다. 그처럼 두 번째 방향을, 그처럼 세 번째 방향을, 그처럼 네 번째 방향을 가득 채우면서 머뭅니다. 이와 같이 위로, 아래로, 옆으로, 모든 곳에서 모두를 자신처럼 여기고, 모든 세상을 풍만하고, 광대하고, 무량하고, 원한 없고, 악의 없는, 자애가 함께한 마음으로 가득 채우고 머뭅니다. 다난자니여, 이것도 범천의 일원이 되는 길입니다."

33. ~ *35.* "다시 다난자니여, 비구는 연민이 함께한 마음으로 … 더불어 기뻐함이 함께한 마음으로 … 평온이 함께한 마음으로 한 방향을 가득 채우면서 머뭅니다. 그처럼 두 번째 방향을, 그처럼 세 번째 방향을, 그처럼 네 번째 방향을 가득 채우면서 머뭅니다. 이와 같이 위로, 아래로, 옆으로, 모든 곳에서 모두를 자신처럼 여기고, 모든 세상을 풍만하고, 광대하고, 무량하고, 원한 없고, 악의 없는, 평온이 함께한 마음으로 가득 채우고 머뭅니다. 다난자니여, 이것도 범천의 일원이 되는 길입니다."

36. "사리뿟따 존자시여, 이제 제 이름으로 세존의 발에 머리 조아리고 '세존이시여, 다난자니 바라문은 중병에 걸려 극심한 고통에 시달리고 있습니다. 그가 세존의 발에 머리 조아려 절을 드립니다.'라고 문안을 드려주십시오."

그러자 사리뿟따 존자는 다난자니 바라문을 낮은 범천의 세상에 머물게 한 뒤 그에 대해 아직 할 일이 더 있음에도 불구하고494) 자

494) 사리뿟따 존자는 다난자니 바라문에게 범천의 세상(brahma-loka)에 태어나서 범천의 일원이 되는 것만 가르치고, 출세간의 도와 과를 증득하여 궁극적으로 열반을 실현하는 가르침을 설하지 않고 그곳을 떠났고, 그는 범천에 태어났다. 범천에 태어나는 것이 결코 저열한 것은 아니지만 도와 과나 열반과 비교하면 낮은(hīna) 경지이다.

리에서 일어나 나갔다. 그때 다난자니 바라문은 사리뿟따 존자가 떠난 지 얼마 되지 않아서 임종하여 범천의 세상에 태어났다.

37. 그때 세존께서는 비구들을 불러서 말씀하셨다.

"비구들이여. 사리뿟따는 다난자니 바라문을 낮은 범천의 세상에 머물게 한 뒤 그에 대해 아직 할 일이 더 있음에도 불구하고 자리에서 일어나 떠났다."

38. 그러자 사리뿟따 존자는 세존을 뵈러 갔다. 뵈러 가서 세존께 절을 올리고 한 곁에 앉았다. 한 곁에 앉아서 사리뿟따 존자는 세존께 이렇게 말씀드렸다.

"세존이시여, 다난자니 바라문이 중병에 걸려 극심한 고통에 시달리고 있습니다. 그가 세존의 발에 머리 조아려 절을 드립니다."

"사리뿟따여, 그런데 그대는 왜 다난자니 바라문을 [196] 낮은 범천의 세상에 머물게 한 뒤 그에 대해 아직 할 일이 더 있음에도 불구하고 자리에서 일어나 나왔는가?"495)

"세존이시여, 그것은 '참으로 바라문들은 범천의 세상에 확고한 믿음이 있다. 나는 다난자니 바라문에게 범천의 일원이 되는 길을 설해야겠다.'라는 생각이 들었기 때문입니다."

그러나 『상윳따 니까야』 제6권 「병 경」(S55:54) §11에서 세존께서는 본경과 유사한 순서로 범천의 세상(brahma-loka)까지 이른 뒤에 §12에서 다시 이러한 범천의 세상을 넘어선 '존재 더미의 소멸(sakkāya-nirodha)' 즉 열반의 증득을 구경으로 설하고 계신다.

495) 이 질문은 다난자니 바라문에게 한 사리뿟따 존자의 가르침에 가벼운 경책을 하시는 표현이다. 세존께서는 다난자니 바라문이 출세간의 도와 과를 성취할 수 있는 가능성을 보셨기 때문에 이렇게 말씀하신 것이다. 만약 그런 가능성이 보이지 않을 때는 본서 「수바 경」(M99) §§24~27에서처럼 세존 자신이 범천에 태어나는 가르침을 설하시기 때문이다.

"사리뿟따여, 다난자니 바라문은 임종하여 범천의 세상에 태어났다."496)

다난자니 경(M97)이 끝났다.

496) "세존께서는 사리뿟따 존자에게 그곳에 가서 법을 설하라는 의도로 이렇게 말씀하신 것이다. 사리뿟따 존자도 [신통으로] 즉시 그곳에 가서 범천에 태어난 [다난자니]에게 법을 설했다. 존자는 이 이후부터는 사구게(四句偈)의 게송을 설할 때라도 항상 사성제의 법문을 설했다."(MA.iii.430~431)
본서에서도 사리뿟따 존자는 제1권 「코끼리 발자국 비유의 긴 경」(M28) §2와 제4권 「진리의 분석 경」(M141) §8이하 등에서 사성제를 강조하고 있다.

와셋타 경[497)]

Vāseṭṭha Sutta(M98)

1. 이와 같이 나는 들었다. [115] 한때 세존께서는 잇차낭깔라의 잇차낭깔라 숲에 머무셨다.

2. 그 무렵 유명하고 부유한 많은 바라문들이 잇차낭깔라에 살고 있었는데 짱끼 바라문, 따룩카 바라문, 뽁카라사띠 바라문, 자눗소니 바라문, 또데야 바라문과 그 외에 유명하고 부유한 바라문들이었다.[498)]

---

497) 본경은 『숫따니빠따』에도 「와셋타 경」(Vāseṭṭha sutta, Sn.115ff)으로 나타나고 있다. 그래서 Ee에는 본경의 빠알리 원문이 나타나지 않는다. 역자는 Be를 저본으로 하여 옮겼다. 분문의 [ ] 안의 숫자는 Ee『숫따니빠따』의 페이지 번호이다.

498) 본경의 이 부분(§2)은 『디가 니까야』 제1권 「암밧타 경」(D3) §1.1과 「삼명경」(D13) §2(여기서는 마나사까따(Manasakāṭa)에 사는 것으로 나타남)와 본서 「수바 경」(M99) §13 등에도 나타난다.
짱끼 바라문(Caṅkī brāhmaṇa)에 대해서는 본서 「짱끼 경」(M95) §2의 주해를 참조할 것. 따룩카 바라문(Tārukkha brāhmaṇa)은 본경과 『디가 니까야』 제1권 「삼명경」(D13) 등에 나타나는 바라드와자 바라문 학도의 스승이었다고 한다.(D.i.235; M.ii.202; SnA.i.372; ii.462) 그러나 그와 부처님의 만남을 다룬 경은 나타나지 않는다.
뽁카라사띠 바라문(Pokkharasāti brāhmaṇa)에 대해서는 『디가 니까야』

3. 그때 바라문 학도인 와셋타와 바라드와자499)가 산책을 하면서 이리저리 포행하다가 '어떤 사람이 바라문인가?'라는 논쟁이 그들 간에 벌어졌다. 바라드와자 바라문 학도는 이렇게 말했다.

"존자여, 모계와 부계의 양쪽 모두로부터 순수혈통을 이어왔고 일곱 선대 동안 태생에 관한 한 공격받을 일이 없고 나무랄 데가 없을 때 그를 일러 바라문이라 하네."

와셋타 바라문 학도는 이렇게 말했다.

"계행을 가지고 서계를 구족할 때500) 그를 일러 바라문이라 하네."

제1권 「암밧타 경」(D3) §1.1 이하를 참조할 것. 자눗소니 바라문(Jāṇussoṇi brāhmaṇa)에 대해서는 본서 「두려움과 공포 경」(M4) §1의 주해를 참조할 것. 또데야 바라문(Todeyya brāhmaṇa)에 대해서는 본서 제4권 「업 분석의 짧은 경」(M135) §2의 주해를 참조할 것.
『디가 니까야』 제1권 「삼명경」(D13)에 해당하는 『디가 니까야 주석서』에 의하면 짱끼 바라문은 오빠사다(Opāsāda)에, 따룩카는 잇차낭깔라(Icchānaṅkala)에, 뽁카라사띠는 욱깟타(Ukkaṭṭha)에, 자눗소니는 사왓티에, 또데야는 뚜디 마을(Tudigāma)에 살고 있었는데 마나사까따는 아름다운 곳이어서 이들 유명한 바라문들은 이곳 아찌라와띠 강의 언덕에 집을 짓고 울타리를 만들어 남들이 접근하지 못하게 하여 여기서 만뜨라 공부(mantasajjhāya)를 하였다고 한다.(DA.ii.399)
한편 『맛지마 니까야 주석서』에 의하면 이들은 모두 빠세나디 꼬살라 왕의 궁중제관(purohita)들이었다고 한다.(MA.iii.431)

499) 와셋타(Vāseṭṭha) 바라문 학도(māṇava)와 바라드와자(Bhāradvāja) 바라문 학도는 본경 외에도 『디가 니까야』 제1권 「삼명경」(D13)과 제3권 「악간냐 경」(D27)에도 등장한다. 「악간냐 경」에 의하면 이때 이 둘은 출가하여 견습기간을 거치는 중이었다. 주석서에 의하면 이들은 본경(M98)을 통해서 부처님의 신도가 되었고, 그 다음에 「삼명경」(D13)을 통해서 더욱 신심이 깊어졌으며, 「악간냐 경」(D27)을 듣고 구족계를 받았고 마침내 아라한이 되었다고 한다. 이 둘은 모두 아주 부유하였는데 4억의 재산을 버리고 출가하였다고 한다.(DA.ii.406; iii.860; 872) 그리고 와셋타는 뽁카라사띠의 상수제자였다고 하며 바라드와자는 따룩카의 제자였다고 한다.(DA.ii.399; SnA.ii.463)

500) "'계행을 가진 자(sīlavā)'란 공덕을 갖춘 자(guṇavā)라는 뜻이고, '서계를

4. 바라드와자 바라문 학도는 와셋타 바라문 학도를 납득시킬 수 없었고 [116] 와셋타 바라문 학도도 바라드와자 바라문 학도를 납득시킬 수 없었다.

5. 그러자 와셋타 바라문 학도는 바라드와자 바라문 학도에게 말했다.

"바라드와자여, 사꺄의 후예이고, 사꺄 가문에서 출가한 사문 고따마라는 분이 잇차낭깔라의 잇차낭깔라 숲에 머무신다오. 그분 고따마 존자께는 이러한 좋은 명성이 따르오. '이런 [이유로] 그분 세존께서는 아라한[應供]이시며, … 세존(世尊)이시다.'라고. 바라드와자 존자여, 우리 같이 사문 고따마를 뵈러 가세. 가서 사문 고따마께 이 뜻을 여쭈어보세. 사문 고따마께서 설명해주시는 대로 호지하세."

"존자여, 그렇게 하세."라고 바라드와자 바라문 학도는 와셋타 바라문 학도에게 대답했다.

6. 그러자 와셋타 바라문 학도와 바라드와자 바라문 학도는 세존을 뵈러 갔다. 세존을 뵙고 세존과 함께 환담을 나누었다. 유쾌하고 기억할만한 이야기로 서로 담소를 하고서 한 곁에 앉았다. 한 곁에 앉아서 와셋타 바라문 학도는 세존께 게송으로 여쭈었다.

7. "저희 둘은 삼베다에 통달했다고 인정받았고,
또 스스로도 그렇다고 인정합니다.501)

구족한 자(vata-sampanna)'란 바른 행실을 구족한 자(ācāra-sampanna)라는 뜻이다."(MA.iii.431)
여기에 대해서는 아래 §7-(3)의 주해도 참조할 것.

501) "'그대들은 삼베다를 배웠다.'고 스승들로부터 인정을 받고 있고(ācariyehi anuññātā), 또 그들 스스로도 삼베다를 배웠다고 인정하고 있다(sayañca

저는 뽁카라사띠의 학도이고
이 사람은 따룩카의 학도입니다. {1}

삼베다에 통달한 자들이 가르치는 것을
저희는 모두 통달했고
언어와 문법에도 그러하며
토론에 있어서도 스승들과 버금갑니다. {2} [117]

고따마시여, 그런데 저희에게
태생에 관해 논쟁이 생겼습니다.
태생에 의해 바라문이 된다고 바라드와자는 말합니다.
그러나 저는 행위502)에 의해 바라문이 된다고 말합니다.
눈 있는 분이시여, 이렇게 알아주십시오. {3}

저희 둘 중 누구도 이 문제에 관해
적극적으로 상대를 설득시킬 수 없어
완전히 깨달으신 분이라 널리 알려진
존자님께 여쭈러 왔습니다. {4}

달이 점점 차올라서 만월이 되면

---

paṭiññātā)는 말이다."(MA.iii.432)

502) "여기서 '행위(kamma)'란 십선업도의 행위(dasa-kusala-kamma-patha-kamma)를 말한다. 이 가운데 처음 일곱 가지인 몸의 행위와 말의 행위(kāya-vacī-kamma)와 관련하여서는 '계행을 가진 자(sīlavā)'라고 했고, 세 종류의 마음의 행위와 관련하여서는 '서계를 구족한 자(vata-sampanna)'라 했다. 이것을 가질 때 바른 행실을 구족한 자(ācāra-sampanna)라고 하기 때문이다."(MA.iii.432)
여기서 '행위'로 옮긴 원어는 '업(業)'으로 옮기는 kamma이다. 이것을 업으로 옮기게 되면 너무 전문적인 용어가 되는 것 같아서 kamma의 어근 √kṛ(*to do*)의 일반적인 의미를 나타내는 행위로 옮겼다.

사람들이 다가가서 합장을 하듯
세상 사람들은 모두 함께
고따마님을 존경하고 귀의합니다. {5}

세상에서 눈을 갖추어 계신
고따마님께 저희는 여쭈옵니다.
태생에 의해 바라문이 됩니까?
혹은 행위에 의해 바라문이 됩니까?
어떻게 바라문을 알아야 할지
저희들은 알지 못합니다. 설명해주소서." {6}

8. 세존께서는 다음과 같이 말씀하셨다.503)

"와셋타여, 생명체들의 태생은 각각 서로 다르다.
그러므로 그들의 차이를 차례대로
있는 그대로 그대에게 설명하리라. {7}

풀과 나무에 대해서 알아야 한다.504)

---

503) 여기 본경 §§8~13에는 모두 57개의 부처님의 게송이 나타난다. 이 게송들은 크게 다섯 부분으로 구분해볼 수 있다.
먼저 세존께서는 §8의 {7~13}에서 생명체들의 태생에 대해서 말씀하신다. 그리고 §9의 {14~18}에서 인간에게는 이러한 태생에 의한 차이는 없다고 강조하신다. 그 다음 직업에 의한 인간의 구분을 §10의 {19~26}에서 말씀하신다. 그리고 나서 §11의 {27~54}에서는 누가 진정한 바라문인지 즉 누가 진정한 종교인이요 누가 진정한 수행자인지를 역설하신다. 다음에 §12의 {55~59}에서 "행위에 의해 바라문도 되고 행위에 의해 비바라문도 된다." {57}고 하시면서 행위 혹은 업의 중요성을 말씀하신다. 그리고 마지막으로 §13의 {60~63}의 네 개의 게송에서는 각각 연기(緣起)와 업과 수행과 삼명을 강조하시면서 끝을 맺는다.

504) "'풀과 나무(tiṇa-rukkhā)'라고 하셨다. 먼저 업에서 태어나지 않은 것(anupādinnaka-jāti)에 대해 설명하시고, 나중에 업에서 태어난 것

비록 그들은 스스로 알지 못하지만[505)]
그들의 태생은 특징이 있다.
그들의 태생은 서로 다르기 때문이다.[506)] {8} [118]

그 다음에 나방을 비롯하여 나비와
개미에 이르기까지도 알아야 한다.
그들의 태생은 특징이 있다.
그들의 태생은 서로 다르기 때문이다. {9}

네 발 짐승들에 대해서도
작든 크든 알아야 한다.
그들의 태생은 특징이 있다.
그들의 태생은 서로 다르기 때문이다. {10}

배로 기어 다니고 긴 등을 가진
뱀들에 대해서도 알아야 한다.
그들의 태생은 특징이 있다.
그들의 태생은 서로 다르기 때문이다. {11}

(upādinnaka-jāti)에 대해 설명하실 것이다. 이렇게 할 때 태생의 분류(jāti-bheda)에 대해서 분명해질 것이라고 생각하셨기 때문이다."(MA.iii.433)

505) "'우리는 풀이다, 우리는 나무다.'라고 이렇게 알지 못한다는 뜻이다."(MA.iii.433)

506) "풀의 종류가 다르고 나무의 종류가 다르다. 풀 가운데서도 야자(tāla)와 코코넛 야자(nāḷikera)가 다르고 야자가 다르기 때문이다. 즉 태생(jāti) 때문에 다르다는 것은 자신이 인정하거나 혹은 남이 지칭하지 않아도 종류가 다르다고 특별히 알려져 있다. 만약 태생에 의해 바라문이라고 한다면 자신이 인정하거나 남이 지칭하지 않아도 무사 계급의 사람과 농민 계급의 사람과 천민 계급의 사람과는 다르게 알려져야 한다. 그러나 그렇지 않다. 그러므로 태생에 의해서 바라문이 되는 것이 아니라는 것이다."(MA.iii.433~434)

물속에서 태어나 물속에 사는
물고기들에 대해서도 알아야 한다.
그들의 태생은 특징이 있다.
그들의 태생은 서로 다르기 때문이다. {12}

그 다음은 허공을 나는
새들에 대해서도 역시 알아야 한다.
그들의 태생은 특징이 있다.
그들의 태생은 서로 다르기 때문이다." {13}

9. "이들 태생은 태생에 따른 특징이 다르지만
인간은 태생에 따른 이러한 특징이 다른 것이 없다. {14}

머리칼에도 없고 머리나 귀나 눈이나
입이나 코나 입술이나 눈썹에도 없고 {15}

목이나 어깨나 배나 등이나
엉덩이나 가슴이나 항문이나 생식기에도 없고 {16}

손이나 발에도 손가락이나 손톱에도
무릎이나 허벅지에도 피부 빛이나 목소리에도 없다.
다른 태생에서처럼 인간은 태생에 따른 특징이 없다. {17} [119]

인간의 몸에서는 다른 점이 없고
인간의 몸에서 구별은 단지 명칭에 있을 뿐이다.[507] {18}

---

507) "'명칭(vokāra)'은 다른 점(nānatta)을 말한다. 동물들(tiracchānā)은 모태에 들 때(yoni-siddha)부터 머리카락 등 몸의 형태(saṇṭhāna)가 다르지만 바라문 등의 경우에는 각자의 몸에 그런 다른 점이 없다. 그럼에도 불구하고 인간 가운데서 바라문 계급이니 무사 계급이니 하는 구별이 있는데, 그 구별

10. "인간들 중에서 농사를 지으면서[508] 살아가는 자는
와셋타여, 농부이지 바라문이 아니라고 알아야 한다. {19}

인간들 중에서 여러 기술로 살아가는 자는
와셋타여, 기술자이지 바라문이 아니라고 알아야 한다. {20}

인간들 중에서 장사로 살아가는 자는
와셋타여, 상인이지 바라문이 아니라고 알아야 한다. {21}

인간들 중에서 남의 일을 해주면서 살아가는 자는
와셋타여, 하인이지 바라문이 아니라고 알아야 한다. {22}

인간들 중에서 훔친 것으로 살아가는 자는
와셋타여, 도둑이지 바라문이 아니라고 알아야 한다. {23}

인간들 중에서 활쏘기로 살아가는 자는
와셋타여, 군인이지 바라문이 아니라고 알아야 한다. {24}

인간들 중에서 제사로 살아가는 자는
와셋타여, 제관이지 바라문이 아니라고 알아야 한다. {25}

인간들 중에서 마을과 왕국을 통치하는 자는
와셋타여, 왕이지 바라문이 아니라고 알아야 한다. {26}

은 단지 명칭에 있을 뿐이라는 뜻이다."(MA.iii.435)

508) '농사를 지으면서'로 옮긴 원문은 go-rakkha인데 일반적으로 소치기 혹은 목축업이라고 설명할 수 있다. 그러나 주석서에서 "여기서 gorakkha는 들판을 보호하는 것(khetta-rakkha) 즉 농사 일(kasi-kamma)을 말한다. 여기서 go(소)는 땅(paṭhavi)를 의미하기 때문이다. 그래서 이렇게 말씀하셨다."(MA.iii.435)라고 설명하고 있어서 이렇게 옮겼다.

11. "나는 모태나 혈통 때문에
바라문이라 부르지 않는다.[509]
어떤 것이 남아 있는 한
그는 단지 '존자여.'라고 불릴 뿐이다.[510]
남아있지 않고 취착하지 않는 자
그를 나는 바라문이라 부른다. {27}

모든 족쇄[511]를 잘라
두려워하지 않으며[512]
집착을 극복하고,[513] 풀려난 자,[514]
그를 나는 바라문이라 부른다. {28} [120]

---

509) 본경의 게송 {27}~{54}는 『법구경』 {396}~{423}과 동일하다.

510) "존자여.'라고 불릴 뿐이다.'는 bho-vādi를 옮긴 것이다. 여기서 bho는 bhavant(당신, 그대의 높임말)의 호격으로 '그대여'라는 의미이다. 그러므로 bho-vādi는 "당신이여.'라는 말'이라 직역할 수 있다. 그런데 bho는 주로 바라문을 부를 때 쓰는 호격이다. 그러므로 여기 §27이하에서는 모든 족쇄 등을 다 풀어버린 아라한이 진정한 바라문이지 그렇지 못한 이름만 바라문인 바라문 계급의 사람들은 단지 호칭으로 '존자여.'라고 불리는 그런 사람에 지나지 않는다는 말씀이다.

511) "열 가지의 족쇄(dasa-vidha-saṁyojana)를 말한다."(MA.iii.437)
'족쇄(saṁyojana)' 혹은 열 가지 족쇄에 대해서는 본서 제1권 「뿌리에 대한 법문 경」(M1) §99의 주해를 참조할 것.

512) "'두려워하지 않는다(na paritassati)'는 것은 갈애에 기인한 두려움(taṇhā-paritassanā) 때문에 두려워하지 않는다는 뜻이다."(MA.iii.437)

513) "'집착을 극복한 자(saṅgāti-ga)'란 감각적 욕망의 집착(rāga-saṅga) 등을 극복한(atikkanta) 사람을 말한다."(MA.iii.437)

514) "'풀려난 자(visaṁyutta)'란 네 종류의 모태[四生, catu yoni = 태생, 난생, 습생, 화생] 혹은 모든 오염원(kilesa)에서 풀려난 자를 말한다."(MA.iii.437)

가죽끈, 채찍, 고삐와
굴레[515]를 잘라버리고
빗장을[516] 풀어버리고 깨달은 자,
그를 나는 바라문이라 부른다. {29}

욕설과 폭력과 구속을
성내지 않고 견뎌내며
인내력으로 무장한 자,[517]
그를 나는 바라문이라 부른다. {30}

화내지 않고 서계[518]를 가지며
계행을 지니고 으스대지 않고
길들여졌고 마지막 몸을 가진 자,
그를 나는 바라문이라 부른다. {31}

마치 물이 연잎에,

---

515) "'가죽끈(naddhi)'이란 적의(upanāha)를 뜻하고, '채찍(varatta)'이란 갈애(taṇhaṁ)를 뜻한다. '고삐(sandāna)'란 올가미(yuttapāsa)를 말하는데 이것은 견해에 묶여 있음(diṭṭhi-pariyuṭṭhāna)과 동의어이다. '굴레(sah-anukkama)'에서 anukkama는 올가미(pāsa)에 들어가게 만드는 매듭(pa-vesana-gaṇṭhi)을 말한다. 여기서 굴레는 견해의 잠재성향(diṭṭhānusaya)을 뜻한다."(MA.iii.437)

516) "'빗장(paligha)'이란 무명을 말한다."(MA.iii.437)

517) 여기서 '인내력'은 khanti-bala를 옮긴 것이고, '무장한 자'는 bala-anīka를 옮긴 것이다. 주석서는 이렇게 설명한다.
"'인내력으로 무장한 자(khantibala balānīka)'라는 것은 인내력을 항상 겸비하고 있다(adhivāsana-khanti-bala)는 뜻이다. 인내력(khanti-bala)이 한 번만 생기는 것으로는 무장한다(bala-anīka)고 하지 않고, 항상 계속해서(puna-ppunaṁ) 생길 때 무장한다고 하기 때문이다."(MA.iii.437)

518) "여기서 '서계(vata)'란 두타행(dhutaṅga)을 말한다."(MA.iii.437)

마치 겨자씨가 송곳 끝에 [달라붙지 않듯이]
감각적 욕망들에 물들지 않는 자,
그를 나는 바라문이라 부른다. {32}

지금 · 여기에서 자신에게
괴로움이 다한 것을 꿰뚫어 알며519)
짐을 내려놓았고520) 초연한 자,
그를 나는 바라문이라 부른다. {33}

심오한 통찰지521)를 가졌고
현명하고 도와 도 아닌 것에 능숙하며
궁극의 이치를 터득한 자,
그를 나는 바라문이라 부른다. {34}

재가자이건 출가자이건
누구와도 어울리지 않고
집 없이 유행하고522) 바람[願]이 적은 자,

---

519) "'괴로움이 다했다(dukkhassa khaya)'는 것은 아라한과를 뜻하고, '꿰뚫어 안다(pajānāti)'는 것은 증득하여(adhigama-vasena) 안다(jānāti)는 뜻이다."(MA.iii.438)

520) "'짐을 내려놓은(panna-bhāra)'이란 취착의 [대상인] 다섯 가지 무더기의 짐, 오염원의 짐, 업형성력의 짐, 얽어매는 감각적 욕망의 짐(khandha-kile-sa-abhisaṅkhāra-kāmaguṇa-bhāra)이라는 이러한 짐을 내려놓았다(ohita-bhāra), 내려놓고 머문다(otāretvā ṭhita)는 말이다."(MA.iii.438)

521) "'심오한 통찰지(gambhīra-pañña)'란 심오한(gambhīrā) [무더기 등의] 대상들(ārammaṇā)에 대해서 일어났기 때문에 심오한 통찰지이다."(MA.iii.438)

522) "'집 없이 유행하고(anoka-sāri)'라고 하셨다. 여기서 집(oka)은 다섯 가닥의 얽어매는 감각적 욕망의 집(pañca-kāma-guṇ-ālaya)을 말한다. 여기에 들러붙지 않는다(anallīyamāna)는 뜻이다."(MA.iii.438)

그를 나는 바라문이라 부른다. {35}

유정이나 무정의 모든 생명들에 대해
몽둥이를 내려놓았고
죽이거나 죽이게 하지 않는 자,
그를 나는 바라문이라 부른다. {36}

적대하는 자들 가운데 적대하지 않고
매 든 자들 가운데 적멸에 들며[523)]
집착하는 자들 가운데 집착하지 않는 자,
그를 나는 바라문이라 부른다. {37}

마치 겨자씨가 어떤 경우에도
송곳 끝에 달라붙지 않듯
탐욕과 성냄과 자만과 경멸을 떨쳐버린 자,
그를 나는 바라문이라 부른다. {38} [121]

거칠지 않고 의미 있고
진실한 말을 하며
누구도 해치지 않는 말을 하는 자,
그를 나는 바라문이라 부른다. {39}

긴 것이건 짧은 것이건
작은 것이건 큰 것이건 좋은 것이건 나쁜 것이건[524)]

---

523) "'적멸에 든다(nibbuta)'고 하셨다. 오염원이 모두 다 적멸함(kilesa-nibbā-na)으로써 적멸에 든다."(MA.iii.438)

524) "긴 물품(dīgha-bhaṇḍa)이 값나가는 것(mah-aggha)이건 값싼 것(app-aggha)이건, 주지 않은 것을 가지지 않는다는 뜻이다. 짧은 것에도 마찬가지인데, 길거나 짧거나 작거나 큰 것으로는 모든 것을 포괄하지 못하지만(na

세상에서 주지 않은 것을 가지지 않는 자,
그를 나는 바라문이라 부른다. {40}

이 세상이나 저 세상에 대해
더 이상 의지처가 없어[525]
갈애 없이 초연한 자,
그를 나는 바라문이라 부른다. {41}

더 이상 집착이 없고
구경의 지혜를 가져 의심하지 않으며
불사의 경지를 터득한 자,
그를 나는 바라문이라 부른다. {42}

여기 공덕과 죄악의
두 가지 매듭[526]을 모두 넘어서
슬픔 없고 흠 없고 청정한 자,
그를 나는 바라문이라 부른다. {43}

티 없는 달처럼
청정하고 깨끗하고 투명하며
즐거움과 존재[有]를 부순 자,

---

pariyādiṇṇa) 뒤의 좋거나 나쁜 것(subha-asubha)은 모든 것을 포괄한다."(MA.iii.439)

525) "'의지처가 없음(nirāsaya)'이란 갈애가 없음(nittaṇhā)을 말한다."(MA.iii.439)

526) "'두 가지 매듭(ubho saṅga)'이라고 하셨다. '공덕(puñña)'도 '죄악(pāpa)'과 마찬가지로 매듭이다. 공덕은 천상(sagga)에 들러붙게 하고(laggāpeti), 죄악(apuñña)은 악처(apāya)에 들러붙게 하기 때문에 둘 다 매듭이라 부른다."(MA.iii.439)

그를 나는 바라문이라 부른다. {44}

이 늪과 진흙탕과 윤회와
미혹527)을 넘어서고 건너서528)
피안에 이르렀고 禪을 얻어529)
동요 없고530) 의심이 없으며
취착 없이 적멸에 든 자,531)
그를 나는 바라문이라 부른다. {45}

여기 감각적 욕망들을 버리고532)
집 없이 유행하며
감각적 욕망과 존재를 부순 자,

---

527) '늪과 진흙탕과 윤회와 미혹'은 각각 palipatha, dugga, saṁsāra, moha를 옮긴 것이다. 주석서는 이렇게 설명하고 있다.
"바로 무지(avijjā)를 두고 속인다는 뜻(visaṁvādak-aṭṭha)에서 '늪(palipatha)'이라 한다. 건너기가 아주 어렵기 때문(mahā-viduggatā)에 '진흙탕(dugga)'이라 했고, 윤회하게 한다는 뜻에서 '윤회(saṁsāra)'라 했고, 미혹하다는 뜻에서 '미혹(moha)'이라 했다."(MA.iii.439)

528) "네 가지 폭류를 건넜다(catur-ogha-tiṇṇa)는 말이다."(MA.iii.439)
네 가지 폭류에 대해서는 본서 제2권 「갈애 멸진의 긴 경」(M38) §14의 주해를 참조할 것.

529) "'禪을 얻음(jhāyī)'이란 대상을 명상하고 특상을 명상함(ārammaṇa-lakkhaṇūpanijjhāna)에 의해 禪을 얻었다는 뜻이다."(MA.iii.440)

530) "'동요 없음(aneja)'이란 갈애가 없는 것(nittaṇha)이다."(MA.iii.440)

531) "'취착 없이 적멸에 든 자(anupādāya nibbuto)'란 더 이상 어떤 것도 취하지 않고 모든 오염원들이 소멸되어 적멸에 들었다는 말이다."(MA.iii.440)

532) "'감각적 욕망들을 버리고(kāme pahatvāna)'란 대상으로서의 감각적 욕망(vatthu-kāma)과 오염원으로서의 감각적 욕망(kilesa-kāma)을 모두 버렸다는 말이다."(MA.iii.440) khīṇakāmaṁ khīṇabhava
『상윳따 니까야 복주석서』의 설명에 따르면 오염원으로서의 감각적 욕망을 버릴 때만이 대상으로서의 감각적 욕망도 버린다고 한다.(SAṬ.i.313)

그를 나는 바라문이라 부른다. {46}

여기서 갈애를 버리고서
집 없이 유행하며
갈애와 존재를 부순 자,
그를 나는 바라문이라 부른다. {47}

인간의 굴레533)를 버리고
천상의 굴레도 벗어나
모든 굴레에서 벗어난 자,
그를 나는 바라문이라 부른다. {48}

기뻐함과 싫어함534)을 버려
침착하고 집착이 없으며
모든 세상을 정복한 영웅,
그를 나는 바라문이라 부른다. {49} [122]

중생들의 죽음과 태어남을
모두 잘 알며
움켜쥠이 없고 잘 가셨고 깨달은 분,
그를 나는 바라문이라 부른다. {50}

---

533) "'굴레(yoga)'란 다섯 가닥의 얽어매는 감각적 욕망의 굴레(pañca-kāma-guṇa-yoga)를 말하는데, 인간의 감각적 욕망은 '인간의 굴레(mānusaka yoga)'이고, 천상의 감각적 욕망은 '천상의 굴레(dibba yoga)'이다."(MA.iii.440)

534) "'기뻐함(rati)'이란 다섯 가닥의 얽어매는 감각적 욕망을 기뻐하는 것이고, '싫어함(arati)'이란 유익한 법을 닦는 것(kusala-bhāvanā)을 불만스러워 하는 것(ukkaṇṭhita)이다."(MA.iii.440)

신들도 간답바들도 인간들도
그의 행처를 알지 못하며
번뇌가 다한 아라한,
그를 나는 바라문이라 부른다. {51}

앞에도 뒤에도 중간에도
어떤 것도 없어서[535]
아무것도 없으며 취착이 없는 자,
그를 나는 바라문이라 부른다. {52}

황소요, 최고의 영웅이요,
대 선인[536]이요, 승리자요
동요 없고 목욕했고 깨달은 분,
그를 나는 바라문이라 부른다. {53}

전생의 삶을 알고
천상과 악도를 보며
태어남이 다한 자,
그를 나는 바라문이라 부른다. {54}

12. "세상에서 이름과 성을 사용하는 것은
인습적인 것이요[537]

---

535) "각각 과거에도(atīte) 미래에도(anāgate) 현재에도(paccuppanne) 어떤 형태의 오염원(kiñcana-kāraka kilesa)도 없다는 뜻이다."(MA.iii.440~441)

536) "'대 선인(mahesi)'이란 큰 공덕(mahante guṇe)을 찾는다는 뜻(pariyesan-aṭṭha)에서 대 선인이라 한다."(MA.iii.441)

537) "이렇게 세존께서는 공덕(guṇa)의 측면에서 오직 번뇌가 다한 자(khīṇ-

임의로 생겨난 것이라서[538]
여기저기에 사용된다. {55}

[이것을] 모르는 자에게 오랜 세월
그릇된 견해가 잠재하여
알지 못하면서 우리에게 말하나니,
'태생에 의해 바라문이 된다.'라고. {56}

태생에 의해 바라문이 되는 것도 아니고
태생에 의해 비바라문이 되는 것도 아니다.
행위에 의해 바라문도 되고
행위에 의해 비바라문도 된다. {57}

행위에 의해[539] 농부가 되고,
행위에 의해 기술자가 된다.
행위에 의해 상인이 되고,
행위에 의해 하인이 된다. {58}

행위에 의해 도둑이 되고,

āsava)가 바라문이라고 하시고, 태생(jāti)에 의해 바라문이 된다고 천착(abhinivesa)하는 사람들은 이것을 알지 못해 그것이 그들에게 사견(diṭṭhi), 아주 나쁜 사견(duddiṭṭhi)이 됨을 보이시면서 '인습적인 것(sama-ññā)'이라는 이 게송을 말씀하신다."(MA.iii.441)

538) "'임의로 생겨난 것이라서(samudāgataṁ)'라고 하셨다. 이것은 각자 태어날 때에 친지들이 지어준 것(pakappita)이라서 만약 이렇게 짓지 않았다면 어느 누구도 그를 보고 이 사람이 바라문이라거나 바라드와자라고 알지 못할 것이다."(MA.iii.441)

539) "여기서 '행위(kamma)'란 농사일 등을 해내는 현재의 의도적 행위(paccu-ppanna kasi-kammādi-nibbattaka-cetanā-kamma)를 말한다."(MA.iii.441)

행위에 의해 군인이 된다.
행위에 의해 제관이 되고,
행위에 의해 왕이 된다." {59} [123]

13. "현자는 이와 같이
있는 그대로 행위를 보나니
그는 조건 따라 생겨남[緣起]을 보고,
행위[業]와 과보에 능통하다. {60}

행위[業]에 의해 세상은 굴러가고
행위에 의해 인류는 계속된다.
중생은 행위에 묶여 있나니
마치 마차 바퀴가 굴대에 묶여 있듯이. {61}

고행과 청정범행과
제어와 자제540)
이것으로541) 바라문이 되나니
이것이 최상의 바라문이다. {62}

세 가지 명지[三明]를 구족하고
고요하고542) 다시 태어남이 다한 자는

---

540) '고행과 청정범행과 제어와 자제'는 각각 tapa, brahmacariya, saṁyama, dama를 옮긴 것이다. 주석서는 이렇게 설명한다.
"'고행'이란 두타행의 고행(dhutaṅga-tapa)이고, '청정범행'이란 음행을 금하는 것(methuna-virati)이고, '제어'란 계행(sīla)이고, '자제'란 감각 기관을 자제하는 것(indriya-dama)이다."(MA.iii.443)

541) "즉 이렇게 수승하고(seṭṭha) 지극히 청정한(parisuddha) 최상의 존재(brahma-bhūta)인 범천의 행위(kamma)에 의해 바라문이 된다는 뜻이다."(MA.iii.443)

지자들에게 범천과 인드라로 통한다.543)

와셋타여, 이와 같이 알지니라."{63}

14. 이렇게 설하셨을 때 바라문 학도인 와셋타와 바라드와자는 세존께 이렇게 말씀드렸다.

"경이롭습니다, 고따마 존자시여. 경이롭습니다, 고따마 존자시여. … 고따마 존자께서는 저희들을 재가신자로 받아주소서. 오늘부터 목숨이 붙어 있는 그날까지 귀의하옵니다."

와셋타 경(M98)이 끝났다.

---

542) "'고요한(santa)'이란 오염원(kilesa)이 고요해졌다는 뜻이다."(MA.iii.443)

543) "이러한 자는 단순히 바라문(brāhmaṇa)일 뿐만 아니라 바로 범천(brahmā)이고 인드라(sakka)라고 지자들에게 통하니, 그런 줄 알라는 말씀이시다."(MA.iii.443)

수바 경

Subha Sutta(M99)

1. 이와 같이 나는 들었다. 한때 세존께서는 사왓티에서 제따 숲의 아나타삔디까 원림(급고독원)에 머무셨다.

2. 그 무렵 또데야의 아들 수바 바라문 학도544)가 어떤 일로 사왓티에 있는 어떤 장자의 집에 머물고 있었다. 또데야의 아들 수바

544) 또데야의 아들 수바 바라문 학도(Subha māṇava Todeyyaputta)는 본경을 통해서 부처님께 참된 바라문에 대해서 질문 드리고 있으며 부처님의 가르침을 듣고 재가신도가 된 사람이다.
이 수바 바라문 학도가 세존의 입멸 후에 사왓티로 온 아난다 존자를 찾아가서 부처님의 일대시교에 대해서 질문을 하고 아난다 존자가 이것을 계·정·혜로 설명하고 있는 경이 바로 『디가 니까야』 제1권 「수바 경」(D10)이다.
그의 아버지 또데야(Todeyya) 바라문은 사왓티 근교의 뚜디 마을(Tudi-gāma)의 수장이었다고 하며 그래서 또데야(Todeyya, 뚜디에 사는)라고 불렸다고 한다.(DA.ii.384) 사실 또데야 바라문은 본경과 본서 「와셋타 경」(M98)과 『디가 니까야』 제1권 「삼명경」(D13) 등에서 짱끼 바라문 등과 더불어 유명한 바라문으로 언급되고 있다.
주석서에는 죽어서 개로 태어난 그의 아버지 또데야 바라문에 대한 재미있는 일화를 소개하고 있다. 여기에 대해서는 본서 제4권 「업 분석의 짧은 경」(M135) §2의 주해를 참조할 것. 이 경도 수바 바라문 학도에게 설하신 경이다.

바라문 학도는 자신이 머물고 있는 집의 장자에게 이렇게 말했다.

"장자여, 저는 사왓티에 아라한들이 없지 않다545)고 들었습니다. 오늘 어떤 사문이나 바라문을 찾아가서 경의를 표할까요?"

"존자시여, 세존께서 사왓티에서 제따 숲의 아나타삔디까 원림(급고독원)에 머무십니다. 존자시여, 세존을 찾아가 경의를 표하십시오."

3. 그러자 [197] 또데야의 아들 수바 바라문 학도는 그 장자의 말을 받아들여 세존을 뵈러 갔다. 세존을 뵙고 세존과 함께 환담을 나누었다. 유쾌하고 기억할만한 이야기로 서로 담소를 하고서 한 곁에 앉았다. 한 곁에 앉아서 또데야의 아들 수바 바라문 학도는 세존께 이렇게 말씀드렸다.

4. "고따마 존자시여, 바라문들은 이렇게 말합니다. '재가자는 옳은 방법인 유익한 법546)을 성취하지만 출가자는 옳은 방법인 유익한 법을 성취하지 못한다.'라고. 여기에 대해서 고따마 존자께서는 어떻게 말씀하십니까?"

"바라문 학도여, 이것에 대해 나는 분석해서 말하지547) 한쪽으로

545) "즉 사왓티에 아라한들이 많다고 들었다는 뜻이다."(MA.iii.441)

546) '옳은 방법인 유익한 법(ñāya dhamma kusala)'에 대해서는 본서 「산다까 경」(M76) §6의 주해를 참조할 것.

547) '바라문 학도여, 이것에 대해 나는 분석해서 말하지(vibhajja-vāda) 한쪽으로 치우쳐서 말하지 않는다.'는 vibhajjavādo kho aham ettha, māṇava, nāham ettha ekaṁsavādo를 옮긴 것이다. 이 표현은 『앙굿따라 니까야』 제6권 「왓지야마히따 경」(A10:94) §3에서도 "세존께서는 분석적으로 설하시는 분이지, 한쪽으로 치우쳐서 설하시는 분이 아닙니다(vibhajjavādo bhagavā na so bhagavā ettha ekaṁsavādo ti)."라고 나타나고 있다.
여기서 '분석해서 말함'과 '분석적으로 설하시는 분'으로 옮긴 위밧자와다(vibhajja-vāda)는 상좌부 불교를 특징 짓는 술어로 채택이 되어서 지금도 남방 상좌부 불교는 그들을 위밧자와딘(vibhajjavādin, 분석(해체)을 설하는 자들)이라고 부르고 있다. 여기에 대해서는 본서 제4권 해제 §2-(3) 등과

치우쳐서 말하지 않는다.

바라문 학도여, 재가자이건 출가자이건 그들의 그릇된 도닦음[548]을 나는 칭송하지 않는다. 바라문 학도여, 재가자이건 출가자이건 그릇되게 도닦는 자는 그릇된 도닦음으로 인해 옳은 방법인 유익한 법을 성취하지 못한다.

바라문 학도여, 재가자이건 출가자이건 그들의 바른 도닦음[549]을 나는 칭송한다. 바라문 학도여, 재가자이건 출가자이건 바르게 도닦는 자는 바른 도닦음으로 인해 옳은 방법인 유익한 법을 성취한다."

5. "고따마 존자시여, 바라문들은 이렇게 말합니다. '재가자의 삶은 일거리가 많고 직무가 많고 관리해야 할 것이 많고 갖은 노력이 있어서 결실이 많다. 출가자의 삶은 일거리가 적고 직무가 적고 관리해야 할 것이 적고 별다른 노력이 없어서 결실이 적다.'라고. 여기에 대해서 고따마 존자께서는 어떻게 말씀하십니까?"

"바라문 학도여, 이 경우에도 나는 분석해서 말하지 한쪽으로 치우쳐서 말하지 않는다. 바라문 학도여, 재가자이건 출가자이건 그들의 그릇된 도닦음을 나는 칭송하지 않는다.

바라문 학도여, ① 움직임이 많고 직무가 많고 관리해야 할 것이 많고 갖은 노력이 있지만, 실패하면 적은 결실을 가져다주는 일이 있다. 바라문 학도여, ② 움직임이 많고 직무가 많고 관리해야 할 것이 많고 갖은 노력이 있지만, 성공하면 많은 결실을 가져다주는 일이 있

『초기불교 이해』 26쪽 이하와 109~110쪽 등을 참조할 것.

548) "'그릇된 도닦음(micchā-paṭipatti)'이란 [열반으로] 인도하지 못하는 (aniyyānika) 해로운 도닦음(akusala-paṭipada)이다."(MA.iii.444)

549) "'바른 도닦음(sammā-paṭipatti)'이란 [열반으로] 인도하는 유익한 도닦음이다."(MA.iii.444)

다. 바라문 학도여, ③ 움직임이 적고 직무가 적고 관리해야 할 것이 적고 별다른 노력이 없지만, 실패하면 적은 결실을 가져다주는 일이 있다. 바라문 학도여, ④ 움직임이 적고 직무가 적고 관리해야 할 것이 적고 별다른 노력이 없지만, 성공하면 많은 결실을 가져다주는 일이 있다."

6. "바라문 학도여, ① 어떤 것이 [198] 움직임이 많고 직무가 많고 관리해야 할 것이 많고 갖은 노력이 있지만, 실패하면 적은 결실을 가져다주는 일인가? 바라문 학도여, 농사가 움직임이 많고 직무가 많고 관리해야 할 것이 많고 갖은 노력이 있지만, 실패하면 적은 결실을 가져다주는 일이다.

바라문 학도여, ② 어떤 것이 움직임이 많고 직무가 많고 관리해야 할 것이 많고 갖은 노력이 있지만, 성공하면 많은 결실을 가져다주는 일인가? 바라문 학도여, 농사가 움직임이 많고 직무가 많고 관리해야 할 것이 많고 갖은 노력이 있지만, 성공하면 많은 결실을 가져다주는 일이다.

바라문 학도여, ③ 어떤 것이 움직임이 적고 직무가 적고 관리해야 할 것이 적고 별다른 노력이 없지만, 실패하면 적은 결실을 가져다주는 일인가? 바라문 학도여, 상업이 움직임이 적고 직무가 적고 관리해야 할 것이 적고 별다른 노력이 없지만, 실패하면 적은 결실을 가져다주는 일이다.

바라문 학도여, ④ 어떤 것이 움직임이 적고 직무가 적고 관리해야 할 것이 적고 별다른 노력이 없지만, 성공하면 많은 결실을 가져다주는 일인가? 바라문 학도여, 상업이 움직임이 적고 직무가 적고 관리해야 할 것이 적고 별다른 노력이 없지만, 성공하면 많은 결실을 가져다주는 일이다."

7. "바라문 학도여, 마치 농사가 움직임이 많고 직무가 많고 관리해야 할 것이 많고 갖은 노력이 있지만, 실패하면 적은 결실을 가져다주는 일인 것처럼, 그와 같이 재가자의 삶도 일거리가 많고 직무가 많고 관리해야 할 것이 많고 갖은 노력이 있지만, 실패하면 적은 결실을 가져다준다.

바라문 학도여, 마치 농사가 움직임이 많고 직무가 많고 관리해야 할 것이 많고 갖은 노력이 있지만, 성공하면 많은 결실을 가져다주는 일인 것처럼, 그와 같이 재가자의 삶도 일거리가 많고 직무가 많고 관리해야 할 것이 많고 갖은 노력이 있지만, 성공하면 많은 결실을 가져다준다.

바라문 학도여, 마치 상업이 움직임이 적고 직무가 적고 관리해야 할 것이 적고 별다른 노력이 없지만, 실패하면 적은 결실을 가져다주는 일인 것처럼, 그와 같이 출가자의 삶도 일거리가 적고 직무가 적고 관리해야 할 것이 적고 별다른 노력이 없지만, 실패하면 적은 결실을 가져다준다.

바라문 학도여, 마치 상업이 움직임이 적고 직무가 적고 관리해야 할 것이 적고 별다른 노력이 없지만, 성공하면 많은 결실을 가져다주는 일인 것처럼, 그와 같이 [199] 출가자의 삶도 일거리가 적고 직무가 적고 관리해야 할 것이 적고 별다른 노력이 없지만, 성공하면 많은 결실을 가져다준다."

8. "고따마 존자시여, 바라문들은 공덕을 쌓고 유익함을 성취하기 위한 다섯 가지 법들을 천명합니다."

"바라문 학도여, 만일 그대에게 부담이 되지 않는다면, 공덕을 쌓고 유익함을 성취하기 위하여 바라문들이 천명한 다섯 가지 법들을 이 대중에게 말해 보라."

"고따마 존자시여, 존자께서 앉아 계시거나 존자님과 비슷한 분들이 앉아 계시는 한 그것은 제게 아무런 부담이 되지 않습니다."550)

"바라문 학도여, 그렇다면 말해 보라."

9. "고따마 존자시여, 진리551)가 공덕을 쌓고 유익함을 성취하기 위한 첫 번째 법이라고 바라문들은 천명합니다. 고따마 존자시여, 고행이 공덕을 쌓고 유익함을 성취하기 위한 두 번째 법이라고 바라문들은 천명합니다. 고따마 존자시여, 청정범행552)이 공덕을 쌓고 유익함을 성취하기 위한 세 번째 법이라고 바라문들은 천명합니다. 고따마 존자시여, 성전을 공부하는 것553)이 공덕을 쌓고 유익함을 성취하기 위한 네 번째 법이라고 바라문들은 천명합니다. 고따마 존

---

550) "'부담이 되지 않는다(na kho me garu).'는 것은 무엇을 두고 한 말인가? 현자인 체하는 자들(paṇḍita-paṭirūpakā) 앞에서 이야기를 하는 것은 부담스럽다. 그들은 구절마다 단어마다 결점만(dosa)을 지적하기 때문이다. 그러나 최고의 현자들(ekanta-paṇḍitā)은 이야기를 듣고 이치에 부합하는 이야기는 칭송하고 이치에 부합하지 않을 때에는 성전의 구문과 뜻과 단어들에서 어긋나는 것은 바로잡아 설명해준다. 세존과 같은 최고의 현자는 어디에도 없다. 그러므로 세존께서 앉아 계시거나 세존과 비슷한 분들이 앉아 계시는 한 그것을 설명하는 것은 부담스럽지 않다고 그는 말하고 있는 것이다."(MA.iii.445~446)

551) "여기서 '진리(sacca)'란 말의 진리(vacī-sacca), 즉 진실한 말을 뜻한다." (MA.iii.446)

552) "'청정범행(brahmacariya)'이란 음행을 금하는 것(methuna-virati)을 말한다."(MA.iii.446)

553) "'성전을 공부하는 것(ajjhena)'이란 만뜨라를 외우는 것(manta-gahaṇa)을 말한다."(MA.iii.446)
여기서 ajjhena는 ajjhayana로도 나타나는데 Sk. adhyayana(adhi+√i(*to go*))에 해당한다. 범어 일반에서 이 adhyayana는 『리그베다』 등의 베다(Veda)를 공부하는 것을 말하고 니까야와 『자따까』에서도 이런 의미로 쓰이고 있다. 그래서 '성전을 공부하는 것'이라고 풀어서 옮겼다.

자시여, 베풂[554]이 공덕을 쌓고 유익함을 성취하기 위한 다섯 번째 법이라고 바라문들은 천명합니다.

고따마 존자시여, 바라문들은 공덕을 쌓고 유익함을 성취하기 위한 이 다섯 가지 법들을 천명합니다. 여기에 대해서 고따마 존자께서는 어떻게 말씀하십니까?"

"바라문 학도여, 그런데 바라문들 가운데 단 한 명의 바라문이라도 '나는 이 다섯 가지 법들을 스스로 최상의 지혜로 알고 실현하여 그 결과를 선언한다.'라고 말한 자가 있는가?"

"없습니다, 고따마 존자시여."

"바라문 학도여,[555] 그런데 바라문들 가운데 단 한 명의 스승이라도, 단 한 명의 스승들의 스승이라도, 이렇게 해서 일곱 선대 스승에 이르기까지 '나는 이들 다섯 가지 법들을 스스로 최상의 지혜로 알고 실현하여 그 결과를 선언한다.'라고 이렇게 말한 자가 있는가?"

"없습니다, 고따마 존자시여." [200]

"바라문 학도여, 그런데 바라문들의 선조로서 만뜨라를 만들고 만뜨라를 설하는 선인들이 있었다. 지금의 바라문들은 [그 선조들이] 노래하고 설하고 모은 오래된 만뜨라 구절들을 따라 노래하고 따라 설하고 설한 것을 다시 따라 설하고 말한 것을 따라 말하는데, 예를 들면 그들은 앗타까, 와마까, 와마데와, 웻사밋따, 야마딱기, 앙기라사, 바라드와자, 와셋타, 깟사빠, 바구 등이다. 이들도 '나는 이 다섯 가지 법들을 스스로 최상의 지혜로 알고 실현하여 그 결과를 선언한다.'라고 이렇게 말한 적이 있는가?"

---

554) "'베풂(cāga)'이란 물질적으로 베푸는 것(āmisa-pariccāga)을 말한다." (MA.iii.446)

555) 이하 본경의 §9는 본서 「짱끼 경」(M95) §13과 같은 내용을 담고 있다.

"없습니다, 고따마 존자시여."

"바라문 학도여, 참으로 바라문들 가운데 어느 누구도 '나는 이 다섯 가지 법들을 최상의 지혜로 알고 실현하여 그 결과를 선언한다.'라고 말한 자가 없다. 그리고 바라문들 가운데 어떤 스승도, 스승들의 어떤 스승도, 이렇게 해서 일곱 선대 스승들에 이르기까지 어느 누구도 '나는 이 다섯 가지 법들을 스스로 최상의 지혜로 알고 실현하여 그 결과를 선언한다.'라고 이렇게 말하는 자가 없었다. 그리고 바라문들의 선조 선인들이 만뜨라를 만들고 만뜨라를 설했고, 지금의 바라문들은 [그 선조들이] 노래하고 설하고 모은 오래된 만뜨라 구절들을 따라 노래하고 따라 설하고 설한 것을 다시 따라 설하고 말한 것을 따라 말하는데, 예를 들면 그들은 앗타까, 와마까, 와마데와, 웻사밋따, 야마딱기, 앙기라사, 바라드와자, 와셋타, 깟사빠, 바구 등이다. 이들도 '나는 이 다섯 가지 법들을 스스로 최상의 지혜로 알고 실현하여 그 결과를 선언한다.'라고 이렇게 말한 자가 없었다.

바라문 학도여, 마치 서로를 잡고 줄을 서 있는 장님과 같아서 맨 앞에 선 사람도 보지 못하고 가운데 사람도 보지 못하고 마지막 사람도 보지 못하는 것과 같다. 바라문 학도여, 그와 같이 바라문들이 설한 것은 장님 줄 서기와 같아서 맨 앞에 선 사람도 보지 못하고 가운데 사람도 보지 못하고 마지막 사람도 보지 못한다."

10. 이렇게 말씀하시자 또데야의 아들 수바 바라문 학도는 세존께서 장님 줄 서기의 비유로 말씀하신 것에 화가 나고 불쾌하여 세존께 욕설을 퍼붓고 세존을 경멸하면서 "사문 고따마는 사악한 자가 될 것이다."라고 말하였다. 그리고 세존께 이렇게 말씀드렸다.

"고따마 존자시여, 수바가 숲의 소유자이고 우빠만냐 성을 가진 뽁카라사띠 바라문556)은 이렇게 말했습니다.

"이와 같이 이들 어떤 사문・바라문들은 인간의 법을 초월했고 성자들에게 적합한 지와 견의 특별함을 주장한다. 그러나 그들의 이런 주장은 [201] 오직 웃음거리로 드러났고, 단지 말에 지나지 않는 것으로 밝혀졌고, 허망한 것으로 판명되었고, 공허한 것으로 드러났다. 어떻게 인간이 인간의 법을 초월했고 성자에게 적합한 지와 견의 특별함을 알고 보고 실현한다는 말인가? 그런 일은 있을 수 없다.""

11. "바라문 학도여, 그런데 수바가 숲의 소유자이고 우빠만냐 성을 가진 뽁카라사띠 바라문은 자기의 마음으로 모든 사문・바라문들의 마음을 다 아는가?"

"고따마 존자시여, 수바가 숲의 소유자이고 우빠만냐 성을 가진 뽁카라사띠 바라문은 자기의 마음으로 자신의 하녀인 뿐니까의 마음조차도 알지 못하는데 어떻게 자기의 마음으로 모든 사문・바라문들의 마음을 다 알겠습니까?"

12. "바라문 학도여, 예를 들면 태어날 때부터 눈먼 사람이 있다고 하자. 그는 검은색과 흰색을 보지 못하고 청색 황색 적색 담홍색을 보지 못하고 고름과 울퉁불퉁함도 보지 못하고 별과 달과 해도 보지 못할 것이다. 그가 말하기를, '검은색과 흰색은 없고 검은색과 흰색을 보는 자도 없다. 청색이란 없고 청색을 보는 자도 없다. 황색이란 없고 황색을 보는 자도 없다. 적색이란 없고 적색을 보는 자도 없다. 담홍색이란 없고 담홍색을 보는 자도 없다. 고름과 울퉁불퉁함이란 없고 고름과 울퉁불퉁함을 보는 자도 없다. 별이란 없고 별을 보는 자도 없다. 달과 해란 없고 달과 해를 보는 자도 없다. 나는 이것

---

556) 뽁카라사띠 바라문(Pokkharasāti brāhmaṇa)에 대해서는 본서 「짱끼 경」(M95) §8의 주해를 참조할 것.

을 알지 못하고 나는 이것을 보지 못한다. 그러므로 없다.'라고 한다 하자. 바라문 학도여, 그는 바르게 말한 것인가?"

"그렇지 않습니다, 고따마 존자시여. 검은색과 흰색은 있고 검은색과 흰색을 보는 자도 있습니다. 청색은 있고 청색을 보는 자도 있습니다. … 달과 해는 있고 달과 해를 보는 자도 있습니다. [202] 그러므로 '나는 이것을 알지 못하고 나는 이것을 보지 못한다. 그러므로 없다.'라고 하는 자는 바르게 말한 것이 아닙니다."

13. "그러하다, 바라문 학도여. 수바가 숲의 소유자이고 우빠만냐 성을 가진 뽁카라사띠 바라문은 장님이고 눈이 없다. 그가 참으로 인간의 법을 초월했고 성자에게 적합한 지와 견의 특별함을 알고 보고 실현할 것이라는 것은 있을 수 없다. 바라문 학도여, 이를 어떻게 생각하는가? 꼬살라에 사는 부유한 바라문 출신들, 즉 짱끼 바라문, 따룩카 바라문, 뽁카라사띠 바라문, 자눗소니 바라문, 그리고 그대의 부친인 또데야 바라문이 세상의 관례에 맞게 말을 하는 것이 더 좋은가, 세상의 관례에 맞지 않게 [말을 하는 것이 더 좋은가]?"

"세상의 관례에 맞게 하는 것이 더 좋습니다, 고따마 존자시여."

"그들이 생각하고 말을 하는 것557)이 더 좋은가, 생각하지 않고 [말을 하는 것이 더 좋은가]?"

"생각하고 [말을 하는 것이 더 좋습니다], 고따마 존자시여."

"그들이 숙고하고 말을 하는 것이 더 좋은가, 숙고하지 않고 [말을 하는 것이 더 좋은가]?"

---

557) "'생각하고 말을 한다(mantā vācaṁ bhāseyyuṁ).'는 것은 견주어 보고(tulayitvā) 파악한 뒤에(pariggaṇhitvā) 말한다는 뜻이다."(MA.iii.447) 한편 복주서는 "만따(mantā)라고 불리는 통찰지(paññā)로 생각해 보고(mantetvā) 알아보고(jānitvā) 말하는 것"(MAṬ.ii.206)이라고 부연해서 설명한다.

"숙고하고 [말을 하는 것이 더 좋습니다], 고따마 존자시여."

"그들이 근거가 있는[558] 말을 하는 것이 더 좋은가, 근거도 없는 [말을 하는 것이 더 좋은가]?"

"근거가 있는 [말을 하는 것이 더 좋습니다], 고따마 존자시여."

14. "바라문 학도여, 이를 어떻게 생각하는가? 만일 그와 같다면 수바가 숲의 소유자이고 우빠만냐 성을 가진 뽁카라사띠 바라문은 세상의 관례에 맞게 말을 했는가, 세상의 관례에 맞지 않게 말을 했는가?"

"세상의 관례에 맞지 않게 [말을 했습니다], 고따마 존자시여."

"생각하고 말을 했는가, 생각하지 않고 했는가?"

"생각하지 않고 [말을 했습니다], 고따마 존자시여."

"숙고하고 말을 했는가, 숙고하지 않고 했는가?"

"숙고하지 않고 [말을 했습니다], 고따마 존자시여."

"근거가 있는 말을 했는가, 근거가 없는 [말을 했는가]?"

"근거가 없는 [말을 했습니다], 고따마 존자시여." [203]

15. "바라문 학도여, 이러한 다섯 가지 장애들이 있다. 무엇이 다섯 가지인가?

감각적 욕망의 장애와 악의의 장애와 해태와 혼침의 장애와 들뜸과 후회의 장애와 의심의 장애이다. 바라문 학도여, 이것이 다섯 가지 장애이다.

---

558) '근거가 있는'은 attha-saṁhita를 옮긴 것이다. 이것은 '이익을 줄 수 있는'으로 옮길 수도 있으나 주석서에서 kāraṇanissita(근거가 있는, 원인에 바탕을 둔)의 뜻이라고 설명하고 있어 이렇게 옮겼다.(MA.iii.447)
복주서에서도 "이것은 원인에 바탕을 둔(hetu-saṁhita)의 뜻이다. 근거가 있는 말은 절대적으로(ekaṁsato) 정당성을 부여받기(yutti-yutta) 때문이다."(MAṬ.ii.206)라고 설명하고 있다.

바라문 학도여, 수바가 숲의 소유자이고 우빠만냐 성을 가진 뽁카라사띠 바라문은 이러한 다섯 가지 장애로 덮여있고 가려있고 막혀있고 둘러싸여 있다. 그가 참으로 인간의 법을 초월했고 성자에게 적합한 지와 견의 특별함을 알고 보고 실현할 것이라는 것은 있을 수 없다."

16. "바라문 학도여, 이러한 다섯 가닥의 얽어매는 감각적 욕망이 있다. 무엇이 다섯인가?

원하고 좋아하고 마음에 들고 사랑스럽고 감각적 욕망을 짝하고 매혹적인, 눈으로 인식되는 형색들이 있다. … 귀로 인식되는 소리들이 있다. … 코로 인식되는 냄새들이 있다. … 혀로 인식되는 맛들이 있다. 원하고 좋아하고 마음에 들고 사랑스럽고 감각적 욕망을 짝하고 매혹적인, 몸으로 인식되는 감촉들이 있다. 바라문 학도여, 이것이 다섯 가닥의 얽어매는 감각적 욕망이다.

바라문 학도여, 수바가 숲의 소유자이고 우빠만냐 성을 가진 뽁카라사띠 바라문은 이 다섯 가닥의 얽어매는 감각적 욕망에 묶이고 홀리고 집착하여 재난을 보지 못하고 벗어남을 통찰함이 없이 그것을 수용한다. 그가 참으로 인간의 법을 초월했고 성자에게 적합한 지와 견의 특별함을 알고 보고 실현할 것이라는 것은 있을 수 없다."

17. "바라문 학도여, 이를 어떻게 생각하는가? 마른 풀과 나뭇가지 같은 연료에 의지하여 타오르는 불과 마른 풀과 나뭇가지 같은 연료 없이 타오르는 불 가운데 어떤 불이 화염과 불꽃과 광채가 더 있겠는가?"

"고따마 존자시여, 만일 그것이 가능한 일이라면, 마른 풀과 나뭇가지 같은 연료 없이 타오르는 불이 화염과 불꽃과 광채가 더 있겠습니다."

"바라문 학도여, 마른 풀과 나뭇가지 같은 연료 없이 불이 타오르는 경우란 신통력이 아니고서는 불가능하다. 바라문 학도여, 마른 풀과 나뭇가지 같은 연료에 의지하여 타오르는 불은 다섯 가닥의 얽어매는 감각적 욕망에 의지한 희열과 [204] 같다고 나는 말한다. 바라문 학도여, 마른 풀과 나뭇가지 같은 연료 없이 타오르는 불은 감각적 욕망들과는 상관없고 해로운 법들과도 상관없는 희열과 같다고 나는 말한다.559)

바라문 학도여, 그러면 어떤 것이 감각적 욕망들과는 상관없고 해로운 법들과도 상관없는 희열인가?

바라문 학도여, 여기 비구는 감각적 욕망을 완전히 떨쳐버리고 해로운 법[不善法]들을 떨쳐버린 뒤 일으킨 생각[尋]과 지속적 고찰[伺]이 있고, 떨쳐버렸음에서 생긴 희열[喜]과 행복[樂]이 있는 초선(初禪)을 구족하여 머문다. 바라문 학도여, 이것이 감각적 욕망들과는 상관없고 해로운 법들과도 상관없는 희열이다.

다시 바라문 학도여, 비구는 일으킨 생각[尋]과 지속적 고찰[伺]을 가라앉혔기 때문에 [더 이상 존재하지 않고], 자기 내면의 것이고, 확신이 있으며, 마음의 단일한 상태이고, 일으킨 생각과 지속적 고찰은 없고, 삼매에서 생긴 희열과 행복이 있는 제2선(二禪)을 구족하여 머

559) "마치 '마른 풀과 나뭇가지 같은 연료에 의지하여 타오르는 불(tiṇa-kaṭṭh-upādānaṁ paṭicca aggi jalati)'은 연기와 재와 숯(dhūma-chārik-aṅgāra)이 있기 때문에 결점이 있듯이(sadosa), 다섯 가닥의 얽어매는 감각적 욕망을 조건으로 일어난 희열은 태어남과 늙음과 병듦과 죽음과 근심(jāti-jarā-byādhi-maraṇa-soka) 등이 있기 때문에 결점이 있다. 그러나 '마른 풀과 나뭇가지 같은 연료가 없는 불(nissaṭṭha-tiṇa-kaṭṭh-upādāno aggi)'은 연기 등이 없기 때문에 깨끗하듯이, 출세간의 두 禪(lokuttara-jjhāna-dvaya)과 관련된 희열(pīti)은 태어남 등이 없기 때문에 청정하다(parisuddha)."(MA.iii.448)

문다. 바라문 학도여, 이것도 감각적 욕망들과는 상관없고 해로운 법들과도 상관없는 희열이다."

18. "바라문 학도여, 공덕을 쌓고 유익함을 성취하기 위하여 바라문들이 천명한 다섯 가지 법들 가운데, 바라문들은 어떤 법이 공덕을 쌓고 유익함을 성취하는 데에 더 큰 결실을 가져온다고 천명하는가?"

"고따마 존자시여, 공덕을 쌓고 유익함을 성취하기 위하여 바라문들이 천명한 다섯 가지 법들 가운데, 바라문들은 베풂이 공덕을 쌓고 유익함을 성취하는 데에 더 큰 결실을 가져온다고 천명합니다."

19. "바라문 학도여, 이를 어떻게 생각하는가? 바라문 학도여, 여기 어떤 바라문이 큰 제사를 거행하는데 그때 두 바라문이 '이런 이름을 가진 바라문의 큰 제사에 동참하리라.'라고 하면서 왔다 하자. 그 중의 한 바라문이 '오, 식당에서 내가 참으로 내가 상석에 앉아 먼저 물을 받고 먼저 음식을 받아야지 식당에서 다른 바라문이 상석에 앉아 먼저 물을 받고 먼저 음식을 받지 않기를.'하고 생각했다 하자.

바라문 학도여, 그러나 식당에서 다른 바라문이 상석에 앉아 먼저 물을 받고 먼저 음식을 받고 식당에서 그 바라문이 상석에 앉아 먼저 물을 받고 먼저 음식을 받지 못할 경우가 있을 것이다. 그러면 그는 '식당에서 다른 바라문이 상석에 앉아 먼저 물을 받고 먼저 음식을 받고 식당에서 내가 상석에 앉아 먼저 물을 받고 먼저 음식을 받지 못하는구나.'라고 [205] 그는 화내고 기분 나빠할 것이다. 바라문 학도여, 이것에 대해 바라문들은 어떤 과보를 선언하는가?"

"고따마 존자시여, 바라문들은 '이 [보시로] 다른 사람이 화내고 기분 나빠하기를.'하는 생각으로 보시를 베풀지 않습니다. 대신에 연민에서 우러나온 보시를 베풉니다."

"바라문 학도여, 그렇다면 바라문들에게 이 연민에서 우러나옴은 공덕을 행하는 여섯 번째 토대가 되지 않겠는가?"

"고따마 존자시여, 바라문들에게 이 연민에서 우러나옴은 공덕을 행하는 여섯 번째 토대가 됩니다."

20. "바라문 학도여, 공덕을 쌓고 유익함을 성취하기 위하여 바라문들이 천명한 다섯 가지 법들을 그대는 재가자들과 출가자들 중 어디서 많이 보는가?"

"고따마 존자시여, 공덕을 쌓고 유익함을 성취하기 위하여 바라문들이 천명한 다섯 가지 법들을 저는 출가자들 사이에서 많이 보고 재가자들 사이에서는 적게 봅니다. 고따마 존자시여, 왜냐하면 재가자의 삶은 일거리가 많고 직무가 많고 관리해야 할 것이 많고 갖은 노력을 해야 하므로 항상 변함없이 진실을 말할 수 없지만, 출가자의 삶은 일거리가 적고 직무가 적고 관리해야 할 것이 적고 별다른 노력이 없으므로 항상 변함없이 진실을 말할 수 있기 때문입니다.

고따마 존자시여, 재가자의 삶은 일거리가 많고 직무가 많고 관리해야 할 것이 많고 갖은 노력을 해야 하므로 항상 변함없이 고행을 할 수 없고, 청정범행을 지킬 수 없고, 성전을 많이 공부할 수 없고, 많이 베풀 수 없지만, 출가자의 삶은 일거리가 적고 직무가 적고 관리해야 할 것이 적고 별다른 노력이 없으므로 항상 변함없이 고행을 할 수 있고, 청정범행을 지킬 수 있고, 성전을 많이 공부할 수 있고, 많이 베풀 수 있기 때문입니다.

고따마 존자시여, 공덕을 쌓고 유익함을 성취하기 위하여 바라문들이 천명한 다섯 가지 법들을 저는 출가자들 사이에서 많이 보고 재가자들 사이에서는 적게 봅니다."

21. "바라문 학도여, 공덕을 쌓고 유익함을 성취하기 위하여 바라문들이 천명한 다섯 가지 법들은 악의가 없고 적의가 없는 그런 마음을 닦기 위한 [206] 마음의 장비라고 나는 말한다.

바라문 학도여, 여기 진실을 말하는 비구가 있는데, 그는 '나는 진실을 말하는 자다.'라고 생각하면서 결과에서 영감을 얻고 원인에서 영감을 얻으며560) 법과 관련된 환희를 얻는다. 이런 유익함과 관련된 환희를, 악의가 없고 적의가 없는 마음을 닦기 위한 마음의 장비라고 나는 말한다.

바라문 학도여, 여기 고행을 하는 비구가 있는데, … 여기 청정범행을 지키는 비구가 있는데, … 여기 성전을 많이 공부하는 비구가 있는데, … 여기 많이 베푸는 비구가 있는데, 그는 '나는 많이 베푸는 자다.'라고 생각하면서 뜻에서 영감을 얻고 법에서 영감을 얻으며 법과 관련된 환희를 얻는다. 이런 유익함과 관련된 환희를, 악의가 없고 적의가 없는 마음을 닦기 위한 마음의 장비라고 나는 말한다.

바라문 학도여, 이와 같이 공덕을 쌓고 유익함을 성취하기 위하여 바라문들이 천명한 다섯 가지 법들은 악의가 없고 적의가 없는 그런 마음을 닦기 위한 마음의 장비라고 나는 말한다."

22. 이렇게 말씀하시자 또데야의 아들 수바 바라문 학도는 세존께 이렇게 여쭈었다.

"고따마 존자시여, 저는 '사문 고따마께서는 범천의 일원이 되는 길을 알고 계신다.'라고 들었습니다."

---

560) '결과에서 영감을 얻고 원인에서 영감을 얻으며'는 atthavedaṁ labhati dhammavedaṁ labhati를 옮긴 것이다. 이것은 '뜻에서 영감을 얻고 법에서 영감을 얻으며'로 직역이 된다. 여기에 대해서는 본서 제1권 「옷감의 비유 경」(M7) §8의 주해를 참조할 것.

"바라문 학도여, 이를 어떻게 생각하는가? 이곳에서 날라까라 마을은 멀지 않고 가까운가?"

"그러합니다, 존자시여. 이곳에서 날라까라 마을은 멀지 않고 가깝습니다."

"바라문 학도여, 이를 어떻게 생각하는가? 여기 어떤 사람이 그 날라까라 마을에서 태어나 자랐는데 그가 날라까라 마을을 막 떠났을 때 사람들이 그에게 날라까라 마을로 가는 길을 묻는다고 하자. 바라문 학도여, 그 사람이 그 날라까라 마을에서 태어나 자랐는데 그에게 날라까라 마을로 가는 길을 물으면 그가 [대답하는 것을] 주저하거나 우물쭈물대겠는가?"

"고따마 존자시여, 그렇지 않습니다. 그것은 무슨 까닭이겠습니까? 그 사람은 날라까라 마을에서 태어나 자랐기 때문에 날라까라 마을로 가는 길을 모두 다 알고 있기 때문입니다."

"바라문 학도여, 그 사람이 그 날라까라 마을에서 태어나 자랐지만 [207] 그에게 날라까라 마을로 가는 길을 물을 때 그가 [대답하는 것을] 주저하거나 우물쭈물댈 수는 있다. 하지만 여래에게 범천의 세상과 범천의 세상으로 인도하는 도닦음을 물으면 주저하거나 우물쭈물대지 않는다. 바라문 학도여, 나는 범천들을 잘 알고, 범천의 세상을 잘 알고, 범천의 세상으로 인도하는 도닦음을 잘 알고, 어떻게 도를 닦을 때 범천의 세상에 태어나는지도 잘 안다."561)

23. "고따마 존자시여, 저는 '사문 고따마께서는 범천의 일원이 되는 길을 설하신다.'라고 들었습니다. 고따마 존자께서 제게 범천의

561) 이것은 열 가지 여래의 힘[如來十力, tathāgata-balāni] 가운데 "③ 여래는 모든 태어날 곳으로 인도하는 길을 있는 그대로 안다."라는 세 번째 힘에 해당한다. 본서 제1권 「사자후의 긴 경」(M12) §12를 참조할 것.

일원이 되는 길을 설해주시면 감사하겠습니다."

"바라문 학도여, 그렇다면 들어라. 잘 마음에 잡도리하라. 나는 설하리라."

"그러겠습니다, 고따마 존자시여."라고 또데야의 아들 수바 바라문 학도는 세존께 대답했다.

세존께서는 이렇게 말씀하셨다.

24. "바라문 학도여, 어떤 것이 범천의 일원이 되는 길인가? 바라문 학도여, 여기 비구는 자애가 함께한 마음으로 한 방향을 가득 채우면서 머문다. 그처럼 두 번째 방향을, 그처럼 세 번째 방향을, 그처럼 네 번째 방향을 자애가 함께한 마음으로 가득 채우면서 머문다. 이와 같이 위로, 아래로, 옆으로, 모든 곳에서 모두를 자신처럼 여기고, 모든 세상을 풍만하고, 광대하고, 무량하고, 원한 없고, 악의 없는, 자애가 함께한 마음으로 가득 채우면서 머문다.

바라문 학도여, 자애를 통한 마음의 해탈[562)]을 이렇게 닦을 때 제한된 업[563)]은 더 이상 여기에 남아 있지 않고, 더 이상 여기에 정체해 있지 않다.[564)] 예를 들면 나팔수가 힘이 세면 별 어려움 없이 사

562) "'자애를 통한 마음의 해탈(mettā cetovimutti)'이라고 말했는데 만일 '자애(mettā)'라고만 말할 때에는 근접삼매(upacāra)와 본삼매(appanā) 둘 다를 의미하겠지만, '마음의 해탈(cetovimutti)'이라는 단어를 취했기 때문에 오로지 본삼매만을 뜻한다."(MA.iii.450)

563) "여기서 '제한된 업(pamāṇakata kamma)'이란 욕계(kāma-avacara)의 업을 말한다. 무량한 업(appamāṇa-kata kamma)이란 색계와 무색계(rūpa-arūpa-avacara)의 업을 말하는데, 그중에서도 여기서는 범주(梵住, 거룩한 마음가짐)의 업(brahmavihāra-kamma)만을 말한다. 왜냐하면 그것은 한계(pamāṇa)를 넘어 한정적인 것과 무한정적인(odhisaka-anodhisaka) 방향을 가득 채우면서(disā-pharaṇa-vasena) 증장시켜 확립되었기 때문에 무량한 업이라 한다."(MA.iii.450)

564) "그 제한된 [욕계의] 업은 그 색계와 무색계의 업에 더 이상 머물러 있지 않

방으로 자기의 소리를 알리듯, 자애를 통한 마음의 해탈을 이렇게 닦을 때 제한된 업은 더 이상 여기에 남아 있지 않고, 더 이상 여기에 정체해 있지 않다. 이것이 범천의 일원이 되는 길이다."

25. ~ *27.* "다시 바라문 학도여, 비구는 연민이 함께한 마음으로 … 더불어 기뻐함이 함께한 마음으로 … 평온이 함께한 마음으로 한 방향을 가득 채우면서 머문다. 그처럼 두 번째 방향을, 그처럼 세 번째 방향을, 그처럼 네 번째 방향을 자애가 함께한 마음으로 가득 채우면서 머문다. 이와 같이 위로, 아래로, 옆으로, 모든 곳에서 모두를 자신처럼 여기고, 모든 세상을 풍만하고, 광대하고, [208] 무량하고, 원한 없고, 악의 없는, 평온이 함께한 마음으로 가득 채우면서 머문다.

바라문 학도여, 평온을 통한 마음의 해탈을 이렇게 닦을 때 제한된 업은 더 이상 여기에 남아 있지 않고, 더 이상 여기에 정체해 있지 않다. 예를 들면 나팔수가 힘이 세면 별 어려움 없이 사방으로 자기의 소리를 알리듯, 평온을 통한 마음의 해탈을 이렇게 닦을 때 제한된 업은 더 이상 여기에 남아 있지 않고, 더 이상 여기에 정체해 있지 않다. 이것이 범천의 일원이 되는 길이다."

28. 이렇게 말씀하시자 또데야의 아들 수바 바라문 학도는 세존께 이렇게 말씀드렸다.

"경이롭습니다, 고따마 존자시여. 경이롭습니다, 고따마 존자시여.

고 남아있지 않다. 무슨 뜻인가? 욕계의 업은 색계의 업과 무색계의 업 속에 붙어 있거나 남아 있거나 혹은 색계와 무색계의 업을 뒤덮어버리고 고갈시켜 자기의 과보를 생산할 기회(okāsa)를 확보하여 머물 수 없다. 그와는 반대로 색계와 무색계의 업은 마치 작은 물을 뒤덮는 큰 폭류처럼 욕계의 업을 덮어서 자기의 공간을 확보하여 머물러서 그것의 과보를 생산할 기회를 가져 자기 스스로 범천의 일원이 되게(brahma-sahabyatā) 된다."(MA.iii.450)

마치 넘어진 자를 일으켜 세우시듯, 덮여있는 것을 걷어내 보이시듯, [방향을] 잃어버린 자에게 길을 가리켜주시듯, 눈 있는 자 형상을 보라고 어둠 속에서 등불을 비춰주시듯, 고따마 존자께서는 여러 가지 방편으로 법을 설해주셨습니다. 저는 이제 고따마 존자께 귀의하옵고 법과 비구 승가에 귀의합니다. 고따마 존자께서는 저를 재가신자로 받아주소서. 오늘부터 목숨이 붙어 있는 그날까지 귀의하옵니다."

29. "고따마 존자시여, 이제 가봐야 할 것 같습니다. 바쁘고 해야 할 일이 많습니다."

"바라문 학도여, 지금이 적당한 시간이라면 그렇게 하라."

그러자 또데야의 아들 수바 바라문 학도는 세존의 설법을 기뻐하고 감사드리면서 자리에서 일어나 세존께 절을 올리고 오른쪽으로 돌아 [경의를 표한] 뒤 물러갔다.

30. 그때 자눗소니 바라문[565]은 백마가 끄는 온통 흰색으로 장엄한 백마차를 타고 사왓티를 나가고 있었다.[566] 자눗소니 바라문은 또데야의 아들 수바 바라문 학도가 멀리서 오는 것을 보았다. 또데야의 아들 수바 바라문 학도를 보고 이렇게 말했다.

"바라드와자 존자는 이런 한낮에 어디를 다녀오는 길입니까?"

"존자시여, 나는 사문 고따마께 다녀오는 길입니다."

"바라드와자 존자는 어떻게 생각합니까? 사문 고따마는 통찰지가 탁월하십니까? 그는 지자이십니까?" [209]

"존자시여, 내가 누구라고, 내가 어찌 감히 사문 고따마의 통찰지

---

565) 자눗소니 바라문(Jānussoṇi brāhmaṇa)에 대해서는 본서 제1권 「두려움과 공포 경」(M4) §2의 주해를 참조할 것.

566) 본서 제1권 「코끼리 발자국 비유의 짧은 경」(M27) §2와 같다.

가 탁월한지를 알겠습니까? 그분과 같은 자라야 그분의 통찰지가 탁월한지를 알 것입니다."

"참으로 바라드와자 존자는 사문 고따마를 크게 칭송하는군요."

"존자시여, 내가 누구라고, 내가 어찌 감히 사문 고따마를 칭송한다는 말입니까? 고따마 존자께는 신과 인간 가운데서 최상이라고 칭송이 자자합니다. 존자시여, 공덕을 쌓고 유익함을 성취하기 위하여 바라문들이 천명한 다섯 가지 법들을 사문 고따마께서는 악의 없고 적의 없는 마음을 닦기 위한 마음의 장비라고 설하셨습니다."

31. 이렇게 말하자 자눗소니 바라문은 백마가 끄는 온통 흰색으로 장엄한 백마차에서 내려 한쪽 어깨가 드러나게 윗옷을 입고 세존을 향해 합장한 채 감흥어를 읊었다.

"세존 · 아라한 · 정등각자께서 빠세나디 꼬살라 왕의 영토에 머물고 계시다니, 그것은 빠세나디 왕에게 축복이고, 빠세나디 왕에게 큰 이득이다."

수바 경(M99)이 끝났다.

상가라와 경

Saṅgārava Sutta(M100)

1. 이와 같이 나는 들었다. 한때 세존께서는 많은 비구 승가와 함께 꼬살라에서 유행하고 계셨다.

2. 그 무렵 다난자니라는 바라문 여인567)이 짠달라깝바에 살고

567) "'다난자니라는 바라문 여인(dhānañjānī nāma brāhmaṇī)'은 예류과를 얻은 성스러운 여제자(sotāpannā ariya-sāvikā)였는데, 바라드와자라는 족성을 가진(Bhāradvāja-gotta) 바라문의 아내(bhariyā)였다.
그녀의 남편 바라드와자 바라문은 예전에는 가끔씩 바라문들을 초대하여 대접도하고 했는데 이 바라문 여인과 결혼하고는 예쁘고 좋은 가문 출신인 바라문 여인의 기분을 상하게 할 수 없어 바라문들을 초대할 수 없었다. 그러자 바라문들은 보이거나 보이지 않은 곳에서 '이제 그대는 바라문들에게 믿음이 없어졌구나. 그대는 단 하루도 바라문들을 대접하지 않는구나.'라고 그에게 압박을 가했다. 그는 집에 가서 바라문 여인에게 그 소식을 전하고, 만일 부인이 하루만 입을 열지 않고 조용히 지낼 수 있다면 그날 바라문들에게 음식을 대접하고 싶다고 했다. 그녀는 나를 상관하지 말고 당신이 좋을 대로 대접을 하라고 말했다. 그는 바라문들을 초대하여 죽을 준비하고 집을 청소하고 바라문들이 앉을 수 있도록 자리를 마련했다.
그때 다난자니는 큰 옷을 입고 국자를 들고 바라문들의 음식 시중을 들다가 옷자락에 걸려 넘어졌는데, 바라문들의 음식 시중을 들고 있다는 생각조차 못한 채 습관적으로 갑자기 부처님을 떠올리고는 감흥어를 읊었다. 바라문들이 그 감흥어를 듣고 '이 사람은 양다리를 걸친 것이고 사문 고따마를 돕기도 한다. 그러니 이 사람의 음식대접을 받지 않겠다.'며 분노하여 음식을

버리고 돌아 가버렸다.
그 바라문은 그녀에게 '처음부터 오늘 하루는 입을 열지 않고 조용히 있기로 하지 않았소? 괜히 이만큼의 우유와 쌀 등을 소비했구려.'라며 심하게 화를 내면서 이렇게 말했다. '이 천한 여인은 이렇듯 아무 때나 그 까까머리 사문을 칭송한다. 그러니 이제 내가 그대의 스승이라는 그 자와 논쟁을 해봐야겠다.' 바라문 여인은 그에게 '바라문이여, 가시오, 당신이 직접 가서 알아보시오.'라고 말하고는 '바라문이여, 나는 참으로 신을 포함하고 마라를 포함하고 범천을 포함한 세상과 사문·바라문들을 포함하고 신과 사람을 포함한 무리들 가운데서 스승과 논쟁을 벌일 수 있는 사람을 보지 못합니다.'라고 말했다. 그래서 바라드와자 바라문은 세존께 찾아가서 다음과 같이 질문했다.

"무엇을 끊어서 편안히 잠들고,
무엇을 끊어서 슬퍼하지 않습니까?
고따마시여, 어떤 법을 죽이는 것을
당신은 허락하십니까?"

스승께서는 이 질문에 다음과 같이 대답하셨다.

"성냄을 끊어서 편안히 잠들고,
성냄을 끊어서 슬퍼하지 않는다.
바라문이여, 성냄란 뿌리에는 독이 있고,
꼭대기엔 꿀이 있어
그 성냄을 죽이는 것을 성자들은 칭송하나니
그것을 끊어 편안히 잠든다."

(이 두 게송은 『상윳따 니까야』 제1권 「다난자니 경」(S7:1) {613~614}로 나타난다.)

이런 일화를 거쳐서 그는 출가하여 아라한과를 얻었다. 그에게는 악꼬사까 바라드와자(Akkosaka-bhāradvāja, 욕쟁이 바라드와자)라는 이름의 남동생이 있었는데 자기 형이 출가했다는 소식을 듣고 세존을 찾아가 비난을 퍼부었지만 세존의 지도를 받아 그 역시 출가하여 아라한과를 얻었다.(『상윳따 니까야』 제1권 「욕설 경」(S7:2) 참조) 순다리까 바라드와자(Sundarikabhāradvāja)라는 또 다른 남동생이 있었는데 그도 세존을 찾아가 질문했고, 대답을 들은 뒤 출가하여 아라한과를 얻었다.(「순다리까 경」(S7:9) 참조) 삥갈라 바라드와자라는 또 다른 동생도 세존께 질문을 했고 세존의 대답이 끝나자마자 출가하여 아라한과를 얻었다."(MA.iii.451~452)
바라드와자 바라문 형제들에 대한 일화는 『상윳따 니까야』 제1권 「바라문 상윳따」(S7)의 「다난자니 경」(S7:1) 등에 나타나는데 이 상윳따의 13개 경들이 바라드와자 족성을 가진 바라문들의 일화를 담고 있으므로 참조하기 바란다.

있었는데 그녀는 부처님과 법과 승가에 깊은 믿음을 가지고 있었다. 그때 다난자니 바라문 여인이 경쾌하게 세 번 감흥어를 읊었다.

"그분 세존 · 아라한 · 정등각자께 귀의합니다.
그분 세존 · 아라한 · 정등각자께 귀의합니다.
그분 세존 · 아라한 · 정등각자께 [210] 귀의합니다."

3. 그 무렵 상가라와라는 바라문 학도568)가 짠달라깝빠에 살고 있었는데 그는 세 가지 베다에 통달하고, 어휘와 제사와 음운과 어원과 다섯 번째로 역사에 정통하고, 언어와 문법에 능숙하고, 세간의 철학과 대인상에 능통했다. 상가라와 바라문 학도는 다난자니 바라문 여인이 그와 같이 말하는 것을 듣고 다난자니 바라문 여인에게 이렇게 말했다.

"바라문들 가운데 있으면서 저 까까머리 사문을 칭송하여 말하다니, 다난자니 바라문 여인은 비천하군요. 다난자니 바라문 여인은 타락했군요."

"착한 도련님, 도련님은 그분 세존의 계행과 통찰지를 알지 못합니다. 도련님이 그분 세존의 계행과 통찰지를 안다면 도련님은 그분 세존을 비난하고 경멸해서는 안된다고 생각할 것입니다."

"형수님, 그렇다면 언제든 사문 고따마께서 짠딜라깝빠에 도착하면 제게 알려주십시오."

"그렇게 하겠습니다, 도련님."이라고 다난자니 바라문 여인은 상가라와 바라문 학도에게 대답했다.

---

568) "상가라와 바라문 학도(Saṅgārava māṇava)는 그들 중에 가장 막내 동생으로 그날 바라문들과 함께한 식당에 앉아 있었다."(MA.iii.453)

4. 그때 세존께서는 꼬살라에서 차례대로 유행하시면서 짠달라깝빠에 도착하셨다. 세존께서는 거기 짠달라깝빠에서 또데야 바라문들의 망고 숲에 머무셨다.

5. 다난자니 바라문 여인은 세존께서 짠달라깝빠에 도착하셔서 거기 짠달라깝빠에서 또데야 바라문들의 망고 숲에 머무신다고 들었다. 그러자 다난자니 바라문 여인은 상가라와 바라문 학도에게 가서 이렇게 말했다.

"착한 도련님, 그분 세존께서 짠달라깝빠에 도착하셔서 거기 짠달라깝빠에서 또데야 바라문들의 망고 숲에 머무십니다. 착한 도련님, 지금이 적당한 시간이라면 뵈러 가십시오."

"그렇게 하겠습니다, 형수님."이라고 상가라와 바라문 학도는 다난자니 바라문 여인에게 내답하고서 세존을 뵈러 갔다. 가서 세존과 함께 환담을 나누었다. 유쾌하고 [211] 기억할만한 이야기로 서로 담소를 하고서 한 곁에 앉았다. 한 곁에 앉아서 상가라와 바라문 학도는 세존께 이렇게 여쭈었다.

6. "고따마 존자시여, 어떤 사문 · 바라문들은 지금 · 여기[現今]의 법을 특별한 지혜로 알아 완성과 바라밀을 성취하여569) 청정범행

569) '지금 · 여기[現今]의 법을 특별한 지혜로 알아 완성과 바라밀을 성취하여'는 diṭṭha-dhamma-abhiññā-vosāna-pārami-ppattā라는 긴 합성어를 풀어서 옮긴 것이다. 주석서는 다음과 같이 설명하고 있다.
"지금 · 여기[現今]의 법(diṭṭha-dhamma)이라고 널리 알려진 오직 이 자기존재(자신의 몸, atta-bhāva)에 대해 잘 알아서 궁극적인 완성을 이룬(vosita-vosānā) 뒤에 바라밀이라고 불리는(pāramī-saṅkhāta) 모든 법들을 뛰어넘은(pāra-bhūta) 열반을 우리는 얻었다(pattā)는 뜻이다. 이렇게 말하면서 청정범행의 근본(ādibrahmacariya)을 가르친다(paṭijānanti)는 것이다."(MA.iii.453)

의 근본을 가르친다고 천명합니다. 고따마 존자시여, 지금・여기의 법을 특별한 지혜로 알아 완성과 바라밀을 성취하여 청정범행의 근본을 가르친다고 천명하는 사문・바라문들 가운데 고따마 존자께서는 어디에 속합니까?"

7. "바라드와자여,[570] 지금・여기의 법을 특별한 지혜로 알아 완성과 바라밀을 성취하여 청정범행의 근본을 가르친다고 천명하는 사문・바라문들은 다양하다고 나는 말한다.

바라드와자여, 여기 어떤 사문・바라문들은 전통주의자라서 구전되어온 것으로 지금・여기의 법을 특별한 지혜로 알아 완성과 바라밀을 성취하여 청정범행의 근본을 가르친다고 천명하나니 예를 들면 세 가지 베다에 능통한 바라문들이다.[571]

바라드와자여, 여기 어떤 사문・바라문들은 단지 믿음만으로 지금・여기의 법을 특별한 지혜로 알아 완성과 바라밀을 성취하여 청정범행의 근본을 가르친다고 천명하나니 예를 들면 논리가와 탐구자이다.[572]

바라드와자여, 여기 어떤 사문・바라문들은 전에 들어보지 못한 법들에서 스스로 법을 최상의 지혜로 알아서, 지금・여기의 법을 특별한 지혜로 알고 완성과 바라밀을 성취하여 청정범행의 근본을 가르친다고 천명한다."

---

570) 상가라와(Saṅgārava)의 족성이 바라드와자(Bhāradvāja)이기 때문에 세존께서 이렇게 부르셨다.

571) 본 문단은 본서 「산다까 경」(M76) §25에도 나타난다.

572) '논리가(takkī)'와 '탐구자(vīmaṁsī)'는 「산다까 경」(M76) §27에도 나타난다. 그런데 논리가와 탐구자가 단지 믿음만(kevalaṁ saddhāmattaka)을 토대로 한다는 것은 조금 의아한 표현이다. 오히려 전통주의자(anussavi-ka)와 구전(anussava)이 믿음과 더 밀접한 듯 여겨진다.

8. "바라드와자여, 이 중에서 나는 전에 들어보지 못한 법들에서 스스로 법을 최상의 지혜로 알아서, 지금·여기의 법을 특별한 지혜로 알고 완성과 바라밀을 성취하여 청정범행의 근본을 가르친다고 천명하는 그런 사문·바라문들에 속한다. 바라드와자여, 어떻게 내가 전에 들어보지 못한 법들에서 스스로 법을 최상의 지혜로 알아서, 지금·여기의 법을 특별한 지혜로 알고 완성과 바라밀을 성취하여 청정범행의 근본을 가르친다고 천명하는 그런 사문·바라문들에 속하는가 하는 것은 다음의 방편으로 알게 될 것이다."

9. "바라드와자여, 여기 내가 깨닫기 전, 아직 바른 깨달음을 성취하지 않은 보살이었을 때 이런 생각이 들었다.

'재가의 삶이란 번잡하고 때가 낀 길이지만 출가의 삶은 열린 허공과 같다. 재가에 살면서 너할 나위 없이 완벽하고 지극히 청정한 소라고둥처럼 빛나는 청정범행을 실천하기란 쉽지 않다. 그러니 나는 이제 머리와 수염을 깎고 물들인 옷[染衣]을 입고 집을 떠나 출가하리라.'"

10. ~ *13.* "바라드와자여, 그런 나는 나중에 [212] 아직은 연소하고 젊고 머리가 검고 축복받은 젊음을 구족한 초년기에 부모님이 원치 않아 눈물을 흘리며 통곡하심에도 불구하고 …

<본서 제1권 「성스러운 구함 경」(M26) §§14~17과 같음.>

… 참으로 이곳은 용맹정진을 원하는 선남자들이 용맹정진하기에 적합한 곳이다.'라고."

14. "바라드와자여, 전에 들어본 적이 없는 세 가지 비유가 즉시

내게 떠올랐다.[573] 바라드와자여, 예를 들면 젖은 생나무 토막이 물위에 떠있는데 그때 어떤 사람이 '불을 지피고 열을 내리라.'라고 생각하면서 부시막대를 가지고 왔다 하자. 바라드와자여, 이를 어떻게 생각하는가? 그 사람은 물위에 떠있는 저 젖은 생나무 토막에다 부시막대를 비벼 불을 지피고 열을 낼 수 있겠는가?"

"아닙니다, 고따마 존자시여. 왜냐하면 그것은 젖은 생나무 토막이고 더군다나 물속에 있기 때문입니다. 결국 그 사람은 지치고 짜증나게 될 것입니다."

"바라드와자여, 그와 같이 어떤 사문이나 바라문들이 있어 육체적으로나 정신적으로 감각적 욕망들을 멀리 떨쳐버리지 못한 채 머물거나, 혹은 감각적 욕망에 대한 열망, 애착, 홀림, 갈증, 열병을 안으로 잘 제거하지 못하고 가라앉히지 못한 자들이 있다. 그 사문·바라문들은 비록 격렬하고 괴롭고 혹독하고 사무치고 호된 느낌을 느끼더라도 지와 견과 위없는 바른 깨달음을 얻을 수 없고, 비록 그런 느낌을 느끼지 않더라도 그들은 지와 견과 위없는 바른 깨달음을 얻을 수가 없다. 바라드와자여, 이것이 내가 전에 들어본 적이 없는 즉시에 떠오른 첫 번째 비유이다."

15. "바라드와자여, 참으로 전에 들어본 적이 없는 두 번째 비유가 즉시 내게 떠올랐다. 바라드와자여, 예를 들면 젖은 생나무 토막이 물에서 멀리 떨어진 땅바닥에 놓여있는데 그때 어떤 사람이 '불을

---

573) 본경의 §§14~41는 본서 제2권 「삿짜까 긴 경」(M36) §§17~44와 같은 내용을 담고 있다. 그러나 「삿짜까 긴 경」(M36)의 고행의 정형구들에 나타나는 "악기웻사나여, 내게 비록 이러한 괴로운 느낌이 일어났지만 그것이 내 마음을 제압하지는 못했다."와 §34이하에 나타나는 "악기웻사나여, 내게 비록 이러한 즐거운 느낌이 일어났지만 그것이 내 마음을 제압하지는 못했다."는 본경에는 나타나지 않는다.

지피고 열을 내리라.'라고 생각하면서 부시막대를 가지고 왔다 하자. 바라드와자여, 이를 어떻게 생각하는가? 그 사람은 물에서 멀리 떨어진 땅바닥에 놓여있는 저 젖은 생나무 토막에다 부시막대를 비벼 불을 지피고 열을 낼 수 있겠는가?"

"아닙니다, 고따마 존자시여. 왜냐하면 그것은 물에서 멀리 떨어진 땅바닥에 놓여있기는 하나 젖은 생나무 토막이기 때문입니다. 결국 그 사람은 지치고 짜증나게 될 것입니다."

"바라드와자여, 그와 같이 어떤 사문이나 바라문들이 있어 육체적으로나 정신적으로 감각적 욕망들을 멀리 떨쳐버리지 못한 채 머물거나, 혹은 감각적 욕망에 대한 열망, 애착, 홀림, 갈증, 열병을 안으로 잘 제거하지 못하고 가라앉히지 못한 자들이 있다. 그 사문 · 바라문들은 비록 격렬하고 괴롭고 혹독하고 사무치고 호된 느낌을 느끼더라도 지와 견과 위없는 바른 깨달음을 얻을 수 없고, 비록 그런 느낌을 느끼지 않더라도 그들은 지와 견과 위없는 바른 깨달음을 얻을 수가 없다. 바라드와자여, 이것이 내가 전에 들어본 적이 없는 즉시에 떠오른 두 번째 비유이다."

16. "바라드와자여, 참으로 전에 들어본 적이 없는 세 번째 비유가 즉시 내게 떠올랐다. 바라드와자여, 예를 들면 물기 없는 마른 장작이 물에서 멀리 떨어진 땅바닥에 놓여있는데 그때 어떤 사람이 '불을 지피고 열을 내리라.'라고 생각하면서 부시막대를 가지고 왔다 하자. 바라드와자여, 이를 어떻게 생각하는가? 그 사람은 물에서 멀리 떨어진 땅바닥에 놓여있는 저 물기 없는 마른 장작에다 부시막대를 비벼 불을 지피고 열을 낼 수 있겠는가?"

"그렇습니다, 고따마 존자시여. 왜냐하면 그것은 그 장작이 마르고 물기가 없으며 게다가 물에서 멀리 떨어진 땅바닥에 놓여있기 때문입니다."

"바라드와자여, 그와 같이 어떤 사문이나 바라문들이 있어 육체적으로나 정신적으로 감각적 욕망들을 멀리 떨쳐버리고서 머물고, 혹은 감각적 욕망에 대한 열망, 애착, 홀림, 갈증, 열병을 안으로 잘 제거하고 가라앉힌 자들이 있다. 그 사문·바라문들은 비록 격렬하고 괴롭고 혹독하고 사무치고 호된 느낌을 느끼더라도 지와 견과 위없는 바른 깨달음을 얻을 수 있고, 비록 그런 느낌을 느끼지 않더라도 그들은 지와 견과 위없는 바른 깨달음을 얻을 수 있다. 바라드와자여, 이것이 내가 전에 들어본 적이 없는 즉시에 떠오른 세 번째 비유이다.

바라드와자여, 이들이 내가 전에 들어본 적이 없는 즉시에 떠오른 세 가지 비유이다."

17. "바라드와자여, 그런 내게 이런 생각이 들었다. '나는 아랫니에다 윗니를 얹고 혀를 입천장에 대고 마음으로 마음을 제압하고 압박하고 항복시키리라.'라고. 그래서 나는 아랫니에다 윗니를 얹고 혀를 입천장에 대고 마음으로 마음을 제압하고 압박하고 항복시켰다. 내가 그렇게 아랫니에다 윗니를 얹고 혀를 입천장에 대고 마음으로 마음을 제압하고 압박하고 항복시키자 겨드랑이에서 땀이 흘렀다.

바라드와자여, 마치 힘센 사람이 허약한 사람의 머리통을 잡거나 어깨를 붙잡아 제압하고 압박하고 항복시키듯이 나는 아랫니에다 윗니를 얹고 혀를 입천장에 대고 마음으로 마음을 제압하고 압박하고 항복시켰다. 내가 그렇게 아랫니에다 윗니를 얹고 혀를 입천장에 대고 마음으로 마음을 제압하고 압박하고 항복시키자 겨드랑이에서 땀이 흘렀다. 바라드와자여, 비록 내게는 불굴의 정진이 생겼고 나태하지 않았고 마음챙김이 확립되어 잊어버림이 없었지만 고통스러운 용맹정진으로 인해 내 몸은 극도로 긴장되었고 안정되지 않았다."

18. "바라드와자여, 그런 내게 이런 생각이 들었다. '나는 숨을 쉬지 않는 禪을 닦으리라.'라고. 바라드와자여, 그런 나는 입과 코로 들숨과 날숨을 멈추었다. 바라드와자여, 그렇게 내가 입과 코로 들숨과 날숨을 멈추자 귓구멍에서 바람이 나오면서 굉음이 났다.

마치 대장장이가 풀무를 불면 굉음이 나듯이 그와 같이 내가 입과 코로 들숨과 날숨을 멈추자 귓구멍에서 바람이 나오면서 굉음이 났다. 바라드와자여, 비록 내게는 불굴의 정진이 생겼고 나태하지 않았고 마음챙김이 확립되어 잊어버림이 없었지만 고통스러운 용맹정진으로 인해 내 몸은 극도로 긴장되었고 안정되지 않았다."

19. "바라드와자여, 그런 내게 이런 생각이 들었다. '나는 숨을 쉬지 않는 禪을 닦으리라.'라고. 바라드와자여, 그런 나는 입과 코로 들숨과 날숨을 멈추었다. 바라드와자여, 그렇게 내가 입과 코로 들숨과 날숨을 멈추자 거센 바람이 머리를 내리쳤다.

마치 힘센 사람이 예리한 칼로 머리를 쪼개듯이 그와 같이 내가 입과 코와 귀로 들숨과 날숨을 멈추자 거센 바람이 머리를 내리쳤다. 바라드와자여, 비록 내게는 불굴의 정진이 생겼고 나태하지 않았고 마음챙김이 확립되어 잊어버림이 없었지만 고통스러운 용맹정진으로 인해 내 몸은 극도로 긴장되었고 안정되지 않았다."

20. "바라드와자여, 그런 내게 이런 생각이 들었다. '나는 숨을 쉬지 않는 禪을 닦으리라.'라고. 바라드와자여, 그런 나는 입과 코로 들숨과 날숨을 멈추었다. 바라드와자여, 그렇게 내가 입과 코로 들숨

과 날숨을 멈추자 머리에 심한 두통이 생겼다.

마치 힘센 사람이 단단한 가죽 끈으로 머리에 머리띠를 동여맨 것처럼 그와 같이 내가 입과 코와 귀로 들숨과 날숨을 멈추자 머리에 심한 두통이 생겼다. 바라드와자여, 비록 내게는 불굴의 정진이 생겼고 나태하지 않았고 마음챙김이 확립되어 잊어버림이 없었지만 고통스러운 용맹정진으로 인해 내 몸은 극도로 긴장되었고 안정되지 않았다."

21. "바라드와자여, 그런 내게 이런 생각이 들었다. '나는 숨을 쉬지 않는 禪을 닦으리라.'라고. 바라드와자여, 그런 나는 입과 코로 들숨과 날숨을 멈추었다. 바라드와자여, 그렇게 내가 입과 코로 들숨과 날숨을 멈추자 거센 바람이 배를 도려내었다.

마치 능숙한 백정이나 백정의 도제가 예리한 푸줏간 칼로 배를 도려내듯이 그와 같이 내가 입과 코와 귀로 들숨과 날숨을 멈추자 거센 바람이 배를 도려내었다. 바라드와자여, 비록 내게는 불굴의 정진이 생겼고 나태하지 않았고 마음챙김이 확립되어 잊어버림이 없었지만 고통스러운 용맹정진으로 인해 내 몸은 극도로 긴장되었고 안정되지 않았다."

22. "바라드와자여, 그런 내게 이런 생각이 들었다. '나는 숨을 쉬지 않는 禪을 닦으리라.'라고. 바라드와자여, 그런 나는 입과 코로 들숨과 날숨을 멈추었다. 바라드와자여, 그렇게 내가 입과 코로 들숨과 날숨을 멈추자 몸에 큰 불이 붙었다.

마치 힘센 두 사람이 힘없는 사람의 양팔을 잡고 숯불 구덩이 위에서 지지고 태우듯이 그와 같이 내가 입과 코와 귀로 들숨과 날숨을 멈추자 몸에 큰 불이 붙었다. 바라드와자여, 비록 내게는 불굴의 정진이 생겼고 나태하지 않았고 마음챙김이 확립되어 잊어버림이 없었지만 고통스러운 용맹정진으로 인해 내 몸은 극도로 긴장되었고 안정되지 않았다."

23. "바라드와자여, 그러자 신들이 나를 보고 이렇게 말했다. '사문 고따마는 죽었다.'라고. 다른 신들은 이렇게 말했다. '사문 고따마는 죽지 않았다. 그렇지만 그는 죽어가고 있다.'라고. 다른 신들은 이렇게 말했다. '사문 고따마는 죽은 것도 아니고, 죽어가는 것도 아니다. 사문 고따마는 아라한이다. 아라한은 이처럼 머문다.'라고."

24. "바라드와자여, 그런 내게 이런 생각이 들었다. '나는 모든 음식을 끊고 수행하리라.'라고. 바라드와자여, 그러자 신들이 다가와서 이렇게 말했다. '존경하는 분이시여, 당신은 모든 음식을 끊고 수행하지 마십시오. 존경하는 분이시여, 만약 당신이 모든 음식을 끊고 수행을 하시면 우리는 당신께 하늘 음식을 당신의 털구멍으로 공급해드릴 것입니다. 그것으로 당신은 연명할 수 있을 것입니다.'라고. 바라드와자여, 그런 내게 이런 생각이 들었다. '만약 내가 완전한 단식을 공포했는데도 이 신들이 내게 하늘 음식을 털구멍으로 공급해주고 내가 또 그것으로 연명한다면 나는 거짓말을 하는 것이 된다.'라고. 바라드와자여, 그런 나는 그 신들에게 '필요 없소.'라고 거절했다."

25. "바라드와자여, 그런 내게 이런 생각이 들었다. '나는 아주 적은 양의 음식을 먹으리라. 녹두죽이건 대두 죽이건 완두콩 죽이건 검은콩 죽이건 그것을 한 움큼씩만 먹으리라.'라고. 바라드와자여, 그런 나는 아주 적은 양의 음식을 먹었나니 녹두죽이건 대두 죽이건 완

두콩 죽이건 검은콩 죽이건 그것을 한 움큼씩만 먹었다. 바라드와자여, 내가 그렇게 아주 적은 양의 음식을 먹자 내 몸은 극도로 여위어 갔다.

그렇게 적은 음식 때문에 나의 사지는 마치 아시띠까 넝쿨의 마디나 깔라 풀의 마디와 같았다. 그렇게 적은 음식 때문에 나의 엉덩이는 마치 낙타의 발처럼 되었다. 그렇게 적은 음식 때문에 나의 등뼈는 줄로 엮어둔 구슬처럼 되었다. 그렇게 적은 음식 때문에 나의 갈빗대들은 오래된 집의 서까래가 허물어지고 부서지듯이 허물어지고 부서졌다. 그렇게 적은 음식 때문에 내 동공 안에서 눈동자의 빛은 마치 깊은 우물에서 물빛이 깊고 멀리 들어가 보이듯이 깊고 멀리 들어가 보였다. 그렇게 적은 음식 때문에 나의 머리 가죽은 마치 익지 않은 쓴 호리방벽이 바람과 햇빛에 시들듯이 시들었다.

바라드와자여, 그렇게 적은 음식 때문에 나의 뱃가죽이 등뼈에 달라붙어 내가 뱃가죽을 만져야지 하면 등뼈가 잡혔고, 등뼈를 만져야지 하면 뱃가죽이 잡혔다. 바라드와자여, 그렇게 적은 음식 때문에 내가 대변이나 소변을 보려고 하면 머리가 땅에 꼬꾸라졌다. 바라드와자여, 그렇게 적은 음식 때문에 몸을 편안하게 하려고 손으로 사지를 문지르면 뿌리가 썩은 털들이 몸에서 우수수 떨어져 나갔다."

26. "바라드와자여, 사람들은 나를 보고서 이렇게 말했다. '사문 고따마는 검다.'라고. 다른 사람들은 이렇게 말했다. '사문 고따마는 검은 것이 아니라 푸르다.'라고. 다른 사람들은 이렇게 말했다. '사문 고따마는 검지도 푸르지도 않고 황금색 피부를 가졌다.'라고. 바라드와자여 그렇게 적은 음식 때문에 나의 깨끗하고 맑은 피부색이 파괴되어 갔다."

27. "바라드와자여, 그런 내게 이런 생각이 들었다.

'과거의 사문들이나 바라문들이 어떠한 격렬하고 괴롭고 혹독하고 사무치고 호된 느낌을 경험했다 하더라도 이것이 가장 지독한 것이고 이보다 더한 것은 없다. 미래의 사문들이나 바라문들이 어떠한 격렬하고 괴롭고 혹독하고 사무치고 호된 느낌을 경험한다 하더라도 이것이 가장 지독한 것이고 이보다 더한 것은 없다. 현재의 사문들이나 바라문들이 어떠한 격렬하고 괴롭고 혹독하고 사무치고 호된 느낌을 경험하더라도 이것이 가장 지독한 것이고 이보다 더한 것은 없다.

그러나 나는 이런 극심한 고행으로도 인간의 법을 초월했고 성자에게 어울리는 지와 견의 특별함을 증득하지 못했다. 깨달음을 얻을 다른 길이 없을까?'"

28. "바라드와자여, 그런 내게 이런 생각이 들었다.

'아버지가 삭까족의 농경제 의식을 거행하실 때 나는 시원한 잠부나무 그늘에 앉아서 감각적 욕망을 완전히 떨쳐버리고 해로운 법들을 떨쳐버린 뒤 일으킨 생각과 지속적 고찰이 있고, 떨쳐버렸음에서 생긴 희열과 행복이 있는 초선(初禪)을 구족하여 머물렀던 것이 기억나는데, 혹시 이것이 깨달음을 위한 길이 되지 않을까?'라고. 바라드와자여, 그런 내게 그 기억을 따라서 이런 생각이 들었다. '이것이 깨달음을 위한 길이다.'라고."

29. "바라드와자여, 그런 내게 이런 생각이 들었다.

'이 즐거움은 감각적 욕망들과도 상관없고 해로운 법들과도 상관없는데, 그것을 내가 왜 두려워하는가?'

바라드와자여, 그런 내게 이런 생각이 들었다.

'나는 감각적 욕망들과도 상관없고 해로운 법들과도 상관없는 그런 즐거움을 두려워하지 않는다.'"

30. "바라드와자여, 그런 내게 이런 생각이 들었다.

'이렇게 극도로 야윈 몸으로 그런 행복을 얻기란 쉽지 않다. 나는 쌀밥과 보리죽 같은 덩어리 음식을 먹으리라.'

바라드와자여, 그런 나는 쌀밥과 보리죽 같은 덩어리 음식을 먹었다.

바라드와자여, 그때에 다섯 비구들이 '참으로 우리의 사문 고따마가 법을 증득한다면 그것을 우리에게 알려줄 것이다.'라고 생각하면서 나를 시중들고 있었다. 바라드와자여, 그러나 내가 쌀밥과 보리죽 같은 덩어리 음식을 먹자 그 다섯 비구들은 '사문 고따마는 호사스러운 생활을 하고 용맹정진을 포기하고 사치스러운 생활에 젖어있다.' 라고 생각하면서 나를 혐오하여 떠나가버렸다."

31. "바라드와자여, 그런 나는 덩어리진 음식을 먹고 감각적 욕망을 완전히 떨쳐버리고 해로운 법[不善法]들을 떨쳐버린 뒤 일으킨 생각[尋]과 지속적 고찰[伺]이 있고, 떨쳐버렸음에서 생긴 희열[喜]과 행복[樂]이 있는 초선(初禪)을 구족하여 머물렀다. 바라드와자여, 내게 비록 이러한 즐거운 느낌이 일어났지만 그것이 내 마음을 제압하지는 못했다."

32. "그런 나는 일으킨 생각[尋]과 지속적 고찰[伺]을 가라앉혔기 때문에 [더 이상 존재하지 않고], 자기 내면의 것이고, 확신이 있으며, 마음의 단일한 상태이고, 일으킨 생각과 지속적 고찰은 없고, 삼매에서 생긴 희열과 행복이 있는 제2선(二禪)을 구족하여 머물렀다. 바라드와자여, 내게 비록 이러한 즐거운 느낌이 일어났지만 그것이 내 마음을 제압하지는 못했다."

33. "그런 나는 희열이 빛바랬기 때문에 평온하게 머물렀고, 마음챙기고 알아차리며 몸으로 행복을 경험했다. 이 [禪 때문에] '평온하고 마음챙기며 행복하게 머문다.'고 성자들이 묘사하는 제3선(三禪)을 구족하여 머물렀다. 바라드와자여, 내게 비록 이러한 즐거운 느낌이 일어났지만 그것이 내 마음을 제압하지는 못했다."

34. "그런 나는 행복도 버리고 괴로움도 버리고, 아울러 그 이전에 이미 기쁨과 슬픔을 소멸하였으므로 괴롭지도 즐겁지도 않으며, 평온으로 인해 마음챙김이 청정한 제4선(四禪)을 구족하여 머물렀다. 바라드와자여, 내게 비록 이러한 즐거운 느낌이 일어났지만 그것이 내 마음을 제압하지는 못했다."

35. "그런 나는 이와 같이 마음이 집중되고, 청정하고, 깨끗하고, 흠이 없고, 오염원이 사라지고, 부드럽고, 활발발하고, 안정되고, 흔들림이 없는 상태에 이르렀을 때 전생을 기억하는 지혜[宿命通]로 마음을 향하게 했다.

그런 나는 한량없는 전생의 갖가지 삶들을 기억했다. 즉 한 생, 두 생, 세 생, 네 생, 다섯 생, 열 생, 스무 생, 서른 생, 마흔 생, 쉰 생, 백 생, 천 생, 십만 생, 세계가 수축하는 여러 겁, 세계가 팽창하는 여러 겁, 세계가 수축하고 팽창하는 여러 겁을 기억했다. '어느 곳에서 이런 이름을 가졌고, 이런 종족이었고, 이런 용모를 가졌고, 이런 음식을 먹었고, 이런 행복과 고통을 경험했고, 이런 수명의 한계를 가졌고, 그곳에서 죽어 다른 어떤 곳에 다시 태어나 그곳에서는 이런 이름을 가졌고, 이런 종족이었고, 이런 용모를 가졌고, 이런 음식을 먹었고, 이런 행복과 고통을 경험했고, 이런 수명의 한계를 가졌고, 그곳에서 죽어 다시 여기 태어났다.'라고. 이처럼 한량없는 전생의 갖가지 모습들을 그 특색과 더불어 상세하게 기억해냈다."

36. "바라드와자여, 이것이 내가 밤의 초경(初更)에 증득한 첫 번째 명지(明知)574)이다. 마치 방일하지 않고 열심히, 스스로 독려하며 머무는 자에게 무명이 제거되고 명지가 일어나고 어둠이 제거되고 광명이 일어나듯이, 내게도 무명이 제거되고 명지가 일어났고 어둠이 제거되고 광명이 일어났다."

37. "그런 나는 이와 같이 마음이 집중되고, 청정하고, 깨끗하고, 흠이 없고, 오염원이 사라지고, 부드럽고, 활발발하고, 안정되고, 흔들림이 없는 상태에 이르렀을 때 중생들의 죽음과 다시 태어남을 [아는] 지혜[天眼通]로 마음을 향하게 했다.

나는 청정하고 인간을 넘어선 신성한 눈[天眼]으로 중생들이 죽고 태어나고, 천박하고 고상하고, 잘생기고 못생기고, 좋은 곳[善處]에 가고 나쁜 곳[惡處]에 가는 것을 보고, 중생들이 지은 바 그 업에 따라 가는 것을 꿰뚫어 알았다. '이들은 몸으로 못된 짓을 골고루 하고 말로 못된 짓을 골고루 하고 또 마음으로 못된 짓을 골고루 하고, 성자들을 비방하고, 삿된 견해를 지니어 사견업(邪見業)을 지었다. 이들은 몸이 무너져 죽은 뒤 처참한 곳[苦界], 불행한 곳[惡處], 파멸처, 지옥에 태어났다. 그러나 이들은 몸으로 좋은 일을 골고루 하고 말로 좋은 일을 골고루 하고 마음으로 좋은 일을 골고루 하고 성자들을 비방하지 않고 바른 견해를 지니고 정견업(正見業)을 지었다. 이들은 몸이 무너져 죽은 뒤 좋은 곳[善處], 천상세계에 태어났다.'라고, 이와 같이 나는 청정하고 인간을 넘어선 신성한 눈으로 중생들이 죽고 태

---

574) 본경에 나타나는 세 가지 명지[三明, te-vijjā]와 명지(明知, vijjā)에 대해서는 본서 제1권 「두려움과 공포 경」(M4) §28을 참조할 것.

어나고, 천박하고 고상하고, 잘생기고 못생기고, 좋은 곳[善處]에 가고 나쁜 곳[惡處]에 가는 것을 보고, 중생들이 지은 바 그 업에 따라 가는 것을 꿰뚫어 알았다."

38. "바라드와자여, 이것이 내가 밤의 이경(二更)에 증득한 두 번째 명지(明知)이다. 마치 방일하지 않고 열심히, 스스로 독려하며 머무는 자에게 무명이 제거되고 명지가 일어나고 어둠이 제거되고 광명이 일어나듯이, 내게도 무명이 제거되고 명지가 일어났고 어둠이 제거되고 광명이 일어났다."

39. "그런 나는 이와 같이 마음이 집중되고, 청정하고, 깨끗하고, 흠이 없고, 오염원이 사라지고, 부드럽고, 활발발하고, 안정되고, 흔들림이 없는 상태에 이르렀을 때 모든 번뇌를 소멸하는 지혜[漏盡通]로 마음을 향하게 했다.

그런 나는 '이것이 괴로움이다.'라고 있는 그대로 꿰뚫어 알았고, '이것이 괴로움의 일어남이다.'라고 있는 그대로 꿰뚫어 알았고, '이것이 괴로움의 소멸이다.'라고 있는 그대로 꿰뚫어 알았고, '이것이 괴로움의 소멸로 인도하는 도닦음이다.'라고 있는 그대로 꿰뚫어 알았다. '이것이 번뇌다.'라고 있는 그대로 꿰뚫어 알았고, '이것이 번뇌의 일어남이다.'라고 있는 그대로 꿰뚫어 알았고, '이것이 번뇌의 소멸이다.'라고 있는 그대로 꿰뚫어 알았고, '이것이 번뇌의 소멸로 인도하는 도닦음이다.'라고 있는 그대로 꿰뚫어 알았다."

40. "내가 이와 같이 알고 이와 같이 볼 때 나는 감각적 욕망에 기인한 번뇌[欲漏]에서 마음이 해탈했다. 존재에 기인한 번뇌[有漏]에서도 마음이 해탈했다. 무명에 기인한 번뇌[無明漏]에서도 마음이 해

탈했다. 해탈했을 때 해탈했다는 지혜가 생겼다. '태어남은 다했다. 청정범행은 성취되었다. 할 일을 다 해 마쳤다. 다시는 어떤 존재로도 돌아오지 않을 것이다.'라고 꿰뚫어 알았다."

41. "바라드와자여, 이것이 밤의 삼경(三更)에 내가 증득한 세 번째 명지(明知)이다. 마치 방일하지 않고 열심히, 스스로 독려하며 머무는 자에게 무명이 제거되고 명지가 일어나고 어둠이 제거되고 광명이 일어나듯이, 내게도 무명이 제거되고 명지가 일어났고 어둠이 제거되고 광명이 일어났다."

42. 이렇게 말씀하시자 상가라와 바라문 학도는 세존께 이렇게 말씀드렸다.

"참으로 고따마 존자님의 노력은 단호하셨습니다. 참으로 고따마 존자님의 노력은 아라한 · 정등각자에게 어울리는 대장부다운 것이었습니다. 고따마 존자시여, 그런데 신들이라는 것이 있습니까?"575)

"바라드와자여, 신들이라는 것을 나는 원인에 따라576) 안다."577)

---

575) "이 바라문 학도(māṇava)는 정등각자께서 분명 알지 못하면서 설명할 것이라는 생각을 가지고 질문한 것이다."(MA.iii.454)

576) '원인에 따라'는 ṭhānaso를 옮긴 것이다. 냐나몰리 스님은 '경우에 따라서(*to be the case*)'라고 옮겼는데, 주석서에는 해당 부분에 대한 설명이 없다. 그러나 이 단어는 본서 제1권 「큰 사자후 경」(M12) §11의 주석서에서는 "조건에 따라(paccayato)"(MA.ii.29)라고 설명하고 있고, 본서 「아바야 왕자 경」(M58) §9에서는 "즉각적으로 일어난 지혜로써 바로 그 순간에(ṭhānuppattika-ñāṇena taṅkhaṇaṁ yeva)"(MA.iii.113)라는 뜻으로 설명하고 있다. 역자는 이 문맥에서는 '조건에 따라'가 타당하다고 여겨서 '원인에 따라'로 옮겼다.

577) 역자가 저본으로 삼은 Ee와 Se에는 'ṭhānaso me taṁ bhāradvāja viditaṁ yadidaṁ atthi devā(신들이 있다고 나는 즉시에 안다.)'라고 나타나지만, Be에는 'ṭhānaso metaṁ, bhāradvāja, viditaṁ yadidaṁ adhidevā(신들이라는 것을 나는 즉시에 안다.)'라고 나타난다. 상가라와가 재차

"고따마 존자시여, [제가] '신들이라는 것이 있습니까?'라고 여쭈었는데 어떻게 고따마 존자께서는 '바라드와자여, '신들이라는 것을 나는 원인에 따라 안다고 대답하십니까? 고따마 존자시여, 그렇다면578) [존자의 대답은] 공허한 것이고 거짓이 아닙니까?"

"바라드와자여, '신들이라는 것이 있습니까?'라는 [213] 질문에 '신들이 있다.'라고 말하거나 '신들이라는 것을 나는 원인에 따라 안다.'라고 말하더라도 지혜로운 사람은 '신들이 있다.'라는 확정적인 결론에 도달한다."579)

"그러면 왜 고따마 존자께서는 첫 번째 방법으로 제게 설명해주시지 않으셨습니까?"

"바라드와자여, '신들이 있다.'라는 것은 세상에서 널리 통용되고 있는 [당연한 것이기] 때문이다."

43. 이렇게 말씀하시자 상가라와 바라문 학도는 세존께 이렇게 말씀드렸다.

"경이롭습니다, 고따마 존자시여. 경이롭습니다, 고따마 존자시여. 마치 넘어진 자를 일으켜 세우시듯, 덮여있는 것을 걷어내 보이시듯, [방향을] 잃어버린 자에게 길을 가리켜주시듯, 눈 있는 자 형상을 보라고 어둠 속에서 등불을 비춰주시듯, 고따마 존자께서는 여러 가지

질문한 것으로 볼 때 Be의 문장이 더 타당한 것으로 판단되어 이렇게 옮겼다.

578) "만일 고따마 존자께서 알지 못한다면 당신의 말씀은 결실 없는 허무맹랑한 것이 된다고 이렇게 이 학도는 세존께 거짓말(musā-vāda)을 했다고 비난하려 한다."(MA.iii.454)
그런데 냐나몰리 스님/보디 스님도 지적했듯이 이런 긴 법문을 듣고도 이런 식의 문답으로 이 경을 결론 맺는다는 것은 이해하기가 곤란하다.

579) 오히려 그대의 무지로 인해 내가 설명해줘도 그대는 알지 못한다고 설명하고 계신다.

방편으로 법을 설해주셨습니다. 저는 이제 고따마 존자께 귀의하옵고 법과 비구 승가에 귀의합니다. 고따마 존자께서는 저를 재가신자로 받아주소서. 오늘부터 목숨이 붙어 있는 그날까지 귀의하옵니다."

상가라와 경(M100)이 끝났다.

제10장 바라문 품이 끝났다.

II. 가운데 50개 경들의 묶음이 끝났다.

III. 마지막 50개 경들의 묶음

Upari-paṇṇāsa

제11장

데와다하 품

Devadaha-vagga

(M101～110)

데와다하 경

Devadaha Sutta(M101)

1. 이와 같이 나는 들었다. [214] 한때 세존께서는 삭까의 데와다하[580]라는 삭까족의 성읍에 머무셨다. 거기서 세존께서는 "비구들이여."라고 비구들을 부르셨다. "세존이시여."라고 비구들은 세존께 응답했다. 세존께서는 이렇게 말씀하셨다.

2. "비구들이여, 어떤 사문 · 바라문들은 이런 주장과 이런 견해를 가졌다.[581]

'인간이 느끼는 것은 무엇이든지, 그것이 즐거움이든 괴로움이든 괴롭지도 즐겁지도 않은 것이든 그것은 모두 이전에[582] 지은 [업에]

---

580) "'데와다하(Devadaha)'라고 했다. 여기서 데와(devā)는 왕들을 말한다. 삭까 왕들(Sakya-rājā)에게는 행운의 호수(maṅgalapokkharaṇi)가 있었는데 아주 아름다웠고 보호시설(ārakkha)도 잘 갖추어져 있었다. 그것이 왕들의(devānaṁ) 호수(daha)였기 때문에 데와다하라고 불렸다. 그 호수와 연관 지어 그 성읍(nigama)도 데와다하라는 이름을 가졌고 세존께서는 그 마을 부근의 룸비니 숲(Lumbini-vana)에 머물고 계셨다."(MA.iv.1)

581) 본경 §2는 아래서 보듯이 니간타들의 주장이다. 니간타들의 이런 주장은 본서 제1권 「괴로움의 무더기의 짧은 경」(M14) §17과 『앙굿따라 니까야』 제1권 「니간타 경」(A3:74) §1에도 나타난다. 여기에 대해서는 「괴로움의 무더기의 짧은 경」(M14) §17의 주해를 참조할 것.

기인한 것이다.583) 그러므로 오래된 업들은 고행으로 끝을 내고 새로운 업들은 짓지 않음으로써 미래에 더 이상 결과를 주지 않게 한다. 미래에 더 이상 결과를 주지 않음으로써 업이 다한다. 업이 다하므로 괴로움이 다한다. 괴로움이 다하므로 느낌도 다한다. 느낌이 다하므로 모든 괴로움에서 풀려나게 될 것이다.'584)

---

582) "여기서 '이전에(pubbe)'란 전생(purima-jāti)을 말한다."(AAṬii.211)

583) "'그것은 모두 이전에 지은 [업에] 기인한 것이다(sabbaṁ taṁ pubbe-katahetu).'라는 것은 이전에 지은 업을 조건으로 한 것(kamma-paccayā)이라는 말이다. 이러한 논리는 업을 짓는 [마음의] 느낌(kamma-vedanā)과 단지 작용만 하는 [마음의] 느낌(kiriya-vedanā)은 배제한 채 오로지 과보로 나타난 느낌(vipāka-vedanā)만을 받아들이고 있다는 것을 보여준다."(MA.iv.1)
한편 『앙굿따라 니까야 복주서』는 "업을 짓는 [마음의] 느낌(kamma-vedanā)이란 유익한 업이나 해로운 업과 함께 생긴(sahaja) 느낌이고, 단지 작용만 하는 [마음의] 느낌(kiriya-vedanā)이란 유익하거나 해로운 업의 느낌도 아니고 또한 업의 과보의 느낌도 아닌, 단지 작용만 하는 마음과 함께 생긴(kiriya-citta-sahaja) 느낌이다."(AAṬ.ii.142)라고 설명하고 있다.
그리고 이 문장은 『상윳따 니까야』 제4권 「시와까 경」(S36:21) §3에도 나타나는데 §4이하에서 부처님에 의해서 비판되고 있다. 그리고 『앙굿따라 니까야』 제1권 「외도의 주장 경」(A3:61) §§1~2에도 나타나는데 §2에서 역시 부처님에 의해서 비판되고 있다.

584) '모든 괴로움에서 풀려나게 될 것이다.'라는 sabbaṁ dukkhaṁ nijjiṇ-ṇaṁ bhavissati를 옮긴 것이다. 여기서 주목할 단어는 '풀려나는'으로 옮긴 nijjiṇṇa(Sk. nirjīrṇa)인데 이것은 자이나 교학의 7단계(본서 제1권 「괴로움의 무더기의 짧은 경」(M14) §17의 주해 참조) 가운데 여섯 번째인 풀려남 혹은 부숨을 뜻하는 nirjarā(Pāli. nijjarā, nis+√jṝ(*to become old*))의 과거분사이다. 그러므로 이 단어는 속박에서 풀려남과 오염원을 부숨을 뜻하는 nirjarā와 같은 의미로 볼 수밖에 없다.
중요한 것은 본경에서 불교적 방법으로 진정한 풀려남(nirjarā, nirjīṇa)을 설명하고 있다는 점이다. 세존께서는 이제 본경 §3이하에서 그들이 가르치는 이 정형구의 잘못에 대해서 논의를 하신 뒤 §22에서 10가지로 그들의 모순을 지적하시고 그들의 노력은 결실이 없다고 결론을 내리신다. 그리고 §§23~29에서 불교적인 방법을 통한 '결실이 있는 노력과 정진'을 제시하신 뒤 다시 §§30~45에서는 15단계의 계·정·혜의 정형구로 깨달음을 실현하는 혹은 모든 괴로움에서 풀려나는(sabba dukkha nijjiṇṇa) 바른 방법 비구들이여, 니간타들이 이런 주장을 한다."

3. "비구들이여, 나는 이렇게 설하는 니간타들에게 가서 이렇게 말한다. '도반 니간타들이여, 그대들은 '인간이 느끼는 것은 무엇이든지, 그것이 즐거움이든 괴로움이든 괴롭지도 즐겁지도 않은 것이든 그것은 모두 이전에 지은 업에 기인한 것이다. 그러므로 오래된 업들은 고행으로 끝을 내고 새로운 업들은 짓지 않음으로써 미래에 더 이상 결과를 주지 않게 한다. 미래에 더 이상 결과를 주지 않음으로써 업이 다한다. 업이 다하므로 괴로움이 다한다. 괴로움이 다하므로 느낌도 다한다. 느낌이 다하므로 모든 괴로움에서 풀려나게 될 것이다.' 라는 이런 주장과 이런 견해를 가졌다는 것이 사실입니까?' 비구들이여, 만일 그 니간타들이 이런 질문을 받고 '그렇습니다.'라고 인정을 한다면 나는 그들에게 이렇게 말한다."

4. "그런데, 도반들이여, 그대들은 그대들이 전생에[585] 존재했다거나 혹은 존재하지 않았다고 압니까?"

"그렇지 않습니다, 도반이시여."

"도반들이여, 그러면 그대들은 그대들이 전생에 악업을 저질렀다거나 혹은 저지르지 않았다고 압니까?"

"그렇지 않습니다, 도반이시여."

"도반들이여, 그러면 그대들은 이러이러한 악업을 저질렀다고 압

을 제시하고 계신다.
그리고 이러한 니간타의 가르침은 『앙굿따라 니까야』 제1권 「니간타 경」 (A3:74) §1에도 나타나는데 아난다 존자는 그 경 §2 이하에서 부처님이 설하신 [오염원들을] 부수는 청정(nijjarā visuddhi)을 계・정・혜의 세 가지로 명쾌하게 설명하고 있다.

585) 여기서 '전생에'는 pubbe(이전에)를 옮긴 것이다. 복주서를 참조해서 이렇게 옮겼다. 앞 §3의 첫 번째 주해를 참조할 것.

니까?”

“그렇지 않습니다, 도반이시여.”

“도반들이여, 그러면 그대들은 이만큼의 괴로움은 없어졌고 이만큼의 괴로움은 없어져야 하며 이만큼의 괴로움이 없어지면 모든 괴로움이 다 없어질 것이라고 압니까?” [215]

“그렇지 않습니다, 도반이시여.”

“도반들이여, 그러면 그대들은 지금・여기에서 해로운 법[不善法]들을 제거하고 유익한 법[善法]들을 얻는 것을 압니까?”

“그렇지 않습니다, 도반이시여.”

5. “도반 니간타들이여, 이처럼 그대들은 참으로 그대들이 전생에 존재했다거나 혹은 존재하지 않았다고 알지 못합니다. 그대들은 그대들이 전생에 악업을 저질렀다거나 혹은 저지르지 않았다고 알지 못합니다. 그대들은 이러이러한 악업을 저질렀다고 알지 못합니다. 그대들은 이만큼의 괴로움은 없어졌고 이만큼의 괴로움은 없어져야 하며 이만큼의 괴로움이 없어지면 모든 괴로움이 다 없어질 것이라고 알지 못합니다.[586] 그대들은 지금・여기에서 해로운 법들을 제거하고 유익한 법들을 얻는 것도 알지 못합니다.

이와 같다면 니간타 존자들이 설명하기를 ‘인간이 느끼는 것은 무엇이든 그것이 즐거움이든 괴로움이든 괴롭지도 즐겁지도 않은 것이든, 그것은 모두 이전에 지은 업에 기인한 것이다. 그러므로 오래된 업들은 고행으로 끝을 내고 새로운 업들은 짓지 않음으로써 미래에 더 이상 결과를 주지 않게 한다. 미래에 더 이상 결과를 주지 않음으로써 업이 다한다. 업이 다하므로 괴로움이 다한다. 괴로움이 다하므

---

586) 본경의 §2부터 여기까지는 본서 제1권 「괴로움의 무더기의 짧은 경」(M14) §§17～19와 같은 내용을 담고 있다.

로 느낌도 다한다. 느낌이 다하므로 모든 괴로움에서 풀려나게 될 것이다.'라는 것은 타당하지 않습니다."

6. "도반 니간타들이여, 만일 그대들이 참으로 전생에 존재했다거나 혹은 존재하지 않았다고 알고, 전생에 악업을 저질렀다거나 혹은 저지르지 않았다고 알고, 이러이러한 악업을 저질렀다고 알고, 이만큼의 괴로움은 없어졌고 이만큼의 괴로움은 없어져야 하며 이만큼의 괴로움이 없어지면 모든 괴로움이 다 없어질 것이라고 알고, 지금·여기에서 해로운 법들을 제거하고 유익한 법들을 얻는 것도 안다합시다.

그러면 니간타 존자들이 설명하기를 '인간이 느끼는 것은 무엇이든 그것이 즐거움이든 괴로움이든 괴롭지도 즐겁지도 않은 것이든 그것은 모두 이전에 지은 업에 기인한 것이다. 그러므로 오래된 [216] 업들은 고행으로 끝을 내고 새로운 업들은 짓지 않음으로써 미래에 더 이상 결과를 주지 않게 한다. 미래에 더 이상 결과를 주지 않음으로써 업이 다한다. 업이 다하므로 괴로움이 다한다. 괴로움이 다하므로 느낌도 다한다. 느낌이 다하므로 모든 괴로움에서 풀려나게 될 것이다.'라는 것은 타당할 것입니다."

7. "도반 니간타들이여, 예를 들면 어떤 사람이 독이 가득 묻은 화살에 맞았다 합시다. 그는 화살로 인한 통증 때문에 고통스럽고 쓰라리고 살을 에는 듯한 격통을 느낄 것입니다. 그의 친구나 동료나 일가친척들이 그를 치료하기 위해 의사를 데려올 것입니다. 그 의사는 칼로 상처 부위를 도려낼 것입니다. 그는 칼로 상처 부위를 도려내는 것으로 인해 고통스럽고 쓰라리고 살을 에는 듯한 격통을 느낄 것입니다. 그 의사는 그가 맞은 화살을 탐침으로 찾을 것입니다. 그

는 탐침으로 화살을 찾는 것으로 인해 고통스럽고 쓰라리고 살을 에는 듯한 격통을 느낄 것입니다. 그 의사는 화살을 뽑아낼 것입니다. 그는 화살을 뽑아내는 것으로 인해 고통스럽고 쓰라리고 살을 에는 듯한 격통을 느낄 것입니다. 그 의사는 상처 부위에 후끈거리는 가루약을 바를 것입니다. 그는 상처 부위에 후끈거리는 가루약을 바르는 것으로 인해 고통스럽고 쓰라리고 살을 에는 듯한 격통을 느낄 것입니다. 그는 나중에 상처가 아물고 살이 돋아나서 건강하고 행복하고 자유롭게 원하는 데로 가게 될 것입니다.

그러면 그에게 이런 생각이 들 것입니다. '전에 나는 독이 가득 묻은 화살에 맞았다. 그런 나는 화살로 인한 통증 때문에 고통스럽고 쓰라리고 살을 에는 듯한 격통을 느꼈다. 그런 나에게 친구와 동료들과 일가친척들이 나를 치료하기 위해 의사를 데려왔다. 그 의사는 칼로 상처 부위를 도려내었다. 그런 나는 칼로 상처 부위를 도려내는 것으로 인해 고통스럽고 쓰라리고 살을 에는 듯한 격통을 느꼈다. 그 의사는 화살을 탐침으로 찾았다. 그런 나는 탐침으로 화살을 찾는 것으로 인해 고통스럽고 쓰라리고 살을 에는 듯한 격통을 느꼈다. 그 의사는 화살을 뽑아내었다. 그런 나는 화살을 뽑아내는 것으로 인해 고통스럽고 쓰라리고 살을 에는 듯한 격통을 느꼈다. 그 의사는 상처 부위에 후끈거리는 가루약을 발랐다. 그런 나는 상처 부위에 후끈거리는 가루약을 바르는 것으로 인해 고통스럽고 살을 에는 듯한 격통을 느꼈다. [217] 그런 나는 나중에 상처가 아물고 살이 돋아나서 건강하고 행복하고 자유롭게 원하는 데로 가게 되었다.'라고."

8. "도반 니간타들이여, 그와 같이 만일 그대들이 참으로 전생에 존재했다거나 혹은 존재하지 않았다고 알고, 전생에 악업을 저질렀다거나 혹은 저지르지 않았다고 알고, 이러이러한 악업을 저질렀

다고 알고, 이만큼의 괴로움은 없어졌고 이만큼의 괴로움은 없어져야 하며 이만큼의 괴로움이 없어지면 모든 괴로움이 다 없어질 것이라고 알고, 지금 · 여기에서 해로운 법들을 제거하고 유익한 법들을 얻는 것도 안다합시다.

그렇다면 니간타 존자들이 설명하기를 '인간이 느끼는 것은 무엇이든 그것이 즐거움이든 괴로움이든 괴롭지도 즐겁지도 않은 것이든 그것은 모두 이전에 지은 업에 기인한 것이다. 그러므로 오래된 업들은 고행으로 끝을 내고 새로운 업들은 짓지 않음으로써 미래에 더 이상 결과를 주지 않게 한다. 미래에 더 이상 결과를 주지 않음으로써 업이 다한다. 업이 다하므로 괴로움이 다한다. 괴로움이 다하므로 느낌도 다한다. 느낌이 다하므로 모든 괴로움에서 풀려나게 될 것이다.'라는 것은 타당할 것입니다."

9. "도반 니간타들이여, 그러나 그대들은 참으로 그대들이 전생에 존재했다거나 혹은 존재하지 않았다고 알지 못합니다. 그대들은 그대들이 전생에 악업을 저질렀다거나 혹은 저지르지 않았다고 알지 못합니다. 그대들은 이러이러한 악업을 저질렀다고 알지 못합니다. 그대들은 이만큼의 괴로움은 없어졌고 이만큼의 괴로움은 없어져야 하며 이만큼의 괴로움이 없어지면 모든 괴로움이 다 없어질 것이라고 알지 못합니다. 그대들은 지금 · 여기에서 해로운 법들을 제거하고 유익한 법들을 얻는 것도 알지 못합니다.

이와 같다면 니간타 존자들이 설명하기를 '인간이 느끼는 것은 무엇이든, 그것이 즐거움이든 괴로움이든 괴롭지도 즐겁지도 않은 것이든 그것은 모두 이전에 지은 업에 기인한 것이다. 그러므로 오래된 업들은 고행으로 끝을 내고 새로운 업들은 짓지 않음으로써 미래에 더 이상 결과를 주지 않게 한다. 미래에 더 이상 결과를 주지 않음으로써 업이 다한다. 업이 다하므로 괴로움이 다한다. 괴로움이 다하므로 느낌도 다한다. 느낌이 다하므로 모든 괴로움에서 풀려나게 될 것이다.'라는 것은 타당하지 않습니다."

10. "비구들이여, 이렇게 말하자 니간타들은 내게 이렇게 말했다.

"도반이시여, [218] 니간타 나따뿟따는 일체지자요 일체견자로서 완전한 지와 견을 선언합니다. '내가 걷고 있건 서 있건 잠자건 깨어 있건 언제나 한결같이 지와 견이 확립되어 있다.'라고.587) 그분께서는 이렇게 말씀하십니다. '오 니간타들이여, 전생에 지은 악업이 있으니 이 고통스러운 고행으로 없애라. 그리고 여기서 몸으로 제어하고 말로 제어하고 마음으로 제어하면 미래에 악업을 짓지 않게 된다. 이와 같이 오래된 업들은 고행으로 끝을 내고 새로운 업들은 짓지 않음으로써 미래에 더 이상 결과를 주지 않게 한다. 미래에 더 이상 결과를 주지 않음으로써 업이 다한다. 업이 다하므로 괴로움이 다한다. 괴로움이 다하므로 느낌도 다한다. 느낌이 다하므로 모든 괴로움에서 풀려나게 될 것이다.'라고. 이것을 우리는 좋아하고 인정하고 마음으로 기뻐합니다.""

11. "비구들이여, 이렇게 말했을 때 나는 그 니간타들에게 이렇게 말했다.

---

587) 이 정형구는 본서(『맛지마 니까야』)에 주로 나타나는데, 본서 제1권 「괴로움의 무더기의 짧은 경」(M14) §17과 본서 「왓차곳따 삼명 경」(M71) §6, 「산다까 경」(M76) §21, 「사꿀루다이 짧은 경」(M79) §6, 「깐나깟탈라 경」(M90) §5, 본경에 나타나며, 『앙굿따라 니까야』 제1권 「니간타 경」(A3:74) §1과 제5권 「바라문 경」(A9:38) §2에도 나타나고 있다. 이 가운데 M14 §17과 M79 §6과 본경의 이곳과 A3:74와 A9:38는 니간타 나따뿟따에 관계된 것이다.

"도반 니간타들이여, 이 다섯 가지 법들은 지금·여기에서 두 가지 과보를 가져옵니다. 무엇이 다섯 가지인가요? 믿음, 찬성, 구전, 이론적인 추론, 사색하여 얻은 견해입니다.[588] 도반 니간타들이여, 이 다섯 가지 법들은 지금·여기에서 두 가지 과보를 가져옵니다. 여기서[589] 니간타 존자들은 과거를 말하는 스승에게 어떠한 믿음이 있으며[590] 어떠한 찬성과 어떠한 구전과 어떠한 이론적인 추론과 어떠한 견해를 얻음이 있습니까?"

비구들이여, 이렇게 설했지만 나는 니간타들에게서 어떤 법다운 대답[591]을 보지 못했다."

12. "다시 비구들이여, 나는 그 니간타들에게 이렇게 말했다.

"이를 어떻게 생각합니까, 도반 니간타들이여. 고된 노력과 고된 정진이 있으면 그때 그대들은 격심하고 고통스럽고 쓰라리고 살을 에는 듯한 격통을 느낍니까? 그러나 고된 노력이 없고 고된 정신이 없으면 그때 그대들은 격심하고 고통스럽고 쓰라리고 살을 에는 듯한 격통을 느끼지 않습니까?"

---

588) 이 다섯 가지는 본서 「짱끼 경」(M95) §14에도 나타나고 있다. 그곳의 주해를 참조할 것.

589) "'여기서(tatra)'란 이 다섯 가지 법들 가운데서라는 뜻이다."(MA.iv.4)

590) '과거를 말하는 스승에게 어떠한 믿음이 있는가?'는 kā atītaṁse satthari saddhā를 옮긴 것인데 주석서에서 "과거를 말하는 스승에게 어떤 믿음이 있는가(atītaṁsa-vādimhi satthari kā saddhā)? 즉 과거의 이론(atīta-vāda)을 믿는 그대들의 니간타에 대한 믿음은 어떤 종류의 믿음인가?"(MA.iv.4)라고 풀이하고 있어서 이렇게 옮겼다.

591) "'법다운 대답(sahadhammika vādaparihāra)'이란 원인이 있는(sahetuka), 논리를 갖춘(sakāraṇa) 대론(對論, paccāgamanaka-vāda)을 말한다."(MA.iv.4)

[니간타들은 대답했다.]

"도반이시여, 고된 노력과 고된 정진이 있으면 그때 우리는 격심하고 고통스럽고 쓰라리고 살을 에는 듯한 격통을 느낍니다. [219] 그러나 고된 노력이 없고 고된 정진이 없으면 그때 우리는 격심하고 고통스럽고 쓰라리고 살을 에는 듯한 격통을 느끼지 않습니다."

13. "도반 니간타들이여, 참으로 이와 같이 고된 노력과 고된 정진이 있을 때 그대들은 격심하고 고통스럽고 쓰라리고 살을 에는 듯한 격통을 느끼지만 고된 노력과 고된 정진이 없을 때에는 격심하고 고통스럽고 쓰라리고 살을 에는 듯한 격통을 느끼지 않습니다.

그렇기 때문에 니간타 존자들이 설명하기를 '인간이 느끼는 것은 무엇이든, 그것이 즐거움이든 괴로움이든 괴롭지도 즐겁지도 않은 것이든 그것은 모두 이전에 지은 업에 기인한 것이다. 그러므로 오래된 업들은 고행으로 끝을 내고 새로운 업들은 짓지 않음으로써 미래에 더 이상 결과를 주지 않게 한다. 미래에 더 이상 결과를 주지 않음으로써 업이 다한다. 업이 다하므로 괴로움이 다한다. 괴로움이 다하므로 느낌도 다한다. 느낌이 다하므로 모든 괴로움에서 풀려나게 될 것이다.'라는 것은 타당하지 않습니다."

14. "도반 니간타들이여, 만일 고된 노력과 고된 정진이 있을 때에도 격심하고 고통스럽고 쓰라리고 살을 에는 듯한 격통을 느끼고, 나아가서 고된 노력과 고된 정진이 없을 때에도 격심하고 고통스럽고 쓰라리고 살을 에는 듯한 격통을 느낀다합시다.

그렇다면 니간타 존자들이 설명하기를 '인간이 느끼는 것은 무엇이든, 그것이 즐거움이든 괴로움이든 괴롭지도 즐겁지도 않은 것이든 그것은 모두 이전에 지은 업에 기인한 것이다. 그러므로 오래된 업들은 고행으로 끝을 내고 새로운 업들은 짓지 않음으로써 미래에 더 이상 결과를 주지 않게 한다. 미래에 더 이상 결과를 주지 않음으로써 업이 다한다. 업이 다하므로 괴로움이 다한다. 괴로움이 다하므로 느낌도 다한다. 느낌이 다하므로 모든 괴로움에서 풀려나게 될 것이다.'라는 것은 타당할 것입니다."

15. "도반 니간타들이여, 그러나 참으로 고된 노력과 고된 정진이 있을 때 그대들은 격심하고 고통스럽고 쓰라리고 살을 에는 듯한 격통을 느끼지만 고된 노력과 고된 정진이 없을 때에는 격심하고 고통스럽고 쓰라리고 살을 에는 듯한 격통을 느끼지 않습니다.

그러므로 니간타 존자들이 설명하기를 '인간이 느끼는 것은 무엇이든, 그것이 즐거움이든 괴로움이든 괴롭지도 즐겁지도 않은 것이든 그것은 모두 이전에 지은 업에 기인한 것이다. 그러므로 오래된 업들은 고행으로 끝을 내고 새로운 업들은 짓지 않음으로써 미래에 더 이상 결과를 주지 않게 한다. 미래에 더 이상 결과를 주지 않음으로써 업이 다한다. 업이 다하므로 괴로움이 다한다. 괴로움이 다하므로 느낌도 다한다. 느낌이 다하므로 모든 괴로움에서 풀려나게 될 것이다.'라는 것은 무명과 무지와 미혹에서 기인한 것으로 [220] 전적으로 잘못된 것입니다."

비구들이여, 이렇게 설했지만 나는 니간타들 사이에서 어떠한 법다운 대답을 보지 못했다."

16. "다시 비구들이여, 나는 그 니간타들에게 이렇게 말했다.

"도반 니간타들이여, 이를 어떻게 생각합니까? 금생에 그 과보를 경험할 업을 노력과 정진으로 내생에 그 과보를 경험하도록592) 할

592) "'내생에 그 과보를 경험할 업(samparāya-vedanīya)'이란 두 번째 생(atta

수 있습니까?"

"그렇지 않습니다, 도반이시여."

"도반들이여, 그러면 내생에 그 과보를 경험할 업을 노력과 정진으로 금생에 그 과보를 경험하도록 할 수 있습니까?"

"그렇지 않습니다, 도반이시여."

17. "도반 니간타들이여, 이를 어떻게 생각합니까? 즐거움을 경험할 업593)을 노력과 정진으로 괴로움을 경험하도록 할 수 있습니까?"

"그렇지 않습니다, 도반이시여."

"도반들이여, 그러면 괴로움을 경험할 업을 노력과 정진으로 즐거움을 경험하도록 할 수 있습니까?"

"그렇지 않습니다, 도반이시여."

18. "도반 니간타들이여, 이를 어떻게 생각합니까? 즉시에 그 [과보를] 경험할 업594)을 노력과 정진으로 즉시에 그 [과보를] 경험

-bhāva)이나 세 번째 생에 그 과보를 경험하는(vipāka-dāyaka) 업을 말한다."(MA.iv.4)

593) "'즐거움을 경험할 업(kamma sukha-vedanīya)'이란 원하는 대상을 주는(iṭṭh-ārammaṇa-vipāka-dāyaka) 유익한 업(kusala-kamma)을 말한다."(MA.iv.4)

594) "'즉시에 그 [과보를] 경험할 업(kamma paripakka-vedanīya)'이란 성숙되었고 완성된 이 생에 그 과보를 경험하는 업으로, 금생에 그 과보를 경험하는 업(diṭṭhad-hamma-vedanīya)의 동의어이다.
'즉시에 그 [과보를] 경험하지 않을 업(aparipakka-vedanīya)'이란 아직 성숙되지 않은 내생의 몸에서 경험해야 할 업으로, 내생에 그 과보를 경험하는 업(samparāya-vedanīya)의 동의어이다.
['즉시에 그 [과보를] 경험할 업(kamma paripakka-vedanīya)'과 '금생에 그 과보를 경험하는 업(diṭṭhad-hamma-vedanīya)'은 동의어로 설명이 되고 있지만] 이 둘에는 차이점이 있다. 초년(paṭhama-vaya)에 지은 업은 초년이나 중년이나 말년에 그 과보(vipāka)를 받고, 중년(majjhima-vaya)에 지은 업은 중년이나 말년에 그 과보를 받고, 말년(pacchima-vaya)에

하지 않도록 할 수 있습니까?"

"그렇지 않습니다, 도반이시여."

"도반들이여, 그러면 즉시에 그 [과보를] 경험하지 않을 업을 노력과 정진으로 즉시에 그 [과보를] 경험하도록 할 수 있습니까?"

"그렇지 않습니다, 도반이시여."

19. "도반 니간타들이여, 이를 어떻게 생각합니까? [221] 많은 [과보를] 경험할 업595)을 노력과 정진으로 적은 [과보를] 경험하도록 할 수 있습니까?"

"그렇지 않습니다, 도반이시여."

"도반들이여, 그러면 적은 [과보를] 경험할 업을 노력과 정진으로 많은 [과보를] 경험하도록 할 수 있습니까?"

"그렇지 않습니다, 도반이시여."

지은 업은 바로 그 말년에 과보를 받는 것을 '금생에 그 과보를 경험할 업'이라 한다. 그러나 7일 이내에 그 과보를 받는 것을 '즉시에 그 [과보를] 경험할 업'이라 한다. 그것은 유익한 업이건 해로운 업이건 모두 해당된다."(MA. iv.4~5)

595) "'많은 과보를 경험할 업(bahu-vedanīya)'이란 네 가지 무더기[四蘊]의 결과나 다섯 가지 무더기[五蘊]의 결과에 의해 인식을 가진 존재(saññā-bhava)에 태어나는 업을 말하고, '적은 과보를 경험할 업(appa-vedanīya)'이란 한 가지 무더기[一蘊]의 결과에 의해 인식이 없는 존재[無想有情, asaññā-bhava]에 태어나는 업을 말한다.
그러나 어떤 이는 다음과 같이 말한다. "무색계의 업(arūpa-avacara-kamma)은 오랜 시간 그 과보를 경험하기 때문에 '많은 과보를 경험할 업'이고, 그 나머지는 '적은 과보를 경험할 업'이다. 혹은 색계와 무색계의 업(rūpa-arūpa-avacara-kamma)은 '많은 과보를 경험할 업'이고, [욕계의] 제한된 업(paritta-kamma)은 '적은 과보를 경험할 업'이다."라고."(MAṬ. ii.214)
여기서 무색계 존재는 오온 가운데 색온이 없기 때문에 네 가지 무더기[四蘊]의 결과에 의한 인식을 가진 존재이고, 색계 존재는 오온을 다 가지고 있기 때문에 다섯 가지 무더기[五蘊]의 결과에 의한 인식을 가진 존재이며, 무상유정천의 존재에게는 물질의 한 가지 온[一蘊]만 일어나고 있다.

20. "도반 니간타들이여, 이를 어떻게 생각합니까? [과보를] 경험할 업을 노력과 정진으로 [과보를] 경험하지 않도록 할 수 있습니까?"

"그렇지 않습니다, 도반이시여."

"도반들이여, 그러면 [과보를] 경험하지 않을 업을 노력과 정진으로 [과보를] 경험하도록 할 수 있습니까?"

"그렇지 않습니다, 도반이시여."

21. "도반 니간타들이여, 참으로 이와 같이 금생에 그 과보를 경험할 업을 노력과 정진으로 내생에 그 과보를 경험하도록 하는 것이 불가능하고, 내생에 그 과보를 경험할 업을 노력과 정진으로 금생에 그 과보를 경험하도록 하는 것도 불가능합니다. 즐거움을 경험할 업을 노력과 정진으로 괴로움을 경험하도록 하는 것도 불가능하고, 괴로움을 경험할 업을 노력과 정진으로 즐거움을 경험하도록 하는 것도 불가능합니다. 즉시에 그 [과보를] 경험할 업을 노력과 정진으로 즉시에 그 [과보를] 경험하지 않도록 하는 것도 불가능하고, 즉시에 그 [과보를] 경험하지 않을 업을 노력과 정진으로 즉시에 그 [과보를] 경험하도록 하는 것도 불가능합니다.

많은 [과보를] 경험할 업을 노력과 정진으로 적은 [과보를] 경험하도록 하는 것도 불가능하고, 적은 [과보를] 경험할 업을 노력과 정진으로 많은 [과보를] 경험하도록 하는 것도 불가능합니다. [과보를] 경험할 업을 노력과 정진으로 [과보를] 경험하지 않도록 하는 것도 불가능하고, [과보를] 경험하지 않을 업을 노력과 정진으로 [과보를] 경험하도록 하는 것도 불가능합니다.

그렇다면 도반 니간타들의 노력은 아무런 결실이 없고 [222] 정진도 아무 결실이 없습니다.""

22. “비구들이여, 니간타들은 이렇게 말한다. 비구들이여, 니간타들은 이렇게 말하기 때문에 [아래의] 열 가지 논리적인 주장을 통해서 비난받게 된다.596)

(1) 비구들이여,597) 만일 중생들이 이전에 지은 업으로 인해 즐거움과 괴로움을 경험한다면 참으로 니간타들은 이전에 나쁜 업을 지었다. 그래서 지금 이런 형태의 고통스럽고 쓰라리고 살을 에는 듯한 격통을 느끼는 것이다.

(2) 비구들이여, 만일 중생들이 자재천에 의해 창조되었기 때문에598) 즐거움과 괴로움을 경험한다면599) 참으로 니간타들은 사악한 신에 의해서 창조되었다. 그래서 지금 이런 형태의 고통스럽고 쓰라리고 살을 에는 듯한 격통을 느끼는 것이다.

(3) 비구들이여, 만일 중생들이 운명과 우연의 일치에 의해 즐거움과 괴로움을 경험한다면600) 참으로 니간타들은 나쁜 운명을 가졌다.

---

596) 본 문장은 ‘evaṁvādīnaṁ, bhikkhave, nigaṇṭhānaṁ dasa sahadhammikā vādānuvādā gārayhaṁ ṭhānaṁ āgacchanti.’를 옮긴 것이다.

597) 여기 나타나는 10가지 견해 가운데 [혹은 (6)~(10)은 각각 앞의 (1)~(5)의 내용과 같으므로 줄여서 5가지 견해 가운데] 처음의 셋은 『앙굿따라 니까야』 제1권 「외도의 주장 경」(A3:61)에도 나타나고 있으므로 참조할 것.

598) ‘자재천에 의해 창조되었기 때문에’는 issara-nimmāna-hetu를 옮긴 것이다. 여기서 보듯이 ‘자재천’은 issara를 옮긴 것이다. 산스끄리뜨 Maheśvara (Mahā-īśvara)를 중국에서는 대자재천(大自在天)으로 옮겼다. 그래서 초기불전연구원에서도 issara(S. īśvara)를 자재천으로 옮기고 있다. 냐나몰리 스님은 *Supreme God*로 옮겼다. 그리고 『디가 니까야 주석서』는 “여기서는 범천(brahma)이 주인이 되기(ādhipacca-bhāva) 때문에 그가 바로 자재천(issara)이라고 알아야 한다.”(DA.iii.830)라고 설명하고 있다. (D24 §2.14에 대한 설명)

599) 이 주장은 『앙굿따라 니까야』 제1권 「외도의 주장 경」(A3:61)에서 소개하고 있는 외도들의 세 가지 주장 가운데 두 번째 주장으로 나타난다. 「외도의 주장 경」(A3:61) §3을 참조할 것.

그래서 지금 이런 형태의 고통스럽고 쓰라리고 살을 에는 듯한 격통을 느끼는 것이다.

(4) 비구들이여, 만일 중생들이 [여섯] 부류의 태생601)에 의해 즐거움과 괴로움을 경험한다면 참으로 니간타들은 악한 부류의 태생에 속한다. 그래서 지금 이런 형태의 고통스럽고 쓰라리고 살을 에는 듯한 격통을 느끼는 것이다.

(5) 비구들이여, 만일 중생들이 금생의 노력에 의해 즐거움과 괴로움을 경험한다면 참으로 니간타들은 금생에서 사악하게 노력을 하였다. 그래서 지금 이런 형태의 고통스럽고 쓰라리고 살을 에는 듯한 격통을 느끼는 것이다.

(6) 비구들이여, 만일 중생들이 이전에 지은 업으로 인해 즐거움과 괴로움을 경험한다면 참으로 니간타들은 비난받아야 한다. 만일 중생들이 이전에 지은 업으로 인해 즐거움과 괴로움을 경험하지 않는다고 하더라도 참으로 니간타들은 비난받아야 한다.

(7) 비구들이여, 만일 중생들이 자재천에 의해 창조되었기 때문에 즐거움과 괴로움을 경험한다면 참으로 니간타들은 비난받아야 한다. 만일 중생들이 자재천의 창조에 의해 창조되었기 때문에 즐거움과 괴로움을 경험하지 않는다고 하더라도 참으로 니간타들은 비난받아

---

600) '운명과 우연의 일치에 의해'는 saṅgati-bhāva-hetu를 옮긴 것이다. 이것은 『디가 니까야』 제1권 「사문과경」(D2)에 나타나는 막칼리 고살라(Makkhaligosāla)의 견해와 유사하다. 막칼리 고살라의 견해에 대해서는 「사문과경」 §§19~21과 그곳의 주해들을 참조할 것. 이 견해는 본서 제2권 「확실한 가르침 경」(M60) §22와 『앙굿따라 니까야』 제1권 「외도의 주장 경」(A3:61) §4에서 비판되고 있다.

601) '[여섯] 부류의 태생(abhijāti)'도 막칼리 고살라의 견해로 경에 나타난다. 그리고 이것은 『앙굿따라 니까야』 「여섯 태생 경」(A6:57) §2와 『상윳따 니까야』 제3권 「원인 경」(S24:7) §3에도 나타나므로 이 두 경과 주해들을 참조할 것.

야 한다.

(8) 비구들이여, 만일 중생들이 운명과 우연의 일치에 의해 즐거움과 괴로움을 경험한다면 참으로 니간타들은 비난받아야 한다. 만일 중생들이 운명과 우연의 일치에 의해 즐거움과 괴로움을 경험하지 않는다고 하더라도 참으로 니간타들은 비난받아야 한다.

(9) 비구들이여, 만일 중생들이 [여섯] 부류의 태생에 의해 즐거움과 괴로움을 경험한다면 참으로 니간타들은 비난받아야 한다. 만일 중생들이 [여섯] 부류의 태생에 의해 즐거움과 괴로움을 경험하지 않는다고 하더라도 참으로 니간타들은 비난받아야 한다.

(10) 비구들이여, 만일 중생들이 금생의 노력에 의해 즐거움과 괴로움을 경험한다면 [223] 참으로 니간타들은 비난받아야 한다. 만일 중생들이 금생의 노력에 의해 즐거움과 괴로움을 경험하지 않는다고 하더라도 참으로 니간타들은 비난받아야 한다.

비구들이여, 니간타들은 이렇게 말한다. 비구들이여, 니간타들은 이렇게 말하기 때문에 [위의] 열 가지 논리적인 주장을 통해서 비난받게 된다. 비구들이여, 이와 같이 그들의 노력은 아무런 결실이 없고 정진도 아무런 결실이 없다."

23. "비구들이여, 어떻게 해서 노력이 결실이 있고 정진이 결실이 있는가?[602] 비구들이여, 여기 비구는 괴로움에 압도되지 않은[603]

602) "이와 같이 니간타들의 노력(upakkama)은 결실이 없음(aphalatā)을 보이시고 이제 향상으로 인도하는 [부처님] 교법(niyyānika-sāsana)에서는 노력과 정진(vīriya)이 그 결실(saphalatā)이 있음을 보이시기 위해 이 문단을 시작하셨다."(MA.iv.10)

603) "'괴로움에 압도되지 않음(anaddhabhūta)'이 인간의 성품(manuss-atta-bhāva)이다. 그것은 괴로움에 압도되지 않고(na addhabhāveti) 지배당하지 않는다(na abhibhavati). 그러나 [니간타들처럼] 여러 가지 난행고행을 행할 때 인간은 괴로움에 압도된다(dukkhena addhabhāveti). 그렇지만

자신을 괴로움에 압도되게 하지 않고, 법다운 즐거움[604]을 버리지도 않고 그 즐거움에 빠지지도 않는다. 그는 다음과 같이 잘 안다. '내가 노력을 기울일 때[605] 노력을 기울였기 때문에 나에게 이 괴로움의 원인[606]이 빛바랬다.[607] 안으로 평온할 때 평온을 닦았기 때문에 나에게 이 괴로움의 원인이 빛바랬다.'라고.

[부처님] 교법에 출가하여 숲 속에 거주하거나 나무 아래 거주하는 자들은 괴로움에 압도되지 않는다. 향상으로 인도하는 [부처님] 교법에서 정진은 참으로 바른 정진(sammā-vāyāma)을 뜻하지 [니간타들의 난행고행을 뜻하는 것은 아니다]."(MA.iv.10)

604) "'법다운 즐거움(dhammika sukha)'이란 승가에서 얻거나 무리들(gaṇa)에게서 얻는 네 가지 필수품에 대한 행복(catu-paccaya-sukha)을 말한다. 그 즐거움에 '빠지지도 않는다(anadhimucchita).'는 것은 갈애를 가지고 집착하지(taṇhā-mucchana) 않는다는 말이다."(MA.iv.11)

605) '노력을 기울일 때'는 saṅkhāraṁ padahato를 옮긴 것인데 주석서에서 "노력을 쏟는(sampayoga-vīriyaṁ karontassa)"(MA.iv.11)이라는 뜻이라고 설명하고 있어 이렇게 옮겼다. 일반적으로 saṅkhāra는 주로 복수로 쓰여서 ① 일체 유위법(sabbe saṅkhārā, 諸行, 형성된 것들)이나 ② 오온 가운데 네 번째인 행온(sañkhāra-kkhanda, 심리현상들의 무더기)이나 ③ 12연기의 두 번째 각지(avijjāpaccayā saṅkhārā, 무명을 조건으로 의도적 행위들이 있다)로 나타난다. 그리고 단수로 쓰여 ④ 세 가지 의도적 행위, 즉 몸과 말과 마음의 의도적 행위[身行, 口行, 意行], 혹은 ⑤ 몸과 말과 마음의 작용 등으로 사용되고 있다.(여기에 대해서는 『초기불교 이해』 127~129쪽을 참조할 것.) 그러나 이렇게 노력(sampayoga-vīriya)이라는 뜻으로는 오직 본경에서만 사용된 것으로 파악된다.

606) "'이 괴로움의 원인은(imassa dukkha-nidānassa)'이라고 하셨다. 여기서 '이(imassa)'라는 것은 바로 현재의(paccuppannānaṁ) 오온의 뿌리가 되는 것(mūla-bhūtassa)이라는 뜻이다. 여기서 '괴로움의 원인(dukkha-nidāna)'이란 갈애(taṇhā)를 말하며, 이 갈애는 오온의 괴로움의 원인이 된다는 말이다."(MA.iv.11)

607) "'빛바랬다(virāgo hoti).'는 것은 도(magga)에 의해 빛바랜 것이다. 즉 노력을 기울임(saṅkhāra-padhāna)으로써 나에게 있던 이 괴로움의 원인이 빛바랬다는 뜻이다. 이렇게 잘 안다는 것은 도닦음이 쉽고(sukhā-paṭipadā) 초월지가 빠른 것(khippa-abhiññā)을 말한 것이다.(MA.iv.12)

그는 그 괴로움의 원인이 노력을 기울일 때 노력을 기울였기 때문에 빛바래므로 거기서 노력을 기울인다. 그는 그 괴로움의 원인이 안으로 평온할 때 평온을 닦았기 때문에 빛바래므로 거기서 평온을 닦는다. 그가 그 괴로움의 원인이 노력을 기울일 때 노력을 기울였기 때문에 빛바래므로 거기서 노력을 기울여 이렇게 그의 괴로움이 다하게 된다. 그가 그 괴로움의 원인이 안으로 평온할 때 평온을 닦았기 때문에 빛바래므로 거기서 평온을 닦아 이렇게 그의 괴로움이 다하게 된다."

24. "비구들이여, 예를 들면 어떤 남자가 강한 애욕과 깊은 관심으로 어떤 여인에 마음이 사로잡혀 그녀를 사랑하고 있는데 그 여인이 다른 남자와 함께 다정하게 서서 이야기하고 농담하고 웃는 것을 본다고 하자. 비구들이여, 이를 어떻게 생각하는가? 그녀가 다른 남자와 함께 다정하게 서서 이야기하고 농담하고 웃는 것을 보면 그에게 근심·탄식·육체적 고통·정신적 고통·절망이 일어나겠는가?"

"그렇습니다, 세존이시여. 그것은 그 남자가 강한 애욕과 깊은 관심으로 그 여인에 마음이 사로잡혀 그녀를 사랑하기 때문입니다. [224] 그래서 그녀가 다른 남자와 함께 다정하게 서서 이야기하고 농담하고 웃는 것을 보면 그에게 근심·탄식·육체적 고통·정신적 고통·절망이 일어나는 것입니다."

25. "비구들이여, 이제 그 사람에게 이런 생각이 든다고 하자. '나는 강한 애욕과 깊은 관심으로 이 여인에 마음이 사로잡혀 그녀를 사랑하고 있다. 그래서 그녀가 다른 남자와 함께 다정하게 서서 이야기하고 농담하고 웃는 것을 보면 나에게 근심·탄식·육체적 고통·정신적 고통·절망이 일어난다. 참으로 나는 그 여인에 대한 욕

망과 탐욕을 버리리라.'라고. 그가 나중에 그 여인이 다른 남자와 함께 다정하게 서서 이야기하고 농담하고 웃는 것을 본다고 하자. 비구들이여, 이를 어떻게 생각하는가? 그녀가 다른 남자와 함께 다정하게 서서 이야기하고 농담하고 웃는 것을 보면 그 남자에게 근심 · 탄식 · 육체적 고통 · 정신적 고통 · 절망이 일어나겠는가?"

"아닙니다, 세존이시여. 그것은 그 남자가 그 여인에 대한 탐욕을 여의었기 때문입니다. 그래서 그 여인이 다른 남자와 함께 다정하게 서서 이야기하고 농담하고 웃는 것을 보아도 근심 · 탄식 · 육체적 고통 · 정신적 고통 · 절망이 일어나지 않습니다."

26. "비구들이여, 그와 같이 여기 비구는 괴로움에 압도되지 않은 자신을 괴로움에 압도되게 하지 않고, 법다운 즐거움을 버리지도 않고 그 즐거움에 빠지지도 않는다. 그는 다음과 같이 잘 안다. '나의 이 괴로움의 원인은 내가 노력을 기울일 때 노력을 기울였기 때문에 빛바랬다. 나의 이 괴로움의 원인은 안으로 평온할 때 평온을 닦았기 때문에 빛바랬다.'라고.

그는 그 괴로움의 원인이 노력을 기울일 때 노력을 기울였기 때문에 빛바래므로 거기서 노력을 기울인다. 그는 그 괴로움의 원인이 안으로 평온할 때 평온을 닦았기 때문에 빛바래므로 거기서 평온을 닦는다. 그가 그 괴로움의 원인이 노력을 기울일 때 노력을 기울였기 때문에 빛바래므로 거기서 노력을 기울여 이렇게 그의 괴로움이 다하게 [225] 된다. 그가 그 괴로움의 원인이 안으로 평온할 때 평온을 닦았기 때문에 빛바래므로 거기서 평온을 닦아 이렇게 그의 괴로움이 다하게 된다. 비구들이여, 이렇게 해서 노력이 그 결실이 있고 정진이 그 결실이 있다."

27. "다시 비구들이여, 비구는 이와 같이 숙고한다. '내가 이처럼 즐겁게 머물 때 해로운 법들이 증장하고 유익한 법들이 줄어들지만 내가 괴로움 속에서 스스로 독려할 때 해로운 법들이 줄어들고 유익한 법들이 증장한다.[608] 그러니 나는 괴로움 속에서 스스로 독려하리라.'라고. 그리하여 그는 괴로움 속에서 자신을 독려한다. 그가 괴로움 속에서 자신을 독려할 때 해로운 법들이 줄어들고 유익한 법들이 증장한다. 그러나 나중에 그는 괴로움 속에서 자신을 독려하지 않는다. 그것은 무슨 까닭인가? 비구들이여, 그 비구가 괴로움 속에서 자신을 독려했던 그 목적을 성취했기 때문이다. 그러므로 나중에 괴로움 속에서 자신을 독려하지 않는다."

28. "비구들이여, 예를 들면 화살 만드는 자가 두 개의 불을 지펴놓고 화살대에 열을 가하고 달구어서 곧게 하여 사용할 수 있게 만드는 것과 같다. 비구들이여, 화살 만드는 자가 두 개의 불을 지펴놓고 화살대에 열을 가하고 달구어서 곧게 하여 사용할 수 있게 만들고 나면 나중에 [다시] 두 개의 불을 지펴놓고 화살대에 열을 가하고 달구어서 곧게 하여 사용할 수 있게 만들지 않는다. 그것은 무슨 까닭인가? 비구들이여, 화살 만드는 자가 두 개의 불을 지펴놓고 화살대에 열을 가하고 달구어서 곧게 하여 사용할 수 있게 하는 그 목적을 성취했기 때문이다. 그러므로 나중에 [다시] 두 개의 불을 지펴놓고 화살대

---

608) "즐거운(쉬운) 도닦음(sukhā paṭipadā)도 그것이 적당하지 않으면(asappā-yā) 비록 그가 촉감이 좋은 옷을 입고 호화로운 집에서 거주하더라도 마음이 흩어진다(vikkhipati). 그러나 괴로운(어려운) 도닦음(dukkhā paṭipadā)일지라도 그것이 적당할 때에는(sappāyā) 비록 그가 찢어지고 헤어지고 감촉이 거친 옷을 입고 묘지나 나무 아래 등에서 머물지라도 마음은 집중(ekagga)된다. 여기서는 괴로운(어려운) 도닦음과 관련하여 말한 것이다." (MA.iv.14)

에 열을 가하고 달구어서 곧게 하여 사용할 수 있게 만들지 않는다."

29. "비구들이여, 그와 마찬가지로 비구는 이와 같이 숙고한다. '내가 이처럼 즐겁게 머물 때 해로운 법들이 증장하고 유익한 법들이 줄어들지만 내가 괴로움 속에서 스스로 독려할 때 해로운 법들이 줄어들고 유익한 법들이 증장한다. 그러니 나는 괴로움 속에서 스스로 독려하리라.'라고. 그리하여 그는 괴로움 속에서 자신을 독려한다. 그가 괴로움 속에서 자신을 독려할 때 해로운 법들이 줄어들고 유익한 법들이 증장한다. 그러나 나중에 그는 괴로움 속에서 [226] 자신을 독려하지 않는다. 그것은 무슨 까닭인가? 비구들이여, 그 비구가 괴로움 속에서 자신을 독려했던 그 목적을 성취했기 때문이다. 그러므로 나중에 괴로움 속에서 자신을 독려하지 않는다. 비구들이여, 이렇게 해서 역시 노력이 그 결실이 있고 정진이 그 결실이 있다."

30. ~ *37.* "다시 비구들이여, 여기 이 세상에 여래가 출현한다. 그는 아라한[應供]이며, 완전히 깨달은 분[正等覺]이며, 영지와 실천을 구족한 분[明行足]이며, 피안으로 잘 가신 분[善逝]이며, 세간을 잘 알고 계신 분[世間解]이며, 가장 높은 분[無上士]이며, 사람을 잘 길들이는 분[調御丈夫]이며, 하늘과 인간의 스승[天人師]이며, 부처님[佛]이며, 세존(世尊)이다. 그는 신을 포함하고 마라를 포함하고 범천을 포함한 이 세상을 스스로 최상의 지혜로 알고 실현하여 드러낸다. 그는 시작도 훌륭하고 중간도 훌륭하고 끝도 훌륭하며 의미와 표현을 구족했고 더할 나위 없이 완벽하고 지극히 청정한 법을 설하고, 범행(梵行)을 드러낸다." … …

<본서 제2권 「깐다라까 경」(M51) §§12~19와 같음.>

… 의심을 제거하여 의심을 극복하여 머물고, 유익한 법들에 아무런 의심이 없어서 의심으로부터 마음을 청정하게 한다."

38. "그는 마음의 오염원이고 통찰지를 무력하게 만드는 이들 다섯 가지 장애를 제거하여 감각적 욕망들을 완전히 떨쳐버리고 해로운 법[不善法]들을 떨쳐버린 뒤, 일으킨 생각[尋]과 지속적 고찰[伺]이 있고, 떨쳐버렸음에서 생긴 희열[喜]과 행복[樂]이 있는 초선(初禪)을 구족하여 머문다.
비구들이여, 이렇게 해서 역시 노력이 그 결실이 있고 정진이 그 결실이 있다."

39. "비구들이여, 다시 비구는 일으킨 생각[尋]과 지속적 고찰[伺]을 가라앉혔기 때문에 [더 이상 존재하지 않고], 자기 내면의 것이고, 확신이 있으며, 마음의 단일한 상태이고, 일으킨 생각과 지속적 고찰은 없고, 삼매에서 생긴 희열과 행복이 있는 제2선(二禪)을 구족하여 머문다.
비구들이여, 이렇게 해서 역시 노력이 그 결실이 있고 정진이 그 결실이 있다."

40. "비구들이여, 다시 비구는 희열이 빛바랬기 때문에 평온하게 머물고, 마음챙기고 알아차리며[正念 · 正知] 몸으로 행복을 경험한다. [이 禪 때문에] 성자들이 그를 두고 '평온하고 마음챙기며 행복하게 머문다.'고 묘사하는 제3선(三禪)을 구족하여 머문다.
비구들이여, 이렇게 해서 역시 노력이 그 결실이 있고 정진이 그 결실이 있다."

41. "비구들이여, 다시 비구는 행복도 버리고 괴로움도 버리고,

아울러 그 이전에 이미 기쁨과 슬픔을 소멸하였으므로 괴롭지도 즐겁지도 않으며, 평온으로 인해 마음챙김이 청정한[捨念淸淨] 제4선(四禪)을 구족하여 머문다.
비구들이여, 이렇게 해서 역시 노력이 그 결실이 있고 정진이 그 결실이 있다."

42. "그는 이와 같이 마음이 집중되고, 청정하고, 깨끗하고, 흠이 없고, 오염원이 사라지고, 부드럽고, 활발발하고, 안정되고, 흔들림이 없는 상태에 이르렀을 때 전생을 기억하는 지혜로 마음을 향하게 한다. … 이처럼 한량없는 전생의 갖가지 모습들을 그 특색과 더불어 상세하게 기억해낸다[宿命通].
비구들이여, 이렇게 해서 역시 노력이 그 결실이 있고 정진이 그 결실이 있다."

43. "그는 이와 같이 마음이 집중되고, 청정하고, 깨끗하고, 흠이 없고, 오염원이 사라지고, 부드럽고, 활발발하고, 안정되고, 흔들림이 없는 상태에 이르렀을 때 중생들의 죽음과 다시 태어남을 아는 지혜로 마음을 향하게 한다. … 이와 같이 그는 청정하고 인간을 넘어선 신성한 눈으로 중생들이 죽고 태어나고, 천박하고 고상하고, 잘생기고 못생기고, 좋은 곳[善處]에 가고 나쁜 곳[惡處]에 가는 것을 보고, 중생들이 지은 바 그 업에 따라 가는 것을 꿰뚫어 안다[天眼通].
비구들이여, 이렇게 해서 역시 노력이 그 결실이 있고 정진이 그 결실이 있다." [227]

44. "그는 이와 같이 마음이 집중되고, 청정하고, 깨끗하고, 흠이 없고, 오염원이 사라지고, 부드럽고, 활발발하고, 안정되고, 흔들림이 없는 상태에 이르렀을 때 모든 번뇌를 소멸하는 지혜로 마음을 향하

게 한다. 그는 '이것이 괴로움이다.'라고 있는 그대로 꿰뚫어 안다. '이것이 괴로움의 일어남이다.'라고 있는 그대로 꿰뚫어 안다. '이것이 괴로움의 소멸이다.'라고 있는 그대로 꿰뚫어 안다. '이것이 괴로움의 소멸로 인도하는 도닦음이다.'라고 있는 그대로 꿰뚫어 안다. '이것이 번뇌다.'라고 있는 그대로 꿰뚫어 안다. '이것이 번뇌의 일어남이다.'라고 있는 그대로 꿰뚫어 안다. '이것이 번뇌의 소멸이다.'라고 있는 그대로 꿰뚫어 안다. '이것이 번뇌의 소멸로 인도하는 도닦음이다.'라고 있는 그대로 꿰뚫어 안다[漏盡通].

45. 그가 이와 같이 알고 이와 같이 볼 때 그는 감각적 욕망에 기인한 번뇌에서 마음이 해탈한다. 존재에 기인한 번뇌에서도 마음이 해탈한다. 무명에 기인한 번뇌에서도 마음이 해탈한다. 해탈했을 때 해탈했다는 지혜가 생긴다. '태어남은 다했다. 청정범행은 성취되었다. 할 일을 다 해 마쳤다. 다시는 어떤 존재로도 돌아오지 않을 것이다.'라고 꿰뚫어 안다.
비구들이여, 이렇게 해서 역시 노력이 그 결실이 있고 정진이 그 결실이 있다."

46. "비구들이여, 여래는 이렇게 말한다. 비구들이여, 여래는 이렇게 말하기 때문에 [아래의] 열 가지 논리적인 주장을 통해서 칭송 받게 된다.

(1) 비구들이여, 만일 중생들이 모두 이전에 지은 업으로 인해 즐거움과 괴로움을 경험한다면 참으로 여래는 이전에 좋은 업을 지었다. 그래서 지금 이런 형태의 번뇌 없는 즐거운 느낌을 느끼는 것이다.

(2) 비구들이여, 만일 중생들이 자재천에 의해 창조되었기 때문에 즐거움과 괴로움을 경험한다면 참으로 여래는 선량한 자재천에 의해

창조되었다. 그래서 지금 이런 형태의 번뇌 없는 즐거운 느낌을 느끼는 것이다.

(3) 비구들이여, 만일 중생들이 운명과 우연의 일치에 의해 즐거움과 괴로움을 경험한다면 참으로 여래는 행운을 가졌다. 그래서 지금 이런 형태의 번뇌 없는 즐거운 느낌을 느끼는 것이다.

(4) 비구들이여, 만일 중생들이 [여섯] 부류의 태생에 의해 즐거움과 괴로움을 경험한다면 참으로 여래는 훌륭한 부류의 태생에 속한다. 그래서 지금 이런 형태의 번뇌 없는 즐거운 느낌을 느끼는 것이다.

(5) 비구들이여, 만일 중생들이 금생의 노력에 의해 즐거움과 괴로움을 경험한다면 참으로 여래는 금생에 훌륭하게 노력을 했다. 그래서 지금 이런 형태의 번뇌 없는 즐거운 느낌을 느끼는 것이다.

(6) 비구들이여, 만일 중생들이 이전에 지은 업으로 인해 즐거움과 괴로움을 경험한다면 참으로 여래는 칭송받아야 한다. 만일 중생들이 이전에 지은 업으로 인해 즐거움과 괴로움을 경험하지 않는다고 하더라도 참으로 여래는 칭송받아야 한다.

(7) 비구들이여, 만일 중생들이 자재천에 의해 창조되었기 때문에 즐거움과 괴로움을 경험한다면 참으로 여래는 칭송받아야 한다. 만일 중생들이 자재천에 의해 창조되었기 때문에 즐거움과 괴로움을 경험하지 않는다고 하더라도 참으로 여래는 칭송받아야 한다.

(8) 비구들이여, 만일 중생들이 운명과 우연의 일치에 의해 즐거움과 괴로움을 경험한다면 참으로 여래는 칭송받아야 한다. 만일 중생들이 운명과 우연의 일치에 의해 즐거움과 괴로움을 경험하지 않는다고 하더라도 여래는 칭송받아야 한다.

(9) 비구들이여, 만일 중생들이 [여섯] 부류의 태생에 의해 즐거움과 괴로움을 경험한다면 참으로 여래는 칭송받아야 한다. 만일 중생

들이 [여섯] 부류의 태생에 의해 즐거움과 괴로움을 경험하지 않는다고 하더라도 참으로 여래는 칭송받아야 한다.

(10) 비구들이여, 만일 중생들이 금생의 노력에 의해 즐거움과 괴로움을 경험한다면 참으로 여래는 칭송받아야 한다. 만일 중생들이 금생의 노력에 의해 즐거움과 괴로움을 경험하지 않는다고 하더라도 [228] 참으로 여래는 칭송받아야 한다.

비구들이여, 여래는 이렇게 말한다. 비구들이여, 여래는 이렇게 말하기 때문에 [위의] 열 가지 논리적인 주장을 통해서 칭송받게 된다."

세존께서는 이와 같이 설하셨다. 그 비구들은 흡족한 마음으로 세존의 말씀을 크게 기뻐하였다.

데와다하 경(M101)이 끝났다.

다섯과 셋 경609)

Pañcattaya Sutta(M102)

1\. 이와 같이 나는 들었다. 한때 세존께서는 사왓티에서 제따 숲의 아나타삔디까 원림(급고독원)에 머무셨다. 거기서 세존께서는 "비구들이여."라고 비구들을 부르셨다. "세존이시여."라고 비구들은 세존께 응답했다. 세존께서는 이렇게 말씀하셨다.

미래에 대한 추측

2\. "비구들이여, 어떤 사문·바라문들은 미래를 추측하고,610)

---

609) 본경은 『디가 니까야』 제1권 「범망경」(D1)에 대응되는 가르침으로 『맛지마 니까야』 판 「범망경」이라 할 수 있다. 「범망경」은 인간이 가질 수 있는 자아와 세상에 대한 견해를 모두 62가지로 총망라한 것인데 본경에서도 자아와 세상에 대한 37가지 여러 견해들이 나타나고 있다.
그런데 본경에는 문제가 두 개 있다. 첫째는 본서의 요약 부분인 §2에서는 다섯 가지 주제가 언급되는데 본서의 내용에는 모두 여섯 가지가 나타난다는 것이다. 즉 요약부분인 §2에는 나타나지 않는 '과거에 대한 추측'인 §§14~16의 16가지 견해가 본문에 갑자기 나타나는 것이다. 그리고 또 하나의 문제는 본경 §5의 주해를 참조할 것.

610) '미래를 추측하고'는 aparanta-kappikā(미래를 추측하는 자들)를 문맥에 맞추어 옮긴 것이다. 주석서는 미래를 추측하는 자들을 다음의 두 가지로 설명한다.

미래에 대한 견해를 가지고,[611] 미래에 대한 여러 가지 교리를 주장한다.

(I) 어떤 자들은 '자아는 인식이 있고 죽은 뒤에도 병들지 않는다.'[612]라고 주장한다.[613]

(II) 어떤 자들은 '자아는 인식이 없고 죽은 뒤에도 병들지 않는다.' 라고 주장한다.[614]

(III) 어떤 자들은 '자아는 인식이 있는 것도 아니고 인식이 없는

"① 미래에 대하여(aparanta) 추측하고(kappetvā) 추론하여(vikappetvā) 취하기 때문에 '미래를 추측하는 자들(aparanta-kappikā)이라 한다. ② 혹은 존재 더미에 대하여 추측하는 자들을 aparanta-kappikā(미래를 추측하는 자들)라 한다. 이 단어에서 anta는 존재 더미[有身, sakkāya]를 뜻하고, kappa는 갈애와 사견(taṇhā-diṭṭhiyo)을 말한다. 그러므로 갈애와 사견을 기며쥐고 미래의 무더기[蘊]를 추측하면서 머물기 때문에 aparanta-kappi-kā 즉 미래를 추측하는 자들이라 한다."(MA.iv.15~16)
여기서 '추측'으로 옮기고 있는 kappika나 kappeti 등을 『디가 니까야』 제1권 「범망경」(D1)에서는 '모색'으로 옮겼다.

611) "그들이 이처럼 미래에 대하여 추측하면서 머물 때 그것이 계속해서 일어나면서 오직 미래(aparanta)로 치달리는 사견(diṭṭhi)을 가지기 때문에 '미래에 대한 견해를 가진 자들(aparanta-anudiṭṭhino)'이라 한다."(MA.iv.16)

612) "'병들지 않는다(aroga).'는 것은 죽은 뒤에도 영원하다(nicca)는 말이다." (MA.iv.16)

613) "'자아는 인식이 있고 병들지 않는다(saññī attā hoti arogo paraṃ maraṇā).'라는 이 주장은 열여섯 가지 인식이 있다는 이론을 설한 것이다."(MA.iv.16) 16가지 인식은 『디가 니까야』 제1권 「범망경」(D1) §2.38을 참조할 것.

614) "'인식이 없다(asaññi).'는 주장은 여덟 가지 인식이 없다는 이론(asaññī-vādā, D1 §3.2 참조)을 설한 것이고, '인식이 있는 것도 아니고 인식이 없는 것도 아니다(neva-saññī-na-asaññi).'라는 주장은 여덟 가지 인식이 있는 것도 아니고 인식이 없는 것도 아니라는 이론(neva-saññī-na-asaññī-vādā, D1 §3.6 참조)을, '중생이 존재하고 있음에도 불구하고(sato vā pana sattassa)'라는 주장은 일곱 가지 단멸의 이론(uccheda-vādā, D1 §§3.10~3.17 참조)을 설한 것이다.(MA.iv.16)

것도 아니며 죽은 뒤에도 병들지 않는다.'라고 주장한다.

(IV) 어떤 자들은 중생이 존재하고 있음에도 불구하고 그들의 단멸과 멸절과 파멸을 주장한다.

(V) 어떤 자들은 지금 · 여기에서의 열반을 주장한다.

이처럼 그들은 (1) 자아는 죽은 뒤에도 병들지 않고 존재한다고 주장하거나 (2) 중생이 존재함에도 불구하고 그의 단멸과 멸절과 파멸을 주장하거나 (3) 지금 · 여기에서의 열반을 주장한다. 이처럼 이 견해들은 다섯이지만 셋이 되기도 하고,[615] 셋이지만 다섯이 되기도 한다. 이것이 다섯과 셋의 요약이다."

3. (I) "비구들이여, 여기서 '자아는 인식이 있고 죽은 뒤에도 병들지 않는다.'라고 주장하는 그 사문 · 바라문들 가운데서 [229]

(1) 어떤 사문 · 바라문들은 '자아는 인식이 있고 죽은 뒤에도 병들지 않으며 물질이다.'[616]라고 천명한다.

(2) 어떤 사문 · 바라문들은 '자아는 인식이 있고 죽은 뒤에도 병들지 않으며 비물질이다.'[617]라고 천명한다.

(3) 어떤 사문 · 바라문들은 '자아는 인식이 있고 죽은 뒤에도 병들

615) "자아는 인식이 있다(saññim attānaṁ)는 등은 자아가 있다는 것으로써 하나이고, 나머지 둘을 더하여 다섯이 셋이 되기도 한다는 말이다."(MA.iv.17)

616) "'물질이다(rūpiṁ).'라는 것은 업에서 생긴 물질(karaja-rūpa)이나 혹은 까시나의 물질(kasiṇa-rūpa)을 말한다. 이 중에서 [삼매의] 증득을 얻은 이(lābhī)는 까시나의 물질을 자아라고 거머쥐고, 이론가(takkī)는 두 종류의 물질을 모두 자아라고 거머쥔다."(MA.iv.17)

617) "'비물질이다(arūpi).'라고 하셨다. 무색계 증득의 표상(arūpa-samāpatti-nimitta)을 자아라고 하거나 혹은 인식의 무더기를 제외한 나머지 무색의 법들(sesa-arūpa-dhammā)을 자아라고 주장하면서 증득을 얻은 이나 이론가(takkī)는 모두 이와 같이 주장한다."(MA.iv.17)

지 않으며 물질과 비물질이다.'라고 천명한다.

(4) 어떤 사문 · 바라문들은 '자아는 인식이 있고 죽은 뒤에도 병들지 않으며 물질도 아니고 비물질도 아니다.'라고 천명한다.

(5) 어떤 사문 · 바라문들은 '자아는 인식이 있고 죽은 뒤에도 병들지 않으며 같은 인식을 가졌다.'라고 천명한다.

(6) 어떤 사문 · 바라문들은 '자아는 인식이 있고 죽은 뒤에도 병들지 않으며 각자 다른 인식을 가졌다.'라고 천명한다.

(7) 어떤 사문 · 바라문들은 '자아는 인식이 있고 죽은 뒤에도 병들지 않으며 유한한 인식을 가졌다.'라고 천명한다.

(8) 어떤 사문 · 바라문들은 '자아는 인식이 있고 죽은 뒤에도 병들지 않으며 무한한 인식을 가졌다.'라고 천명한다. [이런 견해를] 극복한 자들 중에서 어떤 자들은 무한하고 흔들림 없는 알음알이의 까시나를 [자아라고] 주장하기도 한다."[618]

4. "비구들이여, 여래는 이것에 대해[619] 이렇게 꿰뚫어 안다.[620] '자아는 인식이 있고 죽은 뒤에도 병들지 않는다.'라고 주장하

---

618) "'[이런 견해를] 극복한 자들 중에서 어떤 자들(ekesaṁ upātivattataṁ)'이란 [앞에서] 간략하게 설한 일곱 가지 인식이나 혹은 여덟 가지 인식을 극복한 자들(atikkantā)을 뜻한다. 즉 어떤 자는 이 일곱 가지 인식이나 여덟 가지 인식을 극복할 수 있고 어떤 자는 극복할 수 없는데, 그중에서 극복할 수 있는 사람을 말한 것이다.
마치 사람들이 강가 강을 건넜을 때 어떤 자는 긴 저수지로 가서 머물고 어떤 이는 큰 마을로 가서 머물듯이, 어떤 이는 무한하고(appamāṇa) 흔들림 없는(āneñjana) 식무변처를 자아라고 말하면서 머물고, 어떤 자는 무소유처를 자아라고 말한다. 여기서는 식무변처를 먼저 설명하기 위해 '알음알이의 까시나(viññāṇa-kasiṇa)'라고 말했고 다음에 무소유처를 설명할 것이다."(MA.iv.17~18)

619) "'이것(tayidaṁ)'이란 사견(diṭṭhi-gata)과 사견의 조건(diṭṭhi-paccaya)과 사견의 대상(diṭṭh-ārammaṇa)을 말한다."(MA.iv.18)

는 그 사문・바라문들 가운데서

(1) 어떤 사문・바라문들은 '자아는 인식이 있고 죽은 뒤에도 병들지 않으며 물질이다.'라고 주장한다. …

(8) 어떤 사문・바라문들은 '자아는 인식이 있고 죽은 뒤에도 병들지 않으며 무한한 인식을 가졌다.'라고 주장한다.

그러나 어떤 자는 [230] 인식이 물질의 인식이든 비물질의 인식이든621) 같은 인식이든 다른 인식이든 간에 '아무것도 없다.'라는 인식이 이들 인식들 가운데서 가장 청정하고 최상이고 제일이고 위없는 것이라고 불리며, 이 무한하고 흔들림 없는 무소유처를 [자아라고] 주장하기도 한다. 그러나 이것도 역시 형성된 것[有爲]이고 거친 것이다. 형성된 것들은 소멸622)이 있기 마련이다. 여래는 '이것이 있다.' 라고 알고 그것에서 벗어남을 보면서 그것을 넘어섰다."

5. (II) "비구들이여, 여기서 '자아는 인식이 없고 죽은 뒤에도 병들지 않는다.'라고 주장하는 그 사문・바라문들 가운데서

(1) 어떤 사문・바라문들은 '자아는 인식이 없고 죽은 뒤에도 병들지 않으며 물질이다.'라고 주장한다.

(2) 어떤 사문・바라문들은 '자아는 인식이 없고 죽은 뒤에도 병들지 않으며 비물질이다.'라고 주장한다.

---

620) "'여래는 꿰뚫어 안다(tathāgato pajānāti)'라고 하셨다. 이런 조건(paccaya)에 의해 이런 철학(dassana)을 갖게 되었다고 철저한 지혜(abhivisiṭṭha ñāṇa)로 아시는 것을 말한다."(MA.iv.18)

621) "'물질의 인식(rūpa-saññā)'이란 네 가지 색계의 인식(rūpāvacara-saññā)을 말하고, '비물질의 인식(arūpa-saññānā)'이란 공무변처(ākāsānañc-āya-tana)와 식무변처(viññāṇañc-āyatana)의 인식을 말한다."(MA.iv.18)

622) "'형성된 것들[有爲]의 소멸(saṅkhārānaṁ nirodha)'이란 열반을 말한다." (MA.iv.19)

(3) 어떤 사문 · 바라문들은 '자아는 인식이 없고 죽은 뒤에도 병들지 않으며 물질과 비물질이다.'라고 주장한다.

(4) 어떤 사문 · 바라문들은 '자아는 인식이 없고 죽은 뒤에도 병들지 않으며 물질도 아니고 비물질도 아니다.'라고 주장한다.623)

6. "비구들이여, 여기서 이들은 '자아는 인식이 있고 죽은 뒤에도 병들지 않는다.'라고 주장하는 그 사문 · 바라문들을 비난한다. 그것은 무슨 까닭인가? [그들은] '인식은 병이고 인식은 종기이고 인식은 화살이다. 인식 없음이야말로 고요하고 수승하다.[라고 말하기 때문이다]"

7. "비구들이여, 여래는 이것에 대해 이렇게 꿰뚫어 안다. '자아는 인식이 없고 죽은 뒤에도 병들지 않는다.'라고 주장하는 그 사문 · 바라문들 가운데서

(1) 어떤 사문 · 바라문들은 '자아는 인식이 없고 죽은 뒤에도 병들지 않으며 물질이다.'라고 주장한다. …

(4) 어떤 사문 · 바라문들은 '자아는 인식이 없고 죽은 뒤에도 병들지 않으며 물질도 아니고 비물질도 아니다.'라고 주장한다.

비구들이여, 어떤 사문이든 바라문이든 말하기를 '물질도 없고 느낌도 없고 인식도 없고 심리현상들도 없이 알음알이가 오고 가고 죽고 다시 태어나고 성장하고 증장하고 성숙해지는 것을 천명하리라.'624)라고 한다면 그것은 있을 수 없다.625) 그러나 이것도 역시

623) 여기서는 §3의 8가지 가운데 죽은 뒤의 인식의 문제를 언급하고 있는 뒤의 네 가지((5)~(8))에 대응되는 것이 빠졌다. 「범망경」(D1)에서는 인식이 없는 자아에 대해서도 8가지가 모두 다 나타나고 있다.(D1 §3.2 참조)

624) 역자가 저본으로 삼은 Ee에는 물질도 없고 등 '없고(aññatra)'라는 단어가 색 · 수 · 상 · 행뿐만 아니라 식 앞에도 등장하여 aññatra viññāṇassa로

형성된 것이고 거친 것이다. [231] 형성된 것들은 소멸이 있기 마련이다. 여래는 '이것이 있다.'라고 알고 그것에서 벗어남을 보면서 그것을 넘어섰다."

8. (III) "비구들이여, 여기서 '자아는 인식이 있는 것도 아니고 인식이 없는 것도 아니며 죽은 뒤에도 병들지 않는다.'라고 주장하는 그 사문 · 바라문들 가운데서

(1) 어떤 사문 · 바라문들은 '자아는 인식이 있는 것도 아니고 인식이 없는 것도 아니며 죽은 뒤에도 병들지 않고 물질이다.'라고 주장한다.

(2) 어떤 사문 · 바라문들은 '자아는 인식이 있는 것도 아니고 인식이 없는 것도 아니며 죽은 뒤에도 병들지 않고 비물질이다.'라고 주장한다.

(3) 어떤 사문 · 바라문들은 '자아는 인식이 있는 것도 아니고 인식이 없는 것도 아니며 죽은 뒤에도 병들지 않고 물질과 비물질이다.'라고 주장한다.

나타나고 있다. 그래서 색 · 수 · 상 · 행도 없고 식(알음알이)도 없이 오고 감 등만이 있다는 식으로 볼 오해의 소지가 있다. 그러나 Be에는 문제가 되는 알음알이에 관계된 aññatra가 나타나지 않고 수 · 상 · 행 · 식의 앞에만 나타난다. 역자는 Be를 참조하여 옮겼다. 참고로 Ee는 다음과 같다.
'aññatra rūpā aññatra vedanāya aññatra saññāya aññatra saṅkhāre-hi aññatra viññāṇassa āgatiṁ vā gatiṁ vā cutiṁ vā uppattiṁ vā vuddhiṁ vā virūḷhiṁ vā vepullaṁ vā paññāpessāmīti' netaṁ ṭhānaṁ vijjati.

625) "물론 네 가지 무더기를 가진 [무색계] 존재(catu-vokāra-bhava)에서는 물질이 없어도 알음알이가 활동(pavatti)한다. 그러나 나머지 존재에서는 세 가지 무더기가 없이는 활동하지 않는다. 이 질문은 다섯 가지 무더기를 가진 존재(pañca-vokāra-bhava)에 관해서 설명한 것이다. 다섯 가지 무더기를 가진 존재에서는 이런 네 가지 무더기가 없이 알음알이가 활동하는 것은 없다."(MA.iv.20)

(4) 어떤 사문 · 바라문들은 '자아는 인식이 있는 것도 아니고 인식이 없는 것도 아니며 죽은 뒤에도 병들지 않고 물질도 아니고 비물질도 아니다.'라고 주장한다."

9. "비구들이여, 여기서 이들은 '자아는 인식이 있고 죽은 뒤에도 병들지 않는다.'라고 천명하는 그 사문 · 바라문들을 비난한다. 이들은 '자아는 인식이 없고 죽은 뒤에도 병들지 않는다.'라고 가르치는 그 사문 · 바라문들에 대해서도 역시 비난한다. 그것은 무슨 까닭인가? [그들은] '인식은 병이고 인식은 종기이고 인식은 화살이다. 인식 없음은 혼수상태이다. 인식이 있는 것도 아니고 인식이 없는 것도 아닌 것이야말로 고요하고 수승하다.'[라고 말하기 때문이다]"

10. "비구들이여, 여래는 이것에 대해 이렇게 꿰뚫어 안다. '자아는 인식이 있는 것도 아니고 인식이 없는 것도 아니며 죽은 뒤에도 병들지 않는다.'라고 천명하는 그 사문 · 바라문들 가운데서

(1) 어떤 사문 · 바라문들은 '자아는 인식이 있는 것도 아니고 인식이 없는 것도 아니며 죽은 뒤에도 병들지 않고 물질이다.'라고 주장한다. …

(4) 어떤 사문 · 바라문들은 '자아는 인식이 있는 것도 아니고 인식이 없는 것도 아니며 죽은 뒤에도 병들지 않고 물질도 아니고 비물질도 아니다.'라고 주장한다.

비구들이여, 어떤 사문 · 바라문이든 보아서 알고 들어서 알고 생각해서 아는 것과 심리현상들에 의해[626] 이 경지[627]를 증득한다고

---

626) '보아서 알고 들어서 알고 생각해서 아는 것과 심리현상들에 의해'는 diṭṭha-suta-muta-viññātabba-saṅkhāra-mattena인데 주석서는 diṭṭha-suta-muta-viññātabba-mattena와 saṅkhāra-mattena로 나누어 설명하고 있다. 즉 '보아서 아는 것과 들어서 아는 것과 생각해서 아는 것에 의해, 또한

주장한다면 이것은 이 경지를 증득하는데 재앙[628]이 된다고 한다. [232] 비구들이여, 이 경지는 심리현상들이 일어나면 증득을 얻었다고 하지 않기 때문이다.[629] 이 경지는 아주 미세한 심리현상들에 의해 증득을 얻었다고 하기 때문이다.[630] 그러나 이것도[631] 역시 형성된 것이고 거친 것이다. 형성된 것들은 소멸이 있기 마련이다. 여래는 '이것이 있다.'라고 알고 그것에서 벗어남을 보면서 그것을 넘

심리현상들에 의해'라는 뜻이라고 설명한다.(MA.iv.20) 주석서는 다음과 같은 설명을 덧붙이고 있다.
"여기서 안다는 것은 분별하여 아는 것을 말한다. 보고 듣고 생각해서 아는 것은 다섯 가지 감각의 문에서 인식이 일어난 것(pañca-dvārika-saññā-pavatti-matta)을 두고 한 말이다. '심리현상들에 의해'라는 것은 거친 심리현상들(oḷārika-saṅkhāra)이 일어난 것을 말한다."(MA.iv.20)
"거친 심리현상들이란 무소유처로 귀결되는(ākiñcaññāyatana-pariyosānā) 증득의 법들(samāpatti-dhammā)과 동의어이다."(MAṬ.ii.227)

627) "'이 경지(etassa āyatanassa)'란 비상비비상처(인식이 있는 것도 아니고 인식이 없는 것도 아닌 경지)를 두고 한 말이다."(MA.iv.21)

628) "'재앙(byasana)'이라고 하셨다. 왜냐하면 다섯 문의 인식이 일어나거나(pañca-dvārika-saññā-pavatta) 혹은 거친 심리현상들이 일어나는 것(oḷārika-saṅkhāra-pavatta)을 일어나지 않게 함으로써 그 [비상비비상처]를 얻을 수 있기 때문이다. 그러나 이러한 [다섯 문의 인식이나 거친 심리현상들]이 일어나면 그 [비상비비상처의] 경지에서 벗어나버린다는 것을 보이신 것이다."(MA.iv.21)

629) "즉 [무소유처의 심리현상들이라는 — MAṬ.ii.227] 거친 심리현상들이 일어나면 [이 비상비비상처의 증득을 — *Ibid*] 얻었다고 말하지 않는다는 뜻이다."(MA.iv.21)

630) "'아주 미세한 심리현상들에 의해 증득을 얻었다(saṅkhāra-avasesa-samāpatti-pattabbaṁ)'라고 하셨다. 이것은 [보통의] 심리현상들 외에(saṅkhārānaṁ yeva avasesā) 수행을 통해(bhāvanā-vasena) 아주 미세한 경지(sabba-sukhuma-bhāvaṁ)에 이른 심리현상들이 일어남에 의해 이 경지를 증득했다는 뜻이다."(MA.iv.21)

631) "아주 섬세한(sukhuma) 이것도 형성된 것(saṅkhata)이고, 형성된 것이기 때문에 거친 것(oḷārika)이다."(MA.iv.21)

어섰다.”

11. (IV) “비구들이여, 그중에서 중생이 존재하고 있음에도 불구하고 그들의 단멸과 멸절과 파멸을 주장하는 사문・바라문들은 ‘자아는 인식이 있고 죽은 뒤에도 병들지 않는다.’라고 주장하는 그 사문・바라문들을 비난한다. 이들은 ‘자아는 인식이 없고 죽은 뒤에도 병들지 않는다.’라고 주장하는 그 사문・바라문들에 대해서도 역시 비난한다. 이들은 ‘자아는 인식이 있는 것도 아니고 인식이 없는 것도 아니며 죽은 뒤에도 병들지 않는다.’라고 주장하는 그 사문・바라문들에 대해서도 역시 비난한다.

그것은 무슨 까닭인가? 이 [세 부류의] 사문・바라문들은 앞으로 치달리면서[632] ‘우리는 죽은 후에 이렇게 될 것이다. 우리는 죽은 후에 이렇게 될 것이다.’라고 그들의 애착만을 옹호하기 때문이다.

마치 장사꾼들이 장터에 가면서 생각하기를 ‘이것으로 나는 그것을 갖게 될 것이다. 이것으로 그것을 얻을 것이다.’라고 하는 것처럼. 그와 같이 이 [세 부류의] 사문・바라문들이 ‘우리는 죽은 후에 이렇게 될 것이다. 우리는 죽은 후에 이렇게 될 것이다.’라고 설할 때 마치 장사꾼처럼 여겨진다.”

12. “비구들이여, 여래는 이것에 대해 이렇게 꿰뚫어 안다. 중생이 존재하고 있음에도 불구하고 그들의 단멸과 멸절과 파멸을 주장

---

632) ‘앞으로 치달리면서’로 옮긴 원어는 역자가 저본으로 삼은 Ee에는 uddhaṁ sarā이고, Be는 uddhaṁ saraṁ인데 주석서가 Be를 따르고 있어 역자도 이것을 따라 옮겼다. 주석서는 이렇게 설명하고 있다.
“‘앞으로 치달리면서(uddhaṁ saraṁ)’에서 ‘앞(uddhaṁ)’이란 아직 오지 않은 미래의 윤회에 대한 교리(anāgata-saṁsāra-vāda)이고, 그 미래의 윤회의 교리를 따르면서(saranti)는 뜻이다.”(MA.iv.21)
Ee를 따르면 ‘목소리를(sarā) 높여(uddhaṁ)’라고 옮길 수 있다.

하는 사문 · 바라문들은 존재 더미[有身]633)를 두려워하고 존재 더미를 혐오하면서 존재 더미 주위를 뛰어 다니고 존재 더미 주위를 맴돌고 있다.

예를 들면 튼튼한 기둥이나 말뚝에 가죽 끈으로 묶인 개가 [233] 오로지 그 기둥이나 말뚝 주위를 뛰어 다니고 뱅뱅 돌듯이,634) 중생이 존재하고 있음에도 불구하고 그들의 단멸과 멸절과 파멸을 주장하는 사문 · 바라문들은 존재 더미[有身]를 두려워하고 존재 더미를 혐오하면서 존재 더미 주위를 뛰어다니고 존재 더미 주위를 맴돌고 있다. 이것도 역시 형성된 것이고 거친 것이다. 그러나 형성된 것들은 소멸이 있기 마련이다. 여래는 '이것이 있다.'라고 알고 그것에서 벗어남을 보면서 그것을 넘어섰다."

---

633) '존재 더미[有身]'는 sakkāya를 옮긴 것이다. 본서 「교리문답의 짧은 경」(M44) §2에 "도반 위사카여, 세존께서는 취착의 [대상인] 이들 다섯 가지 무더기[五取蘊]들을 존재 더미[有身]라고 하셨습니다."라고 나타난다. 그리고 복주서도 이렇게 설명한다.
"몸이 존재한다(santo saṁvijjamāno kāyo)고 여기는 것이 존재 더미[有身, sakkāya]이다. 존재하는 법의 적집(dhamma-samūha)이라는 뜻에서 취착의 [대상인] 다섯 가지 무더기[五取蘊, upādāna-kkhandha-pañcaka]를 말한다. 그들은 그 오취온을 두려워한다(bhāyana)."(MAṬ.ii.227)

634) 이 비유는 『상윳따 니까야』 제3권 「가죽 끈 경」 1(S22:99) §5에도 나타나고 있다. 거기서는 중생이 오온에 대한 20가지 유신견에 빠져서 오온 "주위를 맴돌고 따라 도는 것"에 비유하고 계신다. 이렇게 하여 그는 오온으로부터 해탈하지 못하고 태어남과 늙음 · 죽음과 근심 · 탄식 · 육체적 고통 · 정신적 고통 · 절망으로부터 해탈하지 못하고 괴로움으로부터 해탈하지 못한다고 역설하고 계신다. 주석서는 이 비유를 다음과 같이 설명한다.
"'여기서 '개(sunakha, sā)'는 윤회에 빠진(vaṭṭa-nissita) 어리석은 자(bāla)와 같다. '가죽 끈(gaddula)'은 견해(diṭṭhi)이고 '기둥(thambha)'은 존재 더미(sakkāya)이다. 가죽 끈에 묶여서 기둥에 단단히 묶여 있는 개가 기둥 주위를 맴도는 것처럼, 견해와 갈애(diṭṭhi-taṇhā)에 의해서 존재 더미에 묶여 있는 범부도 존재 더미 주위를 맴도는 것(sakkāya-anuparivattana)과 같다고 알아야 한다."(SA.ii.327)

13\. "비구들이여, 어떤 사문・바라문들이든 미래를 추측하고, 미래에 대한 견해를 가지고, 미래에 대한 여러 가지 교리를 주장하는 자들은 모두 이 다섯 가지 경지[635]를 주장하거나 그들 중의 어느 하나를 주장하는 것이다."[636]

---

635) '다섯 가지 경지(pañcāyatanāni)'라는 이 표현은 문맥과 어울리지 않아 보인다. 왜냐하면 지금까지 미래에 관계되는 것으로 열반을 제외한 네 가지만 말씀하셨기 때문이다. 주석서는 §3의 (5)와 (6)에 나타나는 같은 인식과 다른 인식을 둘로 봐서 전체를 다섯으로 설명하려하는 듯하지만(ekatta-nānatta-vasena dvīsu padesu paviṭṭhanti veditabbaṁ — MA.iv.23) 냐나몰리 스님/보디 스님의 설명처럼 신빙성이 없어 보인다.(냐나몰리 스님/보디 스님, 1304쪽 949번 주해 참조)
§2에서는 열반을 미래에 관계되는 것으로 언급하여 다섯 가지가 되었으나 열반은 본문에서 오히려 과거의 추측 다음인 §17로 밀려났다. 그러므로 지금까지는 네 가지만 말씀하셨다. 다섯 가지가 되려면 열반의 언급이 앞으로 와야 하는 것이 아닌가 생각된다. 냐나몰리 스님의 주해처럼(*Ibid*) 이것은 풀리지 않는(*insoluble*) 문제인 듯하다. 역자는 본경을 옮기면서 냐나몰리 스님/보디 스님의 주해에 나타나는 입장을 반영하고 있음을 밝힌다. 냐나몰리 스님/보디 스님의 1305쪽 959번 주해도 참조할 것.

636) "이렇게 해서 마흔네 가지 미래에 대한 추측(aparanta-kappikā)을 보이셨고, 앞으로는 열여덟 가지 과거에 대한 추측(pubbanta-kappikā)을 보이신다."(MA.iv.23)
여기서 말하는 44가지 미래에 대한 추측과 18가지 과거에 대한 추측은 「범망경」(D1)에 나타나는 것이다. 부처님께서는 『디가 니까야』의 첫 번째가 되는 「범망경」에서 인간이 가질 수 있는 다양한 견해를 과거에 관한 것 18가지와 미래에 관한 것 44가지로 나누어서 모두 62가지로 분류해서 심도 있게 설명하고 계신다. 이를 분류해 보면 다음과 같다.
㈎ 18가지 과거를 추측하는 자들
 I-1. 영속론자들 - 4가지
 I-2. 일부영속 일부비영속론자들 - 4가지
 I-3. 유한함과 무한함을 설하는 자들 - 4가지
 I-4. 애매모호한 자들 - 4가지
 I-5. 우연발생론자들 - 2가지
㈏ 44가지 미래를 추측하는 자들
 II-1. 사후에 자아가 인식과 함께 존재한다고 설하는 자들 - 16가지
 II-2. 사후에 자아가 인식 없이 존재한다고 설하는 자들 - 8가지

과거에 대한 추측

14. "비구들이여,[637] 어떤 사문・바라문들은 과거를 추측하고, 과거에 대한 견해를 가지고, 과거에 대한 여러 가지 교리를 주장한다.[638]

(1) 어떤 자들은 '자아와 세상은 영원하다.[639] 이것만이 진리이고

II-3. 사후에 자아가 인식을 가지는 것도 아니고 인식을 가지지 않은 것도 아닌 것으로 존재한다고 설하는 자들 – 8가지

II-4. 단멸론자들 – 7가지

II-5. 지금・여기에서 열반을 실현한다고 주장하는 자들 – 5가지

그러나 본경에서는 미래에 대한 추측으로 §§3~13에서 8+4+4+1=17가지를 들고 있으며 과거에 대한 추측으로 여기 §14에서 16가지를 들고 있다.

637) 이 과거에 대한 추측은 앞의 §2의 요약에서는 언급되지 않았다가 갑자기 여기서부터 등장하고 있다.
본경 §2의 요약이나 주석서나 다른 이설을 반영하지 않고 본경만을 있는 그대로 본다면 본경은 ① 미래에 대한 견해 17가지(§§3~12), ② 과거에 대한 견해 16가지(§§14~16), ③ 현재 혹은 열반에 대한 견해 4가지(§§17~24)로 모두 37가지 견해를 드러내고 있으며 이것은 과거・미래・현재로 잘 배대되어 있다. 「범망경」(D1)에서는 열반에 대한 다섯 가지 견해를 미래에 대한 견해에 넣어서 견해를 모두 과거에 대한 견해 18가지와 미래에 대한 견해 44가지로 나누어 모두 62가지 견해를 설하고 있지만 본경은 이렇게 하여 과거 17가지, 미래 16가지, 현재 4가지로 배대하여 모두 37가지 견해를 드러내고 있다.

638) 본경의 본 문단에 나타나고 있는 이러한 견해들이 왜 과거와 관계된 것인가? 이것은 『디가 니까야』 제1권 「범망경」(D1)을 보면 이해가 된다. 이런 견해들은 사문・바라문들이 삼매에 들어 숙명통으로 전생 즉 과거를 기억한 것이기 때문이다. 여기에 대해서는 「범망경」(D1) §1.31 이하를 참조할 것.

639) "'자아와 세상은 영원하다(sassato attā ca loko ca).'라는 것은 물질 등에서 어떤 것을 자아(atta)이고 세상(loka)이라고 거머쥔 뒤 항상하고(sassata) 불사이고(amara) 영원하고(nicca) 견고하다(dhuva)고 선언하는 것이다(abhivadanti). 물질을 자아이고 세상이라고 거머쥔 뒤 항상하고 불사이고 영원하고 견고하다고 선언하는 것처럼 그렇게 느낌이나 인식이나 심리현상이나 알음알이를 자아이고 세상이라고 거머쥔 뒤 항상하고 불사이고 영원하고 견고하다고 선언한다.
'자아와 세상은 영원하지 않다(asassato attā ca loko ca).'는 것에도 같은

다른 것은 헛된 것이다.'라고 주장한다.

(2) 어떤 자들은 '자아와 세상은 영원하지 않다.[640] 이것만이 진리이고 다른 것은 헛된 것이다.'라고 주장한다.

(3) 어떤 자들은 '자아와 세상은 영원하기도 하고 영원하지 않기도 하다. 이것만이 진리이고 다른 것은 헛된 것이다.'라고 주장한다.

(4) 어떤 자들은 '자아와 세상은 영원한 것도 아니고 영원하지 않은 것도 아니다. 이것만이 진리이고 다른 것은 헛된 것이다.'라고 주장한다.

(5) 어떤 자들은 '자아와 세상은 유한하다.[641] 이것만이 진리이고 다른 것은 헛된 것이다.'라고 주장한다.

(6) 어떤 자들은 '자아와 세상은 무한하다. 이것만이 진리이고 다른 것은 헛된 것이다.'라고 주장한다.

(7) 어떤 자들은 '자아와 세상은 유한하기도 하고 무한하기도 하다. 이것만이 진리이고 다른 것은 헛된 것이다.'라고 주장한다.

(8) 어떤 자들은 '자아와 세상은 유한한 것도 아니고 무한한 것도 아니다.[642] 이것만이 진리이고 다른 것은 헛된 것이다.'라고 주장한다.

방법이 적용된다."(MA.iv.23)

640) "바로 위 구문에서는 네 가지 상견(sassata-vādā)을 설한 것이고, 이 구문은 일곱 가지 단견(uccheda-vādā)을 설한 것이다."(MA.iv.23)

641) "'자아와 세상은 유한하다(antavā).'는 것은 자아와 세상은 끝이 있고(sa-pariyanta) 한계가 있고(paricchinna) 경계가 있다(parivaṭuma)는 것이다. 까시나를 확장하지 않은(avaḍḍhita-kasiṇa) 수행자가 그 까시나를 자아이고 세상이라고 거머쥐면서 이렇게 생각한다."(MA.iv.23~24)

642) "두 번째 주장(즉 (6))은 까시나를 확장한 자(vaḍḍhita-kasiṇa)가 선언하는 것이고, 세 번째 주장((7))은 옆(tiriya)으로는 확장했지만 위・아래로는(ud-dham adho) 확장하지 않은 자가 선언하는 것이고, 네 번째((8))는 이론가들(takkī)이 선언하는 것이다."(MA.iv.24)

(9) 어떤 자들은 '자아와 세상은 같은 인식을 가졌다. 이것만이 진리이고 다른 것은 헛된 것이다.'라고 주장한다.

(10) 어떤 자들은 '자아와 세상은 다른 인식을 가졌다. 이것만이 진리이고 다른 것은 헛된 것이다.'라고 주장한다.

(11) 어떤 자들은 '자아와 세상은 제한된 인식을 가졌다. 이것만이 진리이고 다른 것은 헛된 것이다.'라고 주장한다.

(12) 어떤 자들은 '자아와 세상은 무량한 인식을 가졌다. 이것만이 진리이고 다른 것은 헛된 것이다.'라고 주장한다.

(13) 어떤 자들은 '자아와 세상은 오로지 즐거움만 느낀다.[643] 이것만이 진리이고 다른 것은 헛된 것이다.'라고 주장한다.

(14) 어떤 자들은 '자아와 세상은 오로지 괴로움만 느낀다.[644] 이것만이 진리이고 다른 것은 헛된 것이다.'라고 주장한다. [234]

(15) 어떤 자들은 '자아와 세상은 즐거움과 괴로움을 다 느낀다. 이것만이 진리이고 다른 것은 헛된 것이다.'라고 주장한다.

(16) 어떤 자들은 '자아와 세상은 괴로움도 즐거움도 느끼지 않

---

643) "'오로지 즐거움만 느낀다(ekanta-sukhī).'는 것은 끊임없이 즐거움만 느끼는 것(nirantara-sukhī)이다. 이 견해는 증득을 얻은 자(lābhī)와 전생을 기억하는 자(jāti-ssara)와 이론가(takkī)에게 일어난다. 증득을 얻은 자는 전생을 기억하는 지혜(pubbe-nivāsa-ñāṇa)를 통해 끄샤뜨리야 등의 가문에서 오직 즐거움뿐(ekanta-sukha)이었던 자신의 생을 기억하면서 이런 견해가 일어난다. 그와 마찬가지로 전생을 기억하는 자도 현재의 즐거움을 경험하면서 과거 일곱 생 동안에도 이러한 즐거움뿐이었던 자신의 상태를 기억하면서 이런 견해가 일어난다. 그러나 이론가는 즐거움을 가질 때 '과거에도 나는 이와 같았다.'라고 추론하면서(takkena) 이런 견해가 일어난다." (MA.iv.24)

644) "이 두 번째 견해는 증득을 얻은 자(lābhī)에게는 일어나지 않는다. 왜냐하면 그는 완전무결한 禪의 즐거움(ekanta jhāna-sukha)으로 즐거움을 느끼기 때문이다. 그러나 전생을 기억하는 자와 이론가가 괴로움을 겪을 때 그들에게는 이 견해가 일어난다."(MA.iv.24)

는다.645) 이것만이 진리이고 다른 것은 헛된 것이다.'라고 주장한다."646)

15. "비구들이여, 이 중에서 '(1) 자아와 세상은 영원하다. 이것만이 진리이고 다른 것은 헛된 것이다.'라는 이러한 교설과 이러한 견해를 가진 사문·바라문들이 믿음과 다르고 찬성과 다르고 구전과도 다르고 이론적인 추론과도 다르고 사색하여 얻은 견해와도 다른647) 청정하고 순수한 자기 스스로의 지혜648)를 가지게 될 것이라

---

645) "세 번째 견해((15))는 괴로움과 즐거움이 섞인(vokiṇṇa-sukha-dukkha) 모두에게 일어난다. [모두란 증득을 얻은 자에게도 일어나고 이론가에게도 일어난다는 뜻이다. — MAṬ.ii.235] 네 번째 견해((16))도 그와 마찬가지로 그들에게 일어난다. 증득을 얻은 자(lābhi)의 경우 제4선에 의해 괴로움도 즐거움도 없거나 전생에 제4선의 힘으로 태어난 범천을 기억할 때 이 견해가 일어난다. 전생을 기억하는 자(jāti-ssara)의 경우에도 현재 중립적인 느낌(majjhatta)을 느낄 때 이 견해가 일어나고, 계속해서 생각하는 자(anussaranta)의 경우에도 중립에 이르렀던 상태만(majjhatta-bhūta-ṭṭhānam eva)을 계속해서 생각할 때 이 견해가 일어난다. 이론가(takki)의 경우에도 현재에 중립을 유지할 때 과거에도 이와 같이 되었을 것이라고 추론하여 거머쥐면서 이런 견해가 일어난다."(MA.iv.24)

646) "이렇게 하여 여기서 네 가지 영속론자(sassata-vādā), 네 가지 일부 영속론자(ekacca-sassatikā), 네 가지 유한함과 무한함을 설하는 자들(anta-anantikā), 네 가지 애매모호한 자들(amarā-vikkhepikā), 두 가지 우연발생론자들(adhicca-samuppannikā)인 열여덟 가지 과거를 추론하는 자들(pubbanta-kappikā)을 설했다."(MA.iv.24~25)
그런데 본경에는 두 가지 우연발생론자들의 견해는 나타나지 않는다. 우연발생론자들의 두 가지 견해는 「범망경」(D1)에 나타나는데 「범망경」 §§2.30~2.33을 참조하기 바란다.

647) "이 '믿음(saddhā)', '찬성(ruci)', '구전(anussava)', '이론적인 추론(ākāra-parivitakka)', '사색하여 얻은 견해(diṭṭhi-nijjhāna-kkhanti)'의 다섯 가지 법은 외도들의 교단(bāhira-samaya)에도 있지만 위빳사나의 지혜(vipassanā-ñāṇa)는 오직 [부처님] 교법(sāsana)에만 있다."(MA.iv.25)
이 다섯 가지는 본서 「짱끼 경」(M95) §14와 『상윳따 니까야』 제2권 「꼬삼비 경」(S12:68) §3에도 나타난다. 다섯 가지에 대한 설명은 이 두 곳의 주해를 참조할 것. 본서 「데와다하 경」(M101 §11에도 언급되고 있다.

는 것은 불가능하다.

비구들이여, 청정하고 순수한 개인적인 지혜가 없기 때문에 그 사문·바라문들이 단편적인 지혜라도 선언하는 것은649) 그 사문·바라문들에게는 취착일 뿐이라고 말한다.650) 이것도 역시 형성된 것이고 거친 것이다. 그러나 형성된 것들은 소멸이 있기 마련이다. 여래는 '이것이 있다.'라고 알고 그것에서 벗어남을 보면서 그것을 넘어섰다."

16. "비구들이여, 이 중에서 '(2) 자아와 세상은 영원하지 않다. 이것만이 진리이고 다른 것은 헛된 것이다. … '(16) 자아와 세상은 괴로움도 즐거움도 느끼지 않는다. 이것만이 진리이고 다른 것은 헛된 것이다.'라는 이러한 교설과 이러한 견해를 가진 사문·바라문들이 믿음과 다르고 찬성과 다르고 구전과도 다르고 이론적인 추론과도 다르고 사색하여 얻은 견해와도 다른 청정하고 순수한 개인적인 지혜를 가지게 될 것이라는 것은 불가능하다. [235]

비구들이여, 청정하고 순수한 개인적인 지혜가 없기 때문에 그 사문·바라문들이 단편적인 지혜라도 선언하는 것은 그 사문·바라문들

---

648) "'자기 스스로의 지혜(paccattaṁyeva ñāṇaṁ)'란 스스로 직접 얻은 지혜(paccakkha-ñāṇa)이고 '청정하다(parisuddhaṁ)'는 것은 오염원이 없다는 것(nirupakkilesa)이고, '순수하다(pariyodātaṁ)'는 것은 빛나는 것(pabhassara)을 말한다. 청정하고 순수한 개인적인 지혜는 위빠사나의 지혜(vipassanā-ñāṇa)를 말한다."(MA.iv.25)

649) "'단편적인 지혜를 선언한다(ñāṇa-bhāga-mattam eva pariyodapenti).'는 것은 '우리는 이것을 안다.'라고 하면서 지혜의 한 부분(ñāṇa-koṭṭhāsa)을 선언하는 것이다."(MA.iv.25)

650) "'취착일 뿐이라고 말한다(upādānam akkhāyati).'라고 하셨다. 그것은 지혜(ñāṇa)가 아니고, 그릇된 철학(micchā-dassana)일 뿐이다. 그러므로 그것도 그 사문·바라문들에게 견해의 취착(diṭṭh-upādāna)일 뿐이라고 세존께서는 말씀하신다는 뜻이다."(MA.iv.25)

에게는 취착일 뿐이라고 말한다. 그러나 이것도 역시 형성된 것이고 거친 것이다. 형성된 것들은 소멸이 있기 마련이다. 여래는 '이것이 있다.'라고 알고 그것에서 벗어남을 보면서 그것을 넘어섰다."

지금 · 여기에서의 열반[651]

17. (V) (1) "비구들이여, 여기 어떤 사문이나 바라문은 과거에 대한 견해를 배제하고 미래에 대한 견해도 배제하고 감각적 욕망의 족쇄도 완전히 버리고[652] 한거에서 생긴 희열을 구족하여 머문다.[653] 그는 '내가 한거에서 생긴 희열을 구족하여 머무는 것, 이것이야말로 고요하고 이것이야말로 수승하다.'라고 [생각한다]. 그에게 그 한거에서 생긴 희열이 소멸한다. 한거에서 생긴 희열이 소멸하기 때문에 정신적 고통[654]이 생기고, 정신적 고통이 소멸하기 때문에 한거에서 생긴 희열이 생긴다.

비구들이여, 마치 그늘이 없는 곳에 햇빛이 있고 햇빛이 없는 곳에 그늘이 있듯이 그와 같이 한거에서 생긴 희열이 소멸하기 때문에 정신적 고통이 생기고, 정신적 고통이 소멸하기 때문에 한거에서 생긴 희열이 생긴다."

---

651) 이 항목의 제목과 §17의 번호 (V)는 냐나몰리 스님의 견해에 따른 것이다. 여기에 대해서는 냐나몰리 스님/보디 스님의 주해(1305쪽 959번 주해)에 나타나는 보디 스님의 설명을 참조할 것.

652) "다섯 가닥의 얽어매는 감각적 욕망에 대한 갈애(pañca-kāma-guṇa-taṇhā)를 완전히 버렸다는 말씀이다."(MA.iv.26)

653) "'한거에서 생긴 희열을 구족하여 머문다(pavivekaṁ pītiṁ upasampajja viharati).'는 것은 희열이라는 禪의 각지가 있는 처음 두 가지 선(초선과 제2선)을 말한다."(MA.iv.26)

654) "여기서 '정신적 고통(domanassa)'이란 禪을 잃어버림으로써 생긴 정신적 고통이다."(MA.iv.26)

18. "비구들이여, 여래는 이것에 대해 이렇게 꿰뚫어 안다. 이 사문이나 바라문은 과거에 대한 견해를 배제하고 미래에 대한 견해도 배제하고 감각적 욕망의 족쇄도 완전히 버리고 한거에서 생긴 희열을 구족하여 머문다. 그는 '내가 한거에서 생긴 희열을 구족하여 머무는 것, 이것이야말로 고요하고 이것이야말로 수승하다.'라고 [생각한다].

그에게 그 한거에서 생긴 희열이 소멸한다. 한거에서 생긴 희열이 소멸하기 때문에 정신적 고통이 생기고, 정신적 고통이 소멸하기 때문에 한거에서 생긴 희열이 생긴다. 그러나 이것도 역시 형성된 것이고 거친 것이다. 형성된 것들은 소멸이 있기 마련이다. 여래는 '이것이 있다.'라고 알고 그것에서 벗어남을 보면서 그것을 넘어섰다."

19. (2) "비구들이여, 여기 어떤 사문이나 바라문은 과거에 대한 견해를 배제하고 미래에 대한 견해도 배제하고 감각적 욕망의 족쇄도 완전히 버리고 한거에서 생긴 희열도 극복하여 세속을 여읜 즐거움655)을 구족하여 머문다. 그는 '내가 세속을 여읜 즐거움을 구족하여 머무는 것, 이것이야말로 고요하고 이것이야말로 수승하다.'라고 [생각한다]. 그에게 그 세속을 여읜 즐거움이 소멸한다. 세속을 여읜 즐거움이 소멸하기 때문에 한거에서 생긴 희열이 생기고, 한거에서 생긴 희열이 소멸하기 때문에 세속을 여읜 즐거움이 생긴다. [236]

비구들이여, 마치 그늘이 없는 곳에 햇빛이 있고 햇빛이 없는 곳에 그늘이 있듯이 그와 같이 세속을 여읜 즐거움이 소멸하기 때문에 한거에서 생긴 희열이 생기고 한거에서 생긴 희열이 소멸하기 때문에

---

655) "여기서 '세속을 여읜 즐거움(nirāmisa sukha)'이란 제3선을 말한다."(MA.iv.26)

세속을 여읜 즐거움이 생긴다."

20. "비구들이여, 여래는 이것에 대해 이렇게 꿰뚫어 안다. 이 사문이나 바라문은 과거에 대한 견해를 배제하고 미래에 대한 견해도 배제하고 감각적 욕망의 족쇄도 완전히 버리고 한거에서 생긴 희열도 극복하여 세속을 여읜 즐거움을 구족하여 머문다. 그는 '내가 세속을 여읜 즐거움에 머무는 것, 이것이야말로 고요하고 이것이야말로 수승하다.'라고 [생각한다].

그에게 그 세속을 여읜 즐거움이 소멸한다. 세속을 여읜 즐거움이 소멸하기 때문에 한거에서 생긴 희열이 생기고, 한거에서 생긴 희열이 소멸하기 때문에 세속을 여읜 즐거움이 생긴다. 그러나 이것도 역시 형성된 것이고 거친 것이다. 형성된 것들은 소멸이 있기 마련이다. 여래는 '이것이 있다.'라고 알고 그것에서 벗어남을 보면서 그것을 넘어섰다."

21. (3) "비구들이여, 여기 어떤 사문이나 바라문은 과거에 대한 견해를 배제하고 미래에 대한 견해도 배제하고 감각적 욕망의 족쇄도 완전히 버리고 한거에서 생긴 희열도 극복하고 세속을 여읜 즐거움도 극복하고 괴롭지도 즐겁지도 않은 느낌656)을 구족하여 머문다. 그는 '내가 괴롭지도 즐겁지도 않은 느낌을 구족하여 머무는 것, 이것이야말로 고요하고 이것이야말로 수승하다.'라고 [생각한다].

그에게 그 괴롭지도 즐겁지도 않은 느낌이 소멸한다. 괴롭지도 즐겁지도 않은 느낌이 소멸하기 때문에 세속을 여읜 즐거움이 생기고, 세속을 여읜 즐거움이 소멸하기 때문에 괴롭지도 즐겁지도 않은 느

656) "여기서 '괴롭지도 즐겁지도 않은 느낌(adukkhamasukhā vedanā)'은 제4선의 느낌을 말한다."(MA.iv.26)

낌이 생긴다.

비구들이여, 마치 그늘이 없는 곳에 햇빛이 있고 햇빛이 없는 곳에 그늘이 있듯이 그와 같이 괴롭지도 즐겁지도 않은 느낌이 소멸하기 때문에 세속을 여읜 즐거움이 생기고, 세속을 여읜 즐거움이 소멸하기 때문에 괴롭지도 즐겁지도 않은 느낌이 생긴다."

22. "비구들이여, 여래는 이것에 대해 이렇게 꿰뚫어 안다. 이 사문이나 바라문은 과거에 대한 견해를 배제하고 미래에 대한 견해도 배제하고 감각적 욕망의 족쇄도 완전히 버리고 한거에서 생긴 희열도 극복하고 세속을 여읜 즐거움도 극복하고 괴롭지도 즐겁지도 않은 느낌을 구족하여 머문다. 그는 '내가 괴롭지도 즐겁지도 않은 느낌을 구족하여 머무는 것, 이것이야말로 고요하고 이것이야말로 수승하다.'라고 [237] [생각한다].

그에게 그 괴롭지도 즐겁지도 않은 느낌이 소멸한다. 괴롭지도 즐겁지도 않은 느낌이 소멸하기 때문에 세속을 여읜 즐거움이 생기고, 세속을 여읜 즐거움이 소멸하기 때문에 괴롭지도 즐겁지도 않은 느낌이 생긴다. 그러나 이것도 역시 형성된 것이고 거친 것이다. 형성된 것들은 소멸이 있기 마련이다. 여래는 '이것이 있다.'라고 알고 그것에서 벗어남을 보면서 그것을 넘어섰다."

23. (4) "비구들이여, 여기 어떤 사문이나 바라문은 과거에 대한 견해를 배제하고 미래에 대한 견해도 배제하고 감각적 욕망의 족쇄도 완전히 버리고 한거에서 생긴 희열도 극복하고 세속을 여읜 즐거움도 극복하고 괴롭지도 즐겁지도 않은 느낌도 극복하여 '나는 고요하다. 나는 열반에 들었다. 나는 취착이 없다.'라고 여긴다."

24. "비구들이여, 여래는 이것에 대해 이렇게 꿰뚫어 안다. 이 사문이나 바라문은 과거에 대한 견해를 배제하고 미래에 대한 견해도 배제하고 감각적 욕망의 족쇄도 완전히 버리고 한거에서 생긴 희열도 극복하고 세속을 여읜 즐거움도 극복하고 괴롭지도 즐겁지도 않은 느낌도 극복하여 '나는 고요하다. 나는 열반에 들었다. 나는 취착이 없다.'라고 여긴다. 분명히 이 존자는 열반에 도움되는 도닦음을 주장한다.

그런데 이 사문이나 바라문은 과거에 대한 견해에 취착하거나 미래에 대한 견해에 취착하거나 한거에서 생긴 희열에 취착하거나 세속을 여읜 즐거움에 취착하거나 괴롭지도 즐겁지도 않은 느낌에 취착함이 남아있다. 그러면서도 이 존자는 '나는 고요하다. 나는 열반에 들었다. 나는 취착이 없다.'라고 여긴다. 이것 역시 그 사문·바라문의 취착이라고 말한다. 그러나 이것도 역시 형성된 것이고 거친 것이다. 형성된 것들은 소멸이 있기 마련이다. 여래는 '이것이 있다.'라고 알고 그것에서 벗어남을 보면서 그것을 넘어섰다."

25. "비구들이여, 여래는 이 위없는 최상의 고요한 경지를 완전하게 깨달았나니 그것은 여섯 가지 감각접촉의 장소[六觸處][657]의 일

---

657) '여섯 가지 감각접촉의 장소[六觸處]'는 cha phassāyatanā를 옮긴 것이다. 『디가 니까야』 제1권 「범망경」(D1) §§3.45~3.70에서도 62가지 견해는 느낌[受, vedanā]에 조건한 것이고 이 느낌은 다시 감각접촉[觸, phassa]에 조건한 것이라고 반복해서 강조하고 있다. 그래서 「범망경」 §3.45 등은 "비구들이여, 여기서 영속론자인 그 사문·바라문들이 네 가지 경우로 자아와 세상이 영속한다고 천명하는 것은 단지 감각접촉[觸]을 조건한 것(phassa-paccaya)이다." 등으로 설파하고 있다.
그리고 「범망경」 §3.71은 "비구들이여, 비구는 여섯 가지 감각접촉의 감각장소들의 일어남과 사라짐과 달콤함과 위험과 벗어남을 있는 그대로 꿰뚫어 안다. 이것이 이들 모든 [견해들]을 넘어서는 것이라고 꿰뚫어 안다."라고 결

어남과 사라짐과 달콤함과 재난과 그것에서 벗어남을 있는 그대로 알아 취착 없이 해탈했다.658) 비구들이여, 여섯 가지 감각접촉의 장소[六觸處]의 일어남과 사라짐과 달콤함과 재난과 그것에서 벗어남을 있는 그대로 알아 취착 없이 해탈한 것, 이것이 여래가 완전하게 깨달은 위없는 [238] 최상의 고요한 경지이다."

세존께서는 이와 같이 설하셨다. 그 비구들은 흡족한 마음으로 세존의 말씀을 크게 기뻐하였다.

다섯과 셋 경(M102)이 끝났다.

론짓는다. 이처럼 본경과 「범망경」은 모든 견해의 문제를 여섯 가지 감각접촉의 장소[六觸處]로 귀결시키고 있다.
본경과 「범망경」에서 설하고 계신 이러한 과거와 미래에 대한 모든 견해가 바로 지금・여기에서 체험하는 것 혹은 체험한 것(vedayita, 범망경 §3.32 참조)에 바탕한 것일 뿐이라는 사실을 명쾌하게 꿰뚫어 본 사람은 연기적으로 고찰할 수밖에 없다. 체험이란 것이 도대체 무엇인가? 체험이란 감각기능[根] – 대상[境] – 알음알이[識]의 삼사화합(三事化合)에 바탕하고 있다. 삼사화합이란 다름 아닌 감각접촉[觸, phassa]이다.(세 가지 [즉 눈과 형색과 눈의 알음알이 등]의 동시발생(sannipāta, 三事和合) — Vis.XIV.134, 三事和合生觸 — 『잡아함』) 그러므로 과거와 미래에 대한 견해와 교설은 모두 감각접촉을 조건한 것이다. 그래서 본경도 「범망경」(D1)처럼 여섯 가지 감각접촉의 장소[六觸處, cha phassāyatanā]로 가르침을 끝내고 있는 것이다.

658) "'취착 없이 해탈했다(anupādā vimokkho).'는 것은 다른 곳에서는 대부분 열반을 나타내지만 여기서는 아라한과의 증득(arahatta-phala-samāpatti)을 말한다."(MA.iv.28)
복주서는 좀 더 상세하게 설명한다.
"취착 없이 어떤 법도 취하지 않고 여기서 해탈한다(vimuccanti ettha)고 할 때 취착 없는 해탈(anupādā vimokkha)은 열반을 말하고, 취착 없이 이것으로 해탈한다(vimuccati etena)고 할 때 취착 없는 해탈은 아라한과(arahatta-phala)를 말하는데 여기서는 두 번째 뜻을 말한다."(MAṬ.ii.238)

어떻게 생각하는가 경

Kinti Sutta(M103)

1. 이와 같이 나는 들었다. 한때 세존께서는 꾸시나라의 발리하라나 숲659)에 머무셨다. 거기서 세존께서는 "비구들이여."라고 비구들을 부르셨다. "세존이시여."라고 비구들은 세존께 응답했다. 세존께서는 이렇게 말씀하셨다.

2. "비구들이여, 그대들은 나에 대해 어떻게 생각하는가? 사문 고따마는 옷을 위하여 법을 설하거나 사문 고따마는 음식을 위하여 법을 설하거나 사문 고따마는 거처를 위하여 법을 설하거나 사문 고

---

659) 꾸시나라(Kusinārā)는 인도 중원의 16개국 가운데 하나인 말라(Malla)의 수도였으며 부처님께서 반열반에 드신 곳으로 우리에게 잘 알려진 곳이다. 말라는 왓지 족처럼 공화국 체제를 유지하였으며 말라의 수장들이 돌아가면서 정치를 하였고 그런 의무가 없을 때는 상업에 종사하였다고 한다.(DA.ii.569)
발리하라나 숲(Baliharaṇa vanasaṇḍa)에 대해서 주석서는 "이곳에서 정령(bhūta)들에게 제물(祭物, bali)을 바치기 위해서 제물을 가져왔기(hara-nti) 때문에 발리하라나(Baliharaṇa)라고 한다."(AA.ii.372)고 설명하고 있다.
『앙굿따라 니까야』 제1권 「꾸시나라 경」(A3:121)과 제6권 「꾸시나라 경」(A10:44)도 이곳에서 설해졌다.

따마는 더 나은 존재를 위하여660) 법을 설한다고 [생각하는가]?"

"세존이시여, 저희들은 세존에 대해 '사문 고따마는 옷을 위하여 … 음식을 위하여 … 거처를 위하여 … 더 나은 존재를 위하여 법을 설한다.'라고 생각하지 않습니다."

"비구들이여, 그대들이 참으로 나에 대해 '사문 고따마는 옷을 위하여 … 음식을 위하여 … 거처를 위하여 … 더 나은 존재를 위하여 법을 설한다.'라고 생각하지 않는다면, 그대들은 나에 대해 어떻게 생각하는가?"

"세존이시여, 저희들은 '세존께서는 연민하는 분이시고 [저희들의] 이익을 바라시며 연민으로 [저희들에게] 법을 설하신다.'라고 이와 같이 세존에 대해 생각합니다."

"비구들이여, 이와 같이 참으로 그대들은 나에 대해 '세존은 연민하는 분이고 [그대들의] 이익을 바라며 연민으로 [그대들에게] 법을 설한다.'라고 생각하는구나."

3. "비구들이여, 그러므로 여기서 나는 법을 최상의 지혜로 알아서 그대들에게 설했나니, 그것은 네 가지 마음챙김의 확립[四念處]과 네 가지 노력[四正勤]과 네 가지 성취수단[四如意足]과 다섯 가지 기능[五根]과 다섯 가지 힘[五力]과 [239] 일곱 가지 깨달음의 구성요소[七覺支]와 성스러운 팔정도[八支聖道]이다.661) 여기에 대해662) 그

---

660) "'옷을 위하여(cīvara-hetu)'라는 것은 옷을 얻을 수단으로 옷을 바라면서(paccāsīsamāna) 법을 설하는 것이고, '더 나은 존재를 위하여(itibhavābhava-hetu)'라는 것은 가르침으로 충만한 공덕의 행위의 토대(puñña-kiriya-vatthu)를 바탕으로 각각의 더 나은 존재(bhava)에서 즐거움을 경험하리라(vedissāmi)고 생각하면서 가르침을 설하는 것을 말한다."(MA.iv.28)

661) "네 가지 마음챙김의 확립 등은 서른일곱 가지 깨달음의 편에 있는 법(37보리분법, 菩提分法, sattatiṁsa bodhi-pakkhiya-dhammā)으로 세간적인

대들은 모두 사이좋게 화합하여 분쟁하지 않고 공부지어야 한다."

4. "비구들이여, 그대들이 사이좋게 화합하여 언쟁하지 않고 공부지을 때 두 비구가 수승한 법663)에 대하여 서로 다른 주장을 할지도 모른다."

5. "이 [보리분법에] 대해664) 만일 그대들이 '이 존자들은 뜻에 대해서도 다르고 표현에 대해서도 다르다.'665)라는 생각이 든다면,

---

것과 출세간적인 것(lokiya-lokuttarā)을 모두 말한다."(MA.iv.28)
한편 본서 제4권 「들숨날숨에 마음챙기는 경」(M118) §14에 대한 주석서는 다음과 같이 세간적인 것과 출세간적인 것을 설명하고 있다.
"비구에게 그 순간에 도(magga)가 일어나면 그에게 그 법들은 출세간적인 것이 되고, 위빠사나를 시작한 자(āraddha-vipassaka)에게는 그 법들은 세간적인 것이 된다."(MA.iv.139)
복주서는 세간적인 법을 포함한 것에 대해 다음과 같이 설명한다.
"출세간적인 보리분법들만 언급하면 범부들에게 논쟁(vivāda)이 일어날 것이기 때문에 세간적인 보리분법과 출세간적인 보리분법을 모두 말했다." (MAṬ.ii.238)
37보리분법의 37가지 술어에 대한 간단한 언급과 정의는 본서 「사꿀루다이긴 경」(M77)의 §§15~21에 나타나고 있으니 참조하고, 자세한 설명은 『초기불교 이해』 275쪽 이하를 참조하기 바란다.

662) "37보리분법을 두고 하신 말씀이다."(MA.iv.29)

663) 여기서 '수승한 법'은 abhidhamma를 옮긴 것이다. 주석서와 복주서는 다음과 같이 설명한다.
"'수승한 법에 대하여(abhidhamme)'란 더 높은 법(visiṭṭha dhamma)에 대하여, 즉 이 37보리분법에 대하여라는 뜻이다."(MA.iv.29)
"세간적인 보리분법도 출세간적인 보리분법을 얻는 데에 가까운 원인으로(āsanna-kāraṇattā) 특별한 원인(visesa-kāraṇa)이 되기 때문에 다른 세간적인 법들보다 더 높다(abhivisiṭṭha). 그러므로 '이 37보리분법에 대하여'라고 [세간적인 것과 출세간적인 것을] 구분하지 않고 설하셨다."(MAṬ.ii.238)

664) 본경의 §§3~8은 『디가 니까야』 제3권 「정신경」(淨信經, D29) §§17~21과 같은 맥락의 내용을 담고 있다.

665) '뜻(attha)'과 표현(byañjana)은 부처님이 가르치신 법(Dhamma)의 두 가

그대들은 [그들 중] 말귀를 더 잘 알아듣는다고 생각되는 비구에게 가서 이렇게 말해야 한다.

'존자들은 뜻에 대해서도 다르고 표현에 대해서도 다릅니다. 존자는 이런 이유로 뜻에 대해서도 다르고 표현에 대해서도 다르다고 알아야 합니다. 그러니 존자들은 논쟁하지 마십시오.'

그런 후에 반대편 비구들 중에서 말귀를 더 잘 알아듣는다고 생각되는 비구에게 가서 이렇게 말해야 한다.

'존자들은 뜻에 대해서도 다르고 표현에 대해서도 다릅니다. 존자는 이런 이유로 뜻에 대해서도 다르고 표현에 대해서도 다르다고 알아야 합니다. 그러니 존자들은 논쟁하지 마십시오.'

이와 같이 잘못 파악한 것은 잘못 파악한 것이라고 명심해야 한다. 잘못 파악한 것은 잘못 파악한 것이라고 명심하면서 법과 율666)을 설해야 한다."

6. "이 [보리분법에] 대해 만일 그대들이 '이 존자들은 뜻에 대해서는 다르지만 표현에 대해서는 일치한다.'라는 생각이 든다면, 그대들은 [그들 중] 말귀를 더 잘 알아듣는다고 생각되는 비구에게 가서 이렇게 말해야 한다.

'존자들은 뜻에 대해서는 다르지만 표현에 대해서는 일치합니다. 존자는 이런 이유로 뜻에 대해서는 다르지만 표현에 대해서는 일치한다고 알아야 합니다. 그러니 존자들은 논쟁하지 마십시오.'

그런 후에 반대편 비구들 중에서 말귀를 더 잘 알아듣는다고 생각

지 축이다. 이 둘의 설명은 『청정도론』 VII.72를 참조할 것.

666) "여기서 '법(dhamma)과 율(vinaya)'이란 이 보리분법에 대해 그 뜻(attha)과 표현(byañjana)을 명확하게 해 주는(viññāpana-kāraṇa) 법과 율을 말한다."(MA.iv.29)

되는 비구에게 가서 이렇게 말해야 한다.

'존자들은 뜻에 대해서는 다르지만 표현에 대해서는 일치합니다. 존자는 이런 이유로 뜻에 대해서는 다르지만 표현에 대해서는 일치한다고 알아야 합니다. 그러니 존자들은 논쟁하지 마십시오.' [240]

이와 같이 잘못 파악한 것은 잘못 파악한 것이라고 명심해야 하고, 잘 파악한 것은 잘 파악한 것이라고 명심해야 한다. 잘못 파악한 것은 잘못 파악한 것이라고 명심하고, 잘 파악한 것은 잘 파악한 것이라고 명심하면서 법과 율을 설해야 한다."

7. "이 [보리분법에] 대해 만일 그대들이 '이 존자들은 뜻에 대해서는 일치하지만 표현에 대해서는 다르다.'라는 생각이 든다면, 그대들은 [그들 중] 말귀를 더 잘 알아듣는다고 생각되는 비구에게 가서 이렇게 말해야 한다.

'존자들은 뜻에 대해서는 일치하지만 표현에 대해서는 다릅니다. 존자는 이런 이유로 뜻에 대해서는 일치하지만 표현에 대해서는 다르다고 알아야 합니다. 표현은 사소한 것에 지나지 않습니다.[667] 그러니 존자들은 논쟁하지 마십시오.'

그런 후에 반대편 비구들 중에서 말귀를 더 잘 알아듣는다고 생각되는 비구에게 가서 이렇게 말해야 한다.

'존자들은 뜻에 대해서는 일치하지만 표현에 대해서는 다릅니다.

---

667) 여기서는 화해시키기 위해서 '표현은 사소한 것(appamattaka)에 지나지 않습니다.'라고 언급하고 있다.
그러나 『앙굿따라 니까야』 제1권 「어지럽힘 경」(A2:2:10)에서 세존께서는 "비구들이여, 두 가지 법이 있어, 그것은 정법을 어지럽히고 사라지게 한다. 무엇이 둘인가? 단어와 문장들(pada-byañjana)이 잘못 구성된 것과 뜻(attha)이 잘못 전달된 것이다. 비구들이여, 단어와 문장들이 잘못 구성될 때 뜻도 바르게 전달되지 않는다. 비구들이여, 이러한 두 가지 법이 정법을 어지럽히고 사라지게 한다."라고 분명하게 말씀하신다.

존자는 이런 이유로 뜻에 대해서는 일치하지만 표현에 대해서는 다르다고 알아야 합니다. 표현은 사소한 것에 지나지 않습니다. 그러니 존자들은 논쟁하지 마십시오.'

이와 같이 잘 파악한 것은 잘 파악한 것이라고 명심해야 하고, 잘못 파악한 것은 잘못 파악한 것이라고 명심해야 한다. 잘 파악한 것은 잘 파악한 것이라고 명심하고 잘못 파악한 것은 잘못 파악한 것이라고 명심하면서 법과 율을 설해야 한다."

8. "이 [보리분법에] 대해 만일 그대들이 '이 존자들은 뜻에 대해서도 일치하고 표현에 대해서도 일치한다.'라는668) 생각이 든다면, 그대들은 [그들 중] 말귀를 더 잘 알아듣는다고 생각되는 비구에게 가서 이렇게 말해야 한다.

'존자들은 뜻에 대해서도 일치하고 표현에 대해서도 일치합니다. 존자는 이런 이유로 뜻에 대해서도 일치하고 표현에 대해서도 일치한다고 알아야 합니다. 그러니 존자들은 논쟁하지 마십시오.'

그런 후에 반대편 비구들 중에서 말귀를 더 잘 알아듣는다고 생각되는 비구에게 가서 이렇게 말해야 한다.

'존자들은 뜻에 대해서도 일치하고 표현에 대해서도 일치합니다. 존자는 이런 이유로 뜻에 대해서도 일치하고 표현에 대해서도 일치한다고 알아야 합니다. 그러니 존자들은 [241] 논쟁하지 마십시오.'

이와 같이 잘 파악한 것은 잘 파악한 것이라고 명심해야 한다. 잘 파악한 것은 잘 파악한 것이라고 명심하면서 법과 율을 설해야 한다."

---

668) "이 네 번째 차례에는 왜 논쟁(vivāda)이 있는가? 인식(saññā) 때문에 논쟁이 있다. '나는 오직 마음챙김(satimeva)을 마음챙김의 확립(sati-paṭṭhā-na)이라 하는데 이 존자는 몸(kāya)을 마음챙김의 확립이라 한다.'라고 이러한 인식이 그들에게 있기 때문이다."(MA.iv.30)

9. "비구들이여, 그대들이 사이좋게 화합하여 분쟁하지 않고 공부 지을 때 다른 비구가 계를 범하고 율을 어길지도 모른다."

10. "비구들이여, 이 경우에 그대들은 서둘러 질책해서는 안되며 그 사람에 대해서 자세히 검증해야 한다.

'이렇게 하면 나도 성가시지 않을 것이고 저 사람도 괴롭지 않을 것이다. 저 사람은 분노하지 않고 앙심을 품지 않을 것이며 자기 견해에 국집하지 않고 쉽게 그것을 실토할 것이다.[669] 그리하여 나는 이 사람을 해로움에서 벗어나서 유익함에 굳건히 머물도록 할 수 있을 것이다.'[670]

비구들이여, 만일 이와 같이 생각되면 말하는 것이 적절하다."

11. "비구들이여, 그런데 만일 그대들에게 '나는 성가시지 않을 것이나 저 사람은 괴로울 것이다. 저 사람은 분노하고 앙심을 품을 것이다. 그러나 자기 견해에 국집하지 않고 쉽게 그것을 실토할 것이다. 그리하여 나는 이 사람을 해로움에서 벗어나서 유익함에 굳건히 머물도록 할 수 있을 것이다. 저 사람이 괴로운 것은 사소한 것이지만 내가 이 사람을 해로움에서 벗어나서 유익함에 굳건히 머물도록

---

669) "'쉽게 실토함'은 suppaṭinissaggī를 옮긴 것이다. paṭinissagga는 대부분 '놓아버림'의 뜻으로 사용되고, 거기에 su라는 접두어가 붙어서 잘 놓아버림, 혹은 완전히 놓아버림을 뜻한다. 여기서는 계를 범한 것을 감추지 않고 실토하여 놓아버리는 것을 뜻하므로 '실토하다'라고 옮겼다.

670) "'할 수 있을 것이다(sakkomi).'라고 하셨다. 이러한 부류의 사람은 '존자시여, 그대는 계를 범했습니다.'라고 말하면 '언제 어디서 제가 계를 범했습니까?'라고 말하고, '이러이러한때에 이러이러한 장소에서 범했습니다.'라고 말하면 '존자시여, 저는 기억을 못합니다.'라고 말한다. 그러면 다시 '존자시여, 천천히 생각해 보십시오.'라고 여러 차례 말을 하면서 기억을 더듬어(sāri-to saritvā) 토로하게 한다(vissajjeti). 본 문단은 이런 것을 두고 하신 말씀이다."(MA.iv.31)

하는 것은 더 큰 것이다.'라고 생각되면 말하는 것이 적절하다."

12. "비구들이여, 그런데 만일 그대들에게 '나는 성가실 것이나 저 사람은 괴롭지 않을 것이다. 저 사람은 분노하지 않고 앙심을 품지 않을 것이다. 그러나 자기 견해에 국집하여 쉽게 그것을 실토하지 않을 것이다. 그러나 나는 이 사람을 해로움에서 벗어나서 유익함에 굳건히 머물도록 할 수 있을 것이다. 내가 성가신 것은 사소한 것이지만 내가 이 사람을 해로움에서 벗어나서 유익함에 굳건히 머물도록 하는 것은 더 큰 것이다.'라고 생각되면 말하는 것이 적절하다."

13. "비구들이여, 그런데 만일 그대들에게 '나도 성가실 것이고 저 사람도 괴로울 것이다. [242] 저 사람은 분노하고 앙심을 품을 것이며 자기 견해에 국집하고 쉽게 그것을 실토하지 않을 것이다. 그러나 나는 이 사람을 해로움에서 벗어나서 유익함에 굳건히 머물도록 할 수 있을 것이다. 내가 성가시고 저 사람이 괴로운 것은 사소한 것이지만 내가 이 사람을 해로움에서 벗어나서 유익함에 굳건히 머물도록 하는 것은 더 큰 것이다.'라고 생각되면 말하는 것이 적절하다."

14. "비구들이여, 그런데 만일 그대들에게 '나도 성가실 것이고 저 사람도 괴로울 것이다. 저 사람은 분노하고 앙심을 품을 것이며 자기 견해에 국집하고 쉽게 그것을 실토하지 않을 것이다. 그리고 나는 이 사람을 해로움에서 벗어나서 유익함에 굳건히 머물도록 할 수 없을 것이다.'라고 생각되면 그 사람에게는 무관심해야 한다."

15. "비구들이여, 그대들이 사이좋게 화합하여 논쟁하지 않고 공부 지을 때 상호비방, 비열한 견해, 마음의 상처, 불쾌함, 반감이 생길지도 모른다. 그러면 어떤 한쪽 편 비구들 중에서 말귀를 더 잘 알

아듣는다고 생각되는 비구에게 가서 이렇게 말해야 한다.

'도반이여, 우리들이 사이좋게 화합하여 논쟁하지 않고 공부짓는 동안 상호비방, 비열한 견해, 마음의 상처, 불쾌함, 반감이 생겼습니다. 사문께서 이것을 아시면 걱정하시겠습니까?'671)

비구들이여, 바르게 설명하는 비구는 이렇게 설할 것이다.

'우리들이 … 아신다면 사문께서는 걱정하실 것입니다.'

'도반이여, 이런 법672)을 버리지 않고 열반을 실현할 수 있겠습니까?'

바르게 설명하는 비구는 이렇게 말할 것이다.

'도반이여, 이런 법을 버리지 않고서는 열반을 실현할 수 없습니다.'"

16. "그리고는 다른 편의 비구들 중에서 말귀를 더 잘 알아듣는다고 생각되는 비구에게 가서 이렇게 말해야 한다.

'도반이여, 우리들이 사이좋게 화합하여 논쟁하지 않고 공부짓는 동안 상호비방, 비열한 견해, 마음의 상처, 불쾌함, 반감이 생겼습니다. 사문께서 이것을 아시면 걱정하시겠습니까?'

비구들이여, 바르게 설명하는 비구는 이렇게 설할 것이다.

'우리들이 … 아신다면 사문께서는 걱정하실 것입니다.'

'도반이여, 이런 법을 버리지 않고 열반을 실현할 수 있겠습니까?'

바르게 설명하는 비구는 이렇게 말할 것이다. [243]

'도반이여, 이런 법을 버리지 않고서는 열반을 실현할 수 없습니다.'"

---

671) "스승인 세존께서 이것을 아시면 우리들을 나무라시겠는가라는 말이다." (MA.iv.31)
본서 「수낙캇따 경」(M105) §18과 §21에도 이런 용례가 나타난다.

672) "'이런 법(etaṁ dhammaṁ)'이란 서로 싸우고 다투는 것(kalaha-bhaṇḍa-na-dhamma)을 말한다."(MA.iv.32)

17. "비구들이여, 만일 다른 비구들이 그 비구에게 '존자가 이 비구들을 해로움에서 벗어나 유익함에 굳건히 머물도록 하였습니까?'라고 물으면, 바르게 설명하는 비구는 이와 같이 설할 것이다.

'도반들이여, 저는 세존을 뵈러 갔습니다. 세존께서는 제게 법을 설해주셨습니다. 그 법을 듣고 저는 비구들에게 설명해주었습니다. 그 비구들은 그 법을 듣고 해로움에서 벗어나 유익함에 굳건히 머물렀습니다.'

비구들이여, 이렇게 설명하는 비구는 자신을 칭송하지 않고 남을 비난하지 않고 [세존의] 가르침대로 설명한다. 어떤 이유로도 그의 주장은 비난받지 않는다."

세존께서는 이와 같이 설하셨다. 그 비구들은 흡족한 마음으로 세존의 말씀을 크게 기뻐하였다.

어떻게 생각하는가 경(M103)이 끝났다.

사마가마 경

Sāmagāma Sutta(M104)

1. 이와 같이 나는 들었다. 한때 세존께서는 삭까의 사마가마673)에 머무셨다.

2. 그때 니간타 나따뿟따674)가 빠와675)에서 막 임종하였다.676)

---

673) 사마가마(Sāma-gāma) 혹은 사마 마을에 대해서 주석서는 이렇게 설명한다. "사마가마(Sāmagāma, 사마 마을)에는 기장(sāmāka)이 많이 자라기 때문에(sāmākānaṁ ussannattā) 이런 이름을 가지게 되었다."(MA.iv.32; AA.iii.353)
『앙굿따라 니까야』 제4권 「사마까 경」(A6:21)도 이곳 사마가마에서 설해졌다. 이 「사마까 경」에서는 사마가마까(Sāmagāmaka)로 나타나고 있다. DP PN에서 제시하듯이 웨단냐(Vedhaññā) 가문이 사마가마에 정착하고 있던 것이 확실하다. 웨단냐 가문에 대해서는 『디가 니까야』 제3권 「정신경」(淨信經, D29) §1의 주해를 참조할 것.

674) 니간타 나따뿟따(Nigaṇṭha Nātaputta)에 대해서는 본서 제2권 「마하삿짜까 경」(M36) §48의 주해를 참고할 것.

675) 빠와(Pāva)는 말라(Malla)들의 도시이다. 말라(Malla)는 인도 중원의 16개국 가운데 하나였다. 부처님 시대에는 빠와(Pāvā)와 꾸시나라(Kusinā-ra)의 두 부분으로 나누어져 있었는데 각각 빠와의 말라족은 빠웨이야까말라(Pāveyyaka-Malla)라 불리었고 꾸시나라의 말라들은 꼬시나라까(Kosi-nāraka)라 불리었다. 이미 『디가 니까야』 제2권 「대반열반경」(D16)에서 빠와의 말라들이 꾸시나라로 전령을 보내어서 부처님의 사리를 나누어 줄

그가 임종하자 니간타들은 분열하여 두 패로 나뉘어져 싸우고 다투고 논쟁하면서 입안의 칼로 서로를 찌르고 있었다.

'그대는 이 법과 율을 제대로 모른다. 나는 이 법과 율을 제대로 안다. 어떻게 그대가 이 법과 율을 제대로 알겠는가? 그대는 그릇된 도를 닦고 있다. 나는 바른 도를 닦고 있다. 나의 말은 일관되지만 그대의 말은 일관되지 않는다. 먼저 설해야 할 것을 [244] 뒤에 설하고 뒤에 설해야 할 것을 먼저 설했다. 그대의 훌륭한 학식은 논파되었고 나는 그대의 교설에 허점을 지적했고 그대는 패했다. 교설에서 자유롭기 위해 떠나라. 만약 자신 있다면 지금 당장 설명해 보라.'라고.

니간타 나따뿟따의 제자들 사이에서는 오직 살육만이 있는 듯하였다. 니간타 나따뿟따의 흰 옷을 입은 재가 제자들도 니간타 나따뿟따의 제자들에게 넌더리내고 질리고 실망한 모습이 역력하였다. 그것은 법과 율이 잘못 설해지고 잘못 선언되어 출리로 인도하지 못하고 고요함으로 인도하지 못하고[677] 바르게 깨달은 분에 의해 선언된 것이 아니고 기반이 무너진 것이고[678] 귀의처가 되지 못했기 때문

것을 청한 데서도(D16 §6.24) 이 둘은 다른 나라였음을 알 수 있다. 부처님께서 쭌다의 마지막 공양을 드신 곳도 바로 이 빠와였으며(D16 §§4.13~4.20), 본경에서 보듯이 니간타 나따뿟따는 이곳에서 임종하였다.

676) 본경 §§1~4에 나타나는 니간타의 임종에 대한 쭌다의 보고는 『디가 니까야』 제3권 「정신경」(淨信經, D29) §§1~3에도 똑같이 나타나고 있다.

677) "'고요함으로 인도하지 못하고(anupasamasaṁvattanike)'라는 것은 이 법과 율은 탐욕 등(rāgādi)을 고요하게(upasama) 할 수 없었다는 뜻이다." (MA.iv.34)

678) '기반이 무너진 것'은 bhinna-thūpa(탑이 무너진 것)을 옮긴 것인데 주석서에서 "기반이 무너진 것(bhinna-patiṭṭha)"(MA.iv.34)이라고 설명하고 있어서 이렇게 옮겼다. 계속해서 주석서는 다음과 같이 설명한다.
"여기서는 나타뿟따만이 그들의 기반(patiṭṭha)인 탑(thūpa)인데, 그 탑이 무너지고 부서졌다. 그래서 기반이 무너졌다고 했다."(*Ibid*)

이었다.

3. 그때 쭌다 사미[679]가 빠와에서 여름 안거를 마치고 사마가마로 아난다 존자를 찾아갔다. 가서 아난다 존자에게 절을 올리고 한 곁에 앉았다. 한 곁에 앉아서 쭌다 사미는 아난다 존자에게 이렇게 말했다.

"존자시여, 니간타 나따뿟따가 빠와에서 막 임종하였습니다. 그가 임종하자 니간타들은 분열하여 두 패로 나뉘어져 싸우고 다투고 논쟁하면서 입안의 칼로 서로를 찌르고 있습니다. … 귀의처가 되지 못했기 때문입니다."

이렇게 말하자 아난다 존자는 쭌다 사미에게 이렇게 말했다.

"도반 쭌다여, 이 소식은 세존을 뵙고 [말씀드려야 할] 일입니다. 도반 쭌다여, 같이 세존을 뵈러 갑시다. 세존을 뵙고 이 일을 말씀드립시다."

"그렇게 하겠습니다, 존자시여."라고 쭌다 사미는 아난다 존자에게 응답했다.

4. 그러자 아난다 존자와 쭌다 사미는 세존을 뵈러 갔다. 뵙고는 세존께 절을 올리고 한 곁에 앉았다. 한 곁에 앉아서 [245] 아난다

---

679) "쭌다 사미(Cunda samaṇuddesa)는 법의 사령관(dhamma-senāpati)인 사리뿟따의 남동생이다. 구족계를 받기 전에(anupasampanna-kāle) 쭌다 사미라고 불리던 것이 장로가 된 뒤에도 그렇게 불렀다."(MA.iv.36)
쭌다 사미는 마하쭌다 존자(āyasmā Mahā-Cunda)로도, 쭌다 존자로도, 쭌다까(Cundaka) 존자로도 불렸다고 한다. 한때 그는 세존의 시자 소임을 맡기도 하였다.(ThagA.ii.124; J.iv.95, 등) 한편 사리뿟따 존자에게는 세 명의 남동생 즉 쭌다(Cunda), 우빠세나(Upa-sena), 레와따(Revata)와 세 명의 여동생 즉 짤라(Cālā), 우빠짤라(Upa-cālā), 시수빠짤라(Sīsūpacālā)가 있었는데 모두 출가하였다고 한다.(Dhp A.ii.188) 짤라와 우빠짤라와 시수빠짤라의 게송은 『상윳따 니까야』 제1권 「짤라 경」 등(S5:6~8)의 세 개의 경에 나타나고 있다.

존자는 세존께 이렇게 말씀드렸다.

"세존이시여, 이 쭌다 사미가 이렇게 말했습니다. '존자시여, 니간타 나따뿟따가 빠와에서 막 임종하였습니다. 그가 임종하자 니간타들은 분열하여 두 패로 나뉘어져 싸우고 다투고 논쟁하면서 입안의 칼로 서로를 찌르고 있습니다. … 귀의처가 되지 못했기 때문입니다.'라고.

세존이시여, 저는 이런 생각이 듭니다. '세존께서 돌아가신 뒤 승가에서 분쟁이 생겨서는 안된다. 그런 분쟁은 많은 사람에게 이익이 되지 못하고 많은 사람에게 행복이 되지 못하고, 많은 신과 사람들에게 손실과 손해와 괴로움을 가져올 것이다.'[680]라고."

5. "아난다여, 이를 어떻게 생각하는가? 나는 최상의 지혜로 법을 알아 그대들에게 설했나니, 그것은 네 가지 마음챙김의 확립[四念處]과 네 가지 노력[四正勤]과 네 가지 성취수단[四如意足]과 다섯 가지 기능[五根]과 다섯 가지 힘[五力]과 일곱 가지 깨달음의 구성요소[七覺支]와 성스러운 팔정도[八支聖道]이다.[681] 아난다여, 그대는 이런 법

---

680) "'많은 신과 사람들에게 손실과 손해와 괴로움을 가져올 것이다(bahuno janassa anatthāya ahitāya dukkhāya devamanussānaṁ).'라고 했다. 한 승원에서 일어난 분쟁(vivāda)이 어떻게 많은 신과 사람들에게 손실과 손해와 괴로움을 가져오겠는가? 『율장』 『대품』(大品)의 「꼬삼바까 건도(犍度)」(Kosambaka-kkhandhaka)에 나타나듯이 두 비구 간에 분쟁이 생겼을 때 그 승원의 제자들(antevāsikā)이 서로 다투고, 그들에게 훈계를 하면 비구 승가에서 분쟁이 생기고, 그리하여 그들의 신도들(upaṭṭhākā) 간에 분쟁이 생기고, 사람들을 돕는 신들(ārakkha-devatā)이 두 패로 분리되어 차츰 한 승원에서 생긴 분쟁은 많은 이들에게 손실과 괴로움을 가져온다."(MA.iv.37)

681) 여기에 나타나고 있는 일곱 가지 주제는 37가지 깨달음의 편에 있는 법들[菩提分法, bodhipakkhiyā dhammā]로 불린다.
이것은 우리에게 37보리분법(菩提分法)이나 37조도품(助道品)으로 잘 알려진 것이다. 이 일곱 가지 주제에 포함된 법들을 다 합하면 37가지가 되기

들에 대해 단 두 명의 비구라도 서로 다른 주장을 하는 것을 본 적이 있는가?"

"세존이시여, 세존께서 최상의 지혜로 알아서 저희들에게 설해주신 법, 즉 네 가지 마음챙김의 확립과 … 성스러운 팔정도에 대해 저는 단 두 명의 비구라도 서로 다른 주장을 하는 것을 본 적이 없습니다. 세존이시여. 그러나 세존을 의지하면서[682] 머무는 자들도 세존께서 돌아가시고 나면[683] 승가에서 생계에 관계된 것이나 빠띠목카(계목)에 관계된[684] 분쟁을 일으킬지도 모릅니다.[685] 그런 분쟁은 많

때문에 전통적으로 이를 37보리분법이라 불렀다.
37보리분법은 초기불교의 수행을 대표하는 것이며 초기불전연구원에서 출간한 『초기불교 이해』의 제3편 「초기불교의 수행」의 내용이기도 하다. 37보리분법에 대한 자세한 설명은 『초기불교 이해』 275쪽 이하를 참조하기 바란다.
37가지 깨달음의 편에 있는 법들(37보리분법)의 37가지 술어에 대한 간단한 언급과 정의는 본서 「사꿀루다이 긴 경」(M77)의 §§15~21에 나타나고 있으니 참조할 것.

682) '의지하면서'로 옮긴 원어는 patissayamāna-rūpā인데 주석서에서 "의지하여(upanissāya)"(MA.iv.37)라고 설명하고 있어서 이렇게 옮겼다.

683) "지금 현재는 세존을 지도자(jeṭṭhaka)로 모시면서 존경심으로(sagāravā) 머물고 또한 세존의 큰 명성(uggatejatā) 때문에 범접할 수 없어서 분쟁(vivāda)을 일으킬 수 없지만 세존께서 돌아가신 뒤에는 분쟁을 일으킬 수 있다고 말하는 것이다."(MA.iv.38)

684) '생계에 관계된 것이나 빠띠목카(계목)에 관계된'은 ajjhājīve vā adhipāti-mokkhe vā를 옮긴 것이다. 여기서 '빠띠목카(계목)에 관계된 것(adhipātimokkha)'은 VRI의 육차결집본(Be) CD-ROM으로 검색을 해 보면 『율장』을 제외하고는 본경에만 나타나는 것으로 조사되었다. 주석서는 '빠띠목카(계목)에 관계된 것(adhipātimokkha)'을 이렇게 설명한다.
""비구가 인간을 초월한 법(uttarimanussa-dhamma)을 가졌다고 선언하면 바라이죄다."라는 것으로 시작되는 『율장』의 『부수』(附隨, parivāra)에서 선포한(paññattāni) 여섯 가지 학습계목(cha sikkhā-padāni)을 제외한 나머지 모든 학습계목을 '빠띠목카(계목)에 관계된 것(adhipātimokkha)'이라고 부른다."(MA.iv.38)
'빠띠목카(pātimokkha, 戒目, 계목)'에 대해서는 본서 제1권 「원한다면

은 사람에게 이익이 되지 못하고 많은 사람에게 행복이 되지 못하고, 많은 신과 사람들에게 손실과 손해와 괴로움을 가져올 것입니다."

"아난다여, 생계에 관계된 것이나 빠띠목카(계목)에 관계된 분쟁은 오히려 사소한 것에 지나지 않는다. 아난다여, 그러나 도[八正道]나 도닦음에 관해서[686] 승가에서 분쟁이 일어난다면 그런 분쟁은 많은 사람에게 이익이 되지 못하고 많은 사람에게 행복이 되지 못하고, 많은 신과 인간들에게 손실과 손해와 괴로움을 가져올 것이다."

6. "아난다여, 이러한 여섯 가지 분쟁의 뿌리가 있다.[687] 무엇이 여섯인가?

아난다여, 여기 비구는 분노하고 앙심을 품는다. 아난다여, 비구가 분노하고 앙심을 품으면 그는 스승도 존중하지 않고 불손하게 대하며, 법도 존중하지 않고 불손하게 대하며, 승가도 존중하지 않고 불손하게 대하며, 공부지음도 성취하지 못한다. 아난다여, 스승을 … 법을 … 승가를 존중하지 않고 [246] 불손하게 대하며 공부지음도 성취하지 못하는 비구는 승가에서 분쟁을 일으키고 그런 분쟁은 많은 사람에게 이익이 되지 못하고 많은 사람에게 행복이 되지 못하고, 많

경」(M6) §2의 주해를 참조할 것.

685) 본서 제2권 「꼬삼비 경」(M48) §2에서 꼬삼비의 비구들은 세존께서 살아계실 때에도 이미 분쟁을 일으키고 있다.

686) "'도(magga)나 도닦음(paṭipadā)에 관해서'라고 하셨다. 출세간도(lokuttara-magga)를 얻으면 분쟁이란 것은 완전히 가라앉기 때문에(vūpasammati) 도를 얻은 자들에게 분쟁은 없다. 그러나 예비단계의 도(pubbabhāga-magga)나 예비단계의 도닦음(pubbabhāga-paṭipadā)과 관련하여 이것을 말씀하셨다."(MA.iv.39)

687) '여섯 가지 분쟁의 뿌리(cha vivāda-mūlāni)'에 관한 본경의 §§6~11은 『앙굿따라 니까야』 제4권 「분쟁 경」(A6:36)과 『디가 니까야』 제3권 「합송경」(D33) §2.2 ⒂와 같은 내용을 담고 있다.

은 신과 인간들에게 손실과 손해와 괴로움을 가져온다.

아난다여, 만일 그대가 안에서든 밖에서든[688] 이런 분쟁의 뿌리를 보게 되면 그런 사악한 분쟁의 뿌리를 제거하기 위해 정진해야 한다. 아난다여, 만일 그대가 이런 분쟁의 뿌리를 안에서든 밖에서든 보지 못하면 거기서 그대는 그런 사악한 분쟁의 뿌리가 미래에 싹트지 못하도록 수행해야 한다. 이와 같이 하여 이런 사악한 분쟁의 뿌리는 제거되고, 이와 같이 하여 이런 사악한 분쟁의 뿌리가 미래에 싹트지 못한다."

7. ~ 11. "다시 아난다여, 비구는 경멸하고 업신여긴다. …

질투하고 인색하다. …

속이고 간교하다. …

나쁜 원을 가지고 삿된 견해를 가진다. …

자기 견해를 고수(固守)하고 그것을 굳게 움켜쥐어 놓아버리기가 어렵다. 아난다여, 비구가 자기 견해를 고수하고 그것을 굳게 움켜쥐어 놓아버리기가 어렵게 되면 그는 스승도 존중하지 않고 불손하게 대하며, 법도 존중하지 않고 불손하게 대하며, 승가도 존중하지 않고 불손하게 대하며, 공부지음도 성취하지 못한다. 아난다여, 스승을 … 법을 … 승가를 존중하지 않고 불손하게 대하며 공부지음도 성취하지 못하는 비구는 승가에서 분쟁을 일으키고 그런 분쟁은 많은 사람에게 이익이 되지 못하고 많은 사람에게 행복이 되지 못하고, 많은 신과 인간들에게 손실과 손해와 괴로움을 가져온다.

아난다여, 만일 그대가 안에서든 밖에서든 이런 분쟁의 뿌리를 보게 되면 그런 사악한 분쟁의 뿌리를 제거하기 위해 정진해야 한다.

---

688) "'안(ajjhattaṁ)'이란 자신이나 혹은 자신의 회중(parisāya)을, '밖(bāhiddhā)'이란 다른 사람이나 혹은 다른 사람의 회중을 말한다."(MA.iv.42)

아난다여, 만일 그대가 이런 분쟁의 뿌리를 안에서든 밖에서든 보지 못하면 거기서 그대는 그런 사악한 분쟁의 뿌리가 미래에 싹트지 못하도록 수행해야 한다. [247] 이와 같이 하여 이런 사악한 분쟁의 뿌리는 제거되고, 이와 같이 하여 이런 사악한 분쟁의 뿌리가 미래에 싹트지 못한다.

아난다여, 이것이 여섯 가지 분쟁의 뿌리이다."

12. "아난다여, 네 가지 대중공사[諍事]가 있다. 무엇이 넷인가? 분쟁으로 인한 대중공사와 고발로 인한 대중공사와 계를 범한 것으로 인한 대중공사와 방식에 대한 대중공사이다.689) 아난다여, 이것이 네 가지 대중공사이다."

13. "아난다여, 때때로 일어나는 대중공사를 가라앉히고 수습하기 위한 일곱 가지의 대중공사를 가라앉히는 방법690)이 있다. 직접

---

689) "'네 가지 대중공사(cattāri adhikaraṇāni)' 가운데서 이것이 법이고 이것은 법이 아니라는 등 열여덟 가지 관점으로 비구들 간에 일어난 분쟁(vivāda)을 '분쟁으로 인한 대중공사(vivāda-adhikaraṇa)'라 한다. 계를 범하거나(sīlavipatti) 바른 행동거지를 잃거나 삿된 견해를 가지거나 그릇된 생계수단으로 인해 비난하는 자들(ācāra-diṭṭhi-ājīva-vipattiyā anuvadantā)의 비난(anuvāda)과 책망(upavadanā)과 질책(codanā)을 '고발로 인한 대중공사(anuvāda-adhikaraṇa)'라 한다. 죄를 범한 자가 그것에서 면제되기를 원할 때 '계를 범한 것으로 인한 대중공사(āpatta-adhikaraṇa)'가 열리며, '방식에 대한 대중공사(kicca-adhikaraṇa)'는 승가의 공식적인 법규를 다룬다."(MA.iv.43)
여기서 '고발로 인한 대중공사'와 '방식에 대한 대중공사'의 설명은 냐나몰리 스님/보디 스님의 1307쪽 982번 주해를 참조하여 의역한 것임을 밝힌다.

690) 본 문단에는 '일곱 가지의 대중공사[諍事]를 가라앉히는 방법(satta adhikaraṇa-samathā)'이라는 제목이 나타나고 있고 이 일곱 가지는 아래 §§14~20에서 차례대로 설명되고 있다. 이 일곱 가지와 원어를 병기하면 다음과 같다.
직접 대면하여 수습함(sammukhā-vinaya), 기억을 일깨워 수습함(sati-vinaya), [죄를 범했을 당시] 정신질환 상태였음을 인정하여 수습함(amūḷha

대면하여 수습하고, 기억을 일깨워 수습하고, [죄를 범했을 당시] 정신질환 상태였음을 인정하여 수습하고, 고백하고, 다수결에 따르고, [스스로 드러내지 않은 악행을 대중이 갈마로써] 그 악행을 판결하고, 짚으로 덮어서 수습해야 한다."

14. "아난다여, 어떤 것이 ① 직접 대면하여 수습하는 것인가?

아난다여, 여기 비구들이 '이것이 법이고, 이것은 법이 아니다. 이것은 율이고 이것은 율이 아니다.'라고 분쟁을 일으킨다. 아난다여, 그 비구들은 모두 화합하여 모여야 한다. 함께 모여서 법도를 만들어야 한다. 법도를 만들고 나서 그에 따라서 공사를 가라앉혀야 한다. 아난다여, 이렇게 직접 대면하여 수습해야 한다. 이와 같이 직접 대면하여 수습함으로써 여기 어떤 대중공사들691)은 가라앉게 된다."

15. "아난다여, 어떤 것이 ② 다수결에 따르는 것인가?

아난다여, 만일 그 비구들이 그 대중공사를 그 처소에서 가라앉히지 못하면 그 비구들은 많은 비구들이 머무는 그런 처소로 가야 한다. 거기서 모두를 화합하여 모여야 한다. 함께 모여서 법도를 만들어야 한다. 법도를 만들고 나서 그에 따라서 공사를 가라앉혀야 한다. 아난다여, 이렇게 다수결에 따른다. 이와 같이 다수결에 따라 여

-vinaya), 고백(paṭiññā), 다수결에 따름(yebhuyyassikā), [스스로 드러내지 않은 악행을 대중이 갈마로써] 그 악행을 판결함(tassa-pāpiyyasikā), 짚으로 덮어서 수습함(tiṇa-vatthāraka).
이 일곱 가지는 『율장』 『쭐라왁가』(Cūḷāvagga, 소품)의 「가라앉힘의 건도(犍度)」(Samathakkhandhaka, Vin.ii.73ff)에서 상세하게 설명하고 있다. 한편 한역 『사분율』에서는 이 일곱을 각각 현전비니(現前毘尼), 억념비니(憶念毘尼), 불치비니(不癡毘尼), 자언치(自言治), 다인어(多人語), 멱죄상(覓罪相), 초복지(草覆地)로 옮겼다.

691) "여기서 말하는 '어떤 대중공사들(ekaccā adhikaraṇā)'란 분쟁으로 인한 대중공사(vivāda-adhikaraṇa)를 말한다. 직접 대면하여 수습하는 것(sammukhā-vinaya)은 다른 대중공사에는 해당되지 않는다."(MA.iv.48)

기 어떤 대중공사들은 가라앉게 된다."

16. "아난다여, 어떤 것이 ③ 기억을 일깨워 수습하는 것인가? 아난다여, 여기 비구들이 '존자는 빠라지까나 빠라지까에 가까운[692]

---

692) "'빠라지까에 가까운 [범계](pārājika-sāmanta)'라고 하셨다. 여기서 가까움[近似, sāmanta]에는 두 가지가 있다. 건도의 가까움(khandha-sāmanta)과 범계의 가까움(āpatti-sāmanta)이다."(MA.iv.49)
주석서의 설명을 정리하면 '빠라지까에 가까운 범계(犯戒)'는 두 가지가 있는데, 하나는 빠라지까 바로 아래의 승잔죄를 범하는 것이고 다른 하나는 빠라지까의 범계가 성립되기 전의 예비단계의 범계들을 말한다. 이 둘을 『율장』 전문용어로는 각각 건도의 가까움과 범계의 가까움이라 부르는 것이다.
'범계(āpatti)'란 말 그대로 계를 범하는 것이다. 『율장』에서는 일곱 가지로 범계의 무더기(satta āpattikkhandha)를 정하고 있다.(Vin.v.91~92) 일곱 가지란 ① 바라이죄(波羅夷罪, pārājika) ② 승잔죄(僧殘罪, saṅghādi-sesa) ③ 조죄(粗罪, 중한 죄, thullaccaya) ④ 단타죄(單墮罪, pācitti-ya) ⑤ 회과죄(悔過罪, pāṭidesanīya) ⑥ 악작죄(惡作罪, dukkaṭa) ⑦ 둡바시따(惡說, dubbhāsita, 더 사소한 것으로 남들의 나쁜 말을 듣는 것)이다. 이들을 간단하게 설명하면 다음과 같다.
① 바라이죄(波羅夷罪, pārājika): 네 가지 빠라지까를 범한 경우가 여기에 해당된다. 빠라지까는 정확한 어원을 밝히기 어려운 술어인데 일반적으로 parā(*away, over*)+√ji(*to conquer*)에서 파생된 것으로 간주한다. 이것을 범하면 승단에서 축출되기 때문에 이런 의미로 해석하는 것이다.
② 승잔죄(僧殘罪, saṅghādisesa,): 13가지 상가디세사를 범한 경우가 여기에 해당된다. 이 술어 역시 정확한 어원을 밝히기 어렵다. 『율장』(Vin.iii.522)에서는 'saṅgho ādimhi ceva sese ca icchitabbo assāti saṅghā-diseso.'라고 풀이하고 있는데 이 죄를 범하면 승가(saṅgha)를 상수(ādi)로 나머지(sesa)에 대중공사로 관여하기 때문이라는 의미이다.
③ 조죄(粗罪, thullaccaya): 중한(thulla) 죄라는 뜻이다. 이것을 범하면 분명한 실토에 의해서 죄를 명백히 드러내어 그 죄목에 해당되는 처벌방법에 의해서 죄를 벗게 된다고 한다.
④ 단타죄(單墮罪, pācittiya): 92가지 빠찟띠야 가운데 특히 nissaggiya pācittiya 30가지를 범한 경우에 적용되며 해당물품을 압수하고 참회하는 것으로 죄를 벗게 된다.
⑤ 회과죄(悔過罪, pāṭidesanīya): 4가지 빠띠데사니야를 범한 경우로 이것도 분명한 실토에 의해서 처벌을 받고 벗어나게 된다.
⑥ 악작죄(惡作罪, dukkaṭa): 75가지 사소한 학습계율(sekhiya)을 범한 경우로 뉘우치고 참회하는 것으로 벗게 된다.

그런 계를 범한 것을 기억합니까?'라고 어떤 비구를 빠라지까나 빠라지까에 근사한 그런 법을 범했다고 질책한다. 그는 이렇게 대답한다. '도반들이여, 나는 빠라지까나 빠라지까에 근사한 그런 계를 범한 기억이 없습니다.'라고. [248] 아난다여, 그런 비구에게는 이렇게 기억을 일깨워 수습해야 한다. 아난다여, 이렇게 기억을 일깨워 수습한다. 이와 같이 기억을 일깨워 수습함으로써 여기 어떤 대중공사들693)은 가라앉게 된다."

17. "아난다여, 어떤 것이 ④ 정신질환 상태였음을 인정하여 수습하는 것인가?

아난다여, 여기 비구들이 '존자는 빠라지까나 빠라지까에 가까운 그런 계를 범한 것을 기억합니까?'라고 어떤 비구를 빠라지까나 빠라지까에 가까운 그런 계를 범했다고 질책한다. 그는 이렇게 대답한다. '도반들이여, 나는 빠라지까나 빠라지까에 가까운 그런 계를 범한 기억이 없습니다.'라고. 그가 이와 같이 부정함에도 그들은 '이보시오. 존자가 빠라지까나 빠라지까에 가까운 그런 계를 범한 사실을 기억하는지 못하는지 잘 알아내야 합니다.'라고 추궁한다. 그는 이렇게 대답한다. '도반들이여, 나는 그때 실성하여 정신이 나가있었습니다. 내가 실성하여 사문답지 않은 행동과 말을 많이 저질렀나봅니다. 나는 기억 못합니다. 내가 실성하여 이것을 행했습니다.'라고. 아난다여, 그런 비구에게는 정신질환 상태였음을 인정하여 수습해야 한다. 아난다여, 이렇게 정신질환 상태였음을 인정하여 수습한다. 이와 같이 정신질환 상태였음을 인정하여 수습함으로써 여기 어떤 대중공

---

⑦ 둡바시따[惡說, dubbhāsita]: 더 사소한 것으로 남들의 나쁜 말을 듣는 것.

693) "여기서 '어떤 대중공사들(ekaccā adhikarā)'이란 고발로 인한 대중공사(anuvāda-adhikaraṇa)를 말한다."(MA.iv.49)

사들694)은 가라앉게 된다."

18. "아난다여, 어떤 것이 ⑤ 고백하는 것인가?

아난다여, 여기 비구는 질책을 받든 질책 받지 않든 간에 죄를 범한 것을 기억하고 드러내고 공개한다. 아난다여, 그 비구는 원로 비구를 뵈러 가서 한쪽 어깨로 윗옷을 입고 발에 절을 올리고 쪼그리고 앉아 합장한 채 그에게 이렇게 말한다. '존자시여, 저는 이러이러한 계를 범했습니다. 그것을 고백합니다.' 다른 [비구는] 말한다. '[범한 것을] 봅니까?' '봅니다.' '앞으로는 [다시 짓지 않도록] 단속하겠습니까?' '단속할 것입니다.' 아난다여, 이와 같이 고백한다. 이와 같이 고백함으로써 여기 어떤 대중공사들695)은 가라앉게 된다." [249]

19. "아난다여, 어떤 것이 ⑥ 그의 악행을 판결함인가?

아난다여, 여기 비구들이 '존자는 빠라지까나 빠라지까에 가까운 그런 계를 범한 것을 기억합니까?'라고 어떤 비구를 빠라지까나 빠라지까에 가까운 그런 계를 범했다고 질책한다. 그는 이렇게 대답한다. '도반들이여, 나는 빠라지까나 빠라지까에 가까운 그런 계를 범한 기억이 없습니다.'라고.

그가 이와 같이 부정함에도 그들은 '이보시오. 존자가 빠라지까나 빠라지까에 가까운 그런 계를 범한 사실을 기억하는지 못하는지 잘 알아내야 합니다.'라고 추궁한다. 그는 이렇게 대답한다. '도반들이여, 나는 빠라지까나 빠라지까에 가까운 그런 계를 범한 기억이 없습니다. 도반들이여, 그러나 나는 이러한 사소한 계를 범한 것은 기억

---

694) "여기서 '어떤 대중공사들'이란 고발로 인한 대중공사(anuvāda-adhikaraṇa)를 말한다."(MA.iv.49)

695) "여기서 '어떤 대중공사들'이란 계를 범한 것으로 인한 대중공사(āpatta-adhikaraṇa)를 말한다."(MA.iv.49)

합니다.'라고.

그가 이와 같이 부정함에도 그들은 '이보시오. 존자가 빠라지까나 빠라지까에 가까운 그런 계를 범한 사실을 기억하는지 못하는지 잘 알아내야 합니다.'라고 추궁한다. 그는 이렇게 말한다. '도반들이여, 내게 묻지 않아도 나는 이러한 사소한 계를 범한 것을 인정합니다. 그런데 내게 물었는데 어찌 내가 이런 빠라지까나 빠라지까에 가까운 그런 계를 범한 것을 인정하지 않겠습니까?'라고.

다른 자가 말한다. '도반이여, 그대는 묻지 않았다면 이러한 사소한 계를 범한 것도 인정하지 않았을 것입니다. 그런데 묻는다고 어찌 그대가 이런 빠라지까나 빠라지까에 가까운 그런 계를 범한 것을 인정하겠습니까? 이보시오. 존자가 빠라지까나 빠라지까에 가까운 그런 계를 범한 사실을 기억하는지 못하는지 잘 알아내야 합니다.'라고. 그는 이렇게 대답한다. '나는 빠라지까나 빠라지까에 가까운 그런 계를 범한 것을 기억합니다. 제가 너무 성급하고 당황하여 빠라지까나 빠라지까에 가까운 그런 계를 범한 것을 기억하지 못한다고 했습니다.'라고.

아난다여, 이렇게 그 사람의 악행을 판결한다. 이와 같이 그 사람의 악행을 판결함으로써 여기 어떤 대중공사들696)은 가라앉게 된다."

20. [250] "아난다여, 어떤 것이 ⑦ 짚으로 덮는 것인가?

아난다여, 여기 비구들이 싸우고 말다툼을 하고 분쟁에 휘말려 사문답지 않은 행동과 말을 많이 하게 되면 그 비구들을 모두 화합하여 모여야 한다. 모여서 어느 한쪽 편을 드는 비구들 중에서 더 학식이 높은 비구가 자리에서 일어나 한쪽 어깨로 윗옷을 입고 합장한 채 승

---

696) "여기서 '어떤 대중공사들'이란 고발로 인한 대중공사(anuvāda-adhikaraṇa)를 말한다."(MA.iv.49)

가 대중에게 고해야 한다. '존자들이시여, 승가 대중은 제 말을 들어주십시오. 우리들은 싸우고 말다툼을 하고 분쟁에 휘말려 사문답지 않은 행동과 말을 많이 해왔습니다. 만일 승가 대중이 허락해주신다면 이 존자들과 제 자신의 이익을 위해 이 존자들의 잘못과 제 자신의 잘못 가운데 중대한 잘못[697]과 신도들과 관련된 잘못은 제외하고 어떠한 잘못이라도 승가 대중 앞에서 짚으로 덮어두는 방식으로 고백합니다.'라고.

그러면 반대쪽 편을 드는 비구들 중에서 더 학식이 높은 비구도 자리에서 일어나 한쪽 어깨로 윗옷을 입고 합장한 채 승가 대중에게 고해야 한다. '존자들이시여, 승가 대중은 제 말을 들어주십시오. 우리들은 싸우고 말다툼을 하고 분쟁에 휘말려 사문답지 않은 행동과 말을 많이 해왔습니다. 만일 승가 대중이 허락해주신다면 이 존자들과 제 자신의 이익을 위해 이 존자들의 잘못과 제 자신의 잘못 가운데 중대한 잘못과 신도들과 관련된 잘못은 제외하고 어떠한 잘못이라도 승가 대중 앞에서 짚으로 덮어두는 방식으로 고백합니다.'라고.

아난다여, 이렇게 짚으로 덮어둔다. 이와 같이 짚으로 덮음으로써 여기 어떤 대중공사들[698]은 가라앉게 된다."

21. "아난다여, 이들 여섯 가지 기억해야 할 법이 있으니, 그것은 동료 수행자들에게 호감을 주고 공경을 불러오고 도움을 주고 분쟁을 없애고 화합하고 단결하게 한다. 무엇이 여섯 가지인가?[699]

---

697) "'중대한 잘못(thūlla-vajja)'이란 빠라지까(pārājika, 바라이죄, 波羅夷罪, 승단에서 추방당하는 죄)나 상가디세사(saṅghādisesa, 승잔죄, 僧殘罪, 대중에게 참회하고 나면 승단에 머물 수 있는 죄)를 말하고, '신도들과 관련된 잘못'은 신도들에게 욕설을 하거나 경멸하는 것을 말한다."(MA.iv.50)

698) "여기서 말하는 '어떤 대중공사들'이란 계를 범한 것으로 인한 대중공사(āpatta-adhikaraṇa)를 말한다."(MA.iv.50)

아난다여, 여기 비구는 동료 수행자들이 면전에 있건 없건 그들에 대해 ① 몸의 업으로 자애를 유지한다. 이것이 기억해야 할 법이니 동료 수행자들에게 호감을 주고 공경을 불러오고 도움을 주고 분쟁을 없애고 화합하고 단결하게 한다.

다시 아난다여, 여기 비구는 동료 수행자들이 면전에 있건 없건 그들에 대해 ② 말의 업으로 자애를 유지한다. 이것도 기억해야 할 법이니 동료 수행자들에게 호감을 주고 공경을 불러오고 도움을 주고 분쟁을 없애고 화합하고 단결하게 한다.

다시 아난다여, 여기 비구는 동료 수행자들이 면전에 있건 없건 그들에 대해 ③ 마음의 업으로 자애를 유지한다. 이것도 기억해야 할 법이니 동료 수행자들에게 호감을 주고 [251] 공경을 불러오고 도움을 주고 분쟁을 없애고 화합하고 단결하게 한다.

다시 아난다여, 여기 비구는 ④ 법답게 얻은 법다운 것들이 있을 때, 그것이 비록 발우 안에 담긴 것일지라도 그렇게 얻은 것들을 공평하게 나누어서 수용하고, 계를 잘 지키는 동료 수행자들과 함께 나누어서 사용한다. 이것도 기억해야 할 법이니 동료 수행자들에게 호감을 주고 공경을 불러오고 도움을 주고 분쟁을 없애고 화합하고 단결하게 한다.

다시 아난다여, 여기 비구는 ⑤ 동료 수행자들이 면전에 있건 없건 훼손되지 않았고 뚫어지지 않았고 오점이 없고 얼룩이 없고 벗어나게 하고 지자들이 찬탄하고 들러붙지 않고 삼매에 도움이 되는 그런 계들을 그 동료수행자들과 함께 동등하게 구족하여 머문다. 이것도 기억해야 할 법이니 동료 수행자들에게 호감을 주고 공경을 불러

699) 이 여섯 가지는 본서 제2권 「꼬삼비 경」(M48) §6에도 나타난다. 그곳의 주해들을 참조할 것.

오고 도움을 주고 분쟁을 없애고 화합하고 단결하게 한다.

다시 아난다여, 성스럽고, 출리(出離)로 인도하고, 그것을 실천하는 자에게 괴로움의 소멸로 인도하는 [바른] 견해가 있으니, 여기 비구는 ⑥ 동료 수행자들이 면전에 있건 없건, 그 [바른] 견해를 그들과 함께 동등하게 구족하여 머문다. 이것도 기억해야 할 법이니 동료 수행자들에게 호감을 주고 공경을 불러오고 도움을 주고 분쟁을 없애고 화합하고 단결하게 한다."

22. "아난다여, 이 여섯 가지 기억해야 할 법을 받아 지녀 실천한다면 사소하건 중대하건[700] 그대들이 감내하지 못할 말이 있겠는가?"[701]

"그렇지 않습니다, 세존이시여."

"아난다여, 그러므로 이들 여섯 가지 기억해야 할 법을 받아 지녀 실천하라. 그대들에게 이것은 오랜 세월 이익과 행복을 가져올 것이다."

세존께서는 이와 같이 설하셨다. 그 비구들은 흡족한 마음으로 세존의 말씀을 크게 기뻐하였다.

사마가마 경(M104)이 끝났다.

---

700) "'사소하건 중대하건(aṇuṁ vā thūlaṁ vā)'이라는 것은 비난받을 만한 일(sāvajja)이 사소한 것이거나 큰 것을 말한다."(MA.iv.50)

701) 이 표현은 본서 제1권 「톱의 비유 경」(M21) §21에도 나타난다.

수낙캇따 경

Sunakkhatta Sutta(M105)

1. 이와 같이 나는 들었다. [252] 한때 세존께서는 웨살리 큰 숲의 중각강당에 머무셨다.

2. 그 무렵 많은 비구들이 세존의 목전에서 구경의 지혜[702]를 선언했다.[703] '태어남은 다했다. 청정범행은 성취되었다. 할 일을 다

702) "'구경의 지혜(aññā)'는 아라한과(arahatta)를 말한다."(MA.iv.51)

703) '구경의 지혜를 선언한다.' aññaṁ vyākaroti를 옮긴 것이다. '안냐(aññā)'는 ā+√jñā(*to know*)에서 파생된 명사인데 초기불전연구원에서는 '구경의 지혜로' 옮기고 있다. "'구경의 지혜(aññā)'란 아라한과(arahatta)를 뜻한다."(MA.i.301 등)는 주석서의 설명과 본경의 본 문단에서 보듯이 이것은 아라한과를 얻었을 때 생기는 지혜를 나타낸다.
여기서 보듯이 아라한과를 성취한 뒤에 "태어남은 다했다. 청정범행은 성취되었다. 할 일을 다 해 마쳤다. 다시는 어떤 존재로도 돌아오지 않을 것이라고 꿰뚫어 안다.(khīṇā jāti vusitaṁ brahmacariyaṁ kataṁ karaṇīyaṁ nāparaṁ itthattāyāti pajānāmi)"라는 이런 구문으로 자신의 깨달음을 드러내는 것을 '구경의 지혜를 선언한다(aññaṁ vyākaroti).' 혹은 '구경의 지혜를 드러낸다.'라고 표현하고 있다. 본서에서도 몇몇 경에서 이 표현이 나타나고 있다.
이와 관련하여 '바른 구경의 지혜(sammad-aññā)'에 대해서 본서 제1권 「뿌리에 대한 법문 경」(M1) §51의 주해를 참조할 것.

해 마쳤다. 다시는 어떤 존재로도 돌아오지 않을 것이라고 꿰뚫어 안다.'라고.

3. 릿차위의 후예인 수낙캇따[704]는 많은 비구들이 세존의 목전에서 구경의 지혜를 선언하여 '태어남은 다했다. 청정범행은 성취되었다. 할 일을 다 해 마쳤으며, 다시는 어떤 존재로도 돌아오지 않을 것이라고 꿰뚫어 안다.'라고 하는 것을 들었다. 그러자 릿차위의 후예인 수낙캇따는 세존을 뵈러 갔다. 가서는 세존께 절을 올리고 한 곁에 앉았다. 한 곁에 앉아서 릿차위의 후예인 수낙캇따는 세존께 이렇게 말씀드렸다.

4. "세존이시여, 저는 많은 비구들이 … 꿰뚫어 안다고 하는 것을 들었습니다. 세존이시여, 세존의 목전에서 구경의 지혜를 선언하여 '태어남은 다했다. 청정범행은 성취되었다. 할 일을 다 해 마쳤다. 다시는 어떤 존재로도 돌아오지 않을 것이라고 꿰뚫어 안다.'라고 하는 그 비구들은 참으로 바르게 구경의 지혜를 선언한 것입니까, 아니면 그들 가운데서 어떤 비구들은 자신을 과대평가하여[705] 구경의 지혜를 선언한 것입니까?"

---

704) 릿차위의 후예 수낙캇따(Sunakkhatta Licchaviputta)에 대해서는 본서 제1권 「사자후의 긴 경」(M12) §2의 주해를 참조할 것.

705) "'과대평가(adhimāna)'란 증득하지 못한 것에 대해 증득했다는 인식을 가지고(patta-saññi), 얻지 못한 것에 대해 얻었다는 인식을 가져서(adhigata-saññi) 우리는 얻었다고 자만심(māna)으로 이야기하는 것이다."(MA.iv.51)
이런 측면에서 "멍청함과 큰 어리석음 때문에 구경의 지혜를 천명한다. 사악한 원(願)을 가진 자는 그 원에 희생되어 구경의 지혜를 천명한다. 미치고 마음이 혼란하여 구경의 지혜를 천명한다. 과도한 자만심으로 인해 구경의 지혜를 천명한다. 바르게 구경의 지혜를 천명한다. 비구들이여, 이러한 다섯 가지 구경의 지혜에 대한 천명이 있다."라는 『앙굿따라 니까야』 제3권 「천명 경」(A5:93)도 주목할 만하다.

5. "수낙캇따여, 내 앞에서 구경의 지혜를 선언하여 '태어남은 다했다. 청정범행은 성취되었다. 할 일을 다 해 마쳤다. 다시는 어떤 존재로도 돌아오지 않을 것이라고 꿰뚫어 안다.'라고 하는 그들 가운데 어떤 비구들은 바르게 구경의 지혜를 선언했고, 어떤 비구들은 자신을 과대평가하여 구경의 지혜를 선언했다. 수낙캇따여, 거기서 바르게 구경의 지혜를 선언한 비구들의 선언은 사실이다. 수낙캇따여, 그러나 자신을 과대평가하여 구경의 지혜를 선언한 비구들에 대해서는 여래는 '이들에게 법을 설하리라.'라는 생각을 한다. 수낙캇따여, 이와 같이 참으로 이런 경우에 여래는 '이들에게 법을 설하리라.'라고 생각한다. 그러나 여기 어떤 쓸모없는 사람들은 질문을 고안하여 여래에게 와서 질문을 한다. 수낙캇따여, 그런 경우에도 [253] 여래는 '이들에게 법을 설하리라.'라고 생각하지만 [여래의 마음이] 바뀐다."706)

6. "세존이시여, 지금이 바로 그때입니다. 선서시여, 지금이 세존께서 법을 설하실 바로 그때입니다. 세존께 듣고 비구들은 호지할 것입니다."

"수낙캇따여, 그렇다면 듣고 마음에 잘 잡도리하라. 나는 설하리라."

"그러겠습니다, 세존이시여."라고 릿차위의 후예인 수낙캇따는 세

---

706) "'[여래의 마음이] 바뀐다(hoti aññathattaṁ).'라고 하셨다. 세존께서는 도닦는 자들(paṭipannakā)에게 법을 설하신다. 그러나 여기 자신의 욕구에 따라 움직이는(icchācāra) 어떤 어리석은 사람이 있다. 세존께서는 다음과 같이 보신다. '이들은 이 경을 듣고 잘 알지 못하면서도 아는 체하고, 증득하지 못하고서도 증득했다는 인식을 가지고 이 마을 저 마을을 돌아다니는데, 그것은 그들에게 오랜 세월 손해와 괴로움을 가져올 것이다.'라고. 이 사람들의 이익(attha)을 위해 법을 설하리라는 마음이 일어나지만 그 마음이 변해버린다(aññathā-bhāva)."(MA.iv.51~52)
"즉 가르치고 싶은 마음이 없어져버린다는 뜻이다."(MAṬ.ii.247)

존께 응답했다. 세존께서는 이렇게 말씀하셨다.

7. "수낙캇따여, 다섯 가닥의 얽어매는 감각적 욕망이 있다.

무엇이 다섯인가? 원하고 좋아하고 마음에 들고 사랑스럽고 감각적 욕망을 짝하고 매혹적인, 눈으로 인식되는 형색들이 있다. … 귀로 인식되는 소리들이 있다. … 코로 인식되는 냄새들이 있다. … 혀로 인식되는 맛들이 있다. 원하고 좋아하고 마음에 들고 사랑스럽고 감각적 욕망을 짝하고 매혹적인, 몸으로 인식되는 감촉들이 있다.

수낙캇따여, 이것이 다섯 가닥의 얽어매는 감각적 욕망이다.

8. "수낙캇따여, 이런 경우가 있을 것이다. 여기 어떤 사람은 세속적인 것[707]에 마음을 기울일 것이다. 수낙캇따여, 세속적인 것에 마음을 기울이는 사람은 그것과 관련된 이야기에만 관심을 가지고 그것과 관련된 것만을 생각하고 계속해서 관심을 가진다. 그는 그런 부류의 사람과 교제하고 그를 통해서 만족을 얻는다. 흔들림 없음에 관한 이야기를 하게 되면 들으려 하지 않고 귀 기울이지 않고 알고자 하는 마음을 일으키지 않고 그런 부류의 사람과 교제하지 않고 그를 통해 만족을 얻지 못한다."

9. "수낙캇따여, 예를 들면 오래 전에 자기 마을이나 성읍을 떠난 사람이 최근에 그 마을이나 성읍에서 온 다른 사람을 본다고 하자. 그는 그 사람에게 그 마을이나 성읍이 안전한지, 번영하는지, 평화로운지를 물을 것이다. 그 사람은 그에게 그 마을이나 성읍은 안전하고 번영하고 [254] 평화롭다고 말해줄 것이다. 수낙캇따여, 이를 어

---

707) "'세속적인 것(lokāmisa)'이란 윤회와 관계되고 감각적 욕망과 관계되고 세상과 관계된(vaṭṭāmisa-kāmāmisa-lokāmisa) 다섯 가닥의 얽어매는 감각적 욕망(kāma-guṇā)을 말한다."(MA.iv.52)

떻게 생각하는가? 그러면 그 사람은 들으려 하고 귀 기울이고 알고자 하는 마음을 일으키고 그 사람과 교제하고 그를 통해서 만족을 얻겠는가?"

"그렇습니다, 세존이시여."

"수낙캇따여, 그와 같이 여기 어떤 사람은 세속적인 것에 마음을 기울일 것이다. 수낙캇따여, 세속적인 것에 마음을 기울이는 사람은 그것과 관련된 이야기에만 관심을 가지고 그것과 관련된 것만을 생각하고 계속해서 관심을 가진다. 그는 그런 부류의 사람과 교제하고 그를 통해서 만족을 얻는다. 흔들림 없음에 관한 이야기를 하게 되면 들으려 하지 않고 귀 기울이지 않고 알고자 하는 마음을 일으키지 않고 그런 부류의 사람과 교제하지 않고 그를 통해 만족을 얻지 못한다. 이와 같은 자는 세속적인 것에 마음을 기울이는 사람이라고 알아야 한다."

10. "수낙캇따여, 그러나 이런 경우가 있을 것이다. 여기 어떤 사람은 흔들림 없음에 마음을 기울일 것이다.708) 수낙캇따여, 흔들림

708) "'흔들림 없음에 마음을 기울인다(āneñja-adhimutta).'는 것은 오염원으로 축축해짐이 없는(kilesa-siñcana-virahitā) [본경의] 아래에 나타나는 여섯 가지 증득(cha samāpatti)으로 마음이 기울고 향하는 것을 말한다."(MA.iv.53)
일반적으로 '흔들림 없음' 혹은 '흔들림 없는 경지(Be, Se:āneñja, Ee:ānañja)'는 무색계를 뜻한다. 그래서 『디가 니까야 주석서』에는 "흔들림 없는 행위(āneñja-abhisaṅkhāra)란 네 가지 무색계의 유익한 의도와 동의어이다."(DA.iii.998)라고 나타나며, 『청정도론』에는 "흔들림 없는 행위는 무색계 존재에서 네 가지 과보로 나타난 마음에게 삶의 전개과정과 재생연결에서 그와 같이 조건이 된다."(Vis.XVII.181)로 언급하고 있다.
그런데 냐나몰리 스님은 본경과 다음 경에서의 '흔들림 없음(āneñja)'은 색계 제4禪과 무색계의 낮은 두 가지(공무변처와 식무변처)인 세 가지 증득만을 말한다고 설명하고 있다.(냐나몰리 스님/보디 스님 1309쪽 1000번 주해 참조) 본서 제2권 「메추라기 비유 경」(M66) §25에서 제4선은 "흔들림 없

없음에 마음을 기울이는 사람은 그것과 관련된 이야기에만 관심을 가지고 그것과 관련된 것만을 생각하고 계속해서 관심을 가진다. 그는 그런 부류의 사람과 교제하고 그를 통해서 만족을 얻는다. 세속적인 것에 관한 이야기를 하게 되면 들으려 하지 않고 귀 기울이지 않고 알고자 하는 마음을 일으키지 않고 그런 부류의 사람과 교제하지 않고 그를 통해 만족을 얻지 못한다."

11. "수낙캇따여, 마치 줄기에서 떨어진 낙엽이 다시 푸르게 될 수 없듯이 그와 같이 흔들림 없음에 마음을 기울이는 사람은 세속적인 것의 족쇄에서 벗어났기 때문에 세속적인 것의 족쇄에서 벗어나 흔들림 없음에 마음을 기울이는 사람이라고 알아야 한다."

12. "수낙캇따여, 또한 이런 경우가 있을 것이다. 여기 어떤 사람은 무소유처에 마음을 기울일 것이다. 수낙캇따여, 무소유처에 마음을 기울이는 사람은 그것과 관련된 이야기에만 관심을 가지고 그것과 관련된 것만을 생각하고 계속해서 관심을 가진다. 그는 그런 부류의 사람과 교제하고 그를 통해서 만족을 얻는다. [255] 흔들림 없음에 관한 이야기를 하게 되면 들으려 하지 않고 귀 기울이지 않고 알고자 하는 마음을 일으키지 않고 그런 부류의 사람과 교제하지 않고 그를

음에 속한다고 나는 말한다(aniñjitasmiṁ vadāmi)."고 언급되고 있다. 특히 다음의 「흔들림 없음에 적합한 길 경」(M106) §3, §4, §5에서는 각각 제4선과 공무변처와 식무변처가 흔들림 없음으로 언급되고 있다. 그리고 무색계 4禪 가운데 무소유처와 비상비비상처는 본경 §12와 §14에서 따로 언급되기 때문에 흔들림 없음에는 포함되지 않는다. 이처럼 본경과 다음의 「흔들림 없음에 적합한 길 경」(M106) 등의 문맥으로 볼 때 냐나몰리 스님의 설명은 정확하다.

'흔들림(iñjita)'과 '흔들림 없음(aniñjita)'에 대해서는 본서 제2권 「메추라기 비유 경」(M66) §§22~25도 참조할 것. 거듭 밝히지만 이곳 §25에서 제4선은 흔들림 없음에 속한다고 언급되고 있다.

통해 만족을 얻지 못한다."

13. "수낙캇따여, 마치 두 조각이 나버린 바윗돌은 다시 붙을 수가 없듯이[709] 그와 같이 무소유처에 마음을 기울이는 사람은 흔들림 없음의 족쇄에서 벗어났기 때문에 흔들림 없음의 족쇄에서 벗어나 무소유처에 마음을 기울이는 사람이라고 알아야 한다."

14. "수낙캇따여, 또한 이런 경우가 있을 것이다. 여기 어떤 사람은 비상비비상처에 마음을 기울일 것이다. 수낙캇따여, 비상비비상처에 마음을 기울이는 사람은 그것과 관련된 이야기에만 관심을 가지고 그것과 관련된 것만을 생각하고 계속해서 관심을 가진다. 그는 그런 부류의 사람과 교제하고 그를 통해서 만족을 얻는다. 무소유처에 관한 이야기를 하게 되면 들으려 하지 않고 귀 기울이지 않고 알고자 하는 마음을 일으키지 않고 그런 부류의 사람과 교제하지 않고 그를 통해 만족을 얻지 못한다."

15. "수낙캇따여, 예를 들면 좋아하는 맛난 음식을 먹은 사람이 [남은] 것을 버린다고 하자. 수낙캇따여, 이를 어떻게 생각하는가? 그 사람이 그 음식을 다시 먹기를 원하겠는가?"

"아닙니다, 세존이시여."

"그것은 무슨 까닭인가?"

"그 음식에 대해 혐오감이 생겼기 때문입니다."

"수낙캇따여, 그와 같이 이 비상비비상처에 마음을 기울이는 사람

---

709) "주먹만 한 작은 돌은 밀랍이나 시멘트로 접합할 수가 있지만 [두 쪽 나버린] 바윗돌은 붙일 수가 없다. 높은 단계의 증득을 얻은 자(uparisamāpatti-lābhi)에게 낮은 단계의 증득(heṭṭhā-samāpatti)은 두 쪽 난 바윗돌과 같아서 그것을 증득하리라는 마음을 일으키지 않는다. 이것과 관련하여 말씀하신 것이다."(MA.iv.53)

은 무소유처의 족쇄를 잘라버렸기 때문에[710] 무소유처의 족쇄에서 벗어나 비상비비상처에 마음을 기울이는 사람이라고 알아야 한다."

16. "수낙캇따여, 또한 이런 경우가 있을 것이다. 여기 어떤 사람은 완전한 열반으로 마음을 기울일 것이다. 수낙캇따여, 완전한 열반으로 마음을 기울이는 사람은 그것과 관련된 이야기에만 관심을 가지고 그것과 관련된 것만을 생각하고 계속해서 관심을 가진다. 그는 그런 부류의 사람과 교제하고 그를 통해서 만족을 얻는다. 비상비비상처에 관한 이야기를 하게 되면 [256] 들으려 하지 않고 귀 기울이지 않고 알고자 하는 마음을 일으키지 않고 그런 부류의 사람과 교제하지 않고 그를 통해 만족을 얻지 못한다."

17. "수낙캇따여, 마치 윗부분이 잘려버린 야자수는 다시 자랄 수가 없듯이 그와 같이 완전한 열반으로 마음을 기울이는 사람은 비상비비상처의 족쇄를 끊어버려 그 뿌리를 잘랐고, 윗부분이 잘린 야자수처럼 만들었고, 멸절시켜, 미래에 다시는 일어나지 않게끔 하였다. 그를 비상비비상처의 족쇄에서 벗어나 완전한 열반으로 마음을 기울이는 사람이라고 알아야 한다."

18. "수낙캇따여, 또한 이런 경우가 있을 것이다. 여기 어떤 비구는 이런 생각을 할 것이다. '갈애는 쇠살이라고 사문[711]께서 말씀하셨다. 무명이라 불리는 독은 탐욕과 악의와 함께 동요한다. 나는 그

---

710) "여덟 가지 증득을 얻은 사람(aṭṭha-samāpatti-lābhi)에게 낮은 단계의 증득은 마치 토해낸 배설물처럼(vanta-sadisā) 여겨지기 때문에 다시 증득에 들어야지 하는 마음이 일어나지 않는다. 이것과 관련하여 말씀하신 것이다." (MA.iv.54)

711) "'사문(samaṇa)'은 부처님(buddha-samaṇa)을 말한다."(MA.iv.55) 본서 「어떻게 생각하는가 경」(M103) §15에도 이런 용례가 나타난다.

갈애의 화살을 제거했고 무명이라는 독을 제거했다. 나는 완전한 열반으로 마음을 기울인다.'라고.

그 비구는 사실이 아님에도 불구하고 이렇게 생각한다.712) 그는 완전한 열반으로 마음을 기울인 자에게 적절하지 않은 것들을 추구할 것이다. 눈으로 적절하지 않은 형색을 추구할 것이다. 귀로 적절하지 않은 소리를 추구할 것이다. 코로 적절하지 않은 냄새를 추구할 것이다. 혀로 적절하지 않은 맛을 추구할 것이다. 몸으로 적절하지 않은 감촉을 추구할 것이다. 마노로 적절하지 않은 법을 추구할 것이다. 그가 눈으로 적절하지 않은 형색을 추구하고, 귀로 적절하지 않은 소리를 추구하고, 코로 적절하지 않은 냄새를 추구하고, 혀로 적절하지 않은 맛을 추구하고, 몸으로 적절하지 않은 감촉을 추구하고, 마노로 적절하지 않은 법을 추구할 때 탐욕이 마음을 해칠 것이다.713) 그는 마음이 탐욕으로 훼손된 채 죽거나 죽음에 버금가는 고통을 겪을 것이다."

19. "수낙캇따여, 예를 들면 어떤 사람이 독이 가득 묻은 화살에 맞았다 하자. 그의 친구나 동료나 일가친척들이 그를 치료하기 위해

---

712) 역자가 저본으로 삼은 Ee에는 evaṁmāni assa atthaṁ samānaṁ으로 나타난다. 그러므로 '그는 이렇게 자신의 목표를 생각하면서'라고 해석할 수 있다. 그러나 Be에는 evaṁmāni assa atathaṁ samānaṁ라고 나타나는데 이 문장에 따르면 '그는 사실이 아님에도 불구하고 이렇게 여긴다.' 즉 과대평가한다는 뜻으로 볼 수 있다. 문맥상 세존께서 처음부터 과대평가(adhi-māna)에 대한 문제로 법문을 설하셨기 때문에 역자는 Be를 따라 해석했다.

713) "'해칠 것이다(anuddhaṁseyyā)'라는 것은 방해한다(vibādheyya)는 것이다. 왜냐하면 탐욕(rāga)은 일어나자마자 유익한 마음이 발생할 기회(okā-sa)를 빼앗아버리고 그것을 방해한다. 그렇게 하면서 돈독한 믿음(saddhā-sineha)으로 증장시킨 사마타와 위빳사나를 토해내어(vamana) 그것을 말려버리고(visoseti) 무미건조하게 한다(milāpeti). 그러므로 주석서에서는 말려버린다(soseyya), 무미건조하다(milāpeyya)는 뜻이라고 했다."(MAṬ.ii.249)

의사를 데려올 것이다. 그 의사는 칼로 그의 상처 부위를 도려낼 것이다. 상처 부위를 도려내고 탐침으로 화살을 찾을 것이다. 탐침으로 화살을 찾아내어 [257] 그것을 뽑아내고 독기를 제거했지만 [독기의] 흔적은 남아있을 것714)이다. 그는 독기의 흔적은 남아있다고 알면서715) 그에게 이렇게 말할 것이다.

'선남자여, 그대의 화살을 뽑아내었고 독기를 제거했지만 [독기의] 흔적은 아직 남아 있습니다. 그러나 그것이 그대에게 장애가 되지는 않을 것입니다.716) 그대는 반드시 적당한 음식을 먹어야 하고 부적

---

714) '[독기의] 흔적이 남아있음'으로 옮긴 술어는 saupādisesa이다. 이것은 sa(함께)+upādi(흔적, 취착의 자취)+sesa(남음)로 분석이 된다. 여기서 upādi는 upa(위로)+ā(이 쪽으로)+√dā(*to give*)에서 파생된 남성명사로서 위에 놓여있음이라는 문자적인 뜻에서 남아 있음을 뜻한다. 그래서 '흔적'으로 옮겼다.

이 술어는 특히 열반을 수식하는 술어로 쓰여 saupādisesa-nibbāna로 나타나는데 이 경우는 유여열반(有餘涅槃)으로 옮겨졌다. 이 경우에 우빠디(upādi)는 업으로 받은(upādiyati) [몸]이라는 뜻이 된다.

이렇게 하여 아라한이 아직 몸이 남아있는 경우에 체험하는 열반을 유여열반계(有餘涅槃界, saupādisesa-nibbāna-dhātu), 줄여서 유여열반이라 하고, 아라한이 임종하여 얻는 열반을 무여열반계(無餘涅槃界, 무여열반의 요소(경지), anupādisesa-nibbāna-dhātu) 줄여서 무여열반이라 한다.

그리고 본경의 여기 §§19~20와 §§24~25에서 보듯이 '독기(毒氣, visa-dosa)'의 흔적이 남아있는 것을 saupādisesa(有餘)라 부르고 있고 아래 §20 등에서는 아무런 [독기의] 흔적도 남아 있지 않는 것을 anupādisesa(無餘)라 지칭하고 있다. 이런 것을 볼 때 이 술어는 그 당시 의학용어였던 것을 세존께서 불교술어로 채택하신 것이 아닌가 하는 생각도 든다.

715) 본문의 '그는 [독기의] 흔적이 남아있다고 알면서'는 Be의 saupādiseso ti jānamāno를 옮긴 것이고 '그러나 그것이 그대에게 장애가 되지는 않을 것입니다.'는 Be의 analañ ca te antarāyāya를 옮긴 것이다. Ee에는 각각 anupādisesoti maññamāno와 alañ ca te antarāyāya 로 나타나는데 Be의 뜻과는 반대로 '흔적이 남아 있지 않다고 알면서'와 '그것이 그대에게 장애가 될 것입니다.'로 해석이 되어서 문맥과 반대되는 뜻이 되어버린다. 그래서 Be에 준해서 옮겼다. 냐나몰리 스님도 이렇게 옮기고 있다.(냐나몰리 스님/보디 스님, 865쪽 §19참조)

당한 음식을 먹으면 안됩니다. 그러면 상처가 곪을 수 있습니다. 때때로 상처를 소독해야 하고 때때로 상처 부위에 연고를 발라야 합니다. 때때로 상처를 소독하고 때때로 상처 부위에 연고를 발라서 피고름이 상처 부위를 덮지 않게 해야 합니다. 바람과 햇볕에 노출하지 마십시오. 바람과 햇볕에 노출되면 먼지와 티끌이 상처 부위를 곪게 할 것입니다. 선남자여, 상처를 잘 돌보십시오. 상처를 치유하기를 바랍니다.'라고."

20. "그는 이런 생각을 할 것이다. '나의 화살은 뽑혔고 독기는 제거되었고 [독기의] 흔적도 남아 있지 않다.[717] 그러니 더 이상 나에게 장애가 되지 않을 것이다.'라고.

그는 부적당한 음식을 먹을 것이다. 그가 부적당한 음식을 먹으면 상처가 곪게 될 것이다. 그는 때때로 상처를 소독하지도 않고 때때로 상처 부위에 연고를 바르지도 않을 것이다. 그가 때때로 소독하지 않고 때때로 상처 부위에 연고를 바르지 않아서 피고름이 상처 부위를 덮을 것이다. 그는 상처 부위를 바람과 햇볕에 노출할 것이다. 그가 바람과 햇볕에 노출하여 먼지와 티끌이 상처 부위를 곪게 할 것이다. 그는 상처를 잘 돌보지 않을 것이고 상처를 치유하지 못할 것이다. 이와 같은 그의 부적절한 행위와 나쁜 독기는 제거했지만 [독기의] 흔적은 아직 남아있는 것, 이 두 가지 때문에 상처는 다시 부어오를 것이다. 상처가 다시 부어오르게 되면 그는 죽거나 죽음에 버금가는 고통을 겪을 것이다."

---

716) "'장애가 되지는 않을 것입니다(analañ ca te antarāyāya)'란 생명을 앗아 가지는 않는다(jīvitantarāyaṁ te kātuṁ asamatthaṁ)는 뜻이다."(MA.iv.55)

717) '아무런 [상처의] 흔적도 남아 있지 않음'은 anupādisesa를 옮긴 것이다. 위 §19의 해당 주해를 참조할 것.

21. "수낙캇따여, 그와 같이 여기 어떤 비구는 이런 생각을 할 것이다. '갈애는 쇠살이라고 사문께서 말씀하셨다. 무명이라 불리는 독은 탐욕과 악의와 함께 동요한다. 나는 그 갈애의 화살을 제거했고 [258] 무명이라는 독을 제거했다. 나는 완전한 열반으로 마음을 기울인다.'라고.

그 비구는 사실이 아님에도 불구하고 이렇게 생각한다. 완전한 열반으로 마음을 기울인 자에게 적절하지 않은 것들을 추구할 것이다. 눈으로 적절하지 않은 형색을 추구할 것이다. 귀로 적절하지 않은 소리를 추구할 것이다. 코로 적절하지 않은 냄새를 추구할 것이다. 혀로 적절하지 않은 맛을 추구할 것이다. 몸으로 적절하지 않은 감촉을 추구할 것이다. 마노로 적절하지 않은 법을 추구할 것이다. 그가 눈으로 적절하지 않은 형색을 추구하고, 귀로 적절하지 않은 소리를 추구하고, 코로 적절하지 않은 냄새를 추구하고, 혀로 적절하지 않은 맛을 추구하고, 몸으로 적절하지 않은 감촉을 추구하고, 마노로 적절하지 않은 법을 추구할 때 탐욕이 마음을 해칠 것이다. 그는 마음이 탐욕으로 훼손된 채 죽거나 죽음에 버금가는 고통을 겪을 것이다."

22. "수낙캇따여, 참으로 성스러운 율에서 공부지음을 버리고 낮은 [재가자의] 삶으로 돌아 가버린 자는 죽은 것이나 마찬가지이다. 수낙캇다여, 오염된 범계(犯戒)를718) 저지르는 자는 죽음에 버금가는

718) 냐나몰리 스님은 주해에서 '오염된 범계(saṅkiliṭṭhā āpatti)'란 네 가지 빠라지까(pārājika, 波羅夷罪)나 13가지 상가디세사(saṅghādisesa, 僧殘罪) 같은 중한 범계를 뜻하는 것으로 봐야 한다고 설명하고 있다.(냐나몰리 스님/보디 스님 1310쪽 1004번 주해 참조) 보디 스님도 『상윳따 니까야』 제4권 「나무 더미 비유 경」 2(S35:242)의 주해에서 이렇게 설명하고 있다.
그런데 이 「나무 더미 비유 경」 2(S35:242)에 해당하는 주석서에는 "숨기는 순간(paṭicchanna-kāla)부터 시작해서 오염되지 않은 범계(asaṅkiliṭṭhā āpatti)라는 것은 없다. 그런 오염된 계를 범하는 것을 뜻한다."(SA.iii.43)

고통을 겪을 것이다."

23. "수낙캇따여, 그러나 이런 경우가 있을 것이다. 여기 어떤 비구는 이런 생각을 할 것이다. '갈애는 쇠살이라고 사문께서 말씀하셨다. 무명이라 불리는 독은 탐욕과 악의와 함께 동요한다. 나는 그 갈애의 화살을 제거했고 무명이라는 독을 제거했다. 나는 완전한 열반으로 마음을 기울인다.'라고.

그가 이렇게 완전한 열반으로 마음을 기울일 때, 완전한 열반으로 마음을 기울인 자에게 적절하지 못한 것들은 추구하지 않을 것이다. 눈으로 적절하지 않은 형색을 추구하지 않을 것이다. 귀로 적절하지 않은 소리를 추구하지 않을 것이다. 코로 적절하지 않은 냄새를 추구하지 않을 것이다. 혀로 적절하지 않은 맛을 추구하지 않을 것이다. 몸으로 적절하지 않은 감촉을 추구하지 않을 것이다. 마노로 적절하지 않은 법을 추구하지 않을 것이다. 그가 눈으로 적절하지 않은 형색을 추구하지 않고, 귀로 적절하지 않은 소리를 추구하지 않고, 코로 적절하지 않은 냄새를 추구하지 않고, 혀로 적절하지 않은 맛을 추구하지 않고, 몸으로 적절하지 않은 감촉을 추구하지 않고, 마노로 적절하지 않은 법을 추구하지 않을 때 탐욕이 마음을 해치지 못할 것이다. [259] 그의 마음이 탐욕으로 훼손되지 않기 때문에 죽거나 죽음에 버금가는 고통을 겪지 않을 것이다."

24. "수낙캇따여, 예를 들면 어떤 사람이 독이 가득 묻은 화살에 맞았다 하자. 그의 친구나 동료나 일가친척들이 그를 치료하기 위해

라고 설명하고 있다. 『상윳따 니까야』 제4권 「나무 더미 비유 경」 2(S35:242) §7의 해당 주해를 참조할 것.

빠라지까(바라이죄) 등의 일곱 가지 범계의 무더기(satta āpattikkhandha)에 대해서는 본서 「사마가마 경」(M104) §16의 주해를 참조할 것.

의사를 데려올 것이다. 그 의사는 칼로 그의 상처 부위를 도려낼 것이다. 상처 부위를 도려내고 탐침으로 화살을 찾을 것이다. 탐침으로 화살을 찾아내어 그것을 뽑아내고 어떤 흔적도 남기지 않고 독기를 제거할 것이다. 그는 [독기의] 흔적이 남아 있지 않음을 알면서 그에게 이렇게 말할 것이다.

'선남자여, 그대의 화살을 뽑아내었고 어떤 흔적도 남기지 않고 독기를 제거했습니다. 이것이 그대에게 아무런 장애가 되지 않을 것입니다. 그대는 반드시 적당한 음식을 먹어야 하고 부적당한 음식을 먹으면 안됩니다. 그러면 상처가 있던 자리가 곪을 수 있습니다. 때때로 상처를 소독해야 하고 때때로 상처 부위에 연고를 발라야 합니다. 때때로 상처를 소독하고 때때로 상처 부위에 연고를 발라서 피고름이 상처 부위를 덮지 않게 해야 합니다. 바람과 햇볕에 노출하지 마십시오. 바람과 햇볕에 노출되면 먼지와 티끌이 상처 부위를 곪게 할 것입니다. 선남자여, 상처를 잘 돌보십시오. 상처를 잘 치유하기를 바랍니다.'라고."

25. "그는 이런 생각을 할 것이다. '나의 화살은 뽑혔고 어떤 흔적도 없이 독기가 제거되었다. 이것이 나에게 장애가 되지 않을 것이다.'라고. 그는 적당한 음식을 먹을 것이다. 그가 적당한 음식을 먹으면 상처가 있던 자리가 곪지 않을 것이다. 그는 때때로 상처 부위를 소독하고 때때로 상처 부위에 연고를 바를 것이다. 그가 때때로 소독하고 때때로 상처 부위에 연고를 발라서 피고름이 상처 부위를 덮지 않을 것이다. 그는 바람과 햇볕에 노출하지 않을 것이다. 그가 바람과 햇볕에 노출하지 않아 먼지와 티끌이 상처 부위를 곪게 하지 않을 것이다. 그는 상처 부위를 잘 돌볼 것이고 상처가 있던 자리를 잘 관리할 것이다. 이와 같은 그의 적절한 행위와 어떤 흔적도 없이 나쁜

독기를 제거한 것, 이 두 가지 때문에 상처는 치유될 것이다. 그는 상처가 치유되고 새살이 나서, 죽거나 죽음에 버금가는 고통을 겪지 않을 것이다."

26. "수낙캇따여, 그와 같이 여기 어떤 비구는 이런 생각을 할 것이다. '갈애는 쇠살이라고 사문께서 말씀하셨다. [260] 무명이라 불리는 독은 탐욕과 악의와 함께 동요한다. 나는 그 갈애의 화살을 제거했고 무명이라는 독을 제거했다. 나는 완전한 열반으로 마음을 기울인다.'라고.

그가 이렇게 완전한 열반으로 마음을 기울일 때, 완전한 열반으로 마음을 기울인 자에게 적절하지 못한 것들은 추구하지 않을 것이다. 눈으로 적절하지 않은 형색을 추구하지 않을 것이다. 귀로 적절하지 않은 소리를 추구하지 않을 것이다. 코로 적절하지 않은 냄새를 추구하지 않을 것이다. 혀로 적절하지 않은 맛을 추구하지 않을 것이다. 몸으로 적절하지 않은 감촉을 추구하지 않을 것이다. 마노로 적절하지 않은 법을 추구하지 않을 것이다. 그가 눈으로 적절하지 않은 형색을 추구하지 않고, 귀로 적절하지 않은 소리를 추구하지 않고, 코로 적절하지 않은 냄새를 추구하지 않고, 혀로 적절하지 않은 맛을 추구하지 않고, 몸으로 적절하지 않은 감촉을 추구하지 않고, 마노로 적절하지 않은 법을 추구하지 않을 때 탐욕이 마음을 해치지 못할 것이다. 그의 마음이 탐욕으로 훼손되지 않기 때문에 죽거나 죽음에 버금가는 고통을 겪지 않을 것이다."

27. "수낙캇따여, 이 비유는 뜻을 전달하기 위해서 내가 만든 것이다. 그 뜻은 이러하다. 수낙캇따여, 상처란 여섯 가지 안의 감각장소[六內處]를 두고 한 말이다. 수낙캇따여, 독기는 무명을 두고 한 말

이다. 수낙캇따여, 화살은 갈애를 두고 한 말이다. 수낙캇따여, 탐침은 마음챙김을 두고 한 말이다. 수낙캇따여, 칼은 성스러운 통찰지를 두고 한 말이다.[719] 수낙캇따여, 화살을 제거하는 의사는 여래·아라한·정등각자를 두고 한 말이다."

28. "수낙캇따여, 참으로 그 비구가 여섯 가지 감각접촉의 장소[六觸處]에서 단속하여 집착이 괴로움의 뿌리임을 알아[720] 집착을 여의고[721] 집착을 부수어 해탈하면 재생의 근거가 되는 [감각적 욕망][722]으로 몸을 향하게 하거나 마음을 일어나게 하는 것은 불가능하다."

29. "수낙캇따여, 예를 들면 청동 컵에 아름다운 색깔과 향긋한 냄새의 맛있는 음료가 있는데 독과 섞여 있다고 하자. 그때 살기를 원하고 죽기를 싫어하며 즐거움을 원하고 괴로움에 진저리치는 사람이 온다고 하자.[723] 수낙캇따여, 이를 어떻게 생각하는가? 그 사람

---

719) "여기서 '마음챙김(sati)'은 통찰지로 인도하는 것(paññā-gatikā)을 말하는데 세간적인(lokikā) 통찰지로 인도하는 것은 세간적인 마음챙김이고, 출세간적인(lokuttarā) 통찰지로 인도하는 것은 출세간적인 마음챙김이다. '성스러운 통찰지(ariyā paññā)'란 청정한(parisuddhā) 위빳사나의 통찰지(vipassanā-paññā)를 말한다."(MA.iv.55)

720) 본서 제2권 「메추라기 비유 경」(M66) §17에도 같은 내용이 나타난다.

721) "'집착이 괴로움의 뿌리임을 알아 집착을 여읜다(upadhi dukkhassa mūlan ti iti viditvā nirupadhi).'는 것은 오염원인 집착을 버렸기 때문에(kiles-upadhi-pahānā) 집착을 여읜 것이다."(MA.iv.56)
복주서는 다음과 같이 설명한다.
"여기서 '알아(viditvā)'라는 것은 위빳사나의 통찰지와 함께한(vipassanā-paññā-sahitā) 도의 통찰지(magga-paññā)로 아는 것을 말한다."(MAṬ.ii.250)

722) "'재생의 근거(upadhi)'란 감각적 욕망(kāma)을 말한다."(MA.iv.56)

723) 이 비유는 본서 제2권 「법 실천의 긴 경」(M46) §19에도 나타난다.

은 자기가 이것을 마시면 죽거나 죽음에 버금가는 고통을 겪을 것이라는 것을 알면서도 이 청동 컵에 들어있는 음료를 마시겠는가?"

"아닙니다, 세존이시여." [261]

"수낙캇따여, 그와 같이 참으로 비구가 여섯 가지 감각접촉의 장소[六觸處]에서 단속하여 집착이 괴로움의 뿌리임을 알아 집착을 여의고 집착을 부수어 해탈하면 집착의 대상으로 몸을 향하게 하거나 마음을 일어나게 하는 것은 불가능하다."

30. "수낙캇따여, 예를 들면 맹독을 가진 독사가 있다고 하자. 그때 살기를 원하고 죽기를 싫어하며 즐거움을 원하고 괴로움에 진저리치는 사람이 온다고 하자. 이를 어떻게 생각하는가, 수낙캇따여? 그 사람은 내가 이 독사에게 물리면 죽거나 죽음에 버금가는 고통을 겪을 것이라는 것을 알면서도 그 맹독을 가진 독사에게 손이나 손가락을 주겠는가?"

"아닙니다, 세존이시여."

"수낙캇따여, 그와 같이 참으로 비구가 여섯 가지 감각접촉의 장소[六觸處]에서 단속하여 집착이 괴로움의 뿌리임을 알아 집착을 여의고 집착을 부수어 해탈하면 집착의 대상으로 몸을 향하게 하거나 마음을 일어나게 하는 것은 불가능하다."

세존께서는 이와 같이 설하셨다. 릿차위의 후예인 수낙캇따는 흡족한 마음으로 세존의 설법을 크게 기뻐하였다.

수낙캇따 경(M105)이 끝났다.

흔들림 없음에 적합한 길 경

Aneñjasappāya Sutta(M106)

1. 이와 같이 나는 들었다. 한때 세존께서는 꾸루의 깜맛사담마라는 꾸루들의 성읍[724]에 머무셨다. 거기서 세존께서는 "비구들이여."라고 비구들을 부르셨다. "세존이시여."라고 비구들은 세존께 응답했다. 세존께서는 이렇게 말씀하셨다.

2. "비구들이여, 감각적 욕망[725]이란 무상하고 허망하고 거짓되고 부질없는 것이다. 비구들이여, 그것은 환영(幻影)이고 어리석은 자들의 지껄임[726]이다. 현재의 감각적 욕망과 미래의 감각적 욕망,[727] [262] 현재의 감각적 욕망에 대한 인식[728]과 미래의 감각적

---

724) 본서 제1권 「마음챙김의 확립 경」(염처경, M10)도 이곳에서 설하셨다. 꾸루(Kuru)에 대해서는 「마음챙김의 확립 경」(M10) §1의 주해를 참조할 것.

725) "여기서 '감각적 욕망(kāmā)'은 대상으로서의 감각적 욕망(vatthu-kāmā)과 오염원으로서의 감각적 욕망(kilesa-kāmā)을 모두 말한다."(MA.iv.56)

726) "'어리석은 자들의 지껄임(bāla-lāpana)'이라고 하셨다. 내 아들, 내 딸, 내 금덩이라고 이렇듯 어리석은 자들이 지껄이기 때문에 이렇게 말씀하셨다."(MA.iv.57)

727) "'현재의 감각적 욕망(diṭṭhadhammikā kāmā)'이란 인간들의 다섯 가닥의

욕망에 대한 인식의 이 둘은[729] 마라의 영토이고 마라의 범위이고 마라의 미끼이며 마라의 소유지이다. 이것 때문에 나쁘고 해로운 마음의 상태인 욕심과 악의와 성급함이 일어난다. 이들은[730] 성스러운 제자가 공부지을 때 장애가 된다."

흔들림 없음[731]

3. "비구들이여, 이 경우에 성스러운 제자는 이렇게 숙고한다. '현재의 감각적 욕망과 미래의 감각적 욕망과 … 이들은 성스러운 제자가 공부지을 때 장애가 된다. 참으로 나는 풍부하고 고귀한 마음으로 세상을 극복하고[732] 굳건한 마음으로[733] 머물리라. 참으로 내

얽어매는 감각적 욕망(pañca kāmaguṇā)을 말하고 '미래의 감각적 욕망(samparāyikā kāmā)'이란 그 나머지를 말한다."(MA.iv.57)

728) "'현재의 감각적 욕망에 대한 인식(diṭṭha-dhammikā-kāma-saññā)'이란 인간들의 감각적 욕망과 관련하여 일어난 인식을 말한다."(MA.iv.57)

729) "둘이란 감각적 욕망과 감각적 욕망에 대한 인식을 말한다."(MA.iv.57)

730) "성스러운 제자가 이 교단에서 공부지을 때 이 세 가지 오염원들(kilesā)은 장애(antarāya-karā)가 된다."(MA.iv.57)

731) '흔들림 없음'은 āneñja를 옮긴 것이다. 일반적으로 '흔들림 없음' 혹은 '흔들림 없는 경지(āneñja 혹은 ānejja)'는 항상 무색계를 뜻한다. 그런데 냐나몰리 스님은 주해에서 본경에서의 흔들림 없음(āneñja)은 색계 제4禪과 무색계의 낮은 두 가지 禪인 공무변처와 식무변처의 세 가지 증득만을 말한다고 설명하고 있다.(냐나몰리 스님/보디 스님 1309쪽 1000번 주해 참조) 본경과 앞의 「수낙캇따 경」(M105)의 문맥으로 볼 때 이것은 아주 타당한 설명이라 여겨진다. 본서 「수낙캇따 경」(M105) §10의 주해를 참조할 것.

732) "'세상을 극복하고(abhibhuyya loka)'란 감각적 욕망의 세상(kāma-loka)을 극복한다는 뜻이다."(MA.iv.57)

733) "'굳건한 마음으로(adhiṭṭhāya manasā)'라는 것은 禪을 대상으로 하는 마음(jhān-ārammaṇa-citta)으로 굳건히 결심하여 머문다는 말이다."(MA.iv.57)

가 풍부하고 고귀한 마음으로 세상을 극복하고 굳건한 마음으로 머물 때 나쁘고 해로운 마음의 상태인 욕심과 악의와 성급함이 생기지 못할 것이다. 이들을 제거할 때 나의 마음은 제한 없고 무량하며 잘 개발될 것이다.'[734]라고.

그가 이와 같이 도닦고 그 [도닦음]을 많이 행하면서 머물면[735] 그의 마음은 이런 경지에 청정한 믿음을 낼 것이다.[736] 청정한 믿음이 있으면 그는 지금 흔들림 없음을 증득하거나[737] 통찰지로 [해탈하리라는] 확신을 가진다. 몸이 무너져 죽은 뒤 [재생으로] 나아가는 그의 알음알이는 흔들림 없음에 이를 것이다. 비구들이여, 이를 일러 흔들림 없음에 적합한 첫 번째 도닦음이라 한다."

---

734) "욕계의 마음(kāmāvacara-citta)은 제한된(paritta) 마음이라 한다. 그것을 버림으로써 고귀하고(mahaggata) 제한 없는(aparitta) 마음이라 한다. 그와 마찬가지로 색계(rūpa-avacara)와 무색계(arūpa-avacara)의 마음을 무량한(appamāṇa) 마음이라 한다. 그러나 '잘 개발되었다(subhāvita)'는 것은 욕계·색계·무색계에는 해당되지 않고 오직 출세간(lokuttara)에만 해당된다. 그러므로 '제한 없고 무량하며 잘 개발된다(aparittaṁ appamāṇaṁ subhāvitaṁ).'는 것은 오직 출세간 마음을 말한 것이다."(MA.iv.58~59)

735) '그 [도닦음]을 많이 행하면서 머물면'은 tab-bahula-vihārino을 옮긴 것인데, "감각적 욕망을 몰아내어 반드시 그 도닦음을(tameva paṭipadaṁ) 많이 행하면서(bahulaṁ katvā) 머문다."(MA.iv.59)는 뜻이라고 주석서에서 설명하고 있어 이렇게 옮겼다.

736) "'이러한 경지(āyatana)'란 아라한과(arahatta)나 아라한과로 인도하는 위빳사나나 제4선이나 제4선으로 인도하는 근접삼매(upacāra)를 말한다.
'이러한 경지에 청정한 믿음을 낸다(āyatane cittaṁ pasīdati).'는 것은 아라한과로 인도하는 위빳사나를 얻거나 제4선으로 인도하는 근접삼매를 얻는 것(paṭilābha)을 말한다. 위빳사나는 통찰지를 확고하게 하는(adhimuccana) 원인(kāraṇa)이고 근접삼매는 흔들림 없는 경지를 얻는(āneñja-samā-patti) 원인이다."(MA.iv.59~60)

737) "여기서 '흔들림 없음을 증득한다(āneñjaṁ samāpajjati).'는 것은 제4선(catuttha-jjhāna)의 흔들림 없음에 해당한다."(MA.iv.62)

4. "다시 비구들이여, 성스러운 제자는 이렇게 숙고한다.738) '현재의 감각적 욕망과 미래의 감각적 욕망, 현재의 감각적 욕망에 대한 인식과 미래의 감각적 욕망에 대한 인식이 있고, 물질이라면 그 것이 어떤 것이든 그것은 모두 네 가지 근본물질[四大]과 그 근본물질에서 파생된 물질들[所造色]이다.'라고.

그가 이와 같이 도닦고 그 도닦음을 많이 행하면서 머물면739) 그의 마음은 이런 경지에 청정한 믿음을 낼 것이다. 청정한 믿음이 있으면 그는 지금 흔들림 없음을 증득하거나740) 통찰지로 [해탈하리라는] 확신을 가진다. 몸이 무너져 죽은 뒤 [재생으로] 나아가는 그의 알음알이는 흔들림 없음에 이를 것이다. 비구들이여, 이를 일러 흔들림 없음에 적합한 두 번째 도닦음이라 한다." [263]

5. "다시 비구들이여, 성스러운 제자는 이렇게 숙고한다.741) '현재의 감각적 욕망이건 미래의 감각적 욕망이건, 현재의 감각적 욕망에 대한 인식이건 미래의 감각적 욕망에 대한 인식이건, 현재의 물질들이건 미래의 물질들이건, 현재의 물질들에 대한 인식이건 미래의 물질들에 대한 인식이건, 이 둘은 다 무상하다. 무상한 것은 기뻐

---

738) "'이렇게 숙고한다(iti patisañcikkhati).'는 것은 제4선을 얻고 나서 이렇게 숙고한다는 말이다. 이 비구는 이전의 비구보다 통찰지가 더 크기 때문에 그 비구의 명상주제(kamma-ṭṭhāna)와 자신의 명상주제를 하나로 만들어서 명상한다(sammasati)."(MA.iv.62)

739) "물질을 제거한(rūpa-paṭibāhana) 그 도닦음(paṭipada)을 많이 행하면서 머문다는 말이다."(MA.iv.62)

740) "여기서 '흔들림 없음을 증득한다(āneñjaṁ samāpajjati).'는 것은 공무변처(ākāsānañc-āyatana)의 흔들림 없음을 말한다."(MA.iv.62)

741) "공무변처를 얻고 나서 이렇게 숙고한다(paṭisañcikkhati). 이 비구는 앞의 두 비구보다 통찰지가 더 크기 때문에 그 두 비구들의 명상주제와 자신의 명상주제를 하나로 만들어 명상한다(sammasati)."(MA.iv.63)

할 가치가 없고[742] 환영할 가치가 없고 고수할 가치가 없다.'라고.

그가 이와 같이 도닦고 그 도닦음[743]을 많이 행하면서 머물면 그의 마음은 이런 경지에 청정한 믿음을 낼 것이다. 청정한 믿음이 있으면 그는 지금 흔들림 없음[744]을 증득하거나 통찰지로 [해탈하리라는] 확신을 가진다. 몸이 무너져 죽은 뒤 [재생으로] 나아가는 그의 알음알이는 흔들림 없음에 이를 것이다. 비구들이여, 이를 일러 흔들림 없음에 적합한 세 번째 도닦음이라 한다."

무소유처

6. "다시 비구들이여, 성스러운 제자는 이렇게 숙고한다. '현재의 감각적 욕망이건 미래의 감각적 욕망이건, 현재의 감각적 욕망에 대한 인식이건 미래의 감각적 욕망에 대한 인식이건, 현재의 물질들이건 미래의 물질들이건, 현재의 물질들에 대한 인식이건 미래의 물질들에 대한 인식이건, 흔들림 없음에 대한 인식이건 이들은 모두 인식들이다. 이들이 남김없이 멸하는 곳,[745] 그것은 고요하고 그것은 수승하나니[746] 그것은 바로 무소유처이다.'라고.

---

742) "'기뻐할 가치가 없다(nālaṁ abhinandituṁ).'는 것은 갈애와 사견(taṇhā-diṭṭhi)을 가지고 기뻐할 가치가 없다는 말이고, 나머지도 그와 같다."(MA.iv.63)

743) "여기서 '도닦음(paṭipadā)'이란 감각적 욕망도 물리치고(kāma-paṭibāha-na) 물질도 제거한(rūpa-paṭibāhana) 그런 도닦음이다."(MA.iv.63)

744) "이것은 식무변처의 흔들림 없음(viññāṇañc-āyatan-āneñja)이다."(MA.iv.63)

745) "무소유처(ākiñcaññ-āyatana)라는 경지에 이르러 앞서 말한 이 모든 인식들은 남김없이 소멸한다."(MA.iv.63)

746) "이 경지는 구성요소가 고요하고(aṅga-santatā) 대상이 고요하기(ārammaṇa-santatā) 때문에 '고요하다(santa)'고 하고, 괴로움이 접근하지 못하기 때문에(atappakaṭṭhena) '수승하다(paṇīta)'고 한다."(MA.iv.63)

그가 이와 같이 도닦고 그 도닦음을747) 많이 행하면서 머물면 그의 마음은 이런 경지에 청정한 믿음을 낼 것이다. 청정한 믿음이 있으면 그는 지금 무소유처를 증득하거나 통찰지로 [해탈하리라는] 확신을 가진다. 몸이 무너져 죽은 뒤 [재생으로] 나아가는 그의 알음알이는 무소유처에 이를 것이다. 비구들이여, 이를 일러 무소유처에 적합한 첫 번째 도닦음이라 한다."

7. "다시 비구들이여, 성스러운 제자는 숲 속에 가거나 나무 아래로 가서 이렇게 숙고한다.748) '이것은 자아나 자아에 속한 것이 공하다.'749)라고.

그가 이와 같이 도닦고 그 도닦음750)을 많이 행하면서 머물면 그의 마음은 이런 경지에 청정한 믿음을 낼 것이다. 청정한 믿음이 있으면 그는 지금 무소유처를 증득하거나 통찰지로 [해탈하리라는] 확신을 가진다. 몸이 무너져 죽은 뒤 [재생으로] 나아가는 그의 알음알이는 무소유처에 이를 것이다. 비구들이여, 이를 일러 무소유처에 적합한 두 번째 도닦음이라 한다."

---

747) "그러한 인식들(saññā)을 제거한 도닦음이다."(MA.iv.63)

748) "식무변처(viññāṇañc-āyatana)를 얻고 나서 이렇게 숙고한다. 이 비구는 앞의 네 명의 비구보다 통찰지가 더 커서 그 비구들의 명상주제와 자기의 명상주제, 즉 다섯 가지 명상주제를 하나로 만들어 명상한다."(MA.iv.63~64)

749) '이것은 자아나 자아에 속한 것이 공하다(suññam idaṁ attena vā attaniyena vā).'는 본서 제2권 「교리문답의 긴 경」(M43) §33에서 '공한 마음의 해탈(suññatā cetovimutti)'을 설명하는 문장으로 나타나고 있다. 그곳의 주해를 참조할 것.

750) "앞서 말한 도닦음과 이 공함의 도닦음(suññata-paṭipadā)을 말한다."(MA.iv.64)
복주서에서는 앞서 말한 도닦음이란 바로 앞에서 언급한 무소유처의 명상주제라고 밝히고 있다.(MAṬ.ii.256)

8. "다시 비구들이여, 성스러운 제자는 이렇게 숙고한다.[751] '나는 어디에도 없고 누구에게도 결코 속하지 않는다. [264] 내 것은 어디에도 없고 내 것은 누구에게도 결코 없다.'[752]라고.

그가 이와 같이 도닦고 그 도닦음을 많이 행하면서 머물면 그의 마음은 이런 경지에 청정한 믿음을 낼 것이다. 청정한 믿음이 있으면 그는 지금 무소유처를 증득하거나 통찰지로 [해탈하리라는] 확신을 가진다. 몸이 무너져 죽은 뒤 [재생으로] 나아가는 그의 알음알이는 무소유처에 이를 것이다. 비구들이여, 이를 일러 무소유처에 적합한 세 번째 도닦음이라 한다."

비상비비상처

9. "다시 비구들이여, 성스러운 제자는 이렇게 숙고한다.[753]

---

751) "식무변처(viññāṇañc-āyatana)를 얻고 나서 이렇게 숙고한다. 이 비구는 앞의 다섯 명의 비구보다 통찰지가 더 커서 그 비구들의 명상주제와 자기의 명상주제, 즉 여섯 가지 명상주제를 하나로 만들어 명상한다."(MA.iv.64)

752) '나는 어디에도 없고 누구에게도 결코 속하지 않는다. 내 것은 어디에도 없고 내 것은 누구에게도 결코 없다.'로 옮긴 원문은 nāhaṁ kvacani kassaci kiñcanatasmiṁ, na ca mama kvacani kismiñci kiñcanaṁ natthi이다. 주석서는 이 문장은 "네 가지 방식(catukoṭikā)으로 공함(suññatā)을 설한 것"(MA.iv.64)이라고 설명하고 있다. 즉 첫째, 나는 어디에도 없고, 둘째, 나는 누구에게 속한 것이 아니고, 셋째, 내 것은 어디에도 없고, 넷째, 누구에게도 내 것이라고 할 만한 것은 없다는 말이다.
' ' 안의 이 문장은 『청정도론』 XXI.53에서 상카라에 대한 평온의 지혜(saṅ-khārupekkhā-ñāṇa)를 설명하는 중심 문장으로 인용되어 나타나며 §54에서는 이 네 가지가 자세하게 설명되고 있다. 이를 바탕으로 §55에서는 여섯 가지 형태로 공을 파악하고 §56에서는 여덟 가지, §57에서는 열 가지, §58에서는 12가지, §59에서는 42가지로 공을 파악하고 있다.

753) "식무변처를 얻고 나서 이렇게 숙고한다. 이 비구는 앞의 여섯 명의 비구보다 통찰지가 더 커서 그 비구들의 명상주제와 자기의 명상주제, 즉 일곱 가지 명상주제를 하나로 만들어 명상한다."(MA.iv.64)

'현재의 감각적 욕망이건 미래의 감각적 욕망이건, 현재의 감각적 욕망에 대한 인식이건 미래의 감각적 욕망에 대한 인식이건, 현재의 물질들이건 미래의 물질들이건, 현재의 물질들에 대한 인식이건 미래의 물질들에 대한 인식이건, 흔들림 없음에 대한 인식이건, 무소유처에 대한 인식이건 이들은 모두 인식들이다. 이들이 남김없이 멸하는 곳, 그것은 고요하고 그것은 수승하나니 그것은 바로 비상비비상처이다.'라고.

그가 이와 같이 도닦고 그 도닦음을 많이 행하면서 머물면 그의 마음은 이런 경지에 청정한 믿음을 낼 것이다. 청정한 믿음이 있으면 그는 지금 비상비비처를 증득하거나 통찰지로 [해탈하리라는] 확신을 가진다. 몸이 무너져 죽은 뒤 [재생으로] 나아가는 그의 알음알이는 비상비비상처에 이를 것이다. 비구들이여, 이를 일러 비상비비상처에 적합한 도닦음이라 한다."

열반

10. 이렇게 말씀하셨을 때 아난다 존자는 세존께 이렇게 말씀드렸다.

"세존이시여, 여기 비구는 다음과 같이 닦습니다. '이것이 없었다면 이것은 내 것이 아니었을 것이고, 있지 않다면 내 것이 되지 않을 것이다.[754] 있는 것, 존재하는 것, 그것을 나는 버린다.'[755]라고. 이

754) '이것이 없었다면 이것은 내 것이 아니었을 것이고, 있지 않다면 내 것이 되지 않을 것이다.'는 no cassa noca me siyā na bhavissati na me bhavissati를 옮긴 것이다. 이 문장은 『상윳따 니까야』 제3권 「감흥어 경」(S22:55) §3과 『앙굿따라 니까야』 제6권 「꼬살라 경」 1(A10:29) §12에도 나타난다.
「감흥어 경」(S22:55) §3에서는 그곳의 문맥에 따라서 "[업 지음이] 존재하지 않았다면 나의 [오온]도 존재하지 않을 것이다. [업 지음은] 존재하지 않을 것이고 나에게는 [다시 태어남이] 존재하지 않을 것이다."로 옮겼다.

와 같이 하여 그는 평온을 얻습니다.756) 세존이시여, 이런 비구는 열반을 얻습니까?"

"아난다여, 이런 경우 어떤 비구는 열반을 얻고 어떤 비구는 열반을 얻지 못한다."

"세존이시여, 무슨 원인과 무슨 조건 때문에 어떤 비구는 열반을 얻고 어떤 비구는 열반을 얻지 못합니까?"

그리고 「꼬살라 경」 1(A10:29) §12에서는 그곳의 문맥에 따라 "[만일 과거에] 내가 존재하지 않았다면 [지금] 내 존재는 있지 않을 것이고, [만일 미래에] 내가 없다면 내게 [장애도] 있지 않을 것이다."로 옮겼다.

이 문장에 대한 여러 가지 고찰은 특히 「감흥어 경」(S22:55) §3의 주해에서 길게 설명하고 있으므로 관심있는 독자들의 정독을 권한다. 본경에 해당하는 주석서는 다음과 같이 설명하고 있다.

"전생에(pubbe) 다섯 종류의 업의 윤회(kamma-vaṭṭa)를 쌓지 않았다면 이와 같이 현재(etarahi) 다섯 종류의 과보의 윤회(vipāka-vaṭṭa)가 나에게 생기지 않았을 것이고, 만약 현재에 다섯 종류의 업의 윤회를 쌓지 않는다면 미래에(anāgate) 나에게 다섯 종류의 과보의 윤회가 생기지 않을 것이라는 뜻이다."(MA.iv.65)

복주서에서는 다음과 같이 부연설명을 한다.

"'전생에 다섯 종류의 업의 윤회(pubbe pañcavidhaṁ kammavaṭṭa)'란 전생의 업의 존재(purima-kamma-bhava)에서의 어리석음인 무명(moha avijjā), 쌓음인 의도적 행위(āyūhanā saṅkhārā), 갈망인 갈애(nikanti taṇhā), 집착인 취착(upagamana upādāna), 의도인 존재(cetanā bhava), 이러한 업의 연속(kamma-ppabandha)을 말하고, '현재 다섯 종류의 과보의 윤회(etarahi pañcavidhaṁ vipākavaṭṭa)'란 알음알이[識], 정신·물질[名色], 여섯 감각장소[六入], 감각접촉[觸], 느낌[受]이라 불리는 현재 과보의 연속(vipāka-ppabandha)을 말한다."(MAṬ.ii.257)

755) "'있는 것, 존재하는 것, 그것을 나는 버린다(yad atthi yaṁbhūtaṁ taṁ pajahāmīti).'라고 하셨다. 여기서 '있는 것, 존재하는 것(yad atthi yaṁbhūtaṁ)'이란 다섯 가지 무더기(오온, khandha-pañcaka)인데, 그것을 버린다는 뜻이다."(MA.iv.65)

"즉 오온과 관련된 탐욕(chanda-rāga)을 버려서 미래에(āyatiṁ) 다시 얻을 수 있는 기회를 제공하지 않는 것으로서 버린다는 뜻이다."(MAṬ.ii.257)

756) "'평온을 얻는다(evaṁ upekhaṁ paṭilabhati).'는 것은 위빳사나의 평온(vipassan-upekkhā)을 얻는다는 말이다."(MA.iv.66)

"아난다여, 여기 비구는 '이것이 없었다면 이것은 내 것이 아니었을 것이고, 있지 않다면 내 것이 되지 않을 것이다. 있는 것, [265] 존재하는 것, 그것을 나는 버린다.'라고 이와 같이 닦는다. 이와 같이 하여 그는 평온을 얻는다. 그는 그 평온을 기뻐하고757) 환영하고 고수한다. 그가 그 평온을 기뻐하고 환영하고 고수하기 때문에 그의 알음알이는 그것에 의지하고758) 그것에 취착한다. 아난다여, 취착이 남아있는 비구는 열반을 얻지 못한다."759)

11. "세존이시여, 그러면 그 비구가 취착할 때 무엇을 취착합니까?"760)

"아난다여, 비상비비상처에 취착한다."

"세존이시여, 그러면 참으로 그 비구가 취착할 때 취착의 대상 가운데 최상의 대상에761) 취착하는 것입니까?"

"아난다여, 참으로 그 비구가 취착할 때 취착의 대상 가운데 최상

---

757) "'그는 그 평온을 기뻐한다(so taṁ upekkhaṁ abhinandati).'는 것은 그 위빳사나의 평온을 갈애와 사견과 즐거움(taṇhā-diṭṭhi-abhinandana)으로 기뻐한다는 말이다."(MA.iv.66)

758) "그 알음알이는 위빳사나를 의지한다(vipassanā-nissita)는 말이다."(MA.iv.66)

759) "'열반을 얻지 못한다(na parinibbāyati).'고 하셨다. 위빳사나에 집착하는(sālaya) 비구는 나의 교단(sāsana)에서 열반을 얻지 못한다는 말씀이다. 하물며 승원이나 객사나 시자 등(vihāra-pariveṇa-upaṭṭhāk-ādi)에 집착하는 것은 말할 필요가 없음을 보이신 것이다."(MA.iv.66)

760) "그 비구가 취착할 때(upādiyamāna) 어떤 존재의 재생연결(paṭisandhi)을 취착하는가를 질문하고 있다."(MA.iv.67)

761) '취착의 대상 가운데 최상의 대상'은 upādāna-seṭṭha(취착의 최상)을 풀어서 옮긴 것이다. 주석서에서 "취착의 대상(gahetabba-ṭṭhāna) 가운데서 최상이고 최고인 존재에(seṭṭha uttama bhava)에 취착한다(upādiyati)."(MA.iv.67)고 설명하고 있어서 이렇게 풀어서 옮겼다.

의 대상에 취착하는 것이다. 아난다여, 비상비비상처는 취착의 대상 가운데 최상의 대상이기 때문이다."

12. "아난다여, 여기 비구는[762] '이것이 없었다면 이것은 내 것이 아니었을 것이고, 있지 않다면 내 것이 되지 않을 것이다. 있는 것, 존재하는 것, 그것을 나는 버린다.'라고 이와 같이 닦는다. 이와 같이 하여 그는 평온을 얻는다. 그는 그 평온을 기뻐하지 않고 환영하지 않고 고수하지 않는다. 그가 그 평온을 기뻐하지 않고 환영하지 않고 고수하지 않기 때문에 그의 알음알이는 그것에 의지하지 않고 그것에 취착하지 않는다. 아난다여, 취착이 남아있지 않는 비구는 열반을 얻는다."

13. "놀랍습니다, 세존이시여. 경이롭습니다, 세존이시여. 세존께서는 각각의 [증득을] 의지하여[763] 격류를 건너는 것을 말씀하십니다. 세존이시여, 그런데 어떤 것이 성스러운 해탈입니까?"[764]

---

762) "앞 문단은 그의 재생연결(patisandhi)을 말했고, 이 문단은 아라한과를 말한다."(MA.iv.67)

763) '각각의 [증득을] 의지하여'는 nissāya nissāya(의지하여 의지하여)를 옮긴 것인데, 이렇게 직역하면 뜻이 드러나지 않아 주석서의 설명을 따라 '증득(samāpatti)'이라는 단어를 넣어서 '각각의 [증득을] 의지하여'로 옮겼다. 주석서는 이렇게 설명하고 있다.
"'의지하여 의지하여(nissāya nissāya)'란 그 증득(samāpatti)을 의지하여라는 뜻이다."(MA.iv.67)

764) "'어떤 것이 성스러운 해탈입니까(katamo ariyo vimokkho)?'라는 질문은 마른 위빳사나를 닦는 사람(sukkha-vipassaka)의 아라한과(arahatta)에 대해 질문한 것이다. 증득(samāpatti)을 기초(pada-ṭṭhāna)로 삼아 위빳사나를 증장하여 아라한과를 바라는 비구는 배나 뗏목을 이용하여 큰 폭류(mahogha)를 건너 피안(pāra)으로 가는 것처럼 피로하지가 않다(na kilamati). 그러나 마른 위빳사나를 닦는 사람(sukkha-vipassaka)은 여러 가지 상카라들(pakiṇṇaka-saṅkhārā)을 명상하여(sammasitvā) 아라한과를 바랄 때 있는 힘을 다해(bāhu-balena) 흐름(sota)을 끊고 피안으로 가

"아난다여, 여기 성스러운 제자[765]는 이처럼 숙고한다. '현재의 감각적 욕망이건 미래의 감각적 욕망이건, 현재의 감각적 욕망에 대한 인식이건 미래의 감각적 욕망에 대한 인식이건, 현재의 물질들이건 미래의 물질들이건, 현재의 물질들에 대한 인식이건 미래의 물질들에 대한 인식이건, 흔들림 없음에 대한 인식이건, 무소유처에 대한 인식이건, 비상비비상처에 대한 인식이건, 존재 더미[有身]가 있는 한 이 모든 것이 존재 더미이다.[766] 취착 없이 마음이 해탈하는 것, 그것이 바로 불사(不死)이다.'라고."

14. "아난다여, 이처럼 나는 흔들림 없음에 적합한 도닦음을 설했다. 나는 무소유처에 적합한 도닦음을 설했다. 나는 비상비비상처에 적합한 도닦음을 설했다. 나는 각각의 [증득을] 의지하여 격류를 건너는 것을 설했다. 나는 성스러운 해탈을 설했다."

는 것처럼 피로하다. 그러므로 이 마른 위빳사나를 닦는 사람의 아라한과에 대해 질문한 것이다."(MA.iv.67)

마른 위빳사나를 닦는 자(sukkha-vipassaka)는 본서 「끼따기리 경」(M70) §16의 주해와 『아비담마 길라잡이』 9장 §29의 해설과 『청정도론』 XXI.112의 주해 등을 참조할 것.

765) "'성스러운 제자(ariya-sāvaka)'란 마른 위빳사나를 닦는(sukkha-vipassaka) 성스러운 제자이다. 이 제자는 앞의 여덟 명의 비구들보다 통찰지가 더 커서 그 비구들의 명상주제와 자기의 명상주제, 즉 아홉 가지 명상주제를 하나로 만들어 명상한다(sammasati)."(MA.iv.67)

766) "'존재 더미[有身]가 있는 한 이 모든 것이 존재 더미이다(esa sakkāyo yāvatā sakkāyo).'라고 하셨다. 즉 삼계에 윤회한다고 하는(te-bhūmaka-vaṭṭa-saṅkhāta) 존재 더미[有身, sakkāya]가 존재 더미이다. 이것을 벗어나 존재 더미라는 것은 있지 않다고 숙고한다(paṭisañcikkhati)는 말씀이다."(MA.iv.67)

본서 제2권 「교리문답의 짧은 경」(M44) §2에서 취착의 [대상인] 다섯 가지 무더기[五取蘊]들을 존재 더미[有身]라고 정의하고 있다.

15. "아난다여, 항상 제자들의 이익을 기원하며 제자들을 연민하는 스승이 마땅히 해야 할 바를 [266] 나는 연민으로 했다. 아난다여, 여기 나무 밑이 있다. 여기 빈집이 있다. 참선을 하라. 아난다여, 방일하지 마라. 나중에 후회하지 마라. 이것이 그대에게 주는 나의 간곡한 당부이다."

세존께서는 이와 같이 설하셨다. 아난다 존자는 흡족한 마음으로 세존의 말씀을 크게 기뻐하였다.

흔들림 없음에 적합한 길 경(M106)이 끝났다.

가나까 목갈라나 경

Gaṇakamoggallāna Sutta(M107)

1. 이와 같이 나는 들었다. [1] 한때 세존께서는 사왓티에 있는 동쪽 원림[東園林]의 녹자모 강당에 머무셨다. 그때 가나까 목갈라나 바라문767)이 세존을 뵈러 갔다. 세존을 뵙고 세존과 함께 환담을 나누었다. 유쾌하고 기억할만한 이야기로 서로 담소를 하고서 한 곁에 앉았다. 한 곁에 앉아서 가나까 목갈라나 바라문은 세존께 이렇게 여쭈었다.

2. "고따마 존자시여, 마치 이 녹자모 강당을 [짓는 데도] 계단의 마지막 부분까지 짓는768) 순차적인 공부지음과 순차적인 실천과

---

767) 주석서와 복주서는 가나까 목갈라나 바라문(Gaṇaka-moggallāna brāhma-ṇa)이 누구인지 설명하고 있지 않다. 여기서 가나까(gaṇaka)는 √gaṇ(*to count*)에서 파생된 명사로 회계사라는 뜻이다. 그러므로 회계사 목갈라나로도 옮길 수 있지만 Gaṇaka-moggallāna를 고유명사로 파악하여 가나까 목갈라나로 옮겼다. 냐나몰리 스님도 이렇게 옮기고 있다.

768) "'계단의 마지막 부분까지 짓는(pacchima-sopāna-kaḷebara)'이라고 했다. 이것은 첫 번째 계단의 나무(paṭhama-sopāna-phalakā)를 짜 맞추는 것부터 시작해서 하루에(eka-divaseneva) 칠층으로 된(satta-bhūmika) 큰 강당(pāsāda)을 다 짓는다는 것은 있을 수 없다는 것을 뜻한다. 먼저 땅을 고른 뒤에 기둥을 올리는 작업(thambh-ussāpana)부터 시작하여 마지

순차적인 도닦음[769]이 있듯이, 바라문들에게도 순차적인 공부지음과 순차적인 실천과 순차적인 도닦음이 있으니 바로 성전의 공부에 관한 것입니다. 고따마 존자시여, 이들 궁수들에게도 역시 순차적인 공부지음과 순차적인 실천과 순차적인 도닦음이 있으니 바로 활쏘기에 관한 것입니다.

고따마 존자시여, 회계로써 생계를 유지하는 저희 회계사들도 순

막으로 칠을 하는 도장 공사(citta-kamma-karaṇā)를 완료하는 순차적인 작업(anupubba-kiriyā)을 통해서 강당은 완성된다는 말이다."(MA.iv.69)

769) '순차적인 공부지음'과 '순차적인 실천'과 '순차적인 도닦음'은 각각 anupubba-sikkhā, anupubba-kiriyā anupubba-paṭipadā를 옮긴 것이다. 이 술어는 본서 「끼따기리 경」(M70) §22에도 나타나므로 먼저 그곳의 주해를 참조하기 바란다.
그리고 이 세 가지는 『앙굿따라 니까야』 제5권 「빠하라다 경」(A8:19) §11에도 나타나는데 이 경에 대한 주석서는 다음과 같이 설명한다.
"순차적인 공부지음 등에서 '순차적인 공부지음(anupubba-sikkhā)'에는 삼학(三學, tisso sikkhā)이 포함되고, '순차적인 실천(anupubba-kiriyā)'에는 13가지 두타행(dhutaṅga)이 포함되며, '순차적인 도닦음(anupubba-paṭipadā)'에는 일곱 가지 수관(隨觀, anupassanā), 18가지 큰 위빳사나(mahāvipassanā), 38가지 대상의 분석(ārammaṇa-vibhatti), 37가지 보리분법(bodhipakkhiya-dhamma)이 포함된다."(AA.iv.111)
복주서에 의하면 7가지 수관(隨觀)은 무상의 수관(anicca-anu-passanā), 괴로움의 수관(dukkha-anupassanā), 무아의 수관(anatta-anupassanā), 염오의 수관(nibbida-anupassanā), 이욕의 수관(virāga-anupassanā), 소멸의 수관(nirodha-anupassanā), 놓아버림의 수관(paṭinissagga-anu-passanā)이다.(AAṬ.i.67)
그리고 13가지 두타행은 『청정도론』 제2장을, 18가지 큰 위빳사나는 『청정도론』 XX.90을, 38가지 대상의 분석은 『청정도론』 제3장 이하와 『아비담마 길라잡이』 9장의 40가지 명상주제를, 37보리분법의 자세한 설명은 『초기불교 이해』 275쪽 이하와 『아비담마 길라잡이』 7장 §24 이하를 참조할 것. 그리고 38가지 대상은 38가지 명상주제를 뜻하는데 40가지 명상주제가 38가지로 언급되는 것에 대한 설명은 『상윳따 니까야』 제1권 「두려움 경」(S1:75) §2의 첫 번째 주해를 참조할 것.
여기서는 이 세 가지가 녹자모 강당을 짓는 데 비유되어 나타나므로 이 셋을 각각 순차적인 과정과 순차적인 작업과 순차적인 공정 정도로 이해하면 될 듯하다.

차적인 공부지음과 순차적인 실천과 순차적인 도닦음이 있으니 계산하는 것에 관한 것입니다. 고따마 존자시여, 저희들이 제자를 받아들이면 처음에 다음과 같이 헤아리게 합니다. 하나는 하나로 된 것, 둘은 둘로 된 것, 셋은 셋으로 된 것, 넷은 넷으로 된 것, 다섯은 다섯으로 된 것, 여섯은 여섯으로 된 것, 일곱은 일곱으로 된 것, 여덟은 여덟으로 된 것, 아홉은 아홉으로 된 것, 열은 열로 된 것, 이렇게 저희들은 백까지도 헤아리게 합니다.

고따마 존자시여, 이 법과 율에서도 이와 같은 순차적인 공부지음과 순차적인 실천과 순차적인 도닦음을 설명할 수 있습니까?" [2]

3. "바라문이여, 이 법과 율에서도 이와 같은 순차적인 공부지음과 순차적인 실천과 순차적인 도닦음을 설명할 수 있다. 바라문이여, 마치 능숙한 말 조련사가 혈통 좋은 멋진 말을 얻으면 가장 먼저 말로 하여금 입에 재갈을 무는 일부터 익숙하게 한 뒤 나머지 일을 익숙하게 하듯이,770) 그와 같이 여래도 길들여야 할 사람을 얻으면 가장 먼저 이와 같이 길들인다. '오라, 비구여. 그대는 계를 잘 지녀라. 빠띠목카(계목)의 단속으로 잘 단속하며 머물러라. 바른 행실과 행동의 영역을 갖추고 작은 허물에도 두려움을 보며 학습계목을 받아 지녀 공부지어라.'라고."

4. "바라문이여, 그 비구가 계를 잘 지니며 빠띠목카의 단속으로 잘 단속하며 지내고 바른 행실과 행동의 영역을 갖추며 작은 허물에도 두려움을 보고 학습계목을 받아 지녀 공부지으면, 여래는 더 나아가 그를 다음과 같이 길들인다. '오라, 비구여. 그대는 감각기능의

---

770) 이 '말 조련사(assa-damma-sārathi)'의 비유와 비슷한 비유가 본서 제2권 「밧달리 경」(M65) §33과 『상윳따 니까야』 제4권 「마차 비유 경」(S35:239) §5에도 나타난다.

문을 잘 지켜라. 눈으로 형색을 봄에 그 표상[全體相]을 취하지 말고, 또 그 세세한 부분상[細相]을 취하지도 마라. 만약 그대의 눈의 감각기능[眼根]이 제어되어 있지 않으면, 욕심과 싫어하는 마음의 나쁘고 해로운 법[不善法]들이 그대에게 [물밀듯이] 흘러들어올 것이다. 따라서 그대는 눈의 감각기능을 잘 단속하기 위해 수행하며, 눈의 감각기능을 잘 방호하고, 눈의 감각기능을 잘 단속하라.

귀로 소리를 들음에 … 코로 냄새를 맡음에 … 혀로 맛을 봄에 … 몸으로 감촉을 느낌에 … 마노[意]로 법을 지각함에 그 표상을 취하지 말고, 또 그 세세한 부분상[細相]을 취하지도 마라. 만약 그대의 마노의 감각기능[意根]이 제어되어 있지 않으면, 욕심과 싫어하는 마음의 나쁘고 해로운 법[不善法]들이 그에게 [물밀듯이] 흘러들어올 것이다. 따라서 그대는 마노의 감각기능을 잘 단속하기 위해 수행하며, 마노의 감각기능을 잘 방호하고, 마노의 감각기능을 잘 단속하라.'라고."

5. "바라문이여, 그 비구가 감각의 대문을 잘 단속하면 여래는 더 나아가 그를 다음과 같이 길들인다.

'오라, 비구여. 그대는 음식에 적당한 양을 알라. 지혜롭게 숙고하면서 음식을 수용하라. 그것은 즐기기 위해서도 아니고, 취하기 위해서도 아니며, 치장을 하기 위해서도 아니고, 장식을 하기 위해서도 아니며, 단지 이 몸을 지탱하고 존속하고 잔인함을 쉬고 청정범행을 잘 지키기 위해서이다. '그래서 우리는 오래된 느낌을 물리치고 새로운 느낌을 일어나게 하지 않을 것이다. 우리는 잘 부양될 것이고 비난받을 일이 없이 편안하게 머물 것이다.'라고 생각하면서 [수용하라].'"

6. "바라문이여, [3] 그 비구가 음식에 적당한 양을 알면 여래는 더 나아가 그를 다음과 같이 길들인다.

'오라, 비구여. 그대는 깨어있음에 전념하라. 낮 동안에는 경행하거나 앉아서 장애가 되는 법들로부터 마음을 청정하게 하라. 밤의 초경에도 경행하거나 앉아서 장애가 되는 법들로부터 마음을 청정하게 하라. 한밤중에는 발에다 발을 포개어 오른쪽 옆구리로 사자처럼 누워서 마음챙기고 알아차리면서[正念·正知] 일어날 시간을 마음에 잡도리하라. 밤의 삼경에는 일어나서 경행하거나 앉아서 장애가 되는 법들로부터 마음을 청정하게 하라.'라고."

7. "바라문이여, 그 비구가 깨어있음에 전념하면 여래는 더 나아가 그를 다음과 같이 길들인다.

'오라, 비구여. 그대는 마음챙김과 알아차림[正念·正知]을 구족하라. 나아갈 때에도 돌아올 때에도 [그대의 거동을] 분명히 알아차리면서[正知] 행하라. 앞을 볼 때에도 돌아볼 때에도 분명히 알아차리면서 행하라. 구부릴 때에도 펼 때에도 분명히 알아차리면서 행하라. 가사·발우·의복을 지닐 때에도 분명히 알아차리면서 행하라. 먹을 때에도 마실 때에도 씹을 때에도 맛볼 때에도 분명히 알아차리면서 행하라. 대소변을 볼 때에도 분명히 알아차리면서 행하라. 갈 때에도 서 있을 때에도 앉아 있을 때에도 잠잘 때에도 깨어있을 때에도 말할 때에도 침묵할 때에도 분명히 알아차리면서 행하라.'라고."

8. "바라문이여, 그 비구가 마음챙김과 알아차림을 구족하면 여래는 더 나아가 그를 다음과 같이 길들인다.

'오라, 비구여. 그대는 숲 속이나 나무 아래나 산이나 골짜기나 산속 동굴이나 묘지나 밀림이나 노지나 짚더미와 같은 외딴 처소를 의지하라.'라고."

9. "그는 숲 속이나 나무 아래나 산이나 골짜기나 산속 동굴이

나 묘지나 밀림이나 노지나 짚더미와 같은 외딴 처소를 의지한다. 그는 탁발하여 공양을 마치고 탁발에서 돌아와 가부좌를 틀고 상체를 곧추세우고 전면에 마음챙김을 확립하여 앉는다. 그는 세상에 대한 욕심을 제거하여 욕심을 버린 마음으로 머물고, 욕심으로부터 마음을 청정하게 한다. 악의의 오점을 제거하여 악의가 없는 마음으로 머물고, 모든 생명의 이익을 위하여 연민하며, 악의의 오점으로부터 마음을 청정하게 한다. 해태와 혼침을 제거하여 해태와 혼침 없이 머물고, 광명상(光明想)을 가져 마음챙기고 알아차리며[正念 · 正知] 해태와 혼침으로부터 마음을 청정하게 한다. 들뜸과 후회를 제거하여 들뜨지 않고 머물고, 안으로 고요히 가라앉은 마음으로 들뜸과 후회로부터 마음을 청정하게 한다. 의심을 제거하여 의심을 극복하여 머물고, 유익한 법들에 아무런 의심이 없어서 의심으로부터 마음을 청정하게 한다." [4]

10. "그는 마음의 오염원이고 통찰지를 무력하게 만드는 이들 다섯 가지 장애를 제거하여 감각적 욕망들을 완전히 떨쳐버리고 해로운 법[不善法]들을 떨쳐버린 뒤, 일으킨 생각[尋]과 지속적 고찰[伺]이 있고, 떨쳐버렸음에서 생긴 희열[喜]과 행복[樂]이 있는 초선(初禪)을 구족하여 머문다.

그는 일으킨 생각[尋]과 지속적 고찰[伺]을 가라앉혔기 때문에 [더 이상 존재하지 않고], 자기 내면의 것이고, 확신이 있으며, 마음의 단일한 상태이고, 일으킨 생각과 지속적 고찰은 없고, 삼매에서 생긴 희열과 행복이 있는 제2선(二禪)을 구족하여 머문다.

그는 희열이 빛바랬기 때문에 평온하게 머물고, 마음챙기고 알아차리며[正念 · 正知] 몸으로 행복을 경험한다. [이 禪 때문에] 성자들이 그를 두고 '평온하고 마음챙기며 행복하게 머문다.'고 묘사하는 제3선(三禪)을 구족하여 머문다.

그는 행복도 버리고 괴로움도 버리고, 아울러 그 이전에 이미 기쁨과 슬픔을 소멸하였으므로 괴롭지도 즐겁지도 않으며, 평온으로 인해 마음챙김이 청정한[捨念淸淨] 제4선(四禪)을 구족하여 머문다."

11. "바라문이여, 이것은 마음으로 아직 목적을 성취하진 못했지만 위없는 유가안은을 원하면서 머무는 그 유학인 비구들에게 주는 나의 간곡한 가르침이다. 그리고 이러한 법들은 번뇌가 다했고 삶을 완성했으며 할 바를 다 했고 짐을 내려놓았으며 참된 이상을 실현했고 삶의 족쇄를 끊었으며 바른 구경의 지혜로 해탈한 그 아라한 비구들이 지금·여기에서 행복하게 머물고 또한 마음챙기고 알아차리는 데[正念·正知] 도움이 된다."771)

12. 이렇게 말씀하시자 가나까 목갈라나 바라문은 세존께 이렇게 말씀드렸다.

---

771) 번뇌 다한 자들이 항상 예리한 마음챙김과 큰 통찰지가 함께하는 것이 당연하다. 그런데 어떻게 앞에서 말씀하신 이러한 법들이 그 번뇌 다한 자들이 마음챙기고 알아차리는 데에 도움이 된다고 하시는가라는 의문이 생기게 된다. 그래서 주석서는 다음과 같이 설명한다.
"두 부류의 번뇌 다한 자들(khīṇāsavā)이 있으니, 지속적으로 증득에 들어있는 자(satata-vihārī)와 그렇지 않은 자이다. 지속적으로 증득에 들어있는 자는 어떤 일을 하고나서도 과의 증득(phala-samāpatti)에 머물 수 있다. 그러나 그렇지 않은 자는 사소한 일에 있어서도(appa-mattake pi kicce) 그 일을 하고나면 과의 증득에 들 수가 없다. 이것이 그 일례이다.
번뇌 다한 어떤 장로가 번뇌 다한 사미를 데리고 숲 속 거처로 갔는데, 큰 장로는 거처(senāsana)를 얻었지만 사미는 얻지 못했다. 사미가 거처를 얻지 못한 것을 생각하면서 장로는 단 하루도 과의 증득에 머물 수 없었다. 그러나 사미는 석 달 동안 과의 증득에 머문 뒤 장로에게 와서 숲 속에 거주하는 것(arañña-vāsa)이 유익했는지(jāta)를 물었다. 장로는 유익하지 못했다고 대답했다. 이처럼 이와 같은 번뇌 다한 자는 이 가르침들에 대해 처음부터 전향한 다음(āvajjitvā) 증득에 들 수 있다. 그래서 '마음챙기고 알아차리는 데 도움이 된다(sati-sampajaññāya ca).'고 하신 것이다."(MA.iv.70)

"고따마 존자의 제자들은 고따마 존자께서 이와 같이 훈계하고 이와 같이 가르치시면 그들 모두 궁극적인 목표인 열반을 성취합니까, 아니면 어떤 자들은 성취하지 못합니까?"

"바라문이여, 나의 제자들이 이와 같이 훈계를 받고 이와 같이 가르침을 받으면 어떤 자들은 궁극적 목표인 열반을 성취하고 어떤 자들은 성취하지 못한다."

13. "고따마 존자시여, 열반이 있고 열반으로 인도하는 도닦음도 있고 고따마 존자께서 인도자로 계시는데 무슨 원인과 무슨 조건 때문에 고따마 존자의 제자들이 이와 같이 훈계를 받고 이와 같이 가르침을 받으면 어떤 자들은 궁극적 목표인 열반을 성취하고 어떤 자들은 성취하지 못합니까?"

14. "바라문이여, 그렇다면 이것을 그대에게 물어보리니 그대가 원하는 대로 설명하라. [5] 바라문이여, 이를 어떻게 생각하는가? 그대는 라자가하로 가는 길에 익숙한가?"

"존자시여, 그러합니다. 저는 라자가하로 가는 길에 익숙합니다."

"이를 어떻게 생각하는가, 바라문이여? 여기 라자가하로 가고자 하는 사람이 와서 그대에게 묻기를 '존자시여, 저는 라자가하로 가고자 합니다. 라자가하로 가는 길을 가르쳐주십시오.'라고 한다 하자. 그대는 그에게 이와 같이 말해줄 것이다. '여보시오, 이 길이 라자가하로 가는 길입니다. 이 길을 따라 조금 가다가 보면 어떤 마을을 보게 될 것입니다. 거기서 조금 더 가면 어떤 성읍을 보게 될 것이고, 거기서 조금 더 가면 아름다운 공원과 아름다운 숲과 아름다운 들판과 아름다운 호수를 가진 라자가하를 보게 될 것입니다.'라고. 그는 이와 같이 훈계를 받고 이와 같이 가르침을 받았지만 잘못된 길로 들어서서 반대편으로 가게 될 것이다.

이제 라자가하로 가고자 하는 두 번째 사람이 와서 그대에게 묻기를 '존자시여, 저는 라자가하로 가고자 합니다. 라자가하로 가는 길을 가르쳐주십시오.'라고 한다 하자. 그대는 그에게 이와 같이 말해줄 것이다. '여보시오, 이 길이 라자가하로 가는 길입니다. 이 길을 따라 조금 가다가 보면 어떤 마을을 보게 될 것입니다. 거기서 조금 더 가면 어떤 성읍을 보게 될 것이고, 거기서 조금 더 가면 아름다운 공원과 아름다운 숲과 아름다운 들판과 아름다운 호수를 가진 라자가하를 보게 될 것입니다.'라고. 그는 이와 같이 훈계를 받고 이와 같이 가르침을 받아서 안전하게 라자가하에 이르게 될 것이다.

바라문이여, 라자가하는 있고 라자가하로 가는 길도 있고 그대가 인도자로 있다. 그런데 무슨 원인과 무슨 조건 때문에 그대가 이와 같이 훈계하고 이와 같이 가르쳤거늘 한 사람은 잘못된 길로 들어서서 서쪽으로 가고, 다른 한 사람은 안전하게 라자가하에 이르게 되는가?"

"고따마 존자시여, [6] 여기서 제가 무엇을 할 수 있겠습니까? 저는 길을 안내하는 자일 뿐입니다, 고따마 존자시여."

"바라문이여, 그와 같이 열반이 있고 열반으로 인도하는 도닦음도 있고 내가 인도자로 있다. 그런데 나의 제자들이 이와 같이 훈계를 받고 이와 같이 가르침을 받으면 어떤 자들은 궁극적 목표인 열반을 성취하고 어떤 자들은 성취하지 못한다. 바라문이여, 여기서 내가 무엇을 할 수 있겠는가? 바라문이여, 여래는 길을 안내하는 자일 뿐이다."[772]

---

772) '여래는 길을 안내하는 자일 뿐이다.'는 maggakkhāyī tathāgato를 옮긴 것이다. 여기서 길을 안내하는 자란 당연히 "도닦음의 길을 안내하는 자(paṭipadā-magga-kkhāyī)"(NdA.i.108)이다.

15. 이와 같이 말씀하시자 가나까 목갈라나 바라문은 세존께 이렇게 말씀드렸다.773)

"고따마 존자시여, 믿음 없는 사람들은 믿음이 없으면서도 생계 때문에 집을 나와 출가합니다. 그들은 교활하고 속이고 사기치고 들뜨고 오만하고 촐랑대고 수다스럽고 함부로 말합니다. 그들은 감각기능의 문을 지키지 않고 음식을 대해 적당한 양을 모르고 깨어있음에 전념하지 않습니다. 그들은 사문의 결실에는 관심이 없고 공부지음을 극히 존중하지 않으며 사치하고 게으르며 퇴보에 앞장서고 한거(閑居)를 멀리 내팽개쳐버리고 태만하고 정진하지 않고 마음챙김을 놓아버리고 분명히 알아차림[正知]이 없고 집중하지 못하며 마음이 산란하고 통찰지가 없으며 귀머거리와 벙어리 같습니다. 고따마 존자께서는 이런 자들과 함께 머물지 않으십니다.

그러나 믿음으로 집을 나와 출가한 선남자들은 교활하지 않고 속이지 않고 사기치지 않고 들뜨지 않고 오만하지 않고 촐랑대지 않고 수다스럽지 않고 함부로 말하지 않습니다. 그들은 감각기능의 문을 잘 지키고 음식을 대해 적당한 양을 알고 깨어있음에 전념합니다. 그

이 말씀은 『법구경』에도 나타나는데, 여기서 세존께서는 "그대들은 정진해야 하나니, 여래는 단지 [길을] 안내하는 자일 뿐이다(tumhehi kiccaṁ ātappaṁ, akkhātāro tathāgatā)."(Dhp {276})라고 강조하신다.

그리고 아난다 존자는 본서 「고빠까 목갈라나 경」(M108) §5에서 "그분 세존께서는 일어나지 않은 도(길, magga)를 일으키셨고, 생기지 않은 도를 생기게 하셨으며, 설해지지 않은 도를 설하셨고, 도를 아시고, 도를 발견하셨고, 도에 정통하신 분이기 때문입니다. 지금의 제자들은 그 도를 따라서 머물고 나중에 그것을 구족하게 됩니다."라고 강조하고 있다.

세존께서는 『상윳따 니까야』 제3권 「정등각자 경」(S22:58) §5에서 「고빠까 목갈라나 경」(M108)의 이 내용을 직접 말씀하고 계신다. 이처럼 부처님께서는 '길[道]을 일으키신 분(maggassa uppādetā)'이면서 동시에 '길을 안내하는 자(maggakkhāyi)'이시다.

773) 본 문단의 내용은 본서 제1권 「흠 없음 경」(M5) §32와 같다.

들은 사문의 결실을 기대하고 공부지음을 극히 존중하며 사치하지 않고 게으르지 않고 퇴보를 멀리 내팽개쳐버리고 한거에는 앞장서며 열심히 정진하고 마음챙김을 확립하고 분명히 알아차리며[正知] 집중하고 일념이 되며 통찰지가 있고 귀머거리와 벙어리 같지 않습니다. 고따마 존자께서는 이런 자들과 함께 머무십니다."

16. "고따마 존자시여, 마치 향기로운 뿌리 가운데서 붓꽃의 뿌리가 최상이라고 일컬어지고, 향기로운 고갱이 가운데서 붉은 전단향 나무가 최상이라고 일컬어지고, 향기로운 꽃들 가운데서 재스민 꽃이 최상이라고 일컬어지듯이, [7] 그와 같이 고따마 존자님의 훈계는 지금의 법들 가운데서 최상이십니다."774)

17. "경이롭습니다, 고따마 존자시여. 경이롭습니다, 고따마 존자시여. 마치 넘어진 자를 일으켜 세우시듯, 덮여있는 것을 걷어내 보이시듯, [방향을] 잃어버린 자에게 길을 가리켜주시듯, 눈 있는 자 형상을 보라고 어둠 속에서 등불을 비춰주시듯, 고따마 존자께서는 여러 가지 방편으로 법을 설해주셨습니다. 저는 이제 고따마 존자께 귀의하옵고 법과 비구 승가에 귀의합니다. 고따마 존자께서는 저를 재가신자로 받아주소서. 오늘부터 목숨이 붙어 있는 그날까지 귀의하옵니다."

가나까 목갈라나 경(M107)이 끝났다.

---

774) "'지금의 법들(ajja-dhammā)'이란 그때 당시 있었던 육사외도의 가르침들(cha-satthāra-dhammā)을 말한다. 그런 가르침들 가운데 세존의 가르침이 최상(parama)이요 으뜸(uttama)이라고 말씀드리는 것이다."(MA.iv.70)

고빠까 목갈라나 경

Gopakamoggallāna Sutta(M108)

1. 이와 같이 나는 들었다. 한때 아난다 존자는 세존께서 입멸하신 지 얼마 되지 않아[775] 라자가하 대나무 숲의 다람쥐 보호구역에 머물렀다.

2. 그때 마가다의 아자따삿뚜 웨데히뿟따 왕[776]은 빳조따

775) "'세존께서 입멸하신 지 얼마 되지 않아(acira-parinibbute bhagavati)'라는 것은 세존의 사리를 분배한 뒤 아난다 존자가 경의 합송을 위해 라자가하로 돌아왔을 때를 말한다."(MA.iv.70)

776) 아자따삿뚜 왕은 모든 경에서 이처럼 '마가다의 왕 아자따삿뚜 웨데히뿟따(rājā Māgadha Ajātasattu Vedehiputta)'로 정형화되어 나타난다. 아자따삿뚜(Ajātasattu)라는 이름은 왕의 적(sattu)은 태어나지 않을 것(ajāta)이라는 점성가들의 예언 때문이었다.(DA.i.133) 이름만으로도 그 권세를 알 수 있다. 또 그가 웨데히뿟따(Vedehiputta, 위데하의 여인의 아들)라고 불린다고 해서 그의 어머니가 위데하 출신이 아니라 그의 어머니는 꼬살라 왕의 딸이며, 웨데히는 현자와 동의어(paṇḍita-adhivacana)라고 설명하고 있다.(DA.i.139)
아자따삿뚜는 빔비사라 왕의 아들인데 부친인 빔비사라 왕을 시해하고 왕이 되었다.(DA.i.137) 그는 아버지를 시해하고 왕이 되었기 때문에 그의 아들 우다이밧다(Udāyībhadda)에 의해서 시해당할까 항상 두려워했고, 그래서 아들이 출가하기를 바랐다고 한다.(DA.i.153) 그러나 결국은 그의 아버지 빔비사라 왕이 처참하게 죽던 날에 태어난(DA.i.137) 그의 아들 우다이밧다

왕777)을 의심하여 라자가하를 요새화하게 하였다.

3. 그때 아난다 존자는 오전에 옷매무새를 가다듬고 발우와 가사를 수하고 라자가하로 탁발을 갔다. 그때 아난다 존자에게 이런 생각이 들었다.

"지금 라자가하로 탁발을 가는 것은 너무 이르다. 차라리 지금 고빠까 목갈라나 바라문778)의 일터로 가서 고빠까 목갈라나 바라문을 만나는 것이 좋겠다."

4. 그러자 아난다 존자는 고빠까 목갈라나 바라문의 일터로 고빠까 목갈라나 바라문을 만나러 갔다. 고빠까 목갈라나 바라문은 아난다 존자가 멀리서 오는 것을 보았다. 보고 아난다 존자에게 이렇게 말씀드렸다.

"어서 오십시오, 아난다 존자시여. 저희는 아난다 존자를 환영합니다. 아난다 존자께서는 오랜만에 여기에 오실 기회를 만드셨습니다. 이리로 와서 앉으십시오. 아난다 존자여, 이것이 마련된 자리입니다."

아난다 존자는 마련된 자리에 앉았다. [8] 고빠까 목갈라나 바라문

(Udāyibhadda)에 의해서 그도 시해당하고 말았다.(Mhv.iv.1.26) 그는 32년간 왕위에 있었다고 하며(Mhv.ii.31) 그가 왕으로 있을 때 왓지(Vajjī)를 정복하고 꼬살라를 병합하여 빠딸리뿟따(지금 인도 비하르 주의 주도인 빠뜨나)를 마가다국의 수도로 지정했다. 그가 인도를 통일국가로 만들 튼튼한 기초를 닦은 것은 틀림없다.

777) "짠다빳조따(Caṇḍapajjota)라는 이름의 이 왕은 빔비사라 왕의 친구(sahāya)였다. (짠다)빳조따 왕(rāja Pajjota)이 병들었을 때 빔비사라 왕이 그의 주치의인 지와까(Jīvaka)를 보내어 치료하게 한 뒤 절친한 사이가 되었다. 아버지를 시해한 아자따삿뚜 왕은 아버지의 절친인 빳조따 왕이 자기에게 복수할지 모른다는 의심(āsaṅkā)을 하고 있었다."(MA.iv.71)

778) 주석서와 복주서는 고빠까 목갈라나 바라문(Gopaka-moggallāna brāhmaṇa)이 누구인지 설명하고 있지 않다. 여기서 고빠까(gopaka)는 √gup(*to watch, to guard*)에서 파생된 명사로 관리인을 뜻한다.

역시 다른 낮은 자리를 잡아서 한 곁에 앉았다. 한 곁에 앉아서 고빠까 목갈라나 바라문은 아난다 존자에게 이렇게 말했다.

5. "아난다시여, 그분 고따마 존자 아라한・정등각자께서 구족하셨던 모든 법들을 모든 방면에서 완전하게 구족한 비구가 단 한 명이라도 있습니까?"

"바라문이여, 그분 고따마 존자 아라한・정등각자께서 구족하셨던 모든 법들을 모든 방면에서 완전하게 구족한 비구는 단 한 명도 없습니다. 바라문이여, 그분 세존께서는 일어나지 않은 도를 일으키셨고, 생기지 않은 도를 생기게 하셨으며, 설해지지 않은 도를 설하셨고, 도를 아시고, 도를 발견하셨고, 도에 정통하신 분이기 때문입니다. 지금의 제자들은 그 도를 따라서 머물고 나중에 그것을 구족하게 됩니다."

6. 그러나 아난다 존자와 고빠까 목갈라나 바라문 간의 이 대화는 중단되었다. 마가다의 대신인 왓사까라 바라문[779]이 라자가하를 [요새화하는] 일을 감독하러 왔다가 고빠까 목갈라나 바라문의 일터

---

779) 왓사까라 바라문(Vassakāra brāhmaṇa)은 마가다 왕인 아자따삿뚜의 대신이었다.(D16 §1.2) 『율장』의 문맥(Vin.iii.42)을 통해서 유추해 보면 그는 선왕 빔비사라 때도 대신이었던 것 같다.
『디가 니까야』 제2권 「대반열반경」(D16) §1.26 이하에는 같은 마가다의 대신인 수니다(Sunidha)와 함께 왓지를 공격하기 위해서 빠딸리 마을에 도시를 건설하는 감독관으로 나타나고 있다. 그리고 「대반열반경」(D16) §§1.1~1.5에 의하면 마가다의 왕 아자따삿뚜 웨데히뿟따는 왓지를 정복하기 위해서 마가다의 대신인 이 왓사까라 바라문을 세존께 보내서 세존의 말씀을 듣게 한다. 세존께서는 일곱 가지 쇠퇴하지 않는 법들을 설하신다. 그가 본경을 통해서 세존이 입멸하신 후에 불제자들은 누구를 의지하고 무엇을 의지해야 하는지에 대해서 아난다 존자와 나눈 대화는 잘 알려져 있다.
그와 관계된 경으로는 『앙굿따라 니까야』 제2권 「왓사까라 경」(A4:35)과 「들음 경」(A4:183)과 「왓사까라 경」(A4:187)과 제4권 「왓사까라 경」(A7:20) 등을 들 수 있다.

로 아난다 존자를 뵈러 왔기 때문이다. 그는 아난다 존자를 뵙고 함께 환담을 나누었다. 유쾌하고 기억할만한 이야기로 서로 담소를 하고서 한 곁에 앉았다. 한 곁에 앉아서 마가다의 대신인 왓사까라 바라문은 아난다 존자에게 이렇게 말했다.

"아난다시여, 무슨 이야기를 하기 위해 지금 여기에 모였습니까? 그리고 두 분께서 하다만 이야기는 무엇입니까?"

"바라문이여, 여기 고빠까 목갈라나 바라문이 '아난다시여, 그분 고따마 존자 아라한 정등각자께서 구족하셨던 모든 법들을 모든 방면에서 완전하게 구족한 비구가 단 한 명이라도 있습니까?'라고 나에게 질문을 하였고, 나는 '바라문이여, 그분 고따마 존자 아라한 정등각자께서 구족하셨던 모든 법들을 모든 방면에서 완전하게 구족한 비구는 단 한 명도 없습니다. 바라문이여, 그분 세존께서는 일어나지 않은 도를 일으키셨고, [9] 생기지 않은 도를 생기게 하셨으며, 설해지지 않은 도를 설하셨고, 도를 아시고, 도를 발견하셨고, 도에 정통하신 분이기 때문입니다. 지금의 제자들은 그 도를 따라서 머물고 나중에 그것을 구족하게 됩니다.'라고 대답했습니다. 바라문이여, 이것이 당신이 왔을 때 중단된 나와 고빠까 목갈라나 바라문 간의 대화였습니다."

7. "아난다 존자시여, 그분 고따마 존자께서 '내가 입멸한 뒤에 이 자가 그대들의 귀의처가 될 것이다.'라고 정하시어 존자들이 지금 의지하는 비구가 한 명이라도 있습니까?"

"바라문이여, 아시는 분, 보시는 분, 아라한, 정등각자이신 그분 세존께서 '내가 입멸한 뒤에 이 자가 그대들의 귀의처가 될 것이다.'라고 정하시어 우리들이 지금 의지하는 비구는 단 한 명도 없습니다."

8. "아난다 존자시여, 그러면 승가의 동의하에 많은 장로 비구들이 '세존께서 입멸하신 뒤에 이 자가 그대들의 귀의처가 될 것이다.'라고 정하여 존자들이 지금 의지하는 비구가 한 명이라도 있습니까?"

"바라문이여, 승가의 동의하에 많은 장로 비구들이 '세존께서 입멸하신 뒤에 이 자가 그대들의 귀의처가 될 것이다.'라고 정하여 우리들이 지금 의지하는 비구는 단 한 명도 없습니다."

9. "아난다 존자시여, 이와 같이 귀의처가 없다면 무엇을 근거로 해서 화합합니까?"

"바라문이여, 우리들은 귀의처가 없는 것이 아닙니다. 바라문이여, 우리는 법을 귀의처로 합니다."

10. "제가 '아난다 존자시여, 그분 고따마 존자께서 '내가 입멸한 뒤에 이 자가 그대들의 귀의처가 될 것이다.'라고 정하시어 존자들이 지금 의지하는 비구가 한 명이라도 있습니까?'라고 묻자, 존자께서는 '바라문이여, 아시는 분, 보시는 분, 아라한, 정등각자이신 그분 세존께서 '내가 입멸한 뒤에 이 자가 그대들의 귀의처가 될 것이다.'라고 정하시어 우리들이 지금 의지하는 비구는 단 한 명도 없습니다.'라고 대답하셨습니다.

제가 다시 '아난다 존자시여, 그러면 승가의 동의하에 많은 장로 비구들이 '세존께서 입멸하신 뒤에 이 자가 그대들의 귀의처가 될 것이다.'라고 정하여 존자들이 지금 의지하는 비구가 한 명이라도 있습니까?'라고 묻자, 존자께서는 '바라문이여, 승가의 동의하에 많은 장로 [10] 비구들이 '세존께서 입멸하신 뒤에 이 자가 그대들의 귀의처가 될 것이다.'라고 정하여 우리들이 지금 의지하는 비구는 단 한 명도 없습니다.'라고 대답하셨습니다.

제가 다시 '아난다 존자시여, 이와 같이 의지처가 없다면 무엇을 근거로 해서 화합합니까?'라고 묻자, 존자께서는 '바라문이여, 우리들은 귀의처가 없는 것이 아닙니다. 바라문이여, 우리는 법을 귀의처로 합니다.'라고 대답하십니다. 아난다 존자시여, 이렇게 말씀하신 뜻을 어떻게 이해해야 하겠습니까?"

"바라문이여, 아시는 분, 보시는 분, 아라한, 정등각자이신 그분 세존께서는 학습계목을 정하셨고 빠띠목카를 제정하셨습니다. 그런 포살일이면 한 마을을 의지하여 머무는 우리는 모두 한 곳에 모입니다. 한 곳에 모여 우리는 빠띠목카에 능숙한 비구에게 그것을 외우도록 요청합니다. 그것을 외우는 도중에 비구가 계를 범했거나 위반한 것이 있으면[780] 우리는 스승께서 가르쳐 주신대로 법에 따라 그를 다룹니다. 우리를 다루는 것은 존자들이 아니라 법입니다."[781]

11. "아난다 존자시여, 그러면 지금 존자들이 존경하고 존중하고 공경하고 숭배하며, 존경하고 존중하기 때문에 의지하여 머무는 그런 비구가 한 명이라도 있습니까?"

"바라문이여, 지금 우리들이 존경하고 존중하고 공경하고 숭배하며, 존경하고 존중하기 때문에 의지하여 머무는 그런 비구는 한 명

---

780) "'계를 범했거나 위반한 것(āpatti hoti vītikkamo)'은 둘 다 부처님의 명령을 위반한 것(āṇātikkamana)을 말한다."(MA.iv.72)

781) 승가는 대중들의 개인적인 심판에 따라 제어되는 것이 아니라 세존께서 제정하신 법과 율에 따라 제어된다는 존자의 말이다. 그래서 부처님께서는 「대반열반경」(D16)에서 마지막 유훈으로 "법과 율이 그대들의 스승이 될 것이다."라고 하셨다. 「대반열반경」에서 부처님께서는 말씀하신다.
"아난다여, 그런데 아마 그대들에게 '스승의 가르침은 이제 끝나 버렸다. 이제 스승은 계시지 않는다.'라는 이런 생각이 들지도 모른다. 아난다여, 그러나 그렇게 봐서는 안된다. 아난다여, 내가 가고난 후에는 내가 그대들에게 가르치고 천명한 법과 율이 그대들의 스승이 될 것이다."(D16 §6.1)

있습니다."

12. "제가 '아난다 존자시여, 그분 고따마 존자께서 '내가 입멸한 뒤에 이 자가 그대들의 귀의처가 될 것이다.'라고 정하시어 존자들이 지금 의지하는 [11] 비구가 한 명이라도 있습니까?'라고 묻자, 존자께서는 '바라문이여, 아시는 분, 보시는 분, 아라한, 정등각자이신 그분 세존께서 '내가 입멸한 뒤에 이 자가 그대들의 귀의처가 될 것이다.' 라고 정하시어 우리들이 지금 의지하는 비구는 단 한 명도 없습니다.' 라고 대답하셨습니다.

제가 다시 '아난다 존자시여, 그러면 승가의 동의하에 많은 장로 비구들이 '세존께서 입멸하신 뒤에 이 자가 그대들의 귀의처가 될 것이다.'라고 정하여 존자들이 지금 의지하는 비구가 한 명이라도 있습니까?'라고 묻자, 존자께서는 '바라문이여, 승가의 동의하에 많은 장로 비구들이 '세존께서 입멸하신 뒤에 이 자가 그대들의 귀의처가 될 것이다.'라고 정하여 우리들이 지금 의지하는 비구는 단 한 명도 없습니다.'라고 대답하셨습니다.

제가 다시 '아난다 존자시여, 그러면 지금 존자들이 존경하고 존중하고 공경하고 숭배하며, 존경하고 존중하기 때문에 의지하여 머무는 그런 비구가 한 명이라도 있습니까?'라고 묻자, 존자께서는 '바라문이여, 지금 우리들이 존경하고 존중하고 공경하고 숭배하며, 존경하고 존중하기 때문에 의지하여 머무는 그런 비구는 한 명 있습니다.' 라고 대답하십니다. 아난다 존자시여, 이렇게 말씀하신 뜻을 어떻게 이해해야 하겠습니까?"

13. "바라문이여, 아시는 분, 보시는 분, 아라한, 정등각자이신 그분 세존께서는 청정한 믿음을 내게 하는 열 가지 법을 설하셨습니

다. 우리들 가운데 이런 법을 가지고 있는 자를 우리는 지금 존경하고 존중하고 공경하고 숭배하며, 존경하고 존중하기 때문에 의지하여 머뭅니다. 어떤 것이 열 가지인가요?"

14. "① 바라문이여, 여기 비구는 계를 잘 지니며 빠띠목카의 단속으로 잘 단속하며 지내고 바른 행위와 행동의 영역을 구족하며 사소한 잘못에도 두려움을 보며 학습계목을 받아 지녀 공부짓습니다."

15. "② 그는 많이 배우고[多聞] 배운 것을 잘 호지하고 배운 것을 잘 정리합니다. 시작도 훌륭하고 중간도 훌륭하고 끝도 훌륭하며 의미와 표현을 구족했고 더할 나위 없이 완벽하고 지극히 청정한 법을 설하고 범행(梵行)을 드러내는 가르침들이 있으니, 그는 그러한 가르침들을 많이 배우고 호지하고 입으로 외우고 마음으로 숙고하고 견해로써 잘 꿰뚫습니다."

16. "③ 그는 의복, 음식, 거처, 병구완하는 약품으로 만족합니다."

17. "④ 그는 지금·여기에서 행복하게 머물게 하는, 높은 마음인 네 가지 선을 원하는 대로 얻고 힘들이지 않고 얻고 어렵지 않게 얻습니다."

18. "⑤ 그는 여러 가지 신통변화를 나툽니다. 하나인 채 여럿이 되기도 하고 여럿이 되었다가 하나가 되기도 하며, 나타나기도 하고 사라지기도 하며, 마치 허공에서처럼 벽이나 담이나 산을 아무런 장애 없이 통과하고, 물속에서처럼 땅에서도 떠올랐다 잠겼다 하고, 땅 위에서처럼 물 위에서 빠지지 않고 걸어가고, [12] 날개 달린 새처럼 가부좌한 채 허공을 날아가고, 저 막강하고 위력적인 태양과 달을 손으로 만져 쓰다듬기도 하며, 심지어는 저 멀리 범천의 세상에까지도

몸의 자유자재함을 발합니다[神足通].”

19. “⑥ 그는 또 인간의 능력을 넘어선 청정하고 신성한 귀의 요소로 천상이나 인간의 소리 둘 다를 멀든 가깝든 간에 다 들을 수 있습니다[天耳通].”

20. “⑦ 그는 그의 마음으로 다른 중생들과 다른 인간들의 마음을 대하여 꿰뚫어 압니다. 즉 탐욕이 있는 마음은 탐욕이 있는 마음이라고 꿰뚫어 알고 탐욕을 여읜 마음은 탐욕을 여읜 마음이라고 꿰뚫어 알며, 성냄이 있는 마음은 성냄이 있는 마음이라고 꿰뚫어 알고 성냄을 여읜 마음은 성냄을 여읜 마음이라고 꿰뚫어 알며, 어리석음이 있는 마음은 어리석음이 있는 마음이라고 꿰뚫어 알고 어리석음을 여읜 마음은 어리석음을 여읜 마음이라고 꿰뚫어 알며, 수축한 마음은 수축한 마음이라고 꿰뚫어 알고 흩어진 마음은 흩어진 마음이라고 꿰뚫어 알며, 고귀한 마음은 고귀한 마음이라고 꿰뚫어 알고 고귀하지 않은 마음은 고귀하지 않은 마음이라고 꿰뚫어 알며, 위가 있는 마음은 위가 있는 마음이라고 꿰뚫어 알고 위가 없는 마음은 위가 없는 마음이라고 꿰뚫어 알며, 삼매에 든 마음은 삼매에 든 마음이라고 꿰뚫어 알고 삼매에 들지 않은 마음은 삼매에 들지 않은 마음이라고 꿰뚫어 알며, 해탈한 마음은 해탈한 마음이라고 꿰뚫어 알고 해탈하지 않은 마음은 해탈하지 않은 마음이라고 꿰뚫어 압니다[他心通].”

21. “⑧ 그는 한량없는 전생의 갖가지 삶들을 기억합니다. 즉 한 생, 두 생, 세 생, … 이와 같이 한량없는 전생의 갖가지 모습들을 그 특색과 더불어 상세하게 기억해냅니다[宿命通].”

22. “⑨ 그는 인간을 넘어선 신성한 눈[天眼]으로 중생들이 죽고

태어나고, 천박하고 고상하고, 잘생기고 못생기고, 좋은 곳[善處]에 가고 나쁜 곳[惡處]에 가는 것을 보고, 중생들이 지은 바 그 업에 따라 가는 것을 꿰뚫어 압니다. … 중생들이 지은 바 그 업에 따라가는 것을 꿰뚫어 압니다[天眼通].”

23. “⑩ 그는 모든 번뇌가 다하여 아무 번뇌가 없는 마음의 해탈[心解脫]과 통찰지를 통한 해탈[慧解脫]을 바로 지금 · 여기에서 스스로 최상의 지혜로 알고 실현하고 구족하여 머뭅니다[漏盡通].” 바라문이여, 이것이 아시는 분, 보시는 분, 아라한, 정등각자이신 그분 세존께서 설하신 청정한 믿음을 내게 하는 열 가지 법입니다. 우리들 가운데 이런 법을 가지고 있는 자를 우리는 지금 존경하고 존중하고 공경하고 숭배하며, 존경하고 존중하기 때문에 의지하여 머뭅니다.” [13]

24. 이렇게 말했을 때 마가다의 대신 왓사까라 바라문은 대장군 우빠난다를 불러서 말했다.

“이를 어떻게 생각합니까, 대장군이여? 이와 같이 이 존자들께서는 참으로 존경받을 분을 존경하고 존중받을 분을 존중하고 공경받을 분을 공경하고 숭배받을 분을 숭배하는 것이 아니겠습니까? 참으로 이 존자들께서는 존경받을 분을 존경하고 존중받을 분을 존중하고 공경받을 분을 공경하고 숭배받을 분을 숭배하는 것입니다. 이 존자들께서 이런 분을 존경하고 존중하고 공경하고 숭배하지 않는다면 누구를 존경하고 존중하고 공경하고 숭배하며, 존경하고 존중하여 의지하여 머물겠습니까?”

25. 그러자 마가다의 대신인 왓사까라 바라문은 아난다 존자에게 이렇게 물었다.

“아난다 존자께서는 지금 어디에서 머물고 계십니까?”

"바라문이여, 나는 지금 대나무 숲에서 머물고 있습니다."

"아난다 존자시여, 대나무 숲은 아름답고 조용하고 소음이 없고 한적하고 인적이 드물고 한거하기에 좋습니까?"782)

"바라문이여, 대나무 숲은 당신들과 같은 분들이 보호하고 지켜주니 아름답고 조용하고 소음이 없고 한적하고 인적이 드물고 한거하기에 좋습니다."

"아난다 존자시여, 참으로 존자들과 같이 禪을 닦는 분과 자주 禪을 계발하는 분들이 머무시니 대나무 숲은 아름답고 조용하고 소음이 없고 한적하고 인적이 드물고 한거하기에 좋습니다. 존자들께서는 禪을 닦는 분이고 자주 禪을 계발하는 분들이십니다. 아난다 존자시여, 한 번은 그분 고따마 존자께서 웨살리 큰 숲의 중각강당에서 머무셨습니다. 아난다 존자시여, 그때 저는 큰 숲의 중각강당으로 고따마 존자를 뵈러 갔습니다. 거기서 그분 고따마 존자께서는 여러 가지 방편으로 禪에 대해서 말씀해주셨습니다. 그분 고따마 존자께서는 禪을 닦는 분이셨고 자주 禪을 계발하는 분이셨습니다. 그분께서는 모든 禪을 칭송하셨습니다."

---

782) "왓사까라 바라문(Vassakāro brāhmaṇa)은 아난다 존자가 지금 어디에서 머물고 있는지를 물었는데, 왓사까라 바라문이 실제로 아난다 존자의 거처를 몰라서 물은 것이 아니다. 이미 알고 있었지만 웰루와나(Veḷuvana, 대나무 숲)가 이 바라문의 보호(ārakkhā) 아래 있었기 때문에 자신을 찬양하고 싶어 물은 것이다. 그렇다면 무슨 까닭으로 그가 이 대나무 숲을 보호했는가? 어느 날 그는 마하깟짜야나(Mahā-kaccāyana) 장로가 왕사성의 독수리봉에서 내려오는 것을 보고 '이 자는 원숭이(makkaṭa) 같구나.'라고 말했다. 세존께서 그 말을 듣고 만약 그가 용서를 구하면 괜찮지만 용서를 구하지 않는다면 이 대나무 숲에서 원숭이로 태어날 것이라고 말씀하셨다. 그가 세존의 말씀을 듣고 '사문 고따마의 말은 사실과 다른 것이 없다. 나중에 내가 원숭이가 되었을 때 활동영역(gocara-ṭṭhāna)이 될 것이다.'라고 생각하면서 대나무 숲에 여러 종류의 나무를 심어 보호하고 있었다. 그는 나중에 죽어서 원숭이로 태어났다."(MA.iv.73)

26. "바라문이여, 그분 세존께서는 모든 禪을 칭송하지도 않으셨고, 모든 禪을 비난하지도 않으셨습니다. 바라문이여, 어떤 종류의 [14] 禪을 그분 세존께서는 칭송하지 않으셨을까요?

바라문이여, 여기 어떤 자는 감각적 욕망에 압도되고 감각적 욕망에 사로잡혀 머물면서 이미 일어난 감각적 욕망으로부터 벗어남을 있는 그대로 꿰뚫어 알지 못합니다. 그는 감각적 욕망을 품고서 생각하고 궁리하고 궁구하고 이리저리 궁구합니다.783)

그는 악의에 압도되고 악의에 사로잡혀 머물면서 이미 일어난 악의로부터 벗어남을 있는 그대로 꿰뚫어 알지 못합니다. 그는 악의를 품고서 생각하고 궁리하고 궁구하고 이리저리 궁구합니다.

그는 해태와 혼침에 압도되고 해태와 혼침에 사로잡혀 머물면서 이미 일어난 해태와 혼침으로부터 벗어남을 있는 그대로 꿰뚫어 알지 못합니다. 그는 해태와 혼침을 품고서 생각하고 궁리하고 궁구하고 이리저리 궁구합니다.

그는 들뜸과 후회에 압도되고 들뜸과 후회에 사로잡혀 머물면서 이미 일어난 들뜸과 후회로부터 벗어남을 있는 그대로 꿰뚫어 알지 못합니다. 그는 들뜸과 후회를 품고서 생각하고 궁리하고 궁구하고 이리저리 궁구합니다.

그는 의심에 압도되고 의심에 사로잡혀 머물면서 이미 일어난 의심으로부터 벗어남을 있는 그대로 꿰뚫어 알지 못합니다. 그는 의심을 품고서 생각하고 궁리하고 궁구하고 이리저리 궁구합니다.

바라문이여, 이런 종류의 禪을 그분 세존께서는 칭송하지 않으셨

---

783) '생각하고 궁리하고 궁구하고 이리저리 궁구합니다.'는 jhāyanti pajjhāyanti nijjhāyanti apajjhāyanti를 옮긴 것이다. 여기에 대해서는 본서 제2권 「마라 견책 경」(M50) §13의 주해를 참조할 것.

습니다."

27. "바라문이여, 그러면 그분 세존께서는 어떤 종류의 禪을 칭송하셨을까요?

바라문이여, 여기 비구는 감각적 욕망을 완전히 떨쳐버리고 해로운 법[不善法]들을 떨쳐버린 뒤 일으킨 생각[尋]과 지속적 고찰[伺]이 있고, 떨쳐버렸음에서 생긴 희열[喜]과 행복[樂]이 있는 초선(初禪)을 구족하여 머뭅니다.

일으킨 생각[尋]과 지속적 고찰[伺]을 가라앉혔기 때문에 [더 이상 존재하지 않고], 자기 내면의 것이고, 확신이 있으며, 마음의 단일한 상태이고, 일으킨 생각과 지속적 고찰은 없고, 삼매에서 생긴 희열과 행복이 있는 제2선(二禪)을 구족하여 머뭅니다. … 제3선을 구족하여 머뭅니다. … 제4선을 구족하여 머뭅니다.

바라문이여, 이런 종류의 禪을 그분 세존께서는 칭송하셨습니다."

28. "아난다 존자시여, 고따마 존자께서는 비난해야 할 禪을 비난하셨고 칭송해야 할 禪을 칭송하셨군요. 아난다 존자시여, 이제 저는 물러가겠습니다. 저는 바쁘고 해야 할 일이 많습니다."

"바라문이여, 지금이 적당한 시간이라면 그렇게 하십시오." [15]

그러자 마가다의 대신인 왓사까라 바라문은 아난다 존자의 설법을 기뻐하고 감사드리면서 자리에서 일어나 물러났다.

29. 그때 마가다의 대신인 왓사까라 바라문이 떠난 지 얼마 되지 않아서 고빠까 목갈라나 바라문이 아난다 존자에게 이렇게 여쭈었다.

"우리가 아난다 존자께 여쭌 것을 아난다 존자께서는 아직 대답해 주시지 않으셨습니다."

"바라문이여, 우리가 이미 당신에게 말하지 않았습니까? '바라문이여, 그분 고따마 존자 아라한 정등각자께서 구족하셨던 모든 법들을 모든 방면에서 완전하게 구족한 비구는 단 한 명도 없습니다. 바라문이여, 그분 세존께서는 일어나지 않은 도를 일으키셨고, 생기지 않은 도를 생기게 하셨으며, 설해지지 않은 도를 설하셨고, 도를 아시고, 도를 발견하셨고, 도에 정통하신 분이기 때문입니다. 지금의 제자들은 그 도를 따라서 머물고 나중에 그것을 구족하게 됩니다.' 라고."

고빠까 목갈라나 경(M108)이 끝났다.

보름밤의 긴 경784)

Mahāpuṇṇama Sutta(M109)

1. 이와 같이 나는 들었다. 한때 세존께서는 사왓티의 동쪽 원림[東園林]에 있는 미가라마따(녹자모)의 강당에 머무셨다.

2. 그 무렵 세존께서는 보름 포살일785)의 보름밤에 비구 승가에 둘러싸여 노지에 앉아계셨다.

3. 그때 어떤 비구가 자리에서 일어나 한쪽 어깨에 가사를 수하고 세존께 합장하여 인사를 드리고 이렇게 말씀드렸다.

"세존이시여, 세존께서 저의 질문을 허락해주신다면 저는 세존께 어떤 점에 대해서 질문을 드리고자 합니다."

---

784) 본경은 『상윳따 니까야』 제3권 「보름밤 경」(Puṇṇama-sutta, S22:82)과 동일하다.

785) '포살일(布薩日)' 혹은 줄여서 포살은 uposatha의 음역이며 불교의 계율 준수 일을 말한다. 주석서는 이렇게 설명한다.
"이날에 준수한다(upavasati)고 해서 포살이라 한다. 준수한다는 것은 계(sīla)나 금식(anasana)을 지키면서 머문다는 뜻이다. 이 포살일(uposatha-divasa)은 8일, 14일, 15일의 세 가지가 있기 때문에 여기서는 다른 두 가지를 제외한다는 뜻으로 '보름 포살일(tadahuposatha pannarasa)'이라고 하였다."(MA.iv.74~75; SA.i.276)

"비구여, 그렇다면 그대는 그대의 자리에 앉아서 묻고 싶은 것을 질문하라."786)

그러자 그 비구는 자신의 자리에 앉아서 세존께 이렇게 여쭈었다.

4. "세존이시여, 취착의 [대상인] 다섯 가지 무더기[五取蘊]란 [16] 취착의 [대상인] 물질의 무더기[色取蘊], 취착의 [대상인] 느낌의 무더기[受取蘊], 취착의 [대상인] 인식의 무더기[想取蘊], 취착의 [대상인] 심리현상들의 무더기[行取蘊], 취착의 [대상인] 알음알이의 무더기[識取蘊]가 아니겠습니까?"

"비구여, 취착의 [대상인] 다섯 가지 무더기[五取蘊]란 취착의 [대상인] 물질의 무더기[色取蘊], 취착의 [대상인] 느낌의 무더기[受取蘊], 취착의 [대상인] 인식의 무더기[想取蘊], 취착의 [대상인] 심리현상들

---

786) "왜 세존께서는 그가 서서 말하지 않고 앉아서 말하게 하셨는가? 사실 이 비구는 열심히 노력하는 60명의 비구들의 승가 장로로써 60명의 비구들을 데리고 숲에서 살았다. 그들은 그에게서 명상주제(kammaṭṭhāna)를 받아 열심히 노력하고 정진했다. 근본물질(mahā-bhūtāni)을 파악하고(pariggaṇ-hanti) 근본물질을 의지하고 있는 파생된 물질(upādā-rūpāni)을 파악하고 정신과 물질의 조건을 대상으로 하는 위빳사나(nāma-rūpa-paccaya-lakkhaṇ-ārammaṇika-vipassanā)도 파악했다.

마침 그들이 스승을 시중들기 위해 와서 인사를 올리고 앉았을 때 장로는 근본물질을 파악하는 것 등에 대해 그들에게 질문했다. 그들은 모두 대답했지만 도와 과에 대한 질문(magga-phala-pañha)을 했을 때는 대답하지 못했다.

그때 장로는 '나는 훈계를 계속해왔고 이들도 열심히 정진하면서 머물고 게으르지도 않은데 도와 과를 성취하지 못하는구나. 나는 이들의 성향(ajjhāsa-ya)을 알지 못한다. 이들은 부처님에 의해 인도되어야 한다. 이들을 데리고 스승(satthu)께 가야겠다. 그러면 스승께서는 그들에게 기질에 따라 가르침을 듣게 하실 것이다.'라고 생각하면서 그 비구들을 데리고 스승께 왔다.

이 비구는 자신의 의심 때문에 질문을 한 것이 아니라 그들을 위해 대신 질문하기 위해 일어섰다. 만약 그가 일어서서 질문을 하면 나머지 비구들도 그들의 스승이 일어섰기 때문에 일어설 것이고 그렇게 되면 일념으로(ekaggā) 법담을 나눌 수가 없을 것이라고 생각하시면서 세존께서는 그를 앉게 하신 것이다."(MA.iv.75~76)

의 무더기[行取蘊], 취착의 [대상인] 알음알이의 무더기[識取蘊]이다."

"세존이시여, 감사합니다."라고 그 비구는 세존의 말씀을 기뻐하고 감사드리고 세존께 계속해서 질문을 드렸다.

5. "세존이시여, 이 취착의 [대상인] 다섯 가지 무더기[五取蘊]는 무엇에 뿌리를 둡니까?"

"비구여, 이 취착의 [대상인] 다섯 가지 무더기는 갈애[787]에 뿌리를 둔다."

6. "세존이시여, 그러면 취착은 취착의 [대상인] 다섯 가지 무더기와 동일합니까, 아니면 취착은 취착의 [대상인] 다섯 가지 무더기와 다릅니까?"

"비구여, 취착은 취착의 [대상인] 다섯 가지 무더기와 동일하지도 않고, 취착의 [대상인] 다섯 가지 무더기와 다르지도 않다. 비구여, 취착의 [대상인] 다섯 가지 무더기에 대한 열망과 탐욕이 취착이다."[788]

7. "세존이시여, 취착의 [대상인] 다섯 가지 무더기들에 대한 열망과 탐욕은 차이가 있습니까?"[789]

"비구여, [차이가] 있을 수 있다."라고 세존께서는 말씀하셨다. "비구여, 여기 어떤 자에게 이런 생각이 든다. '미래세에 [나의] 물질은 이렇게 되기를! 미래세에 나의 느낌은 이렇게 되기를! 미래세에 나의 인식은 이렇게 되기를! 미래세에 나의 심리현상들[行]은 이렇게 되기를! 미래세에 나의 알음알이는 이렇게 되기를!'이라고.

---

787) 원문은 '욕구(chanda)'인데 주석서에서 갈애(taṇhā)라고 설명하고 있어서 (MA.iv.77) 이렇게 옮겼다.

788) 본경 §6은 본서 제2권 「교리문답의 짧은 경」(M44) §6과 같다.

789) "'열망과 탐욕은 차이가 있습니까(chandarāga-vemattata)?'란 열망과 탐욕은 다양합니까(nānatta)라는 뜻이다."(SA.ii.307)

비구여, 이와 같이 취착의 [대상인] 다섯 가지 무더기에 대한 열망과 탐욕은 차이가 있다."

8. "세존이시여, 어떻게 무더기[蘊]라는 술어가 무더기들에 대해 적용됩니까?"

"비구여, 물질이라고 하는 것은 그 어떤 것이든, 그것이 과거의 것이든 미래의 것이든 현재의 것이든, 안의 것이든 밖의 것이든, 거칠든 섬세하든, 저열하든 수승하든, 멀리 있건 가까이 있건, 그것은 물질의 무더기이다. [17]

느낌이라고 하는 것은 그 어떤 것이든, 그것이 과거의 것이든 미래의 것이든 현재의 것이든, 안의 것이든 밖의 것이든, 거칠든 섬세하든, 저열하든 수승하든, 멀리 있건 가까이 있건, 그것은 느낌의 무더기이다.

인식이라고 하는 것은 그 어떤 것이든, 그것이 과거의 것이든 미래의 것이든 현재의 것이든, 안의 것이든 밖의 것이든, 거칠든 섬세하든, 저열하든 수승하든, 멀리 있건 가까이 있건, 그것은 인식의 무더기이다.

심리현상들이라고 하는 것은 그 어떤 것이든, 그것이 과거의 것이든 미래의 것이든 현재의 것이든, 안의 것이든 밖의 것이든, 거칠든 섬세하든, 저열하든 수승하든, 멀리 있건 가까이 있건, 그것은 심리현상들의 무더기이다.

알음알이라고 하는 것은 그 어떤 것이든, 그것이 과거의 것이든 미래의 것이든 현재의 것이든, 안의 것이든 밖의 것이든, 거칠든 섬세하든, 저열하든 수승하든, 멀리 있건 가까이 있건, 그것은 알음알이의 무더기이다.

비구여, 이렇게 무더기라는 술어가 무더기들에 대해 적용된다."

9. "세존이시여, 무엇이 원인이고 무엇을 조건하여 물질의 무더기가 드러납니까? 무엇이 원인이고 무엇을 조건하여 느낌의 무더기가 드러납니까? 무엇이 원인이고 무엇을 조건하여 인식의 무더기가 드러납니까? 무엇이 원인이고 무엇을 조건하여 심리현상들의 무더기가 드러납니까? 무엇이 원인이고 무엇을 조건하여 알음알이의 무더기가 드러납니까?"

"비구여, 네 가지 근본물질[四大]이 원인이고 네 가지 근본물질을 조건하여 물질의 무더기가 드러난다. 감각접촉[觸]이 원인이고 감각접촉을 조건하여 느낌의 무더기가 드러난다.[790] 감각접촉이 원인이고 감각접촉을 조건하여 인식의 무더기가 드러난다. 감각접촉이 원인이고 감각접촉을 조건하여 심리현상들의 무더기가 드러난다. 정신과 물질[名色]이 원인이고 정신과 물질을 조건하여 알음알이의 무더기가 드러난다."

10. "세존이시여, 어떻게 해서 [불변하는] 존재 더미가 있다는 견해[有身見]가 생깁니까?"[791]

"비구여, 여기 배우지 못한 범부는 성자들을 친견하지 못하고 성스러운 법에 능숙하지 못하고 성스러운 법에 인도되지 못하고, 바른 사람들을 친견하지 못하고 바른 사람들의 법에 능숙하지 못하고 바

790) "비구들이여, 접촉하여 느끼고 접촉하여 의도하고 접촉하여 인식한다(phuṭṭho bhikkhave vedeti phuṭṭho ceteti phuṭṭho sañjānāti)."(『상윳따 니까야』 제4권 「쌍(雙) 경」 2(S35:93))라는 말씀이 있기 때문에 감각접촉[觸, phassa]이 세 가지 무더기(수온, 상온, 행온)가 드러나는 원인(hetu)이고 조건(paccaya)이다."(MA.iv.78)

791) 본경 §§10~11은 본서 제2권 「교리문답의 짧은 경」(M44) §§7~8과 같다. 이 20가지 유신견에 대해서는 「교리문답의 짧은 경」(M44) §7의 주해를 참조할 것.

른 사람들의 법에 인도되지 않아서, 물질을 자아라고 관찰하고, 물질을 가진 것이 자아라고 관찰하고, 자아 안에 물질이 있다고 관찰하고, 물질 안에 자아가 있다고 관찰한다.

느낌을 … 인식을 … 심리현상들을 … 알음알이를 자아라고 관찰하고, 알음알이를 가진 것을 자아라고 관찰하고, [18] 자아 안에 알음알이가 있다고 관찰하고, 알음알이 안에 자아가 있다고 관찰한다.

비구여, 이렇게 [불변하는] 존재 더미가 있다는 견해[有身見]가 생긴다."

11. "세존이시여, 그러면 어떻게 해서 [불변하는] 존재 더미가 있다는 견해[有身見]가 생기지 않습니까?"

"비구여, 잘 배운 성스러운 제자는 성자들을 친견하고 성스러운 법에 능숙하고 성스러운 법에 인도되고, 바른 사람들을 친견하고 바른 사람들의 법에 능숙하고 바른 사람들의 법에 인도되어서, 물질을 자아라고 관찰하지 않고, 물질을 가진 것이 자아라고 관찰하지 않고, 자아 안에 물질이 있다고 관찰하지 않고, 물질 안에 자아가 있다고 관찰하지 않는다.

느낌을 … 인식을 … 심리현상들을 … 알음알이를 자아라고 관찰하지 않고, 알음알이를 가진 것을 자아라고 관찰하지 않고, 자아 안에 알음알이가 있다고 관찰하지 않고, 알음알이 안에 자아가 있다고 관찰하지 않는다.

비구여, 이와 같이 해서 [불변하는] 존재 더미가 있다는 견해[有身見]가 생기지 않는다."

12. "세존이시여, 무엇이 물질에 대한 달콤함이고 무엇이 재난이며 무엇이 그것에서 벗어남입니까? 무엇이 느낌에 대한 … 인식에 대한 … 심리현상들에 대한 … 알음알이에 대한 달콤함이고 무엇이

재난이며 무엇이 그것에서 벗어남입니까?"

"비구여, 물질을 조건하여 일어난 즐거움과 기쁨이 물질에 대한 달콤함이다. 물질은 무상하고 괴로움이고 변하는 것이기에 이것이 물질에 대한 재난이다. 물질에 대한 열망과 탐욕을 길들이고 열망과 탐욕을 버리는 것이 물질에서 벗어남이다.792)

비구여, 느낌을 조건하여 … 인식을 조건하여 … 심리현상들을 조건하여 … 알음알이를 조건하여 일어난 즐거움과 기쁨이 알음알이에 대한 달콤함이다. 알음알이는 무상하고 괴로움이고 변하는 것이기에 이것이 알음알이에 대한 재난이다. 알음알이에 대한 열망과 탐욕을 길들이고 열망과 탐욕을 버리는 것이 알음알이에서 벗어남이다."

13. "세존이시여,793) 어떻게 알고 어떻게 보아야 알음알이를 가진 이 몸과 외부의 모든 표상794)들 가운데서795) 나라는 생각과 내

---

792) "'이것이 물질에 대한 달콤함이다(ayaṁ rūpe assādo).'라는 말씀으로 철저하게 앎의 꿰뚫음(pariññā-paṭivedha)과 괴로움의 진리[苦諦, dukkha-sacca]를 말씀하셨다.
'이것이 물질에 대한 재난이다(ayaṁ rūpe ādīnavo).'라는 말씀으로는 버림의 꿰뚫음(pahāna-paṭivedha)과 일어남의 진리[集諦, samudaya-sacca]를, '이것이 물질에서 벗어남이다(idaṁ rūpe nissaraṇa.n).'라는 말씀으로는 실현의 꿰뚫음(sacchikiriyā-paṭivedha)과 소멸의 진리[滅諦, nirodha-sacca]를 말씀하셨다.
이러한 세 가지 경우에 대한 바른 견해 등의 법들(dhammā)은 수행의 꿰뚫음(bhāvanā-paṭivedha)이고 도의 진리[道諦, magga-sacca]이다."(MA.iv.78)

793) 본경 §13은 『상윳따 니까야』 제2권 「잠재성향 경」(S18:21)과 제3권 「라다 경」(S22:71)과 「라훌라 경」1(S22:91)과 같은 내용을 담고 있다.

794) '표상'은 nimitta를 옮긴 것이다. 표상으로 옮긴 니밋따(nimitta)는 ni(아래로)+√mā(*to measure*)에서 파생된 중성명사이다. 초기불전과 특히 주석서 문헌에서는 표상(nimitta)라는 술어가 아주 많이 나타나는데 ① 신호, 표시, 징조, 조짐 등의 뜻으로도 쓰이고(영어의 *sign*) ② 외관, 흔적, 자국, 특성, 성질 등의 뜻으로도 쓰이며(영어의 *mark*) ③ 영상, 잔영, 표상 등의 뜻

것이라는 생각과 자만의 잠재성향이 생기지 않겠습니까?"

"비구여, 물질이라고 하는 것은 그 어떤 것이든, 그것이 과거의 것이든 미래의 것이든 현재의 것이든, 안의 것이든 밖의 것이든, 거칠든 섬세하든, 저열하든 [19] 수승하든, 멀리 있건 가까이 있건, '이것은 내 것이 아니고, 이것은 내가 아니며, 이것은 나의 자아가 아니다.'라고 있는 그대로 바른 통찰지로 본다.

느낌이라고 하는 것은 그 어떤 것이든 … 인식이라고 하는 것은 그 어떤 것이든 … 심리현상들이라고 하는 것은 그 어떤 것이든 … 알음알이라고 하는 것은 그 어떤 것이든, 그것이 과거의 것이든 미래

으로도 쓰인다.(영어의 *image*)
주석서 문헌에서는 세 번째 의미로 많이 나타난다. 왜냐하면 이 의미로 쓰이는 표상은 특히 삼매 수행에서 아주 중요한 역할을 하기 때문이다. 본삼매의 증득은 준비단계의 표상, 익힌 표상, 닮은 표상이라는 세 단계를 거쳐서 이루어진다고 주석서 문헌들은 설명하고 있다. 여기에 대해서는 『아비담마 길라잡이』 제9장 §5 이하의 [해설]들을 참조할 것.
초기불전연구원에서는 여러 문맥에서 나타나는 nimitta를 모두 표상으로 통일해서 옮기고 있는데, 『디가 니까야 주석서』에서 "인식의 원인(sañjānana-hetu)이 되기 때문에 '표상(nimitta)'이라 한다."(DA.ii.500)고 설명하고 있듯이 모든 종류의 인식은 대상이 드러내는 혹은 대상을 통해서 생기는 표상을 통해서 일어나는 것이기 때문이다.(여기에 대해서는 『상윳따 니까야』 제2권 「나꿀라삐따 경」(S22:1) §12의 주해도 참조할 것.) 표상은 한문의 表相 혹은 表象을 염두에 두고 한글로 표기한 것이다.

795) "'외부의(bahiddhā)'라는 단어는 알음알이를 가진 다른 사람의 몸이다. '모든 표상들(sabba-nimittā)'은 무정물(anindriya-baddha)을 포함하기도 한다. 혹은 '알음알이를 가진 이 몸(saviññāṇaka kāya)'이라는 단어가 자신의 몸과 다른 사람의 몸을 모두 포함하고, '외부의 모든 표상(bahiddhā sabba-nimitta)'이라는 단어는 무정물을 포함하기도 한다."(MA.iv.78)
『앙굿따라 니까야 주석서』는 다음과 같이 설명하고 있다.
"'밖의 모든 표상들(bahiddhā sabba-nimittā)'이란 색깔의 표상, 소리의 표상, 냄새의 표상, 맛의 표상, 감촉의 표상, 영원함 등의 표상, 인간의 표상, 법의 표상 등 이러한 밖의 표상들을 뜻한다."(AA.ii.206)
'표상(nimitta)'의 의미에 대해서는 『상윳따 니까야』 제3권 「할릿디까니 경」 1(S22:3) §6의 주해를 참조할 것.

의 것이든 현재의 것이든, 안의 것이든 밖의 것이든, 거칠든 섬세하든, 저열하든 수승하든, 멀리 있건 가까이 있건, '이것은 내 것이 아니고, 이것은 내가 아니며, 이것은 나의 자아가 아니다.'라고 이것을 있는 그대로 바른 통찰지로 본다.

비구여, 이렇게 알고 이렇게 보는 자에게 알음알이를 가진 이 몸과 외부의 모든 표상들 가운데서 나라는 생각과 내 것이라는 생각과 자만의 잠재성향이 생기지 않는다."

14. 그러자 다른 어떤 비구에게 이런 생각이 들었다. '참으로 물질은 자아가 없다고 한다. 느낌은 …인식은 … 심리현상들은 … 알음알이는 자아가 없다고 한다. 그런데 자아가 없이 지은 업들은 도대체 어떤 자아와 접촉하는가?'[796]라고. 그러자 세존께서는 마음으로 그 비구의 생각을 아시고 비구들을 불러서 말씀하셨다

"비구들이여, 여기 어떤 쓸모없는 인간은 알지 못하고 무명에 빠져 그의 마음이 갈애에 지배되어 마음으로 스승의 교법을 능가하리라고 생각하면서 '참으로 물질은 자아가 없다고 한다. 느낌은 …인식은 … 심리현상들은 … 알음알이는 자아가 없다고 한다. 그런데 자아가 없이 지은 업들은 도대체 어떤 자아와 접촉하는가?'라고 생각할지도 모른다. 비구들이여, 나는 이런저런 법들에 대해 여러 가지 경우로 질문하여 그대들을 가르쳤다."[797]

---

796) "이 비구는 '[업을 저장하는] 자아가 없는데 어떠한 자아에 서서 그 업이 과보(vipāka)를 생성하는가?'라고 생각하고 있고, 그것은 상견(sassata-dassana)에 빠지는 것임을 세존께서는 말씀하신다."(MA.iv.79)

797) '질문하여 그대들을 가르쳤다.'는 Ee에는 paṭiccavinītā로 나타나고, Be에는 paṭivinītā로 나타난다. 이 단어는 prati+vi+√nī(*to lead*)의 과거분사로 '제거한'의 뜻이 되어(PED) 본경의 문맥에는 맞지 않는다. 역자는 『상윳따 니까야』 제3권 「보름밤 경」(S22:82)을 따라 paṭipucchā vinītā로 읽어서 옮겼다. 본경의 내용이 그 경과 같고 그곳에 paṭipucchā vinītā로 나타

15. "이를 어떻게 생각하는가, 비구들이여? 물질은 항상한가, 무상한가?"

"무상합니다, 세존이시여."

"무상한 것은 괴로움인가, 즐거움인가?"

"괴로움입니다, 세존이시여."

"무상하고 괴로움이고 변하기 마련인 것을 두고 '이것은 내 것이다. 이것은 나다. 이것은 나의 자아다.'라고 여기는 것이 타당하겠는가?"

"그렇지 않습니다, 세존이시여."

비구들이여, 이를 어떻게 생각하는가? 느낌은 … 인식은 … 심리현상들은 … 알음알이는 항상한가, 무상한가?"

"무상합니다, 세존이시여." [20]

"무상한 것은 괴로움인가, 즐거움인가?"

"괴로움입니다, 세존이시여."

"무상하고 괴로움이고 변하기 마련인 것을 두고 '이것은 내 것이다. 이것은 나다. 이것은 나의 자아다.'라고 여기는 것이 타당하겠는가?"

"그렇지 않습니다, 세존이시여."

16. "비구들이여, 그러므로 물질이라고 하는 것은 그 어떤 것이든, 그것이 과거의 것이든 미래의 것이든 현재의 것이든, 안의 것이든 밖의 것이든, 거칠든 섬세하든, 저열하든 수승하든, 멀리 있건 가까이 있건, '이것은 내 것이 아니고, 이것은 내가 아니며, 이것은 나의 자아가 아니다.'라고 있는 그대로 바른 통찰지로 보아야 한다.

느낌이라고 하는 것은 그 어떤 것이든 … 인식이라고 하는 것은 그 어떤 것이든 … 심리현상들이라고 하는 것은 그 어떤 것이든 … 알음알이라고 하는 것은 그 어떤 것이든, 그것이 과거의 것이든 미래

나기 때문이다.

의 것이든 현재의 것이든, 안의 것이든 밖의 것이든, 거칠든 섬세하든, 저열하든 수승하든, 멀리 있건 가까이 있건, '이것은 내 것이 아니고, 이것은 내가 아니며, 이것은 나의 자아가 아니다.'라고 있는 그대로 바른 통찰지로 보아야 한다."

17. "비구들이여, 이와 같이 보면서 잘 배운 성스러운 제자는 물질을 염오하고 느낌을 염오하고 인식을 염오하고 심리현상들을 염오하고 알음알이를 염오한다."

18. "염오하면서 탐욕이 빛바래고, 탐욕이 빛바래기 때문에 해탈한다. 해탈하면 해탈했다는 지혜가 생긴다. '태어남은 다했다. 청정범행은 성취되었다. 할 일을 다 해 마쳤다. 다시는 어떤 존재로도 돌아오지 않을 것이다.'라고 꿰뚫어 안다."[798]

세존께서는 이와 같이 설하셨다. 그 비구들은 흡족한 마음으로 세존의 말씀을 크게 기뻐하였다. 이 가르침이 설해졌을 때 60명의 비구들[799]은 취착 없이 마음이 번뇌에서 해탈했다.

보름밤의 긴 경(M109)이 끝났다.

---

798) 본경 §§15~18에 나타나는 ① 오온으로 해체해서 보기 ② 무상·고·무아 ③ 염오 ④ 이욕 ⑤ 해탈 ⑥ 구경해탈지의 정형구는 니까야의 도처에서 강조되고 있는 해탈·열반을 실현하는 여섯 단계의 과정이다. 여기에 대해서는 본서 제1권 「뱀의 비유 경」(M22) §29의 주해를 참조하기 바란다. 그리고 『초기불교 이해』 제14장 어떻게 해탈·열반을 실현할 것인가와 『상윳따 니까야』 제4권 「해제 §3과 제3권 「해제 §3을 중심으로도 살펴볼 것을 권한다.

799) "이 비구들은 평소의 명상주제(pakati-kammaṭṭhāna)를 내려놓고 다른 새로운 명상주제(nava-kammaṭṭhāna)를 받아서 가부좌를 틀고 그 자리에서 아라한과를 얻었다."(MA.iv.79)
복주서는 평소의 명상주제란 그 장로에게서 받은 명상주제이고, 새로운 명상주제란 세존으로부터 받은 명상주제라고 설명하고 있다.(MAṬ.ii.267)

보름밤의 짧은 경

Cūḷapuṇṇama Sutta(M110)

1. 이와 같이 나는 들었다. 한때 세존께서는 사왓티의 동쪽 원림[東園林]에 있는 미가라마따(녹자모)의 강당에 머무셨다.

2. 그 무렵 세존께서는 보름 포살일의 보름밤에 [21] 비구 승가에 둘러싸여 노지에 앉아계셨다. 그때 세존께서는 침묵을 지키던 비구 승가를 돌아보시고 비구들에게 이렇게 말씀하셨다.

3. "비구들이여, 바르지 못한 사람이 바르지 못한 사람을 '이 사람은 바르지 못한 사람이다.'라고 알 수 있겠는가?"

"그렇지 않습니다, 세존이시여."

"그러하다, 비구들이여. 비구들이여, 바르지 못한 사람이 바르지 못한 사람을 '이 사람은 바르지 못한 사람이다.'라고 안다는 것은 불가능하고 이치에 맞지 않다. 비구들이여, 바르지 못한 사람이 바른 사람을 '이 사람은 바른 사람이다.'라고 알 수 있겠는가?"

"그렇지 않습니다, 세존이시여."

"그러하다, 비구들이여. 비구들이여, 바르지 못한 사람이 바른 사람을 '이 사람은 바른 사람이다.'라고 안다는 것은 불가능하고 이치에 맞지 않는다."

4. "비구들이여, 바르지 못한 사람은 바르지 못한 성품을 가졌고, 바르지 못한 사람과 교제하고, 바르지 못한 사람의 생각으로 생각하고,[800] 바르지 못한 사람의 조언으로 조언하고, 바르지 못한 사람의 말로 말하고, 바르지 못한 사람의 행동으로 행동하고, 바르지 못한 사람의 견해를 가지고, 바르지 못한 사람으로 보시를 한다."[801]

5. "비구들이여, 바르지 못한 사람은 어떠한 바르지 못한 성품을 가졌는가? 비구들이여, 여기 바르지 못한 사람은 믿음이 없고, 양심이 없고, 수치심이 없고, 배운 것이 없고, 게으르고, 마음챙김을 놓아버리고, 통찰지가 둔하다. 비구들이여, 바르지 못한 사람은 이러한 바르지 못한 성품을 가졌다."

---

800) "'바르지 못한 성품(asaddhamma)'이란 악한 성품(pāpa-dhamma)으로 몸으로 짓는 그릇된 행위(kāya-duccarita) 등과 만족하지 않음(asantuṭṭhi-ta) 등의 저열한 성품(lāmaka-dhamma)을 가진 것이고, '바르지 못한 사람과 교제하는 것(asappurisa-bhatti)'은 바르지 못한 사람을 섬기는 것이고, '바르지 못한 사람의 생각으로 생각하는 것(asappurisa-cinti)'은 바르지 못한 사람들이 습관적으로 생각하듯이(cintana-sīla) 그렇게 생각하는 것이다."(MAṬ.ii.267)

801) "'바르지 못한 사람의 말(asappurisa-vāca)'이란 네 가지 나쁜 말(dubbhā-sita)이고, '바르지 못한 사람의 행위(asappurisa-kamma)'란 세 가지 몸으로 짓는 그릇된 행위(kāya-duccarita)이다. '바르지 못한 사람의 견해(asappurisa-diṭṭhi)'란 특별히 열 가지로 된 그릇된 견해(dasa-vatthukā micchā-diṭṭhi)인데 이것을 가진 것을 바르지 못한 사람의 견해를 가졌다고 한다. '바르지 못한 사람으로 보시하는 것(asappurisa-dāna)'은 존경심 없이, 성의 없이 보시하는 것(asakkacca-dāna)이다."(MAṬ.ii.267)
열 가지로 된 그릇된 견해는 아지따 께사깜발리(Ajita Kesakambalī)의 [사후] 단멸론(uccheda-vāda)의 앞부분을 말한다. 본경 §11에 나타나므로 참조할 것.

6. "비구들이여, 바르지 못한 사람은 어떻게 바르지 못한 사람과 교제하는가? 비구들이여, 여기 바르지 못한 사람은 믿음이 없고, 양심이 없고, 수치심이 없고, 배운 것이 없고, 게으르고, 마음챙김을 놓아버리고, 통찰지가 둔한 사문・바라문들과 친구하고 벗한다. 비구들이여, 이와 같이 바르지 못한 사람은 바르지 못한 사람과 교제한다."

7. "비구들이여, 어떻게 바르지 못한 사람은 바르지 못한 사람의 생각으로 생각하는가? 비구들이여, 여기 바르지 못한 사람은 자신을 해칠 생각을 하고 남을 해칠 생각을 하고 둘 다를 해칠 생각을 한다.802) 비구들이여, 이와 같이 바르지 못한 사람은 바르지 못한 사람의 생각으로 생각한다."

8. "비구들이여, 어떻게 바르지 못한 사람은 바르지 못한 사람의 조언으로 조언하는가? 비구들이여, 여기 바르지 못한 사람은 자신을 해치는 조언을 하거나 남을 해치는 조언을 하거나 둘 다를 해치는 조언을 한다.803) [22] 비구들이여, 이와 같이 바르지 못한 사람은

---

802) "'자신을 해칠 생각을 한다(atta-byābādhāya pi ceteti).'는 것은 살아있는 생명을 죽이리라, 주지 않는 것을 가지리라, 삿된 음행을 하리라는 등 열 가지 해로운 업의 길[十不善業道, dasa akusala-kamma-patha]을 받아 지녀 행하리라고 이렇게 자신을 괴로움에 처하도록 생각하는 것이다.

'남을 해칠 생각을 한다(para-byābādhāya pi ceteti).'는 것은 어떤 사람이 어떤 생명을 죽이고, 자기에게 주지도 않은 어떤 사람의 소유물을 훔치는 등 열 가지 해로운 업의 길을 받아 지녀 행하게 한다. 그로 하여금 이렇게 죽이도록 하리라고 남을 괴로움에 처하도록 생각하는 것이다.

'둘 다를 해칠 생각을 한다(ubhaya-byābādhāya pi ceteti).'는 것은 나는 이 사람도 함께하고 저 사람도 함께하여 열 가지 해로운 업의 길을 받아 지녀 행하리라고 이렇게 둘 다를 괴로움에 처하도록 생각한다."(MA.iv.80)

803) "나는 열 가지 해로운 업의 길[十不善業道]을 받아 지녀 행할 것이라고 조

바르지 못한 사람의 조언으로 조언한다."

9. "비구들이여, 어떻게 바르지 못한 사람은 바르지 못한 사람의 말로 말하는가? 비구들이여, 여기 바르지 못한 사람은 거짓말을 하고, 중상모략을 하고, 욕설을 하고, 잡담을 한다. 비구들이여, 이와 같이 바르지 못한 사람은 바르지 못한 사람의 말로 말한다."

10. "비구들이여, 어떻게 바르지 못한 사람은 바르지 못한 사람의 행동으로 행동하는가? 비구들이여, 여기 바르지 못한 사람은 생명을 죽이고, 주지 않은 것을 가지고, 삿된 음행을 한다. 비구들이여, 이와 같이 바르지 못한 사람은 바르지 못한 사람의 행동으로 행동한다."

11. "비구들이여, 어떻게 바르지 못한 사람은 바르지 못한 사람의 견해를 가지는가?

비구들이여, 여기 바르지 못한 사람은 이런 견해를 가진다. '보시도 없고 공물도 없고 제사(헌공)도 없다. 선행과 악행의 업들에 대한 결실도 없고 과보도 없다. 이 세상도 없고 저 세상도 없다. 어머니도 없고 아버지도 없다. 화생하는 중생도 없고 이 세상과 저 세상을 스스로 최상의 지혜로 알고 실현하여 선언하는, 덕스럽고 바른 도를 구족한 사문・바라문들도 이 세상에는 없다.'804)라고.

언할 때 '자기 스스로를 해치는 조언을 하는 것이다(atta-byābādhāyapi manteti).' 어떤 자로 하여금 열 가지 해로운 업의 길을 받아 지녀 행하게 할 것이라고 조언할 때 '남을 해치는 조언을 하는 것이다(para-byābādhāya manteti).' 다른 사람과 함께 '우리 둘이 하나가 되어 열 가지 해로운 업의 길을 받아 지녀 행하자.'라고 조언할 때 '둘 다를 해치는 조언을 하는 것이다(ubhaya-byābādhāya manteti).'"(MA.iv.80)

804) 이 정형구는 『디가 니까야』 제1권 「사문과경」(D2/i.55) §§23에 나타나는 아지따 께사깜발리(Ajita Kesakambalī)의 [사후] 단멸론(uccheda-vāda)

비구들이여, 이와 같이 바르지 못한 사람은 바르지 못한 사람의 견해를 가진다."

12. "비구들이여, 어떻게 바르지 못한 사람은 바르지 못한 사람으로 보시하는가?

비구들이여, 여기 바르지 못한 사람은 존중함이 없이 보시하고,[805] 자기 손으로 직접 보시하지 않고,[806] 성의 없이 보시하고, 내버리듯이 보시하고,[807] [보시의 과보가] 돌아오지 않는다는 견해로 보시한다.

비구들이여, 이와 같이 바르지 못한 사람은 바르지 못한 사람으로 보시한다."

의 앞부분이다. 이 정형구가 '보시도 없고' 등의 열 가지 그릇된 견해를 포함하고 있기 때문에 『청정도론』 XVII.243에서는 이것을 '열 가지 그릇된 견해(dasa-vatthukā micchā-diṭṭhi)'라 부르고 있다.
니까야에서 이 정형구가 나타나는 곳은 「사문과경」(D2) §2.23, 본서 제2권 「살라의 바라문들 경」(M41) §10, 「확실한 가르침 경」(M60) §5, 제3권 「산다까 경」(M76)」 §7, 「보름밤의 짧은 경」(M110) §11, 제4권 「행하고 행하지 말아야 함 경」(M114) §10, 「위대한 사십 가지 경」(M117) §5 『상윳따 니까야』 제3권 「없음 경」(S24:5) §3, 제4권 「빠딸리야 경」(S42:13)」 §12; 『앙굿따라 니까야』 제6권 「쭌다 경」(A10:176) §5 등이다.

805) "'존중함이 없이 보시한다(asakkaccaṁ dānaṁ deti).'는 것은 시물(deyya-dhamma)에 대해서도 사람(puggala)에 대해서도 존중함이 없는 것을 말한다. 시물(施物)에 대해 존중함이 없는 것(deyya-dhammaṁ na sakkaroti)은 설익은 밥(uttaṇḍula) 등 결점이 있는(dosa-samannāgata) 공양(āhāra)을 보시하여 만족(pasanna)을 주지 못하는 것이고, 사람에 대해 존중함이 없는 것(puggalaṁ na sakkaroti)은 앉을 자리(nisīdana-ṭṭhāna)를 청소하지 않고 아무 곳에나 앉게 하여 보시를 하는 것이다." (MA.iv.80~81)

806) "자기가 직접 보시하지 않고 하인이나 일꾼을 시켜 보시하도록 한다."(MA.iv.81)

807) "내버리고 싶어서(chaḍḍetu-kāma) 뱀을 개미언덕에 던지듯이 보시하는 것이다."(MA.iv.81)

13. "비구들이여, 바르지 못한 사람은 이와 같이 바르지 못한 성품을 가졌고, 이와 같이 바르지 못한 사람과 교제하고, 이와 같이 바르지 못한 사람의 생각으로 생각하고, 이와 같이 바르지 못한 사람의 조언으로 조언하고, 이와 같이 바르지 못한 사람의 말로 말하고, 이와 같이 바르지 못한 사람의 행동으로 행동하고, 이와 같이 바르지 못한 사람의 견해를 가지고, 이와 같이 바르지 못한 사람으로 보시하여 몸이 무너져 죽은 뒤 바르지 못한 사람들의 태어날 곳[行處]에 태어난다. 비구들이여, 무엇이 바르지 못한 사람들의 태어날 곳인가? 지옥이나 축생의 모태이다."

14. "비구들이여, 바른 사람이 바른 사람을 '이 사람은 바른 사람이다.'라고 알겠는가?" [23]

"그렇습니다, 세존이시여."

"그러하다, 비구들이여. 비구들이여, 바른 사람이 바른 사람을 '이 사람은 바른 사람이다.'라고 아는 것은 가능하고 이치에 맞다. 비구들이여, 바른 사람이 바르지 못한 사람을 '이 사람은 바르지 못한 사람이다.'라고 알겠는가?"

"그렇습니다, 세존이시여."

"그러하다, 비구들이여. 비구들이여, 바른 사람이 바르지 못한 사람을 '이 사람은 바르지 못한 사람이다.'라고 아는 것은 가능하고 이치에 맞다."

15. "비구들이여, 바른 사람은 훌륭한 성품을 가졌고, 바른 사람과 교제하고, 바른 사람의 생각으로 생각하고, 바른 사람의 조언으로 조언하고, 바른 사람의 말로 말하고, 바른 사람의 행동으로 행동하고, 바른 사람의 견해를 가지고, 바른 사람으로 보시한다."

16. "비구들이여, 바른 사람은 어떠한 훌륭한 성품을 가졌는가? 비구들이여, 여기 바른 사람은 믿음이 있고, 양심을 가졌고, 수치심을 가졌고, 많이 배웠고, 열심히 정진하고, 마음챙김을 확립하였고, 통찰지를 가졌다.

비구들이여, 바른 사람은 이러한 훌륭한 성품을 가졌다."

17. "비구들이여, 바른 사람은 어떻게 바른 사람과 교제하는가?

비구들이여, 여기 바른 사람은 믿음이 있고, 양심을 가졌고, 수치심을 가졌고, 많이 배웠고, 열심히 정진하고, 마음챙김을 확립하였고, 통찰지를 가진 사문·바라문들과 친구하고 벗한다.

비구들이여, 이와 같이 바른 사람은 바른 사람과 교제한다."

18. "비구들이여, 어떻게 바른 사람은 바른 사람의 생각으로 생각하는가?

비구들이여, 여기 바른 사람은 자신을 해칠 생각을 하지 않고 남을 해칠 생각을 하지 않고 둘 다를 해칠 생각을 하지 않는다.

비구들이여, 이와 같이 바른 사람은 바른 사람의 생각으로 생각한다."

19. "비구들이여, 어떻게 바른 사람은 바른 사람의 조언으로 조언하는가?

비구들이여, 여기 바른 사람은 자신을 해치는 조언을 하지 않고 남을 해치는 조언을 하지 않고 둘 다를 해치는 조언을 하지 않는다.

비구들이여, 이와 같이 바른 사람은 바른 사람의 조언으로 조언한다."

20. "비구들이여, 어떻게 바른 사람은 바른 사람의 말을 하는가?

비구들이여, 여기 바른 사람은 거짓말을 삼가고, 중상모략을 삼가고, 욕설을 삼가고, 잡담을 삼간다.

비구들이여, 이와 같이 바른 사람은 바른 사람의 말로 말한다."

21. "비구들이여, 어떻게 바른 사람은 바른 사람의 행동으로 행동하는가?

비구들이여, 여기 바른 사람은 생명을 죽이는 것을 삼가고, 주지 않은 것을 가지는 것을 삼가고, [24] 삿된 음행을 삼간다.

비구들이여, 이와 같이 바른 사람은 바른 사람의 행동으로 행동한다."

22. "비구들이여, 어떻게 바른 사람은 바른 사람의 견해를 가지는가?

비구들이여, 여기 바른 사람은 이런 견해를 가진다. '보시도 있고 공물도 있고 제사(헌공)도 있다. 선행과 악행의 업들에 대한 결실도 있고 과보도 있다. 이 세상도 있고 저 세상도 있다. 어머니도 있고 아버지도 있다. 화생하는 중생도 있고 이 세상과 저 세상을 스스로 최상의 지혜로 알고 실현하여 선언하는, 덕스럽고 바른 도를 구족한 사문 · 바라문들도 이 세상에는 있다.'라고.

비구들이여, 이와 같이 바른 사람은 바른 사람의 견해를 가진다."

23. "비구들이여, 어떻게 바른 사람은 바른 사람으로 보시를 하는가?

비구들이여, 여기 바른 사람은 존중하면서 보시하고, 자기 손으로 직접 보시하고, 존경하면서 보시하고, 소중히 여기면서 보시하고,

[보시의 과보가] 돌아온다는 견해로 보시한다.

비구들이여, 이와 같이 바른 사람은 바른 사람으로 보시한다."

24. "비구들이여, 바른 사람은 이와 같이 훌륭한 성품을 가졌고, 이와 같이 바른 사람과 교제하고, 이와 같이 바른 사람의 생각으로 생각하고, 이와 같이 바른 사람의 조언으로 조언하고, 이와 같이 바른 사람의 말로 말하고, 이와 같이 바른 사람의 행동으로 행동하고, 이와 같이 바른 사람의 견해를 가지고, 이와 같이 바른 사람으로 보시하여 몸이 무너져 죽은 뒤 바른 사람들의 태어날 곳[行處]에 태어난다. 비구들이여, 무엇이 바른 사람들의 태어날 곳인가? 위대한 천신과 위대한 인간이다."808)

세존께서는 이와 같이 설하셨다. 그 비구들은 흡족한 마음으로 세존의 말씀을 크게 기뻐하였다.

보름밤의 짧은 경(M110)이 끝났다.

제11장 데와다하 품이 끝났다.

---

808) "'위대한 천신(deva-mahattatā)'은 여섯 가지 욕계 천신[六欲天, cha-kām-āvacara-devā]을 말하고, '위대한 인간(manussa-mahattatā)'이란 위대한 끄샤뜨리야 등 세 가지 가문(kula)을 말한다."(MA.iv.81)
한편 복주서는 "위대한 끄샤뜨리야 등 세 가지 가문을 성취할 뿐만 아니라 수명과 미모와 명성과 부와 권력 등을 성취하는 것(āyu-vaṇṇa-yasa-bhoga-issariy-ādi-sampadā)을 의미한다고 알아야 한다. 고귀한 보시의 공덕(uḷāra dānamaya-puñña)으로 이러한 것도 성취하기 때문이다."(MAṬ.ii.269)라는 설명을 덧붙이고 있다.

역자 · 대림스님

세등선원 수인(修印) 스님을 은사로 출가. 봉녕사 승가대학 졸업.
11년간 인도 뿌나 대학교(Pune University) 에서 산스끄리뜨어와 빠알리어 수학.
3년간 미얀마에서 아비담마 수학.
현재 초기불전연구원 원장 소임을 맡아 삼장 번역불사에 몰두하고 있음.

역서로 『염수경(상응부 느낌상응)』(1996), 『아비담마 길라잡이』(전2권, 2002, 12쇄 2016, 전정판 2쇄, 2018, 각묵스님과 공역), 『들숨날숨에 마음챙기는 공부』(2003, 개정판 2005), 『청정도론』(전3권, 2004, 9쇄 2023), 『앙굿따라 니까야』(전6권, 2006~2007, 6쇄 2021), 니까야강독(I/II, 2013, 4쇄 2017, 각묵스님과 공역)이 있음

맛지마 니까야 제3권

2012년 10월 10일 초판1쇄 인쇄
2024년 1월 16일 초판6쇄 발행

옮긴 이 | 대림스님
펴낸 이 | 대림스님
펴낸 곳 | 초기불전연구원
경남 김해시 관동로 27번길 5-79
전화 (055)321-8579
홈페이지 | http://tipitaka.or.kr
http://cafe.daum.net/chobul
이 메 일 | chobulwon@gmail.com
등록번호 | 제13-790호(2002.10.9)
계좌번호 | 국민은행 604801-04-141966 차명희
하나은행 205-890015-90404 (구.외환 147-22-00676-4) 차명희
농협 053-12-113756 차명희
우체국 010579-02-062911 차명희

ISBN 978-89-91743-25-0
ISBN 978-89-91743-22-9(전4권)

값 | 30,000원